Weisgerber u. a. · Handbuch zum Sprachunterricht

Handbuch zum Sprachunterricht

Beiträge zur Theorie und Praxis

Von Bernhard Weisgerber, Irmintraut Hegele,
Paul Humann, Werner Ingendahl, Rolf Meier,
Hans Messelken, Gabriele Pommerin und
Karl-Georg Waldinger

Beltz Verlag · Weinheim und Basel 1983

CIP-Kurztitelaufnahme der Deutschen Bibliothek

Handbuch zum Sprachunterricht : Beitr. zur
Theorie u. Praxis / von Bernhard Weis-
gerber ... – Weinheim ; Basel : Beltz, 1983. –
(Beltz-Praxis)
ISBN 3-407-62074-8

NE: Weisgerber, Bernhard [Mitverf.]

Satz: Schreibbüro Schneider, Heidelberg
Druck und buchbinderische Verarbeitung: Beltz Offsetdruck, 6944 Hemsbach über Weinheim
Umschlaggestaltung: E. Warminski, Frankfurt/M.
Printed in Germany

ISBN 3 407 62074 8

Inhaltsverzeichnis *

---

* Die nicht namentlich gekennzeichneten Beiträge stammen vom Hauptautor dieses Bandes.

F Schriftlicher Sprachgebrauch

G Reflexion über Sprache

Anhang

Vorwort

Ein Handbuch zum Sprachunterricht in der heutigen Situation und unter den heutigen Bedingungen herauszubringen, ist sicher ein gewagtes Experiment. Der Stellenwert von Linguistik und Didaktik in der öffentlichen Meinung ist so niedrig wie seit langem nicht, und die Bildungspolitik spielt in der politischen Auseinandersetzung der Gegenwart fast keine Rolle mehr. Auch das gehört zur „kalten Dusche", zur Welle der Ernüchterung, die auf die Reformeuphorie der späten 60er und der ersten Hälfte der 70er Jahre gefolgt ist und die schon in der Zahl der Veröffentlichungen zur Sprachdidaktik augenfällig wird. In solchen „ruhigen" Zeiten läßt sich wohl eher ein Fazit ziehen als während der heftigen, gelegentlich hektischen Diskussionen um „Sprachbarrieren", „kompensatorischen Unterricht", „Linguistisierung des Deutschunterrichts", „Veränderung des Literaturbegriffs" usw., die diesen vorangegangen sind. Freilich wird niemand erwarten, daß nun der große Konsens über Ziele und Wege des Sprachunterrichts erreicht sei, der es gestatte, eine Didaktik „aus einem Guß" zu produzieren. Der aufmerksame Leser wird auch im vorliegenden Buch genügend Dissens, Kontrast und Reibungsflächen finden (die ihn anregen mögen, sich sein eigenes Urteil zu bilden). Dennoch: Vielleicht ist der Zeitpunkt nicht der ungünstigste, das Experiment zu wagen, und sei es auch nur, um angesichts starker restaurativer Tendenzen zu verhindern, daß die Ergebnisse und Erkenntnisse, die die Diskussion des vergangenen Jahrzehnts gebracht hat, ungenutzt verschenkt werden.

Was die Autoren darüberhinaus mit diesem Buch beabsichtigen, sei vorweg angedeutet:

- Anregungen geben für einen Sprachunterricht, der sich ebenso an den sprachlichen Bedürfnissen der Schüler wie an der erreichten wissenschaftlichen Einsicht in Sprache orientiert
- deshalb eine möglichst enge Verbindung von Theorie und Praxis anstreben
- aktuelle Entwicklungen in den Bereichen von Linguistik und Didaktik berücksichtigen, ohne sie zu verabsolutieren
- die Einzelbereiche und -aufgaben des Sprachunterrichts einbinden in ein integratives Konzept, in dem auch ihre Wertigkeit deutlich wird
- die Beziehungen verdeutlichen, die zwischen Sprachunterricht und allgemeinen aktuellen Problemen – auf individueller wie auf gesellschaftlicher Ebene – bestehen
- die Themen und Fragen so an den Mann/die Frau bringen, daß sie nicht von vornherein abschreckend wirken, daß auch ein Lehrer nach einem anstrengenden Schulvormittag nicht gleich wieder „abschaltet".

Ob es den Verfassern gelungen ist, diese Vorsätze in die Tat bzw. in Texte umzusetzen, mag und muß der Leser selber beurteilen.

Zu danken habe ich vielen:

- meinen Mitarbeitern für ihre Beiträge und Kritik
- dem Verlag für die freundliche Förderung des Vorhabens
- Freunden und Kollegen in Universität und Schule für anregende Diskussionen
- Wuppertaler Studenten (besonders den Teilnehmern am Sprachdidaktischen Kolloquium) für die Gelegenheit, mit ihnen einzelne Texte durchzusprechen
- meiner Familie für die über Jahre hinweg aufgebrachte Geduld mit dem Autor
- und nicht zuletzt Frau Susanne Hennig, ohne deren tatkräftige Hilfe die Reinschrift des Manuskripts nicht hätte termingerecht abgeschlossen werden können.

Bonn, im Dezember 1982 Bernhard Weisgerber

A
Aspekte

Der sprachtheoretische Aspekt des muttersprachlichen Unterrichts

Wer als Lehrer Schülern Sprachunterricht erteilt, sieht sich – wenn er seine Arbeit begründen und verantworten will – vor eine Reihe grundlegender Fragen gestellt, deren Beantwortung ebenso notwendig wie schwierig erscheint. Fragen dieser Art können etwa lauten:

Was ist Sprache (als Gegenstand des Unterrichts)?
Warum soll Sprache den Schülern vermittelt werden?
Welche Voraussetzungen sind für die Vermittlung von Sprache erforderlich und (beim Kind/in der Schule/in der Gesellschaft) gegeben?
Welche Zielvorstellungen sollen Umfang und Art der Vermittlung von Sprache bestimmen?
Wie kann oder soll sich Sprachunterricht auf das sprachliche Handeln der Schüler auswirken?

Üblicherweise erwartet die Gesellschaft vom Lehrer und fordert er von sich selbst die Kenntnis des Unterrichtsgegenstandes, seiner Bedeutung für den Schüler, der Voraussetzungen und Möglichkeiten seiner Vermittlung, der dafür grundlegenden Zielvorstellungen und der Auswirkungen, die davon zu erwarten (zu erhoffen?) sind.

Doch dürften schon die wenigen angeführten Fragen genügen, um diese Erwartungen mehr als hinreichend zu erschüttern. Wer sich um Antwort bemüht, gerät in eine Diskussion hinein, die in Europa seit zweieinhalb Jahrtausenden geführt wird und dennoch bis heute nicht zu eindeutigen, allseits akzeptierten Ergebnissen gelangt ist. Die aktuellen Fragestellungen der Sprachtheorie sind großenteils auch heute noch dieselben, die schon die Ansätze der antiken Sprachphilosophie bestimmten[1], eben weil sie die spezifischen Bedingungen menschlicher Existenz betreffen, die in Sprache „vorgegeben“ sind und ohne deren Analyse der „Ort“ des Menschen in der Welt und der „Sinn“ menschlichen Daseins nicht reflektiert werden können. Da aber auch jede Form des Lehrens auf der Voraussetzung sprachlicher Vermittlung beruht, ist es nicht verwunderlich, daß auch die Grundfragen der Sprachdidaktik zu den immer wiederkehrenden, aber nie erledigten Problemen gehören. Der Dialog „Vom Lehrmeister“ (De magistro) des Augustinus bietet dafür ein überraschend aktuelles Exempel, indem er die Frage nach der Lehrbarkeit

1 Ein besonders anschauliches Beispiel dafür bietet Platons Dialog „Kratylos“, dessen Grundproblem: die Frage nach der „Richtigkeit der Namen“, im Kern den sprachkritischen Ansatz enthält, der auch für die Philosophie der Gegenwart konstitutiv und charakteristisch ist.

von Wissen und Erfahrung im wesentlichen auf die Frage nach der Möglichkeit der Vermittlung von Informationen durch Sprache reduziert[2].

Grund genug zur Resignation? Diese Konsequenz ziehen heißt die Besonderheit der angeführten Fragen verkennen. Fragen nach Eigenheit, Bedeutung und Zweck der Sprache und nach der Notwendigkeit ihrer Vermittlung lassen sich unmittelbar überführen in die Frage nach der Eigenart und Bestimmung menschlichen Daseins. Sie sind also Fragen, die der ständigen Selbstbesinnung des Menschen zuzuordnen sind und die sich deshalb niemals als gelöst abhaken lassen. Sie bilden den Rahmen, innerhalb dessen immer wieder neue Entwürfe für Ziele und Wege des Sprachunterrichts entwickelt werden können (und müssen) und ohne den jeder Sprachunterricht zur Sprachdressur degeneriert.

Auf die Frage: Was ist Sprache? gibt es viele mögliche, einige gängige, aber keine endgültigen Antworten. Dennoch bleibt sie eine für den Sprachlehrer unumgängliche Frage, zumal sie die Voraussetzungen enthält für die weiterführende Fragestellung: Was ist (soll sein) Sprache als Gegenstand des Unterrichts? Wir wollen einige der möglichen Antworten untersuchen im Hinblick auf ihre Reichweite und ihre Auswirkungen im Unterricht.

Die verbreitetste Ansicht sieht Sprache als ein „Verständigungsmittel", das die Möglichkeit der Kommunikation unter Menschen eröffnet. Auch wenn wir im folgenden die Begrenztheit dieser Antwort kritisch analysieren müssen, sollten wir zunächst deutlich machen, welche Bedeutung Sprache als Verständigungsmittel für den Menschen und für die Menschheit besitzt. Sprache ist die Möglichkeit, die Isolation des Individuums zu überwinden, den Kreis zu sprengen, in den der Einzelne mit seiner individuellen Geschichte und seinen individuellen Erfahrungen eingebunden ist. Zwischenmenschliche Kommunikation ist die Bedingung der Möglichkeit menschlicher Gemeinschaft und damit auch die Voraussetzung gemeinsamen (politischen) Handelns[3]. Mit zunehmender Aneignung von Sprache erweitert sich mein Erfahrungshorizont ebenso wie mein Handlungsfeld: Durch sprachliche Kommunikation kann ich nicht nur meine eigenen Erfahrungen, Erlebnisse und Erkenntnisse an andere weitergeben, sondern in gleicher Weise an den Erfahrungen anderer partizipieren, die diese mir durch Sprache vermitteln. Sofern mein Handeln auf Erfahrung und Erkenntnis basiert, eröffnen sich ihm damit erweiterte Möglichkeiten. Da zudem spezifisch menschliches Handeln durch die sprachliche Komponente gekennzeichnet ist, die es von der Planung bis zur Ausführung begleitet und bestimmt, ist der Zuwachs an Sprache zugleich ein Zuwachs an Handlungsmöglichkeit. Diese Erweiterung pragmatischer

---

2 so schon in der Ausgangsfrage des Dialogs:
Augustinus: Was möchten wir bewirken, scheint dir, wenn wir sprechen?
Adeodatus: Soweit es mir jetzt einfällt, entweder daß man lehrt oder lernt.
Augustinus: Eines davon sehe ich und stimme zu; denn es ist augenscheinlich, daß wir durch Sprechen belehren wollen. Aber wieso lernen?
Adeodatus: Könnten wir das, meinst du, außer durch Fragen?
Augustinus: Auch dann, erscheint mir, wollen wir nichts anderes als lehren.
Augustinus [388/89] (1957), S. 31

3 So ergänzen sich schon bei Aristoteles die verschiedenen Definitionen des Menschen und bedingen sich gegenseitig: Der Mensch als zoon logon echon (Lebewesen, das über Logos (Sprache, Vernunft) verfügt) ist dadurch gleichzeitig zoon politikon (zur Gemeinschaft (polis) fähiges und auf Gemeinschaft angewiesenes Lebewesen).

Möglichkeiten überschreitet den Rahmen kommunikativer Handlungen insofern, als auch die Auswirkungen sprachlichen Handelns einbezogen werden müssen, die weit über die konkrete Kommunikationssituation hinausreichen.

Auch die enge Sehweise der Sprache als Kommunikationsmittel führt damit zu Konsequenzen für den Sprachbegriff, die eine weitere Sicht erforderlich machen und vorbereiten. Nur die wichtigsten Gesichtspunkte seien hier vorläufig zusammengefaßt:

- Sprache als Kommunikationsmittel kann nicht auf der individuellen, sondern nur auf der gesellschaftlichen Ebene adäquat beschrieben werden.
- Sprache hat grundsätzlich dialogischen Charakter.
- Sprache steht in enger Beziehung zur Geschichtlichkeit des Menschen. Sie ermöglicht Kontinuität im Sinne von Geschichte, so wie sie andererseits selbst Ergebnis und Ausdruck geschichtlicher Prozesse ist. Eine ahistorische Sprachbetrachtung muß daher notwendigerweise zu einer nicht vertretbaren Verkürzung des Sprachbegriffs führen[4].
- Sprache als Kommunikationsmittel steht in enger Verbindung mit menschlichem Handeln. Sprachgebrauch kann ebenso als eine spezifische Form menschlichen Handelns beschrieben werden, wie umgekehrt Handlungen aufgrund ihrer sprachlichen Komponente verstehbar und interpretierbar sind.

Die Unzulänglichkeit einer begrifflichen Bestimmung von Sprache als Verständigungsmittel wird deutlich, wenn wir uns fragen, welche Prozesse vorausgesetzt werden müssen, damit Verständigung in Sprache erfolgen kann. Vergegenwärtigen wir uns dies an einer einfachen Kommunikationssituation: Zwei Menschen reden miteinander.

Damit dies möglich ist, müssen einige Voraussetzungen gegeben sein, z.B.:

- Die beiden Gesprächspartner müssen miteinander in Verbindung treten können, sei es aufgrund räumlicher Nähe oder mit Hilfe technischer Medien (z.B. über Telefon).
- Sie müssen über hinreichend gemeinsame Sprache verfügen, um sich verständigen zu können.
- Sie müssen an einem Gegenstand (einem Thema) hinreichend interessiert sein, um sich darüber zu unterhalten.

Für die modellartige Veanschaulichung dieser Kommunikationsbedingungen erfreut sich gegenwärtig das sog. Kommunikationsmodell besonderer Beliebtheit (auch in der Schule).

---

4 Klaus Baumgärtners programmatische Behauptung in der Einleitung zum Funk-Kolleg Sprache: „Die historische Philologie verliert ihre Bedeutung für die Linguistik überhaupt" hat eine entsprechende Reduktion des Sprachbegriffs im Funk-Kolleg nach sich gezogen, die nicht nur unter didaktischem, sondern ebenso unter sprachtheoretischem Aspekt äußerst problematisch erscheint (vgl. Baumgärtner 1973, S. 18).

Als Grundmodell stellt es die Beziehungen folgendermaßen dar:

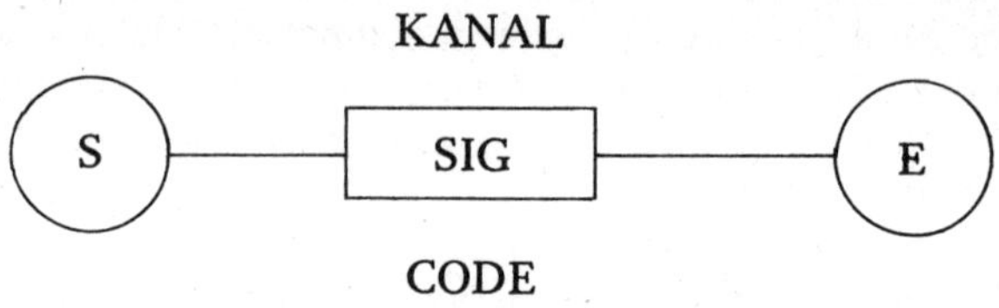

Dabei bezeichnet S den Sender, E den Empfänger, SIG das Signal, das über einen gemeinsamen Kanal vom Sender an den Empfänger vermittelt wird. Der Code ist in diesem allgemeinen Kommunikationsmodell zunächst der gemeinsame Zeichenvorrat von Sender und Empfänger, der Kommunikation ermöglicht.

In dieser Form wurde das Kommunikationsmodell zur Erklärung technischer Informationsübertragung entwickelt, und auf diese läßt es sich auch problemlos anwenden:

Als Beispiel kann das Morsen dienen:

Sender und Empfänger sind über eine Stromleitung miteinander verbunden, die den Kanal für Morsezeichen bildet. Da beide das Morsealphabet beherrschen, verfügen sie über einen gemeinsamen Code, mit dem sie ihre Nachricht als Sender verschlüsseln (encodieren) bzw. als Empfänger entschlüsseln (decodieren) können.

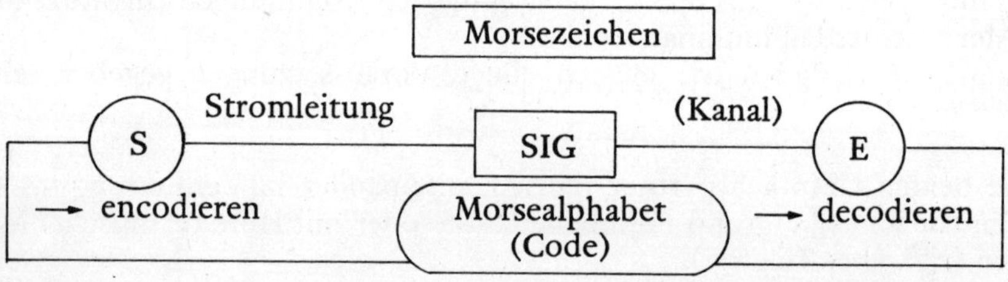

Das Modell macht es möglich zu verdeutlichen, an welchen Stellen eine solche Kommunikation besonders störungsanfällig ist. Sie kommt beispielsweise nicht zustande, wenn

– der Kanal/die Stromleitung unterbrochen ist,
– die Signale so stark – etwa durch Nebengeräusche – gestört werden, daß sie vom Empfänger nicht aufgenommen werden können,
– der Sender oder der Empfänger den Code/das Morsealphabet nicht hinreichend beherrscht.

Was für die Erklärung technischer Nachrichtenübermittlung brauchbar erscheint, wird nun auf sprachliche Kommunikation übertragen. Daß dort die Verhältnisse wesentlich komplizierter liegen, läßt sich durch die Einbeziehung weiterer Faktoren wenigstens teilweise berücksichtigen. Ob aber das Grundmodell selbst überhaupt für die Erklärung sprachlicher Kommunikation geeignet ist, wird häufig nicht reflektiert, sondern als gegeben vorausgesetzt. Sprachliche Kommunikation wird also als eine Art Sonderfall technischer Nachrichtenübermittlung betrachtet und von diesem Ansatz her interpretiert.

Zu einem stärker ausgearbeiteten Modell auf dieser Basis kommt beispielsweise das „Funkkolleg Sprache" (Baumgärtner 1973, S. 45).

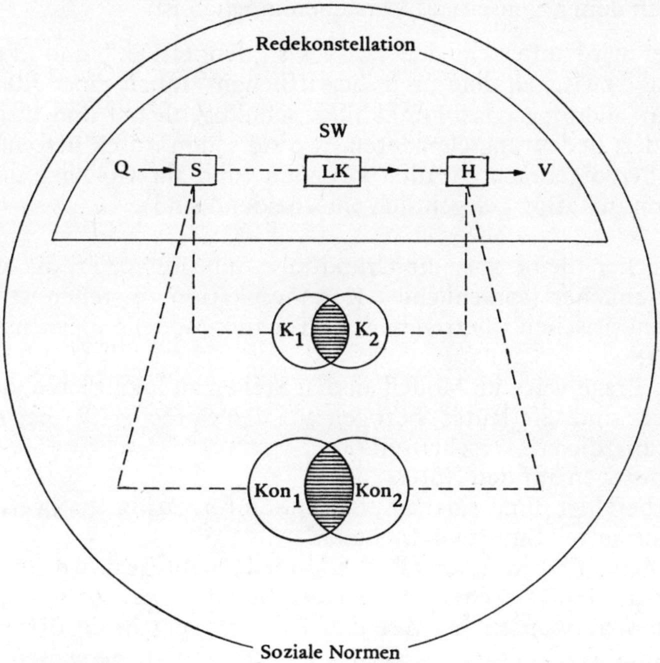

Dabei bedeuten:
S = Sprecher (Sender)
H = Hörer (Empfänger)
LK = Lautkette (als physikalische Realisierung einer Äußerung)
SW = Schallwellen (Kanal)
Q = Quelle der Information
V = Verwertung der Information
K1/K2 = Code von Sender (1) und Empfänger (2) auf der Ebene der Denotation (der „rein begrifflichen Bedeutung") (a.a.O., S. 42)
Kon_1/Kon_2 = Konnotationen bei Sender und Empfänger, d.h. mitschwingende Bedeutungselemente, die sich etwa aus der Redeweise oder aus der subjektiven Einstellung und Erfahrung der Gesprächspartner ergeben (häufig auf emotionaler Ebene)

Sicher bedeutet diese Differenzierung eine Verbesserung des Kommunikationsmodells. Sie ermöglicht es, weitere Kommunikationsbedingungen in den Gesichtskreis einzubeziehen, wie sie mit den Begriffen „Redekonstellation" und „soziale Normen" angedeutet sind. Allerdings bedürfen gerade diese Begriffe einer weiteren Differenzierung und Konkretisierung.

Der zunächst global zusammengefaßte Code ist nun in zweifacher Richtung aufgegliedert:

– Es wird unterschieden zwischen dem Code des Senders und dem des Empfängers. Dabei ist im Breich sprachlicher Kommunikation stets davon auszugehen, daß beide Codes sich voneinander unterscheiden: Es gibt auf Erden keine zwei Menschen, deren Sprache (im Sinne der Kompetenz wie im Sinne der Performanz) sich deckt. Infolgedessen enthält jedes Verstehen auch den Keim des Mißverständnisses, ist keine sprachliche Äußerung so eindeutig, daß sie vom „Empfänger" in genau derselben Weise „decodiert" wird, wie sie vom „Sender" „encodiert" worden ist. Da aber beide Codes (K_1 und K_2) sich wenigstens teilweise überschneiden, ist zumindest ein Ausschnitt signalisiert, in dem gegenseitiges Verstehen möglich ist.

– Weiter wird unterschieden zwischen „denotativer" und „konnotativer" Bedeutung: zwischen dem „rein begrifflichen" Inhalt einer Aussage (dessen Definition allerdings das Funkkolleg schuldig bleibt) und weiteren hinzukommenden Bedeutungselementen, wie sie schon durch Betonung und Satzmelodie hervorgebracht werden könnnen (und für Gelingen und Mißlingen von Kommunikation gelegentlich entscheidend sind).

Ebenso sicher bleibt aber die Grundfrage unbeantwortet, die an dieses Modell menschlicher (sprachlicher) Kommunikation zu stellen ist und die sich aus der unkritischen Übertragung des Technik-Modells auf menschliche Sprache ergibt:

Diese Frage wäre im Modell an den Stellen zu lokalisieren, die mit Q und V markiert sind. Sie lautet, bezogen auf den Sprecher: Woher nimmt er die Information, die er „verschlüsselt"?

und bezogen auf den Hörer:

Was befähigt ihn, eine empfangene Information zu „verwerten", aus einer „Lautkette" Sinn zu entnehmen?

Daß diese Fragen innerhalb des Modells nicht beantwortet werden können, liegt an der Tatsache, daß hier der Begriff „Sprache" – mit Absicht – ausgeklammert worden ist. Wer den Ort der Sprache in dieser Darstellung von Kommunikation sucht, sieht sich auf drei Punkte verwiesen, an denen sie eigentlich auftauchen müßte: „Lautkette", „Code" (K_1, K_2, Kon_1, Kon_2) und „soziale Normen".

Keiner dieser Begriffe aber kann mit Sprache gleichgesetzt werden:

– Die „Lautkette" ist in diesem Modell nicht mehr als eine realisierte Kombination von Schallwellen, über deren „Bedeutung" nichts ausgesagt werden kann.

– Die „sozialen Normen" werden zwar als umfassender Rahmen jeder möglichen Kommunikation vorgestellt, ob sie aber Sprache hervorbringen oder selbst durch Sprache hervorgebracht sind, wird nicht gesagt (und als Problem nicht gesehen).

– Bleibt der „Code", der sicher problematischste Begriff in dieser Konzeption. Wenn dieser dem Sprecher und Hörer teilweise gemeinsame Zeichenvorrat etwa analog zu einem Morsealphabet verstanden wird, hat er mit Sprache wenig zu tun. Denn ein Morsealphabet hat nur dann einen Sinn, wenn der Prozeß der Versprachlichung einer Information bereits abgeschlossen ist, so daß diese nun in Morsezeichen verschlüsselt werden kann. Wenn mit „Code" aber – abweichend von der technischen Herkunft und Geschichte des Begriffs – mehr gemeint ist, dann müßte gesagt werden, in welcher Weise er die Genese der Information ermöglicht oder an ihr beteiligt ist – andernfalls landen wir wieder bei der Ausgangsfrage.

Diese Frage führt uns allerdings von neuem mitten in die Grundlagenproblematik der Sprachtheorie, die in diesem Rahmen nur in groben Zügen angedeutet werden kann. Sie betrifft die Bedingung der Möglichkeit von „Sinn", also der Möglichkeit, mit Sprache etwas zu „meinen", eine „Bedeutung" zu intendieren, die ich dem Hörer vermitteln will. Es geht hier um das Verhältnis von Sprache und Wirklichkeit: Auf welche Weise kann der Mensch mit Sprache Wirklichkeit erfassen? Wie kann er über Sprache seine Auffassung von Wirklichkeit an einen anderen weitergeben? Für einen naiven Sprachrealismus, wie er meist bei Kindern, häufig auch bei Erwachsenen vorherrschend ist, bleibt dieses Problem außer Reichweite: Der Baum ist ein Baum (oder heißt „Baum"), weil es eben Bäume „gibt", daß ein Tisch ein Tisch ist, „weiß doch jeder" oder „sieht man doch sofort".

Es gibt sehr einfache Mittel, diese Sicherheit des naiven Sprachrealismus zu zerstören, etwa:

– die Aufforderung, doch einmal „den" Baum in der Wirklichkeit zu zeigen,
– die Frage, wieso sowohl ein Birkenschößling als auch eine mächtige Föhre ein Baum sei,
– die Aufforderung, zu entscheiden, welches der „wirkliche" Tisch sei: der runde oder der rechteckige, der auf einem oder der auf vier Beinen?
– oder die erstaunte Feststellung eines französischen Jungen: „Das ist doch eigenartig: Bei uns heißt es „pain" und ist auch pain, bei den Deutschen ist es doch auch pain, aber es heißt Brot."

Jeder Vergleich zwischen verschiedenen Sprachen macht die Auffassung der einfachen Entsprechung von Sprache und Wirklichkeit vollends unhaltbar: Was ist denn nun „richtig": die Unterscheidung von „Kraut" und „Gras" im Deutschen oder ihre Zusammenfassung zu „herbe" im Französischen, wieso können im Deutschen Bäume keine „Blumen", sondern nur „Blüten" haben, während die englischen „flowers" sowohl auf der Wiese als auch an den Bäumen zu finden sind?

Die aufgeführten Beispiele beziehen sich alle auf den Bereich, für den eine Übereinstimmung von Sprache und Wirklichkeit am selbstverständlichsten erschiene: auf „Gegenstände", die in der Wirklichkeit gegeben und nachweisbar sind. Wenn schon hier keine direkte Entsprechung aufgezeigt werden kann, wie soll dies erst im Bereich abstrakter Begriffe gelingen, für die kein Äquivalent im Bereich des „Realen" nachgewiesen werden kann?

Denkanstöße dieser Art können auch Schüler schon zu der Erkenntnis führen, daß Sprache Wirklichkeit nicht einfach „wiedergibt", daß Wörter etwas anderes sind als Etiketten für vorgegebene Dinge. Was aber sind sie dann? Und warum unterscheidet sich ihre „Bedeutung", ihre semantische Reichte von Sprache zu Sprache? Diese Frage läßt sich nicht beantworten, ohne eine Funktion von Sprache zu berücksichtigen, die für die Besonderheit menschlicher Existenz und menschlichen Weltverhaltens grundlegend ist und die die Definition von Sprache als „Verständigungsmittel“ als ungenügend erweist: In seiner berühmtgewordenen „Abhandlung über den Ursprung der Sprache“ hat Johann Gottfried Herder vor mehr als zweihundert Jahren behauptet: „Der Wilde, der Einsame im Walde hätte Sprache für sich selbst erfinden müssen, hätte er sie auch nie geredet. Sie war Einverständnis seiner Seele mit sich und ein so notwendiges Einverständnis, als der Mensch Mensch war“ (Herder [1772] 1960, S. 26).

Zweierlei scheint hier zunächst bedeutsam:

– die Unterscheidung zwischen Sprache und Sprechen: Sprache ist nicht nur um des Sprechens willen erforderlich; sie ist für den Menschen auch dann notwendig, wenn er gar nicht zu sprechen beabsichtigt.

– die enge Verknüpfung von Menschsein und Verfügen über Sprache. Hier liegt der anthropologische Ansatzpunkt für Herders Versuch, den „Ursprung“ der Sprache zu erklären (der in seinem Verständnis mit dem Versuch einer „Wesensbestimmung“ von Sprache gleichzusetzen ist). Der Grundgedanke, der hier nur angedeutet werden kann, hat sich nicht nur für die Anthropologie (vgl. Gehlen 1950) und Verhaltensforschung (vgl. Portmann 1958) unserer Tage als erstaunlich fruchtbar erwiesen, sondern betrifft mit gleicher Aktualität auch heute noch die Sprachtheorie:

Die Existenzsicherung des Menschen, soweit sie auf angeborenen Instinkten beruht, ist im Vergleich zum Tier außerordentlich mangelhaft. Während das Tier in seiner beschränkten Umwelt auf eine bestimmte artspezifische Auswahl von aufnehmbaren Reizen mit erstaunlicher Sicherheit und Effektivität reagiert, fehlt dem Menschen eine ähnlich funktionssichere Steuerung seines Umweltverhaltens. Er ist nicht eingebunden in den festen „Kreis“ seiner „Umwelt“[5], sondern als „Freigelassener der Schöpfung“ (Herder) in der Lage, seiner Welt gegenüberzutreten, sich zu ihr zu verhalten und handelnd in sie einzugreifen. Die Fähigkeit, auf der dieses Weltverhältnis basiert, umschreibt Herder als „Besonnenheit“ oder „Reflexion“ und setzt sie mit Sprache gleich. Auf Grund seiner Fähigkeit zur Sprache und mit ihrer Hilfe schafft sich der Mensch in der Auseinandersetzung mit der vorgegebenen „Wirklichkeit“ seine „Welt“, in der er als Mensch leben kann.

Für die Fruchtbarkeit dieses Denkansatzes können hier nur einige Stationen seiner Weiterentwicklung angemerkt werden:

– Wilhelm von Humboldt schreibt im September 1800 an Schiller: „Die Sprache ist daher, wenn nicht überhaupt, doch wenigstens sinnlich das Mittel, durch welches der Mensch zugleich sich selbst und die Welt bildet, oder vielmehr seiner dadurch bewußt wird, daß er eine Welt von sich scheidet.“

Selbstbewußtsein (Herders „Einverständnis der Seele mit sich“) und Weltkonstitution erscheinen hier als zwei Seiten ein und desselben Prozesses, der die spezifische Daseinsweise des Menschen begründet und ausmacht und der ohne Sprache nicht denkbar ist.

---

5 Als Begründer der wissenschaftlichen Erforschung der Umwelten von Tieren und Menschen gilt Jacob von Uexküll (vgl. Uexküll 1956)

– Erich Heintel greift in seinen Untersuchungen zur „Gegenstandskonstitution" als einem Problem der „perennen philosophischen Grundlagenproblematik" (vgl. Heintel 1959, S. 47 ff.) ausdrücklich auf Herder zurück: „Und nun wissen wir seit Herder, daß in diesem gesamten Fragenkomplex die Sprache eine entscheidende Rolle spielt" (Heintel 1959, S. 49).

– Leo Weisgerbers Definition von Muttersprache als „Prozeß des Wortens der Welt durch eine Sprachgemeinschaft" (L. Weisgerber 1963, S. 94) ist eine direkte Fortentwicklung des Sprachbegriffs, wie er bei Herder und Humboldt angelegt erscheint.

– Ludwig Wittgensteins berühmtes Wort: „Die Grenzen meiner Sprache bedeuten die Grenzen meiner Welt" (Wittgenstein 1969b, S. 89) kehrt die Blickrichtung um: Wenn nur Sprache dem Menschen Weltgewinn ermöglicht, dann muß seine Welt dort enden, wo seine Sprache nicht mehr weiterreicht.

– In welchem Maße auch die marxistische Sprachtheorie auf Herder zurückgreift, zeigt seine Einschätzung bei Adam Schaff: „Wenn wir nach fast zweihundert Jahren die Gedanken des damals Fünfundzwanzigjährigen lesen, bewundern wir seine geniale Intuition bei der Beurteilung der Bedeutung, die die Sprache für den Erkenntnisprozeß besitzt, sein nicht zu bezweifelndes Vorläufertum hinsichtlich vieler Ideen, die für die neuesten Errungenschaften der Wissenschaft gelten" (Schaff 1974, S. 18 f.). Die von Schaff besonders hervorgehobene These Herders, daß die Sprache „der ganzen menschlichen Erkenntnis Schranken und Umriß" gebe, macht dabei hinreichend deutlich, daß auch Wittgensteins Einsicht nicht ohne Vorläufer ist.

Alle aufgeführten Stellen beziehen sich in erster Linie auf das Verhältnis von Sprache und Erkenntnis. Als erkenntnistheoretische Aussagen stellen sie die kognitive Funktion von Sprache in den Vordergrund.

Wer die Curriculum-Diskussion des letzten Jahrzehnts im Hinblick auf den Sprachunterricht und seine Zielvorstellungen verfolgt hat, wird nun feststellen, daß eben diese kognitive Funktion deutlich in den Hintergrund gedrängt worden ist zugunsten der kommunikativen Funktion von Sprache, aus der sich das „oberste" Lernziel der Befähigung zur Kommunikation entwikkeln läßt.

Es erscheint verhältnismäßig unsinnig, beide Funktionen von Sprache gegeneinander ausspielen zu wollen, da die eine ohne die andere nicht gedacht werden kann:

Kommunikation ist immer Kommunikation über etwas, d. h. sie setzt die Möglichkeit der „Verwandlung von Welt in Gedanken" (Humboldt) voraus. Die Vermittlung von Sprache selbst vollzieht sich aber in erster Linie über Kommunikation, so daß für einen Menschen, der von Kommunikation ausgeschlossen wäre, auch keine sprachliche Erkenntnis erreichbar würde.

Wenn wir beide Funktionen von Sprache berücksichtigen und den bereits begründeten Aspekt ihrer Geschichtlichkeit einbeziehen, so können wir jetzt einige Thesen formulieren, die zwar hier nicht (wie es eigentlich erforderlich wäre) weiter ausgeführt und diskutiert werden können, die aber vielleicht den Rahmen deutlicher machen, den eine sprachtheoretische Besinnung für die Begründung und die Zielvorstellungen des Sprachunterrichts bietet.

- Sprache ist Grundvoraussetzung menschlicher Existenz.
- Sprache ermöglicht es dem Menschen, zu seiner Umwelt in Distanz zu treten und damit menschliche „Welt“ zu konstituieren.
- Sprache ermöglicht die Vermittlung zwischen Mensch und Welt.
- Sprache eröffnet die Möglichkeit der Kommunikation zwischen Menschen und konstituiert die möglichen Inhalte von Kommunikation.
- Konkrete Sprache (Muttersprache) wird so zum Reservoir der Erfahrungen und Erkenntnisse, die eine bestimmte Menschengruppe (Sprachgemeinschaft) im Laufe ihrer geschichtlichen Entwicklung gemacht und gesammelt hat.
- Die Wörter einer Sprache sind nicht Etiketten für bereits vorgegebene Dinge, sondern Ergebnisse ihrer Verarbeitung durch Menschen.
- Der Wortschatz (das Lexikon) einer Sprache kann also bezeichnet werden als die Summe der Betroffenheiten, die eine Menschengruppe erfahren und verarbeitet hat.
- Sprache gibt demnach Wirklichkeit nicht wieder, wie sie „ist“, sondern wie sie Menschen bedeutsam geworden ist.
- Mit dem Erwerb einer Sprache gewinnt das Individuum Erfahrungen und Erkenntnisse, die in einem jahrtausendelangen Prozeß geschichtlicher Auseinandersetzung mit Wirklichkeit in einer Sprachgemeinschaft gewonnen und übermittelt worden sind.
- Durch Sprache gewinnt der Einzelne auf diese Weise Zugänge zu menschlicher Welt und Kategorien für ihre geistige Verarbeitung.
- Er übernimmt damit auch die spezifischen Aspekte, unter denen Wirklichkeit in einer bestimmten Sprache zum Gegenstand menschlicher Erkenntnis und zum Feld menschlichen Handelns geworden ist.
- Der Erwerb von Sprache bedeutet damit sowohl eine immense Erweiterung individueller Erkenntnis- und Erfahrungsmöglichkeiten als auch eine Beschränkung auf eine bestimmte, der angeeigneten Sprache charakteristische Form der Wirklichkeitsbegegnung.

Die hier vertretene Auffassung steht im Gegensatz zu einer nur statischen Sprachbetrachtung und Sprachbeschreibung, die sich darauf beschränkt, das gegebene Inventar einer Sprache auf ihren verschiedenen Ebenen (etwa der phonetischen, der morphologischen, der lexikalischen oder der syntaktischen Ebene) in seinem systematischen Zusammenhang zu analysieren. Im Sinne einer „energetischen“ Sprachbetrachtung wird Sprache verstanden als geschichtlicher Prozeß der Auseinandersetzung zwischen Menschen und Wirklichkeiten, in dem menschliche Welt konstituiert und vermittelt wird. Vermittelbarkeit und Veränderbarkeit dieser Welt beruhen auf und vollziehen sich in Sprache.

Die Konsequenzen einer solchen Auffassung von Sprache betreffen nicht nur Aufgabenstellungen und methodische Vorentscheidungen für die Beschreibung einer Sprache, sondern in besonderer Weise auch die Sprachdidaktik.

Wenn Sprache nur als Prozeß angemessen aufgefaßt und beschrieben werden kann, ergibt sich für den Sprachunterricht die Forderung, daß dieser Prozeß Sprache auch die Planung und Durchführung des Unterrichts bestimmt. Die Qualität von Sprachunterricht ist also daran zu messen, in welchem Maße es gelingt, Auseinandersetzung mit Wirklichkeit über Sprache in Gang zu setzen und so den Schülern die Leistung von Sprache zu vermitteln (und zu verdeutlichen).

Der Erwerb der Sprache besteht nicht in der nur passiven Übernahme von Wörtern, Satzmustern usw., sondern erfordert den aktiven Nachvollzug der in ihnen gespeicherten und durch sie ermöglichten geistigen Leistung. Der Ausbau des kindlichen Wortschatzes kann also nicht als summierende Anhäufung eines „Zeichenvorrats" verstanden und betrieben werden, sondern erfordert in erster Linie die Motivation zur geistigen Auseinandersetzung mit Wirklichkeit mit Hilfe angeeigneter und angebotener sprachlicher Mittel. Konkret: Sprachunterricht geschieht nicht dort, wo über Sprache geredet wird, sondern dort, wo Situationen aufgegriffen oder hergestellt werden, die für den Schüler Sprache notwendig machen.

Die Bedeutung des Spracherwerbs für den Menschen allgemein und für das Kind im besonderen wird noch klarer ersichtlich, wenn wir die Wirkungen berücksichtigen, die Erwerb und Gebrauch von Sprache nach sich ziehen. Das ist allerdings wiederum nur möglich, wenn die enge Auffassung von Sprache – sei es als „Zeichenvorrat", sei es in der Beschränkung von Sprachgebrauch auf „Sprechen" – durchbrochen und die Fülle verschiedenartiger Auswirkungen von Sprache auf das „Weltverhältnis" des Menschen zur Kenntnis genommen wird. Aus dem breiten Spektrum der Auswirkungen von Sprache, das von der Rezeption und Verarbeitung von Wirklichkeit bis zum aktiven Eingreifen des Menschen in diese Wirklichkeit reicht, soll hier nur ein Bereich herausgegriffen werden, und zwar derjenige, bei dem man zunächst geneigt sein mag, den Einfluß von Sprache als besonders gering oder peripher einzuschätzen: der Bereich der sinnlichen Wahrnehmung. Hier möchte man doch annehmen, daß für alle Menschen, falls sie sich in vergleichbarer Umgebung befinden, auch vergleichbare Voraussetzungen gegeben seien, die zu vergleichbaren Ergebnissen führen müßten. Bestimmte Sinnesreize, mit bestimmten Organen „aufgenommen", sollten doch in etwa die gleichen Wahrnehmungen hervorrufen.

Beschränken wir uns auf den optischen Bereich und überprüfen diese Hypothese an einigen leicht nachvollziehbaren Beispielen:

– In einer klaren Winternacht betrachten zwei Personen den Sternenhimmel. Befragt, was sie gesehen hätten, antwortet der eine: „Tausend glitzernde Sterne!", und der andere: „Der Mars steht jetzt im Stier, unterhalb von Aldebaran, und der Saturn befindet sich zwischen Pollux und Prokyon. Es war so klar, daß die Plejaden und die Hyaden deutlich zu erkennen waren. Sogar den Orionnebel konnte man ahnen."

– Vor etlichen Jahren kaufte sich ein Kollege von mir als neuen Wagen den Renault R 4, der damals in der Bundesrepublik beliebt wurde. Ich hatte den Wagen bis dahin noch nie „gesehen". Voll Besitzerstolz lud mich mein Kollege zur Probefahrt ein. Als ich wieder ausgestiegen war, sah ich plötzlich auf allen Straßen den R 4.

– Anlaß zu einem ähnlich gelagerten Experiment bot im Frühjahr das verbreitete Auftreten des Aurorafalters, eines Schmetterlings aus der Familie der Weißlinge, der besonders durch seine orange gefärbten Flügelenden auffällt. Bei vielen Veranstaltungen im Rahmen von Hochschule und Lehrerfortbildung erlaubte ich mir die Frage: „Wer hat denn in diesem Frühjahr einen Aurorafalter gesehen?“ Die übliche Reaktion: „Aurorafalter – was ist denn das?“ Also folgte eine genaue Beschreibung dieses Schmetterlings, durch Tafelzeichnung unterstützt. Aber auch jetzt hatte kein Teilnehmer einen solchen Schmetterling „gesehen“, obwohl die meisten ihm sicherlich häufig begegnet waren.

Fazit: Die Hypothese ist falsch. Auch in derselben Situation sehen verschiedene Menschen ganz Verschiedenes. Welche von den unendlich vielen Sinnesreizen bis auf die Ebene des Bewußtseins gehoben werden und damit auch der Erinnerung verfügbar bleiben, das hängt ganz entscheidend davon ab, für welche dieser Reize mir Kategorien zur Verfügung stehen, mit deren Hilfe ich sie verarbeiten bzw. überhaupt erst mein Interesse ihnen zuwenden kann. Wir müssen also unterscheiden zwischen dem physiologisch beschreibbaren „reinen“ Vorgang des Sehens und dem Prozeß bewußter Wahrnehmung, in dem das Gesehene verarbeitet und festgehalten wird. Auf dieser „höheren“ Ebene des Sehens spielen Auswirkungen von Sprache eine so entscheidende Rolle, daß die Behauptung: „Niemand sieht, als was er weiß“ durchaus gerechtfertigt erscheint. (Diese Behauptung wird auch gestützt durch die Feststellung, daß innere („subvokale“) Sprechbewegungen häufig den Prozeß der Wahrnehmung begleiten.)

Es dürfte daher einleuchten, daß der Differenzierungsgrad der (sprachlichen) Kategorien, mit denen ein Mensch der Wirklichkeit gegenübertritt, die Ausbeute dieser Begegnung entscheidend beeinflußt. Differenzierte Begriffe lenken die Aufmerksamkeit auch auf unscheinbare Objekte (etwa den Orionnebel oder die Plejaden); wo aber die Kategorien fehlen, gelangt vieles Gesehene nie auf die Ebene des Bewußtseins und der Verfügbarkeit.

Man hat die Sprache gelegentlich mit einem Netz verglichen, das der Mensch über die Wirklichkeit werfe. In unserem Zusammenhang erscheint diese Metapher durchaus ergiebig: Je enger das Netz geknüpft ist (je höher also der Differenzierungsgrad der Kategorien), um so größer sind die Chancen eines reichen Fangs. Ein grobmaschiges Netz aber läßt das meiste durchschlüpfen.

Diese Andeutungen müssen hier genügen, um deutlich zu machen, welche Konsequenzen der Erwerb von Sprache für das Kind einschließt. Vermittlung von Sprache ist also nicht nur erforderlich, um Schüler zum Sprechen zu qualifizieren, sondern ebenso, um ihnen differenzierte Kategorien verfügbar zu machen, mit denen sie ihre Wirklichkeit erfassen und verarbeiten können.

Streng genommen ist die Konstitution von „Sinn“, die Wilhelm von Humboldt als ein „Umschaffen“ der Wirklichkeit „in das Eigentum des Geistes“ (Humboldt [1822] 1963, S. 64) beschreibt, als Grundleistung der Sprache die Bedingung der Möglichkeit von Sinnvermittlung.

Insofern führen die sprachtheoretischen Voraussetzungen des Deutschunterrichts, wenn sie hinreichend bedacht werden, zu Schlußfolgerungen für seine Zielsetzungen und Verfahrensweisen, die nicht unterschätzt werden dürfen. Ein Deutschunterricht, der sich im wesentlichen auf den Sprachgebrauch (etwa im Bereich mündlicher und schriftlicher Kommunikation) beschränkt, übersieht die sprachlichen Bedingungen, unter denen auch Wahrnehmung, Denken, Urteilen und Handeln des Schülers stehen, und läßt infolgedessen Aufgabenbereiche der Sprachförderung und Sprachvermittlung außerhalb seines Gesichtsfeldes, die für den Heranwachsenden von elementarer Bedeutung sind. Der restringierte Sprachbegriff einer formalen Linguistik ohne sprachtheoretischen Hintergrund aber führt, wenn er auf den muttersprachlichen Unterricht übertragen wird, zu einer Einschränkung der Zielvorstellungen des Sprachunterrichts, wie sie gerade von den Interessen und Bedürfnissen der Schüler her nicht vertreten und verantwortet werden kann.

Der linguistische Aspekt des Sprachunterrichts

Das Verhältnis von Linguistik und Didaktik ist seit einigen Jahren ein Feld ausgiebiger und teilweise heftiger Auseinandersetzungen (vgl. dazu: Daniels 1974, Hamburger Autorenkollektiv 1975, Ivo 1975, S. 224 ff., Sitta 1974, Sitta/Tymister 1978). Dabei geht es sowohl um wissenschaftstheoretische als auch um hochschulpolitische Fragen, beispielsweise um Rolle und Stellenwert von Linguistik und Didaktik in der Lehrerausbildung.

Wissenschaftstheoretisch läßt sich die Abgrenzung zwischen Sprachwissenschaft und Sprachdidaktik aus dem unterschiedlichen Erkenntnisinteresse beider Disziplinen ableiten. Danach ginge es einer fachwissenschaftlich ausgerichteten Linguistik um den „Gegenstand" Sprache „an sich" (als Objekt „zweckfreier Erkenntnis"), der Sprachdidaktik dagegen um die Vermittelbarkeit von Sprache an andere (z.B. an Schüler) und um die Zielvorstellungen, unter denen sich diese Sprachvermittlung vollziehen sollte.

Aber schon diese Unterscheidung dokumentiert ihre eigene Unzulänglichkeit:

Läßt sich Sprache überhaupt beschreiben, wenn ich sie in der Weise zum Erkenntnisobjekt mache, daß ich sie von den konkreten Formen ihres Auftretens, z.B. in Sprechsituationen, isoliere?

Lassen sich Aussagen über Vermittlung und Vermittelbarkeit von Sprache machen, die nicht zugleich – bewußt oder unbewußt – Auffassungen über Sprache als Erkenntnisobjekt implizieren?

Die Unterscheidung zwischen Fachwissenschaft und Fachdidaktik kann daher nicht die Trennung beider Bereiche intendieren, sondern nur die spezifischen Perspektiven deutlich machen, unter denen Sprache als Forschungs- und Unterrichtsgegenstand gesehen werden kann. Eine Reihe wichtiger Erkenntnismöglichkeiten ergibt sich erst aus der Kombination beider Blickrichtungen: Eine Beschreibung von Sprache, die die Möglichkeiten ihrer sozialen Vermittlung nicht berücksichtigt, bleibt ebenso ein Torso wie eine Analyse der Vermittlungsbedingungen von Sprache, die die Systematik linguistischer Verfahrensweisen und ihre Ergebnisse unberücksichtigt läßt.

Es ist aber wichtig, darauf hinzuweisen, daß es sich beim Verhältnis von Sprachwissenschaft und Sprachdidaktik nicht um ein einseitiges Abhängigkeitsverhältnis handelt. Sicher ist an den Sprachunterricht – wie an jedes andere Unterrichtsfach – die Forderung zu stellen, daß er den gegenwärtigen Stand der wissenschaftlichen Einsicht in seinen „Gegenstand", die Sprache, berücksichtigen muß. Diese Forderung enthält zunächst eine negative Komponente: Im Sprachunterricht können weder Methoden noch Begriffe noch Ergebnisse den Schülern vermittelt werden, die zu „gesicherten" Ergebnissen der Sprachwissenschaft im Widerspruch stehen. (Die Problematik dieser Maxime, die sich aus den höchst widersprüchlichen Methoden und Ergebnissen verschiedener linguistischer Verfahren und Theorien ergibt, kann hier zunächst nur angemerkt werden.)

Ins Positive gewendet, werden die mit der Forderung nach einer linguistischen Begründung des Deutschunterrichts verbundenen Probleme noch augenscheinlicher: Soll sich der Deutschunterricht mit seinen Zielvorstellungen und Methoden der jeweils aktuellen (modischen) linguistischen Richtung verschreiben? Dies erscheint schon deshalb wenig sinnvoll, weil – wie die Entwicklung der letzten Jahre gezeigt hat – die Lebensdauer linguistischer Theorien so begrenzt ist, daß ihre Übertragung auf den Unterricht angesichts der dafür erforderlichen Umsetzungszeit dazu führen könnte, daß jeweils die gerade überholte Theorie zur Basis des „modernen" Sprachunterrichts gemacht würde.

Und welche Methoden und Ergebnisse der Linguistik sollen den Unterricht bestimmen? Daß eine direkte Übernahme wissenschaftlicher Verfahrensweisen in den Unterricht (aller Schulstufen) ausgeschlossen sein dürfte, ergibt sich schon aus dem Grad an Abstraktion und Spezialisierung, der die heutige Linguistik kennzeichnet. Es werden also Auswahlkriterien und Umsetzungsverfahren erforderlich, wie sie die Linguistik selbst nicht entwickelt hat und als Fachwissenschaft auch nicht entwickeln kann.

Die Lösung dieses Problems gehört offensichtlich zu den Aufgaben der Sprachdidaktik. Sie muß Kriterien aufstellen und überprüfen, nach denen die Auswahl unterrichtsrelevanter Fragestellungen, Methoden und Ergebnisse der Linguistik erfolgen kann. Sie muß darüber hinaus Umsetzungsverfahren entwickeln, die die Methoden wissenschaftlicher Analyse auf der Verständnisebene von Schülern altersspezifisch nachvollziehbar machen, ohne sie zu verfälschen. Entscheidend ist dabei jedoch nicht die sekundäre Frage, wie dies zu bewerkstelligen sei, sondern die primäre Begründung, warum es überhaupt sinnvoll und notwendig erscheint, ein bestimmtes Thema zum Gegenstand des Unterrichts zu machen, eine bestimmte Fragestellung aufzugreifen, eine bestimmte Erkenntnis anzusteuern, eine bestimmte Methode anzuwenden.

Dieser Fragenkreis kennzeichnet die spezifische Perspektive der Sprachdidaktik. Es geht dabei um prinzipielle Entscheidungen, die das Fundament eines zu entwickelnden Curriculums für den Sprachunterricht bilden müssen. Entscheidungen dieser Art können nicht von der fachwissenschaftlichen Linguistik getroffen werden. Sie geraten meist nicht einmal in deren Gesichtskreis. Sie können aber auch nicht ohne Berücksichtigung der Fachwissenschaft gefällt werden. Wer es unter den heutigen Bedingungen wagt, ein Curriculum für den Sprachunterricht zu entwickeln, sieht sich ohnehin so heterogener Kritik ausgeliefert, daß der Vorwurf mangelnder Sachkompetenz sein Vorhaben endgültig erledigen müßte.

Auswahl und Begründung der Lernziele für den Sprachunterricht vor dem Hintergrund sprachwissenschaftlicher Forschungen und Ergebnisse sind Aufgaben, die die Berücksichtigung vielfältiger Aspekte erfordern und die im Spannungsfeld unterschiedlicher Auffassungen und Interessen gesehen und gelöst werden müssen. Hierzu gehört sowohl die Berücksichtigung der Bedürfnisse und Interessen der Schüler und der Gesellschaft als auch die Auseinandersetzung mit politischen (bildungspolitischen) Implikationen des Deutschunterrichts, auf die wir später ausführlicher eingehen müssen.

Sinnvoller als eine ständige, eskalierende Konfrontation von Linguistik und Sprachdidaktik erscheint daher der Hinweis auf die Tatsache, daß beide aufeinander angewiesen sind und daß ihre Aspekte sich ergänzen. Während die Angewiesenheit der Didaktik auf ihre Bezugswissenschaft Linguistik im allgemeinen nicht in Frage gestellt wird, scheint das umgekehrte Abhängigkeitsverhältnis seltener in den Blick zu geraten. Wenigstens eine kurze Anmerkung mag daher das Gemeinte verdeutlichen:

„Gegenstand" fachwissenschaftlicher Linguistik ist Sprache in ihren verschiedenen Erscheinungsformen, Funktionen, Wirkungen usw. Sprache läßt sich jedoch nicht adäquat erkennen und beschreiben, wenn nicht ihre vermittelnde Funktion hinreichend verdeutlicht und analysiert wird: Sprache ist Vermittlung, sowohl zwischen Mensch und Mensch als auch zwischen Mensch und „Wirklichkeit". Für eine Wissenschaft, die von Sprache als Vermittlung handelt, muß aber der Grad ihrer Vermittelbarkeit selbst als ein vertretbares Kriterium gelten. Die Frage der Vermittelbarkeit ist nun in erster Linie ein didaktisches Problem, das demnach auch von der linguistischen Fragestellung impliziert wird und dessen Beachtung auch linguistische Fragestellungen bereichern und unter Umständen ihre Lösung erleichtern kann.

Die Frage nach der Entscheidungskompetenz im Hinblick auf die Lernziele, Inhalte und Verfahrensweisen des Sprachunterrichts ist allerdings mit dem Hinweis auf das Beziehungsverhältnis der „zuständigen" Wissenschaften ebensowenig beantwortet wie mit der Betonung ihres politischen Charakters. Sie wird damit um so bedrängender für den Lehrer, der täglich konkret Entscheidungen über die Planung und Durchführung seines Sprachunterrichts zu treffen, zu begründen und zu verantworten hat. Wenn er dieser Entscheidung nicht dadurch ausweichen will, daß er sich mehr oder weniger bedingungslos bestimmten Lehrplänen, didaktisierten linguistischen Theorien oder dem „geheimen Curriculum" der Schulbücher verschreibt, bleibt ihm kein anderer Weg, als sich eine hinreichende eigene Kompetenz sowohl in linguistischer als auch in didaktischer Hinsicht anzueignen und in ständiger Auseinandersetzung mit der aktuellen Diskussion fortzuentwickeln. Daß diese Forderung hoch gegriffen ist, sei ohne weiteres zugegeben, ihre Berechtigung und Notwendigkeit ist damit jedoch nicht widerlegt.

Zu welchen Folgen mangelnde Kompetenz und (daraus resultierend) mangelndes didaktisches Selbstbewußtsein der Lehrenden führen können, ist gerade an einer Entwicklung des vergangenen Jahrzehnts deutlich geworden: Die „Linguistisierung" des Deutschunterrichts hat zu einer solchen Häufung ungelöster didaktischer und methodischer Probleme geführt, daß statt der erhofften Bereicherung und „Aufwertung" des Sprachunterrichts heute eher Abneigung bei den Schülern und Resignation bei den Lehrern zu registrieren sind, die sich nun – mehr oder weniger linguistisch frustriert – neuen Leitsternen, beispielsweise pragmatischer Provenienz, zuwenden.

Die Ursache der Misere ist dabei nicht in erster Linie in der Linguistik als Fachwissenschaft zu suchen, sondern in ihrer übereilten und unkritischen Übertragung auf den Sprachunterricht. Eine fachwissenschaftliche Begründung des Sprachunterrichts wird nicht dadurch erreicht, daß man bestimmte Methoden und Terminologien der Linguistik übernimmt, sondern nur dann, wenn es gelingt, wissenschaftlich haltbare und befriedigende Antworten auf die Fragen zu geben, warum, wie und in welcher Auswahl Probleme und Ergebnisse der Sprachwissenschaft in Sprachunterricht umgesetzt werden sollen und können.

Das Verhältnis von Linguistik und Didaktik wird noch wesentlich problematischer und komplizierter auf Grund der Tatsache, daß man heute weder von *der* Didaktik noch von *der* Linguistik sprechen kann. In beiden Wissenschaftsbereichen gibt es stattdessen eine Fülle verschiedener Theorien und Interessenrichtungen, die weder in ihren Fragestellungen und Methoden auf einen Nenner zu bringen noch in ihren Begriffen und Ergebnissen in einer überschaubaren Systematik zusammenzufassen sind.

Die Abkehr von einer nur deskriptiven oder gar normativen Sprachbetrachtung hat im Bereich der Linguistik zu einer Fülle neuer Erkenntnisinteressen geführt und beispielsweise in der Psycholinguistik, der Soziolinguistik und der pragmatischen Linguistik Forschungsbereiche eröffnet, die gerade für den Sprachunterricht besondere Bedeutung erlangt haben und uns im folgenden deshalb auch noch ausführlicher beschäftigen müssen.

Das gemeinsame Kennzeichen dieser Forschungsrichtungen ist ihre Hinwendung zum Sprach*gebrauch*, die Berücksichtigung der individuellen, sozialen und situativen Bedingungen, unter denen sich sprachliches Handeln vollzieht, und damit die Abkehr von einer Betrachtung der Sprache als (aus den gesellschaftlichen, situativen usw. Bedingungen) isoliertem Erkenntnisobjekt. Eine solche Form der Sprachbetrachtung wird aus dieser Sicht dann als „Systemlinguistik" bezeichnet und abgewertet. Es hat jedoch den Anschein, als gewänne heute gerade das systematische Element einer „objektorientierten" Linguistik zunehmende Bedeutung als Korrektiv einer wissenschaftlichen Entwicklung, in der divergierende Einzelinteressen die Kommunikation sowohl im Bereich der Forschung als auch im Bereich ihrer Vermittlung zunehmend erschweren.

Freilich ist auch im Bereich der „Systemlinguistik" die Hoffnung auf eine überschaubare Systematik der Methoden und auf eine übersichtliche Zusammenstellung der Forschungsergebnisse schnell enttäuscht. Dafür sorgen schon die unterschiedlichen Terminologien der verschiedenen linguistischen Theorien, die selbst da, wo vergleichbare Resultate erreicht werden (beispielsweise in den „Kernsatztypen" einer strukturalistischen und den „Satzbauplänen" einer inhaltbezogenen Grammatik), den Vergleich dieser Resultate erheblich erschweren. Die Entwicklung neuer und eigenständiger Terminologien gehört zwar zu den Bedingungen und Voraussetzungen, unter denen sich der Fortschritt wissenschaftlicher Erkenntnis vollzieht, falls dadurch aber die Kommunikation über das Erkannte in einem Maße erschwert wird, wie das gegenwärtig bei den verschiedenen linguistischen Theorien der Fall ist, werden diese Terminologien eher zu Barrieren als zu Triebsätzen für den Fortschritt.

Zwei Beoachtungen können dafür als symptomatisch gelten:

– Obwohl so gut wie jede linguistische Richtung der Gegenwart die lateinischen Begriffe der herkömmlichen Grammatik als überholt, unbrauchbar oder wissenschaftlich unhaltbar bezeichnet, bedienen sich die meisten doch eben dieser Terminologie und sei es auch nur, um wenigstens ein Mindestmaß an intersubjektiver Verständigung zu erreichen.

– Die Gemeinsamkeit des Forschungsgegenstandes Sprache führt notwendigerweise auch bei verschiedenen theoretischen und methodischen Ansätzen zu Ergebnissen, die, wenn auch nicht identisch, zumindest miteinander vergleichbar und aufeinander beziehbar sind. Gerade der Vergleich verschiedener linguistischer Richtungen aber zeigt erstaunlich häufig, daß diese möglichen Beziehungen nicht gesehen, nicht hergestellt, vielleicht nicht einmal gesucht werden. Das Verständnis für ein Bedürfnis nach wissenschaftlicher Profilierung findet aber seine Grenze dort, wo der gemeinsame Erkenntnisfortschritt zum Opfer solcher Bedürfnisse wird.

Die Fülle verschiedener „systemlinguistischer" Forschungsansätze und grammatischer Theoriebildungen kann hier nicht im einzelnen vorgeführt werden. Stattdessen seien nur die Pole benannt, zwischen denen sie sich bewegen und die hinreichende Spannung in der wissenschaftlichen Diskussion erzeugen. Diese Pole können in vertretbarer Vereinfachung als

– formal-konstruktiver und als
– hermeneutisch-interpretativer Ansatz

bezeichnet werden (vgl. B. Weisgerber 1974a, S. 22 ff.).

Der formal-konstruktive Ansatz ist einem Wissenschaftsideal verpflichtet, das sich an der Exaktheit naturwissenschaftlicher Methodik orientiert. Auf Sprache angewandt, führt er meist zur Konstruktion formaler Modelle, mit deren Hilfe das System und die Funktion von Sprache analysiert und dargestellt werden sollen. Dieser Ansatz wird oft global als „strukturalistische" Sprachwissenschaft bezeichnet. Er beruft sich – wie fast alle „modernen" linguistischen Schulen – auf Ferdinand de Saussure (Saussure 1916), besonders auf seine Auffassung vom Systemcharakter der Sprachen und auf seine Akzentuierung der synchronischen Sprachbetrachtung[6]. Im Anschluß an Leonhard Bloomfield hat die strukturalistische Linguistik sich besonders im anglo-amerikanischen Bereich entwickelt bis hin zu Noam Chomsky, dessen „generative Transformationsgrammatik" ebenso als Höhepunkt wie als Wendepunkt dieser Entwicklung angesehen werden kann, weil in ihr zwar die Formalisierung des Verfahrens gesteigert, der „meaning"-feindliche Ansatz Bloomfields aber grundsätzlich korrigiert wird (vgl. Chomsky 1969 und 1970). Die begeisterte Aufnahme der transformationellen Grammatik hat besonders in den 60er Jahren auch in der Bundesrepublik zu einer einseitigen Bevorzugung formaler Verfahren der Sprachbeschreibung geführt[7], die in erster Linie die bereits angedeutete „Linguistisierung" des Sprachunterrichts und die daraus resultierenden Probleme verursacht hat.

---

6 Saussure unterscheidet zwischen der synchronischen Beschreibung einer Sprache, die querschnittartig den Zustand einer Sprache zu einem bestimmten Zeitpunkt festhält (etwa die deutsche Gegenwartssprache), und der diachronischen Darstellung, die längsschnittartig die historische Entwicklung einer Sprache (oder ihrer Teilbereiche) wiedergibt.

7 Ihren Höhepunkt erreicht diese Einseitigkeit im ersten Band des Funk-Kollegs Sprache. Im zweiten Band desselben Unternehmens wird sie bereits teilweise korrigiert (vgl. Baumgärtner 1973).

Im Gegensatz dazu steht der hermeneutisch-interpretative Ansatz in einer geisteswissenschaftlichen Tradition, die durch die Namen Herder, Humboldt und Dilthey charakterisiert werden kann und die seit den 20er Jahren dieses Jahrhunderts in Wechselwirkung mit philosophischen (Cassirer 1923) und soziologischen Neuansätzen (Vierkandt 1923) zur Ausbildung einer „inhaltbezogenen" oder „energetischen" Sprachwissenschaft geführt hat (vgl. L. Weisgerber 1929a und 1949). Auch hier spielt, besonders in der Wortfeldtheorie (Trier 1931, L. Weisgerber 1970, vgl. auch Hoberg 1970), der Systemgedanke eine wichtige Rolle, jedoch ist das System nicht der Ausgangspunkt des methodischen Vorgehens, sondern allenfalls das Ergebnis sprachlicher Analysen. Außerdem gilt dieses System der Sprache nicht als festgelegt, sondern als in dauernder Entwicklung und Veränderung begriffen, da Sprache vornehmlich als Prozeß verstanden wird, der darauf hinzielt, Lebenswirklichkeit „in das Eigentum des Geistes umzuschaffen" (Humboldt [1822] 1905, S. 420). Sprache soll daher nicht nur auf der Ebene von Lautgestalten betrachtet („gestaltbezogene Sprachbetrachtung"), sondern auch im Hinblick auf ihre Inhalte, Leistungen und Wirkungen erforscht und dargestellt werden (zusammenfassende Darstellung in: L. Weisgerber 1963).

Für die Sprachdidaktik ist dieser „energetische" Ansatz besonders in zweifacher Hinsicht bedeutsam:

- Ein hermeneutisches Vorgehen eröffnet dem muttersprachlichen Unterricht die Möglichkeit, von der bereits angeeigneten Sprache auszugehen, um schrittweise ihre Struktur aufzudecken.
- Die Einbeziehung der Leistungen und Wirkungen von Sprache verstärkt die Beziehung zum konkreten sprachlichen Handeln der Schüler, auf das letztlich jeder Sprachunterricht ausgerichtet sein sollte.

Auch wenn im Bereich der Linguistik die u.a. von John Lyons (1971b, S. 169) erhoffte Vermittlung zwischen „formaler" und „inhaltbezogener" Grammatik bisher nicht erreicht worden ist, sprechen gute Gründe dafür, sich darum zu bemühen, zumal die Einbeziehung semantischer Aspekte für den formalkonstruktiven Ansatz ebenso förderlich und notwendig erscheint wie ein größtmöglicher Grad an formaler Exaktheit für das hermeneutisch-interpretative Verfahren.

Es ist dabei durchaus denkbar, daß die Vermittlung beider Ansätze auf didaktischem Feld eher als auf der linguistischen Ebene erreicht werden kann, da inzwischen an vielen Einzelbeispielen deutlich geworden ist, daß auch von verschiedenen linguistischen Ausgangspositionen her didaktische Modelle entwickelt werden können, die einander erstaunlich nahe kommen.

Zur Veranschaulichung unterschiedlicher linguistischer Theorien und ihrer didaktischen Relevanz ist besonders die Syntax geeignet. Hier liegt eine Reihe sehr ausgeprägter, zum Teil stark formalisierter Modelle vor, mit deren Hilfe die Struktur des Satzes untersucht und verdeutlicht werden kann und die sich bis in den Grammatikunterricht der Schule und in die Konzeption entsprechender Schulbücher ausgewirkt haben.

Dies sei im folgenden exemplarisch anhand eines konkreten Satzes vorgeführt:

Der Küchenchef kauft im Supermarkt billige Tomaten ein[8].

a) Über hundert Jahre lang war in deutschen Schulen ein Verfahren vorherrschend, das mit diesem Satz wie folgt umgegangen wäre:
Wer oder was kauft ein? – *Der Küchenchef* (Satzgegenstand/Subjekt)
Was tut der Küchenchef? – Er *kauft ein* (Satzaussage/Prädikat)
Wen oder was kauft er ein? – *Tomaten* (Ergänzung im 4. Fall/Akkusativobjekt)
Welche oder was für Tomaten kauft er ein? – *billige* (Beifügung/Attribut)
Wo kauft er die Tomaten ein? – *im Supermarkt* (Ortsangabe/adverbiale Bestimmung)

Die Vaterschaft für dieses Verfahren muß in erster Linie dem Arzt Karl Ferdinand Becker zugeprochen werden. (Die bekannten Ahnen reichen bis in die Antike zurück. Aristoteles zählt ebenso zu ihnen wie der erste Verfasser einer systematischen Grammatik, Dionysios Thrax).

Im Weindorf Lieser an der Mosel 1775 geboren, hat Becker eine außerordentlich trockene Grammatik entwickelt (Becker 1827), die in der Folgezeit, besonders auf Grund ihrer schulpraktischen Verarbeitung durch Rai-

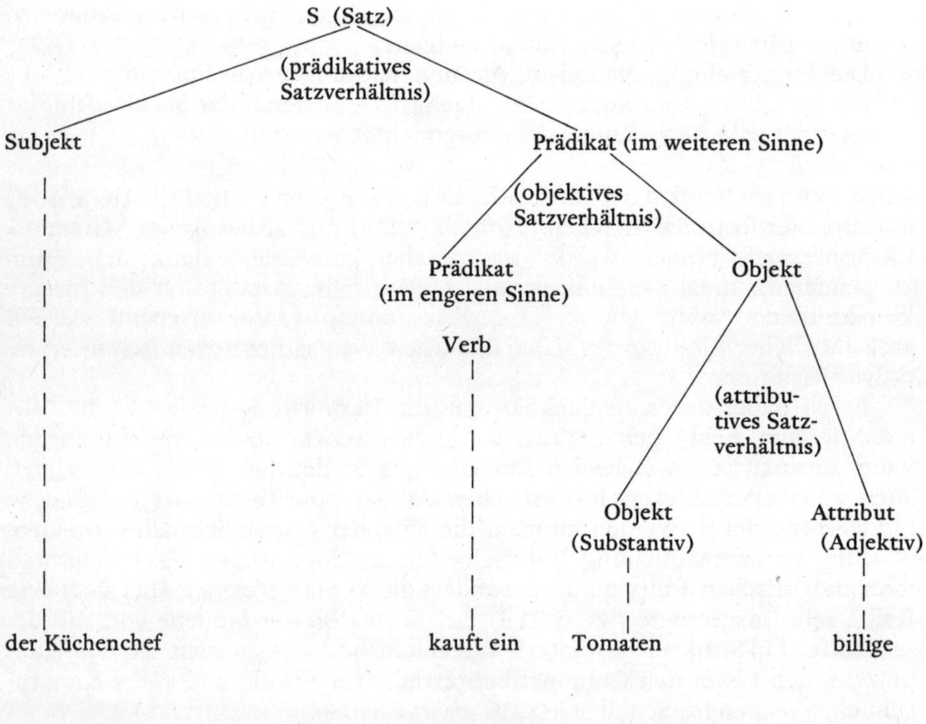

8 Derartige isolierte Beispielsätze sollten allerdings nicht zum Ausgangspunkt für syntaktische Übungen und Erkenntnisse im Unterricht gewählt werden. Wesentlich sinnvoller ist der Ausgang von konkreten Schüleräußerungen, die in einem Situations- oder Textzusammenhang stehen.

mund Jakob Wurst[9] zu einem noch trockeneren Grammatikunterricht in den Schulen führte. Das hat auch die Ablehnung der Beckerschen Theorie durch die kompetenteren Sprachwissenschaftler seiner Zeit[10] nicht verhindern können. Becker adaptierte für seine Syntax das Organismusmodell Wilhelm von Humboldts und wandte als Naturwissenschaftler dabei besonders das Prinzip der Zellteilung auf die Satzlehre an.

Daraus ergibt sich für unseren Satz die auf der vorigen Seite dargestellte formale Analyse. (Zur Vereinfachung der Darstellung wird die adverbiale Bestimmung, die nicht notwendig zu diesem Satz gehört, gelegentlich weggelassen oder erst nachträglich berücksichtigt.)

Bei den Objekten unterscheidet Becker zwischen „ergänzenden" und „bestimmenden" Objekten. Die *Tomaten* wären in unserem Beispiel ein „ergänzendes Objekt", während die Ortsangabe *im Supermarkt* als „bestimmendes *Objekt*" einzuordnen wäre. Für dieses „bestimmende Objekt" hat Raimund Jacob Wurst dann den Begriff „Adverbiale" eingeführt, und damit waren die „5 Satzteile" komplett, die seitdem in deutschen Schulen Dauerwohnrecht erhalten haben. Viele Schülergenerationen haben sich seitdem im Grammatikunterricht mit großem Aufwand und meist mit weniger großem Erfolg damit beschäftigt, Sätze in Satzteile zu zerlegen, im allgemeinen ohne Sinn und Zweck einer solchen Tätigkeit zu begreifen. Die Begründung eines solchen Sprachunterrichts war dabei seit jeher nicht nur linguistisch, sondern auch didaktisch umstritten. Die Behauptung, die Kenntnis der fünf Satzteile führe zu einem besseren Sprachgebrauch, ist leicht zu widerlegen durch die Beobachtung, daß normalerweise kein „native speaker" sich beim Sprachgebrauch der grammatischen Voraussetzung seines Tuns bewußt ist (sie meist auch gar nicht kennt). Die Notwendigkeit der Satzergliederung vom fremdsprachlichen Unterricht der Gymnasien her zu begründen, war erstens als „Fremdbestimmung" des muttersprachlichen Unterrichts didaktisch anfechtbar, zweitens auch methodisch verfehlt, weil die spezifischen syntaktischen Strukturen einer fremden Sprache weit angemessener an dieser selbst als an der divergierenden Syntax der Muttersprache erarbeitet werden können. (Wenn dies allerdings geschehen ist, eröffnet ein Vergleich zwischen fremdsprachlichem und muttersprachlichem Satzbau schon in der Schule interessante Möglichkeiten kontrastiver Sprachbetrachtung.)

b) In der linguistischen und didaktischen Kritik der auf Becker fußenden Schulgrammatik hat sich besonders Hans Glinz hervorgetan. Schon in seiner Dissertation über „Geschichte und Kritik der Lehre von den Satzgliedern" (1947) setzt er sich mit der herkömmlichen Syntax auseinander und entwikkelt dann in seinen späteren Veröffentlichungen (Glinz 1952, 1957, 1961) eine eigene Terminologie und eigene Methoden der syntaktischen Analyse[11].

---

9 Raimund Jacob Wursts „Sprachdenklehre" wurde in den Jahren 1836 bis 1843 in 19 Auflagen mit 150 000 Exemplaren verbreitet (vgl. Glinz 1957, S. 51 f.)

10 „Jacob Grimm erklärte wörtlich, wer auf den rechten Pfad treten wolle, könne Bücher wie diejenigen Beckers ganz ungelesen lassen." (Zimmermanns allgemeine Schulzeitung 1839, Spalte 1358)

11 vgl. Glinz 1957, S. 57 ff. Die von Glinz vorgeschlagene Terminologie (Aufgliederung des Satzes in verbale Teile, Größen und Angaben) hat sich in der Schule nicht durchsetzen können.

Aus diesem Ansatz, den Glinz allerdings in seinen späteren Veröffentlichungen nicht mehr fortgeführt hat, haben sich – unter Einbeziehung von Anregungen Erich Drachs (Drach 1937) und Leo Weisgerbers (L. Weisgerber 1952) – vier syntaktische Operationen entwickelt, die sowohl für die Sprachwissenschaft als auch für den Sprachunterricht besonders fruchtbar geworden sind:

– die Umstell- oder Verschiebeprobe,
– die Ersatzprobe,
– die Abstrichprobe,
– die Ausbauprobe.

Wenden wir diese Verfahren an auf unseren Satz:

Der Küchenchef kauft im Supermarkt billige Tomaten ein.

Die *Umstellprobe* basiert auf der für das Deutsche noch gegebenen Möglichkeit, die Reihenfolge der Satzglieder (die sog. Wortstellung im Satz) zu variieren[12]. Schon Erich Drach hat vorgeschlagen, diese Wortstellung nicht als „frei", sondern als „denkbedingt" zu bezeichnen (Drach 1937, S. 26). Sie ergibt sich aus der Aussageintention des Sprechers, der im Deutschen die Möglichkeit hat, die Information, die er besonders hervorzuheben beabsichtigt, entweder – bei stärker emotionaler Sprechweise – an den Satzanfang (die „Ausdrucksstelle" Drachs) oder – bei rational-belehrenden Aussagen – an das Satzende (die „Eindrucksstelle") zu setzen.

Entsprechend der jeweiligen Situation oder Aussageintention könnte unser Satz also lauten:

– wenn besonders das Kaufobjekt hervorgehoben werden soll: *Billige Tomaten* kauft der Küchenchef im Supermarkt ein.
– wenn besonders die Einkaufsquelle interessiert: *Im Supermarkt* kauft der Küchenchef billige Tomaten ein.
– wenn der Einkäufer selbst bedeutsam erscheint: *Der Küchenchef* kauft im Supermarkt billige Tomaten ein.

Die Fülle der durch diese Operationen erreichbaren Einsichten in den deutschen Satzbau reicht aus, um die gesamte Satzlehre mehrerer Schuljahre (z.B. der ganzen Primarstufe) zu bestreiten. Der große Vorteil des Verfahrens besteht dabei in der Tatsache, daß diese Einsichten von den Schülern selbst durch konkreten Umgang mit Texten und Sätzen gewonnen werden können und nicht vom Lehrer den Schülern übergestülpt werden müssen, wie dies bei der Beckerschen Syntax vornehmlich der Fall war[13]. Nur die wichtigsten Gesichtspunkte seien hier zusammengestellt:

---

12 Diese Möglichkeit setzt ein funktionierendes Formensystem bei den Wortarten voraus, wie es in einem analytischen Sprachbau nicht (mehr) gegeben ist (daher die „feste" Wortstellung im Englischen oder Französischen).

13 Damit erfüllt dieses Verfahren eine alte, schon von Rudolf Hildebrand aufgestellte Forderung: „Der Lehrer des Deutschen soll nichts lehren, was die Schüler selbst aus sich finden können." (Hildebrand [1867] (25) 1954, S. 18)

– Ein Satz konstituiert sich aus dem Zusammenspiel von Satzgliedern.
– Diese Satzglieder ergeben sich bei der Umstellprobe als Wörter oder Wortgruppen, die umgestellt werden können. So wird der Unterschied zwischen Wörtern und Satzgliedern einsichtig.
– Alle Satzglieder lassen sich umstellen mit Ausnahme des Prädikats, dessen finite Verbform im Aussagesatz die zweite Stelle behält.
– Vor dem Prädikat kann also im Aussagesatz normalerweise nur *ein* Satzglied stehen. Hieraus ergibt sich ein Verfahren zur Abgrenzung der Satzglieder: Wörter oder Wortgruppen, die vor das Prädikat treten können, sind Satzglieder.
– Durch diese Operation ist die Lehre von den 5 Satzteilen in einem Punkt widerlegt:

Der Satz:

Billige kauft Tomaten der Küchenchef im Supermarkt ein

ist grammatikalisch nicht zulässig. Das Attribut gehört also nicht gleichberechtigt in die Reihe der Satzglieder. (Es kann vielmehr zum Ausbau verschiedener Satzglieder – Subjekt, Objekt, adverbiale Bestimmung – herangezogen werden und wird dann mit diesen gemeinsam verschoben.)

– Die Sonderstellung des Prädikats kommt nicht nur in seiner Ortsfestigkeit zum Ausdruck, sondern auch darin, daß sich alle übrigen Satzglieder (wieder mit Ausnahme des Attributs) direkt mit dem Prädikat in Verbindung setzen lassen, wie schließlich in der Tatsache, daß sich das Prädikat als einziges Satzglied nicht durch einen Gliedsatz ersetzen läßt. (Selbst das Subjekt läßt sich ersetzen: Wer billige Tomaten sucht, kauft im Supermarkt ein.)

Das Prädikat erweist sich also als strukturelles Zentrum des Satzes. Schulübliche Bezeichnungen wie „Satzkern“ oder „Satzachse“ lassen sich von daher gewinnen und einsichtig machen.

– Eine Besonderheit des deutschen Satzbaus ergibt sich aus der Möglichkeit zweiteiliger Prädikate, wie sie durch die sog. trennbaren Verben und bei allen zusammengesetzten Zeiten (Perfekt, Plusquamperfekt, Futur, Passiv) gebildet werden. Hier nimmt die finite Verbform die Zweitstelle im Aussagesatz ein, während der zweite Teil des Prädikats an das Satzende rückt und so zusammen mit dem finiten Verb die für das Deutsche charakteristische Satzklammer bildet:

Der Küchenchef kauft im Supermarkt billige Tomaten ein.

Er will daraus einen schmackhaften, besonders an heißen Tagen beliebten Salat herstellen.

Das Beispiel zeigt, daß das Prinzip der Klammerbildung nicht auf das Prädikat beschränkt ist, sondern auch innerhalb einzelner Satzglieder, besonders bei der Einfügung von Attributen wirksam werden kann. Diese Eigenart der deutschen Syntax hat weitreichende Konsequenzen: Sie ermöglicht dem Sprecher den Bau komplexer syntaktischer Gebilde, die Einbettung von zusätzlichen Gedanken und Informationen, die Berücksichtigung von Einwänden innerhalb eines beherrschenden Gedankengangs. Sie fordert vom Hörer die Fähigkeit, einen Satz so lange präsent zu halten, bis er endlich im zweiten Teil des Prädikats seinen Abschluß (und nicht selten erst den entscheidenden Ansatzpunkt für das Verständnis des Gesagten) findet. Simultanübersetzer wissen diese Besonderheit des Deutschen wenig zu schätzen. Von einem frustrierten Engländer stammt der bezeichnende Satz: „In einem guten wissenschaftlichen Werk aus Deutschland folgen die Verben erst im zweiten Band."

Schon die Umstellprobe dient nicht nur der Erkenntnis grammatischer Strukturen im Satz, sondern kann erfolgreich auch in der Textproduktion eingesetzt werden. Die Variation der Satzgliedfolgen führt zu Ergebnissen, die sowohl unter stilistischem als auch inhaltlichem und wirkungsbezogenem Aspekt betrachtet und miteinander verglichen werden können, um die für die jeweilige Situation besonders geeignete Fassung zu finden.

In noch stärkerem Maße trifft dies auf die *Ersatzprobe* zu, die außerdem eine Vermittlung zwischen syntaktischer und lexikalischer Ebene ermöglicht. In der strukturalistischen Terminologie vollzieht sich damit der Übergang von der syntagmatischen zur paradigmatischen Betrachtungsweise. John Lyons erklärt dieses Begriffspaar wie folgt: „Dadurch, daß eine linguistische Einheit in einem bestimmten Kontext vorkommen kann, können zweierlei Relationen entstehen. Sie steht in *paradigmatischer* Relation zu all jenen Einheiten, die gleichfalls in demselben Kontext vorkommen können (gleichgültig, ob sie mit der ersten Einheit kontrastieren oder in freier Variation sind) und in *syntagmatischer* Relation zu jenen anderen Einheiten derselben Stufe, mit denen zusammen sie vorkommt und die ihren Kontext bilden" (Lyons 1971b, S. 75).

Die syntagmatischen Relationen haben wir am Beispiel der Umstellprobe vorgeführt, für die paradigmatische Relation ergibt sich mit Hilfe der Ersatzprobe beispielsweise folgendes Bild:

Der Küchenchef	kauft	im Supermarkt	billige	Tomaten	ein.
Der Koch	erwirbt	im Geschäft	teure	Früchte	
Herr Meier	ergattert	im Gemüseladen	preiswerte	Birnen	
Ein Mann	besorgt	beim Gärtner	frische	Äpfel	
Er	stiehlt	hier	reife	Apfelsinen	
Jemand	organisiert	dort	vergammelte	Gurken	

Lassen wir den inhaltlichen Rahmen außer Acht, dann können wir auch die folgenden Sätze paradigmatisch einordnen:

Die Stadtverwaltung	stellt	am Bahnhof	neue Parkuhren	auf.
Peter	probiert	auf dem Parkplatz	das alte Fahrad	aus.
Der Rennfahrer	stellte	auf dem Nürburgring	einen absoluten Geschwindigkeits-rekord	auf.
usw.				

Die durch dieses Verfahren erreichbaren Einsichten und Lernprozesse seien auf drei Ebenen angedeutet:

auf der grammatischen Ebene:
Es bestehen Zusammenhänge zwischen Wortart und Satzgliedfunktion. Für die einzelnen Satzglieder (die Spalten der Tabelle) kommen jeweils nur bestimmte Wortarten in Frage, die paradigmatischen Ersatz anbieten können:
Die Funktion des Subjekts können Substantive und Pronomina erfüllen.
Für das Prädikat ist immer ein Verb erforderlich.
Adverbiale Bestimmungen können ausgedrückt werden durch die Kombination: Präposition + Substantiv oder durch Adverbien.
Als Attribut ist besonders das Adjektiv geeignet.
Als Objekte können Substantive und Pronomina dienen.
Daraus ergibt sich ein didaktisch vertretbarer Weg, sowohl Satzglieder als auch Wortarten aus einem Textganzen zu isolieren und zu bestimmen, ohne ihre Funktion und Leistung aus den Augen zu verlieren.

auf der semantischen Ebene:
Wenn die Ersatzprobe innerhalb eines inhaltlichen Zusammenhangs durchgeführt wird, stehen auch die einzelnen Ersatzvorschläge in inhaltlichen Beziehungen zueinander, beispielsweise:

in einer Beziehung zunehmender Abstraktion (*Herr Meier – ein Mann – ein Mensch – jemand)*

in einer Gegensatzbeziehung (*teure – billige; frische – faule)*

gelegentlich auch in einer so engen Beziehung inhaltlicher Nachbarschaft und gegenseitiger Abgrenzung, daß sich Einsichten in der Struktur von Wortfeldern gewinnen lassen. In unserem Beispiel trifft das besonders für die Verben zu, die als Prädikat fungieren können (*kaufen – erwerben – ergattern – erstehen; stehlen – klauen – organisieren*).

auf der stilistischen Ebene:
Die Ersatzprobe läßt sich unmittelbar weiterführen zur Produktion von Sätzen und Texten. Die verschiedenen möglichen Kombinationen werden ausprobiert und nebeneinander gestellt, z.B.:

Herr Meier ergattert im Supermarkt frische Tomaten.
Ein Mann erwirbt im Geschäft reife Früchte. usw.

Qualitätsunterschiede können sowohl in stilistischer Sicht als auch im Hinblick auf die Redeabsicht des Sprechers oder den Informationsgehalt für den Hörer festgestellt und diskutiert werden. Zugleich wird dabei deutlich, daß schon durch die Auswahl des Wortgutes verschiedene stilistische Ebenen angestrebt werden können (*billig – preiswert; kaufen – erwerben; stehlen – organisieren*).

Die *Abstrichprobe* zielt auf Einsicht in die Grundstruktur des Satzes. Schrittweise werden alle nicht notwendigen Satzglieder gestrichen, bis das Gerüst des Satzes übrigbleibt, das nicht weiter reduziert werden kann. An unserem Beispiel:

Der Küchenchef kauft im Supermarkt billige Tomaten ein.
Der Küchenchef kauft im Supermarkt Tomaten ein.
Der Küchenchef kauft Tomaten ein.

Schon dieses einfache Beispiel widerlegt die im schulischen Grammatikunterricht weit verbreitete Lehre vom einfachen oder „nackten" Satz, der nur aus Subjekt und Prädikat bestehe. Wenn das Verb *einkaufen* transitiv gebraucht wird, erfordert es ein Akkusativobjekt, so daß eine dreigliedrige Grundstruktur des Satzes entsteht, die sich nicht weiter verkürzen läßt[14]. Dieses Verfahren spielt auch in anderen Ansätzen der Syntaxtheorie (Satzbaupläne, Valenz- und Dependenzgrammatik) eine Rolle, auf die wir später eingehen werden.

Die *Ausbauprobe* schließlich zeigt, daß in einen Satz nahezu unbegrenzt weitere Informationen eingefügt werden können. (Sie kann aber auch die praktischen Grenzen dieser theoretischen Möglichkeit deutlich machen, die sich etwa aus den Erfordernissen der Verständlichkeit und der Einstellung auf den Hörer oder Leser ergeben.)

Einige Ausbaumöglichkeiten seien an unserem Beispiel illustriert:

- Ausbau von Subjekt und adverbialer Bestimmung durch Attribute:
  Der *preisbewußte* Küchenchef kauft im *nahegelegenen* Supermarkt billige Tomaten ein.
- Ausbau durch weitere adverbiale Bestimmungen und den Attributen beigefügte Adverbien:
  Der *äußerst* preisbewußte Küchenchef kauft *heute* im nahegelegenen Supermarkt *schon am Vormittag besonders* billige Tomaten ein.
- Ausbau zum Satzgefüge durch ein- und angefügte Gliedsätze:
  Der äußerst preisbewußte Küchenchef, *der jede günstige Einkaufsgelegenheit wittert*, kauft heute im nahegelegenen Supermarkt schon am Vormittag besonders billige Tomaten ein, *um daraus einen erfrischenden Tomatensalat zu bereiten.*

(Schüler werden selbst erkennen, daß in diesem Beispiel die Ausbaumöglichkeiten schon bis an die Grenze des stilistisch Erträglichen ausgenutzt sind.)

---

14 Daneben gibt es auch noch ein intransitives Verb „einkaufen", das kein Akkusativobjekt erfordert (*Der Küchenchef kauft ein.*). Die Möglichkeit sowohl des transitiven als auch eines intransitiven Gebrauchs besteht bei vielen deutschen Verben (vgl. Grebe 1973, S. 484).

c) Die inhaltbezogene Sprachwissenschaft hat sich besonders der Erforschung syntaktischer Grundmuster zugewandt, wie sie einer bestimmten Sprache eigen (oder auch verschiedenen Sprachen gemeinsam) sind und im Prozeß des Spracherwerbs von den Mitgliedern einer Sprachgemeinschaft angeeignet werden (zur Grundlegung dieses Ansatzes vgl. L. Weisgerber 1962, S. 372 ff.). Zusammen mit dem ebenfalls angeeigneten Wortschatz einer Sprache befähigen sie den Sprecher „von endlichen Mitteln (einer Sprache) unendlichen Gebrauch zu machen“ (Chomsky im Anschluß an Wilhelm von Humboldt in: Chomsky, 1965, S. 9). Diese Grundvoraussetzung des Sprachgebrauchs, die zugleich die Vermittlung zwischen Regelhaftigkeit und Kreativität ermöglicht, läßt sich am Bild des Schachspiels veranschaulichen: Die Wörter seien die Schachfiguren, die Satzbaupläne die Zugregeln; dann ergeben sich selbst in der Beschränkung auf relativ wenige Figuren und Regeln schon unendlich viele mögliche Spielverläufe.

Die Differenzierung syntaktischer Grundstrukturen ist innerhalb dieses Ansatzes verschieden weit vorangetrieben worden. Hennig Brinkmann (1962, S. 508 ff.) beschränkt sich auf vier grundlegende Kategorien, die allerdings im einzelnen weiter unterteilt werden:

– Vorgangssätze (*Der Küchenchef schläft.*)
– Handlungssätze (*Der Küchenchef besorgt Tomaten.*)
– Adjektivsätze (*Der Küchenchef ist sparsam.*)
– Substantivsätze (*Herr Meier ist Küchenchef.*)

Paul Grebe hat mit Hilfe der Abstrichprobe (s.o.!) die Grundformen deutscher Sätze herausgearbeitet (Grebe 1966, S. 468 ff.) und in der Duden-Grammatik eine Zusammenstellung von 31 syntaktischen Grundmustern vorgelegt, die im Deutschen vorkommen (a.a.O., S. 504 ff.). Die primäre Einteilung basiert auf der Unterscheidung zwischen Zustands-, Vorgangs- und Tätigkeitssätzen (d.h. Sätzen mit intransitiven Verben als Prädikat) auf der einen und Handlungssätzen (mit transitiven Verben, folglich stets auch mit Akkusativobjekt) auf der anderen Seite. Hierin liegt zugleich das Hauptproblem dieser Einteilung: Bei vielen deutschen Verben läßt sich nicht von vornherein sagen, ob sie Tätigkeits- oder Handlungsverben sind, ob sie also ein Akkusativobjekt erfordern oder nicht. Die Beispiele der Duden-Grammatik sind zwar eindeutig: Der Satz „Die Rosen blühen“ bezieht sich auf eine „in sich ruhende Tätigkeit“; der Satz „Der Gärtner bindet die Rosen“ dagegen meint eine „in sich geschlossene Handlung“ (Grebe, a.a.O., S. 504/505).

Aber schon unser Beispiel läßt sich unterschiedlich interpretieren:

Betrachte ich das Verb „einkaufen“ als transitives (Handlungs-)Verb, dann erhalte ich mit der Abstrichprobe das Grundmuster:

Der Küchenchef kauft Tomaten ein.

Betrachte ich es aber als intransitives (Tätigkeits-) Verb, so kann ich den Satz weiter reduzieren:

Der Küchenchef kauft ein.

Bei der konkreten Analyse von Sätzen und Texten taucht dieses Problem zu häufig auf, als daß man es ignorieren könnte. Was ist etwa die Grundform der Sätze:

Peter baut (einen Turm).
Katharina häkelt (einen Schal).
Der Bauer pflügt (den Acker).
Martin malt (ein Bild)?

Dasselbe Problem stellt sich allerdings auch in der Dependenzgrammatik, wenn die Valenz der Verben festgelegt werden soll, und in der Transformationsgrammatik, wenn sie „Kernsatztypen" zusammenstellt[15]. Wir werden im folgenden darauf zurückkommen.

Die Lehre von den Satzbauplänen hat eine beträchtliche didaktische Bedeutung. Sie läßt sich nicht nur als ein induktives Verfahren zum Erkennen syntaktischer Strukturen im Sprachunterricht anwenden (vgl. B. Weisgerber 1970, S. 22 ff.), sondern enthält auch einen wichtigen Aspekt der Sprachstandsanalyse und eine fundamentale Möglichkeit der Sprachförderung. Mit der Zahl der verfügbaren Satzbaupläne nimmt nicht nur die stilistische Variationsbreite zu. Wenn Satzbaupläne als „sinnlich-lautliche Gestalten" aufzufassen sind, „die als Ganze eine geistige Struktur in sich schließen, die in jedem nach diesem Modell gebauten Satz wirksam wird" (L. Weisgerber 1962, S. 375), eröffnet der Erwerb neuer Satzbaupläne zugleich neue Möglichkeiten der geistigen Bewältigung von Wirklichkeit. Die enge Beziehung von Denken und Sprache beschränkt sich nicht auf den lexikalischen Bereich (den Bereich der verfügbaren Kategorien), sondern betrifft auch die Möglichkeit, Relationen zwischen verschiedenen Kategorien herzustellen. Insofern lassen sich die muttersprachlichen Satzbaupläne gleichzeitig als Kombinationsmöglichkeiten auffassen, die spezifische Denkbahnen erschließen oder nahelegen. In einer Untersuchung über „geläufige Satzbaupläne in Aufsätzen der Sieben- bis Zehnjährigen" hat Peter Braun (1965) auffällige altersspezifische Unterschiede festgestellt: Bei den Siebenjährigen liegt der Schwerpunkt bei Aufsätzen mit 1 bis 3 verschiedenen Satzbauplänen, bei den Zehnjährigen hat er sich auf Texte mit 5 bis 8 Satzbauplänen verlagert, der Durchschnittswert ist von 2,3 Satzbauplänen pro Aufsatz auf 6,5 gestiegen (Braun 1965, S. 20 f.).

Diese Entwicklung deutet eine Förderungsmöglichkeit an, die besonders denjenigen Schülern zugute kommen sollte, deren Herkunftssprache durch eine geringe syntaktische Variationsbreite gekennzeichnet ist.

d) Einen höheren Grad an Formalisierung der Syntax strebt die *Dependenzgrammatik* an, wie sie von Lucien Tesnière (1959) entwickelt und für das Deutsche besonders von Hans-Jürgen Heringer (1970) propagiert worden ist. Sie analysiert den Satz eindeutig vom Verb aus, dessen Wertigkeit (Valenz) seine Grundstruktur bestimmt. Auf die Bedeutung der Verbvalenz für den Satzbau hat schon Johannes Erben in seinem „Abriß der deutschen Grammatik" (1961) ausführlich hingewiesen: „Von seiner (des Verbs) Art und „Wertigkeit" – man kann sie geradezu mit der Valenz des Atoms vergleichen –

15 Eine Liste solcher Kernsatztypen ist aufgestellt im Funk-Kolleg Sprache Bd. 1, (Baumgärtner 1973) S. 189

hängt es wesentlich ab, welche und wie viele Ergänzungsbestimmungen im Vor- und Nachfeld des Verbs auftreten und das Satzschema ausgestalten." (Erben 1961, S. 175). Die vom Verb und seiner Valenz ausgehende Satzanalyse läßt alle übrigen Satzglieder als „Ergänzungen" erscheinen. Entsprechend werden sie auch bezeichnet[16]. Diese Einseitigkeit des Aspekts ist ein problematischer Punkt der Dependenzgrammatik, weil sie die Polarität von Subjekt und Prädikat überdeckt. Es trifft zwar zu, daß das Verb im Satz mindestens eine Ergänzung durch ein Subjekt erfordert. Umgekehrt ist aber auch das Prädikat durch das Subjekt bestimmt und wird vom Subjekt im Hinblick auf seine Form „regiert". Die für alle indogermanischen Sprachen grundlegende Unterscheidung zwischen „Gegenstand der Aussage" und „Aussage über den Gegenstand" wird in der Dependenzgrammatik durch die Verbvalenz überspielt, während sie in der Transformationsgrammatik, deren formale Verfahrensweisen in mancher Hinsicht mit der Dependenzgrammatik verglichen werden können, als Ausgangspunkt der Konstituentenanalyse fungiert.

Der zweite problematische Punkt ist die Festlegung der Verbvalenz. Wir beschränken uns auf unser Beispiel:

Im Satz: *Der Küchenchef kauft ein*
ist *einkaufen* ein einwertiges Verb, das als „Ergänzung" nur das Subjekt erfordert.

Im Satz: *Der Küchenchef kauft Tomaten ein*
muß dasselbe Verb als zweiwertig gelten: Es erfordert als erste Ergänzung (E_1) das Subjekt, als zweite (E_2) das Akkusativobjekt.

Der Satz: *Der Küchenchef kauft heute im Supermarkt Tomaten ein* enthält schließlich weitere „Ergänzungen", die zwar vom Verb nicht unbedingt gefordert, jedoch durch das Verb ermöglicht werden.

Abhängigkeiten (Dependenzen) gibt es im Satz auf verschiedenen Ebenen. In erster Linie geht es um die direkte Abhängigkeit der Satzglieder vom Verb. Innerhalb dieser Satzglieder sind dann weitere Abhängigkeiten aufzuweisen, etwa zwischen Objekt und Attribut. Für den Satz

Der Küchenchef kauft billige Tomaten ein

ergibt sich damit folgendes Stemma:

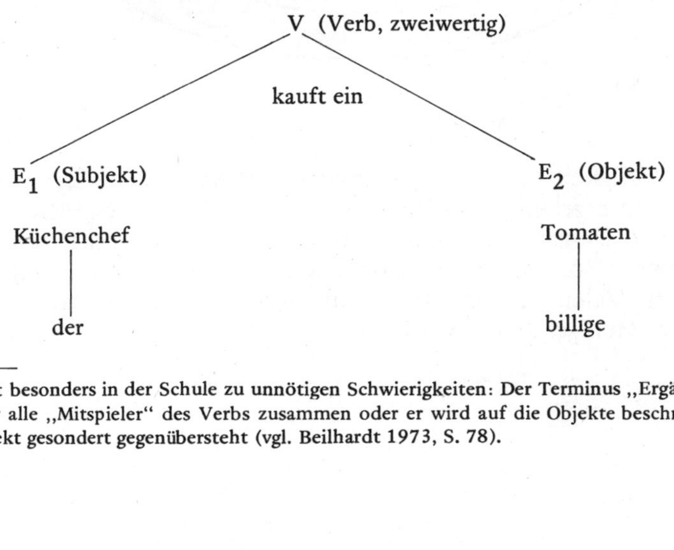

16 Das führt besonders in der Schule zu unnötigen Schwierigkeiten: Der Terminus „Ergänzung" faßt entweder alle „Mitspieler" des Verbs zusammen oder er wird auf die Objekte beschränkt, denen das Subjekt gesondert gegenübersteht (vgl. Beilhardt 1973, S. 78).

Die von der Valenz des Verbs ausgehende Satzanalyse eignet sich für den Sprachunterricht besonders dort, wo die Sonderstellung und Leistung des Prädikats im Satz herausgearbeitet werden soll. Dabei ist durchaus eine Kombination mit den etwa durch die Umstellprobe gewonnenen Einsichten möglich, die nun auf einen höheren Abstraktionsgrad gebracht werden. Je jünger die Schüler sind, um so notwendiger erscheint allerdings eine Veranschaulichung des Verfahrens, wie sie beispielsweise durch den Rückgriff auf das „Planetenmodell" versucht wird (Beilhardt, 1973, S. 80 ff.), das schon vor Jahrzehnten in der Schule (ohne Dependenzgrammatik) üblich war:

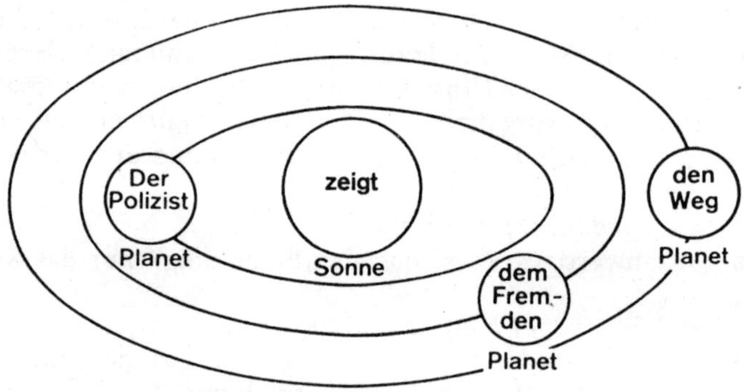

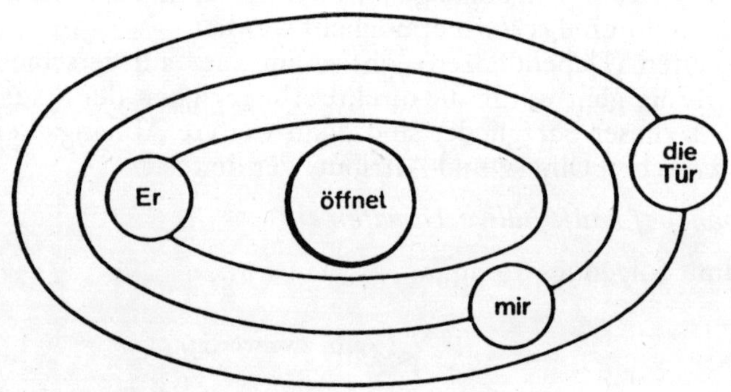

Die Notwendigkeit der Berücksichtigung der Verbvalenz kann sich auch in Sprachspielen ergeben, deren Beliebtheit bei Kindern die Motivation zum reflektierenden Umgang mit Sprache steigert. Da hierfür verhältnismäßig wenig grammatische Vorkenntnisse erforderlich sind, können so auch Grundeinsichten der Valenztheorie schon auf der Primarstufe vermittelt werden (Weisgerber/Heiliger 1975, S. 14f.):

Fünf Kinder haben zusammen das Satzbauspiel gespielt.
Das ist dabei herausgekommen:

Subjekt:	Mein Vater	Die Ziege	GROSS	Der Polizist	Den Opa
Prädikat:	beißt	schläft	trägt	baut	blüht
Ortsangabe:	am Bahnhof	im Theater	auf der Straße	im Sessel	unter dem Bett
Objekt im Akkusativ:	einen Hund	einen Brief	dem Nachbarn	einen Weihnachts-baum	einen Kanarien-Vogel

1 Schaut euch zunächst die Subjekte in der ersten Zeile an!
Zwei Kinder haben sich dabei vertan.
Findet ihr die falschen Wörter?
Als Subjekte eignen sich Substantive oder ihre Vertreter.
Sie stehen immer im Werfall (Nominativ).

2 Für das Prädikat braucht man ein Verb. Das haben alle Kinder richtig gemacht.
Trotzdem sind zwei Verben für uns nicht zu gebrauchen, weil man mit ihnen das Spiel nicht zu Ende führen kann.
Sucht die beiden Verben!
Als Prädikate eigenen sich Verben. Für unser Spiel müssen sie auf ein Ziel gerichtet sein (transitive Verben).

3 In der untersten Zeile der Streifen stehen die Objekte, die sich die Spieler ausgedacht haben.
Hier hat sich nur ein Kind vertan. Was hat es falsch gemacht?

e) In der linguistisch-didaktischen Diskussion der letzten Jahre hat die *generative Transformationsgrammatik,* die im wesentlichen (aufbauend auf Vorarbeiten von Zellig S. Harris (1951) u.a.) von Noam Chomsky (1965 (dtsch. 1969)) entwickelt worden ist, eine besondere Rolle gespielt. Die Übernahme dieser linguistischen Theorie wurde in der Bundesrepublik in den 60er Jahren mit einer solchen Begeisterung vollzogen und propagiert (vgl. Giulio C. Lepschy 1969, auch: Baumgärtner 1973, S. 209 ff.), daß eine distanzierte und kritische Auseinandersetzung mit ihren theoretischen Grundlagen und praktischen Auswirkungen erst Jahre später möglich wurde. Der Strom dieser Linguistik-Euphorie (der Begriff „Linguistik“ war zeitweise fast zum Synonym für Transformationsgrammatik geworden) speiste sich aus einer merkwürdigen Mischung verschiedener Quellen:

- aus der Opposition zu einer inhaltbezogenen Sprachwissenschaft, wie sie sich in den Nachkriegsjahrzehnten in Deutschland entwickelt hatte,
- aus den Nachwirkungen einer anti-mentalistischen Strömung im Bereich der Sprachwissenschaften (die sich freilich nie zu Recht auf Chomsky berufen konnte),
- aus einer Einengung des Wissenschaftsbegriffs auf wissenschaftliche Verfahrensweisen, die den exakten Methoden der Naturwissenschaft entlehnt oder angeglichen waren,
- aus einer Verquickung von Politik und Wissenschaft, die u.a. aus Chomskys Kritik an der Politik der USA, besonders am Vietnamkrieg, Argumente für die Fortschrittlichkeit seiner linguistischen Thesen ableitete.

Dabei kam es zu merkwürdigen Überschneidungen:
Der Ansatz der Transformationsgrammatik wurde in Deutschland etwa zur gleichen Zeit als „kopernikanische Wende der Sprachwissenschaft" gefeiert, zu der im angelsächsischen Raum kompetente Kritiker ihn schon grundsätzlich in Frage stellten. In seinem sachkundigen Büchlein über Noam Chomsky befürchtet John Lyons schon 1970, „daß wir zumindest mit der Möglichkeit rechnen müssen, daß Chomskys Theorie der Generativen Grammatik eines Tages von den Linguisten einhellig als bedeutungslos für die Beschreibung von natürlichen Sprachen aufgegeben werden wird" (Lyons 1971a, S. 145).

Die hochgespielte Konfrontation zwischen Chomskys linguistischer Theorie und der in Deutschland, besonders im Anschluß an die Herder-Humboldt-Tradition entwickelten „energetischen" Sprachwissenschaft steht in eigenartigem Gegensatz zu der Tatsache, daß Chomsky selbst in zunehmendem Maße Humboldt „wiederentdeckt" hat (vgl. Chomsky 1971, S. 25 ff.) und gerade den Ansatzpunkt seiner „Aspekte der Syntax-Theorie" aus der Abkehr von Saussure (dem „Vater" der „modernen" Linguistik) und der Hinwendung zu Humboldt entwickelt: „Es ist jedoch notwendig, von Saussures Begriff der *langue* als lediglich einem systematischen Inventar von Einheiten abzugehen und zurückzugehen auf das Humboldtsche Verständnis der zugrunde liegenden Kompetenz als einem System generativer („erzeugender") Prozesse" (Chomsky 1969, S. 14 f.).

1972 erscheint mit Band 5 des Sprachbuchs „Sprache und Sprechen" in der Bundesrepublik das Schulbuch, das am konsequentesten und extremsten Transformationsgrammatik auf die Schule überträgt. Im selben Jahr schreibt Dieter Wunderlich zum Thema „Linguistik in der Schule": „Ich halte es für völlig verfehlt, linguistische Theorien mit einem so restringierten Erfahrungsbereich, wie ihn z.B. Transformationsgrammatik, Dependenzgrammatik usw. zugrundelegen, in irgendeiner Weise thematisch in den Schulunterricht zu transportieren" (Maas/Wunderlich 1972, S. 281).

Die Chomsky-Rezeption im Grammatikunterricht der deutschen Schulen hat allerdings den zentralen Ansatz Chomskys von Anfang an verfehlt, indem sie einseitig den systematisch-beschreibenden Aspekt zur Satzanalyse heranzog und dabei den generativen (kreativen) Ansatz in den Hintergrund treten ließ. So wurde aus der behaupteten generativen Transformationsgrammatik wieder die von Chomsky kritisierte und überwundene Phrasenstrukturgrammatik, die sich in der Schulwirklichkeit vornehmlich im Abmalen von Baumgraphen erschöpfte (vgl. Kochan 1972, S. 89 f.). Das Ergebnis war eine Syntax, deren Formalismus selbst den der alten formalen Schulgrammatik Beckers übertraf und damit schwerlich geeignet erschien, bei Schülern Interesse für die Reflexion über Sprache hervorzurufen.

Wenn wir dieses Verfahren auf unseren Beispielsatz anwenden, kommen wir zu folgendem Ergebnis:

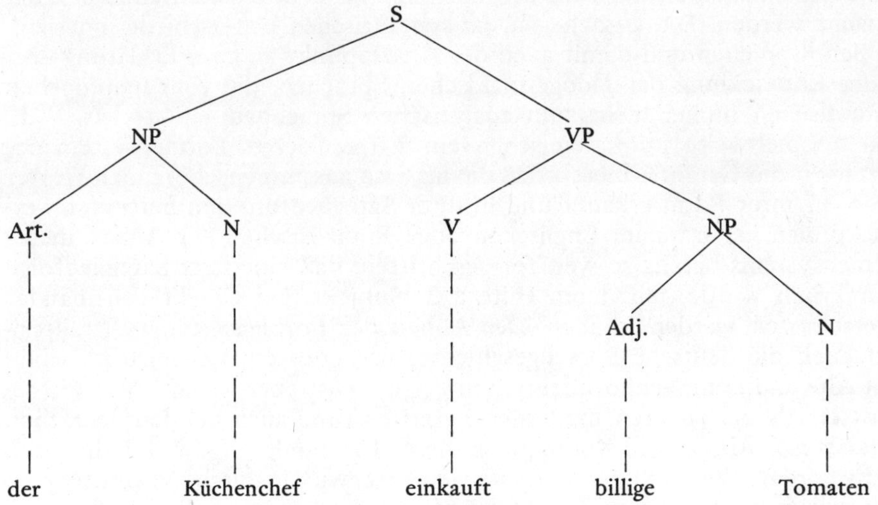

S = Satz
NP = Nominalphrase
VP = Verbalphrase
N = Nomen (Substantiv)
V = Verb

Einige bei dieser Satzanalyse auftauchende Probleme und Überraschungen können hier nur angedeutet werden:

- Es bereitet Schwierigkeiten, die adverbiale Bestimmung (im Supermarkt) einzuordnen, besonders dann, wenn man am streng dichotomischen Verfahren festhält.
- Der Satz, der sich aus den aufgezeigten Konstituenten ergibt, ist kein deutscher Satz. Um die grammatikalisch einzig akzeptable Form des Prädikats (und damit die durch das zweiteilige Prädikat gebildete Satzklammer) zu erhalten, sind zusätzliche Operationen erforderlich. Zumindest die dafür übliche Terminologie („diskontinuierliche Konstituenten") ist im schulischen Sprachunterricht schwerlich zu vermitteln.

– Frappierend erscheint die Ähnlichkeit mit der Darstellung der Satzstruktur nach Karl Ferdinand Becker (s. oben S. 30). Sie beruht nicht auf einem Zufall, sondern auf der Tatsache, daß das von Becker herangezogene Prinzip der Zellteilung dem dichotomischen Prinzip der Konstituentenanalyse entspricht.

f) Neue Möglichkeiten und Probleme für die Syntax in der Schule ergeben sich, wenn der fremdsprachliche Unterricht neben den Unterricht in der Muttersprache tritt. Die prinzipiellen Unterschiede zwischen den syntaktischen Strukturen verschiedener Sprachen bleiben den Schülern nicht lange verborgen. Sie können im Sinne einer *kontrastiven Grammatik* sowohl für den fremdsprachlichen als auch für den muttersprachlichen Unterricht fruchtbar gemacht werden. Die Ursache für die syntaktischen Unterschiede innerhalb der Schulsprachen und damit auch der Ansatzpunkt zu ihrer Erklärung liegt in der Entwicklung der indogermanischen Sprachen, die vom ursprünglich synthetischen immer mehr zum analytischen Sprachbau geführt hat. Während beispielsweise im Lateinischen ein differenziertes Formensystem der Wortarten die Garantie bietet, daß die im Satz zusammengehörenden Wörter schon an ihrer Form erkannt und in ihrer Satzgliedfunktion bestimmt werden können, ist etwa im Englischen oder Französischen der Abbau dieses Formensystems bereits so weit fortgeschritten, daß eine feste Satzgliedfolge erforderlich wurde, mit deren Hilfe z.B. Subjekt und Objekt voneinander unterschieden werden können. Der Abbau des Formensystems charakterisiert auch die deutsche Sprachgeschichte, wie etwa ein Vergleich zwischen dem Alt- und dem Neuhochdeutschen zeigt. Er ist aber weniger weit fortgeschritten als bei anderen modernen Sprachen (und auch bei den deutschen Mundarten). Als direkte Konsequenz dieses Umstandes ergibt sich die noch relativ „freie" Wortstellung im deutschen Satz, wie sie durch die Umstellprobe bereits nachgewiesen und in ihrer Bedeutung erkannt worden ist. Ein kontrastiver Grammatikunterricht in der Schule kann also zu interessanten Aufschlüssen über die syntaktische Struktur verschiedener Sprachen führen. Entsprechend sollten seine Lernziele nicht auf die Vermeidung von syntaktischen Fehlern eingeschränkt werden, sondern auch Einsichten intendieren, die nicht nur die Strukturen der Sprachen betreffen, sondern auch die ihnen zugrunde liegenden Entwicklungen und die sich aus ihnen ergebenden Möglichkeiten des Sprachgebrauchs (vgl. dazu B. Weisgerber 1974a, S. 207 ff.).

Dieser kurze und notwendigerweise unvollständige Überblick über verschiedene linguistische Ansätze und Methoden im Bereich der Syntax dürfte genügen, um zu veranschaulichen, wo die Chancen und die Schwierigkeiten liegen, die sich aus der Begegnung von Linguistik und Didaktik für den Sprachunterricht ergeben.

Sicher eröffnet jede neue linguistische Theorie neue Möglichkeiten der Einsicht in Sprache und damit auch neue Möglichkeiten des Sprachunterrichts. Ebenso sicher aber kann sich der Sprachunterricht nicht einfach jeweils der neuesten linguistischen Theorie verschreiben, und dies nicht nur, weil zuvor ihre didaktische Umsetzung geleistet werden muß, sondern vor allem, weil die Entwicklung linguistischer Theorien durchaus nicht ihre didaktische Legitimation impliziert. Die Lernziele des Sprachunterrichts sind nicht aus linguistischen Theorien ableitbar, sondern müssen von einer Sprachdidaktik entwickelt und vertreten werden, die zwar stets die Entwicklung der Fachwissenschaft zu verfolgen hat, die erreichten Einsichten in Sprache aber in Beziehung setzen muß zu den sprachlichen Qualifikationen, deren der Schüler bedarf, um die sprachlichen Aufgaben zu erfüllen, die ihm in der gegenwärtigen und in der künftigen Gesellschaft gestellt werden.

Die Entscheidung über Inhalte und Zielvorstellungen des Sprachunterrichts ist also keine linguistische, sondern eine didaktische Entscheidung (die sich freilich vor dem jeweiligen Forschungsstand der Linguistik vollziehen und rechtfertigen können muß). Daraus ergibt sich unter anderem die Notwendigkeit, eine didaktische Grammatik zu entwickeln, die sowohl die Auswahl der für den Sprachunterricht relevanten Verfahren und Erkenntnisse der Linguistik als auch die Erschließung ihrer didaktischen und methodischen Umsetzungsmöglichkeiten zu leisten hat.

Daß eine solche didaktische Grammatik nicht mit einem bestimmten linguistischen Beschreibungsmodell einer Sprache identisch sein kann, dürfte schon anhand der bisher aufgeführten Argumente und Beispiele einleuchten. Daß sie mit Hilfe eines eklektizistischen Verfahrens, das aus verschiedenen linguistischen Theorien jeweils die „brauchbaren“ Elemente auswählt und sie dann zu einer neuen Gesamtgrammatik zusammenstellt, herzustellen wäre, ist nicht zu erwarten. Ein solcher Versuch müßte schon an den Widersprüchen der verschiedenen theoretischen Ansätze und ihrer unvereinbaren Terminologien scheitern.

Die Entwicklung einer didaktischen Grammatik muß ihren Ausgang nehmen von der Bestimmung der Zielvorstellungen, die der Reflexion über Sprache im Unterricht gesetzt werden sollen, und von der Festlegung der Kriterien, nach denen Inhalte und Methoden des Grammatikunterrichts gewertet werden müssen. Da aber beim gegenwärtigen Stand der Curriculum-Diskussion über diese Zielvorstellungen und Kriterien kein Konsens zu erwarten und zu erreichen ist, dürfte auch die Hoffnung auf eine einheitliche didaktische Grammatik illusorisch sein. (vgl. Haueis 1981)

Immerhin gibt es eine Reihe von Fragen oder Postulaten, die allgemeine Bedeutung besitzen und ohne deren Berücksichtigung keine didaktische Grammatik hinreichend begründet erscheint, beispielsweise die folgenden:

- Aus welchen Gründen und zu welchen Zwecken erscheint eine reflektierende Beschäftigung mit der eigenen Sprache sinnvoll und notwendig?
- In welcher Beziehung soll diese Reflexion über Sprache mit den anderen Arbeitsbereichen des Sprachunterrichts stehen?
- Welcher Anteil am gesamten Sprachunterricht erscheint dafür vertretbar (notwendig)?
- Welche Möglichkeiten der Integration oder der Kooperation bieten sich an?
- Welche Methoden und Begriffe erscheinen geeignet, die intendierten Einsichten in Sprache dem Schüler zu vermitteln bzw. von ihm gewinnen zu lassen?
- Wo liegen für die verschiedenen Schulstufen und Altersgruppen die Möglichkeiten und Grenzen der Reflexion über Sprache?
- Anhand welcher Inhalte erscheint es aussichtsreich, die Schüler für einen reflektierenden Umgang mit Sprache zu motivieren?

- In welcher Beziehung steht Reflexion über Sprache zum sprachlichen Handeln der Schüler, sowohl was ihre Voraussetzungen als auch was ihre Auswirkungen angeht?
- Kann und soll Reflexion über Sprache den mündlichen und den schriftlichen Sprachgebrauch beeinflussen?
- Sind die erkannten Gesetzmäßigkeiten sprachlicher Strukturen zugleich Normen für sprachliches Verhalten?
- Ist Reflexion über Sprache allein auf der losgelösten Ebene systematischer Sprachbeschreibung überhaupt vertretbar, oder muß sie stets auch den Gebrauch von Sprache einbeziehen?

Es ist durchaus denkbar, daß bei der Sichtung des linguistischen Angebots durch die Brille dieser (und anderer) didaktischer Kriterien attraktive Möglichkeiten zu bemerken sind, deren unterschiedliche theoretische Provenienz als ein Hindernis für ihre Auswertung erscheinen könnte. Sofern aber die Möglichkeit besteht, sie in ergiebiger Weise auf einander zu beziehen oder miteinander zu konfrontieren, kann dieses Hindernis nicht als Ausschließungsgrund gelten. Nicht selten erweist sich dann der Grad der Vereinbarkeit unter didaktischen Maximen als erheblich höher, als es auf dem Kampfplatz der theoretischen Diskussion erreichbar erschien. Ein solches Verfahren dürfte dann auch hinreichend begründet und abgesichert sein, um den Vorwurf des pragmatischen Eklektizismus zu entkräften.

Aufgaben, Probleme und Möglichkeiten, die sich aus den Wechselbeziehungen zwischen Linguistik und Didaktik ergeben, sind selbstverständlich nicht auf den Bereich der Syntax beschränkt, den wir hier für ihre Veranschaulichung exemplarisch herangezogen haben.

Schon im Bereich des Grammatikunterrichts gibt es eine Fülle weiterer Themen und Gebiete, in denen sich in ähnlicher Weise verschiedene linguistische Theoreme gegenüberstehen und didaktische Entscheidungen erforderlich machen. Von besonderem Interesse erscheinen dabei zur Zeit die Bereiche der Semantik und der Wortbildungslehre. Darüber hinaus spielen linguistische Fragestellungen, Ergebnisse und Verfahren auch in allen übrigen Gebieten des Sprachunterrichts eine wichtige Rolle, sei es bei der Analyse der Voraussetzungen für Textanalyse und Textproduktion, bei der Absicherung der Argumente im Methodenstreit um den Erstleseunterricht oder bei der Verdeutlichung der Relationen zwischen Phonemen und Graphemen in der Diskussion um die Qualität der deutschen Rechtschreibung und um Möglichkeiten ihrer Verbesserung.

Die mehrfach betonte Auffassung, daß „die" Linguistik nicht als Grundlagenwissenschaft für die Sprachdidaktik angesehen werden kann, impliziert also nicht die Ansicht, daß der Sprachlehrer auf linguistische Ausbildung und Kenntnis verzichten könnte. Diese Ausbildung ist vielmehr die notwendige Voraussetzung für eine kritische Auseinandersetzung mit den verschiedenen linguistischen Richtungen, ohne die weder die Anregungen aufgegriffen werden können, die linguistische Forschung für den Sprachunterricht bietet, noch die Gefahren erkannt, die durch eine „Linguistisierung" des Sprachunterrichts herbeigeführt werden[17].

17 Eine sachkundig-abwägende Auseinandersetzung dazu bietet: Wilkins 1976

Der politische Aspekt des Sprachunterrichts

Sprachunterricht in der Schule war und ist ein Politikum. Es erscheint ebenso unmöglich, die politischen Bedingungen zu übersehen oder gar auszuschalten, unter denen sich Deutschunterricht vollzieht und die ihn in vielfacher Weise von seinen Inhalten bis zu seinen Lernzielen beeinflussen, wie die politischen Auswirkungen dieses Unterrichts zu leugnen. Es mag verständlich sein, daß die unrühmliche politische Geschichte des Sprachunterrichts in Deutschland, besonders seine Perversion in der Zeit des Nationalsozialismus, zu dem Bestreben führte, die politischen Implikationen des Deutschunterrichts zurückzudrängen und damit einen apolitischen Freiraum zu schaffen, in dem sich die Begegnung der Schüler mit Sprache und Literatur ungestört vom politischen Meinungsstreit und Tagesgeschehen vollziehen könnte. Aber eben dieser Versuch, der sich in erster Linie in den Lesebüchern der Nachkriegszeit dokumentierte, hat ein solches Experiment selbst ad absurdum geführt. Der durch politische Enthaltsamkeit gewonnene „Freiraum" füllte sich unversehens mit Inhalten, deren politische Brisanz eben darin bestand, daß sie einen extremen Gegensatz zu den konkreten Lebensbedingungen und Bedürfnissen der Schüler darstellten und nicht selten sogar zum Idealzustand eines unzeitgemäßen Wunschdenkens erhoben. Der französische Germanist Robert Minder konstatierte im Jahre 1953 als Ergebnis seiner Untersuchung der deutschen Nachkriegslesebücher: „Fielen dem Mann vom Mond solche Lesebücher in die Hände, er dächte: ein reiner Agrarstaat muß dieses Deutschland sein, ein Land von Bauern und Bürgern, die in umhegter Häuslichkeit schaffen und werkeln und seit Jahrhunderten nicht mehr wissen, was Krieg, Revolution, Chaos ist" (Minder [1953] 1969, S. 9). Die Diskussion um das deutsche Lesebuch (vgl. Glotz/Langenbucher 1965 sowie Helmers 1969), die z.T. durch diese Untersuchung Minders in Gang gesetzt wurde, hat durch ihre Heftigkeit deutlich gemacht, wie weit die Frage der Auswahl von Texten und Themen in Schulbüchern auch eine politische Entscheidung ist.

Das „Gesinnungsfach" Deutsch bot sich von jeher in Zeiten unangefochtener Überzeugungen oder verordneter Weltanschauungen in besonderer Weise an, wenn es darum ging, die nachfolgende Generation auf überkommene Anschauungen oder vorherrschende Ideologien zu verpflichten. Das beliebteste und geeigneteste Instrument dafür waren die Schulbücher und unter ihnen in erster Linie die Lesebücher. Das sei hier wenigstens durch einige Beispiele aus der Geschichte des deutschen Lesebuchs illustriert:

1. Am Anfang der Geschichte des deutschen Lesebuchs für Volksschulen steht Friedrich Eberhard von Rochows „Kinderfreund" aus den Jahren 1776/79. Darin veröffentlichte der Autor unter anderem auch das folgende „Unterrichtsgespräch":

21. Frage eines Schulkindes an seinen Lehrer.

Das Schulkind.

Aber, lieber Lehrer, wenn ich nun keine Arbeit bekommen kann, wie soll ich denn dem Müssiggang entfliehen?

Der Lehrer. Wie vielerley Hauptarten der Arbeit mag es geben?

Schulkind. Nun, ich denke, zwey, Kopf- und Handarbeiten.

Lehrer. Und der Handarbeiten — kannst du sie alle nennen?

Schulkind. Nein, es mögen sehr viel seyn.

Lehrer. Ob alle diejenigen, die bey den vielen Handarbeiten nöthig sind, lauter Meister seyn mögen?

Schulkind. Nein, es giebt auch Gesellen und Lehrjungen.

Lehrer. Sonst hast du keine Gattung Menschen bemerkt? Z. E. bey den Maurern, wie heißt der, der Sand, Kalk und Steine zuträgt?

Schulkind. Ein Handlanger.

Lehrer. Ob auch diese nöthig seyn mögen?

Schulkind. Ja, denn sonst müßte ein anderer brauchbarer Arbeiter sich damit beschäftigen der indeß etwas Bessers thun könnte.

Lehrer. Der Handlanger erhält aber wohl eben so viel Lohn als der Meister?

Schulkind. Nein, ich glaube nicht, denn dazu kann man ja jeden gesunden Menschen brauchen, der Meister hingegen muß sein Handwerk schon ordentlich gelernt haben, und mehr verstehen, aber dann auch mehr Lohn haben.

Lehrer. Freylich: nach dem einer nützt, nach dem wird er gemeiniglich bezahlt. Was wolltest du also thun, wenn du etwa mit dem Handwerke, welches du eigentlich gelernt hättest, vorjetzt nichts verdienen könntest? Wolltest du lieber so lange müssig gehen, betteln, stehlen oder hungern?

Schulkind. Nein, ich wollte mich nach anderer Arbeit erkundigen, und wo jemand Hülfe brauchte, helfen.

Lehrer. Aber, wenn du die Arbeit noch nie gethan hättest; würdest du gleich so viel Lohn fordern können, als ein geübter Arbeiter; oder würden Verständige dir ihn geben wollen?

Schulkind. Nein. Im Anfang, bis ich die neue Arbeit recht thun könnte, würde ich lieber weniger Lohn fordern, als die andern.

Lehrer. Nun hast du dir selbst auf deine erste Frage geantwortet.

Handle nach diesen Vorsätzen. Suche du Arbeit, wenn sie dich nicht sucht. So wirst du nicht allein niemals müssig gehen, sondern auch gewiß nicht leicht über Mangel an Arbeit zu klagen haben. Sir. 31. 27.

(Rochow 1776/79, hier wiedergegeben nach der Neuen Ausgabe 1806, Zweiter Teil, S. 23 f.)

Daß einem solchen Text in einem Lesebuch für Kinder politische Bedeutung zukommt, dürfte schwerlich zu leugnen sein. Höchst aufschlußreich erscheint schon der Vergleich der damaligen Gesellschaftsverhältnisse und Arbeitsbedingungen mit den Bedingungen der Gegenwart. Unter dem Gesichtspunkt eines solchen kritischen Vergleichs möchte man fast die Wiederaufnahme des Textes in heutige Lesebücher für die Sekundarstufe vorschlagen: Die hierarchische Struktur des Handwerksbetriebs vor zwei Jahrhunderten ließe sich ebenso glänzend daran veranschaulichen wie die Veränderungen im Verhältnis der „Tarifpartner", die sich seitdem vollzogen haben.

Wer so zu reden und zu denken gelernt hat wie das Schulkind in unserem Text, wird schwerlich je auf den Gedanken kommen, daß die hier geschilderten und akzeptierten Arbeitsverhältnisse einer Änderung bedürften oder einer Verbesserung fähig seien.

Aufschlußreicher noch erscheint die Analyse von Sprache und Argumentation: Hier sprechen Kinder nicht nur so, wie Erwachsene es von ihnen erwarten und verlangen; hier sind auch ihre Argumente die Argumente der Erwachsenen, die Argumente, auf denen die bestehenden gesellschaftlichen Verhältnissen gegründet sind. Rochows „Kinderfreund" ist ein Kind der Aufklärung. In ihm verbindet sich die Idee einer allgemeinen Volksbildung mit dem ungebrochenen Optimismus des Philanthropen, daß das Handeln nur die Konsequenz der Einsicht und daher durch „Aufklärung" zu verbessern sei. Auf dieser Grundüberzeugung basiert das Lehrerverhalten in unserem Text, das uns sonst gänzlich unverständlich bleiben müßte. Der Lehrer reagiert auf den Wunsch des Kindes, „dem Müßiggang zu entfliehen" – Wunschdenken des Lehrers! – nicht etwa mit einem konkreten Arbeitsangebot, sondern mit der Forderung nach begrifflicher Differenzierung. Aus der rationalen Aufarbeitung der Arbeit ergeben sich die positiven Vorsätze, die das künftige Handeln des Schülers bestimmen sollen.

Übrigens: Rochows „Kinderfreund" war ein ganzes Jahrhundert lang in Gebrauch an deutschen Schulen.

2. Der nächste Text ist ein Ausschnitt aus dem Vorwort zum „Lesebuch zur Förderung humaner Bildung in Realschulen", das der Schulrat Adalbert Stifter zusammen mit Johannes Aprent im Jahre 1854 herausbrachte.

> Die Verfaßer des vorliegenden Lesebuches haben in Anbetracht der weitauseinanderliegenden Forderungen an ein solches Buch je nach der Reife und dem Lebenszweck der Schüler, und in Anbetracht der Unmöglichkeit allen diesen Forderungen zugleich Genüge leisten zu können, vorzüglich einen Gesichtspunkt im Auge behalten und das Buch nach demselben zusammengestellt, den Gesichtspunkt allgemein menschlicher Bildung, (Humanismus) deren Pflege die neuere Zeit mit Recht den Sachwißenschaften (Realfächern) beigesellt hat, damit der Jüngling, der sich um die Kenntnis des Sachlichen bemüht, also der Schüler der Bürgerschulen, der technischen Schulen u. s. w. auch in die Welt des höhern allgemein menschlichen Denkens und Fühlens eingeführt werde, auf dem bekannt gewordenen Wege fortschreite, und zu dem Nothwendigen seines künftigen Lebens auch den höheren Schmuck desselben lege.
>
> Zu diesem Zwecke haben die Verfaßer einerseits nur sittlich Schönes, Würdiges, Verstandesgemäßes, d. h. künstlerisch Gebildetes zusammen zu stellen sich bestrebt, sie haben aus der alten Welt der Griechen und Römer Theile in Uebersetzungen aufgenommen, aus alter und neuer Zeit deutscher dichtender und denkender Kunst Beiträge gesammelt, und aus den erhabensten Theilen des alten Testamentes Auszüge gemacht, die nach den Eingeweihten der Schrift zu dem Tiefsten des heiligen Buches gehören. Anderseits haben die Verfaßer jede einzelne Lehre und Wißenschaft als solche bei Seite gelaßen, da denen, die in den oben angeführten Schulen nothwendig sind, ohnehin ein eigener ausschließlicher Vortrag gewidmet ist.
>
> (Stifter/Aprent 1854, S. V f.)

Häufig haben Herausgeber von Lesebüchern das mit ihrer Textauswahl verbundene Programm einleitend formuliert (so auch Rochow[18]), selten jedoch mit gleicher Klarheit und Konsequenz wie Stifter. Es ist das Programm humanistischer Bildung, übertragen auf die neu errichteten Realschulen, in denen die Dichtung als notwendige Ergänzung der Realienfächer erscheint,

18 „Die Absicht des Verfassers ist:
1) Übungen der Aufmerksamkeit, dadurch, daß, wenn ein Kind laut liest, ein anderes Kind außer der Reihe, und oft mitten in der Periode zum Fortlesen aufgerufen werde.
2) Sprachübungen, und
3) Vorbereitungen zur christlichen Tugend durch dieses Buch zu befördern. . . .
Und alsdann, bis ein besseres da ist, kann es dienen, die bisherige große Lücke zwischen Fibel und Bibel im Unterricht auszufüllen" (Rochow 1806, Vorbericht).

ohne die allgemein menschliche Bildung nicht erreichbar ist. Die Kriterien der Auswahl entsprechen dem humanistischen Bildungsideal: sittliche ,,Schönheit", Würde, künstlerische Gestaltung führen hinauf auf die Ebene der Bildung und lassen den ,,Gebildeten" sich erheben über die Notwendigkeiten des Alltagslebens.

Übrigens: Stifters Lesebuch wurde nicht in den Schulen gebraucht, für die es gedacht war. Nur nach 1945 war es – in Ermangelung akzeptabler Schulbücher – eine Zeitlang in Bayern in Gebrauch.

3. Ein halbes Jahrhundert später (1909) veröffentlicht Hugo Gaudig sein ,,Deutsches Lesebuch". Dem Band für das zweite Schuljahr ist der folgende Text entnommen:

9. Beim Anziehen

„Halte aber hübsch still", sagt der Schwamm.

„Dummes Zeug, du mußt still halten", sagt das Wasser, nachdem es sich vergeblich lockend und schmeichelnd als das schöne, weiche, lauwarme Wasser angepriesen hat.

„Wenn wir nicht ordentlich reiben", sagt das Seifläppchen, „kriegen wir keinen Grund."

„Das eine Öhrchen ist schon gut", sagt schlau das Handtuch, „nun bloß noch das andere."

Kamm und Bürste streichen die verwirrten Löckchen glatt, teilen den Scheitel und sagen: „Gleich sind wir fertig."

„Erst das rechte Ärmelchen, dann das linke Ärmelchen", sagt das reine Hemdchen.

„Über Nacht sind wir auch nicht magerer geworden", sagen die Strümpfchen zu den wurstrunden Wackelwaden.

Die Schuhchen sagen: „Schmuck Pferdchen, blanke Hufchen."

„Kopfüber, ohne die Frisur zu verderben, das ist die Kunst", sagt das Unterröckchen.

„Jetzt komme ich", sagt das Kleidchen wie der Vornehmste in der Gesellschaft, auf den alle andern gewartet haben. Es weiß recht gut, daß es das rote Kleidchen mit den Glasknöpfen ist, zu dem das Kind das Zeug sich selbst ausgesucht hat nach der Probe; es weiß, daß es des Kindes Lieblingskleidchen ist.

„Nun noch das Näschen bohnern", sagt das Taschentuch, und das klingt so launig, man denkt gar nicht an seine unangenehme Aufgabe.

„Fix und fertig", sagt der ganze Chor.

Ach, da sitzt noch ein Tränchen, ein dummes, kleines Tränchen, das sich nicht abtrocknen lassen wollte, auf der Backe. „Das küsse ich schnell weg", sagt die Mutter, „und dann gehen wir, Papa Guten Morgen sagen, einen freundlichen, reingewaschenen, angezogenen Guten Morgen."

Rudolf Reichenau.

(Gaudig/Scheibner 1909)

Man sieht: Das „Jahrhundert des Kindes" (Ellen Key) ist angebrochen. Die Welt des Kindes wird in ihrer Eigenart entdeckt und anerkannt. Auch der kindlichen Sprache wird ein Eigenwert zugesprochen. Die Zielvorstellung: Kinder sollen sich der Sprache und Denkweise der Erwachsenen so schnell wie möglich bemächtigen und anpassen, wird zumindest in Frage gestellt (und bald darauf – in der Reformpädagogik – nicht selten durch das entgegengesetzte Extrem abgelöst: Die Sprachschöpfungen des Kindes entziehen sich jeder Korrekturmöglichkeit). Freilich, was sich hier als „kindgemäße" Sprache ausgibt, ist nicht mehr als eine für das Kind zurechtgemachte Erwachsenensprache, wie sie von Kindern selbst niemals gesprochen wurde und nie gesprochen würde. Und auch die in dieser Sprache gefaßte Welt des Kindes ist keine andere als die, welche die Erwachsenen ihm wünschen, empfehlen oder vorschreiben, allerdings weich und warm und kindgemäß verpackt.

Übrigens: Texte gleicher Provenienz und Qualität finden sich auch noch in heute gebräuchlichen Grundschullesebüchern[19].

4. 1933 ging in Deutschland auch das Jahrhundert des Kindes abrupt zu Ende. Aus Kindern wurden „Junggenossen", Angehörige der „Hitlerjugend", aus Lesebüchern wichtige und wirksame Propagandamittel. Die beiden folgenden Texte mögen dafür als Belege dienen.

19 vgl. Otto Appel u.a. (Hrsg.): Deutsches Lesebuch, Bd. 1, 2. Schuljahr. Frankfurt: Diesterweg (2) 1967, etwa die Texte: Wilhelm Krick: Im Badezimmer, S. 67 („Ich warte schon auf dich", sagt das Wasser), Jochen wächst Petersilie aus den Ohren, S. 69 (Verfasser unbekannt), Flögel: Die Schnupfenteufelchen, S. 70 f.

Mit Jahr und Tag.

Gebet.

Schütze, Herr, mit starker Hand
unser Volk und Vaterland!
Laß auf unsers Führers Pfade
leuchten deine Huld und Gnade!

Weck im Herzen uns aufs neue
deutscher Ahnen Kraft und Treue,
und so laß uns, stark und rein,
deine deutschen Kinder sein!

Willi Köhler.

Der 30. Januar 1933

„Hitler ist Reichskanzler!" funkte es durch den Äther in die Welt. „Hitler ist Reichskanzler!" dröhnte es in Redaktionsstuben und ging von Ohr zu Ohr.

„Wir müssen marschieren", schrien die Kommunisten. „Wir müssen uns zur Wehr setzen", schrien die Leute vom Reichsbanner.

„Männer, wir marschieren um vier Uhr ab zum Fackelzug", rief der Sturmführer den erhaltenen Befehl in die jubelnde SA. Es gab Frauen, die weinten. Es gab Männer, die sich mit dröhnendem Schlag auf die Schultern schlugen, es gab Männer, die sich still die Hand reichten, und es gab viele, die auf der Straße hin und her liefen vor Freude.

Um Punkt vier Uhr trat der Sturm an. Von den Fenstern leuchteten Hakenkreuzfahnen. Auch schwarzweißrote hingen aus den Fenstern — manche alt, zerfetzt und grau vom Staub des Dachbodens. Es wurde marschiert —, und Parteigenossen, Männer und Frauen begleiteten den Zug. Aus allen Stadtteilen kamen die Kolonnen der SA., SS. und HJ. und sammelten sich auf der Charlottenburger Chaussee zu einer Heersäule.

Kaum war eine Formation SA. über den Stuttgarter Platz in Charlottenburg marschiert, als ein junger Mann, eine blutrote Fahne mit Sichel und Hammer schwingend, den Platz überquerte. Zu ihm gesellten sich weitere Männer — zwanzig — dreißig. Mehr kamen nicht. Der Trupp stand, die Männer redeten sich in Eifer — aber sie marschierten nicht . . . Sie gingen in ihre Wohnungen zurück — und warteten, bis die Nacht kam.

Es lag eine eigenartige Stimmung über Berlin. Ein Jauchzen, ein Aufatmen und die Gewißheit bei den einen: „Jetzt wird es werden." Bei den anderen Wut, Haß, Scheu und die bange Frage: „Was wird werden?"

Als der Abend sich herniedersenkt, leuchten vor dem Brandenburger Tor Tausende von Fackeln auf. Ihr gelbweißes Lohen läßt die Fahnen mit dem Heilszeichen hellrot aufleuchten. Der Pariser Platz, die Linden sind ein einziges Menschenmeer.

Die Trommeln werden gerührt, ein Lied klingt auf: „Die Fahne hoch . . ." In breiter Front weht das Fahnenmeer auf das Tor zu. Die Mützen fliegen vom Kopf.

Zum ersten Male werden die Fahnen des neuen Reiches durch das Brandenburger Tor getragen. Ein Brausen, ein Jubeln empfängt sie . . . das Deutschland-Lied.

Die erste Fahnengruppe biegt in die Wilhelmstraße ein, und es folgt Standarte auf Standarte, Sturm auf Sturm. Die Reichskanzlei liegt im hellen Licht, aber weit vorher wird „Achtung!" kommandiert, „Augen rechts!" Eine Gestalt wird sichtbar, von Kerzen in ein mildes Licht getaucht: Hindenburg.

Die Hände fliegen zum Gruß hoch. Wuchtig und hehr steht die Figur des Generalfeldmarschalls am Fenster. Seine Hand grüßt militärisch stramm, wenn Fahnen kommen, sein Haupt neigt sich gütig lächelnd zum Gruß und Dank, wenn jubelnd die neue Jugend des Reiches und straff die Soldaten der Front vorbeimarschieren.

Am Fenster der Reichskanzlei steht der Führer des neuen Reiches. Der Jubel, der Rhythmus der Musik und der Gleichklang der Sprechchöre brandet zu ihm herauf, immer und immer wieder. Langsamer wird vor ihm der Schritt seiner Kolonnen, jeder will das Bild lange vor Augen haben, dieses Bild, das langersehnte. . .

Fred-Erich Uetrecht (Aus: Jugend im Sturm)

Eine Textanalyse dürfte sich hier erübrigen. Einige Anmerkungen seien dennoch erlaubt:

Als besonders wirksame Mittel politischer Indoktrination fallen ins Auge:

– die Mixtur aus Parteiideologie, nationaler Begeisterung und religiöser Inbrunst,
– die Kombination des Textes mit Illustrationen (Holzschnitt) und Symbolik (Hakenkreuz, Sonne, Totenschädel),
– die emotionale Aufladung (Es gab Frauen, die weinten.)
– die Diffamierung der Gegner (hier als Feiglinge: „Die Männer redeten sich in Eifer – aber sie marschierten nicht . . .")
– Ansätze zu einer Sondersprache der Partei (SA, SS, HJ, Führer, Heilszeichen)
– Anhäufung positiv aufgeladener Adjektive (besonders gegen Textende, für den Höhepunkt der Situation): wuchtig – hehr – stramm – straff

Übrigens: Unter diesem Aspekt können derartige Texte auch im heutigen Sprachunterricht ihren Ort finden: als Paradebeispiele für manipulierten Sprachgebrauch und als Objekte kritischer Textanalyse.

5. Das Ende des „Dritten Reiches" war auch das Ende der nationalsozialistischen Lesebücher.

Die Nowendigkeit, die entstandene Leerstelle zu füllen, hätte die Chance einer Neukonzeption des deutschen Lesebuches (und damit des literarischen Unterrichts) geboten. Daß diese Chance nicht genutzt wurde, hat sich erst viele Jahre später gerächt: Die Lesebuchkritik der späten 50er Jahre war die Reaktion auf die Versäumnisse von 1945. Damals erschien den Lesebuchautoren als einziger Ausweg aus der verfahrenen lesebuchpolitischen Situation der Rückgriff auf die Zeit vor 1933 und damit allzuoft die Flucht in die Idylle. Der folgende Text kann dafür als Beispiel dienen:

Der Mutter Gesicht

Die Abc-Schützen waren vor ein paar Tagen von den Müttern zur Schule gebracht worden.

Nun war ein Bub dabei, ein lieber, stiller, der eilte nach der Schule immer spornstreichs nach Hause und trottete nicht stundenlang auf der Gasse umher. Und der Lehrer hatte seine Freude an ihm, und wenn er an seinem Platz vorbeiging, strich er ihm jedesmal mit der Hand über den blonden Schopf.

Aber eines Tages saß der kleine Mann gar still und mit ängstlichen Augen da. Und als ihn der Lehrer fragte: „Büble, was hast?", da fing das Büblein an zu weinen und sagte: „Ich weiß nicht mehr, wie meine Mutter aussieht!"

„Büble", sagte der Lehrer und nahm ihm das Schreibzeug aus der Hand, „Büble, geh heim und guck, wie sie aussieht!"

Also lief das Büblein heim, um zu sehen, wie seine Mutter aussieht. Es ist bald wiedergekommen mit fröhlichem Gesicht und hat an seiner Aufgabe weitergeschrieben, lauter schöne Buchstaben, und hat jedes i-Tüpfelchen sauber gesetzt.

Aus dem Büblein ist später ein rechter Mann geworden. Er hat seiner Mutter Gesicht nimmer vergessen.

(Die sieben Ähren, Lesebuch für Volksschulen, 2. Schj. Düsseldorf: Schwann 1953, 11. Auflage 1960, S. 68)

So sieht also der Idealtyp des „ABC-Schützen" aus: lieb, still, blond, sei's ängstlich, sei's fröhlich, sauber jedes i-Tüpfelchen setzend. Damit sind die Voraussetzungen gegeben, ein rechter Mann zu werden. Die Frage sei wenigstens erlaubt, ob derartige Voraussetzungen genügten, die Kinderprobleme der Nachkriegszeit oder die Erwachsenenprobleme der Gegenwart zu lösen.

6. Inzwischen hat die Lesebuchkritik bereits mehrere Generationen neuer Lesebücher hervorgerufen. Auf das literarische Arbeitsbuch, meist nach Gattungen gegliedert (etwa Klaus Gerth u.a. (Hrsg.): Lesebuch 65, 7. - 9. Schj. Hannover: Schroedel 1965), folgte die Textcollage mit der Absicht, den engen Literaturbegriff (Literatur = anerkannte Dichtung) zu sprengen. Als Literatur habe auch für die Schule jeder gedruckte Text zu gelten. An die Stelle andächtiger Interpretation trat die kritische Analyse von Texten, an die Stelle des Eichendorff-Gedichts die Werbeanzeige – manchmal mit vergleichbarer Ausschließlichkeit.

Die apolitische Phase des deutschen Lesebuchs war damit jedenfalls fürs erste vorbei; entsprechend heftig geriet es wieder in den politischen Meinungsstreit. Als Paradebeispiel dafür kann die öffentliche Diskussion um das Lesebuch „drucksachen" gelten, die sogar die Parlamente einiger Bundesländer beschäftigt hat. Diesem Lesebuch sind auch die folgenden „Berufsschelten für Lehrer" entnommen (eine Auswahl aus Heinz Küppers „Wörterbuch der deutschen Umgangssprache"):

Lehrer Affentöter – Antwortschnorrer – Arbeitgeber – Arschgeiger – Arschgucker – Arschpauker – Arschpitscher – Arschtrommler – Ausfrager – Backenhauer – Backenstreicher – Batzenklopper – Bildungsschuster – Blaugerber – Brotfresser – Büxenspanner – Dachpauker – Drescher – Dreschmaschine – Druschmeister – Einbleuer – Einpauker – Einpeitscher – Fleischhauer – Fleischklopfer – Fotenhauer – Fuchtelmännchen – Gänsedresseur – Gänseprediger – Grammatikhengst – Hauptmann – Hau-Sachverständiger – geistige Hebamme – Hilfsbremser – Hosenbodenarchitekt – Hosenpauker – Hosenstrecker – Hungerkandidat – Kameltreiber – Kathederdiktator – Kathederhengst – Kathederschwätzer –Kathederstratege – Kax – Kettenhund – Kiebitz – Klapsmann – Klassenpauker – Klassenschreck – Kleinkäuer – Klopfgeist – Knecht – Knochenhauer – Knüppelstratege – Kommagärtner – Kulturpauker – Leerer – Lehrmensch – Leichenzehrer – Mann, der zuviel wußte – Mathematz – Matheprof – Mathese – Matheser – Mulscheister – Murmeltier – Nachpauker – Ochsentreiber – Patriarch – Pauker – Paukerschaft – Pfotenhauer – Popotechniker – Prof – Prügel – Reichsferienmeister – Rohrstöckler – Schachtmeister – Schaller – Schinderhannes – Schlager – Schmalspur-Akademiker – Schmalspur-Theologe – Schmalspurtyrann – Schnellpfefferer – Schulfuchs – Schwachstromingenieur – Schwachstromtechniker – Steißgerber – Steißklopfer – Steißpauker – Steißtrommler – Stenz – Stier – Stupidienrat – Tintenscheißer – Totenkommission – Turnpauker – Volksbildhauer – Vorkauer – Wiederkäuer – Wissensprotz – Zahlenakrobat – Zauberkünstler – Zerberus – Zivilpauker

(Achim Block u.a. (Hrsg.): drucksachen – Lesebuch für die 5. Klasse. Düsseldorf: Pro Schule 1974, S. 71 f.).

Welche Motive die Herausgeber bewogen haben, eine solche Schimpfwörtersammlung in ein Schulbuch aufzunehmen, ergibt sich z.T. aus den folgenden Arbeitsanregungen für die Schüler: Kannst du die Sammlung aus eigener Erfahrung noch erweitern? Was wird in den Lehrerschelten am häufigsten beschimpft? Warum ist das so? Was bewirkt das Schelten und Schimpfen?

Weitere Gründe lassen sich zumindest vermuten:

- die Dokumentation der „Literaturfähigkeit" aller Sprachschichten, wie sie besonders seit der Sprachbarrierendiskussion von der Soziolinguistik propagiert wurde,
- die Präsentation von „Anti-Texten" als Anlaß zum kritischen Vergleich,
- die Ermunterung zum Abbau von „Herrschaftsverhältnissen" zwischen Lehrern und Schülern,
- eine beabsichtigte Provokation der Eltern und der Öffentlichkeit im Hinblick auf ihre Vorstellungen von Literatur und Schule.

Übrigens: Zumindest diese letzte Absicht hat sich so gut erfüllt, daß der Text in der Neuauflage der „drucksachen" gestrichen wurde.

7. Zum Abschluß unseres Parforce-Ritts durch die Geschichte des deutschen Lesebuchs und seiner politischen Hintergründe und Auswirkungen ein Text aus dem 1981 in erster Auflage erschienenen Lesebuch „Ansichten" für das 10. Schuljahr an Hauptschulen und Gesamtschulen. Er steht unter der Überschrift „Wie einer Schriftsteller wurde" und basiert auf einer Veröffentlichung in der Wochenzeitung „Die Zeit" vom 8.4.1977

Dezember 1962
Joachim Kaiser,
Gutachten zu Walter Kempowski

Allgemeines

Walter Kempowskis impressionistisch getönte Prosa-Skizzen sind formal, sprachlich, im Aufbau, in der Tendenz – und überhaupt im Hinblick auf alles, woran man Prosa guten Gewissens zu messen pflegt – rätselhaft. Während der Lektüre scheint es mitunter, als walte hinter den Beobachtungen, die der Ich-Erzähler manchmal brieflich an seine Mutter weitergibt (aber diese Briefsituation wird keineswegs präzis durchgehalten, immer wieder fängt einmal ein Brief, eine Schilderung deutlich zur Mutter hin an) ein versteckter Plan. Doch entweder existiert dieser Plan nur ansatzweise oder – wohl die wahrscheinlichste Lösung – des Autors konstruktives Talent war nicht stark genug, deutlich hervorzuheben, worum es ihm eigentlich ging. Die drei Teile sind erheblich verschieden. Denkbar schwach, lähmend und langweilig der erste, voller phantastischer Bilder – also etwas stärker– der zweite.

Urteil:

Ich halte den Text in der vorliegenden Form für keineswegs druckreif. Ich glaube auch nicht an die Möglichkeit einer straffenden Bearbeitung. Die Sprache ist der Phantasie nicht gewachsen. Sie schwankt hin und her zwischen altmodischer Stilisierung und glatter Ungeschicklichkeit. Wenn man die sprachlichen Klischees, die abgenutzten und altmodischen Wendungen mit dem vergleicht, was der Autor manchmal anstrebt, dann bleibt nur ein Schluß übrig: es handelt sich um die phantasievolle Prosa eines mehr oder minder begabten Dilettanten. Geformt, durchgehalten und vor allem: gewonnen ist nichts. Den Verdacht des Dilettantismus nähren auch die zahllosen deutlichen Kunstfehler. Meine Feststellung, hier werde eine Dilettantensprache mit manchmal verblüffenden „Geschichten“ nicht fertig, besagt noch nichts über die Phantasie, deren Blasen dies Aquarium durchziehen. Denn auch wenn jemand mit den Worten des Provinzfeuilletons oder des „Edeka“-Hausfrauenblattes sich äußert – er kann, zumal als Anfänger, Visionen zu transportieren haben, die seine Sprache transzendieren. Doch möchte ich davor warnen, dergleichen allzu hoch zu bewerten. Wenn die Phantasie alles darf, durch nichts – also durch keinen logischen oder ästhetischen oder der inneren Konsequenz des Geschehenden folgenden Zwang – beherrscht wird, dann ist das Absonderliche ja fast ein beliebter Sport.

Fazit:

Mittlere Phantasie hat lyrisch–impressionistische Prosabeschreibungen in altmodische Sprache gehüllt. Weder der Handlungs- noch der Bild-Zusammenhang ist im mindesten zwingend. Der Druck des vorliegenden Manuskriptes kann nicht befürwortet werden.

(aus: Baumgärtner 1981, S. 182)

Auf verschiedenen Ebenen erscheint der Vergleich zwischen „drucksachen“ (1974) und „Ansichten“ (1981) – schon in den Titeln der Lesebücher angedeutet – ebenso reizvoll wie aufschlußreich, z. B.

– auf der lexikalischen Ebene:
Dreschmaschine, Hilfsbremser, Tintenscheißer . . .
gegen:
impressionistisch getönte Prosa-Skizzen, konstruktives Talent, Visionen transportieren, Sprache transzendieren . . .

(Eine Erklärung dieser Wörter und Wendungen sucht der (14jährige!) Leser im Arbeitsteil des Buches vergeblich.)

– auf der Ebene der Soziolinguistik:
hier die ungeschminkte „Umgangssprache“ von Pennälern (oder das, was Küpper dafür hält) – dort gepflegtestes Literatendeutsch, mit dem der kritische Rezensent sich selbst produziert.

– auf der Ebene der Literaturtheorie:
hier der „neue“, mit Begeisterung übernommene Literaturbegriff aus dem Anfang der 70er Jahre: Alles, was geschrieben wird, ist auch Literatur – dort eine rezeptionsästhetische Auffassung von Literatur, die Texte erst in ihrer Wirkung auf Leser wirklich werden läßt und diese Wirkung dann in neuen Texten thematisiert. (Die Frage sei erlaubt, wie der angeführte Text dann wohl auf 14jährige Hauptschüler wirkt – man könnte sie ja einmal danach fragen.)

– auf der didaktischen Ebene:
Beide Lesebücher enthalten Arbeitsanregungen für die Schüler, aus denen sich die Zielvorstellungen herauslesen lassen, die die Autoren mit ihrer Textauswahl verfolgen. (Neuerdings wird solches sogar von ministeriellen Gutachterkommissionen verlangt, die das Lesebuch zum „Leitmedium“ des Sprachunterrichts hochstilisieren.)

hier: „Kannst du die Sammlung aus eigener Erfahrung noch erweitern?“

dort: „Wie könnte man den anfänglichen Mißerfolg des später so erfolgreichen Autors Kempowski erklären?“

– auf der politischen Ebene:
1974 waren Lesebücher Gegenstand öffentlicher politischer Auseinandersetzungen, bis in die Wahlkämpfe hinein.

Heute verengt sich die politische Perspektive bei der Schulbuchproduktion fast ganz auf den Kleinkrieg mit ministeriellen Gutachterkommissionen, die die Übereinstimmung vorgelegter Bücher mit kurzlebigen Richtlinien oder Curricula überprüfen. Mir scheint die Sorge nicht unbegründet, ob der neuerliche Rückzug auf die „Literatur im eigentlichen Sinne“ nicht, ähnlich wie in der Nachkriegszeit, wieder zu einem „apolitischen“ Lesebuch zurückführt, dessen Problematik vor allem darin besteht, daß es seine eigenen politischen Voraussetzungen oder Vorentscheidungen entweder nicht erkennt oder nicht offenlegt.
Übrigens: Warum sollte man die Geschichte des deutschen Lesebuchs samt ihren politischen Implikationen nicht auch einmal zum Thema des Sprachunterrichts machen, vielleicht sogar im Lesebuch selbst? Auch die Emanzipation vom Lesebuch gehört zu den Aufgaben eines emanzipatorischen Sprach- und Literaturunterrichts (vgl. B. Weisgerber u.a. 1979, S. 159-178).

Die Politisierung des Deutschunterrichts hat in der Richtliniendiskussion ebenso deutlich ihren Ausdruck gefunden wie in den vorher angeführten Textbeispielen aus der didaktischen Literatur. Ob sie allerdings dazu beigetragen hat, die politische Funktion dieses Schulfaches zu klären und seine politisch relevanten Lernziele zu verdeutlichen, muß zumindest bezweifelt werden. In der Öffentlichkeit und auch bei einem großen Teil der Lehrerschaft dürfte sie eher eine Abneigung hervorgerufen haben, sich mit dem politischen Aspekt des Deutschunterrichts zu beschäftigen oder sich in diesem Unterricht politisch zu engagieren.

Man sollte deshalb unterscheiden zwischen einem politisierten und einem politischen Deutschunterricht. Während der erste seine Zielsetzungen aus bestimmten politischen oder ideologischen Vorentscheidungen ableitet, versucht der zweite an der Herstellung der Voraussetzungen mitzuarbeiten, die zu den Grundbedingungen des politischen Lebens gehören und auf denen die Möglichkeit politischer Entscheidungsprozesse in einem demokratischen Gemeinwesen basiert. Im Zentrum eines politischen Deutschunterrichts, wie er hier vertreten und gefordert wird, stehen seine politisch relevanten Lernziele. Wenigstens die wichtigsten seien aufgeführt:

1. Die Funktionsfähigkeit einer Demokratie beruht auf der Fähigkeit ihrer Mitglieder, an politischen Entscheidungsprozessen teilzunehmen. Die potentielle Mitbestimmung aller betroffenen Bürger kann aber nicht aktualisiert werden, wenn diese nicht über die dafür erforderlichen Qualifikationen verfügen. Demokratische Entscheidungen müssen herbeigeführt werden durch den Austausch von Argumenten und das Abwägen von Interessen. Beides vollzieht sich auf dem Weg über sprachliche Kommunikation. Eine Demokratie hat also ihren Namen nur dann verdient und kann nur dann funktionieren, wenn der überwiegende Teil der Bürger in der Lage ist, seine Argumente zu formulieren und seine Interessen zu versprachlichen, um sie so in den Entscheidungsprozeß einzubringen. Ist dies nicht der Fall, so muß sie zu einer Oligarchie der Wortgewandten pervertieren. An die Stelle der alten Klassengesellschaft würde dann nur eine neue treten, in der die kleine Gruppe derer, die zu Wort kommen, über diejenigen Macht ausübt, die nicht zu Wort kommen. Im Bundestag wie in der Schulpflegschaftsversammlung dokumentiert sich tagtäglich, wie konkret ein solches neues „Zweiklassensystem" bereits funktioniert. Die Unterlegenheit der „schweigenden Mehrheit" beschränkt sich dabei nicht auf den aktiven Einsatz von Sprachmitteln für die eigenen Interessen, ihre Auswirkungen betreffen weniger offenkundig, aber um so intensiver auch die Rezeption von Sprache: Wer nicht in der Lage ist, die Formen des Sprachgebrauchs zu erkennen und zu durchschauen, mit denen seine Meinung und seine Entscheidungen im Dienste fremder Interessen beeinflußt werden sollen, ist den vielfältigen Formen sprachlicher Manipulation schutzlos ausgesetzt.

Ein politischer Deutschunterricht findet seine Aufgaben daher sowohl im produktiven als auch im rezeptiven Umgang mit Sprache. Er soll die Schüler befähigen und motivieren, sowohl ihre eigenen Auffassungen und Interessen wirksam zu versprachlichen als auch die durch Sprache vermittelten Argumente der anderen verstehend aufzunehmen und kritisch zu verarbeiten.

2. Der Prüfstein demokratischer Spielregeln und demokratischen Verhaltens ist die Lösung von Konflikten. Die humane Form der Konfliktlösung verläuft über den Austausch und das Abwägen von Argumenten. Je radikaler andere, inhumane Formen der Austragung von Konflikten mit Hilfe physischer Gewalt den Fortbestand menschlicher Existenz überhaupt in Frage stellen, um so dringender wird das Interesse an der Entwicklung, Erprobung und Anwendung gewaltloser Strategien der Konfliktbewältigung. Auch wer die „herrschaftsfreie Diskussion" (Jürgen Habermas) als Utopie betrachtet, wird zugeben müssen, daß eine Annäherung an diese ideale Zielvorstellung zu den Bemühungen zählt, auf die sich die Zukunftschancen der menschlichen Gesellschaft gründen.

In zunehmendem Maße hat die sprachliche Verarbeitung von Konfliktsituationen auch Eingang in den Sprachunterricht gefunden. Die von der Soziologie übernommene Wertschätzung des Rollenspiels und seine Methodisierung für den Deutschunterricht (vgl. B. Kochan 1974) haben neue Unterrichtsmöglichkeiten im Bereich mündlicher Kommunikation eröffnet, die im wesentlichen von inner- oder außerschulischen Konfliktsituationen ausgehen. Allerdings genügt es dabei nicht, so oft wie möglich beliebige Situationen durchzuspielen und die Schüler anzuleiten, so geschickt wie möglich in jede beliebige sprachliche Rolle zu schlüpfen. Es kommt vielmehr darauf an, anhand solcher Situationen mit Hilfe des Rollenspiels sprachliche Verhaltensweisen zu vermitteln und einzuüben, die eine humane Lösung von Konflikten ermöglichen.

Dazu gehört in erster Linie die Fähigkeit zu argumentieren. Argumentation unterscheidet sich von den anderen Formen des Sprachgebrauchs durch ein besonderes Maß an Sachlichkeit, durch die Fähigkeit, sich auch von der eigenen Position zu distanzieren, die eigenen Interessen zu objektivieren und damit auch die Interessen anderer in den Blick nehmen zu können. Die Lernziele des Deutschunterrichts, die sich aus der Notwendigkeit der Verbalisierung von Konflikten und der Entwicklung argumentativer Lösungsstrategien ergeben, erschöpfen sich jedoch nicht in der Durchführung und Perfektionierung von Rollenspielen. Sie umfassen darüber hinaus die Reflexion des dabei angewandten und eingeübten sprachlichen Verhaltens.

Konfliktlösung gelingt nicht allein auf dem Wege eines möglichst effektiven Gebrauchs von Sprachmitteln durch alle am Konflikt Beteiligten oder Interessierten. Hinzukommen muß die Fähigkeit, darüber nachzudenken und zu urteilen, welche Sprachmittel dem Gegenstand des Konfliktes, der Konfliktsituation und dem Kontrahenten angemessen, d.h. im konkreten Fall auch zu verantworten sind.

3. Politisches Handeln kann sich nicht auf die Analyse oder Fixierung gegenwärtiger gesellschaftlicher Zustände oder Machtverhältnisse beschränken. Politische Konzepte beziehen sich stets auf die Weiterentwicklung des Bestehenden, sei es unter Betonung der Kontinuität mit dem Bisherigen oder mit dem Ziel, Veränderungen herbeizuführen. Insofern ist politisches Handeln immer auf die Zukunft bezogen und nimmt seine Motivation aus der Überzeugung, daß in dieser Zukunft eine Verbesserung der gesellschaftlichen Verhältnisse notwendig und möglich ist.

Zukunftsentwürfe für die menschliche Gesellschaft aber sind nur denkbar in Sprache. Sprache bietet die Möglichkeit, noch nicht realisierte Zustände vorzustellen. Ihre sprachliche „Realisation“ wirkt dabei nicht nur als Voraussetzung, sondern auch als Motiv ihrer Verwirklichung.

Zu den Lernzielen eines Sprachunterrichts, der diesen futurologischen Aspekt berücksichtigt, gehört in erster Linie die Förderung sprachlicher Kreativität. Sprachliche Kreativität darf nicht im Sinne Chomskys eingeschränkt werden auf das Hervorbringen von Sätzen, die bisher noch nicht gehört und gesagt worden sind. Sprachliche Kreativität bezieht sich auch auf die Weiterentwicklung der Sprache selbst (z.B. im Bereich der Wortbildung) und ganz besonders auf den Entwurf noch nicht verwirklichter Wirklichkeiten in Sprache. Jedes politische Programm ist ein solcher Entwurf, und die

Qualität seiner sprachlichen Fassung entscheidet mit über die Chancen seiner Verwirklichung.

4. Zu den wichtigsten Konstituenten politischer Mündigkeit zählt die Fähigkeit zur Kritik. Die Erziehung zur Kritikfähigkeit hat daher in den neueren Richtlinien und Curricula einen besonderen Stellenwert erhalten. Bezogen auf den Sprachunterricht führte diese Entwicklung zum Lernziel Sprachkritik, das in der jüngsten didaktischen Diskussion mit zunehmendem Gewicht versehen wird (vgl. B. Weisgerber 1975, S. 11-83, Ivo 1975, S. 151-196, Beutin 1976). Möglichkeiten der Sprachkritik bieten sich im Deutschunterricht auf verschiedenen Ebenen und mit verschiedenen Zielsetzungen. Sie reichen von der kritischen Analyse des Sprachgebrauchs in bestimmten Situationen über die kritische Textanalyse und das Aufdecken sprachlicher Möglichkeiten der Manipulation bis zur kritischen Auseinandersetzung mit den in Sprache vorgegebenen Begriffen und Anschauungen. (Hier wird Sprachkritik zu einem Problem der Erkenntnistheorie, das in der Gegenwartsphilosophie eine zentrale Rolle spielt[20]).

Unter den vielfältigen Möglichkeiten einer kritischen Beschäftigung mit Sprache sind im Hinblick auf die politischen Aufgaben des Deutschunterrichts besonders die folgenden hervorzuheben:

- kritische Reflexion des Sprachgebrauchs, besonders in Konfliktsituationen
  Der Schüler soll erkennen, mit welchen sprachlichen Mitteln die am Konflikt beteiligten Personen oder Parteien ihren Argumenten Gewicht zu verleihen und ihre Interessen durchzusetzen versuchen. Er soll darüberhinaus zu beurteilen lernen, ob diese Sprachmittel in der gegebenen Situation angebracht, wirksam und vertretbar erscheinen.
- kritische Berücksichtigung fremder Argumente
  Der Schüler soll lernen, die Argumentation des Kontrahenten in die eigene Strategie zur Konfliktlösung einzubeziehen. Nur so kann ein Fortschritt in der Diskussion erreicht und gegebenenfalls ein vertretbarer Kompromiß zustande gebracht werden.
- kritische Analyse politischer Sprache
  Die Sprache der Politik bedient sich spezieller Mittel. Dies ist nachzuweisen durch die Analyse politischen Sprachgebrauchs in seinen verschiedenen Erscheinungsweisen (politische Rede, Wahlpropaganda, Parteiprogramme, politische Sendungen in Funk und Fernsehen usw.) und auf den verschiedenen sprachlichen Ebenen (vom politischen Wortschatz bis zu den politischen Textsorten).
- Übersicht über die wichtigsten Möglichkeiten und Formen manipulativen Sprachgebrauchs
  Die Möglichkeiten der Meinungsbildung durch Sprache werden zunächst an leicht durchschaubaren Texten (beispielsweise Werbeanzeigen) nach-

20 „Die philosophische Aufmerksamkeit hat sich im Verlauf dieser Entwicklung teilweise so ausschließlich auf die Sprache konzentriert, daß man Philosophie überhaupt mit Sprachkritik identifiziert hat" (Kutschera 1971, S. 11).

gewiesen und untersucht. Die dabei erworbenen Techniken kritischer Sprachanalyse werden später auf diffizilere Formen sprachlicher Manipulation (beispielsweise in der Nachrichtenübermittlung) angewandt. Die damit beabsichtigte Immunisierung gegen manipulativen Sprachgebrauch verstärkt sich mit dem zunehmenden systematischen Überblick über seine Vorkommen, seine Mittel, seine Formen und seine Ziele.

B
Beziehungen

Psycholinguistik und Sprachunterricht

Die Psycholinguistik – früher meist als Sprachpsychologie bezeichnet – ist ein relativ junger Zweig der Wissenschaft. Wie ihr Name besagt, ist ihr Interesse auf die Beziehungen gerichtet, die zwischen psychischen und sprachlichen Prozessen festzustellen sind, und zwar sowohl in systematischer Hinsicht (z.B. Beziehungen zwischen Sprechen und Denken, zwischen Sprache und Wahrnehmung oder Erfahrung) als auch unter genetischem und chronologischem Apsekt (z.B. Sprachentwicklung des Kindes, Sprache und Begriffsbildung, Priorität von Denken oder Sprechen).

Einige Fragestellungen der Psycholinguistik gehören zu den Grundproblemen, mit denen sich die abendländische Philosophie seit ihren Anfängen beschäftigt. So liefert beispielsweise die platonische Definition des Denkens als „inneres Gespräch der Seele mit sich selbst" auch heute noch Zündstoff für wissenschaftliche Kontroversen.

Andere Fragen sind erstaunlich spät aufgegriffen worden, obwohl die Beobachtungen, die sie provoziert haben, auf jeder Entwicklungs- und Kulturstufe hätten gemacht werden können. Die Erforschung der Kindersprache und ihrer Entwicklung ist – nach einigen Vorarbeiten – im wesentlichen erst in unserem Jahrhundert erfolgt und weist auch heute noch viele Lücken und ungeklärte Probleme auf. Das mag verwundern, ist aber erklärlich, wenn man bedenkt, daß Eigenart und Eigenwert der Kindheit erst in unserem Jahrhundert (dem „Jahrhundert des Kindes" (Key 1902)) erkannt und anerkannt worden sind, während bis dahin das Kind vornehmlich als unfertiger und unvollkommener Erwachsener angesehen war. Diese „Entdeckung des Kindes" verläuft parallel zu wichtigen Strömungen der Jahrhundertwende im gesellschaftlichen, pädagogischen und ästhetischen Bereich (Jugendbewegung, Schulreform, Kunsterziehungsbewegung). Sie hat nicht nur den Anstoß zur Kindersprachforschung gegeben, sondern auch den Sprachunterricht mit seinen Zielvorstellungen, Wertmaßstäben und Methoden entscheidend verändert – oder wenigstens zu verändern versucht. Zu ihren Konsequenzen gehörte die Berücksichtigung der „Altersmundart" des Kindes (Berthold Otto 1908) ebenso wie die Forderung nach einem „freien" Aufsatz (vgl. dazu unten S. 311ff.) und einem „freien" Unterrichtsgespräch, in dem die Interessen und Erfahrungen der Schüler die Thematik und ihre Behandlung im Unterricht bestimmen. Der Vergleich der damaligen Reformkonzeptionen mit der heutigen Schulwirklichkeit ist allerdings bestens geeignet, eine übertriebene pädagogische Fortschrittsgläubigkeit zu kurieren.

Die Psycholinguistik ist für die Sprachdidaktik unter mehreren Gesichtspunkten bedeutsam. Sie kann zwar nicht die Ziele bestimmen, die dem Sprachunterricht zu setzen sind, auch nicht – oder nur in beschränktem Maße – die Wege beschreiben, auf denen solche Ziele erreichbar sind, sie kann aber die Voraussetzungen deutlich machen, die für die Sprachförderung zu berücksichtigen sind, und den Zusammenhang aufdecken, der zwischen Spracherwerb und Gesamtentwicklung des Kindes besteht.

Die Treffpunkte zwischen Psycholinguistik und Sprachdidaktik lassen sich in Fragen formulieren, die zu den Forschungsschwerpunkten der Psycholinguistik gehören und deren Beantwortung, Differenzierung oder (zumindest) Problematisierung unabdingbar erscheint, wenn Sprachunterricht systematisch begründet, geplant und durchgeführt werden soll:

- Welche Antriebskräfte steuern den Spracherwerb des Kindes?
- Welche Voraussetzungen müssen gegeben sein, damit die Sprachentwicklung „normal" verläuft?
- In welchem Verhältnis stehen Anlage und Umwelt (Sprachfähigkeit und Sprachangebot) beim Sprechenlernen?
- Welche Beziehungen bestehen zwischen Spracherwerb und kognitiver Entwicklung?
- Ist das Verfügen über Sprache die Voraussetzung für begriffliches Denken?
- Sind die sprachlichen Leistungen des Kindes ein Maßstab für seine Intelligenz?
- Ist die kindliche Sprachentwicklung systematisch zu strukturieren?
- Lassen sich verschiedene Phasen der Sprachentwicklung von einander abheben, die durch spezifische Bedingungen und Leistungen gekennzeichnet sind?
- Ergeben sich aus der Analyse dieser Entwicklung Hinweise für Möglichkeiten der Sprachförderung?
- Wo liegen die Ursachen für Sprach- und Sprechstörungen, und wie lassen sie sich beheben?

Es ist natürlich unmöglich, in diesem Rahmen die Gesamtheit der Probleme darzustellen, mit denen sich die Psycholinguistik beschäftigt, oder der wissenschaftlichen Methoden, deren sie sich dabei bedient, oder auch nur der Ergebnisse, zu denen die Forschung gelangt ist. Ich beschränke mich auf zwei Fragenkreise, die den Sprachunterricht in besonderer Weise berühren, und die geeignet erscheinen, ein Problembewußtsein zu erzeugen, das den Sprachlehrer dazu motiviert, die von der psychischen Entwicklung seiner Schüler gegebenen Voraussetzungen seines Unterrichts zu bedenken und die Chancen zu nutzen, die sich daraus für die Sprachförderung ergeben:

- Spracherwerb und Begriffsbildung
- Sprachfähigkeit und sprachliches Angebot (Anlage und Umwelt)

Spracherwerb und Begriffsbildung

Zu den Ergebnissen der psycholinguistischen Forschung und Diskussion zählt die Einsicht, daß Sprechen und Denken zwar nicht als identisch zu betrachten sind, daß aber zwischen beiden so enge Wechselbeziehungen bestehen, daß eines ohne das andere nicht denkbar und auch nur schwer beschreibbar ist. Dieses Ergebnis steht aber in einem gewissen Gegensatz zur Beobachtung bestimmter Formen des „Werkzeugdenkens" bei Tieren (etwa bei Köhlers berühmten Schimpansen) und auch zu Wygotskis Behauptung, daß auch nach der Begegnung der Entwicklungslinien von Sprechen und Denken ein „großes Gebiet des Denkens" bestehen bleibe, „das keine direkte Beziehung zum sprachlichen Denken hat" (Wygotski 1971, S. 95). Es erscheint daher sinnvoll und notwendig, zwischen verschiedenen Formen des Denkens zu unterscheiden, wobei als Unterscheidungskriterien ihr sprachlicher Einschlag oder sogar der Grad ihrer Abhängigkeit von Sprache dienen kann.

Worum es hier geht, läßt sich vielleicht am besten in der Selbstbeobachtung nachvollziehen: Man vergleiche dafür Denkprozesse in verschiedenen Situationen:

- Ich vertiefe mich in den Anblick eines Gemäldes.
- Ich verfolge die Melodien eines Musikstücks.
- Mir „kommt die Idee", wie ein technisches Problem zu meistern ist.
- Ich spüre instinktiv, daß ich einen Gesprächspartner falsch eingeschätzt habe.
- Ich „erkenne" einen Vogel als Rotkehlchen.
- Ich „setze" mich mit einem Problem, das mich bedrückt, „geistig auseinander".
- Ich suche nach Argumenten, um meine Meinung oder Handlungsweise vor mir und anderen zu begründen.

Für keine dieser Situationen soll hier Sprachunabhängigkeit postuliert werden. Auch wer ein Gemälde betrachtet, befindet sich dabei in einem sprachlich-kulturellen „Kontext", ohne den weder der Maler das Bild hätte produzieren, noch der Betrachter seine „Aussage" hätte „verstehen" können.

Dennoch: das Denken gewinnt wesentlich schärfere Konturen, wenn es sich in Begriffen verdichtet, die in Worten aussagbar sind, wenn also die „Realität" im sprachlichen Symbol zum geistigen „Gegenstand" konstituiert wird.

Das Denken in Symbolen – Bedingung der Möglichkeit menschlicher Kommunikation als „symbolischer Interaktion" – ist die Form, in der die Besonderheit menschlichen Denkens und zugleich seine Verbindung mit Sprache am deutlichsten zutage tritt.

Diese Denkform soll daher als „begriffliches Denken" aus anderen Denkprozessen herausgehoben werden und im Hinblick auf ihren Zusammenhang mit Spracherwerb und Sprachentwicklung etwas genauer betrachtet werden.

Wie wichtig eine Analyse des begrifflichen Denkens auch für die Spracherziehung ist, ergibt sich schon, wenn wir sie in Beziehung zu den beiden Grundleistungen der Sprache setzen, die in jedem Sprachunterricht zu berücksichtigen und zu fördern sind: Kognition und Kommunikation.

Was wir unter sprachtheoretischem Aspekt als „Artikulation der Wirklichkeit“ (vgl. oben, S. 22) betrachtet haben, erscheint hier unter dem Aspekt der Psycholinguistik als Bildung und Differenzierung von Begriffen, und das gemeinsame Verfügen von Sprecher und Hörer über solche (im wesentlichen gleich verstandene) Begriffe ist die unabdingbare Voraussetzung jeder Verständigung, jeder funktionierenden Kommunikation.

Gerade wer die Restriktion von Sprachunterricht auf Sprech- (und Schreib-)unterricht ablehnt und auch in seiner Praxis zu vermeiden sucht, muß den Zusammenhängen zwischen Spracherwerb und Begriffsbildung besondere Aufmerksamkeit widmen. Wir wollen im folgenden versuchen, diesem Zusammenhang sowohl auf der theoretischen als auch auf der empirischen und der didaktischen Ebene nachzugehen.

Ansätze zu einer psycholinguistischen Theorie der Begriffsbildung finden sich bereits bei William Stern. Er unterscheidet in der Sprachentwicklung des Kleinkindes zwischen „Individualbegriffen“ und „Pluralbegriffen“ als Vorstufe zu den Gattungsbegriffen. Individualbegriffe haben nach Stern etwa die Funktion von Eigennamen und sind „pädozentrisch“ motiviert: „Das Kind erlangt jetzt die Fähigkeit, einen bestimmten Gegenstand bewußt zu identifizieren, und zwar deswegen, weil es zu diesem Gegenstand in einem besonderen Verhältnis steht“ (Stern 1965, S. 195).

Den Übergang zu den Gattungs- oder Allgemeinbegriffen, die das Kind nach der Ansicht Sterns schon im 4. Lebensjahr entwickelt, bilden die „Pluralbegriffe“. Ihre Funktion erläutert Stern am Beispiel „Pferd“: „Das Kind weiß jetzt, daß ‚Pferd‘ nicht ein nur einmal vorhandenes Individuum ist, sondern ihm in vielen Exemplaren begegnen kann; aber seine Aussagen beziehen sich immer nur auf dieses oder jenes Exemplar, welches sich gerade seiner Wahrnehmung, Erinnerung oder Erwartung darbietet. Es ordnet jedes neue Exemplar nun schon *neben* die vielen anderen, die es früher wahrgenommen, aber es ordnet noch nicht alle Exemplare dem Allgemeinbegriff *unter*“ (S. 195).

Die Wortart, in der sich diese ersten Begriffe des Kindes kristallisieren, ist das Substantiv. Es macht es dem Kind möglich, aus dem Fluß der Erscheinungen ein Phänomen herauszugreifen, es von anderen abzusondern und zu unterscheiden und es in einer Situation wiederzuerkennen und in der weiteren Entwicklung mehrere solcher Phänomene aufgrund gleichgerichteter Erfahrungen oder (später) gemeinsamer Merkmale unter einem Gattungsbegriff zusammenzufassen. Damit steht das Kind am Anfang des Prozesses der „Verwandlung der Welt in Gedanken“ (Humboldt), die wir bereits an anderer Stelle (vgl. oben S. 20ff.) als Grundleistung der Sprache beschrieben haben.

Was hier unter psycholinguistischem Gesichtspunkt für die Ontogenese der Sprache beim Kind beschrieben wird, hat für die Phylogenese, d.h. für den „Ursprung“ menschlicher Sprache bereits Herder sprachtheoretisch erkannt und poetisch ausgedrückt: „Der Mensch beweist Reflexion, wenn die Kraft seiner Seele so frei wirkt, daß sie in dem ganzen Ozean von Empfindungen, der sie durch alle Sinne durchrauscht, eine Welle, wenn ich so sagen darf, absondern, sie anhalten, die Aufmerksamkeit auf sie richten und sich bewußt sein kann, daß sie aufmerke. Er beweist Reflexion, wenn er aus dem ganzen schwebenden Traum der Bilder, die seine Sinne vorbeistreichen, sich in ein Moment des Wachens sammeln, auf einem Bilde freiwillig verweilen, es in helle, ruhigere Obacht nehmen und sich Merkmale absondern kann, daß dies der Gegenstand und kein andrer sei ... Dies erste Merkmal der Besinnung war Wort der Seele! Mit ihm ist die menschliche Sprache erfunden!" (Herder [1772] 1960, S. 24).

In den Anfängen der kindlichen Sprachentwicklung spielen also die Substantive, mit deren Hilfe sich die „Wirklichkeit" in „Gegenstände" aufgliedert, eine vorherrschende, wenn nicht sogar ausschließliche Rolle. Erst später treten die Verben, Adjektive und die anderen Wortarten hinzu. Stern dokumentiert diese Entwicklung anhand der kategorialen Aufgliederung des Wortschatzes seiner Kinder in den ersten Lebensjahren, die er mit den (damals vorliegenden) Erhebungen zur Sprachentwicklung anderer Kinder vergleicht (Stern 1965, S. 245):

Entwicklung der Kategorien–Verteilung

4 Wortschätze von Hilde (S. 19, 21, 26, 31).

Alter	Substantiva	Verba	Übrige Wortklassen (ohne Interjektionen)
1;3	100 %	–	–
1;6	85 %	15 %	–
1;8	78 %	22 %	–
1;11	63 %	23 %	14 %

3 Wortschätze von Günther (S. 86, 91, 95).

Alter	Substantiva	Verba	Übrige Wortklassen (ohne Interjektionen)
1;2	100 %	–	–
1;11	69 1/2 %	18 1/2 %	12 %
2;4	65 %	16 %	19 %

3 Wortschätze des Knaben Scupin (I 225 und 236, II 241).

	Subst. (+ Eigennamen)	Verb.	Adj.	Übrige
2;0	56 %	22 %	5 1/2 %	16 1/2 %
3;0	55 %	21 1/2 %	8 1/2 %	15 %
6;0	56 %	21 %	9 1/2 %	13 1/2 %

Dieser Befund ermutigt Stern zur Aufstellung eines Phasenmodells für die Sprachentwicklung, in dem er den „intellektuellen Fortschritt" des Kindes mit dem Anteil der Wortarten an seinem Sprachschatz in Verbindung setzt. Er unterscheidet dabei drei Stadien, deren Abfolge „gesetzmäßigen Charakter" trage und die verschiedene sprachlich-begriffliche Zugangsweisen zur „Welt" eröffnen: „Substanzstadium" (gekennzeichnet durch den Erwerb und Gebrauch von Substantiven), „Aktionsstadium" (Verben) und „Relations- und Merkmalsstadium" (Adjektive, Präpositionen, Konjunktionen). „Es werden nämlich die verschiedenen Gesichtspunkte, unter denen die Welt geistig bewältigt wird, nicht gleichzeitig vom Kind erworben, sondern sie treten sukzessiv auf, derart, daß die alten weiterbestehenden um neue bereichert werden. Am frühesten wird die konkreteste Kategorie, die des Gegenständlichen (Personen und Sachen) erfaßt: ‚Substanzstadium'. Es folgt die genauere Apperzeption der an den Gegenständen und Lebewesen ablaufenden und von ihnen vollzogenen Vorgänge: ‚Aktionsstadium'. Als letzte treten die abstraktesten Seiten der Welt über die Schwelle der Auffassung: die den einzelnen Dingen anhaftenden Merkmale und die zwischen mehreren Dingen obwaltenden Beziehungen ‚Relations- und Merkmalsstadium'" (Stern 1965, S. 239).

Es läßt sich allerdings nicht übersehen, daß Stern hier – aufgrund seines „intellektualistischen" theoretischen Ansatzes – in einen naiven Sprachrealismus zurückfällt, der den Anschein erweckt, als seien die „anhaftenden Merkmale" oder die „obwaltenden Beziehungen" bereits in der „Welt" als solche vorgegeben und brauchten nur mit Hilfe der jeweils angeeigneten Wortart „begriffen" oder „bewältigt" zu werden.

Angemessener ist es, die verschiedenen Wortarten als unterschiedlich gerichtete sprachliche Zugriffsweisen auf die Wirklichkeit zu interpretieren, durch die eine bestimmte Einstellung oder Sehweise eines Menschen (genauer: einer durch gemeinsame Sprache konstituierten Menschengruppe/Sprachgemeinschaft) ausgedrückt oder hervorgerufen wird. Es ist beispielsweise nicht in der „Wirklichkeit" vorgegeben oder begründet, daß wir Farben vorwiegend als „Merkmale" auffassen, also in Adjektiven „zur Sprache bringen". Physikalisch richtiger wäre es wohl, sie in Verben, also als Vorgänge (elektromagnetische Strahlung und ihre „Verarbeitung" durch Auge und Gehirn) zu „worten" – wofür übrigens neben den heute geläufigen Verben wie „glänzen, glitzern, schimmern" usw. das Mittelhochdeutsche noch viel konkretere Beispiele liefert: „Allda blühen die rosen, *weißen* die lilien, *gelben* die saffranen, *schwartzen* die balsame" (Meyfart, vgl. dazu L. Weisgerber 1996, S. 210).

Die „gesetzmäßige" Abfolge der Wortarten in der Sprachentwicklung liegt als Vorstellung auch dem berühmt gewordenen Aufsatz über „Die Sprache der Jugend als Ausdruck der Entwicklungsrhythmik" zugrunde, den Adolf Busemann im Jahre 1925 veröffentlicht hat. Bei der sprachlichen Analyse von Schüleraufsätzen unterscheidet er zwischen „erzählenden" und „beschreibenden" Aussagen, deren Verhältnis zueinander er in einem „Aktionsquotienten" ausdrückt und berechnet. Wo die erzählenden Aussagen in den Vordergrund treten, spricht er von einer „Aktionsphase", wo die beschreibenden Aussagen überwiegen, von einer „Qualitätsphase". Busemann kommt zu dem Ergebnis, daß man, wenn man die sprachlich-psychische Gesamtentwicklung der Jugendlichen überblickt, eher von einem „periodischen Wandel" der Sprachform als von einer „Entwicklung" reden könne: „Die Jugend verläuft im Wechsel mehr emotional-subjektiv-motiler Haltungen (Aktionsphasen) und mehr intellektuell-objektiver Haltungen (Qualitätsphasen)" (Busemann [1925] 1969, S. 59). Franz J. Bakker fand in einer Kontrolluntersuchung diese lange Zeit unangefochtene Behauptung jedoch nicht bestätigt. Sein Ergebnis: „Im Anteil aktionaler Verben ließ sich weder eine durchgehend ansteigende oder abfallende, noch eine periodische Tendenz im Sinne von Busemann erkennen. Der Reichtum an „qualitativen" Aussagen wächst mit zunehmendem Alter stetig an" (Bakker [1965] 1969, S. 400).

Weniger spekulativ als einige der Folgerungen, die Stern und Busemann aus ihren Beobachtungen gezogen haben, wirken die Aussagen zur Begriffsbildung, die Wygotski aus seinen experimentellen Untersuchungen ableitet. Als Gesamtergebnis hält er folgende „allgemeine Gesetzmäßigkeit" fest: „Die Entwicklung der Prozesse, die in der Folge zur Begriffsbildung führen, beginnt schon in der frühen Kindheit, aber erst im Übergangsalter reifen, formen und entwickeln sich die intellektuellen Funktionen, die in einer spezifischen Beziehung die psychologische Grundlage der Begriffsbildung abgeben. Erst wenn das Kind in das Jugendalter eintritt, wird der entscheidende Übergang zum Begriffsdenken möglich" (Wygotski [1934] 1971, S. 115). Wygotski unterscheidet also zwischen „echten Begriffen" und ihren Vorformen, die er auch als „Denkbilder" bezeichnet. Die Entwicklung der Begriffe geschieht nach Wygotski in drei Stufen, die er jeweils noch einmal in einzelne Etappen unterteilt:

1. Stufe der „ungestalteten synkretischen Verkettung einzelner Gegenstände" (S. 120)

Die Bezeichung „synkretisch" dürfte Wygotski dabei von Piaget übernommen haben, der ebenfalls vom „Synkretismus des Denkens" und von einem „verbalen Synkretismus" spricht (Piaget [1923] 1975, S. 160f.). Wygotski erläutert den Begriff folgendermaßen: „Bekanntlich tritt beim Kind in der Wahrnehmung, im Denken und in der Handlung die Tendenz auf, durch einen einzigen Eindruck die verschiedenartigsten und miteinander in keinem inneren Zusammenhang stehenden Elemente zu verbinden und dabei zu einem ungegliederten Bild verschmelzen zu lassen" (S. 120).

Die erste Etappe bei der „synkretischen" Zusammenfassung von Einzelgegenständen umfaßt „Probier-Versuche" nach dem „Versuch-Irrtum-Verfahren", während in der zweiten räumliche und zeitliche Begegnungen einzelner Elemente die Grundlage der Zusammenordnung bilden. In der dritten Etappe schließlich entsteht „das einem Begriff äquivalente synkretische Bild dadurch ..., daß die Repräsentationen der verschiedenen, vorher in der Wahrnehmung des Kindes bereits verbundenen Gruppen zu einer einzigen Bedeutung geführt werden" (S. 121 f.).

2. Stufe der „Komplexbildung" oder des „komplexen Denkens"

Das „Denken in Komplexen" führt auf dieser Stufe zu Verallgemeinerungen, die nicht mehr nur „auf Grund subjektiver Beziehungen", sondern „auf Grund der tatsächlich zwischen diesen Gegenständen bestehenden, objektiven Beziehungen" (S. 123) erreicht werden (wobei Wygotski allerdings über die Art dieser „objektiven Beziehungen" keine Angaben macht). Am Ende dieser Entwicklungsstufe stehen Verallgemeinerungen, die den Gattungsbegriffen der Erwachsenensprache ähnlich sind, die Wygotski aber als „Pseudobegriffe" bezeichnet, weil sie nicht „echt begrifflich erfolgt", sondern durch komplexes Denken entstanden sind (S. 131). Diese Pseudobegriffe stellen nach Wygotski „die verbreiteste und oft auch ausschließliche Form des komplexen Denkens im Leben des Vorschulkindes" dar (S. 132). Für ihre Bildung und Verbreitung spielt Sprache eine entscheidende Rolle, da „sich die der Wortbedeutung entsprechenden Komplexe nicht frei, nicht spontan in irgendwelchen vom Kind selbst umrissenen Bahnen entwickeln, sondern in Richtung der in der Sprache der Erwachsenen bereits festliegenden Bedeutung der Wörter" (S. 132).

3. Stufe des begrifflichen Denkens

Die Stufe des begrifflichen Denkens (in der strengen Fassung des Begriffs nach Wygotski) erreicht das Kind erst im „Übergangsalter". Begriffe entstehen nicht aus dem „Spiel mit Assoziationen", sondern im „Prozeß einer intellektuellen Operation" (S. 164), die sich schon auf der zweiten Stufe als „Herauslösung von Merkmalen" beobachten läßt. „Dabei ist das zentrale Moment dieser ganzen Operation der funktionelle Gebrauch des Wortes als Mittel zur willkürlichen Lenkung der Aufmerksamkeit, der Abstraktion, der Herauslösung der einzelnen Merkmale, ihrer Synthese und Symbolisierung mit Hilfe eines Zeichens" (S. 164).

Wygotskis theoretische Ansätze zur Beschreibung der Entwicklung von Sprechen und Denken und der Begriffsbildung sind von seinen Schülern Aleksandor R. Luriya, Faina Jakolevna Judowitsch, Aleksei Alekseevich und Aleksei Nikolaivich Leontjew und anderen weiterentwickelt worden und haben besonders durch Pjotr J. Galperin eine lerntheoretische Auswertung erfahren, die dem Sprachunterricht wertvolle Anregungen vermitteln kann. Galperins „Interiorisations"-(Verinnerlichungs-)Theorie unterscheidet vier Etappen im Lernprozeß:

1. „Materialisierte Handlung" (d.h. konkreter Umgang mit materiellen Gegenständen)
2. Übertragung der Handlung in die gesprochene Sprache
3. „Äußerer Sprache für sich" (Dabei „verlagert sich die Handlung als geistige Operation. . . in das Bewußtsein des Schülers") (Keseling 1974, S. 47)
4. Innere Sprache (im Sinne Wygotskis, vgl. Wygotski 1971, S. 291 ff.)

Da diese Lerntheorie und ihre Umsetzbarkeit in die Unterrichtspraxis hier nicht näher ausgeführt werden können, sei auf die instruktive Einführung von Gisbert Keseling u.a.: „Sprachlernen in der Schule. Die Funktion der Sprache für die Aneignung von Kenntnissen und Fähigkeiten" (Keseling 1974) verwiesen.

Angesichts der Fülle von Untersuchungen zur Begriffsbildung, die durch die Theoreme von Piaget und Wygotski angeregt worden sind, mag es verwunderlich erscheinen, wenn Hannelore Grimm im Hinblick auf die Erforschung der Begriffs- und Bedeutungsentwicklung (und im Vergleich zur Erforschung der kindlichen Syntax) für die Gegenwartsforschung ein deutliches Defizit feststellt (vgl. Grimm 1977, S. 27 ff.). Verständlich wird dies aufgrund ihrer Forderung, zwischen Begriff (auf der kognitiven Ebene) und Bedeutung (auf der sprachlichen Ebene) klar zu unterscheiden: „Obzwar es richtig ist, daß die der Begriffs- und Bedeutungsentwicklung zugrunde liegenden Prozesse psychologisch sehr ähnlich sind, ist (ihre) Gleichsetzung aus theoretischen und methodologischen Gründen dennoch nicht vertretbar" (S. 27). Grimm fordert, „den Erwerb von Wortbedeutungen als eine autonome sprachliche Angelegenheit aufzufassen" (S. 27), aber auf diese Idee sei bisher noch niemand gekommen. Als eine Möglichkeit der Abgrenzung der

„Konstrukte" *Begriff* und *Bedeutung* führt Grimm John B. Carrolls Auffassung an, der „die Bedeutung als eine Einheit des kommunikativen Verhaltens und damit den Aspekt des Begriffs bezeichnet, der für alle Sprecher der Sprache verbindlich ist", während Begriffe „demgegenüber individuell zunächst unabhängig und dann auch in direkter Abhängigkeit von sprachlichen Prozessen gebildet" würden (S. 27). Grimms eigene Ansätze zur Erforschung der „Bedeutungsentwicklung" erscheinen nicht unproblematisch:

– Der Terminus *Bedeutung* ist im Hinblick auf seinen Aufschlußwert für sprachliche Phänomene schon seit langem umstritten (vgl. L. Weisgerber 1927).

– Auch über die Brauchbarkeit der von ihr vorgeführten „Clusteranalyse" (vgl. Grimm 1977, S. 30 ff.) für die Erfassung bedeutungskonstituierender Merkmale kann man zumindest verschiedener Meinung sein. Ihr Postulat einer Erforschung der „präzisen Beziehungen zwischen der kognitiven und der semantischen Entwicklung" (S. 27) ist aber sicher berechtigt. Allerdings: Dieses Bemühen stand schon im Zentrum der Untersuchungen Wygotskis zur Begriffsbildung beim Kind.

Wenden wir uns nach dieser knappen Darstellung einiger Positionen in der wissenschaftlichen psycholinguistischen Diskussion nun konkreten Beispielen zu, die geeignet erscheinen, die Rolle der kindlichen Begriffsbildung zu illustrieren. Ich wähle dafür drei Beobachtungen aus, die ich in der Sprachentwicklung meiner eigenen Kinder machen konnte und die mir geeignet erscheinen, gerade das Zusammenspiel von individueller geistiger Aktivität (also in Richtung auf Begriff) und sozialer „Bedeutungsvermittlung" durch Sprache zu verdeutlichen:

– Zum Wortschatz der einjährigen Nina – er umfaßt an ihrem ersten Geburtstag acht verschiedene geäußerte „Wörter" – gehört auch die „Bezeichnung" *Wouwou*, die sie sowohl auf Hunde als auch auf ihren Stoffesel anwendet. Es handelt sich dabei um ein sozial vermitteltes Wort von der Art, wie sie Eltern ihren Kindern gerne anbieten, indem sie Charakteristika der frühen (Vor-)Stufen kindlicher Sprachentwicklung aufgreifen: Reduplikationen leicht sprechbarer Silben (im Anschluß an die sog. Lallmonologe, die das Kind schon seit dem zweiten Lebensmonat produziert, vgl. Kainz [1943] 1960, S. 4) und Nachahmung akustischer Wahrnehmungen in der Wortbildung (Onomatopöie).

Auf einem Spaziergang sieht Nina Kühe auf der Weide. Sie ruft: „Wouwau!"

Unter dem Bett entdeckt sie die Pelzstiefel ihrer Mutter. Sie streicht mit der Hand über das Fell und sagt: „Wouwou".

Im Alter von 1 Jahr und 1 Monat (1;1) ist sie dabei, als ihre Eltern sich ein Bild anschauen, auf dem Nina auf allen vieren über eine Wiese krabbelt. Auch diesmal ruft sie: „Wouwou!"

Nach Wygotski wäre dieses Beispiel auf der Stufe der „ungestalteten synkretischen Verkettung" (s. oben S. 73) anzusiedeln. Aufschlußreicher aber erscheint mir die Interpretation als frühe Anwendung des Prinzips der Merkmalübertragung auf neue Situationen: „Vierbeinigkeit" bei der Kuh, „Kuscheligkeit (weiches Fell)" beim Pelzstiefel, Fortbewegungsweise „auf allen vieren" beim Krabbelbild.

– Ein besonders eindrucksvolles Beispiel für die Übertragung von „Wortbegriffen" auf neue Situationen lieferte mir Nina im Alter von 1;8: Sie kannte schon die *Bank* aus Rohrgeflecht im Flur, auf der sie oft gesessen hatte. Nun kam sie zu mir in mein Arbeitszimmer, setzte sich neben mich auf das Sofa, strich mit der Hand über den Bezugsstoff und äußerte – erst fragend, dann sich selbst bestätigend: „Da Bank? Da Bank!"

Wygotski hätte einen solchen Beleg sicher als Beispiel für „Probier-Versuche nach dem Versuch-Irrtum-Verfahren" eingeordnet. Wichtig erscheint mir darüber hinaus der mögliche Adressatenbezug: In Erwachsenensprache ausgedrückt, hätte die Frage (an den Vater gerichtet?) etwa lauten können: „Kann ich diese neue Erfahrung (Sofa) unter die mir bereits bekannte und geläufige Kategorie ‚Bank' einordnen?"

– Für die Tatsache, daß auch noch in späteren Lebensjahren die „Wortbegriffe" der Kinder nicht mit denen der Erwachsenensprache identisch sind, lieferte mir mein Sohn Lambert im Alter von 3;11 ein anschauliches Beispiel: Auf einem gemeinsamen Waldspaziergang imponieren ihm besonders die hohen Buchen. Er überlegt, ob die schon immer so groß gewesen sind, und meint dann: „Du, Papa, die waren doch erst kleine Blümchen." Hier handelt es sich sicher nicht um eine „Verwechslung der Begriffe", auch nicht um eine Retardierung der Sprachentwicklung (dagegen sprechen schon die im gleichen Alter von ihm geäußerten, verhältnismäßig komplexen Sätze wie „Wir wollen jetzt spielen, ich wär ein Bär und der Wolf hätte mich gebissen"), sondern um eine von der Erwachsenensprache abweichende Form sprachlich-begrifflicher Kategorisierung: nicht nach (botanischer) Gattung, sondern nach Größe. Eine solche kategoriale Bewältigung der „Pflanzenwelt" erscheint sogar leichter nachvollziehbar als die Tatsache, daß wir in unserer Sprache so unterschiedliche Phänomene wie einen Fichtensprößling und eine mächtige Eiche unter dem „Wortbegriff" *Baum* zusammenfassen.

Daß das Herauslösen von Merkmalen aus der „Flut der Erscheinungen" für die Entstehung und Unterscheidung von Begriffen grundlegend ist, diese Einsicht läßt sich im Sprachunterricht auch Schülern vermitteln. Dabei ist es durchaus möglich, an die kindliche Sprachentwicklung anzuknüpfen, in der die enge Verbindung zwischen Spracherwerb und Begriffsbildung auch Schülern deutlich werden kann. Außerdem richtet sich ihr Interesse schnell auf die vergangene eigene oder die bei Jüngeren zu beobachtende Sprachentwicklung, sobald sie durch die Thematisierung dieses Zusammenhanges einmal darauf aufmerksam gemacht worden sind.

Die Merkmalkombinationen im Beispiel „Wouwou" können von Schülern (etwa im 6. Schuljahr) durch Eintragungen in einer Matrix verdeutlicht werden:

male an:

Gegenstand / Merkmal	Kuh 	Pelzstiefel 	krabbelndes Kind 	Hund 
4 Beine				×
weiches Fell				×
geht auf allen vieren				×

Der Weg führt dann weiter zur Untersuchung wortfeldartiger Beziehungen:

	Baum	Strauch	Blume	Gras	Gemüse	Unkraut
Größe	+					
Stamm	+					
Rinde	+					
Blüte	○					
Blattform	○					
Eßbarkeit	–					
Schaden	–					

Dabei gelangen die Schüler zu einer wichtigen Einsicht: Die Auswahl der Merkmale, die als Gliederungsgesichtspunkte für die Struktur eines Wortfeldes heranzuziehen sind, ergibt sich weder aus den „Sachen", noch läßt sie sich in Form logischer Deduktionen gewinnen. (Hier liegt ein Grundirrtum mancher Vorschläge für eine strukturalistische „Komponentenanalyse", die auch in Schulbüchern Eingang gefunden haben, vgl. dazu B. Weisgerber 1974a, S. 185f.). Welche Merkmale herausgehoben, welche Unterscheidungen nach welchen Perspektiven vorgenommen werden, das richtet sich nach der Betroffenheit der Menschen (Sprachgemeinschaft), die sich im Laufe ihrer Geschichte mit diesem bestimmten Ausschnitt von Wirklichkeit auseinandergesetzt haben. Differenzierungsgrad und Gliederungsgesichtspunkte der Wortfelder verraten auf diese Weise, welchen Grad von „Bedeutsamkeit" bestimmte „Realitäten" – oder besser „Realitätsaspekte" für eine Menschengruppe gewonnen haben.

Die Übertragung von (isolierten) Einzelmerkmalen ist ein für Sprachentwicklung und Sprachgebrauch außerordentlich wichtiges Verfahren. Es ermöglicht metaphorischen Sprachgebrauch und eröffnet damit auch weitreichende neue Perspektiven der Wortbildung. Wie dies bereits 12jährigen Schüler deutlich gemacht werden kann, sie durch ein abschließendes Beispiel illustriert (Weisgerber/Heiliger/Grahs 1976, 6. Schulj., S. 82f.):

Metaphern

Die Übertragung von Merkmalen spielt nicht nur in der Kindersprache eine Rolle.

Viele Wörter unserer Sprache sind durch eine solche Übertragung entstanden.

Wir wollen uns das noch einmal an einem Beispiel klarmachen:

Flügel gibt es nicht nur bei Vögeln und Insekten, sondern auch bei

☐ Windmühle ☐
☐ Flugzeug ☐
☐ Tür ☐
☐ Tor ☐
☐ Fenster ☐
☐ Nase ☐
☐ Lunge ☐
☐ Gebäude ☐
☐ Schloß ☐
☐ Heer ☐
☐ Partei ☐
☐ und als Musikinstrument ☐

Schreibt auf, von welchen Flügeln hier die Rede ist:

Windmühlenflügel, ...

Um herauszubekommen, warum all diese Dinge „Flügel" genannt werden, müssen wir überlegen, welche Merkmale einen Flügel kennzeichnen.

Geht dabei vom Flügel des Vogels aus:

Der Flügel bewegt sich.
Die beiden Flügel sind ... angeordnet.
Sie befinden sich an ... des Körpers.
...
...

In eine Tabelle wollen wir eintragen, welche Merkmale die Eintragung des Begriffs möglich machten:

	beweglich	symmetrisch	seitliche Lage	Paar	Form
Flugzeugflügel					
Windmühlenflügel					
Fensterflügel					
Nasenflügel					
Türflügel					
Schloßflügel					
Lungenflügel					
Flügel (Musikinstrument)					
Heeresflügel					
Parteiflügel					

Überlegt auch, welche Merkmale auf die verschiedenen „Flügel" nicht zutreffen. Ihr könnt Rätsel daraus machen:

Welche Flügel können nicht fliegen?
Türflügel, . . .
Welche Flügel können sich nicht bewegen?
Schloßflügel, . . .
Welche Flügel ergeben kein Paar?
. . .

Man spricht auch von den „Flügeln der Zeit" und den „Flügeln des Geistes".
Was ist damit gemeint?
Welche Leistung der Flügel steht bei diesen Wortbildern (Metaphern) im Vordergrund?

Die Entwicklung sprachlich gefaßter Begriffe beim Kind (und in der Sprachgeschichte) verläuft in zwei Richtungen, die einander entgegengesetzt sind, sich aber gleichwohl gegenseitig bedingen und ergänzen: *Differenzierung* und *Abstraktion*. Konkrete Beispiele dazu habe ich an anderer Stelle zusammengetragen (B. Weisgerber 1974a, S. 110ff.). Auch auf eine theoretische Analyse dieser Entwicklungsprozesse muß ich hier verzichten und begnüge mich stattdessen mit einer metaphorischen Darstellung, indem ich das bereits früher gebrauchte Bild vom Netz wieder aufgreife, das eine Sprache über die

Wirklichkeit wirft (vgl. oben S. 22). In diesem Bild wäre Differenzierung als eine „Arbeit" anzusehen, durch die die Maschen des Netzes immer enger geknüpft werden. Entsprechend größer ist die Ausbeute an „Wirklichkeit", die mit einem solchen Netz gewonnen werden kann. Abstraktion aber wäre eine Verstärkung der tragenden Taue, die dem Netz Festigkeit und Struktur verleihen und verhindern, daß es auseinanderreißt.

An zwei Beispielen seien die beiden Entwicklungslinien veranschaulicht:

a) Differenzierung:
Wir greifen noch einmal die ,,Wirklichkeit" *Wauwau* auf. Schon bald lernt das Kind im Verlauf seiner Sprachentwicklung zu unterscheiden zwischen „Wauwau-Hunden" und anderen Vierbeinern. Die weitere Differenzierung aber richtet sich nach Angebot, Interesse und Gelegenheit. Ein Kind, das selbst einen Hund besitzt, wird diesen nach Geschlecht (Rüde – Hündin), Verwendung (Jagdhund usw.) und Rasse (Berner Sennhund, . . .) schon zu einer Zeit klassifizieren, zu der andere Kinder noch nicht wesentlich über das Wauwau-Stadium hinausgekommen sind. Nicht an Hunden interessierten Personen (auch noch im Erwachsenenalter) sind oft nur die wertenden (bzw. abwertenden) Differenzierungen geläufig, mit denen sie wenigstens ihre Abneigung gegen Hunde nuancieren können (Köter, Kläffer . . .).

Schematisiert sähe die Differenzierung des „Wauwaus" also folgendermaßen aus:

Anders sieht es beim Menschen aus. Hier ist jeder auf eine hinreichende Differenzierung der Beziehungsverhältnisse angewiesen. Am Anfang der Entwicklung stehen deshalb die „Individualbegriffe" in ihrer extremsten Ausprägung: die Eigennamen. (Auch *Mutter* oder *Mama* hat für das Kind zunächst die Funktion eines Eigennamens.) Die Zusammenfassung verschiedener Personen unter Ober- oder Gattungsbegriffe ist ein Abstraktionsprozeß, der sich zeitlich über die ganze Kindheit erstreckt:

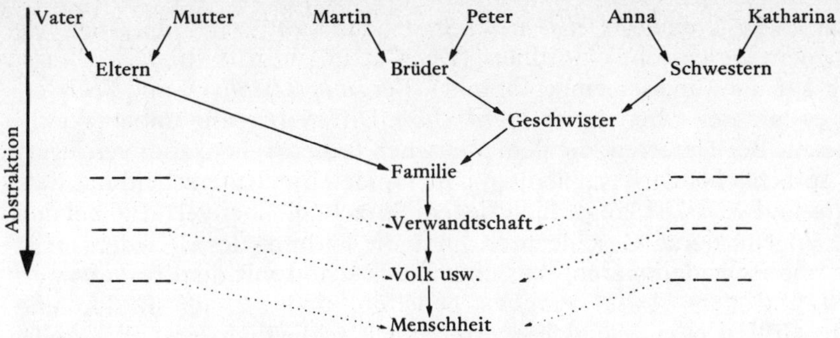

Die Bedeutung der Differenzierungs- und Abstraktionsprozesse erstreckt sich auf alle Funktionen von Sprache, die ein Mensch für sich in Anspruch nimmt. Beispielsweise kann ein nicht hinreichend differenzierter Hunde-Wortschatz mich daran hindern, mich mit der Gruppe der Hundefreunde zu solidarisieren.

Wir beschränken unsere Betrachtungen hier aber auf einige Anmerkungen zu den beiden „Grundfunktionen" von Sprache: Kommunikation und Kognition.

Daß ein hinreichend differenzierter Wortschatz die Chancen kommunikativer Verständigung erhöht, liegt auf der Hand. Insbesondere steigt dabei der Informationsgehalt meiner Aussage – allerdings nur, wenn der Adressat einen ebenso differenzierten Wortschatz im Verständigungsprozeß aktivieren kann. Mein Gegenüber erfährt wesentlich mehr über meinen Hund, wenn ich ihm mitteile: „Pollux ist ein Neufundländerrüde", als wenn ich aussage: „Das ist ein Hund."

Es gibt noch eine letzte Stufe der Differenzierung: das Verleihen von Eigennamen („Pollux"). Auf dieser Stufe aber ist die Information gleich Null; denn der Eigenname enthält – im Gegensatz zum Wort – keinerlei Merkmale.

Abstraktionen dagegen ermöglicht mir eine „ökonomische Kommunikation": Wenn ich von meiner *Verwandtschaft* rede, brauche ich meine Brüder und Schwestern, Vettern und Cousinen nicht einzeln vorzustellen – allerdings verlieren sie dabei auch wesentlich an Fleisch und Blut.

Im Hinblick auf die kognitive Funktion der Sprache sei nur ein Aspekt herausgegriffen: die Lenkung der Aufmerksamkeit, der Wahrnehmung, sogar die Erkenntnis durch den unterschiedlichen Differenzierungsgrad der Sprache. Als Objekt seien auch hier die Lebewesen gewählt:

Wenn ich einen *Menschen* auf der Straße treffe, pflege ich ihn in den seltensten Fällen auf dieser Abstraktionsebene einzustufen oder zu bezeichnen. Ich habe einen *Mann* oder eine *Frau* („Franz" oder „Susanne"), einen *Jungen* oder ein *Mädchen* getroffen. Der Geschlechtsunterschied ist mir also beim menschlichen Gegenüber so wichtig, daß ich normalerweise jede Begegnung nach dieser Kategorie differenziere.

Bei den Tieren sieht das schon anders aus. Zwar gibt es auch hier einige dem Menschen ganz besonders „wichtige" Tiere (Haustiere und jagdbares Wild), bei denen die Geschlechter verschiedene Namen „tragen". Wenn ich

Hahn oder *Huhn (Henne), Ochse* bzw. *Stier* oder *Kuh* „sehe", muß ich das Tier nach dem Geschlecht einordnen. (Der Gattungsbegriff *Rind* ist alltagssprachlich auf das Jungtier eingeschränkt). Bei *Hengst/Wallach* und *Stute* ermöglicht es mir der Oberbegriff *Pferd*, diese Differenzierung unberücksichtigt zu lassen. Bei Tierarten, die dem Menschen ferner stehen, aber verringert sich der sprachliche Differenzierungsgrad rapide. Die Unterscheidung zwischen *Ente* und *Erpel* ist längst nicht jedem Sprachteilhaber geläufig, bei den „wilden" Vögeln, deren Geschlechter durch die Färbung des Gefieders meist leicht zu unterscheiden wären, müssen wir uns schon mit dem *Goldammermännchen* und dem *Amselweibchen* behelfen, und bei den Ratten und Schlangen, Grillen oder Maulwürfen stehen wir schließlich sprachlich völlig unbeholfen da, obwohl wie jeder „weiß", es auch bei ihnen zwei verschiedene Geschlechter gibt. Aber das „sieht" keiner, weil er nicht durch eine entsprechende sprachliche Differenzierung darauf gestoßen, dazu gezwungen wird.

Die Befähigung zur sprachlichen Differenzierung und Abstraktion gehört zu den Grundaufgaben des Sprachunterrichts, wird aber leider selten als solche erkannt und erfüllt. Differenzierung ergibt sich meist als „Nebenprodukt" beim intensiveren Umgang mit „Sachgebieten", die eine detaillierte sprachliche Bewältigung erforderlich machen. Die Chancen, die der Sachunterricht dabei verpaßt, betreffen nicht nur die Sprachförderung des Kindes, sondern auch den Sprachunterricht selbst (vgl. dazu unten S. 220ff.). Förderung der Abstraktionsfähigkeit aber wird fast ausschließlich als Aufgabe anderer Unterrichtsfächer betrachtet (Mathematik, evtl. auch fremdsprachlicher Grammatikunterricht). Dabei bietet auch der muttersprachliche Unterricht dafür eine Fülle von Anlässen, Übungsmöglichkeiten und Erkenntnischancen (die auf der Oberstufe bis zur Sprachkritik und zur erkenntnistheoretischen Betrachtung des Verhältnisses von Sprache und Logik führen können).

Zwei Beispiele, die bereits für die Mittelstufe geeignet sind, mögen das verdeutlichen:

– Für die Strukturierung von Begriffen durch ihre Zuordnung zu „Oberbegriffen" werden Wortsammlungen zusammengestellt, z. B.
Basalt – Sandstein – Mikroskop – Granit – Porphyr – Schiefer
Feldstecher – Hochebene – Klamm – Senke – Marsch – Tal
Tennis – Kamera – Golf – Rugby – Fußball – Segeln
Platin – Aluminium – Silber – Kupfer – Prismenglas – Zink
Typhus – Projektor – Diphtherie – Keuchhusten – Rheuma – Pocken

Bei der Einordnung unter passende Oberbegriffe (Gesteinsarten, Landschaftsformen usw.) bleibt in jeder Zeile ein Begriff übrig, der nicht in diese Reihe paßt. Diese übriggebliebenen Wörter ergeben wieder eine zusammengehörige Gruppe unter dem Oberbegriff „optische Geräte".

– Das gleiche Verfahren kann durch die Berücksichtigung weiterer „Begriffsschichten" ausgedehnt werden:

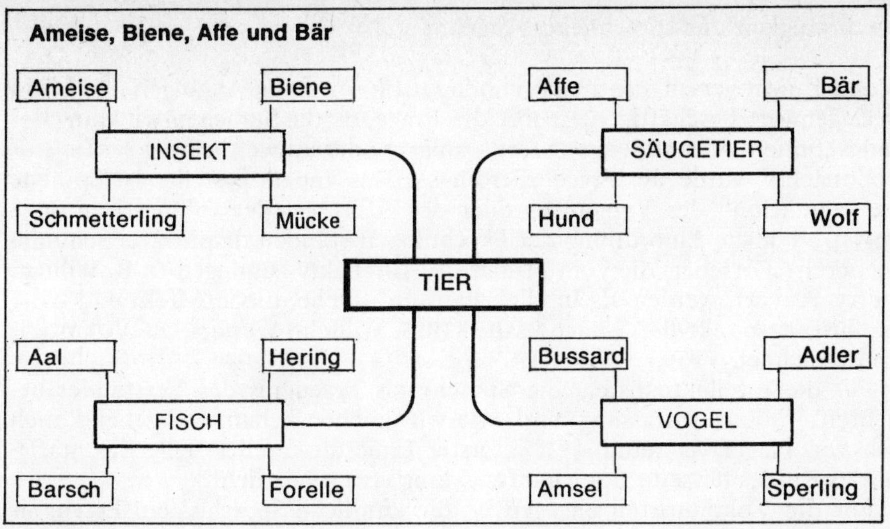

Neben der einfachen Zuordnung:

Ameisen, Bienen, Schmetterlinge und Mücken sind Insekten.
Insekten, Fische, Säugetiere und Vögel sind Tiere.

können an diesem Schema auch andere logische Operationen ausgeführt werden:

Der Hering ist ein Fisch, kein Vogel.
Die Ameise ist kein Vogel, sondern ein Insekt.
Der Bussard ist zwar ein Tier, aber kein Säugetier.
usw.

Eine solche Übung bietet Gelegenheit, auch die „logische Funktion" sonst wenig beachteter Wörter (Konjunktionen) zu bemerken und zu untersuchen: *und/oder, zwar, sondern, obwohl, doch*, usw.

Auch die Leistung des bestimmten und unbestimmten Artikels im Hinblick auf Bekanntheitsgrad und Zuordnungsfunktion tritt dabei hervor:

Die Forelle ist *ein* Fisch. *Der* Fisch ist *ein* Tier.

Übrigens: Was hier als „logisches" Begriffssystem für die Tierwelt erscheint, ist wiederum nur eine bestimmte geschichtliche Form sprachlicher Verarbeitung. Darauf weist schon das Wort *Insekt* hin, das als Fremdwort erst relativ spät (im 18. Jh.) Eingang in den deutschen Wortschatz gefunden und dabei das Wortfeld der Tierarten als ganzes verändert hat. Im Mhd. wurden alle fliegenden Tiere, auch Bienen und Schmetterlinge, unter dem Begriff *Vogel* zusammengefaßt.

Sprachfähigkeit und sprachliches Angebot

Zu den Kontroversen, die die Psycholinguistik seit ihren Anfängen und bis in die Gegenwart beschäftigen, gehört die Frage, ob die Sprachentwicklung des Kindes „innen- oder außengesteuert“, anlage- oder umweltbedingt sei.

Zunächst wurde die Frage allerdings etwas anders gestellt: Ist Sprache eine „Funktion“ des Verstandes oder des Affektes (der voluntativen Strebungen)? Für die Einordnung der Psychologen standen damit zwei Schubladen bereit: Forscher, die vom Primat des Intellekts ausgingen (z. B. William Thierry Preyer), werden als Intellektualisten, solche, die in Affekt und Wille den Ausgangspunkt der Sprache sahen (z.B. Wilhelm Wundt), als Voluntaristen bezeichnet.

Für die Intellektualisten, die Sprache als Erzeugnis des Verstandes betrachten – diese Auffassung wird, wie wir gesehen haben, weitgehend auch noch von Piaget vertreten – ist in erster Linie die intellektuelle Eigentätigkeit des Kindes für seine Sprachentwicklung verantwortlich.

Für die Voluntaristen dagegen ist die kindliche Sprache „ein Erzeugnis der Umgebung des Kindes, an dem das Kind selbst wesentlich nur passiv mitwirkt“ (Wundt 1900, S. 296).

Die beiden Pole, zwischen denen sich die Diskussion abspielt, seien durch zwei Zitate der Antagonisten verdeutlicht:

Preyer (1912, S. 228): „Nicht die Sprache erzeugt den Verstand, sondern der Verstand ist es, welcher einst die Sprache erfand, und auch gegenwärtig bringt das neugeborene Menschenkind viel mehr Verstand als Sprachtalent mit auf die Welt. Nicht weil er sprechen gelernt hat, denkt der Mensch, sondern er lernt sprechen, weil er denkt.“

Wundt (1900, S. 303): „Daß das Kind unter den normalen Verhältnissen seiner Entwicklung die Sprache nicht selbständig erzeugt, sondern daß sie ihm von seiner Umwelt mitgeteilt wird, ist zweifellos.“

William Stern hat durch die Aufstellung seiner „Konvergenztheorie“ zwischen beiden Extrempositionen zu vermitteln versucht: „Nur in dem ständigen Zusammenwirken der inneren, zum Sprechen drängenden Anlagen und der äußeren Gegebenheit der Umweltsprache, die jenen Anlagen Angriffspunkt und Material zu ihrer Realisierung bietet, kommt der kindliche Spracherwerb zustande“ (Stern [1928] 1965, S. 129).

Die aktuelle Diskussion spielt sich zwischen zwei Lagern ab, die durch ihre unterschiedlichen Konzepte im Hinblick auf Sprache und Lernen gekennzeichnet sind:

- die behavioristische Schule, als deren herausragender Vertreter Burrhus Frederic Skinner herangezogen werden soll und
- die Vertreter einer „mentalistischen“ (universal-nativistischen) Auffassung, von denen Noam Chomsky und Eric H. Lenneberg hier zu Wort kommen sollen.

Skinner betrachtet als konsequenter Behaviorist Sprache als eine Sonderform des Verhaltens, auf deren Erwerb und Gebrauch die allgemeinen Gesetzmäßigkeiten angewandt werden können, die sich schon aus der Erforschung tierischer Verhaltensformen ergeben. Grundmodell ist die (notwendige und gesetzmäßige) Abfolge von Reiz und Reaktion, von „Stimulus" und „Response". Durch die Verstärkung („reinforcement") der erwünschten („richtigen") responses wird das angestrebte Verhalten erreicht, der Verhaltensträger in entsprechender Weise „konditioniert".

Skinner versteht also sprachliches Verhalten als ein „Verhalten, das durch die Vermittlung anderer Personen bekräftigt wird" (1974, S. 13). Spracherwerb ist zu erklären als Reaktion auf die Anstöße der Außenwelt (verbaler und nonverbaler Art). Die positive Verstärkung der „richtigen" Reaktionen – und gegebenenfalls die negative Sanktionierung „falscher" responses – führen zur Angleichung des kindlichen Sprachgebrauchs an die Sprache seiner Umgebung, zur Erfüllung ihrer Normen und Konventionen, kurz: zur Konditionierung des sprachlichen Verhaltens im Sinne der Erwartungshaltungen seiner Umwelt (z.B. auch der Schule). Es liegt auf der Hand, daß sich aus einer solchen Konzeption von Spracherwerb weitgehende Konsequenzen für Sprachförderung und Sprachunterricht ableiten lassen. Im Vordergrund stehen Übungsformen und -sequenzen, die eine ständige Wiederholung positiver „Verstärkungen" zulassen, wobei Analogieverfahren eine besondere Rolle spielen.

Auf diesem Boden gedieh der „programmierte Unterricht" der 60er Jahre ebenso wie das Sprachlabor, das sich bis heute besonders bei der Vermittlung von Fremdsprachen großer Beliebtheit erfreut.

Im Sinne behavioristischer Lerntheorie ist Spracherwerb also ein Prozeß der Reaktion und Reproduktion, angewiesen auf entsprechende Stimuli und ausgerichtet auf die Erfüllung von vorgegebenen Verhaltensmustern.

Im Gegensatz zu dieser Auffassung steht eine Konzeption von Spracherwerb, Sprachentwicklung und Sprachförderung, die beim Lernenden Aktivität und Produktivität voraussetzt. Schon Wilhelm von Humboldt hat die aktive Beteiligung des Kindes beim Sprechenlernen betont: „Das Sprechenlernen der Kinder ist nicht ein Zumessen von Wörtern, Niederlegen im Gedächtnis und Wiedernachlallen mit den Lippen, sondern ein Wachsen des Sprachvermögens durch Alter und Übung" (Humboldt 1903, Bd. VII/1, S. 58). Und Noam Chomsky erklärt: „Die Sprache wird jedesmal, wenn sie erlernt wird, ‚neu erfunden'" (Chomsky, 1970, S. 142).

Konsequenterweise gehört Chomsky zu den schärfsten Kritikern der von Skinner vertretenen Sprach- und Lerntheorie. Das kommt am deutlichsten zum Ausdruck in seiner Rezension des Skinnerschen Buches „Verbal Behavior" (1957). Chomsky kritisiert heftig sämtliche von Skinner gebrauchten Grundbegriffe (Stimulus, Response, Konditionierung) – besonders in ihrer Übertragung auf menschliches Lernen – und faßt dann aus seiner Sicht den aktuellen Forschungsstand wie folgt zusammen: „Was den Spracherwerb betrifft, so erscheint es klar, daß Bekräftigung, unsystematische Beobachtung und natürliche Wißbegierde (zusammen mit einer starken Nachahmungstendenz) bedeutsame Faktoren sind – wie auch die bemerkenswerte Fähigkeit des Kindes, zu verallgemeinern, Hypothesen zu bilden und ‚Informationen zu verarbeiten', auf eine Vielzahl sehr spezieller und anscheinend äußerst komplizierter Weisen, die wir noch nicht beschreiben können oder gerade zu verstehen beginnen und die vielleicht in großem Umfang angeboren sind oder sich vielleicht durch eine Art Lernen oder durch Reifung des Nervensystems entwickeln. Die Art und Weise, in der solche Faktoren beim Spracherwerb wirken und zusammenwirken, ist vollkommen unbekannt. Es ist klar, daß, was in einem solchen Falle benötigt wird, Forschung ist und nicht dogmatische und vollkommen willkürliche Behauptungen, die auf Analogien zu jenem kleinen Teil der experimentellen Literatur beruhen, an dem man zufällig interessiert ist" (Chomsky [1959] 1974, S. 43). Chomskys Erklärungsmodell für den kindlichen Spracherwerb ist wesentlich komplexer als das Skinnersche. Es steht in engem Zusammenhang zu seiner Grammatiktheorie (der generativen, d.h. Spracherzeugungsprozesse simulierenden Transformationsgrammatik) und basiert auf zwei grundlegenden Voraussetzungen:

— dem Postulat einer Universalgrammatik, die die fundamentalen Bedingungen und Strukturen aller menschlichen Sprachen enthält, also einer „allgemeinen Sprachtheorie", die dem menschlichen Geist als eine „angeborene Eigenschaft" zuzuschreiben ist (vgl. Chomsky 1970, S. 144).

— dem Vorhandensein eines „Spracherwerbsmechanismus" (LAD = Language Acquisition Device) beim Individuum, der dieses befähigt, auf dem Wege der Hypothesenbildung und -korrektur, angeregt durch das sprachliche Angebot seiner Umgebung, die Regeln zu entwickeln und zu erproben, nach denen es selbst seine Äußerungen erzeugt, seine Sätze generiert.

Auf das Problem einer Universalgrammatik werden wir in anderem Zusammenhang — bei der Frage nach der Bedeutung der Grammatik für den Spracherwerb — noch einmal zurückkommen (vgl. unten S. 347, 353). Die Konstruktion und (vermutete) Funktionsweise des Spracherwerbsmechanismus sei hier wenigstens angedeutet. Chomsky stellt ihn in den Zusammenhang einer allgemeinen Lerntheorie und hält es durchaus für möglich, daß diese Lerntheorie „dadurch Fortschritte machen wird, daß sie die als angeboren determinierte Menge möglicher Hypothesen etabliert, daß sie die Bedingungen der Wechselwirkung festlegt, die den Geist veranlassen, Hypothesen aus dieser Menge auszuwählen, und daß sie die Bedingungen fixiert, unter denen eine solche Hypothese bestätigt wird — und, vielleicht, unter denen ein großer Teil der Daten aus dem einen oder anderen Grund als irrelevant verworfen wird." (Chomsky 1970, S. 147). Einfacher und verständlicher hat D.A. Wilkins zu beschreiben versucht, wie der „Spracherwerbsmechanismus" funktionieren soll: „Ein Kind kommt von Geburt an mit Sprache in Berührung, die als Auslöser für den Lernmechanismus dient. Dieser Mechanismus hat die Fähigkeit, Hypothesen über die Struktur der jeweiligen Sprache zu formulieren. Das Kind ist sich dieses Prozesses natürlich überhaupt nicht bewußt. Die Hypothesen werden von dem Kind bei seinen eigenen sprachlichen Äußerungen versuchsweise angewandt und regelmäßig an dem weiteren Sprachmaterial überprüft, mit dem es in Berührung kommt. Wenn es feststellt, daß seine Hypothese nicht das ganze Material erklären kann, ändert es die Hypothese und überprüft sie von neuem" (Wilkins 1976, S. 219)[1].

---

1 Vgl. S. 87.

Der hohe Abstraktionsgrad und der hypothetische Charakter der von Chomsky entwickelten Spracherwerbstheorie haben selbst so gutwillige und kompetente Kritiker wie John Lyons veranlaßt, ihr ihre Zustimmung zu versagen (vgl. Lyons 1971, S. 139f.).

Andererseits zeigen sich eine Reihe sehr interessanter Parallelen zu der Untersuchung der biologischen Grundlagen von Sprache und Spracherwerb, die besonders von Eric H. Lenneberg geleistet worden ist. Lenneberg geht von einem Primat der kognitiven Entwicklung gegenüber dem Spracherwerb aus: „Es ist evident . . ., daß die kognitive Funktion ein grundlegenderer und früherer Prozeß ist als die Sprache und daß die Abhängigkeitsbeziehung der Sprache von der Kognition unvergleichlich viel stärker ist als die umgekehrte Beziehung" (1972, S. 456). Lenneberg wäre damit also eindeutig der Gruppe der „Intellektualisten" zuzuordnen. Was ihn aber von den bisher genannten Autoren unterscheidet, ist die Tatsache, daß er auf Grund umfangreichen empirischen (auch medizinischen) Materials zu der Überzeugung kommt, Sprachentwicklung müsse als ein Reifungsprozeß angesehen und beschrieben werden, der in einem engen Zusammenhang mit physiologischen Wachstumsvorgängen stehe (besonders mit der Lateralisierung der Funktionen des Gehirns und der damit verbundenen Herausbildung eines fest zu lokalisierenden „Sprachzentrums"). Diese Untersuchungen führen über die Feststellung eines „kritischen Alters" für die Chancen des Spracherwerbs (bei etwa 14 Jahren) hinaus zu weitreichenden Folgerungen für Sprachförderung und Sprachunterricht: „Wir müssen annehmen, daß das Vermögen des Kindes, Sprache zu lernen, eine Folge der Reifung ist, denn (1) die Entwicklungsstufen des Spracherwerbs sind gewöhnlich mit anderen Entwicklungsstufen verschränkt, die der physischen Reifung, insbesondere dem Stehen, Gehen und der motorischen Koordination, eindeutig zuordenbar sind; (2) diese Gleichzeitigkeit wird häufig auch dann bewahrt, wenn der gesamte Reifungsplan sich drastisch verzögert, wie bei einigen Formen geistiger Retardation; (3) es gibt keine Anzeichen dafür, daß intensiver Unterricht höhere Stufen der Sprachentwicklung zur Folge haben kann, d.h. Sprache bei einem Kind hervorrufen kann, das noch nicht einen bestimmten Grad der Reife erlangt hat" (Lenneberg 1972, S. 220).

Chomskys „Spracherwerbsmechanismus" erscheint bei Lenneberg als ein in den kognitiven Prozessen enthaltenes „Potential für Sprache". Verbunden mit dem Prinzip der Reifung und der Berücksichtigung des (notwendigen) sprachlichen Angebots der Umgebung führt dieser Ansatz zu einer Spracherwerbstheorie, deren Vorteil etwa gegenüber behavioristischen Modellen nicht zuletzt darin besteht, daß sie die verschiedenen dabei beteiligten Faktoren berücksichtigt und in ihrer gegenseitigen Abhängigkeit beschreibt:

---

1 Eine solche Auffassung von Spracherwerb läßt übrigens die sog. Fehler, die dem Kind dabei unterlaufen, in einem wesentlich anderen Licht erscheinen. Sie sind nicht Verstöße gegen geltende Normen, die als solche zu ahnden oder zu korrigieren wären, sondern Durchgangsstadien bei der Hypothesenbildung, die, weil sie nicht „bestätigt" werden, die Veränderung der Hypothesen veranlassen. Diese Annahme läßt sich auch für die Bewertung und Auswertung von Fehlern im fremdsprachlichen Unterricht heranziehen und ermöglicht damit eine wesentlich positivere Einschätzung der „Fehler" (vgl. dazu unten S. 355f.).

– „Diese Grundfähigkeit (ein „Vermögen zu einem Kommunikationssystem von notwendigerweise einem spezifischen Typus") entwickelt sich ontogenetisch im Verlauf der physischen Reifung; es müssen jedoch auch bestimmte Umweltbedingungen gegeben sein, die die Entfaltung der Sprache ermöglichen" (S. 457).

– „Der Verlauf der Sprachentfaltung ist durch den einzigartigen Reifungsweg der Kognition genau vorgezeichnet; wir können daher sagen, daß Sprachbereitschaft ein Zustand latenter Sprachstruktur ist. Die Entfaltung der Sprache ist ein Prozeß der Aktualisierung, in dem latente Struktur in realisierte Struktur transformiert wird" (ebda.).

– „Das Individuum funktioniert also sozusagen dank seiner eigenen Energieversorgung; es selbst konstruiert die Sprache (vorausgesetzt, das entsprechende Rohmaterial ist ihm zugänglich), und die natürliche Geschichte seiner Entwicklung stellt Mechanismen bereit, durch die es seine Funktion mit derjenigen anderer, gleichermaßen autonom funktionierender Individuen in seiner Umwelt abstimmen kann; die äußere Form seiner Sprache wird die äußere Form der Sprache haben, die in seiner Umgebung gesprochen wird" (S. 461).

Im Spannungsverhältnis zwischen den beiden Polen „Anlage" und „Umwelt" schreibt also Lenneberg den genetisch bereitliegenden Kräften des Individuums den größeren Anteil an den Energien zu, die erforderlich sind, um den Prozeß der Sprachentwicklung in Gang zu setzen und in Gang zu halten. Die sozialen Bedingungen, deren Notwendigkeit und Wirkung er keinesfalls in Abrede stellt, haben für ihn die Funktion eines „Auslösers". Das Verhältnis zwischen den beiden beteiligten Faktoren beschreibt er bildlich als „Resonanz" (S. 460) und gebraucht damit eine Metapher, die dem Konvergenzbegriff in der Theorie Sterns (vgl. oben S. 84) außerordentlich nahe kommt.

Lenneberg beendet seinen „Entwurf einer biologischen Theorie der Sprachentwicklung" mit einem anthropologischen Glaubensbekenntnis, das überraschende Anklänge an eine „idealistische" Sprachtheorie enthält, wie sie in der Tradtion Herders und Humboldts (vgl. oben S. 18f.) entwickelt worden ist: Für ihn „gibt es viele Gründe zu glauben, daß die Prozesse, kraft derer die realisierte, äußere Struktur einer natürlichen Sprache sich entwickelt, tiefverwurzelte, artspezifische, angeborene Eigenschaften der biologischen Natur des Menschen sind" (S. 481).

Eine Wertung der aufgeführten Spracherwerbstheorien oder eine Entscheidung zugunsten der einen und zuungunsten der anderen erschiene beim heutigen Forschungsstand (besonders im Hinblick auf die empirische Belegbarkeit) höchst problematisch. Wilkins erklärt dazu ganz global: „Wenn wir nach der empirischen Basis der beiden Theorien fragen, so stellen wir fest, daß sie kaum vorhanden ist" (Wilkins 1976, S. 226). Allerdings glaubt er in der Gegenwart eine Gewichtsverschiebung zugunsten der „Mentalisten" feststellen zu können: „Die Kontroverse wird mit einiger Heftigkeit ausgefochten. Bei dieser neuen Formulierung des Gegensatzes zwischen ‚Natur' und ‚Erziehung' (nature-nurture-opposition) nimmt der Einfluß der Mentalisten zu – zumindest unter den Linguisten –, und sie scheinen auch eine Anzahl von Psychologen beeinflußt zu haben" (S. 226 f.).

Ein Ergebnis läßt sich mit Sicherheit festhalten: An der Sprachentwicklung des Kindes sind *beide* Faktoren: Anlage und Umwelt notwendigerweise beteiligt. Spracherwerb ist nicht erklärbar ohne die Voraussetzung einer vorgegebenen aktualisierbaren Sprachfähigkeit beim Individuum, er ist aber auch nicht realisierbar ohne ein hinreichendes sprachliches Angebot von Seiten der Umwelt.

Dementsprechend sind beide Faktoren bei jedem Bemühen um Sprachförderung zu berücksichtigen und die Bedingungen auf beiden Ebenen im Sprachunterricht nach Möglichkeit zu verbessern. Damit wären wir bei der Frage, welche Konsequenzen aus dem diskutierten Problem und aus den angeführten Lösungsversuchen für den Unterricht gezogen werden können.

Didaktische Entscheidungen ergeben sich – wie wir bereits an anderer Stelle (S. 45) betont haben – nicht einfach aus den Erkenntnissen bestimmter Bezugs- oder Fachwissenschaften, sind aber wohl vor deren Erkenntnishorizont zu verantworten. Für unsere hier diskutierte Fragestellung ist sicher D.A. Wilkins zuzustimmen: „Es wäre jedoch ganz ungerechtfertigt, sich bei dem gegenwärtigen Stande unseres Wissens dafür zu entscheiden, den Unterricht ausschließlich auf einer dieser beiden Theorien aufzubauen" (1976, S. 226). Unbefriedigend bleibt allerdings seine globale Maxime: „Mentalismus *und* Behaviorismus. Und das braucht kein Widerspruch zu sein" (S. 228).

Ergiebiger dürfte es dann schon sein, darüber nachzudenken, welche Anregungen von den beiden Theorien des Spracherwerbs auf den Sprachunterricht ausgehen können, aber auch, mit welchen Vorteilen und Gefahren sie verbunden sein können.

Der Beitrag behavioristischer Sprachlerntheorien dürfte besonders zwei Punkte betreffen:

- die Beachtung und Verbesserung des sprachlichen Angebots aus der Umwelt
- die Bereitstellung und Entwicklung effektiver Übungsformen im Unterricht.

Man sollte diese beiden Punkte nicht unterschätzen. Gerade weil sich der tägliche Sprachgebrauch (auch in der Schule) vorwiegend unreflektiert und ohne explizite Kenntnis der Regeln vollzieht, nach denen er sich richtet, ist ein entsprechendes Umweltangebot für seine Normgerechtigkeit entscheidend. Kinder sprechen die Sprache ihrer Umgebung, und wo diese mit den Anforderungen der Schulsprache kollidiert, erfolgen die erforderlichen Korrekturen am ehesten durch einübenden Sprachgebrauch. Wiederholung, Übertragung auf analoge Fälle, Bestärkung und Anerkennung haben dabei wesentliche größere Erfolgsaussichten als der Versuch, über Regelanwendung die Einhaltung der Norm zu erreichen. In den meisten Zweifelsfällen befragt auch der Erwachsene sein „Sprachgefühl", d.h. die durch ständige Wiederholung internalisierten Verhaltensnormen, die zur Gewohnheit geworden sind und die auch dann funktionieren, wenn sie nicht als „Regeln" bewußt gemacht und formuliert werden können. Die Gefahren behavioristischer Lerntheorien für den Sprachunterricht lassen sich ebenfalls in zwei Punkten zusammenfassen:

– die Unterschätzung oder Unterdrückung der Eigenaktivität des Kindes

– die Reduzierung von Spracherziehung auf Sprachdressur.

Die Erfahrung, daß Selbsttätigkeit Schüler stärker zum Lernen motiviert und daß sich Lernprozesse nicht auf die Reproduktion vorgegebener Muster, Erfahrungen und Erkenntnisse einengen lassen, dürfte zum Gemeingut der aktuellen pädagogischen Konzepte gehören. Und daß Spracherziehung sich nicht auf die – vielleicht durch Dressur erreichbare – Garantie für die weitere Funktionsfähigkeit des bestehenden sprachlichen Systems beschränken kann, ist jedenfalls demjenigen einsichtig, der unter Sprache den andauernden Prozeß der geistigen Auseinandersetzung einer Menschengruppe mit ihrer „Wirklichkeit" versteht, der sich notwendigerweise auch in einer Veränderung und Weiterentwicklung des Sprachsystems ausdrücken muß.

Die „mentalistische" (universal-nativistische) Spracherwerbstheorie betont besonders die individuelle, von der geistigen Aktivität des Lernenden getragene Komponente der Sprachentwicklung. Sie läßt das Kind auf dem Weg über die Bildung und Korrektur grammatischer Hypothesen (im Wechselspiel mit der sprachlichen Umwelt) die Strukturen seiner Sprache selbst aufbauen. Sie eröffnet ihm damit Freiräume sprachlicher Kreativität (die sich für Chomsky schon – und fast ausschließlich – im Hervorbringen ungehörter Sätze dokumentiert). Ein Sprachunterricht, der von der Annahme einer vorgegebenen individuellen Sprachfähigkeit und Sprachbereitschaft ausgeht, eröffnet sich damit die entsprechenden Möglichkeiten intrinsischer Motivation. Da für ihn der Lernprozeß nicht – jedenfalls nicht ausschließlich – außengesteuert erfolgt, ergeben sich auch wesentlich positivere Chancen für solche Schüler, die auf Grund ihrer sozialen Herkunft und Umgebung zunächst weniger sprachliche Anregungen erfahren haben. Das zusätzliche sprachliche Angebot der Schule kann hier ebenso sprachfördernd wirken wie die eigenständige Lektüre und schließlich, besonders von der Pubertät an, die Reflexion der eigenen sprachlichen Situation, die den Jugendlichen zu erneuten, bewußten und geplanten sprachlichen Anstrengungen motiviert. Ein solcher Unterricht überwindet damit die Auffassung von einer sozial begründeten sprachlichen Determiniertheit, die gelegentlich schon bei Basil Bernstein anklingt (vgl. Bernstein 1959) und jede Anstrengung zur Überwindung eines „restringierten" Sprachgebrauchs bei Schüler und Lehrer von vornherein zu Erfolglosigkeit verurteilen müßte.

Der hochgradig abstrakte und hypothetische Charakter des mentalistischen Modells birgt allerdings die Gefahr einer Intellektualisierung von Sprachförderung und Sprachunterricht, bei der wichtige Komponenten der Sprachentwicklung wie soziale Einbettung, emotionale Begründung, solidarisierende Funktion usw. nicht genügend beachtet und deshalb auch nicht hinreichend als Lernhilfen ausgewertet werden.

Soziolinguistik und Sprachunterricht

Paul Humann

Um die Soziolinguistik ist es in den letzten Jahren still geworden. Während eines Jahrzehnts, von 1965 bis 1975, hatte sie im Mittelpunkt der linguistischen und bildungspolitischen Diskussion gestanden[1]. Inzwischen ist die Faszination einer Ernüchterung gewichen. Von „Ergebnissen" der soziolinguistischen Forschung wagt heute kaum noch jemand zu sprechen. Statt dessen treten die offenen Fragen und ungelösten Probleme sowohl auf der Ebene der Theoriebildung als auch auf der Ebene der empirischen Forschung deutlich zutage. In dieser Situation kann es nicht Aufgabe eines Handbuchs sein, einen Überblick über gesicherte Forschungsbereiche zu geben, sondern allenfalls eine kritisch sichtende Orientierungshilfe, die dem nichtspezialisierten Lehrer und Studenten Kriterien zur eigenen Urteilsbildung an die Hand gibt. Denn nach wie vor ist für jeden, der sich mit Sprache beschäftigt, eine Auseinandersetzung mit den Fragen der Soziolinguistik unabdingbar. William Labov formuliert als Aufgabe der Sprachwissenschaft „das Studium der Sprachstruktur und Sprachentwicklung innerhalb des sozialen Kontextes der Sprachgemeinschaft" (1970, deutsch 1972b, S. 124). In deutlicher Abgrenzung gegen den linguistischen Strukturalismus Chomskyscher Prägung fordert Labov, daß „der Gegenstand der Sprachwissenschaft letztlich das von der Sprachgemeinschaft verwendete Kommunikationsmittel zu sein hat; und daß, wenn wir nicht über *diese* Sprache sprechen, unserem Vorgehen etwas Triviales anhaftet" (1972b, S. 128).

„Trivial" wäre demnach eine Erforschung der Sprache, die sich darauf beschränkt, eine abstrakte Theorie der Sprache als System, als linguistische Kompetenz eines idealen „native speakers" auszuarbeiten. Labovs Theorie besagt also, daß eine „rein linguistische" Theorie der Sprache, die von den individuellen und sozialen Bedingungen des Gebrauchs von Sprache in konkreten Kommunikationssituationen absieht, ihren Gegenstand von vorherein verfehlt. Eine voll entfaltete, gegenstandsadäquate Linguistik wäre demnach immer schon Soziolinguistik. In einem engeren Sinne wird Soziolinguistik verstanden als diejenige interdisziplinäre Forschungsrichtung, die sich mit dem wechselseitigen Zusammenhang von Sprachentwicklung und schichtspezifischer Sozialisation beschäftigt.

1 Der Forschungsbericht von E. Neuland (1979) nennt für die Jahre 1971/2 43 Veröffentlichungen, für die Jahre 1975-77 nur noch 11 Titel im deutschen Sprachraum.

1. Bernsteins Theorie der schichtspezifischen Sprachcodes

1.1 Das Interesse an soziolinguistischen Forschungen wurde in Deutschland zuerst durch die Arbeiten des englischen Soziologen Basil Bernstein geweckt. Für Bernstein ist wie für Labov Sprache vor allem als Kommunikationsmittel relevant: „Die Sprache existiert im Hinblick auf ein Bedürfnis, sich auszudrücken und sich anderen mitzuteilen; folglich spiegeln sich in der Form des Sprachgebrauchs, das heißt in der Art und Weise, in der Wörter, Wendungen und Sätze zusammenhängen, eine bestimmte Form der Gefühlsstrukturierung und damit also die Mittel der Interaktion und der Reaktion auf die Umwelt. Verschiedene soziale Strukturen legen die Betonung auf verschiedene Möglichkeiten, die dem Sprachgebrauch inhärent sind; und ist der Akzent einmal gesetzt, dann wird die sich daraus ergebende Form zu einem der wichtigsten Mittel, um bestimmte Denk- und Gefühlsweisen hervorzurufen und zu verstärken, die mit der betreffenden sozialen Gruppe funktionell zusammenhängen" (Bernstein 1959, S. 64).

Bernstein hat insbesondere den Sprachgebrauch zweier sozialer Gruppen untersucht, die er etwas vag als middle class und working class unterscheidet[2]. Seinen ersten Versuchen, die unterschiedlichen Sprechweisen dieser beiden Schichten zu charakterisieren, haftet noch deutlich etwas Tastendes, Vorläufiges an. Bernstein unterscheidet einen „formalen Sprachgebrauch" (der Mittelschicht zugeordnet) und einen „öffentlichen Sprachgebrauch" (der Unterschicht zugeordnet). Die „formale Sprache" ist nach Bernstein besser geeignet zum Ausdruck komplexer logischer Beziehungen und zur differenzierten, nuancenreichen Darstellung von Sachverhalten; sie ermöglicht den vollen sprachlichen Ausdruck individueller Subjektivität ebenso wie die Verallgemeinerung und Abstraktion. Die „öffentliche Sprache" erscheint in Bernsteins Darstellung einerseits als das Gegenteil der formalen Sprache, daneben finden sich jedoch Bestimmungsstücke, die keine Entsprechung auf Seiten der formalen Sprache haben. Als solche zusätzliche Kennzeichen nennt Bernstein u.a. die „Verwendung kurzer Befehle und Fragen" und „kurze, grammatisch einfache, oft unfertige Sätze von dürftiger Syntax"; außerdem sei für die öffentliche Sprache eine bestimmte Kommunikationsstruktur kennzeichnend, nämlich kreisartige Gesprächsverläufe, bei denen die Beteiligten sich gegenseitig der Sympathie und Übereinstimmung versichern, bei denen also der Austausch von Informationen höchstens eine untergeordnete Rolle spielt (alle Zitate aus: Bernstein 1959, S. 66 ff.).

Rückblickend (im Vorwort zu dem Sammelband „Studien zur sprachlichen Sozialisation") hat Bernstein selbst diese Aufzählung „ein wahres Durcheinander" genannt, ein Urteil, dem man durchaus zustimmen muß.

In seinen späteren Arbeiten hat Bernstein seine Theorie vielfach modifiziert und mit häufig wechselnder, manchmal widersprüchlicher Terminologie zu präzisieren versucht. Ab 1962 erscheint statt der Begriffe „formale" bzw. „öffentliche Sprache" das neue Begriffspaar „restringierter Code" (RC)/„ela-

---

2 Im folgenden verwenden wir statt dieser Begriffe die Bezeichnung Mittelschicht (MS) bzw. Unterschicht (US), die sich in den meisten deutschsprachigen Untersuchungen durchgesetzt haben.

borierter Code" (EC). Die Unterschiede zwischen den Codes versucht Bernstein jetzt weniger mit isolierten Einzelmerkmalen zu beschreiben; stattdessen wählt er übergreifende, zusammenfassende Kategorien.

Ein erstes generelles Unterscheidungskriterium ist der Grad der Vorhersagbarkeit: dem Sprecher des EC steht eine größere Fülle an syntaktischen und teilweise auch lexikalischen Alternativen zur Verfügung, so daß es schwieriger ist, vorauszusagen, welche der möglichen Alternativen er zur Organisation der Rede verwenden wird. Dagegen verfügt der Sprecher des RC nur über einen begrenzten Bereich von sprachlichen Möglichkeiten. Die syntaktische Organisation des EC ist also flexibler, die des RC starrer; im EC ist es eher möglich, eine Aussageabsicht verbal zu explizieren, während der Sprecher im RC viele Bedeutungen eher paraverbal (durch den Tonfall) und extraverbal (durch Mimik und Gestik) übermittelt. Das hat zur Folge, daß der RC nur solchen Situationen funktional angemessen ist, in denen ein hohes Maß an Übereinstimmung zwischen den Kommunikationspartnern besteht: „Wenn wir an das Kommunikationsmuster zwischen lang verheirateten Ehepaaren denken, sehen wir, daß Bedeutung nicht völlig explizit sein muß; eine leichte Veränderung der Tonhöhe oder Betonung, eine kleine Geste können eine komplexe Bedeutung tragen. Kommunikation vollzieht sich auf einem Hintergrund sich genau deckender Identifikationen und affektiver Einfühlung." (Bernstein 1972, S. 206) Überall da jedoch, wo ein solcher gemeinsamer Hintergrund nicht gegeben ist, wo die Beziehung zwischen den Partnern offen, unklar oder gar kontrovers ist, wo Verständnis nicht vorausgesetzt werden kann, sondern Verständigung erst einmal erzielt werden muß, bedarf die Kommunikation auf der Inhalts- wie auf der Beziehungsebene der expliziten Verbalisierung. Ähnliches gilt für die Thematik der Kommunikation: Wo das Gemeinte im gemeinsamen Horizont der Partner anwesend ist, kommt die Verständigung weitgehend mit pronominalen und deiktischen Ausdrücken (hier, jetzt, da . . .) aus, eine Verständigung über abwesende oder abstrakte nominale Gegenstände ist dagegen auf eine genaue, differenzierende nominale Ausdrucksweise angewiesen. Der RC ist also stärker an den Situationskontext gebunden, während der EC eine Kommunikation ermöglicht, die sich weitgehend von der gegebenen Situation löst. Diese relative Unabhängigkeit vom Situationskontext gewinnt der EC dadurch, daß er über ein „universales" Bedeutungssystem verfügt, während das Bedeutungssystem des RC „partikularistisch" ist, d.h. es besitzt nur für ein begrenztes soziokulturelles Milieu Geltung.

Insgesamt treten also folgende Begriffspaare auf:

EC	RC
geringe Vorhersagewahrscheinlichkeit	hohe Vorhersagewahrscheinlichkeit
flexibel	starr
implizit	explizit
kontextfrei	kontextgebunden
universalistisch	partikularistisch

1.2 *Zur Interpretation und Kritik der Code-Theorie*

Bernstein interpretiert seine Code-Theorie über die bloße kontrastierende Beschreibung hinaus nach zwei Richtungen hin: Zum einen stellt er die These auf, daß diese besonderen Formen des Sprachgebrauchs Folge unterschiedlicher Sozialisationsbedingungen in der US bzw. MS sind, zum anderen die These, daß die Codes ihrerseits bestimmte Interaktionsmuster hervorrufen und sich insofern wiederum auf die Form der Sozialbeziehungen auswirken. Insbesondere wirkt sich der Sprachgebrauch der US negativ auf die kognitive Entwicklung und damit auf Schulleistung und Berufserfolg aus. Vor allem diese letzte Aussage verlieh seiner Theorie politische Brisanz und macht die außerordentliche Resonanz, die Bernstein fand, verständlich.

Eine kritische Analyse dieses Konzepts müßte folgende Fragen zu klären versuchen:

1. Was ist, im Bernsteinschen Sinne, ein Code?
2. Wie hat man sich den Kausalzusammenhang zwischen Sozialstruktur und Code vorzustellen?

1.2.1 Zum Code-Begriff

Um eine Präzision des Code-Begriffs hat sich Bernstein erst nach und nach bemüht. Bis 1962 finden sich in seinen Aufsätzen die verschiedensten Paraphrasierungen: „Sprachen", „Sprechweisen", „Arten des Sprachgebrauchs" u.a. In späteren Arbeiten betont Bernstein die Wichtigkeit, die Begriffe „Code" und „Sprechweise" klar zu trennen. Was Bernstein mit seinen Merkmallisten beschreibt, sind zunächst unterschiedliche Sprechweisen, die äußeren sprachlichen Erscheinungen, die auf das Vorhandensein eines zugrundeliegenden Codes verweisen. Den Code selbst definiert Bernstein als ein „regulatives Prinzip, das die Realisierung der Sprache in verschiedenen sozialen Kontexten kontrolliert" (Bernstein 1972, S. 55). Ein Code ist also aufzufassen als eine Art Zwischeninstanz, als ein zweites, soziokulturell geprägtes Regelsystem, das zwischen der Kompetenz (dem universalen linguistischen Regelsystem) und der Performanz (dem konkreten Gebrauch der Sprache) vermittelt, in dem Sinne, daß es eine spezifische Auswahl aus den überhaupt zur Verfügung stehenden sprachlichen Möglichkeiten steuert.

Diese Begriffsbestimmung der Codes hat nun allerdings eine gewichtige Konsequenz: Wenn die Codes jeweils spezifische Formen der Auswahl aus den lexikalischen und strukturellen Möglichkeiten der langue darstellen, dann stellt *jeder* Code eine Restriktion, eine Einschränkung dar. Andererseits kommt in zahlreichen Formulierungen Bernsteins die Tendenz zum Ausdruck, den EC als den lexikalisch und strukturell reicheren, vollständigeren darzustellen. Bernstein nimmt an, daß die Angehörigen der „unteren Arbeiterschicht" (bezogen auf die Verhältnisse in England immerhin 29 Prozent der Gesamtbevölkerung) im RC „völlig gefangen" sind, während Kinder aus der MS „sowohl einem restringierten wie auch einem elaborierten Code und damit den Möglichkeiten ausgesetzt sind, die von diesen beiden Codes symbolisiert werden" (1972, S. 161). Eine solche Formulierung steht in offenem Widerspruch zu der These, daß die Codes „Funktionen unterschiedlicher

Formen sozialer Beziehungen" (1972, S. 188) sind. Hier ist eine zusätzliche begriffliche Differenzierung erforderlich.

1.2.2 Mit der bloßen Feststellung, daß bestimmte Sprechweisen mit bestimmten sozialen Schichtunterschieden relativ konstant kovariieren, ist noch nichts über die Entstehung der Codes ausgesagt. Eine erklärende Theorie der Codes muß diese als „symbolische Transformation der Sozialbeziehung" (Oevermann 1970, S. 332), als sprachlichen Ausdruck spezifischer sozialer Erfahrungen ausweisen. Die Codes sind demnach aufzufassen als die einer bestimmten Sozialstruktur funktional adäquaten Kommunikationsstrategien. Es käme also darauf an, die schichtspezifischen Sozialstrukturen darauf zu untersuchen, inwiefern sie ein bestimmtes Kommunikationsverhalten hervorrufen, bzw. das Kommunikationsverhalten darauf zu untersuchen, inwiefern es interpretierbar ist als Reflex und Ausdruck einer bestimmten Sozialstruktur.

Eine Beschreibung der Sozialstruktur muß ansetzen bei der Stellung des Menschen im Produktionsprozeß. Eine Reihe wichtiger, die Arbeitssituation bestimmender Faktoren faßt Oevermann folgendermaßen zusammen: „Für die manuell arbeitenden Angehörigen der Unterschicht sind mit dem Arbeitsplatz die einzigen wesentlichen Sozialkontakte außerhalb der primären Sozialbeziehungen in Familie und Nachbarschaft verbunden. Seine Arbeitssituation, in der er sich starken institutionellen und informellen Kontrollen gegenüber sieht, ist durch ein hohes Maß an Abhängigkeit und Unterordnung geprägt. Weder kann er autonom über seine Arbeitseinteilung entscheiden oder wesentlichen Einfluß auf die von oben organisierten Arbeitsvorgänge ausüben, noch hat er die Möglichkeit, sich die Struktur des Produktionsvorgangs rational transparent zu machen . . . Der Arbeitsvollzug selbst ist häufig durch einen monoton ablaufenden Umgang mit Sachen gekennzeichnet, Kommunikationen finden weniger in differenzierenden Formen der Symbolorganisation, sondern eher im Medium kollektiv standardisierter, häufig extra-verbaler Signale statt . . . Er trifft also am Arbeitsplatz auf ein streng vorgegebenes, quasi ritualisiertes Beziehungsmuster, das ihm keinen Spielraum und nur wenig Handlungsalternativen beläßt. Entsprechend eingeschränkt bleibt sein Erfahrungshorizont" (Oevermann 1970, S. 304).

Demgegenüber ist die Arbeitssituation in der Mittelschicht gekennzeichnet durch größere Eigenverantwortung als Folge eines größeren Entscheidungsspielraums. Oft müssen solche Entscheidungen in Auseinandersetzungen mit Mitarbeitern, Vorgesetzten oder Geschäftspartnern diskursiv begründet werden. Damit ergibt sich immer wieder die Notwendigkeit zu interpersoneller Verständigung und damit zur Ausbildung eines flexiblen und differenzierten Rollenspiels in vielfältigen sozialen Situationen. Ein weiterer wesentlicher sozialstruktureller Unterschied besteht darin, daß Berufserfolg und Aufstiegschancen für den Mittelschichtangehörigen in erster Linie von seiner persönlichen Leistungsbereitschaft, oft auch von seiner Fähigkeit und Bereitschaft, die eigenen Interessen gegenüber Konkurrenten mehr oder weniger rücksichtslos durchzusetzen, abhängen, während für die große Masse der manuell Arbeitenden Möglichkeiten des beruflichen Aufstiegs so gut wie nicht vorhanden sind und die Verbesserung der Arbeitssituation nur auf dem Wege solidarischer Aktionen erreicht werden kann.

Einige weitere Faktoren tragen mit zur soziokulturellen Benachteiligung der US bei: geringes Einkommen, beengte Wohnverhältnisse, relativ hohe Kinderzahl, niederer Ausbildungsstand. Diese Lebensbedingungen prägen entscheidend die Interaktionsformen und vor allem auch den Erziehungsstil der US-Familie. Die zahlreichen Untersuchungen zu diesem Thema kommen zu bemerkenswert gleichlautenden Ergebnissen, die von Hager et al. folgendermaßen zusammengefaßt werden:

Unterschicht	Mittelschicht
– erwachsenenorientierte Eltern-Kind-Beziehung	kindorientierte Eltern-Kind-Beziehung
– frühes Reinlichkeitstraining	spätes Reinlichkeitstraining
– restriktives Erziehungsverhalten	permissives Erziehungsverhalten
– Ordnung, Gehorsam	Nachgiebigkeit, Toleranz
– konformistische, äußere Regeln: bezogen auf Erziehungseinstellungen	autonomistische, internalisierte Prinzipien: bezogen auf Erziehungseinstellungen
– äußere Autorität	Selbstkontrolle
– punitive und an unmittelbaren Folgen orientierte Erziehungstechniken	psychologische und an Absichten orientierte Erziehungstechniken
– passivistische, gegenwartsbezogene, familistische Orientierung	aktivistische, zukunftsorientierte, individualistische Orientierung
– geringe Leistungsmotivation und geringes Leistungsstreben	hohe Leistungsmotivation und hohes Leistungsstreben

(1973, S. 266)

Hager et al. weisen allerdings zu recht darauf hin, daß in all diesen Beschreibungen die Einstellungen und Verhaltensweisen der US abgewertet werden und implizit eine kulturelle Überlegenheit der MS behauptet wird. Wenn auch die empirischen Befunde an sich zutreffen, so bleibt doch festzuhalten, daß es sich bei den beschriebenen Verhaltensweisen der Unterschicht um spezifische Strategien zur Bewältigung einer Wirklichkeit handelt, die als widersprüchlich und schwer durchschaubar, als unsicher und kaum beeinflußbar erlebt wird. „Es sind Reaktionsformen und Antworten der Individuen auf die widersprüchlichen Zwangszusammenhänge der Gesellschaft, die im individuellen Sozialisationsprozeß psychische Realität werden" (Hager et al. 1973, S. 270). Das heißt also: Es handelt sich nicht um defizitäres, sondern funktionales, in der gegebenen Situation allein mögliches Verhalten.

Es fällt auf, daß in zahlreichen Untersuchungen im wesentlichen das Rollenverhalten der US beschrieben wird, während das der MS wenig differenziert als allgemeine Folie fungiert, von der sich das Verhalten der US negativ abhebt. Nur selten wird darauf hingewiesen, daß nicht nur das Gesellschaftsbild des Arbeiters, sondern auch das der MS von Stereotypen geprägt und entsprechend verzerrt ist. Während z.B. der Angestellte sich objektiv als Lohnabhängiger in einer vergleichbaren Klassensituation wie der Arbeiter befindet, interpretiert er subjektiv seinen Status als höherstehend, fühlt er sich eher der Oberschicht als der Unterschicht verbunden: „Die Angestellten empfinden sich also nicht am Boden der Gesellschaftspyramide – mit Recht; denn Leistung und Funktion hebt sie darüber hinaus." (Gesellschaft und Beruf – Angestellte in der Leistungsgesellschaft. DAG Hamburg 1967. Zit. bei Hartwig 1970, S. 125). Nicht zufällig wird in diesem Zitat die Gesellschaftsstruktur im Bild einer Pyramide dargestellt: In einer als Pyramide strukturierten Gesellschaft bietet sich dem einzelnen die Chance, durch individuelle Leistung aufzusteigen, während in einer dichotomischen Klassengesellschaft die untere Klasse sich jede Verbesserung ihrer Situation durch Kampfmaßnahmen gegenüber der herrschenden Klasse erkämpfen muß. So ist also auch das individualistische Verhaltensmuster der MS nicht gleichsam naturwüchsig und schon gar nicht das richtigere, angemessenere, vielmehr ist auch dieses Verhaltensmuster geprägt durch die Stellung der Mittelschicht innerhalb der Leistungsgesellschaft.

Die Codes können wir nun genauer bestimmen als das sprachlich Korrelat dieser „Bewältigungs- und Problemlösungsstrategien". Das gilt zunächst und vor allem für die pragmatischen Aspekte der Codes: Aus den je besonderen Arbeits- und Lebensbedingungen der US bzw. MS ergeben sich spezifische Rollensysteme und Kommunikationsmuster, die von den Individuen im Verlauf der primären Sozialisation internalisiert werden; entsprechend den internalisierten Rollenmustern neigen MS-Angehörige eher dazu, die individuelle Aussageabsicht explizit zu verbalisieren, zugleich aber durch diese Verbalisierung das Persönliche in objektivierende Distanz zu rücken; infolge einer weniger rigiden Rollenfixierung sind sie in der Lage, flexible Partnerbeziehungen aufzubauen und sich metakommunikativ über ihre Kommunikationsbeziehungen zu verständigen. Das Kommunikationsmuster der US tendiert eher dazu, sich durch die Kommunikation der Übereinstimmung und Solidarität mit den Kommunikationspartnern zu vergewissern und so die soziale Identität der peer group aufzubauen und zu erhalten. Dieses partikularistische, mehr auf Bestätigung als auf Veränderung zielende Kommunikationsmuster kommt mit einem kleineren syntaktischen Repertoire aus. Die syntaktischen Unterscheidungsmerkmale der Codes sind also lediglich aus der pragmatischen Funktion abgeleitet, sie sind nur sekundär „symbolische Transformation der Sozialbeziehung". Ob das lexikalische Repertoire der US geringer ist als das der MS, ist eine noch offene Frage, da die meisten diesbezüglichen Untersuchungen von vornherein von einem mittelschichtspezifischen Wortschatz ausgehen. Gewiß ist es aber zu einem erheblichen Teil ein *anderes* Repertoire (vgl. unten S. 101).

2. Die Differenz-Konzeption

2.1 Die Entwicklung der Differenz-Konzeption in Amerika

Die soziolinguistische Theoriediskussion in Deutschland bestand lange Zeit fast ausschließlich in der Übernahme und Kritik der Bernsteinschen Thesen. Ein grundlegend anderes soziolinguistisches Konzept ist dagegen von der amerikanischen Soziolinguistik entwickelt worden, als deren führender Vertreter heute William Labov gilt.

In Amerika war es zu einer besonders intensiven, aber auch besonders stark vergröberten Rezeption der Bernsteinschen Thesen gekommen. Vor allem das von Farbigen in den Großstadtghettos gesprochene Non-standard-Negro-English (NNE) galt als eine mit starken Mängeln behaftete Variante des Standard English (SE). Der Ausdruck Standard English macht deutlich, daß eine bestimmte Sprachform als vorgegebene, ideale Norm gesetzt wird. Das folgende Zitat stellt einen eindrucksvollen Beleg für die vergröberte Bernstein-Rezeption dar: „Wir stimmen jedoch mit Bernstein in der Einschätzung der Sprache kulturell depravierter Kreise überein, wonach es sich bei dieser Sprache nicht bloß um eine unterentwickelte Form der üblichen Umgangssprache handelt, sondern grundsätzlich um eine alogische Form des Ausdrucksverhaltens, der die formalen Eigenschaften fehlen, die für die Organisation des Denkens erforderlich sind" (Bereiter et al. 1970, S. 86). Sprachvariation wird damit als Abweichung vom normalen, „richtigen" Englisch angesehen, als eine Erscheinung auf der Ebene der Performanz. Unausgesprochen steht hinter dieser Sprachauffassung die Chomskysche These von der Homogenität einer Sprachgemeinschaft: „Der Gegenstand einer linguistischen Theorie ist in erster Linie ein idealer Sprecher-Höher, der in einer völlig homogenen Sprachgemeinschaft lebt, seine Sprache ausgezeichnet kennt und bei der Anwendung seiner Sprachkenntnis in der aktuellen Rede von solchen grammatisch irrelevanten Bedingungen wie

- begrenztes Gedächtnis
- Zerstreutheit und Verwirrung
- Verschiebungen in der Aufmerksamkeit und im Interesse
- Fehler (zufällige oder typische)

nicht affiziert wird" (Chomsky 1965, S. 13).

Genau an diesem Punkt setzt Labovs Theorie der Sprachvariation ein. Für Labov ist gerade „die Existenz von Variationen und heterogenen Strukturen" grundlegend für Sprachgemeinschaften: „Es gibt eine Art Volksglauben, der tief in den Sprachwissenschaftlern verankert ist und der besagt, daß, ehe sie auf der Bildfläche erschienen, eine homogene, monostilistische Gruppe existierte, die wirklich ‚die betreffende Sprache gesprochen hat' " (Labov 1972b, S. 141). Entsprechend ist für Labov das NNE „ein separates System . . ., das eng mit dem Standardenglisch verbunden ist, aber von den umgebenden ‚weißen' Dialekten durch eine Anzahl beständiger und systematischer Unterschiede abgesondert ist" (Labov 1972a, S. 104).

Der grundlegende Unterschied zu Bernstein tritt in diesen Zitaten deutlich zutage: Für Bernstein sind die soziolinguistischen Codes Subsysteme des einen umfassenden Codes (z. B. des Englischen), die das Potential des Gesamtsystems in unterschiedlicher Weise aktualisieren, für Labov sind SE und NNE zwei gleichwertige Systeme, mit einem großen Anteil an Übereinstimmungen, aber prinzipiell eigenständig.

In einer Reihe von Einzeluntersuchungen haben Labov und andere den Nachweis geführt, daß der Vorwurf mangelnder Logik und mangelnder Grammatikalität in sich zusammenfällt, sobald man das NNE nicht an der inadäquaten Norm des SE mißt, sondern die Funktion seiner Strukturen im sozialen Kontext untersucht. Labov stellte regelhafte, systematische Unterschiede zwischen SE und NNE auf phonologischer Ebene (z. B. Aussprache des th), morphologischer Ebene (z. B. Tilgung des Plural -s oder des -ed im Präteritum) und syntaktischer Ebene (Auslassung der Kopula; doppelte und mehrfache Negation) fest. Von Interesse sind dabei vor allem die Unterschiede im Bereich der Syntax, da sich von hier aus direkt die Frage nach dem logischen Status des NNE stellt. Im einzelnen konnte Labov nachweisen, „daß es keine Sprecher des NNE gibt, die die Kopula immer, und keine, die sei niemals tilgen", ferner, daß es „syntaktische Stellungen (gibt), in denen niemals eine Tilgung eintritt" (Labov 1972b, S. 169). Damit ist eindeutig erwiesen, daß Tilgung oder Nicht-Tilgung der Kopula nicht auf unterschiedliche, individuelle Kompetenz zurückzuführen ist, sondern eine regelhafte Erscheinung des NNE darstellt, daß also die Kopula auch da, wo sie in der oberflächenstrukturellen Realisierung von Sätzen fehlt, tiefenstrukturell vorhanden ist. In ähnlicher Weise führt Labov den Nachweis, daß Doppel- und Mehrfachnegationen im NNE nicht Ausdruck mangelnder logischer Exaktheit sind, daß vielmehr selbst ein Satz mit vierfacher Negation wie der folgende: „It ain't no cat can't get in no coop" für NNE-Sprecher in seiner Information eindeutig ist. Das bedeutet: Für den Gebrauch von Negationen gibt es im NNE wie im SE systematische Regeln, nur sind sie eben andere Regeln. Nonstandard-Dialekte, so faßt Labov zusammen, sind also nicht „Anhäufungen von Fehlern ..., die entstanden sind, weil es ihren Sprechern mißlingt, Standardenglisch zu beherrschen" (Labov 1972a, S. 104).

2.2 Zur Rezeption der Differenz-Hypothese

Es ist üblich geworden, diese Labovsche Konzeption als „Differenz-Hypothese" der Bernsteinschen „Defizit-Hypothese" gegenüberzustellen (so vor allem Dittmar 1973). Eine solche Gegenüberstellung ist in mehrfacher Hinsicht problematisch:

1. Die sozialen Verhältnisse in den Ghettobezirken der amerikanischen Großstädte unterscheiden sich von den europäischen Verhältnissen so grundlegend, daß es Unfug wäre, Labov als Kronzeugen für eine Differenz-Hypothese in Bezug auf deutsche oder englische Verhältnisse zu berufen.

2. Das NNE, wie Labov es beschreibt, ist von vornherein etwas anderes als ein Code im Bernsteinschen Sinne, es ist ein Dialekt, dessen Besonderheiten weitgehend als das Ergebnis einer besonderen, von SE getrennt verlaufenden historischen Entwicklung anzusehen sind. Sozial relevant sind diese Dialekt-

formen nur dadurch, daß sie dem Hörer die Zugehörigkeit des Sprechers zu einer bestimmten ethnischen Gruppe signalisieren. Nirgends erhebt Labov den Anspruch, die untersuchten Sprachvarianten als symbolischen Ausdruck spezifischer sozialer Erfahrungen zu interpretieren. Wenn Dittmar an der Differenz-Hypothese als positiv hervorhebt, daß sie kaum über die gesicherten Ergebnisse der Grammatiktheorie, nämlich Phonologie und Syntax, hinausgehe, und die „soliden Resultate" darauf zurückführt, „daß die psychologische Dimension von der Analyse weitgehend ausgeschlossen bleibt" (Dittmar 1973, S. 128), so ist dem entgegenzuhalten, daß diese Beschränkung einen Verzicht auf die eigentlich relevanten Fragestellungen bedeutet.

3. Den Nachweis, daß das NNE nicht weniger „logisch" sei als das SE, kann Labov deshalb leicht führen, weil seine Gegner es ihm von vorherein ziemlich leicht machen, sie zu widerlegen. Es zeugt nämlich von einem naiven, um nicht zu sagen: bornierten Sprachverständnis, wenn z.B. Bereiter aus dem Fehlen der Kopula oder aus elliptischen Antworten auf mangelnde Fähigkeit zu logisch strukturiertem Sprechen schließt. Mit kognitivem Vermögen haben diese Dialektvarianten kaum etwas zu tun. In Deutschland kann sich jemand z.B. durch den Gebrauch der doppelten Negation als Süddeutscher zu erkennen geben; im klassischen Griechisch war die doppelte Negation gang und gäbe, was Aristoteles nicht gehindert hat, in dieser Sprache seine „Logik" zu schreiben. Mit anderen Worten: Es ist Labov gelungen, den Defizit-Theoretikern einige besonders grobe sprachtheoretische Fehler nachzuweisen. Damit ist noch nicht der positive Nachweis erbracht, daß das NNE in gleicher Weise wie das Standard English zur differenzierten Darstellung komplexer und abstrakter Sachverhalte fähig ist.

3. Neuere soziolinguistische Untersuchungen in Deutschland

Im Folgenden sollen zwei Arbeiten vorgestellt werden, die als repräsentativ für den inzwischen erreichten Diskussionsstand angesehen werden können. Beide Untersuchungen zeichnen sich durch ausführliche theoretische Fundierung, außerordentliche methodische Sorgfalt und durch differenzierte Analyse- und Interpretationskriterien aus.

Die Arbeit von Eva Neuland: Sprachbarrieren oder Klassensprache? (1975) wendet sich entschieden gegen die Defizit-Theorie, setzt sich aber auch mit Labov kritisch auseinander. An der Labovschen Form der Differenzkonzeption kritisiert Neuland, daß sie „bei der bloßen Konstatierung einer Pluralität sprachlicher Unterschiede" stehenbleibe (S. 70), ohne diese Unterschiede als Ausdruck gesellschaftlicher Ungleichheit zu begreifen. Neuland wendet sich damit gegen die positivistische, werturteilsfreie Differenzkonzeption, die auf der Ebene einer scheinbar objektiven Beschreibung verharrt. Ausgehend von der Hypothese, daß Sprachverhalten ein gesellschaftliches Gebilde ist, das „die jeweilige gesellschaftliche Situation der Schicht widerspiegelt" (S. 89), legt Neuland das Schwergewicht der Analyse auf die Untersuchung inhaltlich-semantischer Unterschiede, kommt aber auch hinsichtlich der syntaktischen Strukturierung zu einigen Ergebnissen, die der These von der geringeren syntaktischen Komplexität der US-Sprache entgegenstehen.

Neben einem nichtverbalen Intelligenztest und einem gemischten Kreativitätstest setzt Neuland zwei verbale Tests (Wortschatztest und Assoziationstest) ein und analysiert zusätzlich das Sprachmaterial aus einer Bildbeschreibung, einer Nacherzählung und einer Weitererzählung.

Bei der Analyse des Sprachmaterials auf der lexikalischen und der syntaktischen Ebene kommt Neuland zu dem Ergebnis, daß keine oder nur geringfügige Unterschiede hinsichtlich des Wortschatzumfangs, der durchschnittlichen Satzlänge und der syntaktischen Komplexität (Anzahl der Nebensätze in Satzgefügen) und hinsichtlich des Gebrauchs unterschiedlicher Satzbaupläne (Duden: Grundformen) bestehen. Beim Gebrauch der Wortarten zeigt sich, daß US-Kinder mehr Substantive und Präpositionen, MS-Kinder mehr Adverbien benutzen. Hinsichtlich der syntaktischen Komplexität merkt Neuland allerdings an, daß auf dieser frühen Altersstufe (Vorschulkinder) „das Ausmaß der hypotaktischen Strukturierung allgemein noch sehr gering" ist (S. 200).

Bereits mit diesen Befunden steht Neuland im Gegensatz zu vielen Ergebnissen anderer Forscher. Teilweise ähnliche Tendenzen zeigen sich allerdings in den Arbeiten von Wiederhold (1971), Bühler (1972) und Ort (1976), so daß beim gegenwärtigen Stand der Forschung keine gesicherten Aussagen möglich sind. Die Vermutung liegt allerdings nahe, daß die geringeren Schichtunterschiede auch auf die besonders sorgfältigen Testvorbereitungen zurückzuführen sind: Die Testsituation wird vor allem von US-Kindern als fremd und unvertraut empfunden (vgl. Cazden 1972) und übt deshalb leicht eine einschüchternde Wirkung aus. Um zunächst diese affektive Barriere abzubauen, versuchte Neuland, mit allen Kindern vor den Einzelversuchen durch Besuche im Kindergarten und in den Wohnungen der Eltern ein Vertrauensverhältnis herzustellen und in der Testsituation selbst eine möglichst spielerische Atmosphäre zu schaffen.

Während sich also die quantitativen Unterschiede auf der syntaktischen und lexikalischen Ebene als minimal erwiesen, sind die qualitativen Unterschiede auf der semantischen Ebene umso auffallender. Bei der Auszählung der verschiedenen insgesamt vorkommenden Wörter kommt Neuland zu dem Ergebnis, daß es neben einem gemeinsamen Wortschatzrepertoire zwei ausgeprägt schichtspezifische Repertoires gibt; von den Substantiven gehörten beispielsweise nur 51 Prozent dem gemeinsamen Repertoire an. Bei der inhaltlichen Analyse der schichtspezifischen Repertoires zeigt sich deutlich die Widerspiegelung sozialer Umwelterfahrungen im Wortschatz. Typisch mittelschichtspezifische Ausdrücke für körperliche Strafen sind beispielsweise: „Popohaue, Haue-Haue, Popo vollhauen"; unterschichtspezifisch sind: „Wucht, Tracht, Kloppe, Arsch versohlen, verkloppen, jemandem eine schmieren" (S. 133). In ähnlicher Weise konnte Neuland schichtspezifische Wortschatzdifferenzen bei Bezeichnungen für Beschmutzen, für die Arbeitswelt, für Nahrungsmittel und Verwandtschaftsbeziehungen feststellen. Schichtspezifische Differenzen ergeben sich auch bei der inhaltlichen Analyse der Bildbeschreibungen, der Nach- und Weitererzählungen. Insgesamt konnte Neuland mit ihrer Arbeit ihre These von der qualitativen Verschiedenheit der Schichtsprachen als Folge der Widerspiegelung unterschiedlicher sozialer Erfahrungen eindrucksvoll belegen.

Die wohl umfangreichste Untersuchung zum schichtspezifischen Sprachgebrauch deutscher Schüler wurde in den Jahren 1973 bis 1976 von einer Forschungsgruppe unter Leitung von Siegfried Jäger durchgeführt und in drei Bänden dokumentiert: Jäger, Siegfried et al.: Schichtenspezifischer Sprachgebrauch von Schülern. Band 1 und 2: 1977, Band 3: 1978.

Die Forschungsgruppe wertete die Sozialdaten und Sprachdaten von 240 zehnjährigen und vierzehnjährigen Schülern aus und analysierte sie aufgrund eines überaus differenzierten Variablenschlüssels. Die Analyse der Sprachdaten erfolgte unter formalen und inhaltlichen Aspekten. Dem Aspektenreichtum der Analyse steht allerdings eine nicht unwichtige Beschränkung hinsichtlich des untersuchten Sprachmaterials gegenüber: Im Gegensatz zu Neuland beschränkt sich die Forschungsgruppe auf die Analyse je eines Textes: einer mündlichen Nacherzählung zu einem Film, der den Schülern gezeigt worden war.

Die Ergebnisse der Untersuchung stellen insgesamt einen eindrucksvollen Beleg für die Defizit-Hypothese dar. Unter anderem kommt die Gruppe zu folgenden Ausagen: Kinder der Unterschicht „neigen weniger zu Stellungnahme, Kommentar und logischer Schlußfolgerung" (S. 517), „sind deutlich schlechter in der Lage, Sachverhalte aufzunehmen und an andere sprachlich weiter zu vermitteln" (S. 517), „zeigen eine geringere Fähigkeit zur Abstraktion" (S. 519), „weichen stärker und häufiger von der kodifizierten Sprachnorm ab" (S. 520) und „erzählen weniger detailliert und ausführlich" (S. 521). Die Gruppe hat jedoch nicht nur Schichtunterschiede analysiert, sondern nach denselben Analysekriterien auch Unterschiede zwischen verschiedenen Altersstufen (Zehnjährige gegenüber Vierzehnjährigen) und zwischen den Geschlechtern.

Interessant ist nun, daß die Altersunterschiede mit den Schichtunterschieden weitgehend korrelieren, d.h. ältere Kinder sind jüngeren Kindern in genau denselben Hinsichten überlegen, wie Mittelschichtkinder den Unterschichtkindern überlegen sind. Lediglich was die Detailfreude, Plastizität und Ausführlichkeit der Erzählungen betrifft, zeigt sich zwischen älteren und jüngeren Kindern kein Unterschied. Die Übereinstimmung altersspezifischer und schichtspezifischer Unterschiede läßt eigentlich nur die Interpretation zu, daß die sprachlichen Differenzen zwischen den Schichten Ausdruck einer sprachlich-kognitiven Entwicklungsretardation der Unterschichtkinder sind.

Wichtige Ergebnisse erbringt auch ein Vergleich der geschlechtsspezifischen Unterschiede: Der „Altersfortschritt", also die Leistungssteigerung der Vierzehnjährigen gegenüber den Zehnjährigen zeigt sich am deutlichsten bei Unterschichtjungen und Mittelschichtmädchen, während er bei Unterschichtmädchen am geringsten ist. Dieser Befund hängt offenbar damit zusammen, daß die Erziehungsstile der Unterschicht stärker an an traditionellen Geschlechtsrollen orientiert sind, durch die die Mädchen auf „häusliche" Tugenden fixiert und in ihrer intellektuellen und sprachlichen Entwicklung weniger gefördert werden als Jungen. Zur schichtspezifischen Benachteiligung tritt hier also noch die geschlechtsspezifische Benachteiligung hinzu.

4. Versuch einer Bilanz

Die bisherigen Darlegungen haben deutlich gemacht, daß der Streit zwischen der Defizitkonzeption und der Differenzkonzeption noch lange nicht ausgestanden ist. Bei genauerem Hinsehen zeigt sich allerdings, daß die verschiedenen Richtungen mindestens teilweise aneinander vorbei argumentieren. Gewisse Aussagen der Defizitkonzeption wird heute kein ernsthafter Forscher mehr vertreten, ohne daß deshalb „die" Defizittheorie als widerlegt angesehen werden kann; und die Differenztheorie bleibt die Antwort auf die Frage schuldig, nach welchen Kriterien sie eigentlich die Gleichwertigkeit sprachlicher Differenzen bestimmt.

Hinsichtlich der Defizit-Hypothese ist die Forschungslage durch soviel Widersprüche gekennzeichnet, daß es fast den Anschein hat, als sei die Defizit-Hypothese schon auf empirischer Ebene widerlegt: So behauptet Bernstein, daß die US vorwiegend Sätze im Aktiv verwende, Oevermann (1972, S. 226) weist dagegen signifikant höheren Passivgebrauch nach; hinsichtlich der unpersönlichen Pronomina „es" und „man" kann Oevermann (1972, S. 273) keinen merklichen Unterschied zwischen den Schichten feststellen. Während Oevermann die US-Sprache als „redundanter" beschreibt (1972, S. 210), kommt Hans Bühler zu dem Ergebnis, daß gerade US-Kinder ökonomischeren Gebrauch von ihrer Sprache machen (1972, S. 130). Die Untersuchung von Jäger et al. kommt wiederum zu dem gleichen Ergebnis wie Oevermann (1978, S. 518).

Die Liste könnte fortgesetzt werden, das Ergebnis bleibt eindeutig: Kaum eines der von Bernstein genannten linguistischen Oberflächenmerkmale des EC kann als statistisch gesichert gelten.

Auch unter sprachtheoretischem Aspekt sind die zur Beschreibung des RC herangezogenen Kriterien fragwürdig. Dies gilt vor allem für den „Subordinationsindex" (Häufigkeit der Gliedsätze relativ zur Anzahl der Hauptsätze bzw. Satzgefüge), der als wichtigster Indikator für das Kriterium „Satzkomplexität" fungiert. Folgende Einwände müssen gegen dieses Kriterium erhoben werden:

1. Oberflächenstrukturell ähnliche Satzgefüge können verschiedene Tiefenstrukturen und damit verschiedene logisch-semantische Beziehungen repräsentieren; so sind z.B. die logisch-semantischen Beziehungen in einem Satzgefüge, in dem der Gliedsatz die Funktion „Subjekt" hat, nicht dieselben wie bei einem Gliedsatz in der Rolle eines Adverbials oder eines Attributs.

2. Andererseits kann dieselbe logische Beziehung durch die verschiedensten Oberflächenstrukturen realisiert werden, eine Kausalbeziehung etwa durch einen Gliedsatz („weil . . ."), einen Hauptsatz („denn . . ."), einen Präpositionalausdruck („wegen . . .") und auch auf andere Weise. Für die kognitive und kommunikative Leistung der Sprache ist es ziemlich gleichgültig, für welche der möglichen Oberflächenrealisierungen ich mich entscheide.

Aus dem aufgezeigten Dilemma führt nur eine theoretische Klärung der Begriffe „Defizit" und „Differenz". In der Literatur finden sich vor allem zwei Definitionen von „defizitär", die deutlich auseinandergehalten werden müssen:

1. Als defizitär gilt eine Sprachform, die Kommunikation nur innerhalb einer Region oder einer Subkultur ermöglicht. Diese Form der Restriktion zeigt sich am deutlichsten in den Dialekten: Wenn sich ein Holsteiner und ein Bayer verständigen wollen, müssen sie außer ihrem Dialekt auch noch die Standardsprache beherrschen. Gegenüber den „partikularistischen" Dialekten ist die Standardsprache das „universale" Medium, das Kommunikation über Schichtgrenzen und regionale Grenzen hinweg ermöglicht. Der Begriff „Standardsprache" muß dabei terminologisch klar vom Begriff „Hochsprache" unterschieden werden. Der Begriff „Hochsprache" sollte für eine bestimmte, vor allem an literarischen Mustern gewonnene, eine, wenn man so will, „bürgerliche" Stilnorm reserviert bleiben.

2. Als defizitär gilt eine Sprachform, die weniger geeignet ist zur Erfassung und Formulierung komplexer und abstrakter kognitiver Gehalte: „Die Implikationen bestimmter Formen von Sprachgebrauch ... verzögern oder erleichtern das Lernen, und zwar unabhängig von jeder angeborenen Fähigkeit. Gewisse sprachliche Formen bringen für den Sprechenden einen Verlust an Geschicklichkeiten (sowohl kognitiven als auch sozialen) mit sich, die sowohl für eine erfolgreiche Erziehung als auch für den Erfolg in Beruf von ausschlaggebender Wichtigkeit sind" (Bernstein 1959, S. 52). Diese Variante der Defizit-Hypothese ist besonders heftig angegriffen worden.

Labov sieht in dieser These nichts anderes als das bornierte Vorurteil der MS: „Es ist traditionell, das Scheitern eines Kindes in der Schule durch sein eigenes Unvermögen zu erklären; wenn aber das Versagen solch riesige Proportionen annimmt, scheint es notwendig, auf die sozialen und kulturellen Hindernisse des Lernens zu blicken und auf die Unfähigkeit der Schule, sich an die soziale Situation anzupassen (Labov 1972a, S. 99). Für Labov verfügen die Sprecher des NNE über „äquivalente Möglichkeiten, den gleichen logischen Inhalt auszudrücken" (1972a, S. 105).

Dieser Begriff der Äquivalenz, der Gleichwertigkeit, steht im Mittelpunkt der Differenztheorie, er verdeutlicht aber auch deren theoretisches Dilemma: Die Differenztheorie lehnt es ab, unterschiedliche Sprechformen normativ zu werten, sie kann aber auch den Begriff der Gleichwertigkeit gar nicht verwenden, ohne ihn auf normative Kriterien zu beziehen. Auch Neulands Begriff der „funktionellen Äquivalenz" führt hier nicht weiter. Nach Neuland geht die Differenzkonzeption „von der funktionalen Äquivalenz der Verhaltensweisen und Sprechformen für die jeweiligen Schicht- und Klassenverhältnisse aus" (Neuland 1975, S. 66 f). Nun bedeutet aber „funktional ... für die jeweiligen Schicht- und Klassenverhältnisse" nichts anderes, als daß jede Gruppe *innerhalb* ihres sozialen Feldes eine Weise des Miteinanderkommunizierens entwickelt, die den jeweiligen Bedürfnissen angepaßt ist. Das aber ist eine Interpretation der sozialen Sprachdifferenzen, der kein Defizittheoretiker widersprechen würde. Die Frage ist nur, welche gesellschaftlichen Konsequenzen ein solches den Bedingungen des sozialen Umfeldes angepaßtes Sprachverhalten hat: Ermöglicht die Sprechform der Unterschicht in gleicher Weise wie die der Mittelschicht die Teilhabe am Prozeß gesamtgesellschaftlicher Kommunikation, ist sie in gleicher Weise geeignet zur kritischen Auseinandersetzung mit Massenmedien, zur Teilhabe an politischen Diskussionen, zur Formulierung wissenschaftlicher Aussagen usw.? Hier wird, darauf hat

E. Feldbusch aufmerksam gemacht, der Begriff der „funktionalen Adäquanz“ (Neuland S. 20), also der jeweiligen Angemessenheit, unversehens zur Äquivalenz umgedeutet (Feldbusch 1977, S. 198).

Die Soziolinguistik täte gut daran, die Alternative Differenz oder Defizit als unfruchtbar zu erkennen und anzuerkennen, daß es einerseits sozialisationsbedingte Sprachdifferenzen gibt, die wertneutral sind, die mit Defiziten überhaupt nichts zu tun haben, daß es aber andererseits einige Besonderheiten der Unterschichtsprache gibt, die deutlich zu einer Benachteiligung der Unterschichtangehörigen führen.

5. Pädagogische Konsequenzen aus der Soziolinguistik

Die Arbeiten Bernsteins und seiner Nachfolger wurden von der Sprachdidaktik ungewöhnlich rasch rezipiert. Die Benachteiligung der Arbeiterkinder in der Schule war als statistisches Faktum seit langem bekannt, aber erst Bernsteins These, daß Chancenungleichheit eine Folge unterschiedlicher Sprachstrategien und diese wiederum Folge der schichtspezifischen Sozialisation seien, schien den Weg zu einer Beseitigung der bestehenden Bildungsbarrieren zu weisen. Mit Hilfe kompensatorischer Maßnahmen schien die Verwirklichung der „offenen“ und egalitären Gesellschaft in greifbare Nähe zu rücken.

Heute sind wir von einem solchen Optimismus weit entfernt. Die Hoffnung auf „Gesellschaftsveränderungen durch Sprachveränderung“ hat sich sehr schnell als „idealistische Konzeption“ erwiesen (Wunderlich 1972, S. 319). Bernstein selbst hat mit am heftigsten dieses kurzschlüssige Kompensatorik-Konzept kritisiert: „Ich verstehe nicht, wie wir über das Angebot kompensatorischer Erziehung an Kinder sprechen können, denen bis jetzt nicht einmal eine angemessene pädagogische Umgebung geboten wurde“ (1972, S. 280). Der von der Soziolinguistik ausgelöste „Kompensatorik-Boom“ ist bereits verschiedentlich dargestellt und kritisch analysiert worden (vgl. Jäger 1971, Hager et al. 1973, S. 293-320, Vogel 1974, Neuland 1979, Feldbusch 1977). Statt diesen Darstellungen eine weitere hinzuzufügen, soll hier der Versuch unternommen werden, anhand der Entwicklung kompensatorischer Projekte im Gesamtschulversuch Nordrhein-Westfalen exemplarisch Möglichkeiten, Schwierigkeiten und Grenzen kompensatorischer Bemühungen aufzuzeigen.

Gleichzeitig mit der Planung und Errichtung der ersten Gesamtschulen in Nordrhein-Westfalen wurden Konzepte sprachkompensatorischen Unterrichts entwickelt, die vor allem mit den Namen Paul (GS Dortmund) und Grahs (GS Gelsenkirchen) verbunden sind. Der Dortmunder Versuch, größere syntaktische Komplexität mit Hilfe von „pattern-drill“-Übungen zu erreichen, ist oft und zu recht kritisiert worden, doch muß man sich vor Augen halten, daß es unfair wäre, die ersten Erkundungsschritte auf diesem bis dahin kaum erforschten Gebiet am heute erreichten Problembewußtsein zu messen.

Ein adäquateres Konzept sprachkompensatorischen Unterrichts ist von H.W. Grahs an der Gesamtschule Gelsenkirchen entwickelt worden. Im Zentrum dieser Konzeption steht der Handlungszusammenhang, in dem Sprache erlernt und verwendet wird. Ausgehend von der Erkenntnis, daß „die Verbindung von Handlung – Erfahrung – Sprache ... der Ursituation im Spracherlernen des Kindes" entspricht, fordert Grahs einen „ausgleichenden Sprachunterricht, der von konkreten Handlungen ausgeht, sie möglichst intensiv und differenziert begleitend verbalisiert, um eine möglichst enge Verbindung zwischen Sprache und Erfahrung zu schaffen" (Grahs 1971, S. 151).

Offen bleibt in diesem Konzept allerdings die inhaltliche Bestimmung relevanter Erfahrungsbereiche. Der Vorschlag, die „Sachfächer" als Handlungsfelder für den sprachkompensatorischen Unterricht heranzuziehen, führte zu einer Einseitigkeit, die späterer Korrekturen bedurfte: Da in den Sachfächern Sprache primär als Mittel der kognitiven Bewältigung fachspezifischer Probleme, weniger als Medium kommunikativen Handelns fungiert, blieb die soziale Erfahrung, die die Schüler von ihrem häuslichen Milieu her mitbringen, auch bei diesem Kompensatorik-Modell weitgehend unberücksichtigt. In den Zielformulierungen tritt diese einseitige Orientierung an dem kognitiven Aspekt sprachlichen Handelns deutlich hervor: „Verbale Begründung logischer Zusammenhänge" (Mathematik), „Verbalisierung von Funktionszusammenhängen" (Arbeitslehre), „Verbalisierung von Verfahrensabläufen und kreativen Wirkungsweisen" (Kunst). In Bezug auf diese Frühphase des Gelsenkirchener Modells ist die Kritik von Klann und Rosenow nicht unberechtigt, daß der Zusammenhang von Handlung – Erfahrung – Sprache ein bloß formales Schema bleibe, solange nicht die Verbalisierung von „sozial typischen, für die unterschiedlichen Interessen relevanten Handlungen und Erfahrungen" ausgehe (Klann/Rosenow 1974, S. 426).

In eine ähnliche Richtung geht die Kritik von Ammon. Bei einer im ganzen positiven Einschätzung des Gelsenkirchener Projekts stellt er doch mit Verwunderung fest, daß sich die Didaktik und Methodik des sprachkompensatorischen Unterrichts, die Entscheidung also über Auswahl und Vermittlung der Lerninhalte, kaum an der Soziolinguistik orientiere (Ammon/Simon 1975, S. 23). In der Tat stellt sich die Frage, worin denn eigentlich der spezifisch soziolinguistische Beitrag zu einer Theorie der Sprachdidaktik besteht. Die pauschale Forderung nach einem Ausgleich von „Sprachdefiziten" muß nicht eigens soziolinguistisch begründet werden. Die für die Sprachdidaktik entscheidende soziolinguistische Aussage ist vielmehr die, daß Sprachdefizite und Sprachdifferenzen sozialisationsbedingt sind. Die didaktische Konsequenz aus dieser Aussage lautet: Eine auf Abbau von Sprachbarrieren zielende Spracherziehung kann nur dann erfolgreich sein, wenn sie Sprache als Ausdruck sozial geprägter Erfahrungen und Einstellungen auffaßt.

Bei der Weiterentwicklung des Gelsenkirchener Modells wurde versucht, diesem erweiterten Konzept sprachlichen Handelns Rechnung zu tragen. Neben die Bereiche „Kognitive Techniken" und „Kreativität" tritt nun gleichwertig der Bereich „Soziales Handeln" (Gesamtschule Gelsenkirchen, Projekt Sprachkompensatorischer Unterricht, Tätigkeitsbericht 1973/74). So stellt z.B. die Unterrichtseinheit „Aufforderungshandlungen" den Versuch dar, die Schüler zu kritischer Reflexion über Normen sozialer Interaktion und ansatzweise zur Veränderung dieser Normen in den Bereichen Schule und Familie zu befähigen. U.a. werden hier folgende Lernziele formuliert: „Fähig und bereit sein, bestehende Rollenzuweisungen in Frage zu stellen und gegebenenfalls zu verändern", „fähig und bereit sein, Handlungszumutungen auf ihre Legitimation hin zu überprüfen und gegebenenfalls zurückzuweisen", „fähig und bereit sein, die Erwartungen, Verstehensmöglichkeiten und möglichen Reaktionen des Kommunikationspartners in der sprachlichen Interaktion mitzubedenken", „bereit sein, die Meinungen und Interessen des Kommunikationspartners, auch wenn sie von den eigenen Meinungen und Interessen abweichen, zu respektieren". In die gleiche Richtung geht der Beitrag von B. Adler und E. Jakobs: „Unterrichtssituationen" (ebd.). Hier werden Themen wie Familienkonflikte, Schulkonflikte, Gastarbeiterprobleme u.a. aufgegriffen, diskutiert und in Erzählungen verarbeitet.

Eine Weiterentwicklung dieser Ansätze hätte vor allem zu einem ausformulierten Konzept von Sprachlernen als sozialem Lernen führen müssen. (Daß es dazu nicht kam, dafür sorgte das Kultusministerium, das das Projekt zum 31.12.74 für beendet erklärte.)

Das Konzept des sozialen Sprachlernens geht davon aus, daß Sprache nicht in derselben Weise Unterrichtsgegenstand ist wie Mathematik oder Geschichte, daß eine Veränderung des Sprachverhaltens vielmehr eine Veränderung der sozialen Bedingungen, unter denen Sprache verwendet wird, zur Voraussetzung hat: „Wenn Sprachliches als Sozialprodukt aufzufassen ist, wenn sich in sprachlichem Handeln soziale Beziehungen manifestieren und modifizieren, dann sind im Unterricht die sozialen Verhältnisse zu schaffen, die Sprache als soziales Handeln provozieren" (Rumpf 1973, S. 33). Wichtiger als isolierte Förderungsmaßnahmen ist deshalb eine Veränderung der Schule als Erfahrungsraum, entscheidender als die „‚intentionale Bildung' (Lernen durch Schullehre)" ist die „‚funktionale Bildung' (Lernen durch Schulleben)" (Holtkamp 1971, S. 82). Einen wichtigen Schritt in diese Richtung stellt die Einrichtung der integrierten Gesamtschulen als Ganztagsschulen dar. Die Gesamtschule als Organisationsform ist zwar bei weitem keine hinreichende, aber doch eine wichtige Bedingung der Möglichkeit, die Reproduktion der gesellschaftlichen Ungleichheit durch das dreigliedrige Schulsystem aufzuheben[3]. Realisiert wird diese Möglichkeit erst, wenn Gesamtschule nicht nur als organisatorische, sondern vor allem auch als curriculare Reform verstanden wird (vgl. Goehrke 1971, S. 19). Als Ganztagsschule bietet die Gesamtschule in besonderem Maße die Chance, daß Schulen zum Feld sozialer Betätigung und Erfahrung wird, daß Schüler als gleichberechtigte Partner über die Gestaltung des unterrichtlichen und außerunterrichtlichen Bereichs mitbestimmen: „Die Gesamtschule geht davon aus, daß alle auf Emanzipation und Humanisierung zielenden Lerninhalte für den Schüler nur dann glaubhaft werden können, wenn sie an der Schule – als Stätte sozialdemokratischer Primärerfahrung der Kinder – auch überzeugend repräsentiert werden, d.h. wenn Schüler die ‚Schule' als freie Demokratie erleben können" (Holtkamp 1971, S. 82).

(An dieser Stelle ist freilich die Anmerkung unerläßlich, daß die Erfahrung der letzten Jahre – Rücknahme fast aller progressiven Erneuerungen im curricularen und organisatorischen Bereich – diesen Optimismus der Anfangsphase als Illusion erscheinen läßt. Mit dieser Einschränkung sind auch die folgenden Ausführungen zu lesen.)

---

3 Die gesellschaftliche Ungleichheit wird zunächst dadurch reproduziert, daß sich in der primären Sozialisation unterschiedliche Sprachmuster herausbilden, die zu einer Benachteiligung der Unterschichtkinder führen. Duch das dreigliedrige Schulsystem wird diese Benachteiligung sozusagen zementiert.

Kompensatorik wird damit zum Unterrichtsprinzip. In diese Richtung zielt bereits die Forderung von Grahs (1971b), daß „von der Sprachkompensatorik her eine Innovation des eigensprachlichen Unterrichts" beginnen müsse (S. 32). In der Tat hat die curriculare Entwicklung des Deutschunterrichts an den Gesamtschulen weitgehend diese Impulse aus der Kompensatorik aufgenommen und verarbeitet. Das „situativ-kommunikative Konzept" der „Vorläufigen Richtlinien" für das Fach Deutsch an Gesamtschulen in Nordrhein-Westfalen geht davon aus, daß „sprachliches Handeln . . . soziales Handeln" ist und daß folglich „Sprache nicht getrennt von der Situation, in der sie gesprochen wird, nicht unabhängig von den Themen oder Problemen, über die gesprochen wird, nicht losgelöst von den Gesprächspartnern, von ihren Beziehungen zueinander und den Absichten, die von den Gesprächspartnern verfolgt werden, betrachtet und zum Gegenstand von Unterricht werden kann" (S. 4).

Für eine Realisierung dieses Konzepts sind folgende Bedingungen wesentlich:

- zeitweilige Auflösung des herkömmlichen Fächerrahmens zugunsten fachübergreifender, an konkreten Handlungszielen orientierter Projekte (Grahs 1971, S. 21)
- Aufhebung der rigiden Rollenverteilung zwischen Lehrern und Schülern; Beteiligung der Schüler am Prozeß der Entscheidung über Unterrichtsvorhaben
- Öffnung der Schule zur realen Umwelt: Zusammenarbeit mit den Eltern, Betriebserkundungen u.a.
- Einübung sozialer Tugenden wie Kooperationsbereitschaft, Toleranz, gegebenenfalls auch Bereitschaft zum Widerstand
- Abbau der affektiven Sprachbarrieren durch Schaffung eines angstfreien Lernklimas: weitgehender Verzicht auf Zensuren als Disziplinierungs- oder gar Motivationsmittel
- kleinere Klassen (Verringerung der Klassenstärke gehört zu den wirksamsten kompensatorischen Maßnahmen überhaupt)
- intensive Kooperation der Lehrer und geduldige Zähigkeit bei Verhandlungen mit Schulleitung und Behörden.

Eine weitere generelle Voraussetzung ist eine veränderte Einstellung aller Lehrer gegenüber traditionellen Verhaltensnormen. Den Lehrern muß bewußt werden, daß ihre eigenen Normvorstellungen nicht universal, sondern schichtspezifisch geprägt sind, daß das auf individuelle Leistung und Konkurrenzlernen ausgerichtete Rollenverhalten der Mittelschichtkinder nicht a priori das „bessere" und für alle anzustrebende ist und daß schließlich „die soziale Erfahrung, die das Kind schon besitzt, wertvoll und bedeutsam ist und daß diese soziale Erfahrung ihm als wertvoll und bedeutsam wieder gezeigt und erläutert werden sollte" (Bernstein 1972, S. 291).

Die genannten Voraussetzungen machen deutlich, daß mit der Realisierung eines solchen Konzepts nur in mühseliger und langwieriger Kleinarbeit zu rechnen ist.

Kompensatorik als Unterrichtsprinzip schließt nicht aus, daß zusätzlicher Förderunterricht zum Ausgleich spezifischer Defizite durch gezielte Trainingsprogramme eingerichtet wird. Solche Förderkurse setzen eine differenzierte Diagnose voraus: Ein Schüler, der Schwierigkeiten hat, einen komplizierten Text zu verstehen, braucht eine andere Art der Förderung als ein Schüler, der sich aufgrund mangelnden Selbstvertrauens kaum am Klassengespräch beteiligt, wieder anders müßte die Kompensatorik für Schüler aussehen, die infolge mangelnder Ambiguitätstoleranz und Frustrationstoleranz unfähig zur Kooperation in der Gruppe sind. Rechtschreibung, schriftliche Textproduktion, Argumentations- und Diskussionstechniken, für Dialektsprecher eventuell auch Training im Gebrauch der Standardsprache sind weitere Bereiche, in denen gezielte Förderung sinnvoll sein kann.

Pragmatik und Sprachunterricht

Gabriele Pommerin

1. Ausschnitte aus Unterrichtsgesprächen

A) Aus einer Erdkundestunde

L: Kinder, schaut euch einmal die Form des Erzgebirges an. Schaut euch einmal die Form an.
Peter: Die Form des Erzgebirges ist so langgezogen.
L: Ja, und wenn du jetzt noch ein anderes Wörtchen findest, statt langgezogen.
Peter: Das Erzgebirge dehnt sich weit aus.
L: Dehnt sich, ja. Bei einem Gebirge kann man noch ein bißchen anders sagen. Das Gebirge . . .
Sabine: Das Gebirge macht einen großen Bogen um die Tschechoslowakei.
L: Nein, also das wollen wir . . . nein, nein.
Ingrid: Das Erzgebirge breitet sich aus.
L: Breitet sich aus. Ich hätte ein anderes. Schau einmal. Von diesem Punkt bis zu diesem Punkt.
Peter: Dehnt sich aus.
L: Ja, das haben wir bereits . . . Das ist nicht ganz . . . Von A nach B, was liegt dazwischen, was ist das?
Thomas: Eine Strecke.
Dieter: Das Erzgebirge streckt sich.
L: Eine Vorsilbe fehlt noch.
Jens: Erstreckt sich.
L: Gut.

B) Aus einer Deutschstunde[1]

L: Nennt bitte einen Ausrufesatz! Ralf!
Ralf: Hurra, die Schule brennt!
L: Jawohl.
Isa: Ja, ja, das ist dir ähnlich.
Ingo: Der is jut, ne?
Marco: Schön wär es!
Isa: Find ich nit schön, find ich blöd.
L: Na, findet ihr das gut? Dann wird 'ne neue aufgebaut.
Michael: das dauert aber lange!
Ralf: Die muß auch abbrennen!
Alois: Das dauert nit lange.
Ingo: Solange die nit aufgebaut ist, jehn mer in den Volksgarten. (Alle lachen)
L: Jetzt zuletzt einen Fragesatz (Kinder äußern sich gleichzeitig)
Lorenzo: Ja, gucken Sie, Fräulein Faß?
Helga: Verraten Sie uns jetzt die Zeugnisnoten?
L: Carmen! (Kinder reden durcheinander)
L: Ralf!
Giuseppe: Och, Frollein!
Ralf: Ich bin ich, und du bist du, warum ist das so?
L: Deine philosophischen Betrachtungen! Eh, hat noch jemand einen Fragesatz?
Michael: Ham Sie schon mal Tantaletts gegessen? (Alle lachen)
L: Bitte?
Giuseppe: Tantaletts!
Peter: Ham Sie schon mal Tantaletts gegessen?
Guiseppe: Das sind Koteletts! Das ist Tartar mit französischem Käse!

---

1 Im Rahmen des Projekts „Dein neues Sprachbuch" sollen die Schüler herausfinden, wozu Schüler und Lehrer ihre Sprache jeweils gebraucht haben und was die Schüler mit ihrer Sprache schon alles können. Vgl. dazu Ingendahl u.a., 1978, S. 8

Bei beiden Ausschnitten aus Unterrichtsprotokollen handelt es sich – wie man zunächst zu hoffen glaubt – keineswegs um eine Persiflage zum Zweck der Veranschaulichung bestimmter Kommunikationsprobleme, sondern um authentische Beispiele des alltäglichen Unterrichts.

Beim ersten Beispiel (Aus einer Erdkundestunde) wird der Leser nicht umhin können, die Schüler wegen ihrer Bereitwilligkeit und ihrer schier unerschöpflichen Geduld mit dem Lehrer zu bewundern, der seine Schüler eines vermeintlich „besseren" Ausdrucks wegen traktiert, in der Annahme, dadurch den Wortschatz seiner Schüler sinnvoll erweitert und differenziert zu haben. Die Schüler sind nicht etwa durch explizite Aufforderungen des Lehrers auf die „Synonymspielerei" eingegangen, wie sie in den bekannten Schulritualen zum Ausdruck kommen:

„Kennst du noch ein schöneres Wort dafür?"
„Finde einen treffenderen Ausdruck!"
„Welche anderen (besseren!) Wörter kennst du noch?"

Zu vermuten sind also einschlägige Kommunikationserfahrungen der Schüler, wie sie verständlicherweise nicht beim Schulanfänger zu erwarten sind, sondern nur bei Schülern, die durch jahrelange Gewöhnung keine Fragen mehr an Sinn und Legitimität solcher Unterrichtsprozeduren stellen, diese sinnentleerten Phrasen als zum Lebensbereich „Schule" zugehörig empfinden.

Der zweite Gesprächsausschnitt (Aus einer Deutschstunde)[2] soll uns aus anderen Gründen interessieren.

Ziel dieser Unterrichtsstunde ist – so zeigt uns die erste Aufforderung der Lehrerin – die Bewußtmachung der Satzarten, also die Bewußtmachung eines grammatischen Teilaspekts, der der syntaktischen Ebene der Sprache zuzuordnen ist; eine Zielsetzung, die die Schüler in sehr origineller Weise zu unterlaufen verstehen.

Der Aufforderung der Lehrerin, einen Ausrufesatz zu nennen, wird durchaus entsprochen wie am Beispiel „Hurra, die Schule brennt!" nachgewiesen werden kann.

In der sich daran anknüpfenden Kommunikation zwischen den Schülern, in der sie auf verschiedene Konsequenzen eingehen, die ein Abbrennen der Schule nach sich ziehen würde, greifen sie das auf, was ihnen inhaltlich wichtig ist und bestimmen auf diese Weise ganz entscheidend die weitere Entwicklung der Unterrichtssituation mit.

Verleitet (?) durch die Diskussion ihrer Schüler, verläßt die Lehrerin ebenfalls die formale Ebene und scheint sich erst nach dem letzten Vorschlag zu diesem Thema, das Gelächter hervorruft und einen ersten Abschluß des Gesprächs bewirkt, auf *ihre* eigentlichen Unterrichtsziele zu besinnen.

Nach der Aufforderung, nun einen Fragesatz zu nennen, wiederholt sich im Prinzip das gleiche „Impuls-Antwort-Spiel" von eben.

---

2 Bei der Interpretation der kommunikativen Ereignisse handelt es sich nicht um bloße Vermutungen, sondern um „nachweisbare" Beobachtungen von Unterrichtsprozessen, da die Verfasserin dieses Beitrags mit der Lehrerin aus dem obigen Unterrichtsprotokoll identisch ist und diesen Gesprächsausschnitt gemeinsam mit ihren Schülern untersucht hat.

Auf einer formal grammatischen Ebene reagieren die Schüler in der von ihnen erwarteten Weise, bringen aber gleichsam unter der Hand ihre persönlichen Interessen in den Unterricht ein, indem sie solchen Inhalte in Form von Fragesätzen formulieren, an deren Beantwortung ihnen tatsächlich gelegen ist, so zum Beispiel:

- ob die Zeugnisnoten verraten werden,
- ob die Schüler anschließend Englisch bei der betreffenden Lehrerin haben,
- was ihre Lehrerin an diesem Nachmittag vorhat und
- ob sie auch Spanisch spricht (was zu erfahren wegen der hohen Anzahl an spanischen Schülern und Schülerinnen durchaus wichtig war),

oder die Schüler formulieren Fragen, welchen bei einer pragmatischen Analyse durchaus noch andere Intentionen und Wirkungen, wie etwa die einer bewußten Verunsicherung, unterstellt werden könnten, wie beispielsweise folgende Bemerkung zeigt „Ich bin ich und du bist du, warum ist das so?“, auf die die Lehrerin auch in der beabsichtigten Weise entsprechend verlegen reagiert.

Die letzte Frage der Lehrerin, ob noch jemand einen Fragesatz „hat“, mutet als Rückzug von der inhaltlich brisanten zu der formal neutralen Ebene an und erweckt den Eindruck – der für herkömmliche Formen des Sprachunterrichts auch durchaus repräsentativ zu sein scheint –, als wären die Menschen im Besitz von Sätzen, die man bei Bedarf aus der Tasche zaubern könnte. Auch daraufhin wieder eine eigenwillige Reaktion eines Schülers, mit deren Hilfen er das Interesse aller auf seine originelle Wortneuschöpfung „Tantaletts“ (entstanden aus Tartar und Koteletts) konzentriert hat, mit der sich die Mitschüler auch im folgenden bereitwillig auseinandersetzen, die Lehrerin diese Wortneuschöpfung aus Verunsicherung nicht aufgreift, die wohl außerhalb des Lebensbereichs „Schule“ entstanden ist.

Obwohl beide Unterrichtsprotokolle für eine weitere Analyse ergiebig genug wären, soll an dieser Stelle lediglich das Problem verdeutlicht werden, daß nämlich im Rahmen schulischer Kommunikationssituationen von Schülern immer noch erwartet wird, Sätze zu bilden und zu zerlegen, anstatt Äußerungen zu produzieren und diese in kritischer Reflexion zu analysieren, um andere Menschen besser verstehen und selbst besser und damit auch verantwortungsbewußter sprachlich handeln zu können.

2. Satz versus Äußerung?

Trotz berechtigter Kritik an den Ausschnitten der beiden Unterrichtsgespräche lassen sich dennoch gravierende Unterschiede zwischen den Beteiligten feststellen.

Die Schüler aus der Erdkundestunde bewegen sich – gezwungen durch den repressiven Unterrichtsstil des Lehrers – ausschließlich auf einer formalen Ebene der Sprache, bei der die Inhalte irrelevant und daher beliebig austauschbar sind. Das Erzgebirge, das sich „erstrecken“ soll, kann durch einen x-beliebigen Gegenstand ersetzt werden, dem das gesuchte Verb ebenfalls zugeordnet werden kann[3].

Die Schüler befinden sich bei diesem „sprachlichen Wettrennen" zwangsläufig in Konkurrenz und Rivalität zueinander. Eine Kommunikation, in der die Schüler aufeinander Bezug nehmen, findet nicht statt, darf gar nicht stattfinden, da der Unterricht so angelegt ist, daß nur einer auf Kosten der anderen „Sieger" werden kann.

Besonders fatal ist, daß noch nicht einmal in einem eingeschränkt-kognitiven Sinne Sprachförderung stattfindet, daß vielmehr der gesamte Kontext der Unterrichtssituation nicht nur beim Lehrer selbst, sondern auch bei den Schülern einen restringierten Sprachcode herausfordert, der keineswegs mit den Spezifika der gesprochenen Umgangssprache (vgl. Ruoff 1973) (zum Beispiel: elliptisches Sprechen, Redundanz, hoher Anteil an paralinguistischen Merkmalen etc.) identisch ist und etwa als ‚lebendiger' Unterricht verstanden werden könnte.

Es findet keine Kommunikation in dem Sinne statt, daß sowohl Inhalte ausgetauscht als auch zugleich Beziehungen zwischen den Kommunikationspartnern hergestellt werden[4]. Es werden vielmehr Sätze isoliert aneinandergereiht, die von der Situation losgelöst und ohne Bezug zur tatsächlichen Lebenspraxis der Schüler in und außerhalb der Schule stehen. Gemäß der offiziellen Intention der Lehrerin sollten auch in dem zweiten Unterrichtsbeispiel aus einem linguistisch motivierten Erkenntnisinteresse Beispiele für bestimmte Satzarten genannt werden. Da die Beispiele der Schüler bedauerlicherweise nicht auch einer pragmatischen Analyse unterzogen wurden, die zu der Erkenntnis geführt hätte, daß linguistische Kriterien in diesem Fall nichts über die kommunikative Wirkung von Sätzen aussagen (der Aussagesatz „Du machst jetzt die Tür zu" kann unter Umständen eine weitaus größere Anweisungsstärke haben als etwa der Imperativ „Mach' jetzt die Tür zu!"), wird man sich kritisch fragen müssen, was die bloße Kenntnis – daß von einem formal-grammatischen Standpunkt aus zwischen drei Satzarten unterschieden werden kann – zur Verbesserung des tatsächlichen Sprachgebrauchs der Schüler beitragen könnte. Zweifellos ist hier die Chance, einen funktionalen Grammatikunterricht zu realisieren, verschenkt worden, der darin hätte bestehen können, die Transformation vom Satz zur Äußerung bewußt zu machen bzw. den Schüler anzuregen, über ihre ohnehin erfolgreich realisierten kommunikativen Strategien zu reflektieren.

Daß es sich bei den genannten Beispielsätzen der Schüler auch tatsächlich um Äußerungen handelt, kann dadurch nachgewiesen werden, daß alle Beteiligten die Bemerkungen nicht als linguistische Einheiten, sondern als situierte Sätze, als Sprechakte also, verstanden und damit eine wesentliche Voraussetzung zur gegenseitigen Verständigung erbracht haben (vgl. Haber-

---

3 Die Art der Verbindung zwischen dem Fach Erdkunde und dem Sprachunterricht sollte nicht als Beispiel einer Problemlösung mißverstanden werden, wie sie sich in fächerübergreifenden Projekten stellt, sondern eher als Beispiel für einen reduzierten Gesamtunterricht.

4 Auf die Doppelstruktur der Rede, bestehend aus einem Inhalts- und Beziehungsaspekt, ist in den letzten Jahren von Seiten der Kommunikationswissenschaften hingewiesen worden, die sich um das Erfassen kommunikativer Vorgänge in ihrer Totalität bemühen. Vgl. dazu a) Maas/Wunderlich, 1972, S. 117, b) Watzlawick u.a. 1969, S. 53f., c) Habermas, 1971, S. 104ff.

mas 1971, S. 105). In den inzwischen klassisch gewordenen Beispielen der Sprechakttheorie (Austin, Searle) und der Theorie der Kommunikativen Kompetenz von Habermas wird die Doppelstruktur der Rede fast ausschließlich an Sprechakten verdeutlicht, bei denen der performative Teil des Satzes expliziert ist, so zum Beispiel „Ich verspreche dir, morgen zu kommen".

Der performative Teil der Äußerung besteht aus „Ich verspreche dir . . .". Durch ihn wird der Modus der Kommunikation (Watzlawick et al. nennen ihn Beziehungsaspekt der Sprache) zwischen Sprecher und Hörer hergestellt. Im abhängigen Satz „. . . morgen zu kommen", wird der propositionale Gehalt zum Ausdruck gebracht.

Der performative Teil hat die Funktion einer Verstehensanweisung. Er signalisiert, wie der Teil des propositionalen Gehalts aufzufassen ist, hier: als Versprechen, als Beschwichtigung oder als Drohung. Der performative Teil der Äußerung wird allerdings nur in Ausnahmezuständen expliziert. Um bei unserem Beispiel zu bleiben: etwa dann, wenn es einer zusätzlichen Versicherung des Versprechens bedarf (zum Beispiel bei vorausgegangenen negativen Erfahrungen mit Versprechungen, die vom betreffenden Sprecher abgegeben wurden), wenn der Sprecher seine Glaubwürdigkeit unterstreichen oder durch Ironie ausdrücken will.

Wenn allerdings ohne explizite Verstehensanweisungen damit gerechnet werden kann, daß ein Sprechakt in der Weise aufgefaßt wird, in der er intendiert ist, das heißt: wenn die Illokution (Verstehensanweisung) mit der Perlokution (Wirkung) zusammenfällt), wird in der Regel auf eine Explizierung des performativen Teils verzichtet.

Bei Bedarf kann dieser jederzeit verbalisiert werden, da er in der Tiefenstruktur eines jeden Satzes implizit vorhanden ist (Habermas 1971, S. 104).

Eine solche Explizierung war in der Kommunikation zwischen Schülern und Lehrerin der Deutschstunde offensichtlich nicht nötig. Die Bemerkung „Hurra, die Schule brennt" wurde von allen Beteiligten nicht als Ausrufesatz, sondern als nicht ernst zu nehmender Wunsch aufgefaßt: „Verraten Sie uns jetzt die Zeugnisnoten?" nicht etwa als eine Frage, sondern als eine Aufforderung an die Lehrerin, nun endlich die Noten preiszugeben. Bei „Ham Se schon mal Tantaletts gegessen?" sind die Alternativen verschiedener Verstehensanweisungen vielfältiger. Es könnte sich hier um eine echte Frage handeln, dann allerdings setzt der Sprecher stillschweigend voraus, daß der Hörer ein gemeinsames Wissen um das, was Tantaletts sind, mit ihm teilt. Davon ist aber nicht unbedingt auszugehen.

Der Schüler könnte mit seiner Äußerung ebensogut die Absicht verfolgt haben, Mitschüler und Lehrerin auf seine originelle Wortneuschöpfung hinzuweisen oder die Lehrerin bewußt in die Lage der Nicht-Bescheid-Wissenden zu versetzen, eine Situation, die dem Schüler nur allzugut vertraut ist.

Im Gegensatz zur Unterrichtssituation der Erdkundestunde haben die Schüler hier aufgrund ihrer kommunikativen Fähigkeiten und eines rechtzeitig wahrgenommenen Freiraums nicht zugelassen, daß ihre Äußerungen aus der konkreten Situierung herausgelöst und zu „Beispielsätzen" mißbraucht wurden. Abstraktionsprozesse *dieser Art* führen nicht dazu – wie man sich zuweilen erhofft –, daß sprachliche Erfahrungen auf eine höhere Bewußtseinsstufe überführt, dadurch generalisiert und somit anwendbar für neue Kommunikationssituationen werden.

Wird bei der Produktion und der Analyse sprachlicher Äußerungen von vornherein auf eine Berücksichtigung kommunikativer Bedingungen verzichtet, so haben wir es in der Regel mit institutionalisierten Informationsprozessen *über* Sprache zu tun, nicht aber mit Kommunikationssituationen, wie sie für den außerschulischen Spracherwerb und Sprachgebrauch typisch sind.

Denn dort werden nicht Sätze ausgetauscht als abstrakte Grundeinheiten der Sprache, sondern Sprechakte bzw. Äußerungen, in deren Vollzug Sätze auf einem kontextuellen Hintergrund situiert werden. Das bedeutet nun keineswegs, daß grammatische Reflexion in einem pragmatischen Deutschunterricht keinen Platz hätte. Im Gegenteil, die reflexive Auseinandersetzung mit Sprache ist hier sehr viel umfassender, sie findet auf mehreren Ebenen der Sprache und des Sprachgebrauchs statt, wobei versucht wird, zugleich eine Interdependenz zwischen den einzelnen Sprachebenen herzustellen.

Ausgangspunkt grammatischer Analysen sollten konkrete Äußerungen und Texte sein, wobei eine pragmatische Untersuchung, etwa die Frage nach der Wirkung von Äußerungen, den Zugang zu grammatisch-linguistischen Fragestellungen erleichtern und auch für jüngere Schüler sinnvoll machen kann.

An derartigen Analyseprozessen müssen aber die Schüler beteiligt werden, damit bei der reflexiven Auseinandersetzung mit Sätzen nicht der Eindruck entsteht – der im grammatikalisierten Sprachunterricht aber häufig erzeugt wird –, daß es sich bei den Grundeinheiten der Sprache bereits um Sprach-Handlungs-Muster handele.

Geht Hörmann in seinen Forschungen über Verstehensprozesse von der Tatsache aus, „daß wir über Sätze-an-sich nicht sprechen können, daß die Trennung des Satzes von seiner Äußerung ebenso unhaltbar ist wie die des Zeichens von seiner Verwendung. Der Satz rechnet sozusagen damit, daß er vor einem Hintergrund außersprachlicher Daten gesprochen und verstanden wird (Hörmann 1976, S. 24), so kommt Bubner zu dem Schluß, daß die Abstraktion des Satzes von seinem kontextuellen Hintergrund einer Loslösung geäußerter (und auch gedachter) Sprache von ihrem Sinn gleichkommt, die der Trennung zwischen Semantik bzw. Satzsemantik und Pragmatik entspricht. Insofern wäre es nicht nur unangemessen und nutzlos, zwischen gemeintem Sinn und seiner Äußerung zu unterscheiden, sondern auch völlig unmöglich, da der gemeinte Sinn nicht für sich selbst stehen, sondern nur in einer Äußerung zum Ausdruck gebracht werden kann, die ihrerseits sinnentleert wäre, wäre sie nicht Ausdruck eines bestimmten Sinns (vgl. Bubner 1976, S. 154).

3. Pragmatisch orientierte Sprachdidaktik

Die Loslösung linguistischer Einzelkenntnisse von ihrer kommunikativen Verwendung im Sprachunterricht hat einmal die Ursache in einem reduzierten Verständnis von Linguistik und in einer weiteren Reduzierung und Simplifizierung, die von einer bestimmten Auffassung von Didaktik nahegelegt wird[5].

Eine Linguistik, die wir als reduziert bezeichnen, klammert entweder die Semantik völlig aus ihrem Forschungsprogramm aus oder unterzieht Sprache – selbst bei der Beschäftigung mit „Inhalten" und „Bedeutungen" – einer rein statischen Betrachtung (vgl. Hörmann 1976, S. 258).

In letzter Zeit sind die Zweifel an einer Linguistik, die sich ausschließlich mit dem statischen System der Sprache bzw. mit einem ihrer Aspekte befaßt, zunehmend geäußert worden.

Kritik an einem reduzierten Sprachbegriff wird vorwiegend von der Sprachphilosophie, der Anthropologie oder Ethnomethodologie, der Pragmalinguistik, der Sozio- und Psycholinguistik vorgebracht, die aus der Perspektive eines umfassenderen Forschungsansatzes von einer Verschränkung linguistischer, soziologischer, psychologischer, erkenntnis- und handlungstheoretischer Aspekte ausgehen. Interessanterweise kommt gerade einer Sprachdidaktik, die sich nicht damit zufrieden gibt, Sprachunterricht als einen Informationslehrgang *über* Sprache zu verstehen, sondern ihn als ein lebenspraktisches Fach begreift, das sprachliche und kommunikative Lösungsmöglichkeiten zur Bewältigung konkreter Lebenssituationen bereitstellt und weiterentwickelt, das besondere Verdienst zu, die Linguistik durch praxisrelevante Fragen zu innovieren.

Da die Bedürfnisse der Sprachdidaktik aber von einer herkömmlichen Linguistik allein nicht abgedeckt werden können und umgekehrt die sprachlichen Daten, die von der „System-Linguistik" ermittelt werden, nicht per se Eingang in einen sprachdidaktischen Begründungszusammenhang finden können (nur aufgrund der Tatsache, weil sie halt als Erkenntnisse über Sprache zur Verfügung stehen), bleibt der Sprachdidaktik nichts anderes übrig, als entweder gezielte Bedarfsforschung an die einzelnen Bezugswissenschaften anzumelden oder selbst Grundlagenforschung zu betreiben.

Die hier sichtbar werdende enge Verklammerung zwischen Theorie und Praxis läßt sich zum größten Teil auf die Tatsache zurückführen, daß die Sprachdidaktik wie keine andere Wissenschaft am empfindlichsten die Einseitigkeit eines reduzierten Sprachbegriffs zu spüren bekommt.

Trotz unterschiedlicher Forschungsansätze und -interessen läßt sich bei linguistischen und sprachdidaktischen Konzeptionen, die pragmatisch orientiert sind, doch eine gemeinsame Basis hinsichtlich des Sprachverständnisses

---

5 Diese These wurde im Rahmen des Vortrags von Schäfer „Identitätsbildung als Prozeß des Kompetenzerwerbs" am 1.2.1978 an der Gesamthochschule Wuppertal entwickelt (weiterhin zitiert als Schäfer, 1978).

Bei pathologischen Sprachstörungen kann allerdings das Verhältnis zwischen linguistischer und kommunikativer Kompetenz desintegrieren und zwar einmal, indem der Patient bei mangelhafter Verfügung über konventionelle Sprachmittel (linguistische Kompetenz) über eine außerordentlich hoch entwickelte kommunikative Kompetenz verfügen kann und umgekehrt bei geradezu „virtuos-hypertroph" entwickelter linguistischer Kompetenz nicht in der Lage ist, situationsbezogen sprachlich zu handeln. Vgl. dazu Apel, 1976, S. 89f.

herstellen. Erstens wird Sprache sowohl in ontogenetischer als auch in phylogenetischer Sicht in ihrer historisch-gesellschaftlichen Bedeutung anerkannt. Zweitens wird Sprache nicht als System, sondern als „Lebensform" (Wittgenstein), das heißt als eine spezifisch menschliche Form des sozialen Handelns verstanden.

Die zweite These ist insofern umstritten, als ihr vorgeworfen wird, daß dadurch der Handlungsaspekt der Sprache absolut gesetzt sei, andere Aspekte aus dem Blick gerieten, was wiederum zur Folge hätte, daß die kommunikative Funktion der Sprache auf Kosten der heuristischen Sprachfunktion favorisiert würde.

Wirklichkeitskonstitution und kommunikativer Austausch sprachlicher Bedeutungen vollziehen sich aber nicht getrennt voneinander – wie am Beispiel des frühkindlichen Spracherwerbs im folgenden dargestellt wird –, sondern wechselseitig aufeinander bezogen in komplexen Sprach-Handlungs-Prozessen.

„Das Begreifen der Wirklichkeit gründet sich also nicht auf einem unmittelbaren Subjekt-Objekt-Verhältnis, sondern auf einem Subjekt-Subjekt-Objekt-Verhältnis" (Braunroth 1975, S. 72).

4. Handlungsaspekt in Sprachentwicklung und Sprachgebrauch

Was geschieht eigentlich, wenn Menschen sprachlich miteinander umgehen, wenn sie Wirklichkeit konstituieren?
Unter welchen Bedingungen erwerben sie diese Fähigkeiten?
Diese Fragen betreffen Aspekte des alltäglichen Sprachgebrauchs, die Dialektik zwischen Kommunikation und Wirklichkeitskonstitution sowie Prozesse des frühkindlichen Spracherwerbs und schließlich grundlegende Prämissen sprachlicher Kommunikation als ‚Apriori des Verständigungshandelns'.

Unter dem Aspekt der Handlungsdimension der Sprache interessieren uns beim Spracherwerb vor allem Ursachen für Verstehensleistungen und die Bedingungen der eintretenden eigenen Sprachproduktion sehr junger Kinder.

Die Verstehenskompetenz des kleinen Kindes kann daran abgelesen werden, daß es ihm offensichtlich gelingt, sprachliche und nicht-sprachliche Handlungen seiner unmittelbaren Bezugsperson auf seine eigenen Aktivitäten zu beziehen und selbst interaktiv auf seine Umgebung einzuwirken.

Grundlegend für die „Einführungssituation von Sprache" in der Mutter-Kind-Beziehung ist die Verzahnung zwischen Interaktionsformen und Sprachfiguren zu symbolischen Interaktionsformen, die Lorenzer als „Momente einer über Sprache verfügende und von der Sprache regulierende Praxis" versteht[6].

6 A. Lorenzer in Simon/Straßner, 1979, S. 94. Symbolische Interaktionsformen als kommunikative Einheiten weisen Parallelen zu den Äußerungen auf, die wir als „Grundeinheiten" der empirischen Pragmatik vorgestellt haben.

„Sprachspiele“ sind das Ergebnis einer Verschmelzung noch-nicht-sprachlicher Interaktionsformen mit Sprachfiguren. Der Spracherwerb kann – um im Bilde Lorenzers zu bleiben – als ein fortschreitender Verschmelzungsprozeß verstanden werden, in dessen Verlauf vorsprachliche Interaktionsformen sich mit den entsprechenden Sprachfiguren im Sinne eines „Reißverschluß-Systems“ verzahnen, wobei das Repertoire der Sprachfiguren gleichzeitig erweitert, differenziert und präzisiert wird. Eine grundlegende Form der „Spracheinführung“ verdeutlicht er an folgendem Beispiel:

„Die Mutter zeigt auf einen Gegenstand und versieht so diesen Gegenstand mit einem Namen, der ein systematischer Teil der „Muttersprache“ ist. Dieser Gegenstand, auf den gezeigt wird, aber ist (. . .) kein in sich abgegrenztes Objekt. Wäre dies der Fall, so blieben die Momente der Welt der menschlichen Praxis der Individuen äußerlich. Die Vermittlung von Sprache trifft auf ein bereits *hergestelltes praktisches Verhältnis der Menschen zur Außenwelt*“ (Lorenzer 1979, S. 92).

Für unseren Zusammenhang werden in dieser Aussage besonders folgende Faktoren wichtig:

- die Kontext- bzw. Situationsabhängigkeit des frühkindlichen Spracherwerbs,
- die Verknüpfung zwischen nicht-sprachlichen Interaktionsformen mit Sprachfiguren zu symbolischen Interaktionsformen,
- die Offenheit der Benennung, die aufgrund der Symbolfunktion der Sprache einmal dank der Denotate eine intersubjektive Verständigung erlaubt, zugleich aber durch die subjektiv erworbenen Konnotationen eine persönliche Beziehung zu den „Gegenständen“ herstellt und
- die Annahme eines vorsprachlichen kognitiven Schemas oder Wahrnehmungssystems (Hörmann), das Verstehen erst ermöglicht und dadurch sprachlich wird (es steht wiederum in enger Beziehung zur Situation).

Die Benennung der Gegenstände durch die Mutter ist nicht etwa mit Hilfe einer hinweisenden Definition erfolgt, sondern auch hier wurden die sprachlichen Bedeutungen durch praktischen Umgang mit den Dingen erworben, indem die Mutter beispielsweise die Aufmerksamkeit des Kindes eindeutig auf den zu benennenden Gegenstand gelenkt, ihn eventuell angefaßt und das Kind veranlaßt hat, ihn ebenfalls zu berühren und dabei die „Benennung“ mehrmals wiederholte.

„Das Kind lernt nicht, *daß* es Bücher gibt, *daß* es Sessel gibt, etc. etc., sondern es lernt, Bücher zu holen, sich auf Sessel zu setzen, etc. . . .

Natürlich lernen Kinder auch Worte durch sogenannte hinweisende Definition, aber doch nur im Zusammenhang des praktischen Umgangs mit den Gegenständen“ (Braunroth 1975, S. 132).

Der Handlungsaspekt in Prozessen des frühkindlichen Spracherwerbs zeigt sich besonders deutlich in der engen Verklammerung zwischen nicht-sprachlichen Formen sozialer Interaktion und den einzelnen Sprachfiguren. Sprachliche und nicht-sprachliche Lebensäußerungen sind dabei komplementär aufeinander bezogen und verschmelzen zu einer einheitlichen Lebensform.

Das Kind erwirbt mit seiner Umgangssprache nicht nur ein Erkenntnis- und Interpretationsinstrumentarium, sondern aufgrund der in jeder Metasprache impliziten Reflexivität zugleich auch eine Metasprache, die es schon früh einzusetzen versteht. Daraus ergibt sich für das Kind relativ früh die Möglichkeit, aus einem naiven Sprachverständnis herauszutreten, Einsicht in die Bedingungen seines eigenen Sprachgebrauchs und den seiner Mitmenschen zu gewinnen und damit auf sein eigenes Sprachhandeln bewußt einzuwirken[7]. Von grundlegender Bedeutung ist, daß sich sowohl der frühkindliche als auch der weiterführende Spracherwerb nicht im luftleeren Raum vollzieht, sondern in konkreten Lebenssituationen, die eine Herausforderung für das sprachlernende Kind darstellen.

Da die sprachliche Kompetenz des Kleinkindes noch nicht ausgebildet ist, sorgen verstehensleitende Konstituenten einer Kommunikationssituation dafür, daß das Kleinkind das sprachliche Verhalten seiner Bezugspersonen versteht, das heißt sinnvoll auf sich beziehen kann.

Dazu verhilft in erster Linie der spezifische sprachliche Duktus der Erwachsenen gegenüber dem Kleinkind, der sich gravierend vom Sprachgebrauch zwischen erwachsenen kompetenten Sprechern unterscheidet.

Er zeichnet sich durch hochgradige Redundanz, einfache Wortwahl und Syntax, Sprechen ohne Zögern oder falsche Ansätze aus[8].

Die sprachlichen Äußerungen der Erwachsenen sind – durch Blickkontakt, Gestik, Mimik, Körperhaltung und besonderen Tonfall verstärkt – direkt an das Kleinkind gerichtet, auf seine Aktivitäten, seine Abneigungen und Wünsche, auf seine eigenen Erwartungen und auf solche, die ihm entgegengebracht werden, auf Tätigkeiten, die die Erwachsenen seiner Umgebung ausüben, auf Gegenstände, die seine Aufmerksamkeit erregen sollen.

Insofern ist die primäre Intention erwachsener Sprecher während der frühen Phasen sprachlicher Sozialisation gegenüber dem Kleinkind *imperativisch*.

Hörmann versteht sie als Eingriff in das Bewußtsein des angesprochenen Kindes mit dem Ziel, seine Erkenntnis- und Kommunikationstätigkeit in eine bestimmte Richtung, das heißt im Rahmen einer Situation auf bestimmte Gegenstände, Personen, Prozesse etc., zu lenken. Die sprachlichen Äußerungen der erwachsenen Bezugspersonen haben daher stark appellativen Charakter. So ist es nicht verwunderlich, daß *Fragen* und *Befehle* als die beiden „verstehensproduktiven Formen" in der Kommunikation zwischen Erwachsenem und Kleinkind besonders häufig auftreten (vgl. Hörmann 1976, S. 351-360).

Im Gegensatz zu referentiellen Formen des Sprachgebrauchs, die das Kleinkind rezeptiv und produktiv erst dann anzuwenden lernt, wenn es „zwei Entitäten voneinander unterscheiden kann, welche eine (eher) aktive und welche (eher) passive Rolle im Geschehen spielt" (S. 355), handelt es sich bei appellativem und in geringerem Maße auch bei expressivem Sprachgebrauch um Funktionen, die augenscheinlich besonders stark pragmatisch dimensioniert sind, da sie beim Erkenntnisgewinn auf ein Gegenüber ange-

---

7 Vgl. dazu Erkenntnisse über kreativen und reflexiven Sprachgebrauch beim Vorschulkind bei B. Weisgerber, 1974, S. 162-179

8 Vgl. dazu die Forschungsergebnisse von S. Ervin-Tripp in: Slobin, 1971, S. 192

wiesen sind, selbst wenn dieses Gegenüber zum Zeitpunkt der Artikulation der sprachlichen Äußerungen nicht physisch anwesend ist. Bei der Aktualisierung imperativischer Intentionen (die den appellativen Funktionen des Sprachgebrauchs sehr nahe kommen) trifft der Sprecher bewußt oder unbewußt eine Entscheidung; nämlich einmal im Hinblick auf den spezifischen Wirklichkeitsausschnitt, den er in das Bewußtsein des Kindes heben will und zum anderen im Hinblick darauf, in welchem Kommunikationsmodus er seinen Appell an das Kind richtet. Die Akzentuierung „bestimmter Geschehensstränge" wird zwar von der Gesamtsituation nahegelegt, ist aber nicht in dem Sinne zwingend, daß der erwachsene Sprecher in einer bestimmten Situation nur ein bestimmtes Ereignis aus dem Gesamtstrom der Ereignisse herausheben und nur in einer bestimmten sprachlichen Formulierung äußern könnte. Welche Akzentuierung ein Sprecher in welcher Äußerung vornimmt, ist abhängig von seiner Interpretation der Gesamtsituation, die wiederum beeinflußt ist von den vorangegangenen Erfahrungen des Erwachsenen mit ähnlichen Situationen und den Erwartungen des interagierenden Kindes.

Aufgrund der spezifischen Verschmelzung nicht-sprachlicher Interaktionsformen mit Sprachfiguren zu Einheiten der symbolischen Interaktion, die in enger Beziehung zum Duktus der Situation stehen, kann das kleine Kind erst Sinn konstituieren.

„Weil aber der Duktus der Situation (. . .) für das kleine Kind verständlich ist, kann es dieses Verständnis für den Erwerb des linguistischen Codes einsetzen.

Weil das Kind versteht, was der Sprecher meint, erhält die sprachliche Äußerung des Sprechers Bedeutung.

In diesem frühen Stadium besteht also eine Asymmetrie zwischen Meinen und Verstehen: das Kind muß erst das, was der erwachsene Sprecher meint, durch dessen sprachliche Äußerung verstehen lernen, bevor es damit beginnen kann, das, was es selbst meint, auch mit sprachlichen Mitteln auszudrücken und zu präzisieren" (Hörmann 1976, S. 353f.).

Die Inkongruenz zwischen Meinen und Verstehen führt in der „Einführungssituation von Sprache" noch nicht zu Kommunikationsstörungen wie in Situationen des alltäglichen Sprachgebrauchs kompetenter Sprecher, da dem Kleinkind die Fähigkeit, Kongruenz herzustellen, noch nicht einmal potentiell unterstellt werden kann.

Es ist vielmehr Aufgabe der erwachsenen Bezugspersonen, diese Kongruenz in der primären Sozialisation des sprachlernenden Kindes herstellen zu helfen.

Die Asymmetrie zwischen Meinen und Verstehen beim Kleinkind beruht also nicht auf einer nicht eingelösten Erwartung hinsichtlich seiner Verstehens- und Äußerungsfähigkeiten, sondern auf der Tatsache, daß es kraft seines noch vorsprachlichen kognitiven Schemas – das erst durch die Interaktion mit anderen sprachlich wird – Sprache allmählich ‚einholen' muß.

Grundlegende Voraussetzung und Motivation zum Spracherwerb sind also einmal die Betroffenheit des Kindes in einer Situation, die durch die imperativische Akzentuierung durch die Erwachsenen erzeugt wird, und das kindliche Wahrnehmungssystem, das solche sprachlichen Strukturen in einer Situation zu erfassen imstande ist, die mit den nicht-sprachlichen Handlungen korrespondieren.

Nun sind die symbolisch vermittelten Interaktionen zwischen Erwachsenem und Kleinkind nicht in der Weise strukturiert, daß Verstehensleistungen ausschließlich vom Kind zu erbringen wären und allein vom Erwachsenen ein sprachliches Angebot erfolgte. Auch in dieser frühen Phase des Spracherwerbs sind die Interaktionen dialogisch.

Folglich müssen auch die Eltern die Fähigkeit entwickeln – und das tun sie in der Regel auch, ohne sich dessen bewußt zu sein – die vom Kind hervorgebrachten Brabbellaute, Einwortsätze (zum Beispiel: „Mama") oder den „Telegrammstil" kindlicher Äußerungen (etwa: „Eva essen") so aufzufüllen und zu ergänzen, daß für Kind und Erwachsenen in gleichem Maße Sinn als eine Spezifikation gemeinsamer Annahmen über einen gemeinsamen Kontext entstehen kann (vgl. Cicourel 1975, S. 32f.).

Die Asymmetrie zwischen Meinen und Verstehen bzw. kognitivem Schema und linguistischer Kompetenz, die erst in weiteren Prozessen des Spracherwerbs zur Symmetrie gelangen, ist eine Ursache dafür, daß die kindlichen Äußerungen zunächst noch äußerst vage und ambigue sind.

Die Verstehensleistungen der Eltern gegenüber den Lebensäußerungen ihres Kindes müssen sich durch eine interpretative Versuchsbreite auszeichnen, um innerhalb des Spielraums möglicher Verstehensresultate das herauszuhören und zu ergänzen, was das Kind mit größter Wahrscheinlichkeit auch wirklich meint. Die Koordination sprachlicher Äußerungen und Verstehensleistungen gelingt, weil sie situiert, das heißt, weil semantische, syntaktische und pragmatische Aspekte des Sprachgebrauchs eng miteinander verzahnt sind.

Tritt der Fall ein, daß sich die interaktiv oder sprachlich geäußerten Wünsche, Erwartungen, Vorstellungen etc. des Kindes mit den Verstehensleistungen der Erwachsenen nicht decken, so bietet der Erwachsene weitere Verstehensleistungen an, *weil er* aufgrund seiner affektiven Beziehung zum Kind richtig verstehen will.

Emotional gute Beziehungen zwischen Sprachlernendem und Sprachlehrendem sind nicht nur eine fundamentale Voraussetzung für den frühkindlichen Spracherwerb in der Familie.

Auch im Sprachunterricht, selbst in der Erwachsenenbildung entscheiden sie weitgehend über den Erfolg des institutionalisierten Spracherwerbs.

Fehlt die affektive Beziehung oder ist sie gar negativ besetzt, wie sich häufig bei ausländischen Arbeiterkindern sowohl in gesteuerten (schulischen) als auch in ungesteuerten (außerschulischen) Situationen des Spracherwerbs nachweislich feststellen läßt, so wird dem Heranwachsenden dadurch die Möglichkeit vorenthalten, sich mit der fremden Sprache und Kultur zu identifizieren. Damit geht ein fundamentaler Motivationsfaktor zum Spracherwerb verloren und zugleich die Chance, daß die zweite Sprache wichtige sozialisatorische Funktionen im Leben des ausländischen Kindes übernehmen und so zu seiner Identitätsentwicklung beitragen kann.

5. ‚Apriori des Verständigungshandelns'

Die für den frühkindlichen Spracherwerb typische Praxis der gelungenen Kommunikation verweist darauf, daß Menschen wohl ein existenzielles Bedürfnis an gemeinsamer Sinn-Verständigung haben müssen. Dagegen ließe sich ironisch einwenden, daß die Kommunikation zwischen Kind und Erwachsenen wohl nur deshalb so problemlos funktioniert, weil zumindest einer der Dialogpartner, nämlich das Kleinkind, noch nicht in dem Maß über Sprache verfügt, daß es überhaupt zu Mißverständnissen und anderen Formen von Sprach- und Kommunikationsstörungen kommen kann.

Das läßt vermuten, daß mit wachsender kommunikativer Kompetenz auch die Möglichkeiten der Nicht-Verständigung steigen. Bei kritischer Analyse der alltäglichen Kommunikationspraxis in den verschiedenen Lebensbereichen wird man auch zugeben müssen, daß Kommunikationsstörungen der „historische Regelfall" (Habermas) sind, die erzielte Sinn-Verständigung dagegen den Sonderfall darstellt[9].

Aber kann nicht – gerade bei Anerkenntnis des „historischen Regelfalls" – die Tatsache gelten, daß Kommunikationsstörungen jeglicher Art auch nur als solche erkannt und auf ihre Ursachen zurückgeführt werden können, weil man von ihrem Gegenteil, der „idealen Sprechsituation" weiß?

Die gegenseitige Unterstellbarkeit der „Apriori des Verständigungshandelns' ist nicht nur in der Weise zu verstehen, daß Menschen im Vollzug ihrer kommunikativen Handlungen lediglich auf einen Minimalvorrat an ethischen Handlungsnormen zurückzugreifen brauchten, sondern sie sind zu verstehen als nicht hintergehbare Möglichkeit der Bedingungen realisierter Sinn-Verständigung, die nicht einmal im Leben erworben und damit sicher sind, sondern von den Individuen ständig neu ausgehandelt werden müssen.

Sinn-Verständigung bedeutet auch nicht Harmonie um jeden Preis in dem Sinn, daß sich am Ende eines Gesprächs alle Beteiligten einig sein müßten.

Ein anderes Mißverständnis beruht auf der Annahme, daß bei Verständigungshandeln lediglich die kommunikative Funktion der Sprache zum Tragen komme, die heuristische Funktion dagegen unberücksichtigt bliebe.

In Wirklichkeit besteht eine enge Verflechtung zwischen *intersubjektiver Verständigung* im Sinne eines kommunikativen Austauschs (in der Subjekt-Subjekt-Relation) *und* einem Interesse an *Sachorientierung* im Sinne eines Verfügungswissens über die Welt (in der Subjekt-Subjekt-Objekt-Relation) (Apel 1976, S. 134ff.).

Sinn-Verständigung gelingt demnach nur, wenn die Kommunikationspartner zwei Ebenen zugleich betreten:

einmal die Ebene der Sachverhalte, Inhalte und Erfahrungen und die Ebene der Intersubjektivität, auf der Menschen ihre Beziehungen herstellen.

Danach können Sprachteilhaber nicht umhin als

- sich verständlich *auszudrücken*
- *etwas* zu verstehen geben
- *sich* dabei verständlich machen
- und sich *miteinander* zu verständigen (vgl. Habermas 1976b, S. 176).

9 Eine ausführliche Begründung der ‚Apriori des Verständigungshandelns' findet sich bei Apel 1976, S. 134-137

Bei der Wahl des *verständlichen Ausdrucks* rekurriert der Sprecher im Rahmen dieser Systematik auf das *Sprachsystem*. In seinem Bemühen, *etwas* zu verstehen zu geben, referiert er einen bestimmten *Sachverhalt* als Ausschnitt eines bestimmten Wirklichkeitsbereiches.

Indem er *sich* dabei verständlich macht, dokumentiert er *Wahrhaftigkeit*.

Und schließlich muß er seine Äußerungen *partnertaktisch* formulieren, das heißt, sie müssen im Hinblick auf die Interessen und sprachlichen Kompetenzen seines Partners *angemessen* sein.

Sinn-Verständigung gelingt also nur, wenn Sprecher und Hörer ihren Äußerungen die Kriterien der *Verständlichkeit*, *Wahrheit*, *Wahrhaftigkeit* und *Angemessenheit* bzw. *Richtigkeit* als verbindlich unterstellen und im Vollzug ihrer sprachlichen Handlungen auch einlösen.

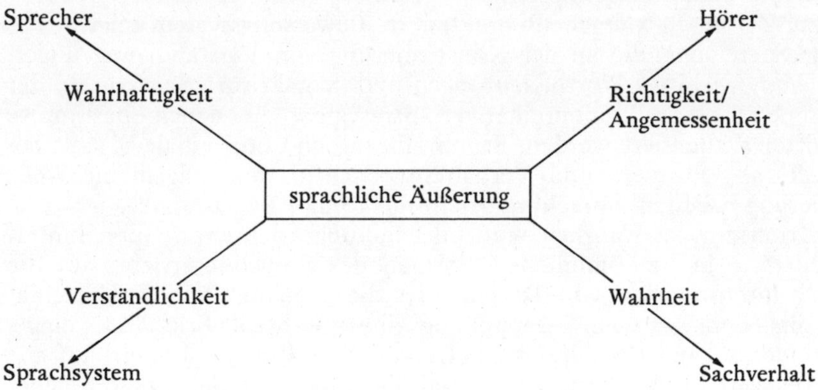

(Ingendahl 1977, S. 39)

6. Konsequenzen für Sprachdidaktik und Sprachunterricht

Im Hinblick auf sprachdidaktische Konsequenzen wird es notwendig sein, die These, daß in *jeder* Sprachhandlung *alle* ethischen Sprach-Handlungs-Normen zugleich eingelöst werden müssen, damit Sinn-Verständigung realisiert werden kann, differenzierter zu entwickeln.

Am Beispiel der Ironie läßt sich nachweisen, daß die Kommunikation keineswegs deshalb sogleich zusammenbricht, weil gegen eines der Kriterien verstoßen wird, hier gegen das der Wahrheit, indem etwa das Gegenteil dessen behauptet wird, was ist und was man wirklich meint. Man wird auch nicht die Wahrhaftigkeit des Sprechers ernsthaft in Zweifel stellen, wenn Ironie als Ironie deutlich wird.

Eine ironische Bemerkung wird allerdings dann Sinn-Verständigung verhindern, wenn die bewußte Verfremdung vom Dialogpartner nicht als solche aufgefaßt wird, er den angesprochenen Realitätsbereich nicht ausmachen und die Einstellung des Sprechers nicht richtig einschätzen kann und wenn sich die ironische Bemerkung bewußt gegen den Dialogpartner richtet, etwa um ihn mundtot zu machen. Bei Kindern im Vor- und Grundschulalter ist die Fähigkeit zur Ironie noch nicht ausgebildet.

Diese Voraussetzungen sollte ein Lehrer im Umgang mit seinen Schülern unbedingt berücksichtigen.

Um Ursachen gelungener und mißlungener Kommunikation im Sprachunterricht erkennen zu können, muß also der Anteil der einzelnen Normen je nach Situationstypus richtig gewichtet und in ihrer Konstellation zueinander bestimmt werden.

So wissen wir inzwischen, daß Verstöße gegen orthographische Regeln oder Flexionsfehler, Kriterium der Verständlichkeit im Hinblick auf das Sprachsystem, Sinn-Verständigung (das betrifft sowohl die Verstehenskompetenz als auch die Fähigkeit, sich verständlich zu machen) nur in geringem Maße gefährden, während sie für die soziale Einschätzung durch Kommunikationspartner eine unangemessen große Rolle spielen, wie das im Sprachunterricht zur Zeit noch weitgehend praktizierte Bewertungssystem zeigt.

Fähigkeiten aber, die an der Konstituierung von Verständigung unverzichtbar sind, wie etwa Wortbedeutungen und syntaktische Strukturen, der angemessene Einsatz kommunikativer Strategien, in denen bestimmte Sprachmittel aktualisiert werden, Stimmführung und nonverbale Signale sowie Situations-, Formen- und Verhaltensgedächtnis und allgemeine Weltstrukturierung haben im Sprachunterricht nur fomale Bedeutung[10].

Das Kriterium der Wahrheit wird im handlungsorientierten Sprachunterricht nicht wie in herkömmlichen Formen des Sprachunterrichts auf die „richtige" Interpretation von Texten oder die „genaue" Wiedergabe eines Sachverhalts, der „getreuen" Darstellung eines „wahren" Erlebnisses eingeschränkt oder auf das Finden des „treffenden" Ausdrucks, sondern auf alle Wirklichkeitsverhältnisse bezogen, wobei signalisiert werden muß, welcher Realitätsbereich jeweils Gegenstand sprachlicher Erkenntnis und kommunikativen Austauschs ist.

So wird gewährleistet, daß auch Emotionen, ‚schulferne' Vorstellungen, Erfahrungen und Wissen von Schülern als Gegenstand des Sprachunterrichts (etwa als Projektinhalte) aufgegriffen[11] und neue Erfahrungen in den einzelnen Realitätsbereichen systematisch entfaltet werden.

Inwieweit der Erkenntnisgewinn selbst kommunikativ bedingt ist, läßt sich unter anderem daran ablesen, daß neue Erkenntnisse erst durch einen bereits vorhandenen Erkenntnis- und Wissensvorrat konstituiert werden, in welchen neue Erkenntnisse in spezifischer Weise integriert werden und daß dieser Wissensvorrat nicht im „reflexiven Alleingang" erworben wurde, sondern in interaktiver Auseinandersetzung mit der Umwelt.

Daher ist auch die Polarität zwischen Interaktion und Erkenntniserwerb, die in der Auffassung zum Ausdruck kommt, daß Erkenntnisse in „einsamer Reflexion" gewonnen werden, während kommunikatives Handeln im Austausch bereits *vorher* gewußten Alltagswissens beschränkt bleibt, nur eine

---

10 Vgl. die von Glinz für die Grundschule erarbeitete Systematik, die auch auf andere Bildungsbereiche übertragen werden kann. Glinz, 1974, S. 300f.

11 Zur Herleitung, didaktischen Begründung und Aufbereitung von Lebenssituationen vgl. Ingendahl, 1978, S. 11-29

scheinbare. Erkenntnisse haben allemal ihre „Geschichte“, da sie Ergebnisse vorangegangener Erkenntnisse und Erfahrungen sind, die das Individuum in bestimmten Situationen seiner lebensgeschichtlichen Entwicklung gewonnen hat[12].

Erkenntnisse sind zum anderen gebunden an kommunikative Prozesse, da sie von anderen Interaktionspartnern mitkonstituiert und von ihnen (zumindest potentiell) intersubjektiv nachvollziehbar sind.

Voraussetzungen für den Erkenntnisgewinn ist der bereits vorhandene Erfahrungs- und Erkenntniszusammenhang und die spezifische Betroffenheit des Individuums in einer bestimmten Situation.

„Was man weiß, weiß man, weil man es wissen wollte oder wissen mußte. Der Wissensvorrat ist die Sedimentierung all dessen, was einen je ‚anging‘, womit man sich auseinandersetzen mußte. Umgekehrt gilt aber auch, daß all das, was man nicht weiß, aus der Geschichte des Wissenserwerbs ableitbar ist“ (Schütz/Luckmann 1975, S. 169).

Die in Prozessen der Sinn-Verständigung erworbenen Erfahrungen und Erkenntnisse setzen also eine Motivation voraus (die wir bereits als einen wichtigen Motor für den frühkindlichen Spracherwerbsprozeß herausgestellt haben), damit Erkenntnis überhaupt gewonnen werden kann.

Das ‚Worumwillen‘, wie Bubner die Intentionalität des Bewußtseins nennt, die jeglichem sprachlichen Handeln zugrundeliegt und sich dadurch von konditioniertem Verhalten unterscheidet (vgl. Bubner 1976, S. 125), verweist erneut auf die pragmatische Dimension von Sinn-Verständigung.

Im Hinblick auf die individualisierende Funktion des handlungsorienttierten Sprachunterrichts, die das Erfahrungs- und Erkenntnispotential der Schüler differenziert zu fördern hat, stellt sich in diesem Zusammenhang die Frage, inwieweit Erkenntnisprozesse einmal an kommunikatives Gruppenhandeln angebunden bzw. davon losgelöst werden sollten.

Zum anderen wäre zu klären, von welchen Bedingungen es jeweils abhängig ist, inwieweit Erkenntnisse im Zuge praktischer Erfahrungen (und möglichst) eigener Erfahrungen gewonnen werden können und inwieweit die Realität um der Erkenntnis willen „entrealisiert“ werden muß.

Selbstverständlich ist Handeln als sinnvolles Handeln ohne simultane Reflexion nicht denkbar; das heißt, auch im Handlungsvollzug selbst reflektiert der Mensch.

Dennoch ist die Reflexion im Stadium des Handlungsentwurfs und in der Retrospektion qualitativ eine andere, da sie vom Druck des unmittelbar Handeln-Müssens befreit ist.

In der reflexiven Vor- und Rückschau gewinnt der Mensch Distanz, die es ihm ermöglicht, Handlungsalternativen zu erdenken und bereits erlebtes Handeln bewußter zu analysieren als ihm dies im unmittelbaren Handlungsvollzug möglich wäre. Gedanken, die bereits Herder über die Kraft der Reflexion geäußert hat, haben keineswegs an Aktualität verloren.

12 Obwohl die eigene Erkenntnis und Erfahrung auch potentiell die des anderen sein kann und daher intersubjektiv ist, zeichnet sich der autobiografische Aspekt von Erkenntnissen und Erfahrungen vor allem in ihrer Abfolge in der „inneren Dauer“ einer lebensgeschichtlichen Entwicklung ab. Schütz/Luckmann, 1975, S. 72

„Der Mensch beweist Reflexion, wenn die Kraft seiner Seele so frei würket, daß sie in dem ganzen Ozean von Empfindungen, der sie durch alle Sinne durchrauscht, *eine* Welle, wenn ich so sagen darf, absondern, sie anhalten, die Aufmerksamkeit auf sie richten und sich bewußt sein kann, daß sie aufmerke.

Er beweist Reflexion, wenn er aus dem ganzen schwebenden Traum der Bilder, die seine Sinne vorbeistreichen, sich in ein Moment des Wachens sammeln, auf *einem* Bilde freiwillig verweilen, es in helle, ruhigere Obacht nehmen und sich Merkmale absondern kann, daß dies der Gegenstand und kein anderer sei . . ." (Herder [1772] 1960, S. 24).

Aus der Notwendigkeit einer sinnvollen Koordination zwischen sprachlichem Handeln (symbolisch vermittelter Interaktion) und Reflexion über dieses Handeln (Metakommunikation und Diskurs), zieht der handlungsorientierte Deutschunterricht eine wichtige Konsequenz. Im Rahmen verschiedener Sprachhandlungssituationen eröffnet er dem Schüler die Möglichkeit, lebenspraktische Erfahrungen zu machen und diese kommunikativ zu verarbeiten. Gleichzeitig muß er aber Realität zeitweilig „entrealisieren", damit sich der Schüler in Phasen des Probehandelns aus dem ihn umgebenden Strom der Erlebnisse distanzieren, Erfahrungen zu Erkenntnissen transformieren und so den Erwerb neuer Erfahrungen und Erkenntnisse ermöglichen kann. Da der Erfahrungs- und Erkenntniszusammenhang eines Schülers bei aller Intersubjektivität doch starke autobiographische Züge trägt, ist der „Umschlagplatz", an dem Realität zu entrealisieren ist, damit eine intensive Auseinandersetzung stattfinden kann, vom Lehrer (oder auch vom Autor eines Sprachbuchs) zwar zu antizipieren, wo Kommunikation in Metakommunikation umschlagen muß, kann jedoch nur von *allen* Betroffenen ausgehandelt werden. Dem Lehrer fällt dabei nach wie vor die größte Verantwortung zu. Der einzelne Schüler kann dabei in seiner individuellen Lerngeschichte besser berücksichtigt werden, wenn er mit der Zeit immer sicherer angeben kann, unter welchen Bedingungen er Erkenntnisse im Dialog mit anderen oder im Alleingang gewinnen kann, ob und wann er Erfahrungen selbst machen muß, damit er sie als *seine* Erfahrungen anerkennen kann, ohne sie jemals selbst gemacht zu haben, auf welches Vorwissen er zurückgegriffen hat, damit er eine bestimmte Erfahrung zu einer Erkenntnis transformieren könnte, inwieweit die Art der Aufarbeitung seiner Erfahrung mit der anderer übereinstimmt bzw. sich unterscheidet.

Diese Fragen gilt es, im didaktischen Begründungszusammenhang des handlungsorientierten Deutschunterrichts weiter zu diskutieren. Deutlich wird aber bereits jetzt, daß der Rekurs auf das Sprachsystem im Rahmen eines ‚erfahrungsoffenen' Deutschunterrichts ein anderes Gewicht erhält als dies im traditionellen Sprachunterricht überhaupt realisierbar wäre.

Dem Schüler werden keine ‚linguistischen abstracts' vermittelt, sondern er wird an der Gewinnung grammatischer und pragmatischer Kategorien beteiligt, die es ihm erlauben, Sprachgebrauch und aktualisierte Sprachmittel sowie kommunikative Strategien mit Hilfe heuristischer Instrumentarien zu analysieren.

„Für den Sprachunterricht sollte entlang dieser Überlegung eine Rekonstruktion von Argumentationshaltungen geleistet werden, die bei der Analyse von Texten wie von gesprochener Sprache den Ansatz zu zeigen hätte, wie grammatische Fragen (hier z.B. die Frage nach der Struktur von Handlungssätzen) nicht als formal abgelöste, sondern als symbolisch gebundene Erfahrungszusammenhänge zu behandeln sind" (Maas 1976, S. 396).

Aus den bisherigen Überlegungen geht hervor, daß ein pragmatischer Sprachunterricht, der sich an den kommunikativen und wirklichkeitskonstituierenden Bedingungen der Rede und des Verstehens orientiert, Schülern die Vielfalt der Koordinationsmöglichkeiten von Sinn-Verständigung erschließt, wie an der von Habermas entwickelten Matrix verdeutlicht werden soll.

„Realitätsbereiche	Erscheinungsformen der Realitätsbezüge	implizite Geltungsansprüche	allgemeine Funktionen der Sprechhandlung
äußere Natur	Objektivität	Wahrheit	Darstellung
Gesellschaft	Normativität	Richtigkeit	Mitteilung
innere Natur	Subjektivität	Wahrhaftigkeit	Ausdruck
Sprache	Intersubjektivität	Verständlichkeit	— — — —"

(Habermas 1976, S. 259)

Wenn wir die Zielsetzung akzeptieren, daß es im Spachunterricht primär um die sprachimmanenten Bezüge der kommunikativen Wirklichkeit von Schülern geht, scheint es auf den ersten Blick auch völlig berechtigt, wenn „Sprache" als ein Realitätsbereich eindeutig bevorzugt wird.

Die Art der Thematisierung im handlungsorientierten Sprachunterricht zeigt allerdings, daß Sprache nicht als ein abstraktes Zeichensystem, sondern in ihrer gesamten Totalität verstanden wird. Grundlegend für diese Konzeption ist die Verschränkung *aller Realitätsbereiche, Erscheinungsformen der Realitätsbezüge,* der *impliziten Geltungsansprüche* und schließlich aller *allgemeinen Funktionen der Sprechhandlung*, die Heranwachsende dazu befähigen soll, Sinn-Verständigung (im Sinne intersubjektiver Übereinstimmung und des Verfügungswissens über die Wirklichkeit) schrittweise herbeizuführen.

7. Zusammenfassende Thesen zum handlungsorientierten Deutschunterricht

Im folgenden sollen die durch die Auseinandersetzung mit einem pragmatisch fundierten Sprachbegriff gewonnenen Einsichten im Hinblick auf einen handlungsorientierten Deutschunterricht noch einmal thesenartig zusammengefaßt werden.

1. Für den handlungsorientierten Spachunterricht ist das Verständnis von Sprache als einer besonderen Form sozialen Handelns grundlegend, die

Erkenntnis- und Kommunikationsfähigkeit gleichermaßen ermöglicht. Semantische, syntaktische und pragmatische Dimensionen der Sprache sind folglich interdependent aufeinander bezogen.

2. Die grundlegend didaktische Zielsetzung ist die Befähigung des Schülers zur Sinn-Verständigung, wobei intersubjektive Verständigung und Verfügungswissen über die Welt dialektisch aufeinander bezogen sind.

3. Sinn-Verständigung wird vornehmlich in solchen Lebenssituationen (unter dem dominanten Aspekt des sprachlichen Handelns und der Wirklichkeitskonstitution) herbeigeführt, deren „kommunikative Bewältigung" für das derzeitige und zukünftige Leben der Heranwachsenden existentiell notwendig ist.

4. Mit Hilfe deduktiver Verfahren werden Lebenssituationen als Projektinhalte aus den fundamentalen Sozialisationsinstanzen der *Familie, peer group*, der *Bildungs-* und *Produktionsbereiche* hergeleitet (Deutungssysteme als 5. Sozialisationsinstanz wirken als Meta-Systeme auf die anderen Sozialisationsbereiche ein) und didaktisch zu sprachlichen Handlungseinheiten aufgearbeitet.

5. Induktive Verfahren (Beobachtung, Klassen- und Pausengespräche, Elternbesuch, intuitives Alltagsbewußtsein etc.) sollten mit deduktiven Verfahren korreliert werden, damit „subjektive" und „objektive" Interessen der am Unterricht Beteiligten miteinander ausgehandelt werden können.

6. Unterrichtsinhalte, sprachliche und kommunikative Qualifikationen und ethische Handlungsnormen sowie Unterrichtsmethoden sind nicht beliebig, sondern in Auswahl und Koordination der grundlegenden Zielsetzung der Sinn-Verständigung verpflichtet.

7. Sprachliche und kommunikative Qualifikationen, wie beispielsweise Texte analysieren, über ein Sachproblem diskutieren, grammatische Einsichten gewinnen, sich in das derzeit geltende orthographische System einüben, eigene Texte herstellen, über die Wirkung bestimmter sprachlicher Formulierungen reflektieren etc. werden ebenfalls nicht voneinander isoliert vermittelt und eingeübt, sondern funktional aufeinander bezogen, das heißt: dort aktualisiert, wo es zur kommunikativen Bewältigung einer Situation erforderlich ist.

8. Um einer differenzierten Förderung der Schüler willen müssen Interaktions-, Reflexions- und Übungsphasen in der Abfolge der einzelnen Sprachlernsituationen so aufeinander abgestimmt sein, daß der einzelne Schüler nicht nur Gelegenheit hat, lebenspraktische Erfahrungen zu machen und diese in Phasen des Probehandelns zu reflektieren, sondern er muß auch eine sinnvolle Abfolge der einzelnen Phasen von Realität und „entrealisierter Realität" für seine eigene Individualität entdecken und diese im Sinne eines problemorientierten Sprachlernens allmählich selbst mitbestimmen.

9. Das betrifft einmal die Auswahl der Inhalte, die Art ihrer sprachlichen und kommunikativen „Bearbeitung", die Anwendung bestimmter operationaler Verfahren der Textproduktion und -interpretation sowie die jeweils in Frage kommenden Arbeitsformen und -methoden.

10. Im Hinblick auf die „lebenspraktische Relevanz" des handlungsorientierten Deutschunterrichts sollen die Schüler dazu befähigt werden, Sätze unter Berücksichtigung der jeweils geltenden kommunikativen Bedingungen in Äußerungen zu transformieren bzw. Äußerungen auf die ihnen zugrundeliegenden linguistischen Einheiten zu untersuchen, um sie danach bewußter in komplexeres Sprach-Handeln rückintegrieren zu können.

11. Ausgangspunkt sprachlicher Analysen und grammatischer Reflexion sind vorrangig authentische Äußerungen und Texte, literarische Texte sowie ‚lebensechte' und simulierte Kommunikationssituationen.

12. Entscheidungshilfen zur Beurteilung sprachlicher Äußerungen und Verstehungsleistungen sind die Kriterien der
    - *Wahrheit* im Hinblick auf den angezielten Sachverhalt
    - der *Wahrhaftigkeit* aus der Sicht des Sprechers,
    - der *Richtigkeit/Angemessenheit* in Bezug auf den Dialogpartner und
    - der *Verständlichkeit* bezüglich des zugrunde liegenden Sprachsystems.

13. Diese Kriterien werden im alltäglichen Sprachgebrauch von den Sprachteilhabern bewußt oder unbewußt als Voraussetzung für gelingende Sinn-Verständigung aktualisiert.
    Die Berücksichtigung dieser Kriterien im handlungsorientierten Deutschunterricht hat u.a. zur Folge, daß
    - viele unterschiedliche, z.T. auch für den Unterricht ‚untypische' Lebensbereiche, Inhalte, Erfahrungen etc. angesprochen werden.
    - sich der Schüler nicht nur in seiner reduzierten Schülerrolle, sondern möglichst als ganzheitliche Persönlichkeit einbringen kann
    - er sein Sprachverhalten nach dialogisch-argumentativen Gesichtspunkten auszurichten lernt und
    - nach den grammatischen Gesetzmäßigkeiten seiner Mutter- (bzw. einer weiteren) Sprache strukturiert.

14. Sprachliche Erfahrungen, Fähigkeiten und Kenntnisse werden an ethische Handlungsnormen rückgebunden, das heißt: der Schüler soll nicht Erfahrungen machen, Erkenntnisse gewinnen, Wissen anhäufen um der Erfahrungen, der Erkenntnisse und des Wissensrepertoires willen, sondern um sich an der Realisierung von Sinn-Verständigung verantwortlicher und maßgeblicher beteiligen zu können.

15. Aufgrund der Verschränkung der einzelnen Realitätsbereiche, der Erscheinungsformen der Realitätsbezüge, der impliziten Geltungsansprüche und der allgemeinen Funktionen der Sprechhandlung werden die Schüler nicht auf einen reduzierten referentiellen und metakommunikativen (im Sinne der grammatischen Reflexionen) eingeschränkt. Sie haben vielmehr die Möglichkeit, sich in die Vielfalt *aller* Modi des Sprachgebrauchs in verschiedenen Sprach-Handlungs-Situationen einzuüben.

C
Planung und Ziele des Sprachunterrichts

Pädagogische Diagnostik im Sprachunterricht

Irmintraut Hegele

1. Einleitung

Zwei Bezugsfelder bestimmen traditionellerweise den Deutschunterricht: Stand und Fortschritt der Wissenschaft von der Sprache als Fundament für die fachwissenschaftliche Begründung und Weiterentwicklung sprachdidaktischer Modelle und die Erziehungswissenschaft bzw. Allgemeine Didaktik als die Wissenschaft von der Menschwerdung des Kindes im Kontext von Erziehung und Unterricht.

In der Allgemeinen Didaktik wie auch in der Deutschdidaktik stand die Leistungsmessung und -bewertung in den letzten Jahren im Mittelpunkt theoretischer Überlegungen und empirischer Forschung.

Beide Disziplinen haben dadurch befruchtend und anregend aufeinander gewirkt.

Im ersten Teil des folgenden Beitrags werden die Aufgaben und Probleme pädagogischer Diagnostik im Deutschunterricht daher sowohl auf der Grundlage allgemeindidaktischer wie auch fachdidaktischer Erkenntnisse dargestellt und reflektiert. Im zweiten Teil werden Verfahren zur Leistungsmessung im Deutschunterricht vorgestellt, die geeignet sind, dem Lehrer Hilfen zu geben für die praktische Arbeit in seiner Klasse.

2. Zur Bedeutung der Bezugsnorm für die Leistungsmessung

2.1 Leistungsmessung und Bezugsnorm

- Sabine kann jetzt doppelt soviele Wörter lesen wie vor zwei Wochen (als sie 15 Wörter las).
- Sabine liest 10 Wörter mehr als Heidi (die 20 Wörter liest).
- Sabine kann 30 Wörter lesen (von den 40 Wörtern, die sie lesen sollte).

Auf den ersten Blick handelt es sich bei diesen Sätzen um inhaltlich identische Beschreibungen ein und derselben sprachlichen Leistung einer Schülerin des ersten Schuljahres durch nur geringfügig voneinander abweichende sprachliche Formulierungen. Und doch werden in solchen, außerordentlich ähnlichen Aussagen unterschiedliche Beurteilungsperspektiven bei der Einschätzung schulischer Leistungen sichtbar, deren Erforschung und begriffliche Klärung einen der bedeutsamsten Erkenntnisfortschritte in der pädagogischen Diagnostik der letzten Jahre darstellt (vgl. Heckhausen, 1974; Rheinberg, 1976 und 1978; Schwarzer, 1979).

Dies soll im folgenden näher erklärt werden:

Der Sprecher oder Schreiber der ersten Äußerung vergleicht die sprachliche Leistung seiner Schülerin offensichtlich mit ihrer eigenen Leistung zu einem früheren, von ihm nach bestimmten Gesichtspunkten ausgewählten, Zeitpunkt. Er interessiert sich also vor allem für den Lernfortschritt jedes einzelnen Kindes. Die Messung und Bewertung orientiert sich an einer individuellen Bezugsnorm. Schule hat in diesem Kontext die Aufgabe, den einzelnen Schüler nach seinen persönlichen Fähigkeiten soweit wie möglich zu fördern und zu fordern.

Eine grundsätzlich andere Beurteilungsperspektive liegt dem zweiten Beispiel zugrunde. Hier geht es nicht in erster Linie um eine Messung des individuellen Lernfortschritts, sondern um den Leistungsvergleich zweier Schüler in einem bestimmten Stadium ihres Leselernprozesses.

Im Mittelpunkt des Interesses steht dabei die Ermittlung des Rangplatzes, den der Schüler in seiner Klasse oder unter den Schülern seiner Jahrgangsstufe einnimmt. Die Leistungsmessung orientiert sich an einer sozialen Bezugsnorm. Schule hat danach vor allem die Aufgabe, Unterschiede zwischen den in ihr Lernenden aufzudecken als Voraussetzung der Auslese für bestimmte Schulformen oder Ausbildungsgänge mit unterschiedlichem Anspruchsniveau und sozialem Ansehen.

In dem letzten Beispiel schließlich geht es zumindest primär weder um einen individuellen noch um einen sozialen Vergleich. Maßstab für die Bewertung ist hier die absolute, gewissermaßen in der Sache selbst liegende, Norm (in der Regel das Lehr- oder Lernziel, auch als Kriterium bezeichnet), hier: „Vierzig Wörter ohne Fehler lesen zu können". Ob oder wie gut andere Schüler dieses Ziel erreichen, spielt bei der Bewertung zunächst keine Rolle.

Die einer solchen kriteriums- oder lehrzielorientierten Leistungsmessung zugrunde liegende Theorie von Schule geht offensichtlich davon aus, daß es im Unterricht primär um die effektive und möglichst vollständige Vermittlung gesellschaftlich bedeutsamer Erkenntnisse und Erfahrungen geht, wobei Lerndefizite, die Unterschiede zwischen den Lernenden begründen können, tunlichst vermieden werden sollen.

Die etwas ausführlichere Erläuterung der drei Beispielsätze sollte zeigen, daß es bei der Leistungsmessung ganz entscheidend auf die Bezugsnorm ankommt, an der die jeweils festgestellte Leistung gemessen wird.

Darüber hinaus wird darauf aufmerksam gemacht, daß soziale, individuelle oder kriteriums- bzw. lehrzielorientierte Leistungsmessung untrennbar verknüpft ist mit höchst unterschiedlichen, ja gegensätzlichen Auffassungen vom Sinn des Unterrichts und der Aufgabe von Schule in einer Gesellschaft schlechthin. Dabei fügen sich individuelle und lehrzielorientierte Leistungsmessung offensichtlich in ein gemeinsames erzieherisches Gesamtkonzept ein, das sich gegen das an sozialen Bezugsnormen orientierte Verständnis der Aufgaben von Schule und Unterricht richtet.

Dies soll im folgenden näher erläutert werden.

2.2 Die soziale Bezugsnorm

Die zentrale Bedeutung der Leistungsmessung und -bewertung für jede Theorie von Schule und Unterricht ist in den letzten Jahren vor allem im Blick auf die soziale Bezugsnormorientierung erkannt worden. Eine Fülle von kritischen Veröffentlichungen zur Ziffernzensur, aber auch zum klassischen, normbezogenen Test, dokumentieren diesen Erkenntnisfortschritt[1].

So wird immer wieder der Zusammenhang zwischen einer am Vergleich mit anderen Mitschülern orientierten Leistungsmessung und bildungspolitischen Ansätzen hervorgehoben, die an der Gliederung des Bildungssystems in verschiedene Schulzweige mit unterschiedlichem Leistungsniveau und Sozialprestige festhalten.

Ermöglicht doch eine solche Leistungsmessung die frühzeitige und vermeintlich objektive Trennung von Schülern, die zu theoretischem, abstraktem Lernen befähigt sind (Gymnasium) von solchen, die lediglich über praktische Fähigkeiten und anschauliche Denkkategorien verfügen (Hauptschule).

Maßgeblich für die prozentuale Aufteilung der verschiedenen Zensuren an die nach ihren Leistungen in eine Rangreihe gebrachten Schüler einer Klasse oder eines Altersjahrgangs ist in der Regel das bekannte Modell der Gaußschen Normalverteilung. Von Testdaten (und davon abgeleitet von Zensuren) wird nämlich erwartet, daß sie sich um den Mittelwert häufen, während in den Extrembereichen mit geringeren Häufigkeiten gerechnet wird. Die graphische Darstellung des Zusammenhangs zwischen Merkmalsausprägung und Häufigkeit bietet das bekannte Bild der Gaußschen Glockenkurve. Ihre Gesetzmäßigkeiten wurden gefunden bei der Untersuchung natürlicher Phänomene wie Schuhgröße, Körperlänge oder Gewicht einer Zufallsstichprobe von Menschen aus einer gegebenen Gesamtpopulation (vgl. Mauermann, 1974, S. 320/321). Da sich dieses Normalverteilungsgesetz in der Begabungsforschung bestätigte, lag es nahe anzunehmen, daß auch die Leistungen einer Schulklasse diesen Gesetzmäßigkeiten folgen. Unabhängig von der Höhe der gezeigten Leistung verteilen daher Lehrer in der Regel ihre Noten so, daß z.B. bei der 5-er Skala 50% der Schüler die Note ‚3‘, je 20% die Noten ‚2‘ und ‚4‘ und je 5% die Zensuren ‚1‘ oder ‚5‘ erhalten. Kritiker der herkömmlichen Notengebung und klassischer, normenbezogener Tests weisen jedoch auf die Unvereinbarkeit dieses Meßmodells mit pädagogischen Fragestellungen und Zielen hin (vgl. Kleber, 1979, S. 57ff.). Da die herkömmliche Leistungsmessung vor allem auf den Vergleich von Schülern abzielt und nicht auf den Vergleich von Lernergebnissen eines Schülers mit seinen eigenen früheren Leistungen oder angestrebten Lernzielen, erweist sie sich als stumpfes Instrument, wenn es darum geht, die notwendigen diagnostischen Informationen zu gewinnen für die Planung und Steuerung der jeweils nächsten Lernschritte. An Stelle eines differenzierten Profils, das Stär-

---

1 Klassische, normbezogene Tests haben ein weitaus höheres methodisches Anspruchsniveau als herkömmliche Zensuren. Die Subjektivität des Lehrerurteils ist dabei weitgehend ausgeschaltet. Beide Meßverfahren orientieren sich jedoch an sozialen Bezugsnormen. Bezugsgruppe ist bei der Zensur in der Regel die jeweilige Klasse, bei Tests jedoch eine repräsentative, überregionale Bezugsgruppe, die sog. Eichstichprobe (vgl. Kleber, 1979, S. 36-38).

ken und Schwächen in den einzelnen Lernbereichen detailliert ausweist, müssen Lehrer und Schüler mit didaktisch irrelevanten Rangeinstufungen abgespeist werden (z.B. Karl ist besser als Peter. Nicht oder nur unzureichend beantwortet wird die eigentlich pädagogisch/didaktisch interessierende Frage, worin Karl eigentlich besser ist als Peter).

Die Folge ist, daß der Lehrer das Lernen weitgehend den sog. natürlichen Bedingungen überläßt, d.h. als Unterricht nur einen sachstrukturell systematisierten Lehrgang oder entsprechend strukturiertes Lehrmaterial vorgibt und den Rest dem freien Spiel von unkontrollierten Bedingungen, d.h. dem Zufall überläßt.

„Normal verteilte Endergebnisse von Beschulung zeigen jeweils an, daß kein systematischer Versuch unternommen wurde, zur Zielerreichung für die einzelnen Schüler. Die Lernbedingungen der Schüler bleiben unberücksichtigt" (Kleber, 1979, S. 56/57).

Eine solche Leistungsmessung, die bei Lehrern und Schülern die Erwartung begünstigt, daß ein großer Teil der Schüler das vorgegebene Lernpensum nicht adäquat bewältigen kann, ist nicht mehr lediglich ein von außen angelegter Maßstab an unabhängig von ihr erzielte Lernergebnisse, sie wird selbst zum Störfaktor im Lernprozeß.

Sie hindert nicht nur den Lehrer daran, alle erdenklichen Anstrengungen für eine optimale Förderung seiner Schüler zu unternehmen, durch die Stabilisierung einer falschen Erwartungshaltung trägt sie darüber hinaus dazu bei, das Anspruchsniveau und das Selbstwertgefühl des schwachen Schülers nachhaltig zu beeinträchtigen.

Ein Zensierungsmodell, das für einen quantitativ bedeutsamen Teil der Schülerschaft den Mißerfolg geradezu vorprogrammiert, ist folgerichtig auch Ursache dafür, daß die jedem Kind ursprünglich eigene Freude am Lernen erlischt und erste Ansätze einer entstehenden Leistungsmotivation im Keim erstickt werden.

Es kann dann z.B. nicht verwundern, wenn gesprächsbereite und sprachgewandte Schüler nach ihrem Eintritt in die Schule zu verstummen beginnen und die Freude am Umgang mit der Sprache verlieren (vgl. B. Weisgerber, 1974a, S. 53).

Ein Bewertungsmodell, das schließlich nur einem ganz kleinen Prozentsatz aller Schüler Erfolge ermöglicht, ist geeignet, das Konkurrenzdenken zu verstärken und die Kooperationsbereitschaft abzubauen, die gerade auch für das Gelingen sprachlicher Lernprozesse konstitutiv ist (vgl. Kleber, 1979, S. 42).

2.3 Die individuelle und die lehr- bzw. lernzielorientierte Bezugsnorm

Die Einsicht in die pädagogischen und didaktischen Nachteile einer an sozialen Bezugsnormen orientierten Leistungsmessung und ihrer stabilisierenden Funktion für ein an überholten ständischen Gesellschaftsstrukturen ausgerichtetes Schulsystem hat zur Forderung nach einer stärkeren Berücksichtigung individueller und lehr- bzw. lernzielbezogener Bezugsnormen geführt (vgl. Klauer u.a., 1972). Nicht die frühe Trennung von Schülern unterschiedlicher sozialer Herkunft und unterschiedlicher Leistungsfähigkeit in getrennten Schulformen ist danach Aufgabe von Schule und Unterricht, sondern die an den individuellen Leistungsstand jedes einzelnen Schülers möglichst optimal anknüpfende Vermittlung kultureller Erkenntnisse und Werte in Bildungseinrichtungen, in denen die Schüler möglichst lange gemeinsam lernen. In einer demokratischen Gesellschaft, die das Recht auf Bildung für alle Schüler ernst nimmt, muß es dem Lehrer darum gehen, durch eine optimale Integration dieagnostischer und therapeutischer Maßnahmen mehr Schüler zum Lernerfolg zu führen als es die Kurve der Normalverteilung zuläßt.

Diese Forderung hat als einer der ersten B.S. Bloom zu Beginn der 70-er Jahre in Amerika erhoben und damit beträchtliches öffentliches Aufsehen erregt:

„Die Kurve der Normalverteilung ist nun aber durchaus kein Heiligtum. Sie ist einfach diejenige Kurve, die der Verteilung des Zufalls bzw. der Wahrscheinlichkeit am besten entspricht. Erziehung aber ist eine zweckvolle Aktivität, und wir bemühen uns, die Schüler das lernen zu lassen, was wir lehren. Wenn wir mit unserem Unterricht erfolgreich sind, müßte die Verteilung der Leistungen stark von der Normalkurve abweichen. Ja wir müßten unsere Erziehungsbemühungen eigentlich sogar eben in dem Maße als erfolglos einschätzen, in dem die Leistungsverteilung der Normalkurve nahekommt" (Bloom, 1970, S. 17).

Meßverfahren, wie z.B. kriteriums- oder lehrzielorientierte Tests, die an individuellen oder sachlichen Bezugsnormen orientiert sind, sollten daher Aufgabentypen meiden, die geeignet sind, zwischen guten und schlechten Schülern zu differenzieren und vor allem solche Aufgaben enthalten, die es ermöglichen, Aussagen zu machen über Lernschwächen und -stärken in möglichst vielen Lernbereichen als Ausgangspunkt für die gezielte Förderung. Dem Lehrer geht es nicht mehr um den Schülervergleich, sondern um didaktische, am Lernprozeß der Schüler orientierte, Fragen wie z.B.: Sind meine Schüler im Produzieren von Texten schlechter als im Textverstehen? Wenn ja, haben sie größere Schwierigkeiten mit der korrekten Wortbildung oder mit der Kongruenz im Satz? Wer hat beim Rechtschreibunterricht noch Probleme mit der Groß- und Kleinschreibung, und wie kann ich so differenzieren, daß jeder Schüler sein spezifisches orthographisches Problem bearbeitet? Die Betonung liegt also nicht mehr auf der diskriminierenden, sondern eindeutig auf der diagnostischen Funktion der Leistungsmessung im Dienst der Förderung jedes einzelnen Schülers. Diagnostische Maßnahmen begleiten den Lernprozeß in allen zu durchlaufenden Stadien, um Lernschwierigkeiten und -hemmnisse erkennen und so schnell wie möglich beseitigen zu können.

Wenn Leistungsmessung vorwiegend Lernfortschritte und nicht Mißerfolge dokumentiert, ermöglicht sie positive Erfahrungen, die zur Stabilisierung der kindlichen Persönlichkeit und zur Erhöhung des Anspruchsniveaus, vor allem auch beim schwachen Schüler, beitragen.

Die Erfahrung, daß gute Lernerfolge des Nachbarn sich nicht nachteilig auswirken für die eigene Leistungsbewertung (in diesem Meßmodell können grundsätzlich alle Schüler alle Lernziele erreichen), schafft die notwendige Voraussetzung für gegenseitige Hilfe und Kooperation.

Vor allem in der neueren Literatur wird jedoch mit Nachdruck darauf hingewiesen, daß eine rein formale Orientierung der Leistungsmessung an

Lernzielen (z.B. beim lehrziel- bzw. kriteriumsorientierten Test) den sozialen Vergleich noch nicht ausschließt, der sich über dem Studium unterschiedlicher Lernergebnisse verschiedener Schüler durch die Hintertür allzu leicht wieder einschleicht (vgl. Schwarzer, 1979, S. 76). Gerade dem seit frühester Jugend an Ziffernzensuren und Rangeinstufungen gewöhnten Lehrer drängt sich auch bei lehrzielorientierten Aussagen über Lernfortschritte der Vergleich unmittelbar auf und beeinflußt seine Einstellung und sein Verhalten gegenüber dem Schüler: Peter hat 75% aller Wörter fehlerfrei gelesen. Klaus hat 50% aller Wörter fehlerfrei gelesen. Also ist Peter besser als Klaus und wird auch in Zukunft bessere Leseleistungen zeigen als Klaus.

Sowohl in der Lehrerausbildung wie auch in der Lehrerfortbildung muß daher die Beschäftigung mit den theoretischen Grundlagen und den Methoden der Leistungsmessung und -bewertung einen sehr viel breiteren Raum einnehmen als bisher:

„Das formale Verfahren der Zeugniserstellung kann also nur einen sehr geringen Einfluß auf den diagnostischen Prozeß ausüben. Es kann nur dann helfen, die Tradition des sozialen Vergleichs aufzubrechen, wenn die Lehrer von sich aus bemüht sind, ihre verschiedenen Bezugsnormen bewußt zu gebrauchen" (Schwarzer, 1979, S. 69/70).

3. Leistungsmessung im offenen und geschlossenen Curriculum

3.1 Zur Kontroverse um Offenheit und Geschlossenheit des Curriculums

Obwohl die Bemühungen um die Entwicklung einer an individuellen und sachlichen Bezugsnormen orientierten Diagnostik erst vor einigen Jahren eingesetzt und insbesondere auch im Deutschunterricht bisher noch kaum zu befriedigenden Ergebnissen geführt haben, ist der lehrzielorientierte Ansatz der Leistungsmessung schon wieder ins Kreuzfeuer der Kritik geraten. Die Verwendung objektivierter diagnostischer Verfahren setzt nämlich einen Unterricht voraus, der über eine exakte und verbindliche Planung aller Lernschritte zu beobachtbaren und meßbaren Lernergebnissen führt (operationalisierte Lernziele). Für einen solchen, weitgehend präformierten und verbindlich festgelegten Unterricht hat sich in der wissenschaftlichen Literatur der Terminus geschlossenes Curriculum eingebürgert (vgl. Rumpf, 1973, S. 139-416). Die Möglichkeit, vor allem aber auch die Wünschbarkeit, von detaillierter exakter Planung und Leistungsmessung im Unterricht wird jedoch von zahlreichen Didaktikern ernsthaft in Frage gestellt. Lernen im geschlossenen Curriculum beschreibt danach die Verhaltensweisen von Schülern als Reaktionen auf sorgfältig vorgeschriebene Stimuli, die durch den Lehrer oder das Lernprogramm vorgegeben werden.:

„Curricula, die operational aufgebaut sind, beruhen damit offensichtlich auf reaktiven Lernprozessen. Die Schüler lernen im Wesentlichen adaptives Verhalten" ... „Auf eine etwas überspitzte Formel gebracht, hat der adaptive Lernprozeß in seiner Verabsolutierung dort seinen Platz, ‚wo die Menschen unter dem Druck der Verhältnisse in der Tat auf die Reaktionsweise von Lurchen heruntergebracht werden' (Adorno)" (Moser, 1971, S. 66).

Nach Auffassung seiner Kritiker vermittelt ein derart umfassend vorgeplanter Unterricht zugleich mit den operational definierten Lernzielen die freilich ungeplante Qualifikation der Verfügbarkeit sowohl bei Lehrern wie auch bei Schülern und dient damit implizit den Herrschenden, die Menschen in Unmündigkeit halten wollen, um ihre eigenen Positionen zu sichern (vgl. Moser, 1971, S. 67). Im Gegensatz dazu werden ‚offene' oder ‚prozessorientierte' Curricula gefordert, in denen Lehrende und Lernende über Inhalte und Methoden des Unterrichts verantwortlich selbst entscheiden. Dabei geht es nicht um das Erreichen vorgegebener Lehrziele in einer Abfolge systematisch aneinandergereihter Lernschritte, sondern um die flexible Abstimmung der Lernprozesse auf die sich verändernden Interessen von Lehrenden und Lernenden und auf wechselnde situative Bedingungen. Begriffe wie Schülerorientierung, Spontaneität, Selbstbestimmung und Emanzipation werden an die Stelle der bisher in der Curriculumdiskussion vorherrschenden Termini der Planung, Operationalisierung von Lernzielen, Meßbarkeit, Leistung und Effizienz gesetzt (vgl. Büttner, 1975, S. 65-72). In der Deutschdidaktik ist die Diskussion um geschlossene oder offene Curricula vor allem unter den Stichworten lehrzielbestimmtes Lernen und Lernen in Projekten aufgegriffen worden.

Von den Vertretern eines projektorientierten Deutschunterrichts wird mit Nachdruck die Auffassung vertreten, daß der traditionelle fach- und lehrerorientierte Deutschunterricht einem schüler-, bedürfnis- und interessenzentrierten Unterricht weichen muß (vgl. Schlotthaus, 1973, S. 76). Sprachliche Handlungsfähigkeit und kommunikative Kompetenz, heute im Grunde unumstrittene Lernziele des Deutschunterrichts, können danach auf keinen Fall durch einen Unterricht erworben werden, in dem der Deutschlehrer unmündige Schüler in einer lückenlosen Aufeinanderfolge von Lernschritten zu den in Lehr- und Bildungsplänen aufgestellten Grob- und Feinlernzielen führt. Sprachliche Handlungsfähigkeit und fremdbestimmtes Lernen werden als Antinomien bezeichnet, die einander ausschließen. Kommunikative Kompetenz ist nur erreichbar, wenn der Lernende seine eigenen Lernprozesse mitgestaltet und mitbestimmt. Das aber läßt sich ausschließlich in schülerzentrierten Projekten verwirklichen (vgl. Schlotthaus, 1974, S. 652). Da aktuelle, aus der jeweiligen Situation entstehende, Schülerbedürfnisse und -interessen maßgebend sind, ist Deutschunterricht nur als offener Projektunterricht denkbar:

„Unterricht in projekten zeichnet sich dadurch aus, daß er von denjenigen, die daran beteiligt sind, flexibilität und umstellung auf neue, unvorhergesehene situationen verlangt. Im gegensatz zum traditionellen unterricht, der nach vorher festgelegtem schema verläuft, in dem ein lernpensum abgearbeitet wird, hat es das projekt mit wirklichkeit zu tun, deren zustände und verläufe sich nicht vorher festlegen lassen, die sich vor allem je nach erkenntnisstand anders und sich verändernd im bewußtsein spiegelt" (Behr/Grönwoldt u.a., 1975, S. 71).

Aus dieser Offenheit von Projekten ergeben sich nun weitreichende Folgen für die Kontrolle der Lernergebnisse. So fordern die Vertreter eines offenen Deutschunterrichts die völlige Abschaffung der lehrzielorientierten Leistungsmessung als eines undemokratischen, pädagogisch nicht vertretbaren Disziplinierungsmittels für die Schüler:

„Je operationalisierter also lernziele sind, umso exakter und öfter lassen sich lernprozesse messen. Die permanente kontrolle von lernprozessen steht jedoch in einem widerspruch zur grundlage der selbstbestimmung der schüler, die dieses didaktische konzept anstrebt“ (Behr/Grönwoldt, u.a., 1975, S. 615).

Dabei wurde nicht selten die Möglichkeit und auch die Notwendigkeit von Leistungsmessung und -bewertung im Deutschunterricht überhaupt in Frage gestellt.

In neuerer Zeit wird jedoch zunehmend häufiger die Auffassung vertreten, daß auch ein offener Unterricht, zumindest in wichtigen Phasen, auf die Überprüfung der Lernergebnisse nicht verzichten kann. Es werden Evaluationsverfahren gefordert, die einem offenen Curriculum angemessen sind und sich von den bisher praktizierten Verfahren grundlegend unterscheiden (vgl. Büttner, 1975).

3.2 Offene versus geschlossene Leistungsmessung

Leistungsmessung im offenen Curriculum darf die didaktische und methodische Freiheit von Lehrern und Schülern nicht durch vorab fixierte Bedingungen einschränken oder beeinträchtigen.

Diesem Anspruch genügen am ehesten diagnostische Verfahren wie informelle-lernzielorientierte Tests, Beobachtungsbögen, Interviews oder Schätzskalen (Ratings), da sie auch dann einsetzbar sind, wenn das Endverhalten der Schüler nicht von vornherein feststeht und die gemessenen Verhaltensweisen der Schüler relativ komplex sind (z.B. Selbständigkeit, Kooperationsbereitschaft, sprachliche Handlungsfähigkeit etc.). Die Vorteile solcher sog. Breitbandverfahren liegen in der weitgespannten Erfassung bedeutsamer Merkmalsbereiche des Schülerverhaltens. Dabei gerät erheblich mehr Information in das Blickfeld des Diagnostikers als beim standardisierten Test, der in der Regel nur einen schmalen Leistungsbereich wie z.B. die Rechtschreibung oder das Leseverständnis erfaßt (solche Tests werden daher auch als Schmalbandverfahren bezeichnet).

Leider ist jedoch auch der Einsatz von Breitbandverfahren mit erheblichen Nachteilen verbunden. Sie liegen in der bei weitem größeren Subjektivität dieser Verfahren, die weniger gültig, vor allem aber weniger objektiv und zuverlässig sind als der standardisierte Test. So ist nachgewiesen worden, daß der Lehrer in der freien Beobachtung dazu neigt, das wahrzunehmen, was er erwartet und daß ein Schüler auf Befragen häufig nicht das mitteilt, was objektiv vorliegt, sondern das, von dem er wünscht, daß es vorliegen möge (vgl. Kleber, 1979, S. 28).

Zwar ist die Bandbreite dessen, was mit diesen Verfahren an Informationen gewonnen werden kann, sehr groß, es bestehen jedoch große Fehlermöglichkeiten. Die erhobene Information ist wenig präzise und objektiv.

Diese Tatsache, daß sowohl Schmalband- wie auch Breitbandverfahren spezifische Vorteile mit ganz bestimmten Nachteilen verbinden, wird in der Fachliteratur als sog. Bandbreite-Fidelitäts-Dilemma diskutiert:

„Einerseits will man möglichst viele Informationen gewinnen, und andererseits soll die Information präzise sein. Man kann nicht das eine erreichen, ohne das andere zu vernachlässigen . . ."

„Testwerte gelten meist als ‚harte' Daten, Einschätzungen durch Lehrer als ‚weiche' Daten. Wer sich ausschließlich auf die einen verläßt, vernachlässigt die anderen. Dabei geht in jedem Fall diagnostische Information verloren, entweder hinsichtlich ihrer Quantität oder Qualität." (Schwarzer/Schwarzer, 1979, S. 45).

Der Ausweg aus diesem Dilemma wird von den Vertretern offener bzw. geschlossener Curricula in jeweils unterschiedlicher Weise, jedoch immer einseitig nur in einer Richtung, gesucht.

In beiden Fällen werden Nachteile bewußt in Kauf genommen um der Vorteile willen, deren Bedeutung damit weitgehend verabsolutiert wird.
So legen die Befürworter sog. geschlossener Curricula Wert auf präzise und objektive Information. Sie finden sich ab mit der damit verbundenen Reduktion von Komplexität und der unumgänglichen Einengung ihrer Beschreibungsmöglichkeiten auf leicht meßbare Ziele, vorwiegend in der kognitiven Dimension (Kenntnisse und Fertigkeiten).

Den Befürwortern offener Curricula geht es vor allem um die Erfassung komplexer Fähigkeiten von Schülern nicht nur im kognitiven, sondern auch im affektiven und sozialen Bereich bei möglichst geringer Determinierung der Lernprozesse durch die Verfahren der Leistungsmessung selbst. Wertungen, Beobachtungen und andere Subjektivdaten werden als Entscheidungsgrundlage für die Diagnose weitgehend vorbehaltlos akzeptiert; auf präzise und objektive Information wird bewußt verzichtet.

3.3 Vorschläge zur Annäherung der gegensätzlichen Positionen

Neuere Entwicklungen und Tendenzen in der deutschdidaktischen Diskussion lassen jedoch darauf schließen, daß Polarisierungen wie geschlossenes oder offenes Curriculum, Schmalbanddiagnose oder Breitbanddiagnose nicht mehr unkritisch akzeptiert werden, da sie letztlich unfruchtbar sind und in die Sackgasse führen.

In unterschiedlicher Weise aber mit durchaus vergleichbarer Intention wird die Ansicht vertreten, daß es im Bereich des Deutschunterrichts sowohl auf den Erwerb präziser, systematischer Kenntnisse etwa im Bereich der Grammatik oder Rechtschreibung wie auch auf den Aufbau relativ komplexer Fähigkeiten wie z.B. Selbstbestimmung, Verantwortungsbereitschaft oder kommunikative Kompetenz ankommt und daß von daher ein Aufeinanderzugehen der gegensätzlichen didaktischen Positionen unumgänglich ist.

Bereits 1974 hat Jürgen Kreft darauf aufmerksam gemacht, daß Unterricht immer auch ein gewisses Maß an Distanz zur gesellschaftlichen Praxis erforderlich macht:

„Unterricht als institutionalisierte optimierung von lernprozessen muß ein nach lernzielen unterschiedliches maß an distanz zur realität und umformung von realität um der optimierung willen verwirklichen" (Kreft, 1974, S. 688).

Daher kann sich auch nicht alles Lernen in lebenspraktischen Projekten vollziehen. Es bedarf zusätzlicher Unterrichtsformen, die sich besser für theoretisches Lernen, den systematischen Wissenserwerb und das Einüben notwendiger Fertigkeiten eignen als das Projekt.

Auch die Einrichtung von Schulen in den Klassengesellschaften der ersten Hochkulturen (Sumer, Ägypten) hat nach Kreft letztlich ihren Ursprung darin, daß die auf dem damals erreichten Stand der gesellschaftlichen Entwicklung benötigten Fähigkeiten, wie Lesen, Rechnen und Schreiben, nicht mehr in der Lebenspraxis beiläufig zu erwerben waren, sondern gezieltes und systematisches Üben notwendig machten. Planmäßiges, systematisches Lernen wird damit zum konstitutiven Merkmal von Schule und Unterricht schlechthin. Auch nach W. Ingendahl, P. Jansen, W. Jüptner, G. Pommerin und K.-G. Waldinger (1977) kann in Projekten, die konkrete Ziele erreichen sollen, nicht alles gelernt werden, was für einen erfolgreichen Projektunterricht notwendig ist. Wichtige Arbeitsformen und Methoden, bestimmte Kenntnisse und Fertigkeiten werden in der Regel nicht von ‚heute auf morgen' erworben, sondern bedürfen der systematischen Vermittlung durch den Lehrer und müssen kontinuierlich geübt und wiederholt werden.

Formen des Übens und Trainierens, in denen die Fachkompetenz und Planungsdominanz des Lehrers ungleich höher ist als in den eigentlichen Handlungsschritten des Projekts, sollen daher auch in einem pragmatisch ausgerichteten Deutschunterricht ihren festen Platz behalten. Solche, eher geschlossen zu nennenden, Curriculumsabschnitte werden als „didaktische Schleifen" in offene, komplexe Unterrichtsprojekte integriert:

> „Der unterrichtliche Handlungsablauf wird an einer Stelle angehalten, als notwendig erkannte Fähigkeiten und Fertigkeiten werden vermittelt, wiederholt, trainiert, die Handlungseinheit wird unter verbesserten Bedingungen fortgesetzt" (Ingendahl u.a., 1977, S. 105).

Ob die „didaktische Schleife" im Rahmen von Projekten ausreicht, um alle Fähigkeiten und Fertigkeiten zu erwerben, die im Deutschunterricht notwendig sind, ist allerdings umstritten. Diskutiert wird vor allem auch die Möglichkeit eigenständiger Lehrgänge außerhalb und zusätzlich von Projekten, in denen sich eher zusammenhängendes und systematisches Wissen aufbauen läßt (vgl. Schlotthaus, 1973, S. 80).

Übereinstimmung besteht jedoch darin, daß die Koordination von offenen, schülerorientierten und eher geschlossenen, lehrerzentrierten Unterrichtssituationen für das Fach Deutsch als optimal anzusehen ist, da nur dann alle wichtigen Fähigkeiten und Kenntnisse erworben werden können. Damit wird auch für die Leistungsmessung ein Ausweg aus dem Bandbreite-Fidelitäts-Dilemma sichtbar.

Wünschenswert ist dann weder eine präzise, aber auf wenige Bereiche beschränkte, noch eine quantitativ umfassende, aber wenig genaue, Informationserhebung, sondern der koordinierte Einsatz eines möglichst großen und vielseitigen Repertoires von Schmalband- und Breitbandverfahren, um die sprachlichen Fähigkeiten von Schülern möglichst vollständig und gleichzeitig weitgehend objektiv zu erfassen. Denn nur auf einer hinreichend breiten diagnostischen Basis, die sich in ihren wesentlichen Aussagen auch auf präzise Informationen stützt, kann der Lehrer seine Schüler in ihren sprachlichen Fähigkeiten gezielt und umfassend fördern. Ch. und R. Schwarzer (1979, S. 75) geben folgendes Beispiel für ein sequentielles Vorgehen (geordnete Abfolge von Breitband- und Schmalbandverfahren) bei der Leistungsmessung im Deutschunterricht:

Tab. 7: Beispiel für eine Verlaufsdiagnosekartei im Fach Deutsch für zwei Schüler (CE = Curriculumeinheit).

Schüler I

Methode / Inhalt	CE 1	CE 2	CE 3	CE 4	CE 5
	Rating	Rating	Rating	Test	Test
A. Literatur Textinterpretation	+	+	+		
B. Linguistik Sprachlehre	+	+	−	+	
C. Orthographie				+	

usw.

Schüler II

Methode / Inhalt					
	Rating	Rating	Rating	Test	Test
A. Literatur Textinterpretation	+	−	−	+	+
B. Linguistik Sprachlehre	−	+	−	−	−
C. Orthographie				−	−

„Die beiden Matrizen aus Tabelle 7 zeigen den unterschiedlichen Verlauf der Informationsgewinnung in Abhängigkeit von den Daten über die Schüler. Die Zeitachse umfaßt fünf Curriculumeinheiten, ohne daß hier gesagt wird, ob eine Einheit eine Stunde oder zwei Wochen dauert. Für ein sequentielles Vorgehen wurden zunächst drei Ratings und abschließend zwei Tests eingeplant. Nach dem zweiten Test muß eine Entscheidung fallen, z.B. der Wechsel der Kurszugehörigkeit oder die Veränderung der Profildifferenzierung im Klassenzimmer. Während der ersten drei Curriculumeinheiten werden zu jeder Inhaltsklasse informelle Ratings festgehalten. Eine Inhaltsklasse wie z.B. Orthographie ist dann nicht betroffen, weil es nicht vorteilhaft wäre, schriftliche Gelegenheitsleistungen in unstandardisierten Situationen intuitiv einzuschätzen. Der kurze Rechtschreibtest ist dagegen viel anspruchsvoller.

Der Schüler I wird im Inhaltsbereich A übereinstimmend eingeschätzt und gehört daher zu der Schülergruppe, die nicht getestet zu werden braucht. Im Inhaltsbereich B ist die Information fast kongruent. Sicherheitshalber wird der Schüler derjenigen Gruppe zugeteilt, die mindestens den ersten Test bearbeiten muß. Die erste Testinformation bestätigt die ersten beiden Ratings. Für den Schüler I ist die Diagnose in zwei Bereichen nach dem ersten Test und in einem Bereich schon nach dem Rating abgeschlossen.

Bei dem Schüler II verhält es sich anders. Wegen inkongruenter Ratinginformation bearbeitet er die erste Testphase und wegen inkongruenter oder für ihn ungünstiger Testinformation auch die zweite Testphase. Erst dann steht mit hoher Wahrscheinlichkeit fest, daß er in den Bereichen B und C besonderer Förderung bedarf, nicht aber im Bereich A" (Schwarzer/Schwarzer, 1979, S. 76).

Im folgenden werden diagnostische Verfahren sowohl für den eher lernzielorientierten, planungsintensiven, wie auch für den stärker situativen, offenen Deutschunterricht vorgestellt, um dem Lehrer ein vergleichbares Vorgehen bei der Entscheidungsfindung zu ermöglichen.

4. Verfahren zur Diagnose und Überprüfung von Lernleistungen im Deutschunterricht

4.1 Lernsteuerung und Lernerfolgskontrolle im geschlossenen Curriculum

Aufgrund der relativ langen Tradition der Systemlinguistik und ihres inzwischen erreichten hohen wissenschaftlichen Niveaus, hat sich auch die Kindersprachforschung zunächst vor allem mehr der Sprachform (Morphologie und Syntax) als dem Sprachgebrauch zugewandt (vgl. Ihssen, 1980, S. 40). Für die Analyse von Wörtern und Sätzen stehen daher heute eine beträchtliche Anzahl exakter und didaktisch ergiebiger Meßkategorien zur Verfügung. Zur Einschätzung des aktualisierten Sprachgebrauchs von Kindern in unterschiedlichen Sprechsituationen (Sprechakte oder Sprechhandlungen) gibt es jedoch kaum praktikable Meßverfahren. Die Ursachen sind aber nicht nur in der sehr viel kürzeren Forschungstradition der Pragmalinguistik, sondern auch in der Sache selbst zu suchen. So entzieht sich die komplexe Sprechsituation mit ihren verbalen und nonverbalen Komponenten dem quantifizierenden Zugriff sehr viel stärker als die leichter faßbare äußere sprachliche Form. Daher gibt es bis heute auch keine eindeutige und objektive Klassifikation von Sprechakten, die einer empirischen Analyse zugrunde gelegt werden könnte. Informelle Beobachtungs- und Schätzverfahren erfüllen deshalb in diesem Bereich eine wichtige Funktion (vgl. 4.2.2).

Da die Förderung des Sprachgebrauchs der Kinder auf verläßliche empirische Lernstandsbeschreibungen jedoch nicht verzichten kann, müssen in diesem Bereich die Forschungsaktivitäten zügig vorangetrieben werden.

Zur lehrzielorientierten und weitgehend objektivierten Beschreibung der kindlichen Sprachleistungen existieren heute zwei unterschiedliche, einander jedoch ergänzende, Verfahren: empirische Textanalysen und standardisierte Sprachleistungstests. Während der Sprachleistungstest auch die Überprüfung sprachlicher Fähigkeitsbereiche ermöglicht, die einer Analyse mündlicher oder schriftlicher Texte nicht zugänglich sind (z. B. das Textverständnis), vermeidet man bei der Untersuchung von Texten die Verfremdung des kindlichen Sprachverhaltens durch die Künstlichkeit der Schreib- bzw. Sprechsituation.

Für beide Verfahren werden im folgenden Anregungen und Beispiele gegeben.

4.1.1 Empirische Textanalysen

Die Beobachtung und Analyse des spontanen mündlichen und schriftlichen Sprachverhaltens in einer möglichst natürlichen Kommunikationssituation liefert wertvolle Hinweise zum Sprachentwicklungsstand eines Kindes. Schwierigkeiten bereitet es in der Regel, Sprachproben zu bekommen, die in etwa repräsentativ sind für die Sprachverwendung des Kindes in den verschiedenen Situationen seiner Umwelt. Das diagnostische Interesse kann sich dabei mehr der Erfassung von stilistischen und grammatischen Normabweichungen zuwenden oder der Analyse der Morphologie und Syntax mit dem Ziel der Bereicherung des Sprachbesitzes der Kinder um neue Wörter, Wortbildungsweisen und Satzstrukturen.

Analyse von Normabweichungen

J. Fliegner (1980, S. 140-156) untersuchte 850 Erzähltexte von Hauptschulanfängern hinsichtlich stilistischer und grammatischer Normabweichungen in zehn verschiedenen Bereichen:

Nr.	Bereiche	f	%
(1)	Wortinhalt	508	6,0
(2)	Wortbildung	239	2,8
(3)	Flexion	1664	19,6
(4)	Wortstellung	77	0,9
(5)	Aufwand	547	6,5
(6)	Kontext	693	8,2
(7)	Tempus	984	11,6
(8)	Wiederholung	608	7,2
(9)	Auslassung	1140	13,5
(10)	Dialekt	2012	23,7
		8472	100

Danach kommen grammatische Stilfehler im Bereich der Flexion (regelwidrige Deklinations- und Konjugationsformen einschließlich Umlaut, Ablaut, Kongruenz) zahlenmäßig eindeutig häufiger vor als Fehler bei der Wortbildung (z.B. Begrabung statt Begräbnis) und Wortstellung (unzulässige Wortfolge innerhalb eines Satzes). Auslassungen (kontextstörendes Auslassen von Elementen) und Tempusverfehlungen (unbegründeter Tempuswechsel oder Tempusbildung, die der Sprachnorm zuwiderläuft) weisen jedoch ebenfalls zweistellige Fehleranteile auf.

Als besondere Schwerpunkte für die Übung kristallisieren sich danach die Fallsetzung (vorwiegend im attributiven Nominalbereich: *einem, anderen* Kind ein *schönes* Spielzeug geben, nach Präpositionen: ‚*ins*' Bett gehen statt ‚*im*' Bett gehen und nach Verben der Bewegung: auf ‚*den*' statt auf ‚*dem*' Vater warten), die Verbform (vor allem schwache statt starke Beugung: er ‚*fror*' statt er ‚*frierte*') und die so häufig nicht beachtete Kongruenz (oft Singular statt Plural: Sabine, Gabi und Petra *ging* in den Wald) heraus. Textanalysen von Kindern ausländischer Arbeitnehmer lassen darauf schließen, daß bei ihnen Verstöße gegen die Flexionsregeln, unzulässige Wortstellung, überflüssige Wörter (Aufwand), Wörter, die den Kontext stören und ausgelassene Wörter sehr viel häufiger vorkommen. In all diesen Bereichen unterschieden sich Ausländer und Deutsche hochsignifikant, am stärksten bei der Wortbeugung, deren Regeln die ausländischen Kinder drei- bis viermal so oft übertraten wie die deutschen Schüler (vgl. Fliegner, 1981, S. 165).

Berücksichtigt man, daß das Italienische im Vergleich zum Deutschen weder eine Flexion der Kasus noch eine starke Konjugation der Verben aufweist, so wird deutlich, daß dabei auch Interferenzen eine Rolle spielen können.

Anknüpfend an diese Befunde, die sie in einer eigenen Untersuchung weitgehend bestätigt fand, versuchte I. Hegele (1981, S. 41-56) gezielte Fördermaßnahmen zu planen, durchzuführen und auf ihre Effektivität hin zu überprüfen.

Analyse der Textstruktur (Morphologie/Syntax)

I. Hegele (1979) untersuchte die Morphologie und Syntax von mündlichen und schriftlichen Texten deutscher Kinder eines 4. Schuljahres vor allem mit dem Ziel einer Erweiterung der kindlichen Sprachkompetenz um noch nicht oder noch kaum verwendete Wörter, Wortbildungsweisen und Satzstrukturen. Die computerunterstützte Analyse der Texte erfolgte auf der Basis einer Schlüsselliste von Wortkategorien, die in dem von H. Messelken geleiteten Forschungsprojekt „Empirische Sprachdidaktik" erarbeitet wurde (Hegele, 1979, S. 94).

Schlüsselliste der Wortkategorien-Hauptcodierung von Wolfgang Beginn(nach H. Messelken).

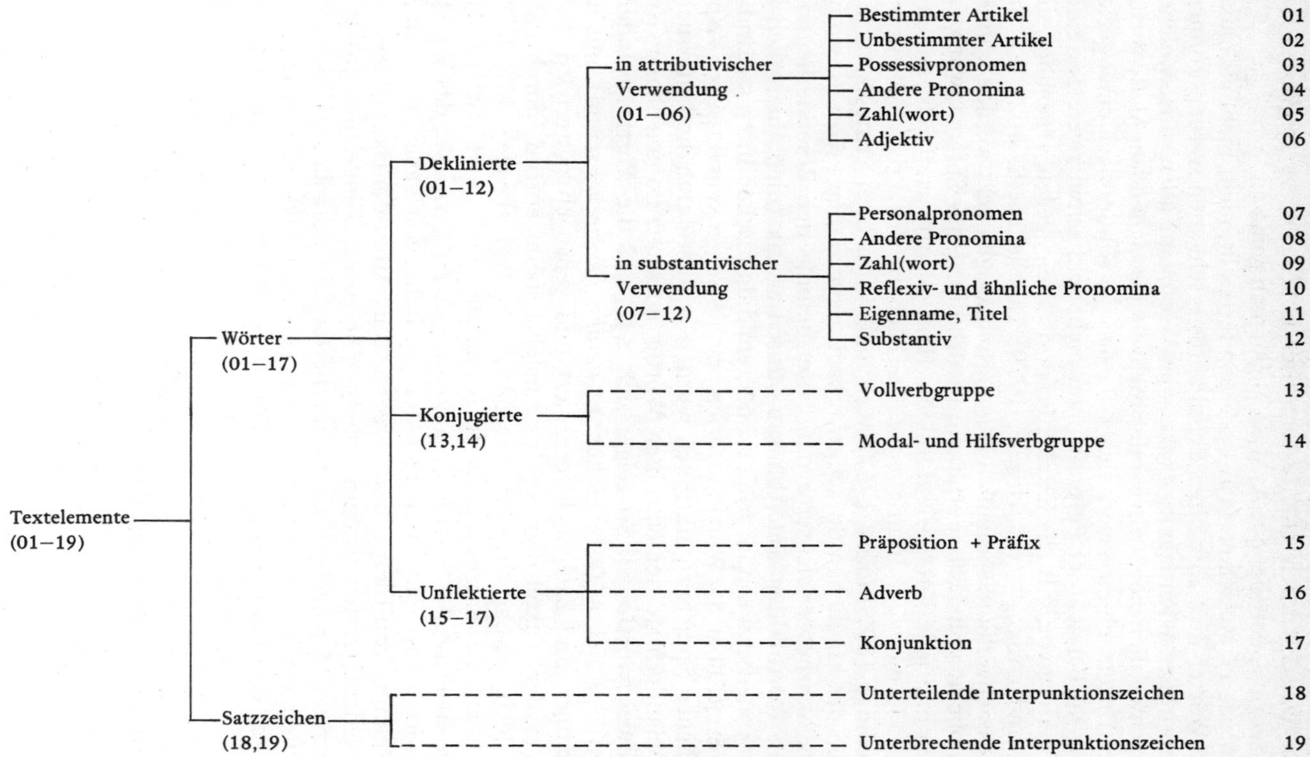

Auf diese Weise wurden alle Lexeme der kindlichen Sprachproduktionen nach Kategorien geordnet der Analyse zugänglich gemacht.

Wenn, wie H. Messelken (1971a, S. 39) feststellt, nicht mehr als maximal 500 neue Wörter im Laufe eines Schuljahres erschlossen werden können, so ist es von großer Wichtigkeit, exakt jene Wörter zu üben, über welche die Kinder nachweislich noch nicht oder nicht in ausreichendem Maße verfügen.

In der Untersuchung zeigte sich z.B., daß die Kinder nach einer gezielten Förderung im Bereich der Präpositionen mehr und schwierigere Lexeme gebrauchten als zuvor, z.B. die lokalen Präpositionen „gegen, gegenüber, unter, entgegen und entlang" (vgl. Hegele, 1979, Tabelle 36, S. 402), mit denen komplexe Sachverhalte sprachlich angemessen ausgedrückt werden können.

Das übliche alphabetische Lexikon wurde für jedes Sprachkorpus, jeden Probanden und jede Kategorie durch ein Häufigkeitswörterbuch ergänzt, das im Vergleich mit den Häufigkeitswörterbüchern der Erwachsenensprache (vgl. Kaeding, 1897/Meier, 1967) wertvolle Einsichten ermöglicht in die Eigenarten des kindlichen Spracherwerbs. Ein rückläufiges Wörterbuch zu jedem Sprachkorpus erleichterte die Untersuchung der Besonderheiten der kindlichen Wortbildung wie Ableitung durch Suffix (-lich, -heit, -keit u.a.) oder Zusammensetzung, die von besonderem didaktischen Interesse sind.

Die bereits über die Wortkategorien erschlossenen syntaktischen Aspekte der kindlichen Sprachproduktionen wurden ergänzt durch die Untersuchung der Aufeinanderfolge der einzelnen Wörter im Textzusammenhang (Kreuztabelle, Zweierwortfolge). So zeigte sich z.B., daß die Wortfolge Indefinitpronomen – Adjektiv (z.B. er kannte *keinen besseren* Freund), mit deren Hilfe Personen und Sachen differenziert und genau charakterisiert werden können, in den Texten der Kinder zunächst kaum auftrat, durch gezielte Übung jedoch spürbar vermehrt werden konnte (vgl. Hegele, 1979, S. 227). Auf der Ebene des Satzes wurden in Anlehnung an G. Rickheit (1975) insbesondere strukturelle Aspekte zusammengesetzter Sätze wie das Verhältnis von Satzverbindung und Satzgefüge, Rangordnung von Nebensätzen im Satzgefüge, Reihung von Haupt- und Nebensätzen, Arten der Hauptsatzverknüpfungen, Nebensatzarten u.ä. untersucht. Die in der Kindersprachforschung häufig gemessene Satzlänge als Indikator für den Sprachentwicklungsstand wurde durch ein Verzeichnis aller Sätze, geordnet nach Satzlängen, vervollständigt, um die Auswirkungen der Sprachförderungsmaßnahmen im syntaktischen Gliederungsfeld detailliert und differenziert beschreiben zu können.

Das Ergebnis der Sprachübungen zeigt, daß sowohl im Bereich des Wortschatzes als auch im Satzbau mehr verschiedene und kompliziertere sprachliche Strukturen gebraucht wurden als vorher.

4.1.2 *Sprachtests*

Standardisierte Sprachtests gibt es heute bereits in großer Anzahl für einzelne sprachliche Bereiche wie Wortschatz, Lesen, Rechtschreibung und Grammatik. Allgemeine Sprachleistungstests ermöglichen dem Lehrer darüber hinaus die Überprüfung einer breiten Palette sprachlicher Fähigkeiten seiner Schüler.

Eine übersichtliche Zusammenstellung von Sprachtests findet der Lehrer in: ‚Praxis Deutsch' Sonderheft 1979 „korrigieren – zensieren – beurteilen" (vgl. Meier/Rivet 1979, S. 69/70), ausführliche Darstellungen und Analysen einzelner Tests bei W. Eichler (1977, S. 76-192) und H. Grimm (1978, S. 355-365).

Ein besonderer Bedarf an Sprachtests besteht heute im Unterricht für ausländische Kinder. Solche Tests werden benötigt für Schullaufbahnentscheidungen z.B. beim Übergang von der nationalen Vorbereitungsklasse in die multinationale Regelklasse und für die gezielte Förderung in der deutschen Sprache in allen Beschulungsformen. Da Tests, die für einen monolingualen Adressatenkreis entwickelt wurden, kaum geeignet sind für die sprachliche Diagnose bei bilingualem Sprechen, kann der Lehrer bei seiner schwierigen Aufgabe der Förderung ausländischer Kinder heute noch kaum auf brauchbare diagnostische Hilfen zurückgreifen. Die Entwicklung von Sprachtests für den Lerner einer Zweitsprache, die heute noch in den Anfängen steckt (vgl. Fliegner/Gogolin, 1982), sollte daher in den nächsten Jahren vorrangig gefördert werden.

Wir bringen im folgenden das Beispiel eines allgemeinen deutschen Sprachleistungstests, der dem Lehrer einen ersten Überblick ermöglicht über nahezu alle Teilbereiche der sprachlichen Leistungen seiner Kinder und einen Rechtschreibtest mit Rechtschreibprogramm als Beispiel für die immer häufiger gewählte Form einer engen Verknüpfung von Diagnose und Therapie für einen spezifischen eng begrenzten Teilbereich des Deutschunterrichts.

Allgemeiner Deutscher Sprachtest ADST (Steinert, 1977/78)
Ziel und Zweck

Auf der Grundlage der linguistisch-didaktischen Taxonomie von H. Messelken (1971a, S. 21-45) ermöglicht der ADST eine breit gefächerte Diagnose der Sprachleistungen einzelner Schüler oder ganzer Klassen als Voraussetzung für die gezielte Unterrichtsplanung.

Altersgruppe, Anwendungsbereich

Der Test ist für alle Schularten von Klasse 3 bis 10 geeignet. Am besten differenziert der ADST in den Klassenstufen 4 bis 6. Für alle Jahrgänge und Schulformen stehen Vergleichsdaten zur Verfügung (Eichstichprobe: 6000 Schüler).

Die Auswertung der Testleistung ermöglicht einen Überblick über die Stärken und Schwächen verschiedener Schüler. Schüler mit gleichartigen Ausfällen können zu Förderkursen bzw. -gruppen zusammengefaßt werden. Der Erfolg der durchgeführten Förderungsmaßnahmen wird dann ebenfalls mit Hilfe des ADST überprüft.

Testaufbau

Der ADST ist eine Testbatterie, d.h. er setzt sich aus mehreren Untertests (Segmenten) zusammen. Gemäß der zugrundegelegten Taxonomie werden sechs sprachliche Ebenen unterschieden, deren Schwierigkeitsgrad von Ebene zu Ebene wächst:

1. Textematik (Texte)
2. Lexematik (Wörter, Begriffe)
3. Morphematik (Wort-Grammatik)
4. Syntagmatik (Satz-Grammatik)
5. Phonematik (Laute, Buchstaben, Orthographie)
6. Prosodie (Betonung, Zeichensetzung)

Jede der 4 Fertigkeiten: Hören, Lesen, Sprechen und Schreiben wird auf jeder Ebene geprüft.
Der ADST hat somit 24 Untertests (Segmente):
z.B. Segment D Syntagmatik (Satz-Grammatik)

- Die Schüler beurteilen die Zeitenfolge in Satzgefügen.
  (vorzeitig – gleichzeitig – nachzeitig)
- Sie markieren Kongruenzfehler.
  (Es werden jetzt zwanzig Minuten still gearbeitet!)
- Sie vervollständigen Satzgefüge im korrekten Tempus.
  (Als er alles erledigt hatte, . . .)
- Sie ordnen „Wörtersalat".
  (er frage ihn kennt mal mich woher)

Das Testheft ist in 3 Teile gegliedert.
Teil A: Die Fertigkeiten Lesen und Schreiben werden für alle Ebenen in Stillarbeit abgeprüft.
Teil B: Die Fertigkeit Hören wird für alle Ebenen erfaßt. Der Lehrer liest vor, die Schüler antworten im Testheft.
Teil A und B sind das Kernstück des Tests.
Teil C: Die Fertigkeit Sprechen wird durch mündliche Reaktion auf mündliche Vorgaben erfaßt.

Dieser Teil muß nicht unbedingt durchgeführt werden, eine diagnostische Aussage ist schon nach den Teilen A und B möglich.
Die mündliche Leistung gibt jedoch wertvolle Zusatzinformationen.

Rechtschreibtest und Rechtschreibprogramm
(Messelken, 1971b/1973)

Anders als normorientierte Rechtschreibtests, bei denen lediglich die Fehlerzahlen von Schülern miteinander verglichen werden, ohne daß daraus Folgerungen für den nachfolgenden Unterricht gezogen werden, sind lernzielbezogene, diagnostische Rechtschreibtests, wie der von H. Messelken (1971b und 1973) in der Regel mit einem Übungsprogramm verbunden, das dem individuellen Leistungsprofil jedes einzelnen Schülers angepaßt werden kann.

Das Programm enthält neben dem Testheft, Texthefte und Arbeitshefte für die Schüler sowie Lösungen und einen didaktischen Kommentar für die Hand des Lehrers. Der Übungsteil umfaßt fünfzig verschiedene orthographische Probleme. Zur Lokalisierung der Rechtschreibschwächen jedes einzelnen Schülers wird vor Beginn der Übungen ein Diagnostischer Test (DT) eingesetzt, der dem stofflichen Aufbau des Programms entsprechend in sechs Segmente gegliedert ist (vgl. Messelken, 1973, S. 8).

Segment	Stoff	Beispiel
I	Lang gesprochener Stammvokal + Folgekonsonant ohne Dehnungszeichen	Wagen
II	Lang gesprochener Stammvokal mit Dehnungszeichen	Fahrt
III	Kurz gesprochener Stammvokal + verdoppelter Folgekonsonant	fallen
IV	s – Laut	Gasse
V	Großschreibung	Abend
VI	Kleinschreibung	abends

Die Auswertung der 114 Aufgaben des DT ermöglicht einen ersten, allerdings noch ziemlich globalen, Überblick über die Rechtschreibleistungen der Schüler in allen Programmbereichen.

Überall dort, wo der Schüler in den verschiedenen Testsegmenten die Fehlergrenze (10% - 15%) überschreitet, wird zur Verfeinerung der Diagnose ein Kurztest (KT) eingesetzt (solche Kurztests existieren für alle 50 orthographischen Probleme und enthalten insgesamt 2000 Aufgaben, vgl. Messelken, 1973, S. 480-529). Sofern in einem KT nicht mehr als 2 - 3 Fehler vorkommen, kann der zugehörige Übungsabschnitt eingespart werden, so daß jeder Schüler nur dort übt, wo sich auch im KT eine deutliche Schwäche zeigt. In einer differenzierten Arbeitszeitanalyse wird gezeigt, daß der enorme Zeitaufwand für den konventionellen und undifferenzierten Rechtschreibunterricht durch das vorgeschlagene Verfahren einer Kombination von diagnostischen Tests und differenzierter Übung für den Schüler um 30%, für den Lehrer sogar um 70% verringert werden kann, so daß mehr Zeit bleibt für die zentraleren und anspruchsvolleren Bereiche des Deutschunterrichts (vgl. Messelken, 1973, S. 28-35).

4.2 *Lernsteuerung und Lernerfolgskontrolle im offenen Curriculum*

Für die Gewinnung diagnostischer Informationen in offenen Lernsituationen werden heute vor allem informelle Tests, informelle konkretisierte Schätzverfahren (Ratings) und Verfahren zur Beobachtung des Schülerverhaltens vorgeschlagen. Dabei ist die Grenze zwischen formellen und informellen Verfahren durchaus fließend, je nachdem welcher Aufwand bei der Konstruktion, Analyse und Auswertung getrieben werden kann. Besonders groß ist die Subjektivität natürlich vor allem dann, wenn die Lernenden an der Einschätzung und Beurteilung ihrer Lernergebnisse selbst beteiligt sind. Da den Befürwortern offener Curricula die Mitwirkung der Lernenden in allen Phasen des Unterrichts bei weitem wichtiger ist als eine durch Fremdsteuerung erkaufte Objektivität, bringen wir zum Schluß ein Beispiel für Möglichkeiten der Reflexion als Selbstkontrolle in Projekten (vgl. 4.2.4).

4.2.1 *Informelle, lernzielbezogene Tests*

Informelle Tests sind Informationserhebungsinstrumente, die im schulischen Bereich ad hoc nach den Regeln von lehrzielorientierten Tests erstellt werden. Sie haben ein geringeres methodisches Anspruchsniveau als institutionell vorausgeplante, standardisierte Tests, da für ihre Konstruktion (Aufstellung einer Lehr- bzw. Lernzielmatrix, Lehr- bzw. Lernzielbeschreibung und Aufgabenentwicklung), vor allem aber für die Analyse (Feststellen der Schwierigkeit und Trennschärfe der einzelnen Aufgaben, Überprüfung der Objektivität, Reliabilität und Validität des Tests) und Auswertung (Beurteilung, ob der Schüler das Lernziel erreicht hat) sehr viel weniger Zeit, personelle und finanzielle Hilfen zur Verfügung stehen. Informelle Tests ermöglichen es dem Lehrer jedoch, auf vorabfixierte Lernziele zu verzichten und die Testaufgaben auf die Lernziele abzustimmen, die in offenen, von den Schülern mitbestimmten, Lernprozessen am Ende einer Unterrichtseinheit auch tatsächlich erreicht wurden.

Die Entwicklung informeller Tests setzt beim Lehrer allerdings ein gewisses Maß an testtheoretischen Kenntnissen voraus.

Es gibt jedoch heute bereits eine Reihe verständlicher und handlicher Anleitungen, die dem Lehrer ein sachgerechtes und ökonomisches Vorgehen ermöglichen (vgl. z.B. Kleber, 1979, S. 98-125 und Schwarzer/Schwarzer, 1979, S. 80-123).

4.2.2 *Informelle konkretisierte Schätzverfahren (Ratings)*

Schätzskalen sind Mittel, die es erlauben, Beobachtungsergebnisse zu quantifizieren. Der Grad der Merkmalsausprägung wird so eingeschätzt, daß er durch eine Zahl repräsentiert werden kann. Auch Rating-Skalen erreichen nicht das methodische Anspruchsniveau und die Objektivität standardisierter, lehrzielorientierter Tests (vgl. Schwarzer/Schwarzer, 1979, S. 52-79).

Durch die weitgespannte Erfassung bedeutsamer Merkmalsbereiche sind sie jedoch anwendbar in offenen Lernsituationen und ermöglichen auch noch Messungen in solchen komplexen Bereichen des Deutschunterrichts, für die es heute keine exakten und objektiven Meßverfahren gibt (z.B. Textrezeption, kreative Textproduktion u.ä.).

Auf der anderen Seite sind explizite Ratings mit beobachtbaren, relativ konkreten Indikatoren für die Einschätzung von Verhaltensdispositonen der Schüler in genau festgelegten Stufen geeignet, das subjektive Urteil des Lehrers zu präzisieren und zu korrigieren (im Gegensatz zu Zensuren, bei denen eine große Anzahl unterschiedlicher Verhaltensweisen von Schülern zusammenfassend beurteilt wird, ohne Angaben, auf welche beobachtbaren Verhaltensweisen sich diese Beurteilung im einzelnen stützt.

Im folgenden geben wir das Beispiel einer Skala zur Einschätzung der Kooperationsfähigkeit von Schülern, einer wichtigen allgemeinen Fähigkeit, wie sie auch in Projekten im Deutschunterricht benötigt wird:

„ IX Kooperation
1. Arbeitet am liebsten allein. Beteiligt sich nur widerstrebend oder lustlos an gruppenaktivitäten, hält sich aus gemeinsamen planungen heraus, macht keine eigenen vorschläge oder beiträge.
2. Bevorzugt einzelarbeit. Ist meist passiv bei gemeinsamen planungen, übernimmt aber ohne widerspruch eine ihm zugedachte rolle oder aufgabe, die er ausführt, ohne jedoch auf die starken aktivitäten der anderen bezogen zu sein.
3. Macht manchmal vorschläge und nimmt vorschläge anderer auf. Führt die ihm zugedachte aufgabe in einer gruppenaktivität gern aus und bezieht dabei auch die handlungen anderer gruppenteilnehmer mit ein.
4. Bevorzugt deutlich die arbeit in gruppen. Macht häufig vorschläge und beteiligt sich aktiv an gemeinsamen planungen. Führt auch wichtige teilaufgaben aus und hilft, wenn andere gruppenmitglieder die ihnen übertragenen aufgaben nicht erfüllen können.
5. Versucht, in jede aufgabe andere miteinzubeziehen, bildet selbst gruppen. Achtet bei allen aktivitäten auf alle anderen gruppenmitglieder, behält den überblick und übernimmt verschiedene aufgaben je nach bedarf.“
(Teigeler/Gaude/Teigeler, 1973, S. 786-799).

Curriculumbezogene Ratings zu deutschdidaktischen Inhalten existieren bisher noch nicht in wünschenswertem Umfang. Der Lehrer sollte sich daher informieren über die Möglichkeiten, selbst Ratings zu entwickeln, die zu diagnostisch verwertbaren Aussagen für seinen Unterricht führen können, wie das folgende Beispiel von Schwarzer/Schwarzer (1979, S. 67/68) aus dem Englischunterricht zeigt.

„Beispiel 1: Englischunterricht (mündliche Leistungsfähigkeit)

Inhaltsklassen	Verhaltensindikatoren(Ratings) Schüler	
Wortschatz	° verwendet viele verschiedene Vokabeln	+ 0 –
Aussprache	° artikuliert im allgemeinen korrekt	+ 0 –
Sprachlicher Ausdruck/ kommunikative Perfomanz	° findet situationsangemessene Formulierungen	+ 0 –
Hörverständnis	° reagiert angemessen auf Gehörtes	+ 0 –
Leseverständnis	° reagiert angemessen auf Gelesenes	+ 0 –
Grammatik	° wendet syntaktische Regeln im allgemeinen richtig an	+ 0 –“

4.2.3 *Beurteilungsraster für projektbezogene Gespräche*

Das im folgenden abgedruckte Beurteilungsraster für projektbezogene Gespräche ist von der Arbeitsgruppe Vorschulerziehung des deutschen Jugendinstituts (1973) für die Evaluation eines vorschulischen Curriculums im Bereich des sozialen Lernens entwickelt worden. Es erscheint in der vorliegenden oder in modifizierter Form jedoch auch für den Deutschunterricht in der Grundschule und Orientierungsstufe geeignet.

Die Kinder sollen im Rahmen des Curriculums in Projekten, die ganz auf ihre spezifische Situation abgestimmt sind und ihnen ein hohes Maß an Selbstbestimmung und Mitbestimmung ermöglichen, Erfahrungen machen, die ihnen helfen, ihre Probleme zu bewältigen.

Das Beurteilungsraster ist als Leitfaden zur Kontrolle bei der Curriculumentwicklung für die Hand des Erziehers entwickelt worden. Seine Kriterien sind bewußt offen gehalten für eine flexible Beurteilung und werden nicht zu einem standardisierten Fragebogen zusammengefaßt. Das Beurteilungsraster soll es dem Erzieher erleichtern, in der Ernstsituation von Problemgesprächen im Verlauf von Projekten die sprachlichen und nichtsprachlichen Handlungen der Kinder situationsbezogen zu interpretieren, um gegebenenfalls helfende Impulse zu geben. Das Raster kann aber auch dazu dienen, abgelaufene Gespräche an Hand von Bandaufnahmen zu reflektieren und Zusammenhänge zu analysieren.

„Ist das Kind in der Lage, Unterschiede und Gemeinsamkeiten zwischen den Schilderungen einzelner Kinder (zum Beispiel zwischen seiner Erzählung und der eines anderen Kindes, zwischen den Darstellungen von zwei anderen Kindern) zu erkennen und zu benennen?
Ist das Kind in der Lage, seine Wünsche und Vorstellungen zu äußern?
Ist das Kind in der Lage, seine Wünsche und Vorstellungen zu begründen?
Ist das Kind in der Lage, nach den Wünschen der anderen Kinder zu fragen?
Ist das Kind in der Lage, auf die Wünsche und Vorstellungen anderer Kinder einzugehen, und Probleme, Gemeinsamkeiten und Unterschiede zu erkennen?
Ist das Kind in der Lage, konstruktive und zahlreiche Vorschläge für gemeinsame Unternehmungen zu machen?
Ist das Kind in der Lage, zusammen mit anderen Kindern Vorschläge und Ideen genauer zu planen?
Ist das Kind in der Lage, Ideen und Vorschläge bei anderen Kindern zu erfragen?
Ist das Kind in der Lage, Kritik zu üben?
Ist das Kind in der Lage, auf den Gesprächsverlauf selbst einzugehen?“
(Arbeitsgruppe Vorschulerziehung, 1973).

4.2.4 *Reflexion als Selbstkontrolle*

Wichtiger als noch so ausgefeilte, von außen an die Gruppen herangetragene, Techniken erscheint den Befürwortern offener Curricula die Entwicklung von Instrumenten der Selbstkontrolle durch die Lehrenden und Lernenden selbst:

„Zu entscheiden wie Autonomie, Selbstorganisation, Kooperation etc. im einzelnen aussehen, welche Maßstäbe angelegt werden und nach welchen Kriterien beobachtetes Verhalten beurteilt wird, muß im Rahmen der offenen Evaluation Aufgabe der Gruppe selbst sein. Insofern ist die Gruppe ihr eigener Evaluator“ (Büttner, 1975, S. 69).

In diesem Sinne räumen die Autoren des „Folgekurs für deutschlehrer“ der Reflexion im projektorientierten Deutschunterricht eine Schlüsselfunktion ein:

„Diese reflexion realer oder simulierter sprachhandlungsprozesse ist die diesem didaktischen konzept adäquate form der kontrolle: sie ist immer funktional in bezug auf die realisation subjektiver und objektiver schülerinteressen und damit auch selbstbestimmt. Sie stellt in einem ersten schritt daten über eine bestimmte situation und die daran beteiligten mit ihren bedingungen zusammen, überprüft dann in einem zweiten schritt argumentativ diese daten, z.B. in bezug auf

- projektziele,
- kommunikative strategien,
- sprachliche fähigkeiten bzw. defizite

und zieht in einem dritten schritt handlungskonsequenzen aus dem ergebnis dieser überprüfung.“

„In der planungsphase werden nicht nur realisationsmöglichkeiten von bestimmten projektzielen, sondern auch einzelstrategien vorgeschlagen, begründet, verhandelt, korrigiert, geändert, fallengelassen. Diese selbstkontrolle ist insofern defizitär, als ihr die erfahrung konkreter realität in bezug auf das projektziel und die einzelstrategien und damit ein sicherer bewertungsmaßstab fehlt. Sie ist also mehr spekulativ und muß in der realisationsphase durch konkrete erfahrung meist ergänzt werden.“

„In der durchführungsphase tritt selbstkontrolle in der regel nur dann auf, wenn sich widersprüche zwischen dem geplanten verlauf einer unternehmung und der tatsächlichen unternehmung einstellen. Da in dieser phase die gruppen selbständig und häufig auch voneinander und vom lehrer isoliert arbeiten, muß der lehrer unbedingt jeden tag für rückkoppelung der gemachten erfahrungen in form von kurzen berichten der einzelnen gruppen sorgen. Das ist besonders am anfang der durchführungsphase wichtig: so können planungsfehler noch korrigiert werden.“

„Die reflexionsphase nach der durchführung eines projekts dient ausschließlich der selbstkontrolle. In ihr werden noch einmal alle schritte des projekts auf ihre funktionalität in bezug auf das teilziel und das gesamtziel kontrolliert.

Typisch für diese phase sind äußerungen wie:

‚Wenn wir noch mal . . . machen, dann müssen wir aber darauf achten, daß . . . weil wir diesmal gemerkt haben, daß . . .‘ oder:

‚Wenn wir gewußt hätten, daß . . . dann hätten wir lieber . . .‘ oder:

‚Es war übrigens richtig, daß wir . . . gemacht haben, obwohl ihr erst dagegen wart‘ oder auch:

‚Wir müssen das nächste mal besser darauf achten, wieviel arbeit die einzelnen sachen machen. Wir haben so viel gemacht, während die gruppe 3 ganz schnell fertig war‘ oder:

‚Wir brauchen noch ein paar wörterbücher. Das hat beim flugblätterschreiben zu viele fehler gegeben‘.“

(Behr/Grönwoldt u.a., 1975, Auszüge der Seiten 616/617/618.)

Insgesamt gesehen stellen Verlage und Lehrerfortbildungs- bzw. Curriculuminstitute dem Lehrer sehr viel mehr Anleitungen und Hilfen für die Leistungsmessung in geschlossenen Unterrichtsphasen zur Verfügung.

Dafür bietet sich ihm die Möglichkeit, in offenen Lernphasen selbst Verfahren zur Lernkontrolle zu entwickeln, die sich optimal in den Unterricht seiner Klasse einfügen.

Lernziele im Sprachunterricht

Karl-Georg Waldinger

1. Das Formulieren von Lernzielen als Planungshilfe für den Sprachunterricht – Problematisierung

Der Leser *dieses* Textes soll:

△ Definitionsmerkmale des Begriffs ‚Lernziel' nennen können;

die wichtigsten Fakten und Resultate aus dem Bereich der Lernzielforschung wiedergeben können;

Konventionen des Lernzielgebrauchs kennen;

wissen, welches allgemein-didaktische Konzept die zunehmende Lernziel-Orientierung bewirkt hat;

mit Klassifikationsschemata für Lernziele (= Lernzielkategorien) vertraut sein;

Beurteilungskriterien für Lernziele kennen;

wissen, welche Techniken/Methoden der Lernzielanalyse es gibt;

sich grundlegende Prinzipien der Lernzielformulierung merken;

die Struktur der Bloom'schen Lernziel-Taxonomie verstehen;

□ wissenschaftliche Erkenntnisse der Lernzielforschung adressatenbezogen (z. B. für Eltern und Schüler) paraphrasieren können;

wesentliche von unwesentlichen Aussagen über Lernziele unterscheiden können;

befähigt werden, aus seinen Erkenntnissen Schlüsse zu ziehen und Konsequenzen für die weitere Unterrichtspraxis durchdenken;

○ Prinzipien der Lernziel-Operationalisierung anwenden können;

▲ befähigt werden, anhand der Benennung beobachtbarer Verhaltensformen operationalisierte Lernziele zu erkennen;

in die Lage versetzt werden, die Beziehungen zwischen Richtzielen und Grobzielen herauszufinden;

Ordnungsprinzipien von Lernziel-Katalogen analysieren können;

■ befähigt werden, eigene Erfahrungen im Umgang mit Lernzielen wirksam zu kommunizieren;

befähigt werden, alternative Verfahren der Lernzielbeschreibung zu planen;

für den Sprachunterricht brauchbare theoretische Ansätze zur Lernzielproblematik entwickeln;

● in der Lage sein, mit Hilfe der entwickelten Kriterien Lernziel-Kataloge zu beurteilen;

befähigt werden, die in Beiträgen zur Lernzielproblematik vorliegenden unterschiedlichen Ansätze/Sichtweisen zu identifizieren und einzuschätzen.

Das alles sollen Sie also können!

Falls Sie gewohnt sind, ‚mit dem Stift' zu lesen, werden Sie vermutlich an mehreren Stellen Fragezeichen notiert haben. Oder Sie haben bei der Lektüre Vermutungen darüber angestellt, was der Autor dieses Beitrags damit bezweckt, daß er seinem Text einen derartigen Lernzielkatalog vorausschickt. Vielleicht haben Sie auch bereits nach den ersten Lernzielangaben die Lektüre abgebrochen und sind gleich zu diesem Abschnitt vorgerückt, da Sie sich von einem zusammenhängenden Text mehr Auskünfte, eine Erläuterung der Intention bzw. auch generell eine interessantere Lektüre erhoffen als von einer Aufreihung von Lernzielangaben.

Wichtig ist jedoch vor allem die Frage, ob Sie diese Lernzielangaben als *sprachliche Äußerungen* ernstgenommen haben. Dann hätten Sie sich beim Lesen z.B. fragen müssen:

– *Warum* und *weshalb* soll ich z.B. „Definitionsmerkmale des Begriffs ‚Lernziel' nennen können?" Ist dies *für mich* überhaupt wichtig? In welchen Situationen meiner Berufspraxis soll mir dies nützen? Und *wem* soll ich diese Definitionsmerkmale nennen?
– Wie *legitimiert* der Autor diese Lernziele? Warum unterläßt er es, die Notwendigkeit der aufgelisteten Kenntnisse und Fertigkeiten zu begründen (etwa aus den Anforderungen der Unterrichtsplanung und -realisation heraus)?
– Wieso verschweigt der Autor, *aufgrund welcher Kompetenzen* er seinen Lesern diese Lernziele stellt? Ist er tatsächlich in der Lage, die Berufsqualifikationen von Lehrern detailliert anzugeben? Hat er diese Qualifikationen selbst ermittelt, und falls ja, auf welcher Grundlage?
– Welches Angebot unterbreitet der Autor mir, wenn ich einen Teil dieser Lernziele bereits erreicht habe? Müßte er nicht sinnvollerweise stark differenzierte/individualisierte Lernwege anbieten, je nachdem, welche Teilziele der einzelne Leser noch erreichen muß?
– Wie kann ich selbst überprüfen, welche *Voraussetzungen* ich bereits mitbringe? Und wie soll ich im Anschluß an die Lektüre dieses Aufsatzes einschätzen können, ob ich tatsächlich die für mich relevanten Ziele erreicht habe?
– Wie ist dieser Lernzielkatalog eigentlich *strukturiert?* Welche Ordnungsgesichtspunkte liegen der Gliederung zugrunde? Ist der Katalog als ‚vollständig' anzusehen? Welches ist die übergeordnete Intention, welcher die einzelnen Ziele verpflichtet sind?

Wenn Sie tatsächlich solche Fragen für wichtig halten, müßten Sie jetzt konsequenterweise *selbständig entscheiden*, wie Sie fortfahren wollen. Denn auch wenn Sie sich mit einigen dieser Ziele identifizieren können, müssen Sie nicht zwangsläufig diesen Aufsatz durcharbeiten. Sie können doch durchaus *eigene* Wege planen, über die Sie Ihre Ziele erreichen (etwa indem Sie die entsprechenden Passagen der Primärliteratur rezipieren, gezielt Fragen an Fachleute richten, selbst Überlegungen anstellen etc.).

Aus diesem Grunde bereits an dieser Stelle einige Literaturhinweise:

Bloom, Benjamin S. (Hrsg.): Taxonomie von Lernzielen im kognitiven Bereich. Weinheim und Basel: Beltz 1976[5]
Krathwohl/Bloom/Masia: Taxonomie von Lernzielen im affektiven Bereich. Weinheim und Basel: Beltz 1975
Mager, Robert F.: Lernziele und Programmierter Unterricht. Weinheim: Beltz 1972
Meyer, Hilbert L.: Trainingsprogramm zur Lernzielanalyse. Kronberg: Athenäum 1976[5]
Möller, Christine: Technik der Lernplanung. Weinheim und Basel: Beltz 1976[5]

Wissenschaftliche Veröffentlichungen beginnen in der Regel nicht mit einem Lernzielkatalog für den Leser. Es wird zwar erwartet, daß die Autoren ihre Problemstellung vorab skizzieren und ihre Intentionen darlegen, es sind dies jedoch deren eigene Absichten, sie betreffen daher zunächst nicht die Lernsituation der möglichen Adressaten. Von den Lesern solcher Literatur kann man nämlich durchaus erwarten, daß sie im Umgang mit einem derartigen ‚Angebot‘ versiert sind, daß sie gelernt haben, aus einer persönlichen Interessenlage heraus bzw. gemäß einer feststehenden Fragestellung das angebotene Material zu sichten und eine begründete Auswahl zu treffen. Die Unterscheidung von ‚Wesentlichem‘ und ‚Unwesentlichem‘, von ‚Essentiellem‘ und ‚Akzidentellem‘ von (relativer) ‚Innovation‘ und ‚Redundanz‘[1] nimmt der kompetente Leser/Benutzer dieser Literatur in eigener Verantwortung vor. Erleichtert wird ihm dies zunächst durch die Angabe eines (Buch-/Aufsatz-) *Titels*, durch Zwischenüberschriften, detaillierte Inhalts- und Stichwortverzeichnisse sowie Zusammenfassungen und Resumees. Allerdings kann oftmals nicht verhindert werden, daß die durch Überschriften/Titel beim Leser geweckten ‚Erwartungen‘ nicht (oder eben nur partiell) erfüllt werden. Die Ursache dafür liegt in den begrenzten Möglichkeiten, welche programmatische Schlagworte (wie Überschriften/Buchtitel sie meist darstellen) dem Verstehen bieten: Sie sind prinzipiell *mehrdeutig* und weisen nur global auf Inhaltlichkeit/Thematik des Textes hin. Der Assoziations-(Präsuppositions-)spielraum des Lesers ist recht groß, die dadurch ermöglichten überhöhten Erwartungen können zu Enttäuschungen führen.

Auch Sprachunterricht firmiert häufig unter ‚Schlagworten‘. Schülern wird zum Beispiel mitgeteilt, das nächste ‚Projekt‘ handele von ‚Rollenkonflikten‘, oder es sollen Texte aus dem Bereich der ‚Konkreten Poesie‘ analysiert werden. Auf diese Weise kann zwar eine gewisse ‚Neugier‘ evoziert werden, die Frage „Was machen wir in der nächsten Stunde?“ ist kurz und bündig beantwortet, niemand wird jedoch behaupten wollen, dem Schüler sei nun tatsächlich ‚klar‘, was er lernen soll und warum. Die sich u.U. einstellende positive Erwartungshaltung beruht auf einer ebenso dubiosen Grundlage wie ihr Gegenteil, die pauschale Ablehnung des nur vage und undifferenziert angegebenen Unterrichtsinhaltes (s.o.) oder -verfahrens („Wir machen Gruppenarbeit!“). So geartete ‚Verständigung über Unterricht‘ zwischen Lehrern

1 Im Sinne der Informationstheorie enthält jede Nachricht sowohl ‚neue‘ als auch bereits ‚bekannte‘ Bestandteile. Der Quotient, den Innovation und Redundanz bilden, ist nur in bezug auf das Vorwissen eines bestimmten Rezipienten anzugeben. Redundante, d.h. ‚überflüssige‘ Elemente einer Nachricht sind zum Verständnis der innovativen Elemente unbedingt erforderlich. Insofern ist das Begriffspaar ‚Innovation/Redundanz‘ mit den zuvor genannten Begriffspaaren nicht als identisch anzusehen.

und Schülern bleibt klischeehaft, erweckt überstiegene Erwartungen oder auch unbegründete ‚Befürchtungen', erlaubt dem Schüler selten eine gezielte Vorbereitung und verhindert letztlich eine ‚Transparenz' des Lernprozesses. Der Schüler erfährt zwar, welche Inhalte verhandelt werden sollen, welche für ihn relevanten Ziele dabei verfolgt werden, bleibt ihm hingegen unklar. So wird er auch kaum angeregt, eigene Zielperspektiven zu entwickeln, Wünsche, Bedürfnisse und Interessen zu artikulieren und seinen Lernprozeß mitzuverantworten. Er läßt ‚Unterrichtung' geschehen, vertraut dem Sachverstand und dem Verantwortungsbewußtsein des Lehrers, der diese Inhalte für ihn ausgewählt hat.

Seit einiger Zeit läßt sich sowohl in der Allgemeinen Didaktik wie auch im Bereich der Sprachdidaktik die Tendenz beobachten, Unterricht als ‚interaktives Handeln' zwischen Schülern und Lehrern aufzufassen (vgl. Boettcher/Otto/Sitta/Tymister 1976, Ingendahl/Jansen/Jüptner/Pommerin/Waldinger 1977). In Abgrenzung von tradierten Auffassungen bezüglich der Schülerrolle wird gefordert, der Schüler solle inhaltliche und methodische Entscheidungen der Unterrichtsplanung stärker mitverantworten. Eine derartige Förderung seiner didaktisch-curricularen ‚Kompetenz' müßte meiner Ansicht nach auch entsprechende Hilfestellungen umfassen, durch die der Schüler Sinn, Zweck und Konsequenzen von Lernzielsetzungen und Lernzielabsprachen durchschauen lernt. In einem solchen allgemeindidaktischen bzw. sprachdidaktischen Konzept erhält der Lernzielbegriff – falls er nicht durch einen anderen Terminus, z.B. ‚Handlungsziel', ‚Arbeitsziel' o.ä., ersetzt wird – eine wesentlich andere Valenz. Er läßt sich in einem ersten Definitionsversuch etwa durch die Angabe der folgenden Merkmale präzisieren:

Ein Lernziel (unterrichtliches Handlungsziel)

- stellt eine *kodifizierte Bildungs-/Lern- oder Handlungsabsicht einer Lerngruppe* dar, welche von allen Mitgliedern dieser Gruppe eingesehen, für wichtig gehalten bzw. akzeptiert wird; diese ‚Absichtserklärung' resultiert aus einer kommunikativen/kooperativen Auseinandersetzung der Teilnehmer dieser Lerngruppe mit eigenen Ideen/Vorschlägen/Intentionen/Wünschen/Bedürfnissen sowie mit Vorgaben durch ‚äußere' Instanzen (offizielle Curricula, Lehrpläne, Zielkataloge etc.);
- muß derart formuliert sein, daß alle an diesem Lernprozeß Beteiligten (Schüler und Lehrer) wie auch die diesen Lernprozeß Mitverantwortenden (Eltern, Erziehungsberechtigte, Schulaufsicht) *verstehen* können, was erreicht/gelernt werden soll;
- darf fachsprachliche Begrifflichkeit nur in dem Umfang enthalten, wie diese von den Beteiligten/Betroffenen (vor allem den Schülern selbst) beherrscht wird;
- muß mit ‚verbindlichen', verordneten, gesellschaftlich ‚legitimierten' Bildungs- und Erziehungszielen (also z.B. den Zielangaben der Richtlinien) teilweise übereinstimmen, darf zumindest nicht in Widerspruch zu diesen stehen (woraus zwangsläufig ein, ‚Vetorecht' des Lehrers resultiert, da dieser den Bezug zu den fachlichen Curricula am kompetentesten herzustellen vermag. Er muß auch Sorge dafür tragen, daß die Lern-

zielangaben, gemessen am fach- und bezugswissenschaftlichen Erkenntnisstand, *inhaltlich ,richtig'* bzw. *,wahr'* sind);

– muß konkrete unterrichtliche Handlungsformen implizieren, darf also nicht derart unpräzise formuliert sein, daß die daraus resultierenden Handlungsschritte beliebig sind;
– muß folglich überprüfbar sein, wobei nicht nur die unmittelbar am Lernprozeß Beteiligten, sondern auch die das schulische Lernen Mitverantwortenden in der Lage sein müssen, die Handlungs*folgen* – Kenntnisse, Fähigkeiten, Fertigkeiten, Kompetenzen, Qualifikationen – auf die zugrundeliegenden Zielangaben rückzubeziehen.

Um die hier vorgelegte Lernziel-Definition besser beurteilen zu können, erscheint es notwendig, sie mit anderen Definitionsversuchen zu vergleichen:

a) „Unter Lernziel versteht man eine Absicht, die durch die Beschreibung der erwünschten Veränderung im Lernenden mitgeteilt wird – eine Beschreibung von Eigenschaften, die der Lernende nach erfolgreicher Lernerfahrung erworben hat" (Mager 1972, S. 3).
b) „Lernziel = sprachlich artikulierte Vorstellung über die durch Unterricht (oder andere Lehrveranstaltungen) zu bewirkende gewünschte Verhaltensänderung eines Lernenden" (Meyer 1976, S. 21).
c) „Lernziele sind sprachlich fixierte Vorstellungen über Ergebnisse der Unterrichtsprozesse" (Müller-Michaels 1976, S. 209).

Das allgemeindidaktische Konzept der ,Berliner Schule' (vgl. Heimann/Otto/Schulz 1970, Reich 1977) begünstigte die Adaption des Mager'schen Lernzielbegriffs durch die BRD-Didaktik, obgleich sich Vertreter dieses Konzepts heute weitgehend von dem Prinzip ausschließlich lernzielorientierter, auf operationalisierten Lernzielen basierender Unterrichtsplanung distanziert haben. Gunter Otto schrieb 1978: „Bloom'sche Taxonomien und Mager'sche Lernzielwut haben die spezifische Leistung von Unterrichtsplanung eher behindert als gefördert" (Otto 1978, S. 64). Während im Zuge einer allgemeinen Curriculumdiskussion in den siebziger Jahren die Lehr-/Lernplanung häufig auf der Grundlage des Mager'schen Lernzielbegriffs, der Bloom'schen Lernzieltaxonomie sowie des Strukturmodells der Berliner Schule angegangen wird (vgl. Kunert 1976), sind es insbesondere Vertreter der Deutschdidaktik, welche zunehmend den „Schülern ... ein Mitbestimmungsrecht bei der Entscheidung über die Lernziele des Sprachunterrichts zugestehen, das mit zunehmender Reflexion über Sprache und Sprachgebrauch ausgebaut werden sollte. Immerhin sind es ja die gegenwärtigen und noch mehr die künftigen sprachlichen Bedürfnisse dieser Schüler, von denen eine didaktische Rechtfertigung der Lernziele ausgehen muß" (Weisgerber 1978, S. 141).

Bedenklich stimmte insbesondere der naive Glaube einiger Lern(ziel)-theoretiker, die „genaue Kenntnis über das Ziel des Unterrichts – Inhalt und Umfang dessen, was er lernen soll" bewirke beim Schüler eine „Erhöhung der Lernmotivation und damit eine Intensivierung des Lernprozesses", der Schüler werde ,angeregt' und arbeite ,zielstrebiger' (Mager 1972, S. VI). Auf dem Höhepunkt des Lernziel-Booms konnte ich Unterrichtsversuche beobachten, deren ,Motivationsphase' darin bestand, daß den Schülern lange Lernzielkataloge vorgelesen bzw. diktiert (oder an die Tafel geschrieben) wurden, z.T.

verbunden mit der Auflage, diese Destillate erzieherischen Wollens den Eltern zum Unterzeichnen vorzulegen. Die Schüler wurden auch damals schon im Deutschunterricht dazu angehalten, Texte kritisch zu rezipieren (und zwar nicht nur literarische bzw. fiktionale, sondern in zunehmendem Maße auch referentielle, expositorische bzw. non-fiktionale, d.h. Texte bzw. Sprachhandlungen des Alltags). Im Sprachunterricht wurden Absichten von Autoren aufgezeigt und Wirkungen sprachlicher Äußerungen auf Adressaten beschrieben. Während des oben skizzierten Lernziel-Rituals jedoch blieben die Schüler gänzlich passiv, stellten keinerlei Rückfragen an die Texte und wurden dazu auch nicht aufgefordert, da nicht einmal der Lehrer bemerkt hatte, daß in diesen Lernzielen Paradigmata für didaktisch hochgradig relevante appellatorische Texte vorlagen, welche mehr oder weniger direkt auf die Schüler einwirkten, ihr Verhalten steuerten oder doch zumindest ihr zukünftiges Verhalten prognostizierten. Ein Transfer fand – wie so häufig – nicht statt.

Lernzielkataloge werden und wurden gewiß nur in einer begrenzten Anzahl von Fällen in der eben beschriebenen grotesken Form publiziert. In der Regel – und dies gilt weitgehend für die gegenwärtige Unterrichtspraxis – verbleiben sie als Kürzel der Kommunikation zwischen Fachleuten (Curriculumtheoretikern, Schulaufsichtsbeamten, Lehrern) in den Unterlagen der Unterrichtsplaner, und zu dieser Gruppe werden Schüler im allgemeinen nicht gezählt.

Vergleichen wir nun die unterschiedlichen Auffassungen bezüglich der pädagogisch-didaktischen ‚Notwendigkeit' und ‚Effizienz' von Lernzielsetzungen, so lassen sich in der jüngsten Vergangenheit zwei Extrempositionen voneinander abgrenzen, welche zunächst unvereinbar erscheinen:

- Auf der einen Seite herrschte ein überzogener Lernziel-Optimismus, wobei man sich von einer konsequent lernzielorientierten Unterrichtsplanung vor allem eine Steigerung der Lernökonomie versprach. R.F. Mager wies die Lehrer insbesondere auf die Arbeitserleichterung hin, die durch sein Konzept ermöglicht werden soll: „Wenn Sie jedem Lernenden eine Ausfertigung Ihrer Lernzielbeschreibung geben, werden Sie selbst nicht mehr viel zu tun haben" (Mager 1972, S. 53).
- Auf der anderen Seite wurde mit ebenso großer Vehemenz der Standpunkt vertreten, der Schüler müsse in die Lage versetzt werden, an der Lernzielfindung und -modifikation verantwortlich zu partizipieren. Hartmut von Hentig stellte in diesem Zusammenhang folgende Forderungen hinsichtlich einer modifizierten Schülerrolle: „Der Schüler muß lernen, aus dem Angebot der ihn betreffenden Möglichkeiten eine selbständige Auswahl vorzunehmen; dazu gehört die Fähigkeit, sich Ziele zu setzen. Die Schule muß folglich – im Gegensatz zu ihren bisherigen Verfahren – das Setzen und Kritisieren von Zielen üben, d.h. die Kinder und jungen Menschen an der Auswahl und Bestimmung der Aufgaben und Lernverfahren beteiligen" (von Hentig 1975, S. 28).

Ich habe diesem Beitrag deshalb einen ‚typischen' Lernzielkatalog vorangestellt, weil ich davon überzeugt bin, daß die soeben zuerst genannte Sichtweise des Lernziel-Problems heute durchaus noch als recht verbreitet angesehen werden kann[2]. Indem Sie als Leser diese zusammenhanglosen und kommentarbedürftigen Sätze hinterfragt haben, befanden Sie sich in einer ähnlichen Situation wie viele Schüler, welche – in der Regel jedoch ohne eine vergleichbare Chance, sich diesen Zielen zu verweigern oder diese fundiert zu kritisieren – als ‚Objekte' derartiger lernzielorientierter Unterrichtsplanungen fungieren. Vielleicht konnte dieser Versuch Sie ein wenig ‚betroffen' machen und anregen, über Ihre eigene Praxis der unterrichtlichen Lernzielsetzung nachzudenken oder zunächst einmal die gängigen Formen infrage zu stellen.

2. Das Lernzielproblem im Kontext von Lehrgangs- und Projektplanung

Das Lernzielproblem, wie es sich stets bei der Planung des Sprachunterrichts stellt, soll nunmehr in einem umfassenderen didaktisch-curricularen Kontext diskutiert werden. Die Art und Weise, in welcher ein Lehrer Lernziele formuliert, ist letztlich davon abhängig, für welches Organisationsprinzip schulischen Lehrens und Lernens er sich von Fall zu Fall entschieden hat. So ist eine Lernzielkodifikation im Sinne Magers, verbunden mit konsequenter Operationalisierung, Hierarchisierung und Taxonomisierung, charakteristisch für einen Sprachunterricht, der als ‚Lehrgang' bzw. ‚Kurs' organisiert ist. Ein Lehrer, der seine Schüler stärker an der Lernzielfindung, -auswahl bzw. auch -begründung beteiligt, neigt einem Organisationsprinzip zu, welches für einen projektorientierten Sprachunterricht kennzeichnend ist. Die grundlegenden Organisationsformen des schulischen Lehrgangs bzw. Projekts sollen zunächst voneinander abgegrenzt werden, um die damit verbundenen spezifischen Sichtweisen des Lernzielproblems zu verdeutlichen.

Vorab sei noch darauf hingewiesen, daß sich Lehrgang und Projekt zwar idealtypisch voneinander abgrenzen lassen, daß in der Unterrichtspraxis jedoch ‚Reinformen' seltener auftreten werden. In der Regel sind Mischtypen vorzufinden, wobei jeweils Merkmale der einen Organisationsform dominieren können. Darauf weisen auch die häufig verwendeten Bezeichnungen ‚projektorientierte Unterrichtseinheit', ‚angeleitete Projektarbeit' usw. hin.

Lehrgang und Projekt stellen keine Alternative dar, sondern ergänzen und bedingen einander. Ihre Koordination bedarf sorgfältiger und vor allem transparenter (d.h. insbesondere für die betroffenen Schüler einsehbarer) Überlegungen und Entscheidungen. Lehrgänge, die aus Projekten resultieren, folgen im Konzept eines ‚Handlungsorientierten Deutschunterrichts' (vgl. Ingendahl/Jansen/Jüptner/Pommerin/Waldinger 1977) keiner rigiden fachdidaktischen Systematik, die als ‚geschlossenes Curriculum' allgemeine Gültigkeit beanspruchen könnte. Sie bilden sogenannte ‚Didaktische Schleifen'

2 Dafür sprechen nicht zuletzt die in den Fachzeitschriften publizierten Unterrichtsmodelle, welche – auch bei anderslautenden Beteuerungen der Autoren – zum weitaus größten Teil lernzielorientiert sind in der Weise, daß Lehrer(teams) Zielvorstellungen entwickelt (bzw. aus geltenden Curricula abgeleitet) und dem realisierten Unterricht zugrundegelegt haben – in der Regel ohne den Versuch zu unternehmen, diesen Lernzielkatalog gemeinsam mit den Schülern zu analysieren und eine begründete Auswahl zu treffen.

in größeren Planungs- und Handlungskontexten, werden ‚situativ‘ entwickelt und benötigen dazu den Planungsspielraum, den ein ‚offenes Curriculum‘ bereitstellt. Systematische Wissensbestände, wie sie in Begriffssystemen und Denkmodellen der Fachwissenschaften vorliegen, bleiben ihr Korrektiv. Die damit geforderte hohe Flexibilität des Lehrers, der Anspruch an seine ‚Professionalität‘ (d.h. in bezug auf die ‚Sache‘ das Überschauen der relevanten wissenschaftlichen Theoriebereiche) dürften als Ursache dafür gelten, daß z.B. das vielerorts für sinnvoll erachtete Konzept eines ‚situativen‘ Grammatikunterrichts noch keine entsprechende Verbreitung in der Schulpraxis gefunden hat.

Versuch einer idealtypischen Abgrenzung von ‚Lehrgang' und ‚Projekt' unter Berücksichtigung der jeweils spezifischen Lernziel-Praxis

	Merkmale	**daraus resultierende Lernziel-Praxis**
Lehrgang	planmäßige Anordnung von Lernelementen	Festlegung zu erwerbender Qualifikationen (Soll-Werte) auf der Grundlage einer Analyse der Ausgangslage des Lernenden (Ist-Werte)
Lehrgang	jeder Lernschritt auf dem vorhergehenden aufbauend und den folgenden vorbereitend	Ordnung der Zielangaben (Soll-Werte) gemäß einer Taxonomie
Projekt	*komplexer unterrichtlicher Handlungsverlauf*	*Orientierung an Handlungszielen, Verzicht auf operationalisierte Teilziele*
Projekt	*alle Handlungsschritte orientiert an der zugrundegelegten Problematik, für deren Bewältigung sie konstitutiv sind*	*Verzicht auf fachsprachlich kodierte Lernzielsetzungen zugunsten umschreibender, umgangssprachlicher Formen der Verständigung über Handlungsintentionen*
Lehrgang	Ausrichtung des Unterrichts an vom Lehrer bzw. von Curriculumplanern vorgegebenen Lehr-/Lernzielen	Setzung von Lernzielen (durch den Unterrichtenden bzw. andere Unterrichtsfachleute) außerhalb des Unterrichts
Projekt	*Ausrichtung des unterrichtlichen Handelns an Handlungszielen, welche innerhalb der Lerngruppe verabredet wurden*	*Unterrichtsplanung als notwendiger Bestandteil von Unterricht – Interessen, Wünsche, Bedürfnisse, Fragen, Probleme der Beteiligten als maßgebliche Ressourcen der Planung, über welche konsensuell entschieden wird*
Lehrgang	zu erwartende Verhaltensänderungen insbesondere im kognitiven und psychomotorischen Bereich	Anwendung taxonomischer Verfahren, denen eine Dimensionierung unterrichtlicher Ziele vorausgeht
Projekt	*neben kognitiven und psychomotorischen Verhaltensänderungen vor allem auch Veränderung von Einstellungen und Dispositionen im affektiven und sozialen Bereich*	*ganzheitliche Förderung von Kenntnissen, Fertigkeiten und Einstellungen*

	Merkmale	daraus resultierende Lernziel-Praxis
Lehrgang	Übernahme vorgefertigter Planungsunterlagen (z.B. Schulbuchkapitel) bzw. Verwirklichung vom Lehrer geplanter Unterrichtskonzepte, die auf den Lern- und Entwicklungsstand der jeweiligen Schüler abgestimmt sind	situative Modifikation der vorab fixierten Zielsetzungen in der Regel nicht intendiert; Planung alternativer Lernwege (z.B. in ‚verzweigten Programmen') in lernzielorientierter Form
Projekt	*kooperative Planung unterrichtlicher Handlungsverläufe in der Lerngruppe; Bereitstellung von Arbeitsmaterialien und Informationsquellen in gemeinsamer Verantwortung; Förderung/Ermutigung einer selbstgesteuerten und -verantworteten Bearbeitung von Teilaspekten*	*Handlungsschritte/Teilaufgaben abgeleitet aus gemeinschaftlich präzisierten Handlungsintentionen; ad-hoc-Absprachen und Zielfindungen in umgangssprachlicher Form*
Lehrgang	Verantwortlichkeit des Lehrers für Planung, Realisation und Evaluation des Unterrichts; Attribute der Lehrerrolle: Sachverstand, inhaltlich-methodische Kompetenz, Dominanz, Entscheidungsdynamik	Verantwortung und Legitimation von Zielsetzungen durch den Lehrer (im Rückgriff auf fachcurriculare Argumentationsstränge); Postulat der ‚Widerspruchsfreiheit' unterrichtlicher Inhalte und Zielsequenzen zu fach- und bezugswissenschaftlichen Aussagesystemen
Projekt	*Einbezug außerschulischer Informanten und Fachleute als Korrektiv für zwangsläufig limitierten Kenntnisstand des Lehrers (interdisziplinärer Ansatz); Lehrerrolle: kooperativ, partnerschaftlich*	*Vermittlung von Arbeits- und Sozialformen, von Techniken und Methoden des Informationserwerbs und der Informationsverarbeitung als grundlegende Handlungsziele aller am Projekt Beteiligten*
Lehrgang	dezidiertes Training isolierter Kreativitätsfaktoren (z.B. ‚Originalität', ‚verbale Flexibilität' usw.)	Kreativitätsfaktoren als Lernziele; Determinierung unterrichtlicher Problemlösungssituationen beschränkt kreativen ‚Spielraum' auf relativ ‚erwartbare' Lösungsvarianten
Projekt	*Chancen eines Trainings komplexerer kreativer Fähigkeiten (= Faktorenbündel) bei der Bewältigung von Planungsaufgaben und bei der Realisation der konzipierten Handlungsschritte*	*‚Verwertbarkeit' von Ideen und Lösungsansätzen überprüfbar in Bezug auf die Handlungsintention und situative Bedingungen des Handelns; divergierendes und konvergierendes Denken werden gleichermaßen gefördert und gefordert*

	Merkmale	daraus resultierende Lernziel-Praxis
Lehrgang	Dominanz individualisierender Arbeitsformen; Zentrierung der unterrichtlichen Interaktion auf Lehrer bzw. Medium (Extremform: Programmierte Instruktion)	Lernfortgang des einzelnen Schülers bestimmt durch dimensionierte, hierarchisierte, taxonomisierte und operationalisierte Lernziele; ‚Lernökonomie' als bestimmendes Motiv für komprimierte Abfolge von Lernzielen; ‚Umwege' und zeitraubende Versuche (Lernen aus Fehlern) durch vorab festgelegte ‚richtige' Lösung weitgehend ausgeschlossen
Projekt	*schülerzentrierte, symmetrische Kommunikation bzw. entsprechende Arbeits- und Sozialformen bevorzugt (Partner- und Gruppenarbeit; Spiel/Rollenspiel; gemeinschaftlich durchgeführte Erkundungen, Beobachtungen, Interviews, Textauswertung usw.)*	*Kooperations- und Kommunikationsfähigkeit, Übernahme von Verantwortung, Selbständigkeit, Rücksichtnahme, soziale Empathie als pädagogische Zielsetzungen legitimieren die Projektarbeit*
Lehrgang	Lern- und Entwicklungsstand der Schüler als Ausgangspunkt für geplante Differenzierungsmaßnahmen	differenzierende, individualisierende Zielangaben bzw. Modifikationen des vorgelegten Zielkatalogs orientieren sich an unterschiedlichen Ausgangslagen bzw. Lernvoraussetzungen einzelner Schüler
Projekt	*Neigungen, Interessen der Schüler als Ausgangspunkt für vereinbarte Arbeitsteilungen und die Auswahl von Schwerpunkten*	*divergierende Willens- und Absichtserklärungen einzelner Schüler bzw. Gruppen werden im Rahmen der gemeinsamen Handlungsintention akzeptiert*
Lehrgang	Abschluß der Lernsequenz mit dem Erreichen der zuvor festgelegten Lernziele; Evaluation auf der Grundlage der vorliegenden Arbeitsresultate; häufig auch Anwendung standardisierter Testverfahren aus dem Bereich der pädagogischen Diagnostik	Beurteilung des einzelnen Schülers durch Angabe der erreichten grundlegenden und zusätzlichen Lernziele; Erreichen vorab definierter Lernziele als Effizienzkriterium für Unterricht; individuelle Lerndefizite (als nicht erreichte Lernziele) lokalisierbar und kompensierbar
Projekt	*Evaluierung des gemeinsamen Handelns in gemeinschaftlicher Reflexion: Erreichen der Handlungsziele, Bewährung von Arbeitsmethoden und -verfahren, Erfahrungen als Arbeitspartner, offene Fragen und Aufgaben als Anlässe für weitere Aktivitäten*	*Verzicht auf objektivierende, standardisierte Lernzielkontrollen; diskursive Analyse der verwirklichten Handlungsintentionen (und ggfs. der Fehlschläge) als Beitrag zur Förderung der Kritikfähigkeit; neue Zielabsprachen auf der Grundlage erkannter Lerndefizite und Handlungsnotwendigkeiten*

Eine solche schematische Gegenüberstellung kann selbstverständlich eine detaillierte, zusammenhängende Beschreibung und Begründung von *Lehrgang* (vgl. Schwager 1959, Reintges 1981) und *Projekt* (vgl. Behr/Grönwoldt/Nündel/Röseler/Schlotthaus 1975, Kaiser/Kaiser 1977, Hansel 1981) nicht ersetzen. Sie dient hier lediglich der Intention, die Abhängigkeit bestimmter Formen des Lernzielgebrauchs und der Beurteilung von Lernzielen von jeweils übergeordneten Organisationsprinzipien schulischen Lehrens und Lernens aufzuzeigen. Bei dem Versuch, die genannten Größen einander zuzuordnen, wird immerhin erkennbar, daß keines der Planungsprinzipien dem anderen pauschal vorgezogen werden kann. Vorzüge und Nachteile, didaktisch-methodische ‚Stärken' und ‚Schwächen' lassen sich sowohl beim Lehrgang als auch beim Projekt nachweisen. Entsprechend läßt sich auch nicht pauschal die eine Form des Lernzielgebrauchs im Sprachunterricht der anderen vorziehen. Vielmehr sind die Überlegungen und Hypothesen der Lernzieltheoretiker seitens der Deutschdidaktiker ebenso ernstzunehmen wie die Argumente jener Wissenschaftler, die sich dafür aussprechen, auf kommunikativem Wege zu ‚Handlungszielen' zu gelangen. Sie wollen damit Verabsolutierungen und Einseitigkeiten in der Lernzielfrage entgegenwirken und verstehen sich nicht unbedingt als Vertreter einer völlig gegenpoligen Auffassung. Bedenkliche Verabsolutierungen wären meiner Ansicht nach dann gegeben, wenn Sprachunterricht nur noch und ausschließlich auf der Grundlage von operationalisierten Lernzielen erteilt würde. Ein nicht geringerer Vorwurf müßte auch jene Fachvertreter treffen, die Lernen ausschließlich anhand von situativen Zielfindungen und -absprachen organisieren wollten. Während meine Befürchtungen bei den ‚reinen Operationalisten' und ‚Programmatikern' den Schüler betreffen, der zu wenig Förderung im sozial-affektiven Bereich erfährt (denn dort kann man nicht operationalisieren) und dessen Kreativität nur in engen Grenzen gefördert wird, gebe ich bei den ‚situativ-kommunikativen Handlungsvertretern' zu bedenken, daß ihr Schüler erwartungsgemäß völlig unsystematisch lernt, eine Vergleichbarkeit des Lernstandes nicht gewährleistet werden kann (wodurch auch die Kommunikation in vielen Bereichen eingeschränkt wird) und bestimmte fachliche Inhaltsbereiche leichtfertig ausgeklammert werden können, weil ja kein systematischer Bezugsrahmen dies als Defizit ausweisen würde.

Um nun beurteilen zu können, wieviel an Techniken, Methoden und Kenntnissen aus dem Bereich der Lernzieltheorie ein Sprachlehrer für die Planung von Lehrgängen benötigt und wie weit er gleichzeitig über die Fähigkeit verfügen muß, mit Schülern gemeinsam Unterricht zu planen und entsprechend Zielperspektiven kooperativ zu entwickeln, sei kurz der wechselseitige Bezug zwischen Lehrgang und Projekt erläutert: Während ein projekt- oder handlungsorientierter Deutschunterricht den Schülern Gelegenheit gibt, unter Berücksichtigung vielfältiger situativer Bedingungen selbständig und verantwortlich sprachlich zu handeln, seine vorhandenen sprachlichen Fähigkeiten zu erproben und weiterzuentwickeln, Sprachhandlungen anderer Sprecher und Schreiber einschätzen und beurteilen zu lernen und auf diese Weise sein Repertoire sprachlicher Möglichkeiten und Strategien beständig zu erweitern, können lehrgangsmäßige Unterrichtseinheiten entsprechende Fertigkeiten, Kenntnisse, Methoden und Verfahren bereitstellen, die zur Bewältigung komplexer sprachlicher Aufgaben unmittelbar erforderlich sind. In sämtlichen Teilbereichen des Deutschunterrichts sind solche vom Lehrer gesteuerten Sequenzen denkbar und sinnvoll, sei es beim Training von Analysemethoden im Bereich der Textproduktion, beim Bewußtmachen des Formenbaus der Sprache sowie syntaktischer Grundstrukturen im Bereich der Sprachreflexion usw. Zu bedenken ist dabei – und hier würde ich den Fachvertretern beipflichten, welche einen ‚integrierenden' Deutschunterricht befürworten – daß für den Schüler die Notwendigkeit solcher in Kurs- oder Lehrgangsform sich vollziehender Übungs- und Trainingsphasen möglichst aus den Anforderungen heraus aufgezeigt werden muß, welche komplexe sprachliche Handlungssituationen an sie stellen. Ein derart aus situativen Erfordernissen, erfahrenem ‚Nicht-Können', konstatierten Mängeln und Defiziten heraus vom Lehrer entwickelter Lehrgang (‚Didaktische Schleife', s.o.) sollte sich aller zur Verfügung stehenden Techniken bedienen, die eine rasche, ökonomische, effiziente und den individuellen Lernstand eines jeden Schülers berücksichtigende Aneignung jener als notwendig erkannten Qualifikationen garantiert. Und zu diesen Techniken gehören an herausragender Stelle die Strukturierung der geplanten Lernschritte mit Hilfe von operationalisierten Lernzielen sowie die Taxonomisierung der Lernschritte (ihre Anordnung gemäß dem Prinzip zunehmender Komplexität).

Grundsätzlich können Projekt und Lehrgang sich in dreifacher Weise aufeinander beziehen:

a) Der Lehrgang wird dem Projekt vorangestellt, er schafft ‚Voraussetzungen' für das Gelingen der Projektarbeit.
b) Der Lehrgang wird (sukzessive oder ‚en bloc') in den Projektverlauf integriert (und stellt dadurch für bestimmte Arbeitsphasen erforderliche Kenntnisse und Fertigkeiten bereit).
c) Teile des Lehrgangs werden (im Falle b) zurückgestellt und erst nach Abschluß des Projekts realisiert, weil sie für das unmittelbare Erreichen des Handlungszieles nicht erforderlich erscheinen, jedoch als ‚Grundvoraussetzungen' der weiteren Zusammenarbeit erkannt wurden.

3. Verfahren der Lernzielanalyse – aufgezeigt anhand des vorangestellten Zielkatalogs

Bei der nun folgenden exemplarischen Analyse eines Lernzielkatalogs sollen die wichtigsten Verfahren der Lernzielanalyse bzw. die zentralen Prinzipien des Umgangs mit Lernzielen erläutert werden. Da ein Transfer, d.h. die Übertragung der aufgezeigten Prinzipien auf neue Anwendungsbereiche, nur auf ‚verwandte' Gebiete möglich ist, wähle ich den eingangs präsentierten Lernzielkatalog als Untersuchungsgegenstand: Er zeichnet sich durch besondere ‚Nähe' zu typisch schulischen bzw. curricularen Zielkatalogen aus, und die an ihm gewonnenen Einsichten und Erkenntnisse lassen sich erwartungsgemäß leichter auf entsprechende Beispiele und ‚Fälle' aus der alltäglichen Unterrichtspraxis anwenden.

Betrachten wir die aufgelisteten Zielangaben unter dem Aspekt ihrer *Dimensionierung,* so stellen wir fest, daß sie ausnahmslos der *kognitiven* Dimension zugeordnet werden müssen. Sowohl die *affektive* als auch die *psychomotorische* Dimension wurden bei der Formulierung von Lernzielen hier nicht explizit berücksichtigt. „Kognitive Lernziele beziehen sich auf Denken, Wissen, Problemlösen und intellektuelle Fähigkeiten" (Meyer 1976, S. 84). Wie H.L. Meyer feststellt, befindet sich – rein quantitativ betrachtet – der überaus größte Teil der in einem Lehrplan ausgewiesenen Lernziele in der kognitiven Dimension. Es fehlen zumeist Angaben affektiver Lernziele, welche sich „auf die Veränderung von Interessenlagen, auf die Bereitschaft, etwas zu tun oder zu denken, auf die Einstellungen und Werte und die Entwicklung dauerhafter Werthaltungen" (Meyer 1976, S. 85) beziehen. ‚Affektiv' meint dabei „jegliches Verhalten, das den Aufmerksamkeits-, Gefühls- und Wertungsbereich betrifft" (ebd.). Bezogen auf die in diesem Beitrag thematisierte Problematik hätten solche ‚affektiven' Lernziele z.B. lauten können:

- Der Leser ist bereit, seine Vorurteile gegenüber einer Zielabsprache innerhalb der Lerngruppe (also gemeinsam mit Schülern) abzubauen.
- Er entwickelt ein Bewußtsein für die Vielschichtigkeit und Komplexität der Lernzielproblematik.
- Er verspürt den Wunsch, seine eigene Lernzielpraxis zu überdenken.
- Er wägt die Argumente für und wider bestimmte Sichtweisen des Lernzielproblems ab und ist bereit, seine Praxis der Unterrichtsplanung entsprechend zu verändern.

Selbstverständlich sind – schon von der Anlage dieses Beitrag her – entsprechende ‚Betroffenheiten' und ‚Einstellungen' intendiert. Sie sind jedoch hier deshalb nicht explizit als Lernziele ausgewiesen, weil sie durch einen solchen Kurzbeitrag ohnehin nur rudimentär und unvollständig angegangen werden können. Affektive Lernziele sind in der Regel nur durch kontinuierliche Unterrichtsarbeit erreichbar und dabei stark abhängig von den zugrundegelegten Medien und Arbeitsmethoden. Eine nicht unerhebliche Rolle spielt dabei das soziale ‚Klima' innerhalb einer Lerngruppe wie auch die Bereitschaft, sich mit Sichtweisen und (Wert-)Haltungen des Lehrers zu identifizieren. Da es sich nun einmal nicht um ‚kognitive' Verhaltensänderungen handelt, erscheint für diese Lernziel-(Verhaltens-)dimension ein ‚Lernen durch Einsicht' weniger konstitutiv als z.B. das ‚Imitationslernen'.

Lernziele im *psychomotorischen* Bereich beziehen sich „auf die manipulativen und motorischen Fertigkeiten eines Schülers" (Meyer 1976, S. 85). ‚Manipulieren' meint hier nicht das symbolische Einwirken auf Menschen, sondern das Hantieren mit Gegenständen, Werkzeugen und Geräten. Ein handlungsorientierter Sprachunterricht, der sich an reformpädagogischen Ansätzen orientiert, wird der psychomotorischen Komponente des Lernvorgangs eine große Bedeutung zumessen, da ein kognitives Lernen in Verbindung mit manuellem Tun offenbar intensiver und konzentrierter erfolgt als ‚bloß' verbal-symbolisches Agieren und Interagieren. Wenn Anhänger der Freinet-Pädagogik im Sprachunterricht kochen (um beobachtete Vorgänge zu beschreiben und schließlich ein ‚Kochbuch' herzustellen), wenn nicht nur

Grundschullehrer im Sprachunterricht Anregungen von Maria Montessori aufgreifen (und sprachliche Übung im Hantieren mit einfachen Materialien vollziehen), wenn Ausschneiden, Aufkleben, Sortieren, mimisch-gestisches Artikulieren und Reagieren, Spielen mit Requisiten und ähnliche Arbeitsformen im Sprachunterricht anzutreffen sind, dann wird in aller Regel die Erfahrung des Lehrers dahinter stehen, daß Kinder motivierter, konzentrierter und in der Regel auch wirkungsvoller lernen, wenn sprachliche Handlungen an geeignete körperliche Bewegungen gekoppelt werden. Wenn die Lernzieltheoretiker mit der psychomotorischen Dimension bislang noch nicht so recht ins Reine gekommen sind (und eine entsprechende Taxonomie noch aussteht), braucht das den Sprachlehrer nicht verunsichern. Eine sorgfältige Planung von Arbeitsmitteln und Anschauungsmaterial hat sich stets im Unterricht ‚bezahlt' gemacht, und es bedarf eigentlich keiner aufwendigen empirischen Untersuchungen, um die Effizienz praktischer Tätigkeit in Hinblick auf komplexere Verhaltensmodifikationen (also auch solche im kognitiven und affektiven Bereich) nachzuweisen (vgl. Schönemann 1981).

Grundsätzlich ist anzumerken, daß Lernziele der drei genannten Dimensionen einander keinesfalls ausschließen, sondern sich gegenseitig bedingen und ergänzen. Vorgegebene wie auch selbst entwickelte Lernzielkataloge sind jedoch stets daraufhin zu analysieren, welche Verhaltensdimensionen vorrangig berücksichtigt wurden. Bei völligem Verzicht auf Lernzielangaben in einer der drei Dimensionen menschlichen Verhaltens wäre zu überprüfen, wie es zu dieser Vereinseitigung kommt, ob die ausschließliche Förderung der Schüler in den übrigen Bereichen zu rechtfertigen ist bzw. wie eine ausgewogenere Gewichtung der Zielangaben (und eine umfassendere Sicht des Schülerverhaltens) erreicht werden kann.

Die diesem Text vorangestellte Lernzielreihe ist geordnet entsprechend der von Bloom vorgelegten ‚Taxonomie von Lernzielen für den kognitiven Bereich' (Bloom 1976). Eine Taxonomie entspricht einer hierarchischen Zuordnung bzw. Klassifikation, diese Begriffe werden in diesem Zusammenhang häufig alternativ gebraucht (vgl. Meyer 1976, S. 99). Zu beachten ist, daß eine Lernziel-Taxonomie lediglich der Lernziel*analyse* dienen kann, sie enthält keinerlei Kriterien zur Auswahl alternativer Lernziele. Auernheimer/Krösche warnen nachdrücklich davor, Taxonomien zur „Fundgrube neuer Lernziele" zu erklären, denn so werden sie zu „typischen Verdrängungsmechanismen für Entscheidungsprobleme, wobei sich in einem Durcheinander von Vereinfachung, Klarheit, Sachlichkeit und Gesetzmäßigkeit die Frage der Relevanz in Nichts auflöst" (Auernheimer/Krösche 1976, S. 144). Taxonomien können zwar einer Entscheidungs*vorbereitung* dienen, ersetzen jedoch nicht die Entscheidung selbst.

Geordnet werden Lernziele innerhalb einer solchen Taxonomie nicht nach ihrem ‚Wert', sondern nach ihrem *Schwierigkeitsgrad.* „Das Erreichen komplexer Lernziele eines bestimmten Inhaltsbereiches setzt jeweils die Beherrschung von Lernzielen *aller* vorausliegenden Hierarchiestufen voraus" (Meyer 1976, S. 106). Bloom unterscheidet innerhalb der kognitiven Dimension die folgenden Hierarchiestufen: *Wissen* (oben gekennzeichnet mit ‚△'), *Verstehen* (‚□'), *Anwendung* (‚○'), *Analyse* (‚▲'), *Synthese* (‚■') und *Evaluation* (‚●').

Sind tatsächlich die Lernziele auf der Hierarchiestufe der ‚Evaluation' (‚●') nur zu erreichen, wenn zuvor die Ziele aller anderen Hierachiestufen bewältigt worden sind (‚Δ' – ‚■'), so ließe sich dieser Tatbestand in Analogie zu einem Grundsatz der Gestaltpsychologie so umschreiben: Ein innerhalb einer Lernzieltaxonomie auf einer höheren Hierarchiestufe befindliches Lernziel ist mehr (und setzt mehr voraus) als die Summe der untergeordneten Einzelziele. Innerhalb eines Lehrgangs ist also eine kontinuierliche Zunahme des Komplexitäts- bzw. Superisationsgrades zu verzeichnen[3]. Da dieses Prinzip der ‚Gestaltbildung' bzw. ‚Superisation durch Komplexbildung' für menschliches Lernen konstitutiv ist, muß es auch in projektorientierten Unterrichtssequenzen vorausgesetzt werden. Hier allerdings wird es nicht in einer sequenzierten Einheit taxonomisierter Lernziele sichtbar, sondern stellt sich dar in der hierarchisierten Folge von einzelnen Handlungsschritten, welche in toto die Voraussetzung bilden für das Erreichen des vereinbarten Handlungszieles. Das ‚Resultat' eines Projektes müßte demnach ‚mehr' sein als die Summe der vollzogenen Einzelaktivitäten, was in entsprechender Weise von dem Qualifikationszuwachs zu sagen wäre, der durch einen Lehrgang intendiert wird.

Abschließend noch einige Anmerkungen zur *Operationalisierung* der hier untersuchten Lernziele: In Anlehnung an Chr. Möller, welche Richt-, Grob- und Feinziele differenziert (vgl. Möller 1976), unterscheidet H.L. Meyer Lernziele nach ihrem hohen, mittleren oder niedrigen Abstraktionsniveau (Meyer 1976, S. 49). Operationalisierte Lernziele haben das niedrigste Abstraktionsniveau und besitzen gleichzeitig den höchsten Präzisionsgrad. Sie „erlauben eine eindeutige Bestimmung des gewünschten Schülerverhaltens und schließen alternative Interpretationen aus" (ebd.). Ein operationalisiertes Lernziel ist charakterisierbar als eindeutige Zuordnung einer *Verhaltenskomponente* zu einer *Inhaltskomponente* (vgl. Liebe-Harkort 1972, S. 8). Die Verhaltenskomponente des zu Beginn dieses Aufsatzes zuerst genannten Lernziels ist z.B. ‚nennen können' (= Verb + Modalverb), die Inhaltskomponente ist ‚Definitionsmerkmale des Begriffs Lernziel'. Liebe-Harkort weist darauf hin, daß im operationalisierten Lernziel Verhaltensbeschreibungen darauf angewiesen sind, „Inhaltsbeschreibungen zugeordnet zu werden. Eine reine Verhaltensbeschreibung als Lernzielbeschreibung ist nicht denkbar" (ebd.). Das hier untersuchte Lernziel ist jedoch nicht derart präzise formuliert, daß ein quantifizierbarer Beurteilungsmaßstab entwickelt werden kann. Erst wenn genau ausgesagt wird, *welche* Definitionsmerkmale gemeint sind, können Grundanforderungen („mindestens Merkmal x und y") sowie Zusatzanforderungen („außerdem Merkmal z") festgesetzt werden. – Der obige Lernzielkatalog enthält operationalisierte und nicht operationalisierte Lernziele, wobei letztere einer Präzisierung bedürften.

---

3 Der Satz von der ‚Übersummativität' der ‚Gestalt' besagt, daß die Gestalt stets mehr ist als die Summe ihrer Einzelteile. In der modernen Zeichentheorie (Semiotik) wurde dieses Prinzip mit dem Terminus der ‚Superisation' (= Bildung von Superzeichen) gekennzeichnet. Lernprozesse gehorchen prinzipiell dem Superisationsprinzip. Das Verfahren der Taxonomisierung kann als ein Versuch gewertet werden, die den Lernprozeß konstituierenden Lernziele derart anzuordnen, daß die intendierten ‚Super-Ziele' (d.h. Ziele einer höheren Hierarchiestufe) erreicht werden können (vgl. Bense/Walther 1973; Lansky/Polak 1977; Zellmer 1977).

Da die Lernzielproblematik in diesem Beitrag im Kontext von Lehrgangs- und Projektplanung diskutiert wurde, dürfte die Gefahr einer Verabsolutierung operationalisierter Zielsetzungen eigentlich nicht bestehen. Die Grenzen einer Operationalisierung, z.B. ihre Unbrauchbarkeit im affektiven Bereich, wurden bereits angedeutet. Auch eine Förderung der Kreativität verschließt sich in hohem Maße einer Operationalisierung. Abschließend möchte ich noch zwei Einwände aufgreifen, welche H.L. Meyer gegen eine vollständige Operationalisierung schulischer Zielsetzungen vorbringt: Nicht in jedem Falle sollte die angestrebte Verhaltensänderung unmittelbar nach Beendigung des Lernprozesses durch entsprechende Kontrollen nachgewiesen werden, da häufig die angemessene Realisierung erst in späteren Lebenssituationen möglich ist (Meyer 1976, S. 30). Meyer weist mit diesem Einwand darauf hin, daß beabsichtigte Lernresultate auf unterschiedlichen Prognoseebenen festgelegt werden. *Nahziele*, die lediglich das nach 45 Unterrichtsminuten feststellbare Verhalten beschreiben (also etwa die gelernte grammatikalische Regel) würden ungleich höher bewertet als *Fernziele*, die erst in zukünftigen Lebenssituationen den Nachweis ihrer Realisation zulassen. Mit seinem zweiten Einwand stellt Meyer die Besonderheiten und Charakteristika solcher Lernzielbereiche und Unterrichtsfächer heraus, für die eine Angabe von beobachtbaren Verhaltensweisen problematisch erscheint. Hier wird wiederum deutlich, wie wichtig das Korrektiv ist, welches die projektorientierte Arbeit für einen lehrgangsmäßig angelegten Sprachunterricht darstellt.

4. Zusammenfassung

Lernziele sind sprachliche Äußerungen, welche die Ergebnisse und Folgen unterrichtlicher Handlungsprozesse beschreiben. Sie werden als Absichtserklärungen des Lehrers und/oder Willensbekundungen der Schüler artikuliert. Nicht ihr bloßes Vorhandensein legitimiert sie, sondern der jeweilige didaktisch-curriculare Kontext, in welchem sie formuliert wurden. Es handelt sich folglich bei Lernzielen nicht um ,,empirische Tatsachen, sondern gesprochene oder geschriebene Sätze, die so oder auch anders formuliert werden können. Die Vorstellungen, Meinungen, Hypothesen, Wünsche oder Befürchtungen in bezug auf die erwarteten Lernergebnisse werden in Lernzielformulierungen beschrieben oder geordnet. ... Die Analyse von Lernzielen ist also die Analyse von Vorstellungen, die Lehrer, Berufsberater, Eltern, Schüler oder Kultusminister über die wünschenswerten Ergebnisse von Unterricht besitzen" (Meyer 1976, S. 20).

Der Umgang mit Lernzielen stellt sich in der Unterrichtspraxis sehr unterschiedlich dar. Jeweils charakteristische Sichtweisen des Lernzielbegriffs korrelieren mit zugrundeliegenden Organisationsformen schulischen Lernens, in idealtypischer Abgrenzung definierbar als ,Lehrgang' und ,Projekt'. Während Lehrgangsplanung stärker zu einer Lernzielsetzung im Sinne von Bloom und Mager tendiert (also Lernziele operationalisiert und taxonomisiert), versucht Projektplanung stärker, Zielsetzungen innerhalb der Lerngruppe zu diskutieren und für den gemeinsamen unterrichtlichen Handlungsverlauf zu vereinbaren.

Bedenklich wäre eine Unterrichtspraxis, die eines dieser Organisationsprinzipien ausschließlich zuließe und somit auch nur eine Sichtweise der Lernzielproblematik akzeptieren würde. Versuche und Ansätze, Projekt- und Lehrgangsplanung aufeinander abzustimmen und in wechselseitigem Bezug zu verwirklichen, verdienen besondere Aufmerksamkeit. Der Lehrende muß also für beide Formen des Lernzielgebrauchs gerüstet sein, seine grundätzliche Verantwortung für das Unterrichtsgeschehen erfährt dabei unterschiedliche Akzentuierungen.

Insbesondere im Sprachunterricht sind Praktiken der Lernzielfindung, -analyse und -konvention zu reflektieren und entsprechende Techniken zu trainieren, da Zielangaben Formen sprachlichen Handelns sind, welche schulische Alltagssituationen weitgehend determinieren.

Inhalte des Deutschunterrichts

Werner Ingendahl

1. Daß Sie in diesem Handbuch auch ein Kapitel über die Inhalte des Deutschunterrichts finden, ist durchaus ungewöhnlich für deutschdidaktische Publikationen. An welchen „Inhalten", „Gegenständen" oder „Themen" die Schüler die Lernziele des Deutschunterrichts anstreben oder die Arbeitsformen einüben sollen, scheint entweder selbstverständlich oder beliebig zu sein.

Fragt man jedoch genau nach – bei Lehrern oder Büchern –, steht man bald einer großen Begriffsverwirrung und den unterschiedlichsten Ansichten gegenüber: Da wird „Inhalt" synonym gebraucht mit Stoff, Gegenstand, Thema, Übungsaufgabe, Pensum, Sachstruktur, Bereich, Lernmaterial (Heymann 1975; Zeiher 1972); da nennt man als Inhalte von Deutschstunden so unterschiedliche Gegenstände wie „Komposita", „unsere Klassenordnung", „der Vormärz", „Satzanalyse", „Nacherzählung", „Die Leihgabe, Schnurre", „Rollenspiele", „Diskussion bei der Unterrichtsführung", „der s-Laut" u.a.m.

Woher nimmt der Deutschlehrer denn nun seine „Themen": aus der Fülle gesamtgesellschaftlicher Probleme („Orthographie"), aus der Sprach- und Literaturwissenschaft („Redensarten"), aus der Tradition des Deutschunterrichts („Aufsatzformen"), aus erwünschten Fähigkeiten („freies Sprechen") oder aus Erfahrungsbereichen der Schüler („lokale Ereignisse")? Aus allem? Warum?

In bezug auf die Inhalte gilt auch heute – und gerade heute –, was Blankertz 1969 feststellte, nämlich „daß die Pädagogik qua Didaktik ihre Aufgabe als Theorie der Bildungsinhalte nicht wahrnimmt" (Blankertz 1969, S. 32).

2. Reichhaltig ist die allgemein- und die fachdidaktische Diskussion über formale Lernziele, Organisation des Unterrichts und Arbeitsformen. Inhalte werden wegen der „Pluralität der Gesellschaft" und wegen ihres raschen Veraltens für notwendig austauschbar erklärt; in Lernprozessen sollen sie daher beliebig sein.

Damit schneidet man jedoch die Menschen in den Lernprozessen von ihren Erfahrungen ab, die sie täglich machen und die ihnen ganz und gar nicht beliebig sind. Man nimmt diese Menschen nicht ernst mit ihren widersprüchlichen und unverarbeiteten Erfahrungen. Schulisches Lernen läuft neben ihrem „eigentlichen" Leben her, in dem sie ihre Identität suchen; es bleibt wirkungslos, weil es ihnen nicht bei ihrer Identitätssuche hilft, sondern sie für beliebige Zwecke ausbildet, die außerhalb ihrer selbst liegen.

Indem Didaktik die Inhalte schulischen Lernens nicht ebenso primär setzt und behandelt wie es die Lernenden in ihrer außerunterrichtlichen Lebenspraxis tun, unterstützt sie die Tendenz der Schulpraxis, vorrangig um das eigene Funktionieren, um Funktionsverteilung und um die Befähigung zu unmittelbar verwertbaren Qualifikationen in der Arbeitswelt besorgt zu sein (vgl. Fend, Rumpf).

Dabei stößt man in jeder Bildungstheorie schnell auf das Problem der Inhalte, selbst wenn sie zunächst scheinbar formal definiert wird. Ulrich Oevermann begreift Bildungstheorie als „Theorie der sozialen Konstitution des Subjekts in der Struktur der sozialisatorischen Interaktion".

Bildungsprozesse sind demnach zu beschreiben einerseits mit Blick auf den einzelnen, seine Anlagen und Kompetenzen, andererseits mit Blick auf die Sozialisationsformen, ihre strukturellen und geschichtlichen Prägungen (Oevermann 1976, S. 34).

Zunächst also den Blick auf den einzelnen: Seine (formal beschreibbaren) Kompetenzen haben sich von Anfang an an bestimmten Inhalten ausgebildet, und sie befähigen ihn immer wieder, mit seiner Weltkenntnis in bestimmten Situationen und in bestimmter Weise zu handeln. Dabei geht es ihm um die *Inhalte*, seine Fähigkeiten sind Mittel, die Inhalte zu äußern, zu erfahren, anzuwenden, zu verändern, zu verknüpfen . . .

Niemand aktualisiert etwa seine Fähigkeit zu sprechen um des Sprechens willen, sondern um *über etwas* zu sprechen; oder wer eine Situation einschätzen will, tut das, um Informationen über die Situation zu erfahren. Andererseits die Sozialisationsformen, in denen der Einzelne handelt: Sie kennt/erfährt er doch in Familie, peer-group oder Schule als je bestimmte, mit bestimmten gemeinsamen Erfahrungen, spezifischem Wertsystem, möglichen Themen, eigener Geschichte, spezifischen Gewohnheiten und Erwartungen; man hat bestimmte Bilder voneinander („images", Hess/Handel), teilt bestimmte bevorzugte Tätigkeiten, kennt die jeweiligen Tabuzonen und problematischen Erfahrungsbereiche.

„Konstitution des Subjekts in Interaktionen" geschieht in der ständigen Vermittlungstätigkeit des Bewußtseins zwischen den angeeigneten Erfahrungen und den konkreten Handlungssituationen, in denen es um Inhaltliches unter inhaltlich bestimmten Bedingungen geht. Zur Vermittlung bedarf es der Kompetenzen, und *was* dabei jeweils vermittelt – und dabei transformiert – wird, die Erfahrungsinhalte eben, darum geht es dem einzelnen wie den Sozialisationsinstanzen.

3. Systematische Schulbildung entwickelt die (bei Schuleintritt zumeist vorhandenen) Kompetenzen durch Übermittlung von Kategoriensystemen und wissenschaftlich erprobten Verfahren, durch Hinführung zu Informationen in und über ausgewählte Texte. Das sind auch Inhalte, selbstverständlich, aber Inhalte theoretischer Erfahrung, in wissenschaftlicher Forschung gewonnen und an Hochschulen angemessen gelehrt. Theorie-Inhalte entstehen aus dem Interesse verallgemeinernder, zu systematisierender Einsicht, um des Durchschauens komplexer Erscheinungen, um der Erkenntnis willen. Ob diese Erkenntnisse zum Handeln brauchbar sind, ist ein uraltes wissenschaftstheoretisches wie praktisches Problem, schon weil die Erkenntnisse abhängig von der Forschungsrichtung und -methodik sind, deren „Praxis" den Handlungsbedingungen der alltäglichen Lebenspraxis nicht entspricht, und weil das Alltagsbewußtsein sich eminent stark gegen theoretische Aufklärung wehrt (Leithäuser). Schule – und ganz besonders der Deutschunterricht –

scheint solche lern- und handlungstheoretischen Probleme nicht zu kennen. Hier wird immer noch so getan, als verhelfe ein Unterricht über ein grammatisches Beschreibungsmodell selbst Grundschülern zu einer hochsprachlichen Ausdrucksweise, — oder als bringe die literaturwissenschaftliche Behandlung der Romane des 19. Jh. oder der Faust-Rezeption den mündigen, kritischen Leser hervor, der auch weiterhin Literatur als Lebensmittel begreift.

Weil die Deutschdidaktik es bisher versäumt hat, fachspezifische Inhaltsbereiche und die Prozeduren der Themenableitung zu erarbeiten, greifen Deutschlehrer in ihrer Not auf Inhalte der Sprach- und Literaturwissenschaften zurück. Das ist inzwischen so selbstverständlich geworden, daß es höchstens noch Lehramtsstudenten auffällt, daß diese Inhalte in den Wissenschaften einen ganz anderen Stellenwert haben, viel umstrittener sind, anderen Zwecken dienen als im Schulunterricht, wo sie dazu dienen sollen, junge Menschen selbständig und verantwortlich, also handlungsfähig in verschiedenen Lebensbereichen werden zu lassen.

4. In der allgemeindidaktischen Lehrplantheorie von Heimann/Otto/Schulz gelten der Einzelne und seine sozialen Lebensbereiche als die „Bedingungsfelder" der Unterrichtsplanung; Intentionen, Thematik, Methodik und Medien sind die „Entscheidungsfelder" (Heimann u.a. 1965). „Intentionen" sind handeln, fühlen und erkennen, also praktische, ästhetische und theoretische Tätigkeiten, jeweils graduell gestuft nach den Phasen „anbahnen, entfalten, gestalten". Intentionen ausdifferenziert zu Lernzielen sind im Unterricht nur an Inhalten anzustreben: aus der Verbindung von *Thematik* und Intention entsteht ein Unterrichts*ziel* in einem Schulfach. Themen sind „Sachverhalte"; die entscheidende Frage, welche Sachverhalte nun für Unterricht relevant werden sollen, umgeht aber selbst Herwig Blankertz in seiner Darstellung der Heimann/Schulzschen Didaktik, indem er einfach festlegt: „Das Thema des Unterrichtsbeispiels heiße ‚Tuberkulose' ". Dieses Thema kann unter verschiedenen Aufgabenstellungen gesehen werden, denn: „Es ist leicht einzusehen, inwiefern das Thema medizinische, biologische, gesellschaftliche, historische, psychologische und literarische Gesichtspunkte enthält". Ein so intentional spezifiziertes Thema kann aber erst als *Unterrichtsgegenstand* relevant werden durch die Frage nach seiner Bedeutung für den Schüler in seiner Lebenswelt. Deshalb muß nun das Thema in seiner Beziehung zu den beiden *„Bedingungsfeldern"* des Unterrichts dargestellt werden: Als Sachverhalt steht es unter *sozio-kulturellen Voraussetzungen* und ist abhängig von den Interessen der „objektiven Mächte" wie Staat, Kirchen, Wissenschaft, Wirtschaft, Familie, Berufsgruppen, Parteien und anderer gesellschaftlicher Gruppen; als anzueignender Sachverhalt steht das Thema unter *anthropogenen und sozialen Voraussetzungen* der Heranwachsenden und ist abhängig von ihren Lernmöglichkeiten und ihrer jetzigen und späteren Lebenswelt. Diese beiden Bedingungsfelder bestimmen, unter welcher motivierenden Fragestellung, mit welcher lebenspraktischen Bedeutung und wie das Thema im Unterricht verhandelt werden soll. Die endgültige Definition des Themas kann somit nicht erfolgen ohne Klärung der *Methodik:* Lernphasen (Motivation, Schwierigkeiten, Lösungsversuche, Realisation), Verfahrensweisen (ganzheitlich-analytisch, elementhaft-synthetische, projektierend), Sozialformen des Unterrichts, Aktionsformen des Lehrers (autoritär, sozial-integrativ . . .).

Daß die *Medien* als eigenes Enscheidungsfeld herausgehoben und nicht unter die Methoden gezählt werden, ist wichtig, weil sie eigene Inhalte mitbringen, man sie also auch den „objektiven Mächten“ zurechnen könnte. Auf diese Weise wird zwar geklärt, wie ein Thema Unterrichtsgegenstand wird, nämlich

- ausgerichtet auf eine Intention,
- spezifiziert durch eine fachliche Aufgabenstellung,
- erschlossen von bedeutsamen Fragen des Schülers von seiner Lebenswelt her,
- in Beziehung gesetzt zu den Ansprüchen der am Thema interessierten „objektiven Mächte“,
- dem allen entsprechend aufbereitet zu einer methodischen Verlaufsstruktur mit bestimmten Arbeitsformen und Medien.

Es ist nur immer noch nicht geklärt, *woher* das Thema genommen werden soll und *warum*. Doch einen wichtigen Hinweis haben wir bekommen: Die Wissenschaften, die bisher so selbstverständlich die Themenlieferanten waren, werden in diesem allgemeindidaktischen Modell als *ein* Bereich sozio-kultureller Umwelten unter die „objektiven Mächte“ gereiht. All diese Instanzen des öffentlichen Lebens haben ihre spezifischen Interessen an der Vermittlung bestimmter Sachverhalte an die nächste Generation. Sowohl der Einzelne als auch die Sozialisationsinstanzen kennen ihre bevorzugten Themen, sie können Aufgaben nennen, bei deren sprachlicher Bewältigung ihnen ein Fach wie „Deutsch“ helfen könnte. Zunächst die *Kinder* selbst: Das „Sprachbuch“, das sich ein 3. Schuljahr selber machte, handelte u.a. von folgenden Themen:

„Wie dieses Sprachbuch entstanden ist,
Selbstdarstellung: Über mich und was ich mache
Kurzgeschichten
Das Punktsystem
Die Demonstration
Über die Arbeit
Was wir im 3. Schuljahr lernen und wissen wollen
Gegen den Lärm
Wie soll eine gute Lehrerin sein?
Besuch in der Klasse oder Der Schulrat
Wenn Stefan zaubern könnte
. . .“ (Berg/Rossbroich 1974, S. 188).

Weit mächtiger als die Schüler meldet die *Wirtschaft* ihre Ansprüche an: Wöchentlich können Lehrer im „Informationsdienst des Instituts der deutschen Wirtschaft“ (Köln) erfahren, was sie unterrichten sollen. Etwa in der Ausgabe vom 11.6.81 heißt es (S. 2): „Obwohl nämlich die Hauptschule in den sogenannten Kulturtechniken durchaus Grundkenntnisse vermittelt, ergeben sich doch Schwierigkeiten bei der Umsetzung dieses Wissens auf höhere Stufen. Es erscheint daher verfehlt, Neue Mathematik, Englisch oder Grundlagen der Gesellschaftswissenschaften an Schüler heranzutragen“. Oder gar ganz speziell: „Wenn die Grundkenntnisse der Rechtschreibung nicht sicher beherrscht werden, sollte auf das Einüben von Fremdwörtern zunächst verzichtet werden“ (S. 5). Die Ansprüche der *Wissenschaften* deduzieren Lehrer und Schulbuchautoren selbst, weil sie sie aus ihrem Studium kennen. Und die anderen Sozialisationsinstanzen? Ach ja, die *Kirchen* vermitteln religiöse und kirchliche Erfahrungen in einem eigenen Fach, der *Staat* verlangt zumindest die Wahlfähigkeit ... Auch melden *Schulfächer* manchmal gegenseitig Ansprüche an: in Deutsch fehlen Informationen über historische Ereignisse während der „Aufklärung“, in Biologie fällt auf, daß die Schüler kein Stichwortprotokoll machen können ... Und was fordern die *Parteien*, die *kulturellen Einrichtungen, die Gewerkschaften, Freundeskreise* und *Cliquen,* die *Familien* ... Sicher, manchmal hört man schon, daß Eltern mit ihrer heranwachsenden Tochter nicht mehr reden können, daß es in Cliquen Streit und Gewalt gibt oder daß Arbeiter am Fließband verstummen ... Aber gehen diese Ansprüche den Deutschunterricht an?

Wen sonst? Wer, wenn nciht der Deutschlehrer, sollte sich denn zum Anwalt des Kindes machen und ihm helfen, sich den vielen kommunikativen Ansprüchen gesellschaftlicher Positionen als selbständiger und verantwortlicher Verständigungspartner stellen zu können? Also müßte sich doch der Deutschlehrer bei seiner Themensuche zunächst mal an *den* Themen orientieren, über die die Menschen in verschiedenen Lebensbereichen sprechen/schreiben, die sie verstehen wollen/müssen ... Verständigungsaufgaben in diesen Lebensbereichen sind ja immer thematisch gebunden, seien es Fernsehprogramme in der Familie, die Verteilung der materiellen Grundlagen, sei es die Subkulturszene in der peer-group usw. Solche Themen, in denen die Kommunikation einer Gruppe immer wieder zu Verständigungsproblemen führt, müßten auch für den Deutschunterricht thematische Schwerpunkte sein.

Einen ersten Vorschlag (bisher leider nicht mehr aufgegriffen), in dieser Richtung nach Unterrichtsthemen zu suchen, legte Dieter Lenzen 1973, vor: Die Inhalte sprachlicher Lernprozesse sollten aus wissenschaftlichen Analysen der Sozialisationsbereiche, z. B. der Arbeitswelt, gewonnen werden. „Die inhaltlichen Ansprüche an den Unterricht ... sind gesellschaftliche Ansprüche, die sich durch Untersuchungen korrespondierender Wissenschaften haben herausstellen lassen“ (Lenzen 1973, S. 144). Die gesellschaftlichen Ansprüche sind „erziehungswissenschaftlich zu brechen zugunsten der Emanzipation des sozialen Subjekts“ (S. 143). Leider liegen weder solche wissenschaftlichen Analysen überschaubar vor, noch ist mit deren didaktischer Aufarbeitung begonnen.

Festhalten möchte ich aus Lenzens Vorschlag:

a) Relevante Themen sind durch wissenschaftliche Analysen von Lebensbereichen zu gewinnen (damit der Lehrer nicht länger sein eigenes Alltagswissen an die Stelle setzen muß);
b) diese Sachverhalte sind pädagogisch auf ihre Eignung für emanzipatorische Lernprozesse zu befragen.
   Ergänzen möchte ich als 3. Schritt die fachspezifische didaktische Themenformulierung:
c) Solche allgemeinen Themen sind unter der Perspektive des Deutschunterrichts als Verständigungsaufgaben zu formulieren.

Dafür wird es nun innerhalb dieser Überlegungen notwendig, den Begriff „Verständigung“ zu klären.

5. Gemäß dem Bildungsauftrag der Schule soll auch der Deutschunterricht den Heranwachsenden helfen, selbständig und verantwortlich sprachlich handeln zu lernen.

Beim kommunikativen Handeln vermittelt die Sprache zwischen Erfahrungen und situativer Handlung. Diesen Vermittlungsprozeß zwischen Erfahrungen verschiedener Menschen und Handlungsaufgaben in gemeinsamen Situationen mit ihren Bedingungen und Möglichkeiten nenne ich *Verständigung*.

Eine *Äußerung* ist eine Handlung, in der ein Sprecher/Schreiber einem Hörer/Leser einen bestimmten Sachverhalt so in Sprache gefaßt anbietet, daß dieser den Sinn der Äußerung in der gemeinsamen Situation versteht.

Worüber Menschen sich verständigen – die Sachverhalte, das ist in der Schule in verschiedene Fächer aufgeteilt. Wenn Deutschunterricht nun Handlungssituationen primär vom Faktor „Sprache“ her sehen und bewältigen helfen soll, so darf er dabei nicht die Sprache isolieren. Vielmehr muß Deutschunterricht seine fachspezifischen Intentionen herleiten von der besonderen Aufgabe der Sprache in Verständigungshandlungen her. Diese Aufgabe besteht in der *Vermittlung* zwischen handelnden Menschen in Sprecher- und Hörerposition, ihrer Umwelt, ihren Erfahrungen und Intentionen in bezug auf verschiedene Sachverhaltsbereiche. Dieser Vermittlungsaufgabe wird ein Unterricht nicht gerecht, der das Vermittelte draußen läßt: Die „Innenwelten“ der Beteiligten, ihre Erfahrungen, Wünsche, Vorstellungen: die „Außenwelten“ ihres Lebensraumes, die sie sprachlich bezeichnen; die gesellschaftlichen Bedingungen und Normen, die Erwartungen der anderen.

Ein grammatisch richtiger Satz ist zwar verständlich, aber er reicht zur Verständigung nicht aus; das können Sie schnell feststellen, wenn sie morgen früh im Bus plötzlich sagen: „Wie schön, ich habe den Kürbis total vergessen“. Jürgen Habermas zeigt (Habermas 1976b), welche universalpragmatischen Bedingungen erfüllt sein müssen, damit Verständigung gelingt (vgl. dazu oben S. 122).

„Wir können jede Äußerung daraufhin prüfen, ob sie wahr oder unwahr, gerechtfertigt oder ungerechtfertigt, wahrhaftig oder unwahrhaftig ist, weil in der Rede, gleichviel mit welcher Hervorhebung, grammatische (verständliche W.I.) Sätze so in Realitätsbezüge eingebettet werden, daß in der akzeptablen Sprachhandlung stets Ausschnitte der *äußeren Natur*, der *Gesellschaft*, und der *inneren Natur* zugleich zur Erscheinung gelangen (S. 258).

Verständigung muß also in jeder Situation von den beteiligten Menschen erzeugt werden: Sie müssen all ihre Fähigkeiten einsetzen, um den Ansprüchen genügen zu können: Zunächst ihre *Sprachkompetenz*, u.d.h., sie müssen ihre Sätze so formulieren können, daß die jeweils direkten oder möglichen Kommunikationspartner genau das aus der Rede erschließen können, was gemeint ist, u.d.h. auch Verständlichkeit so erzeugen können, daß ein Diskurs darüber und über Wahrheit, Wahrhaftigkeit und Angemessenheit der Äußerung überhaupt möglich wird. Zudem müssen aber auch die drei Bereiche von Fähigkeiten eingesetzt werden, die die Sprachkompetenz zur *„Kommunikativen Kompetenz“* ergänzen (Habermas): (Die Fähigkeiten)

- „den Aussageinhalt so zu wählen, daß . . , der Hörer das Wissen des Sprechers teilen kann;
- seine Intentionen so zu äußern, daß . . . der Hörer dem Sprecher vertrauen kann;
- die Sprachhandlung so auszuführen, daß sie anerkannte Normen erfüllt bzw. akzeptierten Selbstbildern entspricht (so daß der Hörer mit dem Sprecher in diesen Werten übereinstimmen kann)" (S. 208f.).

Diese komplexen Forderungen machen eine systematische Spracherziehung im Deutschunterricht nötig, die zusammen mit der Sprachkompetenz auch die kognitiv-operationale Kompetenz, die interaktiv-moralische Kompetenz und die ästhetische Kompetenz (im Sinne Jürgen Krefts die Fähigkeit zum sprachlichen Ausdruck der inneren Natur) entfaltet und stützt. Und das wären dann die Ziele: Die sprachliche Kompetenz soll mehr und mehr zur *Verständlichkeit in verschiedenen Lebenssituationen* befähigen; die kognitiv-operationale Kompetenz soll mehr und mehr zur *Wahrheit in Kommunikationssituationen* befähigen; die interaktiv-moralische Kompetenz zur *Angemessenheit* und die ästhetische Kompetenz zur *Wahrhaftigkeit*.

6. Und wenn eine sprachliche Äußerung erst ihren Handlungssinn erhält in den vier „Realitätsbezügen" zur inneren und zur äußeren Natur, zur Gesellschaft und zur Sprache, so sagt jede Äußerung

- etwas über des Sprechers Sichtweise der äußeren Natur *und*
- etwas über des Sprechers Einstellung zu gesellschaftlichen Normen und Werten *und*
- etwas über seine Erfahrung mit Sprache und Kommunikationsformen *und*
- etwas über sich selbst, sein Selbstverständnis.

Warum er die Äußerung jetzt gerade *so* formuliert und damit ganz *bestimmte* Erfahrungen mit den vier Realitätsbereichen zum Ausdruck bringt, das hängt von den Bedingungen und Möglichkeiten der Situation ab, die er bewußt – oder (meist) unbewußt – für relevant hält. Seine Erfahrungen mit Situationen hat er in verschiedenen Lebensräumen – „Sozialisationsinstanzen" – gemacht, in denen er jeweils eine unterschiedliche Rolle spielte: Familie, peer-groups, Bildungssystem, Produktionsbereich (vgl. „Aufsatz").

Spracherziehung greift also tief hinein ins menschliche Leben; wer Kinder zu sprechen, zu schreiben und zu verstehen lehrt, beeinflußt damit nicht nur ihre Erfahrungen mit Sprache und Kommunikation, sondern auch ihre Erfahrungen mit ihrer äußeren Umwelt, mit sich selbst und mit den Gruppierungen, in denen sie leben. Der Spracherzieher lehrt Kinder, in bestimmten Weisen mit den Bereichen ihrer Lebenswirklichkeit umzugehen; dadurch bestätigt bzw. verändert er ihre Handlungsmöglichkeiten in den Sozialisationsinstanzen.

Für eine solche, eminent politische Aufgabe genügt es sicher nicht, über Einsichten in sprachliche, kommunikative und literarische Regularitäten zu verfügen; gleichermaßen müßte der Spracherzieher wissen, welche Auswirkungen sein Sprachunterricht auf die Konstitution von Wirklichkeit im Bewußtsein des Schülers hat, wie sein Sprachunterricht dem Schüler bei seiner Identitätsentwicklung hilft, und welche Einstellung zu Normen und Werten er erzeugt. Schließlich müßte er die Sozialisationsinstanzen in wissenschaftlichen Beschreibungen kennenlernen, um sie nicht mehr nur nach seinen eigenen bornierten Alltagstheorien einschätzen zu müssen. Wer zur sprachlichen Verständigung in verschiedenen Lebensbereichen befähigen will, müßte also sich in den Bereichen der *„Ökologie der Spracherziehung“* auskennen:

a) *Identität:* Lernprozesse in Handlungssituationen sozialer Umwelten bringen das Subjekt heraus; nur wer in allen Lebenssituationen derselbe bleibt, kann Verschiedenes erfahren. Grundlegend müßte ein sozialpsychologischer Identitätsbegriff sein, der eine komplexe Eigenschaft bezeichnet, die Menschen über die Stufen Sozialisation, Individuation und Emanzipation erreichen können. Der Spracherzieher muß ein auf empirischen Untersuchungen aufgebautes Konzept der Ich-Entwicklung kennen (etwa Erikson 1966), um einschätzen zu können, wozu ein Kind wann in der Lage ist, was es in die Lernprozesse selbst einbringt und wie Lernprozesse auf seine Entwicklung wirken. Der Aufbau seiner kognitiven, interaktiv-moralischen kommunikativen und ästhetischen Kompetenzen folgt Entwicklungslogiken, deren Stufen nicht zu überspringen sind (vgl. Kreft 1977).

Was also von einem Kind, einem Jugendlichen, einem Erwachsenen „wahrhaftig“ vertreten werden kann, hängt von den entwicklungsbedingten Voraussetzungen ebenso ab wie von seiner konkreten Lebensgeschichte und seinen sozialen Umwelten.

b) In der ethisch-politischen Dimension *„Gesellschaft“* ist jeweils zu klären,

- welche gesellschaftlichen und gruppenspezifischen Normen die Erwartungen der Beteiligten an Interaktionsformen und -inhalte steuern,
- welche Spielräume bestimmte Rollen in bestimmten Institutionen einräumen,
- auf welcher Stufe der moralischen Entwicklung die Beteiligten ihre Verhaltensweisen rechtfertigen können (Kohlberg 1974).

Es werden also Kenntnisse in Sozialisationstheorie nötig werden, die dem Lehrer nicht nur über die anthropogenen Voraussetzungen (seiner Schüler und seiner selbst!) zum sozialen Handeln Aufschluß geben, sondern auch über die konkreten Chancen in verschiedenen Institutionen dieser seiner Gesellschaft, soziales Handeln überhaupt bis zur Verantwortlichkeit sich entwickeln zu lassen. Hier nützt keine neutralistische „fachspezifische“ Belehrung über Soziolekte und Codes: die Schüler haben doch längst erfahren, daß ihre Möglichkeiten zu sprechen, zu schreiben, zu verstehen abhängig sind von ihren jeweiligen Interaktionspartnern. Deshalb ist auch die heute immer noch übliche Belehrung über die „reichen Möglichkeiten unserer Sprache“ – ohne jeden Situationsbezug – blanker Hohn. Wie aber will der Lehrer die Fragen der Kinder beantworten, wie sie denn wo sich angemessen ausdrücken sollen und warum das so geregelt ist, wie man Spielräume erweitert und Normen verändert, wenn er nicht über die Pragmatik des Sprachgebrauchs in seiner Gesellschaft informiert und in der Diskussion ethischer Maximen nicht geübt ist?

c) Sachverhalte, über die Menschen sich verständigen, werden durch ihre sprachliche Interaktion zu bestimmten Gesprächsgegenständen konstituiert. Dieser Prozeß der *Gegenstandskonstitution* ist im Rahmen einer Erkenntnistheorie zu sehen. Menschen kennen ihre Umwelt, über die sie sich äußern, aus bestimmten Erfahrungen. Diese Erfahrungen geben nicht eine „Wirklichkeit an sich" wieder, sondern sind Produkte von Wahrnehmungen und Denkprozessen, die von bestimmten Handlungssituationen geprägt sind; hinzu kommen „selbstgemachte" Erfahrungen: Alltagsvorstellungen und -urteile, theoretische Systeme, ästhetische Komplexe, ethische Maximen. Werden diese Erfahrungen nun von den sprachlichen Äußerungen „aufgerufen", so werden sie situativ zu einem bestimmten Verständigungszweck ausgewählt, bearbeitet, kombiniert: zurechtgemacht für die Verständigung in einer konkreten Situation. Der Lehrer muß wissen, daß das Thema der Interaktion nur das ist, was *alle* Beteiligten als besprochenen Sachverhalt unterlegen. Wenn er etwa über grammatische Ableitungsverfahren gesprochen hat (und in den Lehrbericht schreibt), seine Schüler aber nur verstanden haben, daß man „da so Dinger vor und hinter die Wörter hängen" kann, ist nur letzteres Thema der Stunde gewesen.

Sprachlich konstituierte Gegenstände sind schließlich danach zu unterscheiden, in welchem Erfahrungsmodus sie konstituiert werden:

alltagsweltlich zum Nutzen für Handlungssituationen; theoretisch zur systematischen Erfassung allgemeiner Sachverhalte; ästhetisch zu sinnlich-spielerischen Erprobung phantasierter Wirklichkeit; ethisch-politisch als Urteile nach Gefühlen, Bezugspersonen, Normen oder universalen Prinzipien.

d) Die *sprachliche Formulierung* einer Äußerung geschieht alltagsweltlich nach Mustern, die in den Sozialisationsinstanzen gelernt wurden und die sich dort jeweils als praktisch erweisen. Um den Sprachstand seiner Schüler einschätzen und sie zu ökonomischen Gebrauchsweisen ihrer Sprache führen zu können, muß der Lehrer das in seiner Umwelt übliche Funktionieren der Alltagssprache erkennen können. Eine emanzipatorische Spracherziehung muß aber darüberhinaus zur Fähigkeit des selbständigen und verantwortlichen Formulierens und Verstehens von Äußerungen in verschiedenen Situationen anleiten. Dazu muß der Lehrer eine Operationale Stilistik (vgl. Ingendahl 1975) beherrschen: Sie macht Formulierungen als Auswahl und Anordnung von Sprachmitteln unter situativen Bedingungen deutlich; sie lehrt Verfahren („Proben"), Wörter und Satzbaupläne gezielt und vertretbar auf ein Verständigungsziel hin aus mehreren Alternativen auszuwählen, sich zu korrigieren und in der Metakommunikation die eingesetzten Sprachmittel zu rechtfertigen („integrierter Grammatikunterricht", vgl. Boettcher/Sitta 1978). In Verstehensprozessen fördert die Operationale Stilistik die Fähigkeit, die fremde Aussage gemäß ihrem Wortlaut genau zu erfassen, sie auf ihre spezifische Formuliertheit zu befragen.

e) Sprache vermittelt zwischen Erfahrungen und Handlungen in *Situationen*. Erfahrungen, Handlungen und Vermittlungsformen sind abhängig von soziokulturellen Bedingungen und Möglichkeiten, die den Menschen in ihren Lebensräumen zugemutet bzw. zugestanden und von ihnen erobert werden. Deshalb muß der Spracherzieher die Besonderheiten der Sozialisationsinstanzen Familie, peer-group, Bildungssystem und Arbeitswelt ebenso kennen wie die literarisch-kulturelle Tradition seiner Gesellschaft. Letztere wird – wie einseitig auch immer – in Schulen, besonders in Gymnasien, aber auch in Volksschulen, seit langem gelehrt; Lehrer machen das „kulturelle Erbe“ selbstverständlich, unterstützt durch die Philologien, zur Grundlage ihrer Spracherziehung, je nach dem, wie engagiert sie selbst an der literarisch-kulturellen Praxis teilnehmen. Die Erfahrungsräume Familie usw. jedoch, die für jeden Menschen im Laufe seines Lebens Lebensräume sind, galten bisher kaum als erkennungswürdig – auch wenn sich die Sozialisationsforschung in den letzten Jahren verstärkt diesem Forschungsgebiet zuwandte. Dabei entstehen doch gerade hier, in den Erfahrungsräumen der Sozialisationsinstanzen, die Verständigungsaufgaben und -probleme für Kinder und Erwachsene, hier liegen die Themen, mit denen Menschen täglich sprachlich zu tun haben.

7. Solange die Sprachdidaktik (zusammen etwa mit der Wissensoziologie und der Kulturforschung) noch nicht systematisch die Sozialisationsinstanzen auf typische Verständigungsprobleme untersucht hat, kann ich nur Beispiele nennen und daran zeigen, welche *Struktur* fachspezifische Themen des Deutschunterrichts haben müßten: Aus ihren Erfahrungen in Familie, peer-group, Schule oder Arbeitswelt nennen Schüler und Lehrer *Sachverhalte*, die sie als Probleme, Wünsche, Interessen, Bedürfnisse beschäftigten; also etwa „Generationsprobleme in der Familie“, „Langeweile in der „peer-group“, „Hausaufgaben“, „Zeitungskiosk“ ... Solche Themen muß der Lehrer nun als *Verständigungsprobleme formulieren*, um sie fruchtbar für Lernprozesse im Deutschunterricht zu machen.

Nach der Struktur des Verständigungsmodells kann er die relevanten Faktoren herausarbeiten:

„Generationsprobleme in der Familie“:

Kinder/Jugendliche — *Eltern/Großeltern*

sprechen (nicht)

Wie vermittelt dabei die *Sprache*, mit welchen Sprachmitteln, in welchen Kommunikationssituationen, in welchen Sprachhandlungen, in welchen Texten, mit welchen Wirkungen?

über ihre Lebensräume, ihre Rechte und Pflichten, ihre Aufgaben, ...

„Langeweile in der peer-group“:

Mitglieder einer (mehrerer) Clique(n)

als Produzenten — als Rezipienten

planen/gestalten

ein Wochenende

Welche Vorerfahrungen haben wir?
Wie werden sie artikuliert?
Welche Verständigungsaufgaben sehen wir?
Welche Informationen fehlen?
Welche Texte können helfen?
Welche Kommunikationsformen helfen?
Welche theoretischen Einsichten sind nötig?
(in Beziehungsverhältnisse, Sprachgebräuche . . .)
Welche ästhetischen Erfahrungen (poetische Texte, Spiele . . .)
können den Horizont erweitern?
Welche ethisch-politischen Konsequenzen ziehen wir?
(Was ist warum (nicht) realisierbar außerhalb des Deutschunterrichts?)

8. Verständigungsprobleme als Themen des Deutschunterrichts können auf diese Weise zu einer Kette von Sprachlernsituationen ausdifferenziert werde. (Zur Konkretisation vgl. meinen Beitrag „Die Erarbeitung schriftlicher Texte“ S. 318ff.) Abschließend fasse ich meinen Vorschlag zur Gewinnung von Inhalten des Deutschunterrichts in 10 Thesen zusammen:

a) Inhalte der Spracherziehung sollen die Sachverhalte sein, über die Menschen in ihren verschiedenen Lebensbereichen sprechen/schreiben.
b) Wissenschaftliche Analysen müssen dem Lehrer ein objektiveres Bild der Beziehungsverhältnisse und der relevanten Sachverhalte in den Sozialisationsinstanzen Familie, peer-group, Schule und Arbeitswelt vermitteln.
c) Die Sachverhalte sollen für den Deutschunterricht als Verständigungsprobleme formuliert werden.
d) Dazu ist anzugeben, wer mit wem unter welchen Bedingungen in bezug auf den Sachverhalt Verständigungsprobleme hat.
e) Die Aufgaben für die Spracherziehung können aus der Frage erschlossen werden, welche Vermittlungsleistungen die Sprache dabei erfüllt.
f) Das Unterrichtsthema wird von Lehrer und Schülern gemeinsam konstituiert, so daß alle Beteiligten es gleich verstehen.
g) In (mehr und mehr) gemeinsamer Planung sequenzieren Lehrer und Schüler das Unterrichtsthema zu thematischen Schwerpunkten, im Rahmen einer prozeßorientierten Verlaufsstruktur (vgl. Ingendahl 1978).
h) Bei der Bearbeitung der Schwerpunkte werden jahrgangsspezifische fachliche Lernziele angestrebt.

i) Sprach- und Literaturwissenschaften liefern die Arbeitsformen, Methoden und Informationen zur Produktion und Rezeption von Texten sowie zur Reflexion über die dabei notwendigen/möglichen Prozesse.
k) Das fachspezifische Ziel des Deutschunterrichts kann es dann sein, daß die Schüler lernen, jetzt und später in verschiedenen Lebenssituationen selbständig und verantwortlich sprachlich zu handeln.

Übungsformen im Sprachunterricht

Rolf Meier

1. Übungen spielen im Sprachunterricht eine schwindende Rolle

In der fachbezogenen Diskussion der letzten zehn Jahre standen vor allem pragmalinguistische Überlegungen im Vordergrund. Diese Orientierung an den situativen Bedingungen von Kommunikation führte zu einer Kritik an der losgelösten unterrichtlichen Vermittlung besonders sprachlicher Bereiche mit normativen Tendenzen wie Rechtschreibung und Grammatik. Diese Bereiche gelten als typische Übungsfelder. Hinzu kam, daß die Versuche, in der Folge der Sprachbarrierendiskussion kompensatorische Programme zu entwickeln und durchzuführen, einen eher negativen Einfluß auf die unterrichtliche Bedeutung von Sprachübungen hatten, weil an der Art und am Ziel dieser Fördermaßnahmen sehr schnell massive Kritik geübt wurde, insbesondere weil „die Kinder in dem Programm Sätze bauen, aber nicht sprechen lernen; daß sie nicht erfahren, daß Sprache dazu tauge, Bedürfnisse zu artikulieren, Interessen darzustellen und sich seiner Handlungen zu vergewissern" (K. Behr et al. 1975, S. 494) und weil erwartete schnelle Erfolge ausblieben.

So schrieb denn auch Th. Diegritz bereits 1972:

> „Kein Teilbereich des Deutschunterrichts dürfte auf der Basis einer solchen linguistisch orientierten Konzeption um seiner selbst willen betrieben werden . . ., aber in der Schule müßte auch ein Lehrbereich seine Rechtfertigung erst dadurch erwerben, daß er nachweislich zur Verbesserung der Kommunikationsfähigkeit der Schüler beiträgt" (S. 359).

Die Theoriebildung im Bereich der Sprachübung stagnierte. Von über 6500 durchgesehenen Veröffentlichungstiteln zur Deutschdidaktik zwischen 1978 und 1981 war nur noch bei 23 ein Bezug zur Sprachübung erkennbar, wobei sich der überwiegende Teil dieser Beiträge mit Detailproblemen des Rechtschreibunterrichts beschäftigt.

Die Übungsbereitschaft bei den Lehrern scheint ebenfalls abzunehmen (vgl. K. Stöcker 1978, S. 128 f.).

Dieser Vernachlässigung und Ablehnung stehen immer häufiger Klagen über Unsicherheiten von Schülern und Berufsanfängern im Sprachlichen gegenüber.

Nach den Ergebnissen von J. Steinert (1975 und 1978), der derzeit wohl umfassendsten und differenziertesten Untersuchung der sprachlichen Leistungen von Schülern, verbessern sich diese zwischen sechster und neunter Klasse in allen weiterführenden Schularten lediglich um 11,4 Prozent (vgl. 1975, S. 89). Bei einigen Teilleistungen, etwa der Rechtschreibung, sind die Leistungsverbesserungen zwischen zwei Klassenstufen kaum erwähnenswert. Diese Ergebnisse sprechen nicht gerade für einen leistungsstarken Deutschunterricht, zumal der Anteil außerschulischer Lernerfahrungen nicht unterschätzt werden darf.

Auch ein kommunikationsorientierter Deutschunterricht wird über mangelnde sprachliche Kompetenz der Schüler nicht hinwegsehen können, und es ist zu fragen, wie diesem Zustand abgeholfen werden kann, und welche Rolle hierbei der Sprachübung zukommen soll.

2. Übungen sind ein wichtiger Bestandteil jedes sprachlichen Lernprozesses

Der Begriff ‚Übung' umfaßt im weiteren Sinne in Anlehung an die Lerntheorie alle jene Prozesse, „die zwischen der ersten Begegnung mit Lerninhalten und dem endgültigen Wissen und Lernen" (E. Kösel/J. Schneider 1978, S. 3) liegen. Übungen sind überall dort sinnvoll, „wo geistige Akte nicht nur durchdrungen, sondern bis zur Sicherheit und Geläufigkeit eingeschliffen werden müssen" (H. Aebli 1979, S. 162). Sie sind ein „nicht wegzudenkender Schritt im Verlauf und Ablauf eines Lernprozesses, weil sich erst durch sie die Sicherheit von Lernplateaus und Lernniveaus ergeben kann" (E. Kösel/J. Schneider 1978, S. 3).

Lernerfolge werden durch den Vergessensprozeß in Frage gestellt, wenn sie nicht durch begleitende und wiederholende Übungen begleitet werden.

Deshalb scheint die Beschränkung von Sprachübungen auf die Gebiete allein, in denen relativ eindeutige Sprachnormen zur Beurteilung zur Verfügung stehen, eine Tendenz, die in der didaktischen Literatur die Regel darstellt (vgl. z.B. H. Helmers 1979, S. 86), im Hinblick auf lernpsychologische Erkenntnisse wenig sinnvoll.

Übungen können und sollten immer dann eingeplant werden, wenn sprachliche Lernziele erreicht werden sollen; nicht nur, um Fehlleistungen zu beheben, sondern auch, um die sprachlichen Möglichkeiten der Schüler zu stabilisieren und weiter auszubauen. Dies kann in jedem sprachlichen Bereich geschehen.

Daß es sich hierbei um eine für die Deutschdidaktik nicht gerade neue Erkenntnis handelt, zeigt ein Zitat von K. Linke aus dem Jahre 1921:

> „Die . . . Sprachübungen, die den Gesamtunterricht begleiten, haben das Sprachgefühl der Kinder auszubilden und die Sicherheit im Gebrauche der Sprachformen anzustreben. Diesem Zweck dienen nicht Begriffsbestimmungen und Regeln: das Sprachgefühl bildet sich am natürlichsten, leichtesten und sichersten durch Übung und Sprachformen, die dem Alltagsleben der Kinder entstammen" (S. 196).

Literaturhinweise:

Zu den lerntheoretischen Aspekten der Übung siehe E. Kösel/J. Schneider (1978)
zu traditionellen Übungsbereichen im Deutschunterricht siehe H. Melzer/W. Seifert (1976).

3. Auch in einem kommunikationsorientierten Deutschunterricht muß die Funktion der Sprachübung geklärt werden

Von Vertretern eines kommunikationsorientierten Ansatzes werden traditionelle Sprachübungsformen kritisiert, weil sie losgelöst von der konkreten Verwendungssituation betrieben werden und den Zusammenhang zwischen sprachlichem und sozialem Handeln zerstören (vgl. W. Schlotthaus 1975, S. 52 und Th. Diegritz et al. 1975, S. 60). Ihre Effizienz wird bezweifelt: Sie sei weder zu erwarten noch experimentell beobachtet (vgl. W. Hüllen 1976, S. 102), der Sprachunterricht müsse gänzlich von dieser Art Übungen befreit werden (vgl. H. Schwenk 1972, S. 1980f.).

Aber auch dieser Ansatz räumt Übungen einen Stellenwert ein. Sie dienen dazu, sprachliche und soziale Verhaltensvarianten hinsichtlich ihrer Situationsangemessenheit zu überprüfen und wirksame Faktoren einer Kommunikationssituation kennen und manipulieren zu lernen, um dies dann in zukünftigen eigenen Sprachhandlungen berücksichtigen zu können (vgl. W. Ingendahl et al. 1975, S. 175 f.).

Der Normbegriff verschiebt sich hier zu einer reinen Gebrauchsnorm; sie manifestiert sich in den Erwartungen der Adressaten, deren Reaktion muß als entscheidendes Überprüfungskriterium für die richtige kommunikative Planung angesehen werden.

Voraussetzung für eine solche Planung wäre jedoch, daß eine Theorie, Methoden und Begriffe der Anzahl, Art, Wirkung und Interdependenz aller in einer speziellen Kommunikationssituation wirksamen Faktoren zur Verfügung steht, die zudem noch didaktisch umsetzbar sein müßte (vgl. E. Haueis 1972, S. 96 und O. Hoppe 1974, S. 35).

Die Reaktion des Adressaten hängt ja nicht von der Form und Art der Mitteilung ab, sondern es können eine unübersehbare Fülle verschiedenster personaler, situativer und soziokultureller Faktoren einfließen, so daß bei der Deskription kommunikativer Prozesse weit differenzierter angesetzt werden muß, als bisherige Versuche suggerieren (vgl. dagegen z.B. den Ansatz von E. Goffman 1971 und 1977).

Bei Projekten mit realen Sprachhandlungsanlässen fehlt somit eine Rückkopplung, die zur sicheren und eindeutigen Diagnose kommunikativer Fehler führen könnte, bei fiktiven Anlässen ist zu befürchten, daß durch den Lehrer als nunmehr wichtigste Beurteilungsinstanz bei den Schülern ein falsches Bewußtsein der Machbarkeit und Wiederholbarkeit erweckt wird und sie zur einfachen Nachahmung animiert werden (vgl. K. Geissler 1974, S. 41).

Wenn kommunikative Kompetenz beinhaltet, daß der Sprachteilnehmer sich auf verschiedenste Situationen einstellen können soll, müssen hierzu die Voraussetzungen geschaffen werden.

„Die Formel vom ‚Sprechen als soziales Handeln' verdeckt in ihrer Eingängigkeit die Komplexheit der Anforderungen dessen, was von Sprachteilnehmern in Kommunikationssituationen erwartet wird: ein strukturiertes Sprachrepertoir, aus dem die Partner jederzeit das Adäquate wählen müssen, adäquat im Hinblick auf die Sache, die Partner und die Situationen" (D. Ader 1976, S. 17).

Wenn Übungen sich nicht stringent aus Projektlernzielen ableiten lassen, wenn Übungsprinzipien, wie sie nachfolgend erläutert werden, sich nicht immer mit dem Projektgedanken in Übereinstimmung bringen lassen und wenn sprachliche Kompetenz als wichtiger Teil einer umfassenderen kommunikativen Kompetenz zu sehen ist, liegt es nahe, für Übungen in der Form von Lehrgängen mit dem Ziel der Festigung und Erweiterung sprachlicher Zugriffe zu plädieren. Ob diese Übungen in Projekte eingebunden sein sollten, muß dem Lehrer überlassen bleiben.

4. Der Lernerfolg bei Sprachübungen ist abhängig von der Beachtung einiger Planungsprinzipien

Die *Motivation* der Schüler ist nicht nur in der Anfangsphase der Übungen wichtig, sondern es sollte versucht werden, sie möglichst hoch zu halten, sie weiter zu verstärken und Ermüdung und Sättigung entgegenzuwirken.

Sehr wichtig erscheint in diesem Zusammenhang die Erfahrung und Einsicht beim Schüler, in dem zu übenden Bereich sprachliche Schwächen zu haben, die es zu beheben gilt. Der Lehrer sollte die Notwendigkeit der Übungen plausibel machen können und dies auch tun.

Die Aufgaben sollten einen hohen Anreiz für Schüler beinhalten und ihren Interessen und Alltagserfahrungen so weit wie möglich entgegenkommen.

Natürlich hat nicht jeder Schüler die gleichen Schwächen. Deshalb sind *Differenzierungsmaßnahmen* unumgänglich, die bis zur Individualisierung des Unterrichts reichen können. Allerdings sollten sie nur auf der Grundlage differenzierter und verläßlicher Diagnosen geschehen.

Wichtig für die Lernmotivation wie für die Planung weiterer Übungen ist die *Erfolgskontrolle*. Der einzelne Schüler erhält so Informationen über seine Lernfortschritte und verbleibenden Schwächen, der Lehrer für die Planung und über den Erfolg seines Unterrichts.

Beim Übungsvollzug ist auf *Selbständigkeit* zu achten; je mehr sich ein Schüler aktiv mit dem Lernstoff auseinandersetzt, um so besser prägt er ihn sich ein.

Die Übungen sollten einen *monofunktionalen Charakter* haben, sich auf einen begrenzten sprachlichen Stoff konzentrieren, um überschaubare Lerneinheiten zu ermöglichen (vgl. F. Klix 1976, S. 545 ff.).

Der *sinnvolle Zusammenhang*, der sprachliche und möglichst auch situative Kontext sollte immer erhalten bleiben, gerade in Hinblick auf erwünschte Transferleistungen.

Wiederholungen sollten analog der Vergessenskurve in der ersten Zeit nach Einführung des Stoffes häufig eingeplant werden, dabei sollte zu langes, gehäuftes Üben in der selben Form vermieden werden. Verteilte Übungen scheinen für längerfristiges Behalten vorteilhafter zu sein (vgl. Ausubel 1974, S. 320).

Nicht hinreichend geklärt scheint die Notwendigkeit begleitender *Reflexion* über Sprache, von Erklärungen und Regeln. In der fremdsprachigen Didaktik wird ihr Wert bestritten (vgl. Lado 1973, S. 113), in kommunikationsorientierten Ansatz betont (vgl. D. Ader 1976, S. 19). Die spärlichen empirischen Hinweise sind in ihrer Aussage uneinheitlich (vgl. D.C. Kochan 1975, S. 112 ff. und H. Helmers 1979, S. 98).

Bei einer Entscheidung sollte die Art des Übungsstoffes und das Alter der Schüler berücksichtigt werden (vgl. H. Helmers 1979, S. 100).

Literaturhinweise:

Zu den didaktisch-methodischen Planungsprinzipien siehe P. Brunnhuber (1974), zum Verhältnis von Sprachübungen und Sprachreflexion siehe H. Helmers (1979).

5. Die Variationsmöglichkeiten beim Üben sind zahlreich und sollten genutzt werden

Übungen sollten motivierend und abwechslungsreich sein. Deshalb ist es sinnvoll, auch deren Form zu variieren. Leider finden sich in der didaktischen Literatur nur vereinzelte Hinweise auf mögliche Formen der Übung. Zudem sind diese Typen meist ausgerichtet auf den Sprachbereich, für den sie konzipiert sind (vgl. die Typologisierungen von J. Chromecka 1968 und H. Helmers 1979).

Wie variabel diese Übungen eingesetzt werden können, ist ein Aspekt, der zuwenig Beachtung findet; eine Ausnahme bilden Beiträge zum Rechtschreibunterricht (vgl. P. Bischoff 1971 und H. Messelken 1975).

Als eine Hilfestellung für den Deutschlehrer, der nach Sprachübungsformen sucht, die prinzipiell in allen deutsch-didaktischen Bereichen einsetzbar sind, ist die folgende Zusammenstellung gedacht.

Eine erste Entscheidung besteht in der Wahl der *Operation*, die der Schüler ausführen soll:

a) kategorisieren
   Eine sprachliche Folge mit Hilfe von Kategorien zergliedern
   Beispiel:
   Vorgabe: *Ein Mann steht in der Tür.*
   Aufgabe: Bestimme Subjekt, Prädikat und Objekt.
b) strukturieren
   Einer ungeordneten Folge eine Struktur geben
   Beispiel:
   Vorgabe: *Abuatumo*
   Aufgabe: Welche beiden Wörter sind in diesem Buchstabensalat versteckt?
c) isolieren
   Aus einer Folge Einzelelemente isolieren
   Beispiel:
   Vorgabe: *Tür Tier Tiger Tip Tag Tisch Tinte*
   Aufgabe: Suche alle Wörter mit langem i heraus.

d) reduzieren
Eine Folge durch Eleminierung von Elementen verkleinern
Beispiel:
Vorgabe: *Wenn du nicht gleich nach Hause kommst, gehst du heute früher ins Bett.*
Aufgabe: Streiche alle Adverbien weg. Wie heißt der neue Satz?

e) integrieren
vorgegebene Elemente in eine Folge einfügen
Beispiel:
Vorgabe: *Sumpf Tal Wal*
Aufgabe: Füge einen der drei Buchstaben t, s, h in je eines der Wörter ein, so daß ein neues Wort entsteht.

f) expandieren
Eine Folge erweitern
Beispiel:
Vorgabe: *sonnig stürmisch windig unbeständig*
Aufgabe: Suche weitere Eigenschaftswörter des Wortfeldes ‚Wetter'.

g) permutieren
Eine Folge unter Beibehaltung der Elemente verändern
Beispiel:
Vorgabe: *Bergwerk Autoindustrie Arbeitsschutz*
Aufgabe: Bilde aus den Hauptwörtern drei neue.

h) konstruieren
Aus Elementen eine Folge erstellen
Beispiel:
Vorgabe: *geschieht gleich was wir halten ganz auch zusammen*
Aufgabe: Bilde aus den Wörtern einen Satz.

i) repetieren
Eine Folge annähernd identisch wiedergeben
Beispiel:
Vorgabe: *Ich gehe auf Reisen und nehme mit: ein Auto, einen Koffer, ein Zelt, einen Ball, ein Hemd.*
Aufgabe: Wiederhole den Satz.

j) korrigieren
Normabweichungen in einer Folge der Norm angleichen
Beispiel:
Vorgabe: *Der Wahlfisch fragt, wie die Wal ausgegangen ist.*
Aufgabe: Verbessere die falsch geschriebenen Wörter.

k) paraphrasieren
Eine Folge in eine andere unter Beachtung des sprachlichen Regelsystems übersetzen.
Beispiel:
Vorgabe: *Weil er immer wieder zu spät kam und weil er immer wieder die gleiche Entschuldigung hatte, rief der Lehrer Frederiks Mutter an, um mit ihr darüber zu sprechen.*
Aufgabe: Wandle den einen Satz in mehrere einfache Hauptsätze um.

Ein zweiter Schritt ist die Wahl der *Sprachfertigkeit*. Am häufigsten wird man hier die Kombination einer der beiden rezeptiven Fertigkeiten ‚Hören' und ‚Lesen' mit einer der beiden produktiven ‚Sprechen' und ‚Schreiben' wählen, aber auch andere Verbindungen sind denkbar.

Die Wahl der *Sozialform*, in der die Übungen ablaufen sollen, ist von stofflichen und didaktisch-methodischen, aber auch sozialen Erwägungen abhängig zu machen.

Bei jedem Übungstyp können zudem die *Bedingungen* variiert werden, die zur Lösung der Aufgabe führen.

Bedenkt man, daß zudem eine Kombination verschiedener Übungstypen möglich ist und daß der sprachliche Kontext unterschiedlich gestaltet werden kann, wird ersichtlich, wie vielfältig die Möglichkeiten sind, in einem einzigen sprachlichen Ausschnitt zu üben.

6. Die Untersuchungen zur Effizienz von Sprachübungen zeigen positive Ergebnisse

Nach den Ergebnissen der wenigen vorhandenen amerikanischen und deutschen Untersuchungen (vgl. die Übersicht bei Kochan 1975, S. 112 ff.) scheinen Sprachübungen den Lernerfolg bei Schülern zu steigern, allerdings dürften die Unterschiede in der Fragestellung, im Aufbau, im Übungsstoff und in den Ergebnissen der Untersuchungen keine verallgemeinernden Folgerungen erlauben.

In den nachfolgend vorgestellten beiden Unterrichtsversuchen wurde deshalb versucht, die Effektivität systematischer Sprachübungen zu kontrollieren. Als Übungsstoff wurde die grammatische Kategorie ‚Adjektiv' gewählt, weil die semantische Leistung dieser Wortart, „in knappster Form die verschiedenartigsten Beziehungen zwischen den Gegenständen auszudrücken" (W. Admoni 1973, S. 73), dem Sprachbenutzer ein weites Feld von Differenzierungsmöglichkeiten eröffnet. Adjektive finden sich zudem relativ selten im kindlichen Sprachgebrauch.

W. Beginn (1974, s. auch 1975) wählte für seinen Untersuchungsansatz nur die suffigierten Adjektive auf -lich, -ig und -isch aus. Ziel der Übungen in 12 aufeinanderfolgenden Deutschstunden war die Verbesserung der Rechtschreibleistung und die Erweiterung des Wortschatzes. Sie wurden in einer sechsten Hauptschulklasse mit 32 Schülern durchgeführt.

Die Auswahl der Adjektive richtete sich nach ihrer geschätzten Häufigkeit. 246 suffigierte Adjektive wurden im Laufe der Unterrichtseinheit von jedem Schüler mindestens zweimal in unterschiedlichen sprachlichen Kontexten geschrieben. Die Leistungsverbesserungen wurden durch je ein Diktat und einen Aufsatz zu Beginn und am Ende der Einheit erfaßt. Die Anzahl der suffigierten Adjektive vergrößerte sich um 234,5 %, die Anzahl aller Adjektive und sogar die Zahl der Wörter pro Aufsatz verdoppelte sich fast (jeweils um 95,2 %). Die Zahl der orthographischen Fehler verringerte sich bei den suffigierten Adjektiven um 77,7 %.

Die Ergebnisse im Überblick

Textproduktion

Ergebnisse der Eingangs- (T_e) und Abschlußtextproduktion (T_a), prozentuale Verbesserung (T_e/T_a)

	T_e	T_a	T_e/T_a
Wortzahl pro Aufsatz	199,9	390,3	95,2
Anzahl der Adjektive	8,8	17,2	95,2
Anzahl der suffigierten Adjektive	1,87	6,26	234,5
Anzahl der Adjektive auf -ig	0,74	1,70	130,4
Anzahl der Adjektive auf -isch	0,19	0,58	200,0
Anzahl der Adjektive auf -lich	0,93	3,97	324,1

Diktat

Ergebnisse des Eingangs- (D_e) und Abschlußdiktats (D_a), prozentuale Verbesserung (D_e/D_a)

	D_e	D_a	D_e/D_a
Fehler bei den Adjektiven auf -ig	12,6	4,8	68,3
Fehler bei den Adjektiven auf -isch	49,3	7,9	87,6
Fehler bei den Adjektiven auf -lich	4,0	0,9	77,2

Um Transferwirkungen auf andere sprachliche Bereiche, wie sie sich in der Vergrößerung der Wortzahl abgezeichnet haben könnten, in größerem Umfang zu erfassen, wurde eine Anschlußuntersuchung durchgeführt (vgl. R. Meier 1977).

Zu Beginn und am Ende einer Unterrichtseinheit in einer siebten Klasse, Hauptschule, wurden die Leistungen der Schüler durch eine sprachstatistische Auswertung je einer Textproduktion und die Analyse der Ergebnisse eines Sprachtests erfaßt.

Außerdem wurde der Experimentalklasse eine Kontrollklasse im Versuchsplan gegenübergestellt, bei der zwar auch der anfängliche und abschließende Aufsatz und Test, jedoch keine Übungsstunden zwischen diesen Sprachstandsanalysen durchgeführt wurde. Experimental- und Kontrollklasse wurden hinsichtlich Geschlecht und Sozialschicht parallelisiert, das Alter beider Gruppen konnte nicht ganz zur Deckung gebracht werden; es verblieben jeweils 25 Schüler.

Die Unterrichtseinheit erstreckte sich über acht aufeinanderfolgende Deutschstunden. In jeder Stunde wurden inhaltliche Schwerpunkte gesetzt, etwa Ableitung vom Substantiv, Graduierung, Kennzeichnung des äußeren Aussehens des Menschen u.ä. Einer Motivationsphase folgte jeweils eine kurze Erarbeitung des Themas, das Hauptgewicht wurde auf eine mündliche und eine schriftliche Übungsphase mit wechselnden Aufgaben und Kontexten gelegt. Auf begleitende Reflexion wurde außer in der Erarbeitungsphase verzichtet.

Der Verlauf einer dieser Übungsstunden ist nachfolgend beispielhaft skizziert.

Verlaufsplanung für die vierte Stunde der Unterrichtseinheit ‚Adjektive', Thema: Ableitungen vom Substantiv

geplantes Lehrerverhalten	erwartetes Schülerverhalten	Did.-meth. Kommentar
L spielt Reisewetterbericht vor. L bittet S, die Adjektive im Wetterbericht an die Tafel zu schreiben.	SS äußern sich.	*Motivationsphase* *Tonband*
L spielt Bandaufnahme noch einmal ab.	S schreibt Adjektive an die Tafel.	*Tafel*
L fragt nach den Substantiven, von denen die Adjektive abgeleitet sind.	SS nennen passende Substantive. S schreibt sie hinter die Adjektive.	*Erarbeitungsphase*
L händigt Arbeitsblatt mit dem gestrigen Wetterbericht aus und bittet, die Lücken im Text mit Adjektiven zu füllen.	SS vervollständigen den Wetterbericht vom vorherigen Tag.	*Übungsphase I* (schriftlich) *Lückentext* Einzelarbeit
L spielt zum Vergleich den Wetterbericht vom vorherigen Tag ab.	SS vergleichen ihre Fassung mit der Tonbandaufnahme.	*Tonbandgerät*
L bittet Schüler, den Wetterbericht für den heutigen Tag zu schreiben.	SS schreiben ihre Fassung vom Wetterbericht auf.	*Übungsphase II* (schriftlich) Einzelarbeit
L spielt zum Vergleich den Wetterbericht von Tage ab.	SS vergleichen.	*Tonbandgerät*
L gibt ein Adjektiv aus dem Wortfeld ‚Wetter' vor und bittet, in Gruppen 5 Beispiele für die übertragene Bedeutung des Wortes zu suchen. Die Gruppe, die zuerst fertig ist, darf das nächste Adjektiv bestimmen.	SS suchen in Gruppenarbeit Beispiele für die übertragene Bedeutung.	*Übungsphase III* (mündlich) Gruppenarbeit

Um die Leistungsverbesserungen der Experimentalklasse zu ermitteln, wurde die Differenz der Ergebnisse zwischen der ersten und zweiten Textproduktion und beiden Tests ermittelt. Die Lernsteigerung, die mit Wahrscheinlichkeit auf die Unterrichtseinheit zurückzuführen ist, ergab sich aus der Differenz der Lernzuwachswerte zwischen Experimental- und Kontrollgruppe.

Diese Lernzuwachsdifferenz betrug bei den im Unterricht thematisierten Adjektivgruppen durchschnittlich 342,25 %, alle Werte sind signifikant gesichert bis auf einen, der negativ ausfiel. Insgesamt wurden 135,8 % mehr Adjektive gebraucht. Die Anzahl der Wörter pro Text und der Sätze vergrößerte sich um 53,7 % und 58,4 %. Die Zahl der Wörter pro Satz nahm allerdings leicht ab (um 6,3 %); begründet scheint dies zu liegen in der Abnahme der

Satzverbindungen(um 19,3 %), während Satzgefüge und noch komplexere Satzkonstruktionen um 29,1 % und 116,7 % zunahmen.

Mögliche Verbesserungen in den ausgewählten Bereichen Textverständnis, Wortverständnis, Wortgrammatik, Satzgrammatik, Lautdiskrimination, Rechtschreibung und Satzbetonung wurden mit Hilfe des Allgemeinen Deutschen Sprachtests (ADST) von J. Steinert (s. 1975, 1978 veröffentlicht) erfaßt.

Hier zeigten sich Lernzuwachsdifferenzen zwischen 0,9 % (Textverständnis) und 224,0 % (Lautdiskrimination), der Durchschnitt lag bei 91,9 %.

Die Ergebnisse im Überblick

Textproduktion

Prozentuale Lernzuwachswerte zwischen Eingangs- und Abschlußtextproduktion (Lz), Lernzuwachsdifferenz zwischen den beiden Gruppen (LzD) und Signifikanzniveau (s)

Experimental- (E) und Kontrollgruppe (K)

	LZ		LzD	s
	E	K		
Adjektive, absolut	96,7	-39,1	135,8	5
Adjektive, attributiv	137,7	-37,8	175,5	5
Adjektive, prädikativ	166,7	27,3	139,4	n.s.
Adjektive, adverbial	-48,3	-57,1	8,8	n.s.
sachbezogene Adjektive	217,1	30,8	186,3	5
personenbezogene Adjektive	90,2	12,3	77,9	5
unvollständiger Satz	-15,0	40,0	-55,0	n.s.
einfacher und einfach erweiterter Satz	65,2	-13,1	78,3	5
Satzverbindung	-11,9	7,4	-19,3	n.s.
Satzgefüge	8,8	-20,3	29,1	n.s.
Satzverbindung als Teil eines Satzgefüges	66,7	-50,0	116,7	5
Wörter pro Text	41,0	-12,7	53,7	5
Satzanzahl	44,7	-13,7	58,4	5
Wörter pro Satz	-0,7	5,6	-6,3	n.s.

Sprachtest

Prozentualer Lernzuwachs (Lz), Lernzuwachsdifferenz (LzD) und Signifikanzniveau (s) der Ergebnisse im ADST, Kurzform

Experimental- (E) und Kontrollgruppe (K)

	Lz		LzD	s
	E	K		
Textverständnis	83,3	82,4	0,9	n.s.
Wortverständnis	0,0	-200,0	200,0	5
Wortgrammatik	80,4	-33,3	113,7	5
Satzgrammatik	34,7	-25,8	60,5	5
Lautdiskrimination	60,0	-164,0	224,0	5
Rechtschreibung	48,5	5,8	42,7	5
Satzbetonung	84,2	82,5	1,7	n.s.

Die Ergebnisse der beiden Untersuchungen zeigen, daß intensive monofunktionale Sprachübungen zu einer Erweiterung der sprachlichen Kompetenz nicht nur im Bereich der thematisierten Aspekte führen, sondern auch auf andere sprachliche Gebiete ausstrahlen.

Voraussetzung hierfür scheinen gezielte, systematische Übungen bei langer Arbeitsdauer, hoher Arbeitsintensität und unter Beachtung wichtiger didaktisch-methodischer und lerntheoretischer Prinzipien zu sein.

Aus der Verquickung des didaktischen Anliegens der Förderung der Sprachkompetenz und dem Untersuchungsansatz, die Überprüfung eines didaktisch-methodischen Modells hinsichtlich seiner Effizienz, ergaben sich Einschränkungen für die Planung des Unterrichts:

Um Transferwirkungen möglichst genau kontrollieren zu können, schien es sinnvoll, lediglich eine Wortart intensiv zu üben. Mögliche andere Lernziele, die sich aus der Textanalyse und dem Sprachtest ableiten ließen, mußten unberücksichtigt bleiben.

I. Hegele (1979) hat gezeigt, daß es möglich ist, aus einer differentiellen Analyse der sprachlichen Leistungen von Schülern Lernziele und Sprachförderungsmaßnahmen abzuleiten, die den individuellen Minderleistungen der Schüler Rechnung tragen und auch schwächeren Schülern Lernerfolge ermöglichen. Die Wahl der sprachstatistischen Kriterien, die bei der Textanalyse herangezogen wurden, sowie der Testaufgaben ist natürlich ausweitbar und auch anders zu akzentuieren. Liegen keine verläßlichen Angaben über sprachliche Schwächen (und Stärken) beim einzelnen Schüler vor, ist der Einsatz eines möglichst breit gefächerten Diagnoseapparates wünschenswert.

Ebenfalls um die Untersuchungsergebnisse nicht zu verfläschen, schien es angebracht, die Übungsphase zu isolieren und in einem Block von Unterrichtsstunden durchzuführen. Aus motivations- und lerntheoretischen Gründen scheint es prinzipiell jedoch sinnvoller, Übungen in den übrigen Deutschunterricht stärker zu integrieren.

Auch wenn der gezielte Einsatz von Sprachübungen im Sprachunterricht sicher ein hohes Maß an Planungsaufwand erfordert, kann dadurch vielleicht ein Teil der demotivierenden Erfahrungen der Schüler, nicht genug zu lernen und zu können, aufgefangen werden, die Effektivität des Unterrichts gesteigert und nicht zuletzt Zeit gewonnen werden für die vielen anderen wichtigen Aufgaben des Deutschunterrichts.

Literaturhinweis:

Eine Anleitungzur Erstellung informeller Tests geben C. und R.S. Schwarzer (1978), einen Überblick über Tests für den Deutschunterricht R. Meier/G. Rivet (1979).

D
Grundlegender Sprachunterricht

Sprachentwicklung und Sprachförderung

Sprachentwicklung und Sprachförderung stehen in einem wechselseitigen Bedingungsverhältnis:

- Sprachentwicklung ist auf Sprachförderung angewiesen. Wie bereits an anderer Stelle (S. 84 ff.) ausgeführt, kann sich die Sprachfähigkeit des Kindes nur entfalten, wenn sie auf ein ausreichendes und angemessenes sprachliches Angebot aus seiner Umgebung trifft. Insofern kann jeder sprachliche Fortschritt als Ergebnis sprachlicher Anregungen, also bewußter oder unbewußter Sprachförderung angesehen werden.
- Sprachförderung aber ist nur erfolgversprechend, wenn sie sich am Stand der Sprachentwicklung des Kindes orientiert. Sprachstandsanalysen legen zwar nicht die Ziele der Sprachförderung fest, sie ermöglichen aber begründete Aussagen darüber, welche Ziele bereits erreicht oder erreichbar sind und welche die Schüler im augenblicklichen Stadium ihrer Entwicklung überfordern würden (vgl. Hegele 1979).

Für den Lehrer, der Sprachförderung als allgemeines und übergeordnetes Ziel seiner Bemühungen im Sprachunterricht versteht, ergeben sich drei Grundfragen, die die Richtung, die Planung, die Durchführung und die Kontrolle seines Unterrichts bestimmen:

- Auf welchem Stand der Sprachentwicklung stehen meine Schüler?
- Auf welchen Stand will ich sie bringen?
- Auf welchen Wegen kann ich das erreichen?

Antworten auf die erste Frage ermöglicht die Sprachdiagnostik, der in diesem Buch ein eigenes Kapitel gewidmet ist (S. 133-155). Die Frage nach den Zielen wird meist nur sehr allgemein gestellt und beantwortet: Verbesserung der Kommunikationsfähigkeit, Differenzierung des Wortschatzes, Anleitung zu situationsgerechtem Sprachgebrauch usw. Genauere Antworten setzen eine Kenntnis der Sprachentwicklung voraus, und zwar sowohl im Hinblick auf den einzelnen Schüler (individuelle Sprachstandsanalyse) als auch im Hinblick auf allgemeine Entwicklungsprinzipien oder Entwicklungsphasen, auf die die sprachliche Individualgenese bezogen werden kann.

Die Frage nach den gangbaren und erfolgversprechenden Wegen der Sprachförderung ist nicht nur eine Frage nach den besten Methoden (als solche wird sie in den folgenden Kapiteln unter der Perspektive der einzelnen Teilbereiche des Sprachunterrichts häufig aufgegriffen), sondern auch eine Frage nach den Motiven, die den Spracherwerb beim Kind in Gang setzen und auch in der Schulzeit seine Sprachentwicklung antreiben und bestimmen.

In diesem Kapitel, das sich mit dem grundlegenden Sprachunterricht befaßt, also die Voraussetzungen thematisiert, die für alle, später im einzelnen zu betrachtenden Teilgebiete des Deutschunterrichts gegeben sein müssen, stehen zwei Fragen im Vordergrund:

- Welche Motive bestimmen den Spracherwerb und in welcher Weise lassen sie sich für den Sprachunterricht auswerten?
- Läßt sich eine Systematik der Sprachentwicklung aufstellen, aus der auch Aussagen über Aufgaben und Möglichkeiten der Sprachförderung abgeleitet werden können?

1. Motivation zum Spracherwerb

Jedes Kind lernt sprechen. Sechsjährige Schulanfänger bringen – eine „normale" Entwicklung vorausgesetzt – mehr an Sprache in die Schule mit, als ein Erwachsener beschreiben und ein Sprachwissenschaftler erklären könnte.

Bereits Schulanfänger

- beherrschen alle Wortarten (natürlich nicht alle Wörter ihrer Muttersprache, aber das kann auch kein Erwachsener von sich behaupten)
- verfügen über das komplizierte grammatische Formensystem, mit dessen Hilfe die Beziehungen zwischen Wörtern – etwa in Sätzen – hergestellt und verdeutlicht werden können
- haben sich die syntaktischen Grundstrukturen ihrer Sprache (die muttersprachlichen Satzbaupläne) angeeignet
- können Sätze zueinander in Verbindung setzen, sowohl parataktisch (nebenordnend) als auch hypotaktisch (unterordnend)
- verstehen und gebrauchen die Möglichkeiten der Wortbildung, sogar über den Bereich der konventionalisierten Wörter hinaus (vgl. dazu S. 348).

Was hier unter systemlinguistischen Gesichtspunkten angedeutet ist, läßt sich aus der Perspektive der Pragmatik ergänzen und erweitern: Bereits in der Vorschulzeit lernen Kinder:

- Bitten zu äußern
- sich gegen Vorwürfe zu wehren
- Auskünfte zu erteilen
- Fragen zu stellen
- etwas zu versprechen
- sich zu entschuldigen
- Ratschläge zu geben
- andere mit Sprache zu trösten, zu belustigen, zu beschämen, zu provozieren usw. usw.

kurz: die Formen des Sprachgebrauchs, die in der Pragmatik als Sprechakte bezeichnet und systematisiert werden.

Bereits in der – normalerweise nicht gesteuerten, nicht systematisch geplanten und geförderten – Sprachentwicklung der Vorschulzeit lernen Kinder also nicht nur Wörter oder Grammatik, sondern auch deren angemessenen und erfolgreichen Gebrauch als sprachliche Äußerungen in konkreten Situationen. Welche Aussageformen oder Redemuster in bestimmten Situationen und gegenüber bestimmten Adressaten angebracht sind oder nicht, das zu lernen ist ein mindestens ebenso wichtiger Bereich der Sprachentwicklung und Sprachförderung wie Wortarten, Konjugation, Deklination oder Syntax. Auch das geschieht normalerweise ohne bewußte Steuerung. Zu welcher Person ich in welcher Situation und in welcher Weise (mit welchen sprachlichen Mitteln) reden darf oder sollte, wenn ich mit meiner Rede den gewünschten Erfolg haben will, das haben Kinder schnell heraus. Die angenehmen wie die unangenehmen Erfahrungen im Wortwechsel bringen sie bald dahin, sich an bestimmte sprachliche Konventionen zu halten. (Diese Konventionen sind allerdings in wesentlich höherem Maße schicht- oder gruppenspezifisch bedingt als die grammatischen Normen).

Indem das Kind diese „Regeln" der verbalen Kommunikation in der es umgebenden Menschengruppe erlernt und übernimmt, fügt es sich ein in die durch ihre gemeinsame Sprache konstituierte Sprachgemeinschaften: von der engen Zweierbeziehung Mutter-Kind über Familie, Spielgruppe, Freundeskreis, Schulklasse bis zur Sprachgemeinschaft im üblichen Sinne, also der großen Menschengruppe, die durch eine gemeinsame Muttersprache charakterisiert und zusammengehalten wird und an deren geistigen Errungenschaften es auf diese Weise Anteil gewinnt.

Spracherwerb befähigt das Kind damit zu geistiger Gemeinschaft, zur Teilnahme am Prozeß zwischenmenschlicher Verständigung. Und dieses Ziel: Beteiligung an Kommunikation durch Spache, wird meist als das Grundmotiv des Spracherwerbs angesehen. Das ist sicher richtig: Schon das kleine Kind ist auf menschliche Gemeinschaft angewiesen, und diese wird in besonderer Weise durch sprachliche Kommunikation hergestellt und gefestigt. Aber die Feststellung, Spracherwerb sei motiviert durch die Notwendigkeit zwischenmenschlicher Kommunikation, ist nur die halbe Wahrheit und deshalb in ihrer Einseitigkeit falsch. Wer Sprache nur als Kommunikations- oder Verständigungsmittel betrachtet, erkennt weder die Vielfalt ihrer Funktionen noch ihre ganze Bedeutung für das Kind.

Um diese Behauptung zu begründen, greife ich auf einige Gedanken zurück, die bereits im Anfangskapitel dieses Buches entwickelt worden sind (vgl. S. 12ff.):

Verständigung – verbale Kommunikation –vollzieht sich zwischen einem Ich und einem Du, zwischen Sprecher und Hörer oder – wie es in heute beliebten, wenn auch wenig angebrachten technizistischen Kommunikationsmodellen heißt – zwischen Sender und Empfänger.

Verständigung zielt aber auch stets auf einen Gesprächsinhalt, auf einen „Gegenstand", über den ich mich mit einem anderen verständigen will. Zum Ich und Du tritt also das Es hinzu, die „Sache", derentwegen und über die ich rede, ganz gleich ob diese Sache nun ein realer Gegenstand, eine Erfahrung, ein Erlebnis, eine Erkenntnis, ein Gefühl, ein Wunsch, eine Information oder was sonst immer sei. Diesen Gesprächsinhalt, den „Gegenstand" der Rede, setzen wir meist naiv als gegeben voraus, ohne uns klarzumachen, daß er erst durch Sprache geistig konstituiert, zum „Gegenstand" gemacht wird. Sprache ist also in doppeltem Sinne Voraussetzung der Verständigung:

- Sie begründet menschliche Gemeinschaft, in der ich mich verständigen kann.
- Sie verwandelt Wirklichkeit in (vom Menschen geistig faßbare) Welt, über die ich mich mit anderen verständigen kann.

Diese zweite Grundleistung von Sprache, ihre kognitive oder heuristische (welterschließende) Funktion hat für das Kind mindestens die gleiche Bedeutung wie die Kommunikation. Sie führt zur geistigen „Artikulation" der Wirklichkeit, ermöglicht dem Kind Weltorientierung und den Aufbau eines strukturierten Systems von Begriffen, in denen es seine Wahrnehmungen, Empfindungen, Erfahrungen usw. verarbeiten und einordnen kann.

Nur auf diesem Wege gelingt es dem Kind, seiner Welt in menschlicher Weise zu begegnen, den Prozeß von Distanzierung und Vermittlung zu vollziehen, der das spezifische Weltverhältnis des Menschen begründet und kennzeichnet (vgl. S. 20).

Die Frage nach den Motiven des Spracherwerbs muß deshalb in einem umfassenderen Sinn beantwortet werden:

- Kinder lernen sprechen, weil sie existentiell auf Sprache angewiesen sind.
- Sie eignen sich eine Sprache (ihre Muttersprache) an, damit sie mit ihrer Hilfe als Menschen in einer menschlichen Gemeinschaft und in einer menschlichen Welt leben können.
- Sie brauchen Sprache, um sich in ihrer Welt zu orientieren, diese Welt geistig zu verarbeiten.
- Kurz: Der Weltgewinn des Kindes vollzieht sich über seine Sprache. Jeder Zuwachs an Sprache ermöglicht ihm neue Zugänge zur Wirklichkeit.
- Selbstverständlich eignen sich Kinder auch ihre Muttersprache an, um sich mit ihrer Hilfe mit anderen verständigen zu können.
- Diese zwischenmenschliche Kommunikation ist gleichzeitig der Weg, auf dem dem Kind die kognitiven Leistungen der Sprache erschlossen werden.
- Im Sprachgewinn werden dem Kind damit Erfahrungen vermittelt, Möglichkeiten der Welterschließung und Weltdeutung eröffnet, die es für sich allein im Laufe eines Menschenlebens niemals erreichen könnte.

Die Motivation zum Spracherwerb muß also im Sprachunterricht nicht künstlich erzeugt werden. Sie ist beim Kind als gegeben vorauszusetzen – das beweist nicht zuletzt die Tatsache, daß der grundlegende Prozeß des Spracherwerbs bereits in den ersten drei Lebensjahren – normalerweise ohne bewußte systematische Steuerung – eine Entwicklungsstufe erreicht, auf der alle fundamentalen Elemente der Grammatik dem Kind verfügbar sind, so daß sich seine Sprache jetzt „in keinem wesentlichen Punkt mehr von der Sprache der Erwachsenen unterscheidet" (Kainz 1960, S. 41).

Sprachunterricht hat also, was seine Voraussetzungen angeht, gegenüber anderen Unterrichtsfächern eine Sonderstellung: Er kann die Bereitschaft zur Aneignung des „Unterrichtsgegenstandes" Sprache als vorhanden voraussetzen. Er muß die Motivation zum Spracherwerb nicht erzeugen, sondern nur aufgreifen.

Von dieser positiven Sonderstellung des Sprachunterrichts ist allerdings in der Schulwirklichkeit oft wenig zu spüren. Im Gegenteil: Häufig ist gerade im Sprachunterricht – besonders in bestimmten Teilgebieten wie dem Grammatikunterricht – ein Mangel an Motivation bei den Schülern festzustellen, der zur Sprachlernbereitschaft in der Vorschulzeit in erstaunlichem Widerspruch steht.

Es ist daher nach den Ursachen zu fragen, die ein solches Desinteresse an Sprache im Unterricht hervorrufen können.

Am Kind kann es nicht liegen; das beweisen die Entwicklungen und Ergebnisse der Vorschulzeit.

Am Lehrer oder wenigstens an seinen Absichten dürfte es auch nicht liegen; denn welcher Lehrer wollte dem Kind seine sprachliche Zukunft und sich selbst die Chancen seines eigenen Unterrichts, die nicht zuletzt von der sprachlichen Entwicklung seiner Schüler abhängen, verbauen? (Gerade die intensiven Bemühungen um eine „kompensatorische" Sprachförderung in der Grundschule im Anschluß an die Sprachbarrierendiskussion der frühen 70er Jahre belegen hinreichend das Gegenteil).

Sind also die Ursachen im Sprachunterricht mit seinen Zielvorstellungen, Bedingungen und Methoden zu suchen?

Hier lassen sich in der Tat vier wichtige Fehlhaltungen ausmachen, die eine Erklärung des häufig beschriebenen Motivationsverlustes erlauben:

a) der Umgang mit der Sprache nur um der Sprache willen
b) die Gleichsetzung von Sprache mit Schulsprache
c) die daraus resultierende ungenügende Berücksichtigung (oft sogar Abwertung) der Herkunftssprache der Schüler
d) die Verwechslung von Verfügen über Sprache (Sprachaneignung) mit dem expliziten Wissen über Sprache (beispielsweise in der Form grammatischer Regeln)

Zur genaueren Analyse dieser Fehlhaltungen muß ich aus Raumgründen auf andere Veröffentlichungen (B. Weisgerber 1974a, 1974b, 1982) hinweisen, ich beschränke mich hier auf die Aufstellung der Gegenforderungen, die geeignet erscheinen, den Motivationsverlust zu vermeiden:

a) Schüler gebrauchen Sprache nicht um der Sprache, sondern um der Sache willen. Sie wollen mit ihrer Hilfe Wirklichkeit bewältigen, ausdrücken und vermitteln. Auch im Sprachunterricht muß daher diese Grundleistung von Sprache, „Sachen" geistig verfügbar zu machen, im Vordergrund stehen. Die wichtigste Voraussetzung, um für dieses Ziel die sprachlichen Kräfte der Schüler zu aktivieren, ist die Wahl geeigneter Sachthemen, d.h. solcher, von denen die Schüler betroffen und auf deren geistige Bewältigung (durch Sprache) sie angewiesen sind. Selbstverständlich kann in der Reflexion über Sprache auch die Sprache selbst zur „Sache" werden. Damit die Auseinandersetzung mit Sprache fruchtbar wird, müssen die Schüler aber erfahren, wie sie auch von dieser „Sache" betroffen sind (vgl. dazu S. 219ff.).

b) Schulsprache, d.h. die in der Schule geforderte oder geduldete Form des sprachlichen Verhaltens, ist nur eine unter vielen möglichen Ausprägungen von Sprache. Dabei gibt sich auch heute noch die Schulsprache mit ihren Anforderungen, Werturteilen, Normen und Konventionen päpstlicher als der Papst Hochsprache, in dessen Diensten sie steht. Es gibt aber innerhalb wie außerhalb der Schule eine Fülle von Situationen, in denen andere sprachliche Varietäten ausdrucksfähiger, wirksamer und damit auch eher angebracht sind als die Hochsprache. Die Notwendigkeit, im Sprachunterricht der Schule die Hochsprache zu vermitteln und einzuüben, steht nicht im Gegensatz zur Forderung eines situationsgerechten Sprachgebrauchs. Es kommt vielmehr darauf an, Situationen zu schaffen, in denen der Gebrauch der Hochsprache sinnvoll und erforderlich ist (und sie in diesen Situationen zu üben), gleichzeitig aber in anderen Situationen auch die Leistungsfähigkeit anderer sprachlicher Varietäten zu erproben und zu dokumentieren. Ziel ist nicht die Einschränkung auf die eine standardsprachliche Varietät, sondern das Verfügbarmachen der vielfältigen Ausprägungen von Sprache im Hinblick auf die Vielfalt der Situationen, in denen sie gebraucht werden.

c) Besonders verhängnisvoll wirkt sich ein Sprachunterricht aus, der die Herkunftssprache der Schüler nicht akzeptiert. Um dies zu verdeutlichen, muß man sich nur die Situation eines Schulanfängers ausmalen, der nicht in der Hochsprache aufgewachsen ist, dem sie aber nun plötzlich in der Schule abverlangt wird: Die Sprache, die er mitbringt und in der er sich zu äußern bereit ist, wird nicht akzeptiert; die Sprache, die man von ihm verlangt, ist ihm bisher nicht vermittelt worden; bleibt nur die Möglichkeit zu verstummen, und auch das wird dann noch als Desinteresse am Unterricht ausgelegt. Die Vermittlung der Hochsprache im Unterricht darf daher nicht im Gegensatz zur bisherigen Sprachentwicklung betrieben werden, sondern muß die Herkunftssprache der Schüler berücksichtigen und aufgreifen. Die Vermittlung der Hochssprache bedeutet dann keine Disqualifizierung der Herkunfssprache (und damit ihrer Sprecher), sondern ihre Ergänzung und Weiterführung.

d) Die Auffassung, Sprachgebrauch sei die bewußte Anwendung grammatischer Regeln, wird an anderer Stelle (S. 349) ausführlicher widerlegt. Auch der Erwachsene ist nicht in der Lage, die grammatischen Regeln zu formulieren, nach denen er sich in seinem Sprachgebrauch richtet. Im muttersprachlichen Unterricht ist nicht das grammatische Wissen Ausgangspunkt und Basis für den Sprachgebrauch, sondern gerade umgekehrt der Sprachgebrauch Ausgang und Anreiz zur Reflexion über Sprache, in der auch deren grammatische Regularitäten als bereits internalisierte Verhaltensanweisungen für den Umgang mit Sprache schrittweise aufgedeckt und systematisiert werden können.

2. Stufen der Sprachentwicklung (als Ansatzpunkte der Sprachförderung)

Von den Anfängen der Kindersprachforschung bis hin zur heutigen Psycholinguistik sind Modelle der kindlichen Sprachentwicklung erarbeitet und vorgestellt worden, die es ermöglichen sollen, die einzelnen Schritte dieser Entwicklung in ihrer Abfolge und in ihrem Zusammenhang darzustellen und zu systematisieren.

So unterscheidet William Stern (1928, S. 149 ff.) nach den „Vorstadien" vier „Epochen" in der Sprachentwicklung des Kindes, die er detailliert beschreibt und mit einer Fülle von Beispielen belegt. Dabei erscheint es ihm besonders bemerkenswert, daß die gedrängte Sprachentwicklung, die die „taubstumme" Helen Keller durchlaufen hat, nachdem ihr ihre Lehrerin am Ende des 7. Lebensjahres das Tor zur Sprache geöffnet hatte, in der Abfolge der einzelnen Etappen (Substanzstadium, Aktionsstadium, erstes Fragealter, erste Mehrwortsätze usw.) eine erstaunliche Parallelität zur Entwicklung „vollsinniger" Kinder aufweist (S. 304 f.). Stern glaubt daher von einer „inneren Gesetzlichkeit des Entwicklungsfortschritts" sprechen zu können und erblickt darin einen „eindringlichen Beweis dafür, wie stark der Anteil der inneren Angelegtheit des Menschen bei der Entwicklung seines Sprechens ist" (S. 306).

In ähnlicher Weise stellt Friedrich Kainz (1943) ein Phasenmodell für die Sprachentwicklung auf, das von den „vorsprachlichen Erscheinungen" des Schreiens und Lallens bis zur Ausbildung des Mehrwortsatzes führt. Er sieht sich sogar in der Lage, für die einzelnen Entwicklungsschritte ziemlich genaue Zeitangaben festzulegen: „Einwortsätze beginnen in der Zeit von 0;9 bis 1;00, Zweiwortsätze und Wortaggregate (ungeformte Mehrwortsätze) um 1;6 geformte Mehrwortsätze um 2;00, Satzverbindungen und -gefüge, Verwendung von Nebensätzen etwa um 2;10" (S. 34).

In der aktuellen Diskussion wurden Modelle für die Sprachentwicklung sowohl von der amerikanischen als auch von der sowjetischen Psycholinguistik vorgelegt:

Eric H. Lenneberg betrachtet die Sprache „im Kontext von Wachstum und Reifung" und stellt für die Altersspanne zwischen 12 Wochen und 4 Jahren Beziehungen zwischen motorischer und sprachlicher Entwicklung des Kindes her. Wie an anderer Stelle (vgl. S. xx) ausgeführt, macht er besonders darauf aufmerksam, daß es bestimmte Phasen und Zeiten in der Sprachentwicklung gibt, deren Chancen, wenn sie ungenutzt verstreichen, unwiederbringlich sind (vgl. Lenneberg 1972, S. 161 - 163 und S. 220 - 223).

A.K. Markova hat ein Stufenmodell für die sprachliche Entwicklung von 0 bis 60 Jahren aufgestellt, in dem sie die „Art der allgemeinen kommunikativen Tätigkeit", die „Art der sprachlichen Tätigkeit", die „Sprachfunktion" und die entsprechenden „sprachlichen Mittel" einander zuordnet. Auf diese Weise werden der kommunikative und der pragmatische Aspekt der Sprachentwicklung besonders hervorgehoben (vgl. Markova 1973 und Lewandowski 1978, S. 170 f.).

An jedes systematische Modell der Sprachentwicklung kann legitimerweise die Frage gestellt werden, welchen Zwecken es dient, was der Autor damit beabsichtigt:

– Dient es der Systematisierung empirisch erfaßter Daten?
– Stellt es normative Forderungen auf (etwa im Hinblick auf die Frage, bis zu welchem Alter ein Kind bestimmte sprachliche Leistungen erbringen soll)?
– Fungiert es als Beweis für bestimmte linguistische oder psycholinguistische Theorien?
– Soll es Eltern oder Lehrer darauf hinweisen, welche sprachlichen Förderungsmaßnahmen in bestimmten Phasen oder Altersstufen angebracht bzw. unangebracht sind?

Ein verbindliches, normativ interpretierbares, auf Alterangaben festgelegtes Schema der Sprachentwicklung aufzustellen, wäre in mehrfacher Hinsicht problematisch. Schon der Vergleich mit den Altersangaben bei Stern läßt die Annahme begründet erscheinen, daß sich seit dem Beginn unseres Jahrhunderts in der kindlichen Sprachentwicklung wesentliche Verschiebungen ergeben haben, und zwar in Richtung auf eine Akzelleration, wie sie auch auf anderen Gebieten der somatischen und psychischen Reifung nachgewiesen worden ist.

Außerdem ist die individuelle Sprachentwicklung – darauf wurde bereits mehrfach hingewiesen – nicht zuletzt durch das sprachliche Angebot der Umgebung mitbestimmt, in der das Kind aufwächst und die es sich nicht aussuchen kann. Schließlich erscheint es nicht gerechtfertigt, aus empirisch mehr oder minder abgesicherten Befunden (Ist-Zuständen) Soll-Zustände in Form von „Normalentwicklungen" oder Forderungen abzuleiten, solange solche Zielvorstellungen nicht auch auf anderen Ebenen (gesellschaftlich, politisch, sprachtheoretisch, pädagogisch, didaktisch) hinreichend begründet sind.

Der Überblick über Stufen der Sprachentwicklung, wie er im folgenden unterbreitet wird, darf also nicht als Normenkatalog verstanden werden. Es geht hier um eine systematische, nicht um eine chronologische Übersicht, auch wenn die systematische Stufenfolge streckenweise im Sinne von Voraussetzungsverhältnissen zu interpretieren ist. Das Fehlen von Altersangaben soll deutlich machen, daß eine solche Fixierung von Entwicklungsschritten in Richtung auf eine „durchschnittliche Normalentwicklung" nicht beabsichtigt ist und auch nicht sinnvoll erscheint. Die Beobachtung individueller Sprachentwicklungen zeigt ohnehin oft genug, daß Retardierungen in bestimmten Alters- oder Entwicklungsstufen erstaunlich schnell wieder aufgeholt werden können.

Die Absicht, die in der folgenden Tabelle zum Ausdruck kommt, besteht vielmehr darin, aus einem Gesamtüberblick über die Stufen der Sprachbildung Aufgaben und Chancen der Sprachförderung herauszulesen und den Spracherzieher auf diese aufmerksam zu machen. Dafür erscheint es wichtig zu erkennen, welche Beziehungen zwischen den einzelnen sprachlichen Entwicklungsschritten bestehen, wie sich spätere Entwicklungen schon frühzeitig ankündigen und entsprechend vorbereitet werden können. Sprachentwicklung wird hier also als ein teleologischer Prozeß gesehen, dessen Teilschritte in einem sinnvollen Zusammenhang stehen und daher auch unter Begriffen wie „Vorbereitung" oder „Erfüllung" gefaßt und beschrieben werden können. Bei einer solchen Interpretation der Sprachentwicklung handelt es sich um eine Vorentscheidung des Autors, die vom Leser geteilt, aber auch abgelehnt werden kann. Für den Sprachlehrer kann es eine entscheidende Hilfe bedeuten, wenn er die Sprachentwicklung seiner Schüler als einen sinnvollen und zielgerichteten Prozeß betrachtet und daraus ableiten kann, daß auch seine Bemühungen, diesen Prozeß zu fördern und zu unterstützen, einen Sinn haben. Mit dem systematischen Überblick über Stufen der Sprachentwicklung als Ansatzpunkte für die Sprachförderung greife ich (in veränderter Form) einen Versuch auf, der bereits 1964 veröffentlicht worden ist (B. Weisgerber 1964a, S. 240 - 250). Im Hinblick auf die Grenzen der Systematik wie auch für eine ausführlichere Interpretation der Tabelle muß ich (vornehmlich aus Raumgründen) auf die damals gemachten Ausführungen verweisen (S. 181 - 239).

Stufen der Sprachbildung (als Ansatzpunkte der Sprachförderung)

Stufe	Aktivitäten des Lernenden	das (durch Sprache) Intendierte	Sinn im Gesamtzusammenhang der Sprachbildung	Aufgaben des Erziehers, mögliche Hilfen
I. Grundlage: das Kind als Sprachwesen, als Träger sprachlicher Aktivität	Vorstufen menschlich-sprachlichen Wirklichkeitsbezuges. Hinlenkung auf Lautsprache	Wirklichkeit als sprachlich faßbare „Welt" für den Menschen	Ermöglichung von Sprache als geistiger Weltgestaltung. Hinlenkung auf die Lautsprache, allmähliche Reduktion anderer möglicher Formen von Sprache	Sicht und Anerkennung des Kindes als (potentielles) Sprachwesen vom ersten Lebenstage an. Hinlenkung auf die Lautsprache durch das Sprechen mit dem Kind
II. Vorstufen von Sprache 1. Vorstufen des Verstehens	Aufmerken, Vernehmen der Stimme der Mutter (Unterscheidung sprachlicher Laute von anderen Geräuschen). Hinwendung zum Sprechenden	Reize der Umwelt (Geräusche) Laute (Sprachlaute, aber noch nicht als solche begriffen)	Öffnung zur Umwelt und zum Mitmenschen. Bezug zum Du (Mutter)	Herstellung und Verstärkung der Beziehung zum Kind. Ansprechen des Kindes. Klima der Geborgenheit
2. Vorstufen des Sprechens	Lautbildung (Schreien, Lallen) als Kundgabe und Appell. Artikulation der Laute. Nachahmung von Laut und Tonfall	Ausdruck von Lust und Unlust. Appell zur Veränderung der Situation. Spiel mit Lauten	Gewinn der Kundgabe- und Appellfunktion der Sprache. Aneignung des „Lautmaterials" der Sprache mit zunehmender Einstellung auf den Phonembestand der Muttersprache	Beachten der durch Lautäußerung angedeuteten Wünsche des Kindes. Sprechen mit dem Kind (= Bereitstellen des muttersprachlichen Phoneminventars)

Stufe	Aktivitäten des Lernenden	das (durch Sprache) Intendierte	Sinn im Gesamtzusammenhang der Sprachbildung	Aufgaben des Erziehers, mögliche Hilfen
3. antwortendes Verhalten	Einstellung auf den Sprechenden. Antworten durch Verhalten und/oder (vorsprachliche) Lautäußerung	Kommunikation mit dem Sprechenden	Vorformen sprachlicher Kommunikation. Einübung der Gesprächshaltung	Vorbereitung des Gesprächs. Reagieren auf und Herbeiführen von „Antworten", aber Vermeiden jeglicher Dressur
III. Einsetzen lautsprachlicher Aktivität: die ersten eigentlichen Sprachakte 1. Sprachverstehen	Ergreifen der Symbolfunktion von Sprache. Verstehen sprachlicher Äußerungen und sprachlich bedingten Verhaltens	Lautformen als Träger sprachlicher Inhalte. symbolisch vermittelte Interaktion	Aneignung von Sprache im vollen Sinn. Verstehen als Grundlage des Spracherwerbs. Teilhabe an Gesprächsgemeinschaft	Verständigungshandeln mit dem Kind. Förderung des Verstehens
2. die ersten Worte	Gebrauch des Wortes als Symbol für ein „Gemeintes". Sprechen als Mitteilen und Darstellen	Wörter als geistige „Zugriffe" auf das Sein. Gemeinschaft in Sprache	Erwerb der Möglichkeit, „Gemeintes" in Sprache zu fassen, auszudrücken und mitzuteilen	positive Rezeption der sprachlichen Äußerungen des Kindes. Antworten als Hinführung zur sprachlichen Kommunikation
IV. Hinwendung der individuellen Sprachfähigkeit auf die Muttersprache	aktives Nachschaffen der Muttersprache durch das Individuum	Nachvollzug der Verwandlung von „Wirklichkeit" in „Welt" auf Grund vorgegebener Sprache	Spracherwerb als Weltgewinn und Zugang zu geistiger Gemeinschaft. Verwirklichung individueller Sprachkraft in der Sprachgemeinschaft	Vermittlung der Muttersprache an den künftigen Sprachpartner. Herstellen von Sprachgemeinschaft. Angebot von Sprache

Stufe	Aktivitäten des Lernenden	das (durch Sprache) Intendierte	Sinn im Gesamtzusammenhang der Sprachbildung	Aufgaben des Erziehers, mögliche Hilfen
V. fortschreitende (unreflektierte) Aneignung der Muttersprache	Gewinn des muttersprachlichen Weltbildes	Weltgewinn in der konkreten Form muttersprachlicher Gegenstandskonstitution	fortschreitende Bewältigung der Wirklichkeit mit den Mitteln einer konkreten Sprache	Vermitteln der kognitiven und kommunikativen Leistungen der Muttersprache in Gespräch, Antwort und Belehrung
vier Richtungen sprachlichen Wachsens: 1. Ausbau des Wortschatzes, Erwerb der Wortarten a) Substantive	Erfassen, Erkennen und Benennen von „Gegenständen“. Artikulation der Wirklichkeit. Namenfragen	Phänomene der Wirklichkeit, versprachlicht unter gegenständlichem Aspekt. Die Welt als gegliederte Fülle von „Gegenständen“	Verwandlung von Wirklichkeit in geistige „Gegenstände“ für den Menschen	Bereitstellen der „Namen“ für die Dinge. Antwort auf die „Namenfragen“. Ertragen und Fördern der Fragehaltung beim Kind
b) Verben	Erfassen von Erscheinungen der Wirklichkeit unter den Aspekten der Tätigkeit, des Vorgangs oder Zustands	Phänomene der Wirklichkeit, versprachlicht unter den Aspekten von Tätigkeit, Vorgang, Zustand. Wirklichkeit als Ort von „Geschehen“	geistiges Erfassen der Wirklichkeit als Geschehen	Angebot verbalen Wortguts
c) Adjektive	Charakterisierung von Wirklichkeitsphänomenen. Urteilen	Phänomene der Wirklichkeit, versprachlicht als von Gegenständen getragene Qualitäten (Merkmale, Eigenschaften, Wertgehalte)	Erfassen von Qualitäten in ihrer geistigen Sonderung von Gegenständen. Unterscheidung nach Qualitäten, Urteilsbildung	Angebot adjektivischen Wortguts. Hervorheben von Merkmalen, Eigenschaften und Wertqualitäten

Stufe	Aktivitäten des Lernenden	das (durch Sprache) Intendierte	Sinn im Gesamtzusammenhang der Sprachbildung	Aufgaben des Erziehers, mögliche Hilfen
d) übrige Wortarten (besonders Präpositionen und Konjunktionen)	Herstellen von Relationen: räumlich-zeitliche Beziehungen (Präpositionen), syntaktische, logische Beziehungen (Präpositionen und Konjunktionen)	räumlich-zeitliche Beziehungszusammenhänge der Wirklichkeit; syntaktisch-logisches Beziehungsgefüge der Aussage	Erfassen von Beziehungen in der Wirklichkeit. Herstellen von Beziehungen in der Äußerung	Hinführen zu Erfassen und Äußern von Beziehungen räumlicher, zeitlicher und logischer Art (gemäß dem Entwicklungsstand des Kindes)
2. Ausbau und Durchgliederung der Wortfelder und Wortstände	Artikulation und Differenzierung der geistig-sprachlichen Zugriffe auf Wirklichkeit. Kategorisieren von Erfahrungen mit Hilfe der Ordnungsmöglichkeiten von Wortfeldern und Wortständen	Wirklichkeitsorientierung mit fortschreitender Differenzierung	zunehmende Beherrschung der Muttersprache = Gewinn reicherer und differenzierterer Möglichkeiten des geistigen Zugangs zur Wirklichkeit	Übermitteln der in den Wortfeldern und Wortständen bereitstehenden Ordnungs- und Differenzierungsmöglichkeiten. Hinführen zur treffenden, genauen, sachgemäßen Aussage
3. Ausbau des Satzes und der Denkkreise der Wortarten a) Einwortsatz	Fassen und Übermitteln einer (noch undifferenzierten) Situation in einer (noch undifferenzierten) Äußerung	erlebte (oder gewünschte) Situationen, noch ohne inhaltliche Differenzierung	Erfassen und Gebrauchen der Sprache als Möglichkeit, eine Situation zu bewältigen, zu deuten und mitzuteilen	Eingehen auf die kindliche Äußerung. Bemühen um ein situationsgerechtes Verständnis
b) Zwei- und Mehrwortsatz	Differenzierung der Aussage. Herstellen von Beziehungen zwischen den Teilen der Äußerung (den Wörtern im Satz)	Situationen der erlebten Wirklichkeit, aufgegliedert in Geschehen, Geschehensträger usw.	geistig-sprachliche Durchgliederung einer Situation und ihre Vermittlung in sich differenzierender Äußerung	Angebot einfacher Aussagemöglichkeiten im Gespräch

Stufe	Aktivitäten des Lernenden	das (durch Sprache) Intendierte	Sinn im Gesamtzusammenhang der Sprachbildung	Aufgaben des Erziehers, mögliche Hilfen
c) Ausbau der Denkkreise der Wortarten (grammatisches Formensystem)	geistige Durchdringung der Situation gemäß den Denkkreisen der Wortarten (nach Geschlecht, Anzahl, Beziehung, Zeit usw.). Herstellen und Verdeutlichen von Beziehungen im Satz mit Hilfe des Formensystems der Wortarten	Phänomene und Situationen der Wirklichkeit, versprachlicht und miteinander in Beziehung gebracht gemäß den Denkkreisen der Wortarten und den durch sie eröffneten Beziehungsmöglichkeiten in Sätzen	Aneignung des muttersprachlichen Formen- und Kategorialsystems der Wortarten als Möglichkeit bestimmter Sehweisen der Wirklichkeit. Verdeutlichung der Beziehungszusammenhänge im Satz durch Deklination, Konjugation usw.	Bereitstellen des Formensystems der Wortarten. Hinführung zu seinem richtigen Gebrauch
d) Aneignung der Satzbaupläne	sprachliche Bewältigung eines Geschehens oder Seins gemäß den Denkstrukturen der muttersprachlichen Satzbaupläne. Durchgliederung der Äußerung	Geschehen in der Wirklichkeit, geistig verarbeitet mit Hilfe und unter dem Einfluß der muttersprachlichen Satzbaupläne	Gewinn der Vielfalt möglicher Aussagestrukturen (Satzbaupläne) als geistiger Verfahrensweisen, die in der Sprachgemeinschaft angewandt und verstanden werden	differenzierendes Angebot der muttersprachlichen Satzbaupläne (durch ihre konkrete Anwendung in der Kommunikation)
e) Satzverbindung (parataktischer Aussagetypus)	Darstellung eines Geschehens – meist in seinem zeitlichen Ablauf – durch das Nacheinander gleichgeordneter Aussagen	erlebte Wirklichkeit als Geschehensablauf	Verarbeitung und Darstellung eines Geschehenszusammenhanges in gegliederter Rede	Wecken und Erhalten kindlicher Erzählfreude durch entgegengebrachtes Interesse. Hinführung zu geordnetem, dem Ablauf des Geschehens folgendem Erzählen

Stufe	Aktivitäten des Lernenden	das (durch Sprache) Intendierte	Sinn im Gesamtzusammenhang der Sprachbildung	Aufgaben des Erziehers, mögliche Hilfen
f) Satzgefüge (hypotaktischer Aussagetypus) Ausbau der verschiedenen Arten von Gliedsätzen	Darstellung eines Geschehens oder Sinnzusammenhanges durch ein Gefüge über- und untergeordneter Aussagen. Herstellung der unterschiedlichen Beziehungen zwischen diesen Aussagen durch die verschiedenen Arten von Gliedsätzen	Geschehen oder Sinnzusammenhänge in ihren sprachlich gefaßten (räumlichen, zeitlichen, logischen) Beziehungen	Erkennen von Sinnzusammenhängen. Erwerb der sprachlichen Mittel zum Ausdruck von Beziehungszusammenhängen durch Über- und Unterordnung	Anleitung zur sprachlichen Gestaltung von Beziehungszusammenhängen (gemäß der jeweiligen Entwicklungsstufe des Lernenden)
4. Aufbau der Sprachschichten: a) Sprache der Mutter, Haus-Sprache	sprachliche Bewältigung der engsten Lebenswelt des Kindes	Personen, Dinge und Geschehnisse aus der nahen Umgebung und dem ersten Interessenbereich des Kindes	Orientierung in der ersten kindlichen „Eigenwelt“ mit Hilfe von Sprache	Einführung in Muttersprache und Sprachgemeinschaft durch die ersten Bezugspersonen
b) Sprache der Spielgruppe (peer-group)	sprachliche Kontaktaufnahme über den Rahmen der Familie hinaus	Spielwelt des Kindes. Kontaktaufnahme mit Gleichaltrigen durch sprachliche Kommunikation	Ausweitung der Lebenswelt durch Teilhabe an den (sprachlich vermittelten) Erfahrungen Gleichaltriger	Förderung der Kontaktaufnahme. Befähigung und Ermutigung zum sprachlichen Erfahrungsaustausch
c) Sprache der Umwelt regional: Dialekt als Heimat- und Nahsprache	sprachliche Bewältigung der nahen Umwelt (Heimat)	Gegebenheiten der heimatlichen Umwelt und des menschlichen Zusammenlebens im Nahbereich	Gewinn eines überschaubaren „Weltbildes“ in einer überschaubaren, vorwiegend konkreten Sprache	geistige Erschließung des Heimatbereichs durch die heimatliche Nahsprache

Stufe	Aktivitäten des Lernenden	das (durch Sprache) Intendierte	Sinn im Gesamtzusammenhang der Sprachbildung	Aufgaben des Erziehers, mögliche Hilfen
sozial: Soziolekt, Gruppensprache	sprachliche Einordnung in bestimmte Sozialgruppen, Solidarisierung mit ihnen	Erfahrungen, Erkenntnisse, Einstellungen und Interessen bestimmter sozialer Gruppen. Gruppenbewußtsein	Teilnahme an der spezifischen Erfahrungswelt, der Sprache und dem kommunikativen Verhalten sozialer Gruppen oder Schichten	Förderung sprachlicher Sozialisationsprozesse. Akzeptierung gruppenspezifischen Sprachverhaltens
d) Sonder- und Fachsprachen	intensive sprachliche Durchdringung eines spezifischen, begrenzten Wirklichkeitsausschnitts	Wirklichkeitsausschnitte als herausgehobene Bereiche der Arbeit, des Interesses oder der Forschung	intensivierte sprachliche Bewältigung und differenziertere Durchgliederung eines Teilbereichs menschlicher Lebenswirklichkeit	Einführung in Fach- und Sondersprachen (z.B. im Sachunterricht oder in der Berufsausbildung). Hinweise auf ihre spezifischen Leistungsmöglichkeiten
e) Hochsprache, Standardsprache	Aufbau und Ausbau des muttersprachlichen „Weltbildes". Teilnahme an überregionaler Kommunikation	die Summe der Betroffenheiten, die eine Menschengruppe (Sprachgemeinschaft) im Verlauf ihrer Geschichte erfahren und verarbeitet hat	Einordnung in die Sprachgemeinschaft. Volle Teilnahme am Prozeß Sprache. Differenzierung und Abstraktion	Hinführung zur Hochsprache. Befähigung zur Partnerschaft in der Sprachgemeinschaft. Förderung der Differenzierungs- und Abstraktionsfähigkeit

Stufe	Aktivitäten des Lernenden	das (durch Sprache) Intendierte	Sinn im Gesamtzusammenhang der Sprachbildung	Aufgaben des Erziehers, mögliche Hilfen
f) Beherrschung verschiedener Varietäten	sprachliche Einstellung auf Situationen und Adressaten	Spektrum sprachlicher Perspektiven der Wirklichkeit und der Lebenssituationen	situationsgerechter und adressatenbezogener Sprachgebrauch	Beachtung und Verdeutlichung der situativen Bedingungen des Sprachgebrauchs. Bereitstellen angemessener Sprachmittel
VI. Abstandnehmen von der Muttersprache: Sprache als Gegenstand der Erkenntnis	Rückwendung (Reflexion) auf die eigene Sprache (als Voraussetzung und Form geistiger Aktivität)	Sprache als Objekt der Erkenntnis	Distanz zur Muttersprache als Voraussetzung für Sprachreflexion und Sprachkritik	Bewußtmachen der (bisher unbewußt befolgten) Ordnungsstrukturen der Muttersprache
1. Erschließen des Bereichs schriftlich fixierter Sprache a) Lesen	sprachliche Sinnentnahme aus optischen Zeichen. Vermittlung des schriftlich fixierten Gedankenguts einer Sprachgemeinschaft (Literatur)	Inhalte geschriebener Texte. Schriftlich überliefertes Sprachgut	Gewinn einer neuen Dimension von Sprache. Überwindung der Grenzen von Raum und Zeit für Sprache	Vermittlung der Schrift und ihrer Leistungen. Befähigung zum sinnfassenden und sinngestaltenden Lesen. Hinführung zur Literatur
b) Schreiben	Festhalten von Sprache im Zeichensystem der Schrift. bewußte Sprachgestaltung	Fixierung von Gedanken und sprachlichen Äußerungen	neue Bewußtseinsqualität bei Sprachgebrauch und Sprachgestaltung. Bewertungsmöglichkeiten	Befähigung zu schriftlicher Textproduktion. Erarbeitung von Bewertungskriterien

Stufe	Aktivitäten des Lernenden	das (durch Sprache) Intendierte	Sinn im Gesamtzusammenhang der Sprachbildung	Aufgaben des Erziehers, mögliche Hilfen
2. Objektivierung der Sprache durch die Schrift	Abstandnehmen von der durch Schrift fixierten Sprache. Gegenüberstellung der Sprache als „Ergon“	in Schrift fixierte und objektivierte Sprachgebilde	Bewußtmachen von Sprache. Gewinn von Distanz zu eigenem und fremdem Sprachgebrauch	Hinführung zur Besinnung auf Sprache und Sprachgebrauch. Aufweis der Sprache als Gebilde
3. Einsicht in Struktur und Funktion der Muttersprache (grammatisches Denken)	Erkennen von Gesetzmäßigkeiten in der Muttersprache als Regulativen des eigenen Sprachgebrauchs	Ordnungsstruktur der Muttersprache. äußere und innere Sprachform. Sprachliche Normen und Konventionen	Aufdecken der (grammatischen) Voraussetzungen, die dem eigenen Sprachhandeln zugrundeliegen, der internalisierten Regularitäten, die intersubjektive Verständigung ermöglichen	Anregung und Befähigung zu grammatischem Denken. Vermittlung von Methoden, die Einsicht in die Voraussetzungen des Sprachhandelns eröffnen
VII. Begegnung mit Fremdsprachen 1. Erlernen fremder Sprachen unter naiver Übertragung muttersprachlicher Weltsicht	Erlernen und Gebrauchen fremder Sprachen	Fremdsprachen als Mittel der Verständigung mit Anderssprachigen	Erkennen der äußeren Sprachverschiedenheit. Erlernen des Laut- und Formenbestandes fremder Sprachen	Vermittlung des Laut-, Wort- und Formenbestandes fremder Sprachen. Hinführen zu ihrem Gebrauch

Stufe	Aktivitäten des Lernenden	das (durch Sprache) Intendierte	Sinn im Gesamtzusammenhang der Sprachbildung	Aufgaben des Erziehers, mögliche Hilfen
2. Erkennen der inhaltlichen Verschiedenheit der Sprachen	Bemerken unterschiedlicher Aspekte und Verarbeitungsweisen von Wirklichkeit in verschiedenen Sprachen	Fremdsprachen als von der Muttersprache abweichende Formen der „geistigen Anverwandlung der Welt“	Erkennen der inneren Sprachverschiedenheit, der inhaltlichen Pluralität der Sprachen	Einführung in die geistige Welt einer fremden Sprache. Hinweise auf inhaltliche und strukturelle Unterschiede zur Muttersprache
3. Rückwendung von der Fremdsprache auf die Muttersprache	Erkennen der Besonderheit muttersprachlicher Weltbewältigung durch den Vergleich mit der Weltsicht in fremden Sprachen	semantische und grammatische Differenzen der verschiedenen Sprachen	Aufmerksamwerden auf die Eigenart der Muttersprache durch den Vergleich mit Fremdsprachen. Die Muttersprache als *eine* (unter vielen) Möglichkeit der Weltbewältigung	Anregungen zum inhaltlichen und formalen Vergleich zwischen Muttersprache und Fremdsprachen
VIII. Sprachstudium	Gewinn von Einsicht in die Wirklichkeit und Wirksamkeit der Sprache und der Sprachen	Vielfalt menschlicher Sprache (auch in ihrer historischen Entwicklung). formaler und inhaltlicher Aufbau der Sprachen. Sprachverwandtschaften, Sprachverschiedenheit. Funktion und Wirkung von Sprache und Sprachgebrauch	Sprachbeherrschung, Sprachvergleich, Sprachreflexion, Sprachtheorie, Sprachkritik	Aufweis von Gestalt, Inhalt, Leistung und Wirkung der Sprache und der Sprachen. Befähigung zu ihrer selbständigen Erforschung

Stufe	Aktivitäten des Lernenden	das (durch Sprache) Intendierte	Sinn im Gesamtzusammenhang der Sprachbildung	Aufgaben des Erziehers, mögliche Hilfen
IX. Gewinn eines positiven Selbstverhältnisses zur Sprache	bewußter, eigenverantwortlicher Sprachgebrauch. Entwicklung einer Sprachethik. Sprachliche Emanzipation. Kritische Auseinandersetzung mit Sprache. Mitarbeit im Prozeß des „Wortens der Welt“	Verwirklichung sprachlicher Energeia im individuellen und sozialen Sprachhandeln. Begründen und Erhalten menschlicher Gemeinschaft durch verantwortliches Verständigungshandeln. Fortbestand und Weiterentwicklung von Sprache	zentrales Ziel der Sprachbildung, auf allen Stufen der Sprachentwicklung und Sprachförderung gemäß den gegebenen Voraussetzungen anzustreben	Erziehung zum selbständigen, kritischen und selbstverantwortlichen Sprachpartner. Motivation zu bewußtem, begründetem und vertretbarem Sprachhandeln. Förderung sprachlicher Emanzipation und Selbstbestimmung

Sprach- und Sachunterricht

1. Die Frage nach dem Verhältnis von Sprach- und Sachunterricht ist für alle Schulstufen von Bedeutung, sie stellt sich aber in jeweils spezifischer Form:

– In der Grundschule ist eine eindeutige Abgrenzung der Unterrichtsfächer und -stunden aus organisatorischen Gründen (das Klassenlehrerprinzip kommt gegenwärtig erneut zu Ehren) nicht unbedingt erforderlich und aus pädagogisch-didaktischen Gründen (Motivation, Integration, fächerübergreifender Unterricht) auch nicht immer wünschenswert. Unter neuen Etiketten wird damit wiederentdeckt, was früher einmal als „muttersprachlicher Gesamtunterricht" das Schulleben in den ersten Schuljahren bestimmte.

– Das Fachlehrersystem in der Sekundarstufe und die zunehmende Wissenschaftsorientierung der einzelnen Fächer erschweren dagegen eine fachübergreifende Unterrichtsplanung. Im Normalfall interessiert es den Physiklehrer wenig, was gleichzeitig der Deutschlehrer betreibt, und der Musiklehrer weiß nichts davon, mit welchen literarischen Texten sich die Schüler in der vorhergehenden Stunde beschäftigt haben. Daß eine solche Schubladen-Bildung weder den Interessen des Faches noch denen der Lehrer oder gar der Schüler dient, wird im folgenden noch zu begründen sein. Die Kritik daran hat zur Entwicklung alternativer Unterrichtsformen geführt, die aber die Bereitschaft und Fähigkeit der Fachlehrer zur Kooperation, zum Blick über den Zaun ihres Faches hinaus, voraussetzen: Projekt- (oder projektorientierter) Unterricht sprengt die Fachgrenzen und demonstriert dem Deutschlehrer ebenso deutlich die Sachprobleme, die der Sprachunterricht, wie dem Fachlehrer die Sprachprobleme, die der Sachunterricht impliziert und die aufzugreifen beiden zugute kommt.

Die Diskussion über das Verhältnis von Sprach- und Sachunterricht bewegt sich zwischen zwei Extrempositionen:

a) Ein besonderer Sprachunterricht ist nicht erforderlich, weil jeder Sachunterricht zugleich Sprachunterricht ist. Sachunterricht umfaßt also den Sprachunterricht.
b) Sprachunterricht ist unabhängig vom Sachunterricht. Er hat seine eigene Systematik (besonders in Bereichen wie Grammatik und Rechtschreibung), die die Ziele und den Aufbau des Sprachunterrichts bestimmt.

2. Die Einschätzung des Beziehungsverhältnisses von Sprach- und Sachunterricht und der sich daraus ergebenden Aufgaben und Möglichkeiten für beide Gebiete resultiert aus dem jeweiligen Verständnis von Sprache und Sache:

— Sprache als Prozeß der Verarbeitung von „Wirklichkeit" in einer durch ihre gemeinsame Sprache konstituierten menschlichen Gemeinschaft: Von diesem Sprachverständnis her erscheint Sprachunterricht ohne Sachbezug (Bezug auf Wirklichkeit) undenkbar. Ein Sprachunterricht, der nicht durch das Medium der Sprache hindurch „Wirklichkeiten" intendiert, kann die Leistungen der Sprache den Schülern nicht erschließen. Er verfehlt damit sein Ziel, beim Schüler die geistige Verarbeitung von Wirklichkeit durch die Aktivierung seiner sprachlichen Fähigkeiten (und durch das Bereitstellen der erforderlichen Sprachmittel) zu fördern und zu motivieren.

— Sprache als „symbolisch vermittelte Interaktion": Auch diese Definition von Sprache hebt den Verweis-(Symbol-)Charakter von Sprache hervor. Die Funktion sprachlicher Zeichen (Symbole) besteht darin, etwas zu bezeichnen, das mit dem Zeichen gemeint, aber nicht identisch ist. Als Gegenstand der Wahrnehmung, der Aufmerksamkeit, der Erkenntnis, der Bewertung aber wird es erst im Zeichen (Wort) konstituiert. Ein gemeinsamer Vorrat geltender sprachlicher Zeichen ist die Grundlage geistiger Interaktion. Gegenstand des gemeinsamen Handelns ist demnach die „Sachwelt" als in Sprache vermittelte Wirklichkeit. Ziel des Sprachunterrichts in dieser Sicht wäre es, sachbezogene sprachliche Interaktion in der Klasse in Gang zu setzen, die die Bewältigung und Veränderung von Wirklichkeit bewirkt.

— Sprache als soziales Handeln: Diese Auffassung von Sprache betont ihren pragmatischen Charakter und ihre sozialen Voraussetzungen und Bedingungen. Handeln als spezifisch menschliche, auf der Distanzierung der Umwelt durch Sprache beruhende Verhaltensform vollzieht sich in einem Handlungsfeld, in dem die (sprachlich vermittelten) „Sachen" als Objekte menschlicher Handlungen fungieren. Auch hier ist also der Sachbezug der Sprache unumgänglich.

Sprachunterricht kann sich also nicht auf die Ebene der Sprache beschränken und die in Sprache intendierten, durch Sprache ermöglichten und hergestellten Sachbezüge ignorieren — das ergibt sich schon aus dem Begriff der Sprache selbst.

Umgekehrt ist auch Sachunterricht ohne Sprachbezug undenkbar. Denn die „Sachen", von denen er handelt und auf deren Bewältigung er ausgerichtet ist, sind für Menschen begrifflich nur in Sprache faßbar, werden als geistige Gegenstände erst durch Sprache konstituiert. Der Lehrer, der bei der Planung und Durchführung des Sachunterrichts nicht auch dessen sprachliche Voraussetzungen und Bedingungen reflektiert und sie in sein Unterrichtskonzept einbezieht, verzichtet damit nicht nur auf wichtige Chancen der Sprachförderung seiner Schüler, sondern auch auf Möglichkeiten der Sachbewältigung, der begrifflichen Klärung wahrgenommener Fakten, beobachteter Vorgänge, erkennbarer Zusammenhänge, die ohne die Beachtung der dafür erforderlichen sprachlichen Prozesse und ohne eine entsprechende sprachliche Differenzierung der Begriffe nicht ausgeschöpft werden können.

Am Beispiel: Es besteht ein grundlegender Unterschied zwischen einer Physikstunde, in der die Schüler einen vorgeführten Versuch mit einem zustimmenden „Ah!“ quittieren, und einer solchen, in der sie anschließend Versuchsanordnung, Versuchsablauf und Versuchsergebnis sprachlich formulieren. Und dieser Unterschied betrifft nicht nur die Unterrichtsmethode, sondern die Qualität der gewonnenen Erkenntnis selbst: Erst in der sprachlichen Formulierung wird sie „auf den Begriff gebracht“, erhält ihren Ort im Fachwissen des Schülers und kann bei späteren Gelegenheiten situationsunabhängig wieder aufgegriffen und mit neugewonnenen Erkenntnissen in Beziehung gesetzt werden.

3. Sachunterricht ist also immer zugleich auch Sprachunterricht – die Frage ist nur, ob die sich aus dieser Tatsache ergebenden Chancen genutzt werden oder nicht. Wer sie als Fachlehrer zu nutzen sucht, wird

– die Schüler zu einer klaren und verständlichen Formulierung der gemachten Beobachtungen und der gewonnenen Einsichten anhalten
– die erforderlichen Termini der Fachsprache systematisch erarbeiten (sie also in den Situationen einführen, in denen sie für die begriffliche Verarbeitung des Wirklichkeitsausschnittes erforderlich sind)
– dafür sorgen, daß die abstrakte fachsprachliche Terminologie mit dem konkreten Inhalt gemachter Erfahrungen oder Beobachtungen gefüllt wird
– sich darum bemühen, den fachsprachlichen Wortschatz in den Gesamtwortschatz der Schüler einzubinden, besonders indem er die Querverbindungen zum standardsprachlichen Gebrauch der Wörter oder ihrer Einzelelemente herstellt bzw. die speziellen Aspekte des Gebrauchs umgangssprachlicher Ausdrücke in der Fachsprache herausarbeitet
– sich selbst um den Grad der Verständlichkeit seines (Fach-) Sprachgebrauchs bemühen, der der Sprachentwicklung und der Aufnahmefähigkeit seiner Schüler entspricht
– auch die spezielle Sprache des Unterrichtsfaches gelegentlich zum Gegenstand der Reflexion machen.

Denn Sachunterricht ist um so ergiebiger und effektiver, je stärker er seine sprachlichen Voraussetzungen erkennt und in den Unterricht einbezieht. Dies gilt nicht nur für die Ebene des Wortschatzes (Fachterminologie), sondern auch für die Bereiche der Syntax, der Wortbildung oder der Semantik. Die Eigenart der „Sache“ bzw. der Aspekte, unter denen die „Sache“ in einem bestimmten „Fach“ betrachtet wird, führt mit innerer Konsequenz zur Eigenart der Sprache, mit der die Sache bewältigt wird. Das gilt nicht nur für die Ausformung der jeweiligen Fachsprachen, sondern auch für die spezifische Sprache der Unterrichtsfächer. Dieser Tatbestand macht es nicht nur möglich, sondern läßt es als sinnvoll und wichtig erscheinen, auch sprachliche Lernziele im Sachunterricht anzustreben. Sie betreffen besonders den Aufschlußwert, die Angemessenheit und die Verständlichkeit des fachspezifischen Sprachgebrauchs:

– Aufschlußwert: Fachsprachen entwickeln für den von ihnen gefaßten Wirklichkeitsbereich oder -aspekt ein Vokabular, das sich vom standardsprachlichen in den beiden Richtungen der Sprachentwicklung: Differenzierung und Abstraktion, abhebt. Die intensivierte Beschäftigung mit einem Wirklichkeitsausschnitt erfordert eine entsprechend verfeinerte „Artikulation", die erhöhte Sachkompetenz und Übersicht ermöglicht zusammenfassende Abstraktion (auch mit dem Ziel einer Verkürzung oder Beschleunigung von Verständigungsprozessen).

— Angemessenheit: Sich im Sachunterricht angemessen auszudrücken, ist eine Kunst, die der Schüler schrittweise lernen muß. Dabei geht es nicht nur um die Aneignung der Fachterminologie, sondern um eine fachgerechte sprachliche Einstellung, die beispielsweise auch in bestimmten Textsorten (Versuchsbeschreibung, Konstruktionsanweisung u.a.) ihren Niederschlag findet. Zu den erlernbaren sprachlichen Fähigkeiten in diesem Bereich gehört auch eine entsprechende Textrezeption: das richtige Verständnis von Arbeitsanweisungen, Aufgabenstellungen (z.B. in der Mathematik) usw. und nicht zuletzt die ergiebige Lektüre von Fachliteratur.

— Verständlichkeit: Fachsprachen ermöglichen eine genauere und kürzere Verständigung innerhalb der Gruppe derer, die sie beherrschen. An ihrem Gebrauch erkennen sich die Eingeweihten. Fachsprachen lassen sich mißbrauchen, um andere aus dem Verständigungsprozeß auszuschließen. Zu den sprachlichen Lernzielen des Sachunterrichts zählt daher auch die Fähigkeit und Bereitschaft, sich einem Adressaten gegenüber verständlich zu machen, der die Fachsprache nicht beherrscht (eine Kunst, die in besonderer Weise dem Fachlehrer abzuverlangen ist).

4. Sprachunterricht ist aber auch immer zugleich Sachunterricht. Er verdient seinen Namen nur, wenn er über Sprache die Bewältigung von „Sachen" ermöglicht und intendiert. Eine isolierte Betrachtung oder Einübung von Sprache auf ihrer lautlich-formalen Ebene verfehlt ihren Gegenstand, denn Sprache ist nur als untrennbare Einheit von Laut und Inhalt angemessen zu verstehen und zu beschreiben. Die Grundleistung der Sprache — Wirklichkeit in Worten faßbar zu machen — muß von den Schülern in jeder Unterrichtsstunde nachvollzogen werden. Nur auf diese Weise kann die sprachliche Aktivität der Schüler angeregt und verstärkt werden.

Entscheidend für den Erfolg des Sprachunterrichts sind daher nicht zuletzt die „Sachen", um die er sich dreht. Aufgabe des Sprachlehrers ist es — nach Möglichkeit gemeinsam mit den Schülern — die Sachverhalte zu thematisieren, die Situationen aufzugreifen oder herzustellen, die Probleme zur Diskussion zu stellen, die die Schüler betreffen und zu deren Bewältigung sie auf Sprache angewiesen sind.

5. Aus der Feststellung, daß Sachunterricht immer auch Sprachunterricht und Sprachunterricht immer auch Sachunterricht ist, ergibt sich aber keine Identität beider Aufgabenbereiche.

Sach- und Sprachunterricht unterscheiden sich:

— hinsichtlich ihrer Lernziele: Im Sachunterricht steht die Sachkompetenz, im Sprachunterricht die Sprachkompetenz im Vordergrund. Allerdings dürfte aus dem bisher Gesagten deutlich geworden sein, daß zur Sachkompetenz ebenso die Fähigkeit gehört, Sachkenntnis sprachlich angemessen zu fassen und zu vermitteln, wie zur Sprachkompetenz die „sachgerechte" Hinwendung zu den „Gegenständen", die die Sprache konstituiert und repräsentiert.

– hinsichtlich ihrer Unterrichtsgegenstände: Sachunterricht ist begründet und gekennzeichnet durch einen bestimmten Wirklichkeitsausschnitt, den er thematisiert bzw. durch einen bestimmten Aspekt, unter dem er Wirklichkeit sieht. Zu den Themen des Sprachunterrichts können alle Sachgebiete gehören, sie werden aber aufgegriffen unter dem Gesichtspunkt ihrer Versprachlichung und ihrer sprachlichen Vermittlung. „Gegenstand" des Sprachunterrichts ist darüber hinaus auch die Sprache selbst: In der Metakommunikation wird die Kommunikation, in der Metasprache (etwa der Grammatik oder der Sprachkritik) die Sprache selbst zum Objekt der Erkenntnis.

– hinsichtlich ihrer Unterrichtsmethoden: Unterrichtsmethoden sind abhängig vom Unterrichtsziel, vom Unterrichtsgegenstand, vom Unterrichtsstil, aber auch von der zuständigen Fachwissenschaft. In unserer Zeit der Explosion des Wissens gewinnen die Unterrichtsmethoden besondere Bedeutung. Was die Schule an Wissen in den verschiedenen Sach- und Fachgebieten vermitteln kann, dürfte schon in naher Zukunft als überholt gelten. Um so mehr kommt es darauf an, die Schüler zu befähigen, mit Hilfe geeigneter Methoden selbst Beobachtungen zu machen und Erkenntnisse daraus abzuleiten, um auf diese Weise ihr Wissen zu erweitern, zu korrigieren und zu aktualisieren. Eine direkte Übernahme fachwissenschaftlicher Methoden in den Unterricht dürfte allerdings meist die Schüler überfordern. Auch aus didaktischen Gründen ist sie oft nicht geboten oder sogar nicht zu rechtfertigen (vgl. dazu oben S. 26). Auch bei der Behandlung ein und desselben Themas im Sach- und Sprachunterricht können sich beide durch die Methoden des Zugangs unterscheiden und ergänzen.

6. Die unterschiedlichen Zielsetzungen, Inhalte und Methoden im Sach- und Sprachunterricht begründen deren Eigenständigkeit ebenso wie die Chancen der wünschenswerten Kooperation.

Wo in der Unterrichtsorganisation der Grundschule beide zusammengefaßt werden, muß der Lehrer sich über die verschiedenen Aufgaben und Möglichkeiten klar sein, damit sowohl die Belange des Sprachunterrichts als auch die Ziele des Sachunterrichts hinreichend Beachtung finden. In der Sekundarstufe mit ihrem Fachlehrerprinzip ist deutlicher auf die Notwendigkeit der Zusammenarbeit hinzuweisen, die für beide Seiten Anregung und Bereicherung bieten kann. Die Kooperation zwischen Sach- und Sprachunterricht ist unumgänglich bei Formen der Unterrichtsplanung, die die Fachgrenzen sprengen, besonders beim Projekt- oder projektorientierten Unterricht, dessen theoretische Begründung in einem handlungsorientierten Sprachunterricht an anderer Stelle ausgeführt ist (vgl. S. 127ff.).

Auch ein integrativer Sprachunterricht profitiert von einer möglichst engen Beziehung zum Sachunterricht: Ein Sachthema, befragt auf seine spracherzieherischen Möglichkeiten, liefert meist Anregungen für die verschiedenen Teilbereiche des Deutschunterrichts: für Textrezeptionen wie Textproduktion, für mündlichen und schriftlichen Sprachgebrauch wie für die Reflexion über Sprache (einschließlich Grammatik).

7. Dies sei an einem abschließenden Beispiel vorgeführt, in dem ein Sachthema (Reisen/Verkehr) unter dem Aspekt des Sprachunterrichts aufgegriffen wird. (In der hier dargestellten Weise wäre es etwa für ein 7. Schuljahr geeignet.)

Ausgangspunkt sei ein Schülertext, verfaßt von der 11jährigen Anne-Marie Bird aus Antigua. Er stammt aus einer Ausstellung des Rautenstrauch-Joest Museums in Köln über die Inselwelt der Antillen:

Touristen sind in Antigua sehr wichtig, denn sie bringen fremdes Geld. Sie kommen aus der ganzen Welt, um unsere schöne Insel zu sehen. Sie kommen entweder mit Schiffen oder mit Booten. Meistens kommen sie zu Karneval oder zu Weihnachten. Sie kaufen Souvenirs, gehen an unsere 365 Strände und machen Besichtigungstouren zu Nelson's Dockyards, Clarence House und Shirley Heights. Was ich an ihnen nicht mag, ist, wie sie sich kleiden. Einige von ihnen tragen nur wenige oder überhaupt keine Kleider. Außerdem verschmutzen sie die Insel. Sie übernachten in Hotels oder in Pensionen. Die meisten interessieren sich für die Geschichte unseres Vaterlandes. Wie dem auch sei, sie helfen uns zu überleben, deshalb sind sie willkommen.

Der Text fordert zunächst die Klärung einiger Sachfragen:

- Wo liegt die Insel Antigua?
- Wie ist sie zu erreichen?
- Wie leben die Menschen dort?
- Welche Rolle spielt auf diesen Inseln der Fremdenverkehr? usw.

(Die wünschenswerte Kooperation mit dem Geographie-Unterricht liegt auf der Hand.)

Ein besonderer Reiz, sich mit dem Text inhaltlich auseinanderzusetzen, liegt im Wechsel der Perspektive. Deutsche Schüler sind auf Grund ihrer eigenen Urlaubserfahrungen meist gewohnt, fremde Länder aus der Sicht des Touristen zu betrachten. Hier werden einmal die fremden Touristen mit den Augen eines einheimischen Kindes gesehen – ein reizvoller Anlaß zur Diskussion über die positiven und negativen Seiten des Tourismus, zu der viele Schüler sicher eigene Erlebnisse und Stellungnahmen beisteuern können.

Narrativer (beim Erzählen von eigenen Urlaubserfahrungen) und argumentativer Sprachgebrauch (in der Diskussion über Vor- und Nachteile des Tourismus) ergeben sich aus der Thematik. In der Metakommunikation über den Gesprächsverlauf lernen die Schüler zu unterscheiden: Wo hat der Sprecher über Fakten berichtet, wo hat er dazu Stellung bezogen, in welcher Weise hat er sie als Argumente verwendet?

Appellativer Sprachgebrauch findet sich beim Thema „Reisen und Verkehr" besonders in der Reisewerbung. Entsprechendes Material können die Schüler leicht selbst beschaffen (Prospekte, Zeitungsinserate, Hotelkataloge usw.). Die Analyse dieses Materials kann zunächst nach grammatischen Gesichtspunkten vorgenommen werden: Die Schüler suchen die Wörter heraus, die für die Reisewerbung besonders kennzeichnend sind und ordnen sie nach Wortarten etwa:

– Substantive: Pfingstprogramm, Sonderarrangement Sommerferientage, . .
– Adjektive: komfortabel, gepflegt, anregend, erlebnisreich, unbeschwert, abwechslungsreich, ruhig, . . .
– Verben: entdecken, erleben, genießen, . . .

Bei den für die Reisewerbung charakteristischen Substantiven lassen sich verschiedene Gruppen unterscheiden:

– Substantive aus der Alltagssprache (mit positiven Konnotationen): Sommer, Erholung, Abenteuer, Vergnügen, . . .
– Beispiele für die Sondersprache der Urlaubswerbung: First-Class-Hotel, Happyweekend, Gastlichkeit, . . .

(Alle Beispiele sind konkreten Werbeanzeigen entnommen).

Die Funktion der Adjektive in der Werbesprache stellt sich schnell heraus, wenn die Schüler eine Liste dieser Adjektive zusammenstellen und dazu Gegensatzpaare suchen:

Adjektive in den Anzeigen	Gegensatz
unbeschwert	beschwerlich
reizvoll	langweilig
vollkommen	unvollkommen
komfortabel	unbequem
sympathisch	. . .

Eine kritische Analyse der Anzeigen läßt sich durch die Frage anregen: Welche Informationen vermitteln die gebrauchten Adjektive dem Leser? Ihre appellative, auf Beeinflussung des Lesers zielende Funktion kann durch die Umformung von Anzeigentexten besonders verdeutlicht werden.
Am Beispiel:

Anzeige des Waldhotels Tannenhäuschen (Originaltext):
Verbringen Sie anregende Sommerferientage in Amorbach und erleben Sie unbeschwerte Urlaubsfreuden in unserem Waldhotel. Ruhige reizvolle Landschaft. Erholung, Aktivität und auch Geselligkeit stehen neben vollkommener Gastlichkeit an erster Stelle . . .

Die Schüler streichen alle Adjektive:
Verbringen Sie Sommerferientage in . . .

Sie setzen die Gegensatzpaare dafür ein:
Verbringen Sie ermüdende Sommerferientage in Amorbach . . . Lärmvolle reizlose Landschaft usw.

Eine besonders reizvolle Anregung zur Textproduktion im Rahmen des Themas bietet die Aufgabe, einen Urlaubsprospekt für den Heimatort der Schüler anzufertigen. (Der Perspektivenwechsel des Ausgangstextes wird hier wieder aufgenommen). Diese Aufgabe kann in einem fächerübergreifenden, projektorientierten Unterricht am besten erfüllt werden. Schon die gemeinsame Planung des Vorhabens enthält eine Fülle sprachlicher Lernprozesse (Verständigung über die Arbeitsweise in der Gruppe, Informationsbeschaffung, sprachliche Fixierung der Arbeitsschritte, ggfs. auch Protokollierung des Fortgangs der Arbeit in der Gruppe usw.), auf die ich hier nicht näher eingehen kann.

Die Motivation zu einem solchen Vorhaben könnte – wenn sie vom Lehrer oder einem Schulbuch ausgeht – etwa folgendermaßen aussehen:

Natürlich kann man auch zuhause Urlaub machen. Man braucht nur Zeit dazu und andere Augen. Denn in den Augen eines Urlaubers sieht jede Landschaft und jeder Ort ganz anders aus.

Versucht einmal, eure Heimatgemeinde mit den Augen eines Urlaubers zu sehen:

– Welches Urlaubsangebot kann eure Gemeinde machen?
– Was würdet ihr einem Fremden in eurer Heimatgemeinde zeigen?
– Wo könnte er unterkommen, gut essen, wohin könnte er wandern oder fahren?
– Wie ist euer Heimatort am besten zu erreichen?

In gemeinsamer Arbeit tragen die Schüler die wichtigsten Informationen über ihren Heimatort zusammen: Einwohnerzahl, Lage, Verkehrsverbindungen, Hotels und Gasthöfe, Restaurants, Sehenswürdigkeiten, Freizeiteinrichtungen, Sportmöglichkeiten, Ausflugsvorschläge, historische Daten usw.

Die Herstellung des Prospektes geschieht am besten in Gruppenarbeit und in einem fächerübergreifenden Unterricht. Geographische Skizzen (Verkehrslage usw.) stellen die Verbindung zum Erdkunde-, Fragen des Layouts und der Bebilderung die Verbindung zum Kunstunterricht her.

Die Textproduktion selbst macht Vorüberlegungen notwendig:

– Welche Informationen wollen wir auswählen?
– In welcher Form wollen wir sie dem Adressaten vermitteln?
– In welcher Beziehung sollen Text und Illustration zueinander stehen?
– Mit welchen Mitteln können wir die Leser für unsere Heimat interessieren?
– Welche Form der Werbung ist nötig, vertretbar, angemessen, wirksam, übertrieben, unwahrhaftig, lächerlich . . .?

Die Diskussion der Schüler um die beste (wirksamste) Textfassung ist für den Sprachunterricht ebenso ergiebig wie anschließend der Vergleich verschiedener Texte, die von den einzelnen Arbeitsgruppen verfaßt worden sind.

Wenn bereits ein Werbeprospekt für den Ort existiert, sollten die Schüler sich diesen anschließend besorgen und mit ihren Prospekten vergleichen. Gegebenenfalls können sie auch Verbesserungsvorschläge für den „offiziellen" Prospekt machen. (In letzter Zeit haben übrigens verschiedene Fremdenverkehrsorte Prospekte herausgebracht, die von Kindern und Jugendlichen erarbeitet worden sind.)

Ein ebenso anregendes wie ergiebiges Material für die Rezeption, Analyse und Produktion appellativen Sprachgebrauchs zum Thema „Reisen" sind auch Werbeplakate, wie sie beispielsweise von der Bundesbahn herausgebracht werden.

Methodisch läßt sich dieses Material am besten in drei Schritten aufbereiten:

a) Plakate mit Bild-Text-Kombination:
Aufgaben: Analyse von Bild und Text, besonders unter dem Aspekt ihres Zusammenhangs und ihrer Werbewirksamkeit
b) Bildplakate ohne Text:
Aufgaben: Bildanalyse (Sind die Bilder auch ohne Text aussagekräftig?), Produktion von passenden Werbetexten (Slogans) zu den Bildern
c) Werbeslogans
Aufgaben: Interpretation, Entwurf passender Plakate (in Zusammenarbeit mit dem Kunstunterricht unter Verwendung verschiedener Techniken, z.B. Zeichnungen, Fotos, Collagen ...)

Die Fülle weiterer Möglichkeiten, die das Thema dem Sprachunterricht bietet, sei nur noch in Stichworten angedeutet:

- Analyse und Produktion von Glossen über „Reisefreuden" („Urlaub im Verkehrsstau")
- Antiwerbung und Nonsenstexte (Baggerurlaub, Urlaub im Fahrstuhl)
- Alternativwerbung für andere Reiseformen (Fahr lieber mit dem Fahrrad! Geh lieber zu Fuß!)
- Tarnung der Werbung als Information (Originaltext: „Die Bundesbahn informiert: Höchste Eisenbahn für neue Strecken") und ihre Enttarnung
- Semiotik im Verkehrswesen (Piktogramme)
- Informationsentnahme aus Landkarten, Fahrplänen und ihre sprachliche Umsetzung
- Kommunikationsformen und Kommunikationsprobleme im Ausland
- Lektüre und Produktion von Reisetagebüchern
usw[1].

Aufgabe des Deutschlehrers ist es, herauszufinden, welche Themen und Aufgaben seine Schüler besonders ansprechen und welche sprachlichen Lernziele sich in diesem thematischen Zusammenhang besonders günstig anstreben und erreichen lassen.

1 Konkretes Material und weitere Anregungen zu dieser Unterrichtssequenz finden sich in: B. Weisgerber u.a. 1983, S. 80-101

„Erfahrungsentfaltender“ Deutschunterricht mit ausländischen Kindern

Gabriele Pommerin

1. Lebensäußerungen

a) „. . . Es war schwierig. Wir konnten kein Wort Deutsch. Mich haben sie dann zunächst in die Schule geschickt; das nennt sich Integrationsjahr.

Nach zwei Jahren konnte ich die deutsche Schule besuchen. Das war erst die Grundschule, und dann habe ich die Hauptschule besucht.

Ich habe die Qualifikation für das 10. Schuljahr erreicht, und jetzt bin ich in der 12. Klasse des Gymnasiums.

Ich muß allerdings sagen: Mein Werdegang ist nicht die Regel, sondern die Ausnahme. Ich fühle mich wie ein schwarzes Schaf, denn von den über 1000 Schülern bin ich der einzige Ausländer.

Ich will noch folgendes sagen. Die Einstellung der Deutschen gegenüber Ausländern war vor zehn Jahren ganz anders als jetzt.

Damals haben uns die deutschen Kinder nicht richtig angenommen. Ich kann mich noch sehr gut daran erinnern, wie wir mit Steinen beworfen und ‚Itaker-Schweine‘ genannt worden sind.

Mit der Zeit vergißt man das, aber es bleiben Erinnerungen[1] “.

b) „Ich komme aus Izmir. Izmir ist eine große türkische Stadt. Ich bin Türke und 14 Jahre alt. Seit sechs Jahren bin ich in Deutschland. Ich habe acht Geschwister. Mein Vater arbeitet bei Opel. Seine Arbeit kenne ich nicht. Meine Mutter geht putzen.

. . .

Ich besuche die 6. Klasse einer Hauptschule. In meiner Klasse sind noch sechs weitere Ausländer. Unser Lehrer ist ein bißchen doof. Gegen einen türkischen Jungen hat er besonders etwas. Aber er ist nicht ausländerfeindlich. Unser Lehrer schlägt oft . . .

Damals bin ich hier zu einer Schule gegangen, da bekam ich jeden Tag neuen Ärger. Die deutschen Schüler sind auch nicht nett, aber ich finde die Türken noch schlimmer. Die haben eine größere Schnauze . . . Ich habe kein Lieblingsfach. Naja, Deutsch finde ich ganz gut. Deutsch brauche ich ja auch, wenn ich hier später einmal arbeiten will. Mir hat in der Schule keiner gesagt, was ich später einmal machen soll. Nun ich muß dann arbeiten. Was soll ich denn sonst machen?

Die deutschen Schüler verstehen sich untereinander besser und uns helfen sie nicht. Aber wenn Streit aufkommt, haben alle Deutschen Angst vor uns . . .

Ich habe anfangs viel Deutsch in der JFAF (Freizeitgruppe) gelernt.

---

1 Hearing mit ausländischen Jugendlichen, 1979

In der Schule haben wir damals das „Wie heißt das?-Spiel" gespielt. Jetzt machen wir im Deutschunterricht Gedichte und Grammatik. Gruppenarbeit kenne ich nicht. Der Lehrer steht immer vorne, und wenn ich etwas nicht verstanden habe oder ich kann etwas nicht, dann sagt er: „Stell dich hin!"

Nach fünf Minuten sagt er: „Setz' dich hin!" Dann habe ich es verstanden . . ."[2]

c) Mir gefällt es hier weil ich Freunde habe.
Weil ich geboren bin. Wenn ich in der Griechischen
Schule wär würde ich das nie schafen.
Und meine Eltern haben nicht so viele
Probleme mit der Arbeit wie viele andere Ausländer.
Denn mein Vater ist Arzt und meine Mutter
ist zu Hause. (Elena)

d) Mein Geschichte
Ich bin Deutschland gebuleiben Deutschland ist schöm
spazieren und Kirmes Menschen sind gut machen sind
Deutschland Ich gehe mit meinen Freundin gegangen
Schneeball schwinnen Deutschland ist kalt
Da Deutschland ist schöm Ich willt Deutschland
bleiben Ich spile meinen Freundik springen mit
den Seil (Ayşe)

2 Auszug aus einem Interview, WS 1979/80

e) Was mir mich in Deutschland nicht
gefällt.
Mir gefällt nicht in der Schule wenn
ich in die deutsche Klasse gehe, weil
die Kinder oft zu mir schmutzige
Worte sagen, und wenn ich deutsch
spreche dann machen sie Zeichen daß
ich doof bin. Die deutsche Kinder
glauben, daß ich nicht verstehen,
wenn sie über mich sprechen,
aber ich verstehe sie
ich magg nicht in Deutschland
wenn das Wetter nicht gut ist
Schne und Regen mag ich

f) Ich bin in Italien geboren
Ich heiße Sonia. Ich wohne
in Deutschland. Ich bin
nicht so sehr froh, weil ich
mich nach meiner Heimat
sehne. Meine Eltern gehen
jeden Tag arbeiten. Meine
Freundin heßt Hildegard.
Sie ist sehr nett zu mir. Ich
spiele jeden Tag mit ihr. Ich
amüsere mich sehr mit ihr,
wir stellen immer jeden Tag
einen ärgen, sonst wird uns
schlekt. (3)

(Sonia)

3 Authentische Kindertexte, WS 1981/82

So unterschiedlich die Lebenserfahrungen und Zukunftsperspektiven der hier zu Wort gekommenen ausländischen Heranwachsenden auch sind, in allen Lebensgeschichten finden wir Stationen vor, die typisch sind für jede „Gastarbeiter"-Biographie.

Zunächst das Erlebnis der Sprachlosigkeit; die Erfahrung, nicht zu verstehen und sich nicht verständlich machen zu können, weil die anderen auch nicht verstehen wollen. Dann, das Gefühl, ein Außenseiter zu sein, nicht akzeptiert zu werden und – wie in Alis Fall – auf keinerlei Hilfe rechnen zu können, weder im Elternhaus noch in der Schule noch bei Freunden.

Schließlich die Isolation, in die sie gedrängt werden und die sie nur scheinbar durch Schnodderigkeit, Resignation oder Übertüchtigkeit verkraften.

Erfahrene Diskriminierungen vom „schmutzigen Wort" bis hin zum Steinwurf bleiben unvergessen. Die Möglichkeit, sich in Deutschland wohl zu fühlen, ist in erster Linie abhängig von Kontakten mit einheimischen Gleichaltrigen. Dieser wiederum stellt sich erst dann ein, wenn das ausländische Kind sich auf deutsch verständlich machen kann.

Wie erwirbt es aber diese Fähigkeit, wenn es von denen nicht akzeptiert wird, deren Freundschaft es sucht? Wie läßt sich dieser Teufelskreis von Ablehnung, Sprachlosigkeit, Heimatverlust, Identitätsstörung, Bildungsmisere und vorprogrammierter Arbeitslosigkeit durchbrechen?

Bevor diese Fragen im Rahmen eines didaktischen Konzepts auch nur ansatzweise beantwortet werden können, sollen einige Zahlen und Daten die weiterhin fortschreitende Bildungsmisere ausländischer Heranwachsender deutlich vor Augen führen.

2. Lebensbedingungen ausländischer Heranwachsender

Von den etwa 1,05 Millionen ausländischen Kindern und Jugendlichen, die in der Bundesrepublik Deutschland heranwachsen, befinden sich schätzungsweise 500 000 ausländische Kinder im deutschen Schulsystem. Davon wachsen durchschnittlich 45 000 ausländische Jugendliche ins erwerbsfähige Alter.

Die Lebensbedingungen, denen sie in unserer Gesellschaft ausgesetzt sind, führen dazu,

- daß nur etwa die Hälfte der schulpflichtigen ausländischen Kinder die Schule mit einem qualifizierten Abschluß verläßt,
- daß lediglich etwa 30% dieser Jugendlichen eine Berufsausbildung erhalten (das bedeutet, daß 70% der Heranwachsenden von jeglicher beruflichen Qualifizierung ausgeschlossen bleiben) und
- daß nur knapp 30% der ausländischen Kinder (und davon nicht mehr als 15% türkische Kinder, die mit einem Anteil von über 70% die Mehrheit stellen) Einrichtungen des Elementarbereichs besuchen (vgl. Integration der zweiten Ausländergeneration, 1979, und Zahlenspiegel der Pressemitteilung, 1979, S. 1-4).

Wie wirken sich diese Zahlen im Alltag in den elementaren Lebensbereichen bei ausländischen Kindern und ihren Eltern aus?

Seit Jahren leben ausländische Kinder in unserer Gesellschaft. Sie sind aufgrund der Kindergeldregelung von 1975 (derzufolge jedes in der Bundesrepublik lebende ausländische Kind den vollen Kindergeldsatz erhält) und aufgrund der Tatsache, daß inzwischen jedes 5. (und in einigen Ballungsgebieten jedes 3.) hier geborene Kind ausländische Eltern hat, zu einem sogenannten konjunkturunabhängigen Problem geworden (Müller, 1974; Mellinghaus, 1977; Boos Nünning/Hohmann, 1977; Neumann/Reich, 1978; Kinder zwischen zwei Kulturen, 1979; Reich, 1979a).

Mit deutschen Kindern besuchen sie gemeinsam den Unterricht, sind auf dem Schulhof zusammen, sitzen manchmal sogar auf derselben Bank, arbeiten, spielen, lernen gemeinsam. Zumindest dem äußeren Anschein nach. Kritisch gesehen spielen und lernen sie häufig nebeneinander und nicht selten auch gegeneinander.

Von wirklicher „gegenseitiger Verständigung", „kultureller Begegnung" und „multinationalem Austausch" kann nur in Ausnahmen die Rede sein, wie engagierte Kollegen immer wieder versichern und auch eigene Beobachtungen und Erfahrungen aus der Unterrichtspraxis zeigen (vgl. Pommerin 1980c und 1980d).

Mit dem Heranwachsen der Zweiten und Dritten Generation haben sich die alten Probleme allerdings keineswegs von selbst gelöst. Sie haben sich vielmehr verändert, z.T. sogar verkompliziert und verdichtet.

Das ambivalente Rollenverständnis bei türkischen Mädchen ist dafür ein geradezu symptomatisches Beispiel (vgl. Weische-Alexa, 1978). Dazu die vierzehnjährige Türkin A. aus Langenfeld: „Ich bin einige Zeit in die Koranschule gegangen. Der Mann dort heißt nicht Hodscha, er heißt Pastor. Da muß man immer so auf einem Teppich sitzen. Dann muß man mit Kopftuch und Rock über der Hose kommen. Das hab' ich nicht getan! Ich bin doch nicht blöd. Ich habe das Tuch und den Rock erst unten im Hausflur der Koranschule angezogen. Der Pastor merkte das nicht. Der ist ja doof. Was der sagt, finde ich nicht richtig!

Ich finde die Koranschule schon wichtig, warum weiß ich nicht . . ."[4]

Ein weiteres Problem ist die ständig wachsende Zahl ausländischer arbeitsloser Jugendlicher (vgl. Budde/Eigler, 1979, S. 73-87) oder die Vielzahl ausländischer Kinder, die – oberflächlich betrachtet – gut deutsch sprechen und daher auch gut integriert scheinen.

Diese Beobachtung ist vorwiegend bei italienischen Kindern gemacht worden, die mit über acht Prozent einen erschreckend hohen Anteil an Sonderschülern ausmachen. Schmidtke vermutet, „daß die italienischen Kinder zu schlecht deutsch sprechen, um in einem Verbaltest positiv abzuschneiden, aber doch zu gut, als daß man auf ihren soziokulturellen Hintergrund, auf ihre besonderen Sozialisationsbedingungen in der Grundschule noch Rücksicht nähme" (Schmidtke, 1979, S. 71).

Die Pseudo-Kommunikationsfähigkeit dieser Kinder im vorwiegend mündlichen Sprachbereich verstellt ganz entscheidend den Blick auf eine realistische Einschätzung ihrer gesamten kommunikativen Kompetenz. Um

4 Auszug aus einem Interview mit ausländischen Jugendlichen, das im Rahmen eines Seminars an der GHS Wuppertal im SS 1980 durchgeführt wurde.

einem möglichen Mißverständnis vorzubeugen, sei hinzugefügt: die Bereitschaft und Fähigkeit ausländischer Kinder, sich im Deutschen „irgendwie verständlich zu machen", ist unbedingt zu akzeptieren und stellt im Sprachunterricht m.E. den wichtigsten Anknüpfungspunkt für schulische Sprachlernprozesse dar. Sie darf aber nicht dazu verführen, auf einen differenzierten, systematischen Sprachunterricht zu verzichten.

Das würde zu einer Sprach-Unfähigkeit, in letzter Konsequenz zu einer Sprachlosigkeit führen und damit zu einer verstümmelten Lebensform, der wir vor allem im Bereich der Schule mit allen Mitteln entgegenzuwirken haben.

3. Kritik an der ‚direkten Integration' und am Vorbereitungsunterricht

Bisherige „Beschulungs"-Maßnahmen haben keineswegs – wie die Bildungsmisere des ausländischen Kindes zeigt – zum Erfolg geführt (vgl. dazu Klemm, 1979, S. 31-44; Hohmann, 1976, S. 89-111; Müller, 1974, S. 158-170; Schwenk, 1977, S. 7-18; Stölting, 1980).

Durch die zu Beginn der „Ausländerproblematik" jahrelang praktizierte „direkte Integration" waren sowohl die ausländischen Kinder als auch die deutschen Mitschüler und nicht zuletzt die betroffenen Lehrer hoffnungslos überfordert. Wir haben inzwischen einsehen müssen, daß es nicht genügt, ausländische Kinder in das „deutsche Sprachbad einzutauchen", in der Hoffnung, daß sich wie von selbst ein Kontakt zwischen ausländischen und deutschen Kindern ergibt, durch den das ausländische Kind beinahe naturwüchsig die deutsche Sprache schnell und sicher erwirbt. Wer kennt nicht das Bild einer Klasse, in der ein oder mehrere ausländische Kinder irgendwo abseits sitzen, sich mit einer meist sinnlosen Stillarbeit langweilen, den Unterricht stören (sofern sie noch gewisse Aktivitäten mobilisieren) oder scheinbar völlig teilnahmslos die Unterrichtszeit absitzen?

Als Folge der gescheiterten „direkten Integration" wurden Vorbereitungsklassen eingerichtet, in denen ausländische Kinder für ein bis zwei Jahre in nationale und internationale Vorbereitungsklassen zusammengefaßt wurden (vgl. dazu Richtlinien für den Unterricht, 1977). Für den Deutschunterricht hatte das folgende Konsequenzen:

Von der durchaus sinnvollen Überlegung ausgehend, daß das Deutsche zumindest für neu eingewanderte ausländische Kinder zunächst eine *Fremd-Sprache* sei, sind Konzeptionen und Unterrichtsmaterialien nach den Kriterien der Fremdsprachendidaktik entwickelt worden. Man nahm an, damit der bilingualen und bikulturellen Situation ausländischer Arbeiterkinder (vgl. dazu Stölting, 1980; siehe auch Meyer-Ingwersen, 1977; Meyer-Ingwersen u.a., 1977) gerecht zu werden. Nun haben aber die Erfahrungen der letzten Jahre gezeigt, daß der Vorbereitungsunterricht – insbesondere wenn er sich über mehrere Jahre erstreckt – ebenfalls nicht die gewünschte Integration im Sinne einer Interaktion beschleunigt, sondern die ohnehin vorhandenen Isolierungstendenzen ausländischer Heranwachsender noch verstärkt. Es ist allerdings zu befürchten, daß man dem Ziel der Chancengleichheit für *alle* Schüler und der gegenseitigen Verständigung auch nicht einen Schritt näher kommt, wenn Integration wieder einmal ‚von oben verordnet wird'. Wie glaubwürdig sind Integrationsangebote von deutscher Seite, wie beispielsweise der seit dem 1.08.1982 in Kraft getretene Erlaß in Nordrhein-Westfalen (Girgensohn, 1982) zur Beschulung ausländischer Kinder, wenn der gesamte Anteil des muttersprachlichen Unterrichts aus dem obligatorischen Fächerkanon des Vormittagsunterrichts herausgenommen und als fakultativer Zusatzunterricht auf den Nachmittag verlegt wird?

So ist es nicht verwunderlich, wenn ein großer Teil der ausländischen Eltern auch in diesem Erlaß wiederum nur einen neuerlichen Germanisierungsversuch sieht, wenn auch in subtilerer Form als die vorangegangenen, und insofern auch nicht die durchaus vorhandenen positiven Tendenzen akzeptiert, die in erster Linie darauf ausgerichtet sind, ausländische Heranwachsende zu einem qualifizierten Schulabschluß zu befähigen.

Inzwischen hat sich noch ein weiteres grundlegendes Problem des Deutschunterrichts für ausländische Kinder herausgestellt.

Durch die intensive Unterweisung des Deutschen als Fremdsprache (im Vorbereitungsunterricht) und Zweitsprache (in der gemischten Regelklasse) hoffte man, einen Grundstein für die erfolgreiche Teilnahme des ausländischen Schülers an den „Sachfächern" gelegt zu haben. Inzwischen stellt sich aber immer mehr heraus, daß ausländische Schüler gerade in naturwissenschaftlichen Fächern scheitern, auch wenn sie einen situativen, an den kommunikativen Bedürfnissen orientierten Deutschunterricht erfolgreich durchlaufen haben.

Und umgekehrt können ausländische Kinder, die einen gewissen „Sachverstand" bereits in ihrem Heimatland erworben haben, aber nicht über die notwendigen sprachlichen und kommunikativen Fähigkeiten im Deutschen verfügen, häufig erfolgreich im Unterricht der „Sachfächer", nicht aber im Deutschunterricht, mitarbeiten.

Es zeigt sich also mit aller Deutlichkeit, daß wir im Unterricht eines jeden Lernbereichs/Faches die Vermittlung sprachlicher und kommunikativer Fähigkeiten mit der Aneignung von fachspezifischem Wissen besser als bisher verbinden müssen.

Besonders im Hinblick auf die hier geborenen und aufgewachsenen ausländischen Kinder, die ihre Sachkompetenz auch hier erwerben, sind zusätzliche didaktische Reflexionen der einzelnen Fächer bzw. Wissenschaften notwendig, etwa die Entwicklung der Didaktik der Mathematik, die die Bedürfnisse ausländischer Kinder mit berücksichtigen. Diese Überlegungen finden Eingang in die Konzepte verschiedener Formen der Lehrerausbildung und -fortbildung (vgl. dazu Berichte und Materialien, ALFA 1980, Menk, 1978, S. 21-25; Meyer-Ingwersen, 1977; Meyer-Ingwersen u.a., 1977; Reich 1979b).

4. Von der gemischten Regelklasse zur multinationalen Lerngruppe

Akzeptiert man die „multikulturelle Gesellschaft", zu der sich unsere Gesellschaft in weiten Teilen bereits entwickelt hat, nicht nur als unvermeidliche Tatsache oder gar als hinzunehmendes Übel, dann wird man entdecken, welche Chancen das Zusammenleben von Kindern und Erwachsenen verschiedener Nationalitäten eröffnet (vgl. dazu Akpinar, 1980; Pommerin, 1977; Hegele/Pommerin, 1983).

Im Zusammenhang mit der bildungspolitischen Diskussion um Integration, Erhaltung der nationalkulturellen Identität oder der interkulturellen Erziehung stellt sich die Gestaltung der Lerngruppe als ein sehr wichtiges Problem dar.

In Gesprächen mit zukünftigen und bereits tätigen Lehrern, Bildungsplanern und anderen engagierten Mitbürgern tauchen immer wieder folgende Pro- und Contra-Argumente auf:

Gemischte Regelklasse als multinationale Lerngruppe?

Pro gemischte Regelklasse	**Contra gemischte Regelklasse**
1. Ausländische und deutsche Kinder haben in der multinationalen Lerngruppe – wie kaum in einem anderen Lebensraum – die Chance, fremde Denk- und Verhaltensweisen, andere Lebensgewohnheiten und Einstellungen, verschiedene Sprachen und kulturelle Einflüsse hautnah zu erleben. 2. Die Heterogenität von Sprachen und Kulturen wird dann nicht Angst und Unsicherheit auslösen, wenn die bestehenden Unterschiede als solche akzeptiert und im Unterricht als Anlaß eines „entdeckenden Lernens" aufgegriffen werden. 3. Nur in gemischten Lerngruppen und nicht im nationalen Ghetto besteht die Chance, daß die Schüler trotz kultureller Unterschiede die Gemeinsamkeiten ihres Kindseins entdecken und zu solidarischem Handeln gelangen. 4. Die Kinder können erst auf dem Hintergrund des Erlebens unterschiedlicher Sprachen und Kulturen die Gesetzmäßigkeiten ihres eigenen kulturellen backgrounds kennenlernen. Sie treten dadurch auch früh aus einem naiven Sprachverständnis heraus.	1. Deutsche Kinder kommen dabei grundsätzlich zu kurz, weil ausländische Kinder viel Zeit und Aufwand für sich benötigen. 2. Ausländische Kinder sind ständig überfordert und „hinken im Unterricht nach". 3. Die Wert- und Normsysteme, in denen ausländische Kinder aufwachsen, sind so unterschiedlich, daß es in gemischten Regelklassen in erhöhtem Ausmaß zu Konflikten, Diskriminierungen und Auseinandersetzungen kommt. 4. Die Lehrer sind auf diese Aufgabe nicht vorbereitet, es fehlen auch geeignete Curricula und Materialien für den Unterricht in multinationalen Lerngruppen. (vgl. dazu Pommerin, 1980d)

Eine Beschulungsform, die deutsche und ausländische Kinder auf Dauer voneinander trennt, muß die zwischen Deutschen und Ausländern bestehenden Vorurteile verfestigen und letztlich jene Ausländerfeindlichkeit hervorbringen, die sich heute schon in unserer Gesellschaft offen zeigt.

Umfrage von Infas vom Dezember 1981:

„Die Zahl der Deutschen, die eine Rückkehr der ‚Gastarbeiter' wünscht, stieg vom August bis Dezember 1981 von 53% auf 66%; der Anteil derer, die eine Rückkehr der Kinder von ‚Gastarbeitern' wünschen, stieg im gleichen Zeitraum von 35% auf 50%, wogegen der Anteil derjenigen, die mehr Integrationsbemühungen der Bundesregierung ‚wünschen', von 27% auf 11% sank" (Auer, 1982, S. 6-8).

Nur die multinationale Regelklasse bietet letztlich ausreichend Möglichkeiten, ausländische und deutsche Kinder zusammenzuführen, gegenseitige Vorurteile abzubauen und ein Verstehen untereinander anzubahnen.

Die Schule wird zum Lebensraum, in dem sich ausländische und deutsche Kinder, Lehrer und Eltern begegnen.

Wie die unreflektierte, direkte Integration in die deutsche Regelklasse zu Beginn der siebziger Jahre gezeigt hat, gelingt es auf diese Weise nicht, ausländische Kinder so zu fördern, daß sie aktiv am Unterricht in allen Fächern teilnehmen können und daß sie als vollwertige Mitglieder in eine multinationale Lerngruppe aufgenommen werden.

Insofern sind spezifische Fördermaßnahmen, wie – zeitlich allerdings begrenzte – Intensivkurse oder Vorbereitungsklassen notwendig, um ausländische Kinder auf die Lernsituation in der Regelklasse vorzubereiten.

Die Bedeutung der Maßnahmen für ausländische Kinder wird heute kaum noch von jemandem bestritten.

Daß auch deutsche Kinder solcher unterstützender Hilfen bedürfen, scheint erst auf den zweiten Blick einleuchtend.

Der Schwerpunkt wird hier auf einer Sensibilisierung hinsichtlich des kulturellen Hintergrunds ausländischer Heranwachsender liegen.

Damit sich aber aus einer gemischten Regelklasse, in der die Kinder aus verschiedenen Nationen mehr oder weniger zufällig zusammengewürfelt sind, eine wirkliche multinationale Lerngruppe entwickeln kann, muß sich neben organisatorisch-strukturellen Rahmenbedingungen die Konzeption des gemeinsamen Deutschunterrichts entscheidend ändern. Deutschunterricht ist dann keineswegs ein veränderter Fremdsprachenunterricht für ausländische Kinder, der ohne Bezug zum „normalen" Muttersprachunterricht neben diesem herläuft. Deutschunterricht in multinationalen Lerngruppen ist dann auch kein reduzierter Muttersprachunterricht, sondern ein *qualitativ* und *quantitativ veränderter Muttersprachunterricht mit Elementen eines Zweitsprachenunterrichts.*

Die curricularen Anteile, die die Lernvoraussetzungen der ausländischen Schüler berücksichtigen, schlagen sich insbesondere in der Auswahl der Sprachlerninhalte und in den Arbeitsformen und -methoden nieder.

5. ‚Erfahrungsentfaltender' Sprachunterricht

Die Erfahrungen der letzten Jahre haben gezeigt, daß der Deutschunterricht dann scheitert,

- wenn er entweder nur die aktuellen Bedürfnisse der Schüler aufgreift, um diese in einem aktionistischen Sprachunterricht abzudecken oder
- wenn er den Schülern das System der deutschen Sprache in den Kategorien traditioneller oder „progressiver" Grammatiken vermittelt in der festen Annahme, die Schüler durch situations*un*abhängige Verfahren zu einem verantwortungsbewußten Sprachhandeln *in* Situationen befähigen zu können.

Bei der ersten Variante haben wir es bestenfalls mit einem „Gelegenheits-Unterricht" zu tun, der zwar offen angelegt und schülerorientiert ist, der aber keine neuen Interessen und Einsichten beim Schüler weckt und der dem Schüler keinen Raum zur Reflexion und zum Probehandeln läßt, weil ja das anstehende Problem auf eine schnelle Lösung drängt.

Die Gefahr dabei ist, daß die sprachlichen und kommunikativen Fähigkeiten – längerfristig gesehen – eher reproduziert denn erweitert und differenziert werden (vgl. Pommerin, 1977, S. 189-198).

Im zweiten Teil haben wir es mit einem formalisierten Sprachunterricht zu tun, der von den konkreten Erfahrungen der Schüler absieht, bzw. von der irrigen Auffassung ausgeht, zuerst einen sprachlichen Grundstein (grammatisches Gerüst, Grundwortschatz ...) legen zu müssen, bevor man im Sprachunterricht über Schülererfahrungen reden kann (vgl. dazu Bachmair, 1974; Behr u.a., 1975; Boettcher/Sitta, 1978; Dietrich, 1974; Ingendahl, 1975; Ingendahl u.a., 1977; Krumm, 1978, S. 75-83; Maas, 1976; Tymister, 1974; B. Weisgerber, 1974a; Zander, 1972).

Nun ist gerade ein Deutschunterricht in multinationalen Lerngruppen darauf angewiesen, eine Betroffenheit im Schüler als Motivation zum Sprachhandeln und Sprachlernen auszulösen.

Gleichzeitig bedarf der Schüler aber auch der Distanz von der Handlung, um in Phasen der Reflexion und des Probehandelns Konsequenzen für die Kommunikation im „Ernstfall" ziehen zu können. Und das gelingt m.E. nur, wenn einmal das sprachliche Handeln in konkreten Lebenssituationen Ausgangspunkt und Ziel des Sprachunterrichts ist und wenn Phasen der sprachlichen Interaktion, der Reflexion und der Übung sinnvoll koordiniert werden (vgl. dazu Essinger, 1974; Gehlen u.a., 1977; S. 32-41; Müller, 1974; Pommerin, 1977 und 1980a).

Demnach werden nicht abstrakte Probleme zum „Thema" des Sprachunterrichts gemacht, wie etwa Flexionstypen des Deutschen oder ein deutsch-türkischer Sprachvergleich auf der morpho-syntaktischen Ebene oder schließlich – wie es in den oberen Klassen üblich ist – ein literarisches Problem.

Anknüpfungspunkt des handlungsorientierten Deutschunterrichts mit ausländischen und deutschen Kindern sind die Lebenserfahrungen der Schüler, die es zu erweitern gilt, um damit weitere Erfahrungsmöglichkeiten zu schaffen (vgl. Pommerin, 1980d, S. 23-30).

Dabei müssen wir davon ausgehen, daß Lebenserfahrungen grundsätzlich in konkreten Situationen gewonnen und auch dort wieder sichtbar werden und nicht außerhalb situativer Kontexte. Es ist für jeden Lehrer, der in multinationalen Lerngruppen unterrichtet, außerordentlich wichtig, so viel wie möglich über die Lebenserfahrungen seiner Schüler und die Bedingungen, unter denen diese gewonnen werden, herauszufinden. Einige Leitfragen dazu:

- Über welche grundlegenden Erfahrungen verfügt wohl jedes Kind in meiner Klasse?
- Welche Erfahrungen sind „einmalig", „ausländerspezifisch", „alters-" oder „geschlechtsspezifisch" oder einfach „kinderspezifisch"?
- In welchen Situationen/Situationstypen haben die Schüler welche Erfahrungen/Erfahrungstypen gemacht?
- Inwieweit legen bestimmte Situationen bestimmte Erfahrungen nahe bzw. schließen sie aus?
- Wie konstituieren sich in der Biographie ausländischer und deutscher Kinder Erfahrungen zu einer „Erfahrungsgeschichte"?
- Welche sprachlichen/kommunikativen Fähigkeiten und Kenntnisse wenden die Schüler bereits auf, um ihre Erfahrungen zu artikulieren und zu verarbeiten?
- Über welche Qualifikationen der Aufarbeitung von Erfahrungen verfügt der einzelne Schüler gerade noch nicht, die also im Sprachunterricht sukzessiv vermittelt werden müssen?

6. Spracherwerb und Erfahrungserwerb

Bei der „Entfaltung" von Schülererfahrungen in einer multinationalen Lerngruppe wird es dem Lehrer eine Hilfe sein, einige grundsätzliche Überlegungen zum Zusammenhang von Spracherwerb/Sprachgebrauch und Erfahrungserwerb anzustellen.

Zunächst können wir davon ausgehen, daß die Sprache die grundlegende Form ist, in der Menschen Erfahrungen machen und vermitteln.

Mit dem Erwerb der Sprache und dem Erwerb von Erfahrungen geht die Entwicklung von Begriffen und grammatischen Kategorien einher, die zugleich auch Kategorien zur *Thematisierung von Erfahrungen* sind. Weiterhin ist zu berücksichtigen, daß Kinder nicht eine oder mehrere Sprachen um der Sprache willen lernen. Spracherwerb ist Ergebnis und Voraussetzung des Erfahrungsgewinns in der praktischen Auseinandersetzung mit der Welt und dem Anderen (vgl. dazu Kuhnert, 1979, S. 126-144; Maas, 1976; Ulmann, 1975; Zander, 1972, S. 389-416).

Das bedeutet aber nicht, daß eine Erfahrung mit ihrer sprachlichen Artikulation in dem Sinne identisch sein müßte, daß wir ohne weiteres von der sprachlichen Darstellung auf die „dahinterstehende" Erfahrung rückschließen könnten.

Andererseits haben wir aber — um eine Erfahrung überhaupt wahrnehmen und verstehen zu können — keinen anderen Ansatzpunkt als ihre sprachliche (oder symbolisch vermittelte) Artikulation (vgl. Laing, 1977, S. 11 f.).

Um eine Erfahrung rekonstruieren zu können, müssen wir also bei ihrer sprachlichen Darstellung ansetzen, wohlwissend, daß diese Darstellungsform die Erfahrung auch immer schon verzerrt, verkürzt, ausschmückt, kurz nach eigenen Gesetzmäßigkeiten verändert. Das macht auch die Rekonstruktion von Erfahrungen bei Ausländern so schwierig, wie folgender Text verdeutlicht:

„. . . immer arbeite, immer geld, immer tasche und immer post. nich denke, gut esse, gute auto, immer arbeite, immer post España. arbeite, fertig arbeite, frei habe, wieder privat. immer geld, immer geld, immer geld. kinder egal in España. kinder tausend mark, esse egal, öh. bei mir nich sauerei hause, nix da bei mutter, bei mutter" (Rieck in Cherubim, 1980, S. 58).

Der „Rückgriff auf Elementarstrukturen", in der Literatur als eine der gebräuchlichsten Strategien bei der Sprachproduktion ausländischer Arbeiter beschrieben (vgl. dazu Meisel, 1976, S. 88-113; Heidelberger Forschungsprojekt, 1977; Oksaar, 1977; Pienemann, 1979), entspringt der kommunikativen Notwendigkeit, mit wenigen sprachlichen Mitteln möglichst viele effektive Äußerungen zustande bringen zu müssen.

In dem hier vorliegenden Text hält der Lerner an einer einmal gefundenen simplifizierten Struktur fest, die aber nicht eindeutig die ‚dahinterstehenden' Intentionen wiedergeben kann.

Einige der Aussagen sind auf Anhieb verständlich, andere mehrdeutig, so z.B. „. . . kinder egal in España . . .". Denkbar wäre etwa, daß der Sprecher damit zum Ausdruck bringen wollte,

- daß es seine Kinder in Spanien gleich gut haben, obwohl die Eltern in Deutschland arbeiten und leben,
- daß es gleichgültig ist, ob die Kinder in Spanien leben oder
- daß „egal" als „sprachliches Fertigteil" (Merkmal des „Gastarbeiter"-Deutsch) in diesem Kontext unpassend eingebaut ist und – aus der Perspektive des Zweitsprachenlerners – keine eigene Bedeutung hat.

Ins Auge fällt, daß zwischen dem Stakkato seiner Sprechweise und der Gleichförmigkeit der Erfahrungen in der fremden Umwelt (die in der Hauptsache Arbeitswelt ist!) eine große Übereinstimmung besteht.

Bei ausländischen Kindern der Zweiten und Dritten Generation ist die Gefahr noch sehr viel größer als beim Erwachsenen, daß eingeschränkte Erfahrungsmöglichkeiten als Bedingung zum Erfahrung-Machen den Erst- und Zweitspracherwerb blockieren, und daß umgekehrt „fossilierte" Sprachformen wiederum die Erfahrungsmöglichkeiten der Heranwachsenden einschränken.

Als Konsequenz daraus läßt sich für den „erfahrungsentfaltenden" Deutschunterricht folgendes sagen:

1. Wir müssen zu einer Bestandsaufnahme von Lebenserfahrungen ausländischer und deutscher Kinder in einer Klasse kommen, die sowohl eine Generalisierung als auch eine Individualisierung lebensgeschichtlicher Entwicklungen erlaubt.

2. Wir müssen herausfinden, wie sehr die jeweiligen Lebenserfahrungen der Schüler mit deren sprachlichen Darstellungsmöglichkeiten übereinstimmen bzw. in einem Mißverhältnis zueinander stehen.
3. Wir müssen gerade bei den sprachschwächeren ausländischen (und auch deutschen!) Kindern an reduzierten sprachlichen Darstellungsformen anknüpfen, um deren Erfahrung zu entfalten und damit neue Erfahrungsmöglichkeiten schaffen zu können.
4. Die Lebenserfahrungen der Schüler und ihre jeweiligen Darstellungsformen sind im Sprachunterricht auch nicht als isolierte Ereignisse zu thematisieren. Sie müssen in ihrem Ursache- und Wirkungszusammenhang als „Ereignisketten" erfahren werden.
5. Wir müssen Sprachunterricht so organisieren, daß der Erwerb von Sprache und der Erwerb von Erfahrungen und Wissen „als eigentätiges Handeln mit Problemen und Fragen u.a. auch als experimentierender Umgang mit der semantischen Referenz von Sprachzeichen" stattfinden kann (Zander, 1972, S. 416).

7. Erfahrungen als Sprachlerninhalte

Der Einwand, daß situative Ansätze grundsätzlich im Sprachunterricht und insbesondere im Sprachunterricht mit multinationalen Lerngruppen völlig ungeeignet seien, ist m.E. aus mehreren Gründen unberechtigt. Wie bereits erwähnt, vollziehen sich Sprach- und Erfahrungserwerb immer in konkreten Lebenssituationen. Die Bedingungen einer Situation bzw. der Ablauf von Situationen in einer lebensgeschichtlichen Entwicklung bestimmen geradezu die Bedingungen des Erfahrungs- und Wissenserwerbs, und umgekehrt wird eine Situation in sehr starkem Ausmaß geprägt vom Erfahrungs- und Wissenshaushalt eines Individuums (vgl. Schütz/Luckmann, 1975). Die stärkste Motivation zum Sprachhandeln und Sprachlernen geht von Situationen aus, die für Kinder Aufforderungscharakter haben; von Situationen, mit denen sie sich identifizieren können oder von denen sie sich provoziert fühlen, keineswegs aber von sprachlichen Strukturen und abstrakten Begriffen (vgl. Wallrabenstein, 1979, Nündel, 1976).

Von lebendigen Kommunikationssituationen geht aber nicht nur eine Motivation zum sprachlichen Handeln aus.

In situativen Kontexten finden wir eine Reihe von Verstehens- oder Verständigungshilfen, auf die sowohl das sprachlernende ausländische Kind als auch seine Gesprächspartner in besonderem Maße angewiesen sind, so daß wir von daher situationsunabhängige Verfahren im Sprachunterricht nicht verantworten könnten (vgl. dazu den Beitrag „Pragmatik und Sprachunterricht" S. 110ff.).

Jede Situation ist unter bestimmten Aspekten vergleichbar mit anderen Situationen, so daß Menschen sich mit Situationen, die andere durchlebt haben, identifizieren und daraus Konsequenzen für ihr eigenes Verhalten ziehen können.

Neben diesen „strukturell bestimmten" Elementen einer Situation, die eine Generalisierung erlauben, kommen auch „autographisch bestimmte" Faktoren hinzu, die die Einmaligkeit einer Situation ausmachen.

„Der wichtigste und absolut einzigartig autobiographische Aspekt — so sehr er durch die soziale Überformung biographischer Kategorien „standardisiert" sein mag - ist die Abfolge meiner Erfahrungen in meiner inneren Dauer.

Da jede Situation und jede Erfahrung einen Vergangenheitshorizont hat, ist jede aktuelle Situation und jede Erfahrung von der Einzigartigkeit der Erfahrungsabfolge, der Autobiographie, mitbestimmt.

Es ist von größter Bedeutung, in welcher Abfolge sich die Erfahrungen aneinanderreihen, und es ist korrelativ von der größten Bedeutung, an welcher „Stelle" des Lebenslaufs bestimmte Erfahrungen auftreten" (Schütz/Luckmann, 1975, S. 72).

Die Einmaligkeit von Lebenssituationen anerkennen heißt, eine wichtige Voraussetzung für einen individualisierten Sprachunterricht schaffen.

Bei der Herleitung von Lebenssituationen zu Sprachlernsituationen kommt es im „erfahrungsentfaltenden" Sprachunterricht entscheidend darauf an, die Heterogenität *und* Einmaligkeit von Situationen als „Stationen der lebensgeschichtlichen Entwicklung" ausländischer und deutscher Kinder angemessen zu berücksichtigen.

Wenn wir grundsätzlich akzeptieren, daß der Sprachunterricht die Schüler zur Bewältigung ihrer Lebenswirklichkeit befähigen soll, so müssen wir diese Lebenswirklichkeit oder besser Wirklichkeiten untersuchen. Zunächst kann jeder Mensch, wenn auch sehr naiv und spontan, Aussagen darüber machen, welchen Lebenssituationen Kinder grundsätzlich ausgesetzt sind, welche Situationen aller Voraussicht nach für ihre Gegenwart und weitere Zukunft wichtig sind und welche Situationen wohl alle Kinder einmal durchlaufen haben, wobei die Ausprägung der Situationen sehr unterschiedlich sein wird. Auf der Grundlage dieser allgemeinen Weltkenntnis und Lebenserfahrung (die zugleich auch die Quelle für Unkenntnis und Vorurteile ist) können auch Aussagen gemacht und Vermutungen darüber angestellt werden, welche Lebenssituationen für den Sprachunterricht wichtig werden. In formellen und informellen Gesprächen mit Schülern und Eltern, durch direkte Befragung und gezielte Elternbesuche, durch eine kontinuierliche Analyse von Kinderäußerungen, -texten und Zeichnungen kann der Lehrer herausfinden, was seine Schüler am brennendsten interessiert, an welchen Themen/Inhalten das Interesse nachgelassen hat, was die Schüler an ihren Erlebnissen und Erfahrungen beeindruckt hat, was sie belastet, welche Einstellungen sie gewonnen haben, worauf sie sich freuen und wovor sie Angst haben. Das setzt allerdings ein gewisses Grundvertrauen zwischen den Kindern untereinander und den Schülern und ihren Lehrern voraus.

Diese *induktiven* Verfahren zur Entdeckung von Schülerinteressen und -bedürfnissen sind durchaus nicht revolutionär. Sie gehören seit Jahren zum festen Repertoire eines jeden engagierten Pädagogen.

Nur wird sich der Lehrer bei der Gewinnung von Lebenssituationen als Sprachlerninhalte nicht allein auf solche induktive Verfahren verlassen können. Die Gefahr wäre, daß dadurch u. U. nur wenige Ausschnitte aus der Lebenswirklichkeit der Schüler abgedeckt und bestimmte, ebenfalls wichtige sprachliche Fähigkeiten unentwickelt blieben oder nur unzureichend geübt würden, sofern sie vom Schüler nicht als Themenvorschlag geäußert und vom Lehrer in seiner „Anamnese" nicht wahrgenommen würden.

Daher sollte sich der Lehrer als Korrektiv zu diesem induktiven Verfahren *deduktiver* Methoden bedienen, indem er die Lebenswelt seiner Schüler analysiert und systematisch strukturiert.

Da Lebenssituationen unterrichtlichen Lernzwecken dienen (im Sprachunterricht unter vorwiegend kommunikativem und heuristischem Aspekt), können sie auch nicht originär im Unterricht erscheinen.

Aus didaktischen Zwecken werden sie aufgearbeitet zu überschaubaren Handlungseinheiten bzw. Projekten (vgl. Ingendahl u.a., 1977, S. 46-77, S. 95).

Beispiele induktiv und deduktiv gewonnener Sprachlernsituationen für eine interkulturelle Spracharbeit sind etwa folgende:

– Einrichtung einer Klassenbibliothek (die sowohl Kinder- und Jugendbücher zur besonderen Situation des ausländischen Kindes und seiner Familie in der Bundesrepublik Deutschland berücksichtigt als auch die Literatur der einzelnen Herkunftsländer) (vgl. Karger, 1980, S. 133-138).
– Gestaltung einer Klassenzeitung
– Planung eines Klassen-/Schulfestes
– Berufswünsche und Berufsaussichten ausländischer und deutscher Jugendlicher
– Freizeitgestaltung ausländischer und deutscher Heranwachsender
– Kinder schreiben für Kinder/Durchführung einer Literaturwoche/Einrichtung einer „interkulturellen“ Leseecke (s. Klassenbibliothek)
– Tagesläufe/Lebensläufe ausländischer und deutscher Kinder/Jugendlicher/Erwachsener

. . .

8. Zusammenfassende Thesen zum erfahrungsentfaltenden interkulturellen Deutschunterricht

– Das Konzept eines erfahrungsentfaltenden Sprachunterrichts basiert auf dem Verständnis der Interdependenz von Spracherwerb und Erfahrungsgewinn. Weder kann Sprache unabhängigig von den inhaltlichen Erfahrungen durch die formale Vermittlung grammatischer Strukturen erworben werden noch vollzieht sich der Wissenserwerb in kommunikationsfreien, von Sprache losgelösten Situationen.
– Ausgangspunkt und Zielsetzung eines erfahrungsentfaltenden Sprachunterrichts sind konkrete Prozesse des sprachlichen Handelns in Lebenssituationen, die für die derzeitige und zukünftige Lebenspraxis der Heranwachsenden bedeutsam sind.
– Sprachlernsituationen sollten so ausgewählt und strukturiert sein, daß ausländische Kinder zur kommunikativen Auseinandersetzung und zur Aneignung von Wissen (auch über die Regelhaftigkeit von Sprache) aufgefordert werden.
– Es gibt verschiedene Möglichkeiten, Lebenssituationen als Sprachlernsituationen zu gewinnen und unter sprachdidaktischen Gesichtspunkten aufzubereiten:

- induktive Verfahren: Beobachtung, formelle und informelle Gespräche, Elternbesuche, Kummerkasten, Auswertung von Kindertexten und -äußerungen, etc.
- deduktive Verfahren: Analyse der Lebenswirklichkeit der Schüler nach Sozialisationsinstanzen und/oder Sprachdomänen, systematisches Aufarbeiten von Fachliteratur zum Problemkreis ‚Alltagswelt', ‚Motivation/Einstellung', ‚Bedürfnis/Interesse', Untersuchungen von Sprachlehrwerken und Handlungsanlässen etc.

— Einerseits sollte die Lebendigkeit eines situativen Sprachunterrichts genutzt werden,
vor allem die Verstehenshilfen, die einer Situation immanent sind,
andererseits muß die Realität zeitweilig „entrealisiert" werden, damit die Schüler in Phasen des Probehandelns genügend Möglichkeiten zur Reflexion und Übung haben.

— Anlässe des Probehandelns sind vor allem:

- sprachliche Defizite und Schwierigkeiten auf den verschiedenen Sprachebenen
- einzelne Arbeitstechniken und -formen
- angefangene Arbeiten, die in Ruhe zu Ende geführt werden müssen
- der Wunsch, allein oder mit anderen etwas Neues ausprobieren zu wollen, bzw. nach neuen Lösungsmöglichkeiten für bekannte Probleme zu suchen
- die Absicht, Dinge weiterzuentwickeln, die man besonders gut kann oder die besonderen Spaß machen.

— Authentische Äußerungen und Texte der Schüler (im weitesten Sinne alle Lebensäußerungen) bilden ausgezeichnete Grundlagen für eine individualisierte Sprachförderung.
Vor allem in Fällen, in denen die Schüler noch nicht bereit und fähig sind, ihre eigenen Texte zur Diskussion zu stellen, bieten sich authentische Texte fremder Personen und literarische Texte (etwa Zeitungen oder Kinder- und Jugendliteratur) an.

— Im erfahrungsentfaltenden Deutschunterricht sollen die Schüler zum selbständigen Erarbeiten problematisierter Sprachlerninhalte befähigt werden. Eine wichtige Hilfe dafür sind die sogenannten ‚operationalen Verfahren' der Klangprobe, der Umstell- und Umformungsprobe, der Paraphrasierung und der Entfaltung, der Weglaß- und Infinitprobe sowie der Ersatzprobe.
Im Unterricht mit ausländischen Kindern dienen sie vor allem zur Erschließung mehrdeutiger bzw. schwerverständlicher Textstellen und dem Erproben neuer Formulierungsmöglichkeiten.

E
Mündlicher Sprachgebrauch

Das Gespräch als Form und Ziel des Sprachunterrichts

Sprache zielt auf Gespräch. Ihre dialogische Grundstruktur entfaltet sich im Austausch zwischen Sprecher und Hörer, zwischen Ich und Du. Selbst den Monolog pflegen wir als „Selbstgespräch" zu bezeichnen, verlagern also Sprecher- und Hörerfunktion in ein einzelnes Individuum. Zwar ist auch der Einzelne für sich allein (Herders „Einsamer im Walde", vgl. oben S. 18) in vielen Situationen auf Sprache als Voraussetzung geistiger Aktivität angewiesen, aber ohne Gespräch hätte er die Sprache nie erworben und könnte auch die Ergebnisse seiner geistigen Arbeit nicht anderen vermitteln.

Sprache entwickelt und verändert sich im Gespräch. Wörter entstehen, wirken und vergehen im Wortwechsel. Mit dieser Feststellung ist der Anteil des kreativen Einzelnen an der Sprachentwicklung nicht geleugnet. Wenn aber seine Kreationen (Wortschöpfungen, Metaphern usw.) für die Weiterentwicklung einer Sprache wirksam werden sollen, müssen sie von anderen verstanden, aufgenommen und schließlich selbst gebraucht werden.

Wer unter pragmatischem Aspekt Sprache als „symbolisch vermittelte Interaktion" versteht, macht schon durch diesen Definitionsversuch deutlich, daß sprachliches Handeln sich nicht in isolierten Monaden, sondern in Sprachgemeinschaften vollzieht.

Gespräche entstehen nicht von selbst. Gute Gespräche gelingen nicht jeden Tag. Sie setzen bei den Beteiligten Gesprächsfähigkeit und Gesprächsbereitschaft voraus und sind von mancherlei situativen Bedingungen abhängig, von denen noch zu sprechen sein wird. Wenn sie aber gelingen, sei es in der Partnerbeziehung, sei es in der Gruppe, werden sie von allen Beteiligten positiv empfunden: als Bestätigung, als Klärung, als Erkenntnisfortschritt, als Sensibilisierung oder als Verstärkung geistiger Gemeinschaft. Von den Funktionen, die ein gelingendes Gespräch erfüllen kann, seien nur die wichtigsten angeführt:

– die kommunikative Funktion: Das Gespräch ist Basis und Ausdruck geistiger Gemeinsamkeit und zielt auf deren Erhaltung und Festigung durch gegenseitiges Verstehen. Es kann Mißverständnisse durch Klärung beseitigen und damit Mißtrauen abbauen. Wer von einem anderen sagt: „Mit dem rede ich nicht mehr", kündigt ihm damit in radikaler Form die menschlichen Beziehungen auf. Und in Zeiten politischer Spannungen und drohender Krisen ist es ein Hoffnungsschimmer, wenn die Kontrahenten wenigstens noch oder wieder miteinander reden, auch wenn sie sich nicht mehr viel zu sagen haben.

– die kognitive Funktion: In vielen Gesprächen findet ein Erkenntnisfortschritt statt, den die einzelnen Gesprächsteilnehmer, auf sich allein angewiesen, nicht erreichen würden. In den wechselnden Rollen von Sprecher und Hörer erhalten sie Anregungen und Kritik, Bestätigung und Korrektur. Allein das Vorhandensein eines anderen, der von der gleichen Frage, dem gleichen Problem betroffen ist wie ich und der mir seine Aufmerksamkeit widmet, motiviert und befähigt mich oft zu sprachlichen Anstrengungen und Formulierungen, die ich außerhalb der Gesprächssituation kaum auf mich nehmen oder finden würde.

— die identitätsbildende Funktion: Die Selbstfindung des Individuums geschieht in der Auseinandersetzung mit dem Anderen. Für den Prozeß der Selbstverwirklichung ist keine Situation ergiebiger als das Gespräch. In ihm erfahre ich, wie ich mich von anderen in meinen Ansichten, in meiner Verhaltensweise, in meiner Sprache usw. unterscheide, wie ich auf andere wirke, wie ich Anregungen, die von anderen kommen, aufnehmen und verarbeiten kann, welche Reaktionen meine Äußerungen bei anderen hervorrufen, welche Kritik sie provozieren und wie ich diese Kritik für die Weiterentwicklung meiner eigenen Einstellungen und Ansichten nutzen kann.

— die entlastende Funktion: Folgende Situation gehört wohl zu den Erfahrungen, die schon jeder einmal gemacht hat: Ich schlage mich mit einem Problem herum, das mich um so mehr bedrückt, weil ich es nicht in Worte fassen kann. Ich finde einen Gesprächspartner, der bereit ist, mir zuzuhören. Diese Bereitschaft motiviert mich zu neuen sprachlichen Anstrengungen. Mein Partner hört aus meinen Andeutungen heraus, was mich bedrückt, bietet vielleicht selbst eine Formulierung dafür an. Gemeinsam gelingt es uns, das Problem zu „artikulieren", das bisher nicht Faßbare durch Sprache zu objektivieren und zu distanzieren. Wer diese Situation kennt, weiß, welche Hilfe sie bieten kann: Jetzt ist gesagt, was mich bisher „unsagbar" bedrückte, jetzt gewinne ich die notwendige Distanz, aus der heraus ich mich um die Lösung des Problems bemühen kann.

— die therapeutische Funktion: Gesprächstherapie gibt es nicht nur in den Sprechzimmern der Ärzte und Psychologen. Sie findet tagtäglich statt, wo Ängste und Enttäuschungen in Gesprächen verarbeitet werden. Das setzt allerdings eine Atmosphäre voraus, in der Gespräche entstehen und gedeihen können: eine Atmosphäre des Vertrauens und der gegenseitigen Achtung, die auch die Grenzen respektiert, über die ein Gesprächspartner nicht hinausgehen will oder kann. Eine solche Atmosphäre kann wie in der Familie oder im Freundeskreis auch in der Schule geschaffen werden, nicht zuletzt durch Metakommunikation, durch das Gespräch über das Gespräch, von dem weiter unten (vgl. S. 255ff.) die Rede ist. Wo sie herrscht, kann sie entscheidend dazu beitragen, schon das Ausbrechen von (Schul-)Ängsten zu verhindern.

Es ist weder Zufall noch Gag, daß die großen Lehrer der Antike — ein Platon wie ein Augustinus — ihre Lehrschriften als Dialoge abgefaßt haben. Platon sucht darin die Gespräche zu rekonstruieren und weiterzuentwickeln, die sein Lehrer Sokrates mit seinen Schülern geführt hat und in denen er mit Hilfe seiner zielbewußten Mäeutik (Hebammenkunst) seine Gesprächspartner zu Erkenntnissen brachte, die diese sich vorher niemals zugetraut hätten — ein Verfahren, das Rudolf Hildebrand im vorigen Jahrhundert (1867) für den Deutschunterricht als Maxime formulierte: „Der Lehrer des Deutschen soll nichts lehren, was die Schüler selbst aus sich finden können" (Hildebrand 1954, S. 18).

Das Gespräch ist die angemessenste Form des Unterrichts. Die Fähigkeit zum Gespräch und die Kunst der Gesprächsführung gehören zugleich zu den wichtigsten Zielvorstellungen des Sprachunterrichts. Daraus ergibt sich für den Deutschunterricht die fruchtbare Situation, daß eines seiner zentralen Lernziele (Befähigung zur Kommunikation, Gesprächsbereitschaft, Gesprächsfähigkeit) dem Lehrer wie den Schülern nicht als Fernziel vor Augen stehen muß, sondern tagtäglich den Unterricht bestimmt. Wenn die Betroffenen sich dieser Situation bewußt und dadurch für die Qualität der Gesprächsführung sensibilisiert sind, kann jede Unterrichtsstunde der Gesprächserziehung dienen.

Fortschritte und Rückschläge in der qualitativen Weiterentwicklung des Unterrichtsgesprächs können gelegentlich in Gesprächsanalysen festgestellt und daraus Konsequenzen für die Verbesserung des kommunikativen Verhaltens abgeleitet werden. Es ist erstaunlich festzustellen, wie ein solches Aufmerken auf die kommunikativen Prozesse im Unterricht dazu beitragen kann, gesprächshemmende Faktoren (z.B. Unterbrechen des Sprechers, Abweichen vom Thema, Nichtbeachten kritischer Einwände, unverständliche Ausdrucksweise) zurückzudrängen und positive Ansätze (z.B. Bemühen um Verständlichkeit, Eingehen auf die Äußerungen der Gesprächspartner, Rücksichtnahme auf weniger gewandte Gesprächsteilnehmer) weiterzuentwickeln. Das gilt für Grundschüler ebenso wie für Studenten – wobei es allerdings nach meinen Erfahrungen leichter ist, unter Kindern ein fruchtbares Gesprächsklima herzustellen als unter Erwachsenen. Entsprechend angeleitet, sind Schüler schon im zweiten oder dritten Schuljahr in der Lage, Unterrichtsgespräche zu führen, wie sie sich mancher Lehrer der Sekundarstufe vergeblich wünscht.

Für das Gelingen des Gesprächs im Unterricht sind äußere und innere Faktoren maßgebend. Das Erkennen und Beachten dieser Faktoren gehört zu den Zielen der Gesprächserziehung.

Äußere Faktoren

Äußere Faktoren garantieren nicht das Zustandekommen eines guten Gesprächs, sie können es aber leicht verhindern. Man sollte sie daher beachten. (Es ist schon erstaunlich, wie diese Faktoren oft gerade dort mißachtet werden, wo ihre Berücksichtigung zu erlernen wäre: In der Ausbildung der Deutschlehrer an den Universitäten wird die Kunst der Gesprächsführung höchst selten gelehrt. Stattdessen werden nicht selten Referate – vielleicht sogar zum Thema „Kommunikation" – vor dem versammelten Seminarblock vom Manuskript abgelesen, und der Referent wundert sich anschließend, weshalb keine Diskussion zustandekommt.)

Zu den äußeren Faktoren des Gesprächs gehört die Sitzordnung. Der Klassenblock, dem der Lehrer im Frontalunterricht gegenübersteht, bietet die ungünstigsten Voraussetzungen. Er dokumentiert vielmehr: Hier steht ein Wissender in Machtposition den Unwissend-Abhängigen gegenüber. Er hat zu sagen und zu fragen, die Schüler haben zu antworten. Jede Kommunikation läuft über den Lehrer, sie wird von ihm gefordert, bestätigt (häufig durch Wiederholung der Schülerantworten), korrigiert („Wie kann man das besser sagen?" – „Rede im ganzen Satz!") und bewertet. Der Lehrer steht also am Schalthebel des „Gesprächs", alle Leitungen verlaufen über ihn:

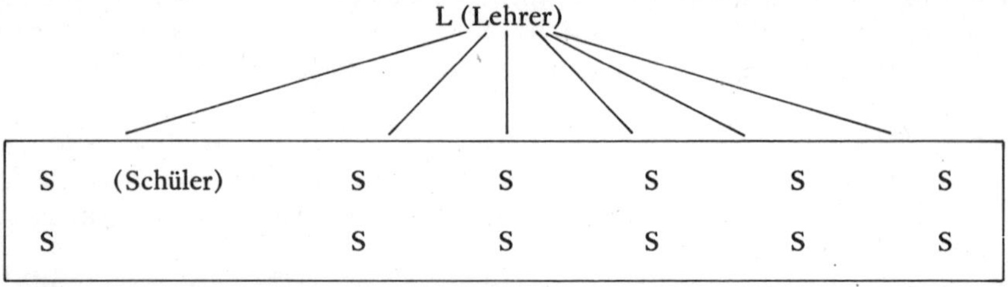

Oft dokumentiert sich schon in der sprachlichen Form der „Gesprächs"-beiträge des Lehrers, daß sie diesen Namen nicht verdienen. Seine Fragen sind unecht, sie dienen nicht dem Erkenntnisfortschritt, sondern der Kontrolle und kippen gelegentlich erst aus einem begonnenen Aussagesatz in die Frage um: „Karl der Große wurde – wann geboren?" – „Die Donau mündet – in welches Meer?" . . .

Es gibt kein Motiv, auf solche Gesprächsbeiträge zu antworten, auf solche Fragen zu reagieren, außer der spezifischen Schülersituation im Unterricht.

Im Gegensatz dazu zeigt die Sitzordnung im Kreis schon äußerlich an, daß die am Gespräch Beteiligten gleichrangig und gleichberechtigt sind. Indem der Lehrer sich in diesen Kreis einordnet, verzichtet er auf eine Sonderstellung oder Sonderrolle. Er kann zwar auch im Gesprächskreis die Gesprächsleitung beibehalten, er kann diese Aufgabe aber auch an einen Schüler delegieren, wenn nicht – was bei einer entsprechenden Gesprächserziehung und hinreichender Sachkompetenz der Schüler durchaus möglich ist – ein Leiter des Gesprächs sich gänzlich erübrigt.

Zu den großen Vorteilen des Gesprächskreises gehört der Blickkontakt. Alle Gesprächsteilnehmer können sich gegenseitig in die Augen blicken und von den Augen absehen, ob ihre Äußerung verstanden und gebilligt wird, ob Widerspruch aufkommt, ob ein anderer zu Wort kommen möchte usw.

Allerdings garantiert die Sitzordnung im Kreis nicht ein entsprechendes Gesprächsverhalten. Auch im Gesprächskreis können alle Beiträge über den Lehrer laufen, besonders wenn die Schüler gewöhnt sind, daß ihre Äußerungen erst dann als akzeptiert gelten, wenn sie vom Lehrer bestätigt worden sind. Der Gesprächsverlauf unterscheidet sich dann nicht wesentlich von dem oben beschriebenen:

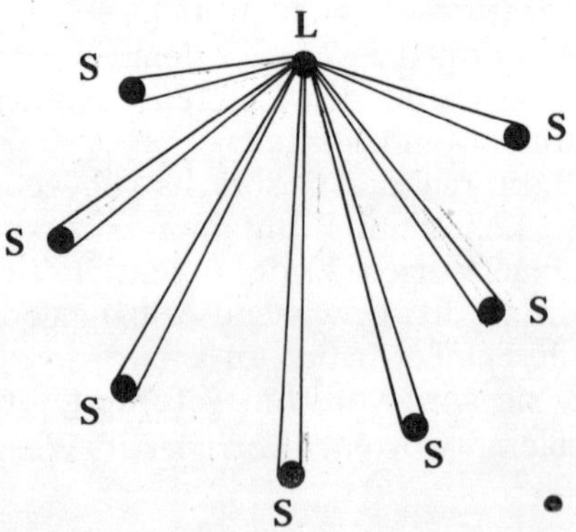

Das Bild ändert sich grundlegend, wenn die Schüler sich gegenseitig das Wort erteilen und der Lehrer sich in dieses Verfahren einfügt:

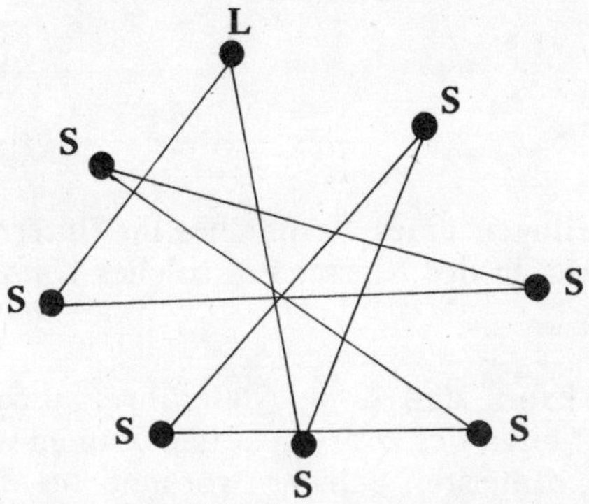

Allerdings ist ein solcher Gesprächsverlauf, der alle Schüler einbezieht, nicht auf Anhieb zu erreichen. Es erfordert etliche Voraussetzungen, die schon zu den inneren Faktoren des Gesprächs zu zählen sind, wie

- Bereitschaft, die Äußerungen der Gesprächspartner ernst zu nehmen und auf sie einzugehen
- Ermunterung der Unsicheren oder Zurückhaltenden, sich am Gespräch zu beteiligen
- Verzicht auf das Ausspielen eigener sprachlicher Überlegenheit zugunsten der sprachlich Schwächeren
- positives Aufnehmen auch ungeschickter Äußerungen mit dem Ziel, das Gemeinte mit Hilfe einfühlsamer Paraphrasierung herauszufinden und zu verdeutlichen usw.

Die Beteiligung möglichst vieler Schüler am Gespräch und das Eingehen auf die Beiträge der Gesprächspartner können aber auch durch „Äußerlichkeiten" erreicht oder verbessert werden. Dazu gehören:

- das Weitergeben des Wortes von Schüler zu Schüler: Die Schüler rufen sich gegenseitig mit Namen auf.
- die persönliche Anrede des Gesprächspartners, an den ich mich wende, auf dessen Äußerung ich eingehe
- geeignete, durch Einübung selbstverständlich gewordene Formen der Wortmeldung
- der Gebrauch einiger, fast formelhafter Wendungen, die geeignet sind, das Gespräch zu strukturieren, den inhaltlichen Zusammenhang der Äußerungen herzustellen oder zu verdeutlichen und Abschweifungen zu vermeiden, z. B.:

„Peter hat eben gesagt: . . . Ich meine aber: . . ."
„Was du eben gesagt hast, habe ich nicht verstanden. Könntest du das noch einmal deutlich machen? (oder: Hast du das vielleicht so gemeint: . . .?)"

„Ich stimme Ursula in den meisten Punkten zu. Aber ..."
„Was Erich gesagt hat, führt uns, meine ich, vom Thema weg."
„Nach dem bisherigen Verlauf unseres Gespräches habe ich den Eindruck, daß ..."
usw.

Innere Faktoren

Voraussetzung für das Gelingen eines Gespräches im Unterricht ist ein entsprechendes Gesprächsklima in der Klasse. Ein solches Klima kann nur entstehen, wo

– jeder damit rechnen kann, daß seine Äußerungen unvoreingenommen und mit Interesse von Seiten der anderen aufgenommen werden
– die ursprünglich bei den meisten Schülern vorhandene Mitteilungsbereitschaft nicht durch ständige Kritik und Korrekturen zerstört worden ist
– ein Vertrauensverhältnis der Schüler untereinander sowie zwischen Lehrer und Schülern besteht, das den Mißbrauch oder die bewußte Mißdeutung von Äußerungen ausschließt
– kein Schüler damit rechnen muß, wegen ungeschickter oder nicht normgerechter Äußerungen mißachtet oder verlacht zu werden.

Für die Verbesserung der inneren Gesprächsbedingungen lassen sich Analysen und Begriffe heranziehen, die Paul Watzlawick und seine Mitarbeiter vornehmlich aus der Untersuchung gestörter Kommunikation gewonnen haben. (Das Buch Watzlawicks hat entscheidende Anstöße zur „kommunikativen Wende" des Sprachunterrichts Anfang der 70er Jahre gegeben.)

Von besonderem Interesse sind dabei zwei Begriffspaare:

– Inhalts- und Beziehungsaspekte der Kommunikation (Watzlawick/Beavin/Jackson 1974, S. 53 ff.) und
– symmetrische und komplementäre Interaktion (S. 68 ff.)

Das erste Begriffspaar erläutert Watzlawick folgendermaßen: „Der Inhaltsaspekt vermittelt die ‚Daten', der Beziehungsaspekt weist an, wie diese Daten aufzufassen sind" (S. 55). Der Beziehungsaspekt ist dem Inhaltsaspekt übergeordnet, er enthält sozusagen die Verstehensanweisung für diesen und ist daher auf der Ebene der Metakommunikation anzusiedeln (vgl. S. 56).

Diese Unterscheidung ermöglicht einen Brückenschlag zur Sprechakttheorie und ihrer Aufteilung der sprachlichen Äußerung in Proposition und Illokution.

Am Beispiel: Die Äußerung: „Es tut mir leid, daß ich dich mitten im Satz unterbrochen habe" bezieht sich auf einen Sachverhalt (Inhaltsaspekt der Kommunikation, Proposition): die Unterbrechung der Rede, macht aber gleichzeitig deutlich, in welcher Weise dieser Sachverhalt verstanden werden soll: Der Sprecher bedauert sein Verhalten und entschuldigt sich dafür (Beziehungsaspekt, Illokution).

Häufig wird der Beziehungsaspekt (der illokutive Akt) nicht expressis verbis formuliert, ist aber auch unausgesprochen für das Verstehen unerläßlich und muß also vom Hörer aus der Sprechsituation erschlossen werden. So enthält etwa die Fortsetzung der eben zitierten Entschuldigung: „Das wird nicht wieder vorkommen“ eine Zusage, ein Versprechen, und ließe sich dementsprechend wie folgt ausformulieren: „Ich verspreche dir (Illokution), daß dies nicht wieder vorkommen wird (Proposition)“.

Für das Zustandekommen eines Gespräches ist die Beachtung des Beziehungsaspektes unerläßlich. Es reicht nicht aus zu verstehen, *was* der andere gesagt hat (auf der grammatisch-semantischen Ebene: Verstehen von „Sätzen“), ich muß darüber hinaus auch begreifen, *wie* er es gemeint hat (auf der pragmatischen Ebene: Verstehen von „Äußerungen“).

Für den Lehrer, der sich um Gesprächserziehung bemüht, kann es eine wichtige Hilfe sein, den Beziehungsaspekt der Kommunikation zu beachten und zu reflektieren – auch im Hinblick auf seine eigenen Äußerungen und ihren illokutiven Gehalt. Das quantitative Verhältnis der verschiedenen Sprechakte (Behauptungen, Anweisungen, Bitten, Fragen, Entschuldigungen usw.) ermöglicht ihm Aufschluß über seine eigene Rolle in der Gesprächsgruppe.

Die Rolle, die dem einzelnen Gesprächspartner zukommt oder die er in Anspruch nimmt, läßt sich mit Hilfe des zweiten Begriffspaares lokalisieren: Wo der eine Partner über den anderen dominiert, handelt es sich um komplementäre, wo beide prinzipiell gleichrangig sind, um symmetrische Kommunikation. Das Bemühen, sich einem symmetrischen Interaktionsverhältnis im Gespräch anzunähern, gehört zu den Voraussetzungen wie zu den Zielen der Gesprächserziehung. Es ist zugleich Ausdruck eines demokratischen Gesellschaftsverständnisses, nach dem die Ausübung von Macht durch Wenige zugunsten der Mitentscheidung und Mitverantwortung Aller zurückgedrängt werden soll. Auch wenn der Idealzustand einer solchen Gesellschaft, den Jürgen Habermas als den „herrschaftsfreien Dialog“ beschreibt, utopischen Charakter hat, gehört eine Annäherung an dieses Ziel zu den grundlegenden Aufgaben der politischen Bildung und damit auch zu den Lernzielen des Sprachunterrichts in einem demokratischen Gemeinwesen.

Symmetrische Kommunikation zwischen Lehrer und Schülern ist auch im Unterrichtsgespräch nicht normal. Die Sonderstellung des Lehrers, sei es auf Grund seiner Funktion, seines Wissens oder seines Amtes, bleibt den Schülern auch im Gespräch bewußt. Sie in einer fiktiven Gesprächssymmetrie zu leugnen, wäre ein für die Schüler leicht zu durchschauendes Theater.

Aber eine bewußte und begründete Annäherung an symmetrische Kommunikationsstrukturen ist in vielen Fällen möglich und sinnvoll, z.B.

- wenn der Lehrer die Gesprächsführung einem Schüler überträgt
- indem er sich genauso wie die Schüler zu Wort meldet und abwartet, bis ihm das Wort erteilt wird
- wenn er darauf verzichtet, seinen Informationsvorsprung auszuspielen, und damit den Schülern die Chance zu eigenen Entdeckungen und Erkenntnissen offenhält
- wenn er statt rhetorischer Lehrerfragen echte Fragen an die Schüler stellt: Fragen, deren Antwort er selbst nicht weiß, die aber von Schülern aus ihrem Erfahrungs- oder Erlebnisbereich beantwortet werden können.

Entscheidend ist dabei die Gesprächshaltung des Lehrers: Herablassung ist dem Gesprächsklima ebenso schädlich wie Vorherrschaft. Wo aber der Lehrer sich selbst – wenn auch mit der erforderlichen Zurückhaltung – auf einen Prozeß einläßt, in dessen Verlauf durch das gemeinsame Bemühen aller Gesprächsteilnehmer Erfahrungen verarbeitet, Erkenntnisse gewonnen, Entscheidungen getroffen werden, werden die Schüler ihn in demselben Maße als Gesprächspartner betrachten und akzeptieren, in dem er sie als Erfahrungen machende, Erkenntnis suchende und Entscheidungen treffende Individuen anerkennt.

Die inneren Faktoren, die das Zustandekommen eines Gespräches ermöglichen oder verhindern, lassen sich aus einer Analyse der Gesprächssituation gewinnen. Sie erweisen sich zugleich als Kriterien, an denen die Qualität eines Gespräches gemessen werden kann.

Ein Gespräch vollzieht sich zwischen Sprecher(n) und Hörer(n), die im Gesprächsverlauf ständig ihre Rolle wechseln können.

Es bezieht sich auf einen Gesprächsgegenstand (einen Sachverhalt, der geklärt, eine Frage, die beantwortet, ein Problem, das gelöst, eine Erfahrung, die verarbeitet, ein Erlebnis, das mitgeteilt, eine Botschaft, die vermittelt, ein Bedürfnis, das befriedigt, eine Beziehung, die hergestellt werden soll).

Es geschieht in einer bestimmten Situation, in der sich Sprecher und Hörer befinden und die durch ihr Rollenverständnis mitbestimmt ist.

Es basiert auf einer gemeinsamen Sprache, in der sich Sprecher und Hörer über den Gesprächsgegenstand verständigen.

Entsprechend lassen sich die Grundbedingungen für das Gelingen eines Gespräches als Ansprüche an und Kriterien für die Äußerungen der Beteiligten wie folgt kategorisieren:[1]

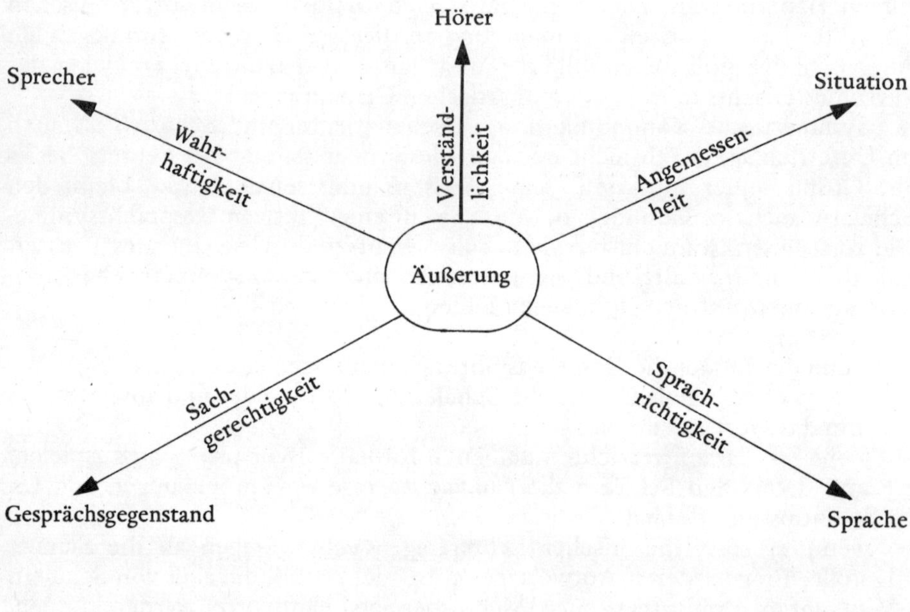

1 Vgl. S. 255

Im Gespräch über das Gespräch (in der Metakommunikation) sind diese Grundanforderungen zu thematisieren. Für die Bewertung und Verbesserung des Gesprächsverlaufs lassen sie sich asl Leitfragen formulieren, die auch Schüler befähigen, sich ein Urteil über die Qualität des Gespräches zu bilden:

Wahrhaftigkeit:
Eine conditio sine qua non für das Gelingen eines Gespräches ist die von allen Gesprächsteilnehmern geteilte Grundannahme, daß jeder Beteiligte sagt (oder zu sagen versucht), was er wirklich meint.

Leitfragen dazu:
- Hat der Sprecher seine Meinung deutlich machen können?
- Hat er seine Stellungnahme überzeugend vorgetragen?
- Ist in der Äußerung auch die Person des Sprechers zum Ausdruck gekommen?
- Konnten wir ihm helfen, deutlicher zu sagen, was er meinte?

Verständlichkeit:
Jede Äußerung im Gespräch zielt auf den (oder die) Hörer, an den sie gerichtet ist. Sie kann ihre beabsichtigte Wirkung nur erreichen, wenn sie vom Hörer aufgenommen und verstanden wird. Zur Kunst des Gespräches gehört daher die Fähigkeit, den Hörer richtig einzuschätzen und die Formulierung der eigenen Äußerung auf die Verständnisfähigkeit und Aufnahmewilligkeit des (der) Adressaten abzustimmen.

Leitfragen:
- Hat der Sprecher sich den übrigen Gesprächsteilnehmern verständlich machen können?
- Ist es ihm gelungen, bei den Hörern Interesse für seine Aussagen, für seine Argumente zu wecken?
- Hat er die Reaktion der Hörer richtig eingeschätzt?
- Hat der weitere Gesprächsverlauf die Wirksamkeit seiner Äußerung bestätigt?

Angemessenheit:
Die situativen Bedingungen des Gesprächs bestimmen auch die Form der Äußerung: In einem intimen Gespräch unter vier Augen drücke ich mich anders aus als in einer öffentlichen Diskussion. Je nach Einschätzung meiner eigenen Rolle und der Rolle der übrigen Gesprächsteilnehmer ändert sich auch mein Sprachgebrauch (besonders unter dem Beziehungsaspekt).

---

1 Diese Kategorien unterscheiden sich systematisch und terminologisch von den Grundaxiomen sprachlicher Verständigung, wie sie Jürgen Habermas (1976b, S. 246) entwickelt hat und wie sie in diesem Buch an anderen Stellen (S. 123 und S. 321) referiert werden. Sie wurden auch bereits zu einem früheren Zeitpunkt aufgestell.

Leitfragen:
- Hat der Sprecher die situativen Bedingungen des Gesprächs richtig eingeschätzt?
- Hat er die vorgefundene Situation sprachlich gemeistert?
- Hat er durch sein Sprachverhalten eine angemessene Rolle im Gespräch gefunden und gespielt?
- Haben seine Gesprächsbeiträge zu Rollenveränderungen in der Gesprächsgruppe geführt?

Sachgerechtigkeit:
Ein Gespräch dreht sich – wenn es nicht zum Geschwätz ausartet – um einen Gegenstand (oder mehrere Gegenstände), dessen Bewältigung sein Motiv und sein Zentrum darstellt. Die Äußerungen der Gesprächsteilnehmer stehen damit unter dem Gesetz der Sache. Ihre Qualität ist zu beurteilen nach der Intensität, mit der sie die Sache treffen und zu ihrer geistigen Verarbeitung beitragen.

Leitfragen:
- Hat der Sprecher zur Sache geredet?
- Hat sein Beitrag zum Thema hin- oder von ihm weggeführt?
- Hat er in seiner Äußerung Sachverstand bewiesen?
- Waren seine Argumente oder Fragen vom Interesse an der Sache geleitet?

Sprachrichtigkeit:
Unter Sprachrichtigkeit ist hier nicht in erster Linie (aber auch!) Normgerechtigkeit im Sinne des Einhaltens grammatischer Regeln verstanden. Selbstverständlich ist das Beherrschen und Einhalten grammatischer (aber auch semantischer und stilistischer) Normen Voraussetzung erfolgreicher Kommunikation. Aber diese zunächst abstrakten und formalen Normvorstellungen müssen durch den Bezug auf die gegebene Gesprächssituation konkretisiert werden. Die „richtige" Sprache wird also nicht nur durch ihre Grammatikalität bestimmt, sondern – wie wir bereits gesehen haben – darüber hinaus durch die Auswahl der Sprachmittel, die dem Hörer verständlich sind („bei ihm ankommen"), die sich für die Situation eignen und die den Gegenstand treffen. Die verschiedenen Ausprägungen (Codes, Register), die im abstrakten Sprachbegriff zusammengefaßt sind, können sich dabei als richtig (oder auch als falsch) erweisen: Standardsprache (für eine möglichst weitreichende Verständigung, etwa in einer öffentlichen Diskussion), Soziolekte und Gruppensprachen (etwa zur Dokumentation der Zugehörigkeit zu einer bestimmten Gesprächsgruppe), Fachsprachen, mit denen ein bestimmter Gegenstand besonders differenziert betrachtet werden kann (etwa in der Diskussion unter Fachleuten, aber auch im Sachunterricht) usw.

Leitfragen:
- Hat der Sprecher die sprachlichen Normen eingehalten, die für eine erfolgreiche Kommunikation erforderlich sind?
- Hat er sprachliche Register gezogen, die sich für dieses konkrete Gespräch als geeignet erwiesen haben?

– Hat er Begriffe aus Gruppen-, Sonder- oder Fachsprachen verwendet, und konnten diese von der Gesprächsgruppe verstanden und aufgegriffen werden?
– Hat der Sprecher bestimmte Sprachmittel bewußt angewandt oder bevorzugt (z.B. im Bereich der Wortwahl, der Syntax, der Wortbildung), und welche Absicht steckte dahinter?
– Enthielt die Äußerung Abweichungen von geltenden sprachlichen Normen oder Konventionen, und wie waren sie motiviert?

Die hier zusammengestellten Kriterien und Leitfragen sind Elemente der Metakommunikation. In ihr wird das Gespräch (und die Sprache) zum Thema des Gesprächs. Metakommunikation als Reflexion über Sprachgebrauch und Sprache gehört, wie an anderen Stellen erläutert und begründet (vgl. S. 182 und S. 223) zu den zentralen Aufgaben des Sprachunterrichts. Sie dient nicht zuletzt auch der Verbesserung der Kommunikation.

Metakommunikation ist keine Frage des fortgeschrittenen Alters. Schon Kinder sind in der Lage, sich nicht nur zum Inhalts-, sondern auch zum Beziehungsaspekt der Kommunikation zu äußern („Das hättest du mir auch freundlicher sagen können!"). Im Sprachunterricht über stattgefundene Gespräche zu sprechen und ihren Verlauf zu analysieren, gehört zu den Formen der Reflexion über Sprache, die die Schüler besonders motivieren – handelt es sich doch um ihren eigenen Sprachgebrauch – und gleichzeitig besonders günstige Möglichkeiten für einen integrativen Sprachunterricht bieten. Hier eröffnen die technischen Möglichkeiten der Gegenwart dem Unterricht neue Perspektiven. Während früher ein Gesprächsablauf nur durch ein schriftliches Protokoll einigermaßen adäquat festgehalten werden konnte, bieten heute Kassetten- oder Videorecorder wesentlich praktikablere und genauere Möglichkeiten der Fixierung, wobei auch die nonverbalen Ausdrucksmittel (Tonfall, Sprechrhythmus, Pausen, Mimik, Gestik) zum Gegenstand der Betrachtung werden können. Wer einmal gesehen hat, mit welchem Spaß, welcher Genauigkeit und detaillierten Kritik Schüler ihre eigenen, im Film wiederholten Unterrichts- oder Gruppengespräche analysieren, wird die Hoffnung, daß solche Unterrichtssequenzen sowohl zu einem bewußteren Sprachgebrauch als auch zu einer Verbesserung der kommunikativen Bedingungen in der Klasse führen können, nicht als illusorisch betrachten.

Für eine systematische Gesprächsschulung und -analyse sind formalisierte Gesprächstypen geeignet. Hier können die Schüler die Gesprächsregeln selbst festlegen, ihre Einhaltung kontrollieren und anschließend besprechen.

Eine besonders streng geregelte Gesprächsform ist die Debatte. Diskussionen dieser Art sind vielen Schülern durch Fernsehsendungen (z.B. Pro und contra) bekannt. Zu einem kontroversen Thema stehen sich hier zwei Gruppen von Debattanten gegenüber,die jeweils eine vorher festgelegte Ansicht zum Thema vertreten und verteidigen und ihre Argumente dazu in festgelegtem Rednerwechsel austauschen. Die Wirksamkeit der Argumente läßt sich in Abstimmungen bei den Beteiligten und (oder) Zuhörern vor und nach der Debatte feststellen. In dieser Gesprächsform können die Schüler auch lernen, Argumente für eine Ansicht zu sammeln, zu formulieren und zu vertreten, die mit ihrer eigenen Sicht des Problems nicht übereinstimmt. Ziel ist nicht die Beliebigkeit der Einstellung und Argumentation, sondern die Fähigkeit, sich von der eigenen Einstellung zu distanzieren, die Angelegenheit aus einer anderen Sicht zu betrachten, die einen zwingt, sich in die Argumentation des „Gegners“ hineinzudenken. Eine solche Debatte muß im Unterricht allerdings stufenweise vorbereitet werden. Wichtige Vorarbeiten sind:

– die Übung im argumentativen Sprachgebrauch (vgl. dazu das Kapitel „Argumentieren“ in B. Weisgerber u.a. 1978, S. 67-74)
– die Sammlung von Argumenten pro und contra (die in Gruppen auch schriftlich erfolgen kann)
– die Entwicklung von Redestrategien (vgl. Weisgerber/Heiliger 1974, S. 95 f.)
– das Erlernen einer konsequenten Gesprächsführung (besonders für den Schüler, der die Leitung der Debatte übernimmt).

Zwischen freiem Gespräch und formalisierter Debatte gibt es eine breite Skala von Zwischenstufen. Der Grad der Bindung im Gespräch ergibt sich aus Thema, Situation und Ziel. Er fällt in besonderer Weise unter die Verantwortung des Lehrers oder des Gesprächsleiters. Nicht jedes Unterrichtsziel ist auf dem Weg über das Gespräch zu erreichen. Viele Übungsformen vollziehen sich in Einzelarbeit, für manche, besonders erkenntnisorientierte Lehrziele können Lektüre, Referate oder Lehrervortrag zumindest eine Ersparnis an Unterrichtszeit bedeuten. Es spricht aber viel dafür, solche Phasen rezeptiven Lernens durch produktive Gesprächsintervalle zu unterbrechen, in denen die Schüler sich über das Gehörte oder Gelesene unterhalten, Meinungen und Argumente dazu austauschen und Fragen formulieren, die in einer anschließenden Diskussion gestellt werden sollen.

Zum Schluß noch eine Bemerkung über die Größe einer Gesprächsgruppe. Wer sich im Unterricht (in der Schulklasse wie im Universitätsseminar) um das Zustandekommen eines Gespräches bemüht, stellt immer wieder fest, daß einige wenige Schüler oder Studenten das Gespräch in Gang halten und weitgehend seinen Verlauf bestimmen, während viele nur zuhörend daran teilnehmen (was nicht bedeutet, daß sie innerlich unbeteiligt wären). Man kann fast die Regel aufstellen: Je größer der Rahmen, um so niedriger der Anteil der aktiven Gesprächsteilnehmer. Gründe dafür gibt es viele: die Scheu, vor einer größeren Zuhörergruppe zu sprechen, die Abneigung, sich öffentlich zu „produzieren“, die Befürchtung, von Mitschülern als „Streber“ angesehen zu werden, die Ansicht, andere wüßten zum Thema wesentlich „Klügeres“ zu sagen usw. Befragt man aber im Einzelgespräch Vertreter dieser „schweigenden Mehrheit“ darüber, wie sie sich in dieser Situation fühlen, so ist aus den Antworten meistens ein deutliches Unbehagen herauszuhören, oft auch Angst vor der „öffentlichen“ Rede oder Ärger darüber, daß andere mit unwichtigen Argumenten oder belanglosem Geschwätz zu Wort kommen, während man selbst die eigene Ansicht, aus welchen Gründen auch immer, für sich behält. Bei manchem läßt sich die daraus resultierende Unzufriedenheit sicher zu einem Motiv ummünzen, selbst in das Gespräch aktiv einzugreifen. Viele schweigen trotzdem weiter. Der beste Weg, um diesen unbefriedigenden Zustand zu überwinden, ist die Aufteilung der Klasse in Arbeitsgruppen. In der Kleingruppe werden fast immer auch die Schüler sprachlich aktiv, die sich vor dem Plenum zurückhalten. Wo Unterricht in

Gruppenarbeit organisiert wird, erfordert schon die Planung der Arbeit in der Gruppe die Kommunikation aller Gruppenmitglieder. Die Vorstellung der Arbeitsergebnisse vor dem Klassenplenum aber sollte von der Gruppe in der Weise vorbereitet werden, daß sich alle Gruppenmitglieder daran beteiligen (und sich auf diese Weise auch vor der Großgruppe äußern) – ein Verfahren, das sich nicht nur in der Schulklasse, sondern auch im Universitätsseminar oder bei Lehrerfortbildungstagungen immer wieder bewährt.

Szenisches Spiel im Sprachunterricht

Werner Ingendahl

1. Übers Spielen schreiben? Das ist unzulänglich, gewiß; aber schreibend und lesend können wir Vorstellungen erzeugen. Also stellen Sie sich mal vor:

Zu Beginn einer Unterrichtseinheit „Verständigungsprobleme in der Schule“ berichten die Schüler nicht einfach kurz von ihren bisherigen Erfahrungen mit der Thematik; vielmehr bereiten Gruppen Spielszenen vor, in denen schulische Verständigungsprobleme dargestellt werden.

Im Laufe einer Unterrichtseinheit „Fernsehkonsum in der Familie“ schlagen die Schüler nicht einfach im gelenkten Unterrichtsgespräch Möglichkeiten zur Lösung des Problems der Programmwahl vor; vielmehr stellen Gruppen Spielszenen vor, in denen Alternativen konsensueller Programmauswahl dargestellt werden. Nach der Lektüre einer Kurzgeschichte wird deren Inhalt und Form nicht einfach besprochen; vielmehr wird die Handlung in eine Szenenfolge aufgelöst, gespielt, durch nichterzählte Szenen ergänzt, alternative Handlungsverläufe erspielt ... Bei einem Elternnachmittag berichten die Schüler ihren Eltern nicht nur in Wandzeitungen und Erzählungen von ihrer Unterrichtseinheit „Generationen leben miteinander“, sondern stellen ihnen auch in Spielszenen dar, wie sie sich die Konsequenzen in ihren Familien vorstellen.

...

Ob das *vorteilhaft* ist? Für eine intrinsische Motivation der Schüler, für eine aktivere Beteiligung aller, für eine Einbettung schulischen Lernens in lebenspraktische Bezüge, also *für einen schülerzentrierten, erfahrungsbezogenen und handlungsorientierten Deutschunterricht* sicherlich, denn:

- Die Lernform ist ein *Erproben* von Möglichkeiten, d.h. die Schüler *erarbeiten* sich etwas Neues.
- Es ist ein *praktisches* Erproben; die Schüler *handeln* und erfahren Lebenssituationen in ihrer ganzen Komplexität, sie müssen all ihre Fähigkeiten aktivieren, die kognitiven, die interaktiven und die moralischen.
- Diese Handlungspraxis wird eingebettet in eine *Reflexionspraxis* (Metakommunikation), so daß ein kritisches, einsichtiges und übertragbares Lernen möglich wird.
- Spielen vermittelt *Lust* am Lernen; Geist und Körper sind beteiligt.

Das bedeutet für den Einsatz szenischer Spiele im Deutschunterricht:

a) Szenische Spiele stellen Lebenssituationen selbst dar, sie geben den Handlungsrahmen für simulierte Situationen aus allen Lebensbereichen, sie ergeben die Handlungsbasis für die reflexiven Prozesse des Besprechens, des Überdenkens, des Analysierens, des Veränderns, des Planens, des Auswertens, die zum Transfer des Gelernten notwendig sind.

b) Szenische Spiele lassen die gekonnten und die zu erlernenden Fähigkeiten des Sprechens und Verstehens in originaler Form zum Ausdruck kommen, nicht in theoretisch möglicher oder erzählter Weise, sondern praktisch, zum Ausführen der Fähigkeiten selbst.
c) Szenische Spiele geben Raum zum Probehandeln, was für eine Erziehung zu Selbständigkeit und Verantwortlichkeit unverzichtbar ist; so erfährt nicht nur der Lehrer, sondern auch der einzelne Schüler immer wieder den Grad seiner Selbständigkeit und Verantwortlichkeit. Der Handelnde erfährt in der Spielsituation sich selbst an der unmittelbaren und reflektierten Reaktion seiner Partner.
d) Szenische Spiele sind kooperative Lernformen
  – zur Auseinandersetzung mit bekannten und neuen Erfahrungen
  – zum Vorstellen bisher gemachter und gedachter Erfahrungen
  – zum Durchschauen situativer Handlungszusammenhänge
  – zum Erwerb neuer Erfahrungen in Handlungssituationen.
e) Szenische Spiele sind kooperative Lernformen für sprachliche Handlungsmöglichkeiten
  – zur Darstellung gekonnter Verständigungsformen in Situationen
  – zum Erproben neuer Möglichkeiten zur Verständigung unter situativen Bedingungen
  – zum Erwerb neuer Verständigungsmittel, -formen und -inhalte.

2. Im szenischen Spiel werden Lebenssituationen *dargestellt;* die Spieler bringen ihre bisherigen Erfahrungen und Vorstellungen aus einem bestimmten Lebensbereich (sprach)handelnd zum Ausdruck. Was dabei dank der Spielsituation entsteht, ist eine Synthese von Nachahmung und Neuschöpfung. Die Lehrziele der gespielten Handlungssituationen werden aus dem Gesamtprozeß einer Unterrichtseinheit gesetzt (Bewußtmachen von Erfahrungen und Vorstellungen, Erkennen von Defiziten in Fähigkeiten und Wissen, Reflexion von Handlungsbedingungen und -möglichkeiten, Erprobung von Handlungsweisen, Handlungsvorbereitung); die Lernziele stecken in den einzelnen Spielsituationen selbst: lustvolle Auseinandersetzung mit einer Thematik/Problematik; sich selbst darstellen; Handlungsverläufe darstellen, die sonst nicht üblich sind; spielerische Veränderung der Erfahrungswirklichkeit ... Entsprechend ihrer Position in einer Unterrichtseinheit und nach ihrem didaktischen Sinn müssen wir prozeß- und produktorientierte Spielformen unterscheiden:

Prozeßorientiertes szenisches Spiel findet sein Ziel im Durchführen eines Spielprozesses; es ist gar nicht oder nur in groben Zügen vorbereitet: Handelnde Personen und der Handlungsfaden werden besprochen, dann geht's schon los. Die Spieler spielen nicht für Zuschauer, sondern um ihrer eigenen Erfahrungs- und Handlungserprobung willen. Die meistgeübten Formen sind hier Stegreifspiele und Rollenspiele.

Produktorientiertes szenisches Spiel findet sein Ziel in einer Aufführung vor Zuschauern; es ist gründlich vorbereitet, selbst der zu sprechende Text kann schriftlich fixiert vorliegen. Die Spieler spielen, um die Zuschauer zu informieren, zu unterhalten, sie aufmerksam zu machen, an sie zu appellieren. Formen: Im Unterricht erarbeitete Rollenspiele an Elternabenden, für andere Klassen usw. und darstellende Spiele mit „Theater"-Charakter.

3. Schulkindern ist häufig schon das Spielen abgewöhnt worden; sie konnten alle mal „richtig schön spielen“, aber in der Schule – nein, da wird ja gelernt!

Ob in der Primarstufe oder in den Sekundarstufen, fast immer steht der Lehrer zunächst vor der Aufgabe, den Schülern ihre Spielfähigkeit zurückzugeben, vor allem ihnen zu zeigen, wie sie als Schulklasse szenisch spielen können.

Dafür haben Interaktionspädagogen, die Schauspielerfahrung hatten, einen Kurs entwickelt, der in 3-4 Spielstunden (oder in etwa 10 Zwanzigminuteneinheiten) mit Kindern (oder auch Erwachsenen) durchgeführt werden kann. (Ausführliche Beschreibung siehe Ingendahl 1981).

- Bewegungsspiele in der Gesamtgruppe:
  Körperausdruck bestimmter Haltungen, Rollen und Tätigkeiten, wobei die ganze Gruppe gemeinsam im Raum agiert, jeder dasselbe tut und keiner nur zuschaut.
- Sensibilisierungsübungen:
  Aktivitäten der Sinne, besonders der unterentwickelten: Hören, Tasten (Blindenführen, Spiegelpantomime, Denkmal bauen).
- Simultane Sprechspiele:
  Zur Bewegung kommt die Sprache hinzu, gleichzeitig einzeln oder mit Partnern (Zeitungsverkäufer, Reporter, Polizist – Autofahrer).
- Andere „gedeckte Formationen“:
  Puppen-, Masken-, Figuren-, Kostümspiele.
- Sprechspiele im Kreis:
  Reihum Geschichten erfinden, alle Gesellschaftsspiele (z.B. Mein rechter Platz ist leer)
- Dialogspiele im Innenkreis:
  Einige Spieler treten in den Kreis, die anderen bilden die Beobachtergruppe. Hier kommt erstmals die spätere Rollenspielsituation vor: Einige produzieren etwas vor einem Publikum, die Beobachter haben bestimmte Aufgaben (vom Teekesselraten bis zum fiktiven Gespräch zwischen Rotkäppchen und dem Rektor).
- Die freie oder gebundene szenische Erfindung:
  In einem völlig leeren Raum werden nach und nach Gegenstände zu einer „Situation“ komponiert, dann darin szenisch agiert; ohne Absprachen, ohne Kommentare. Alles muß aus einer Rolle heraus getan werden. Es ergeben sich oft mehraktige Dramen!
- Spielsequenzen zur Förderung des begrifflichen Denkens:
  Was gedacht werden soll (etwa eine Handlungsplanung wie z.B. Fernsehprogramm auswählen), wird erst dargestellt, dann gezeichnet, dann kommentierend dargestellt, dann in Stichworten gesagt, schließlich bewußt „innerlich gesprochen“.
- Angeleitetes Rollenspiel:
  Eine Spielszene wird in einer Gruppe mit/später ohne Lehrer geplant, gespielt, korrigiert, ausgewertet . . .

4. In einer thematischen Unterrichtseinheit können szenische Spiele vielfältige Aufgaben erfüllen. Ich stelle sie im folgenden dar, indem ich eine lernpsychologische Gliederung nach Methodenphasen zugrundelege. (Vgl. das Schema S. 264f.).

I/II: Herstellung und Analyse der Spielsituation (Motivation und Stufe der Schwierigkeiten).
Im Planungsgespräch überlegen Lehrer und Schüler gemeinsam, welche Szene aus dem übergreifenden Problemzusammenhang des Projekts oder einer Unterrichtseinheit gespielt werden soll. Sie wird zunächst von verschiedenen Vorerfahrungen her angespielt. Hier verhilft das Rollenspiel vor allem zur Bewußtmachung bisheriger Erfahrungen. Klischeevorstellungen, stereotype Redewendungen, mechanische Handlungsverläufe führen hier häufig zum vorzeitigen Abbruch der Situation. Die Kinder stoßen an dieselben Schwierigkeiten wie in der Lebenspraxis selber, merken, daß einige Mitschüler dieselben Erfahrungen haben wie sie, andere jedoch ganz andere. Schon hier können sie ihr eigenes Rollenverhalten und das anderer als solches erkennen, Distanz zu ihm gewinnen. Nur auf einer solchen Grundlage sind neue Lernprozesse möglich; die Erfahrung des Noch-nicht-Könnens kann zur Einsicht in die Notwendigkeit des Erlernens neuer Handlungsweisen geführt werden, wodurch eine intrinsische Motivation erreichbar wird.

III: Lösungsversuche in Gruppenreflexion (Erarbeitung und Übung)
Die in der 1. Phase wahrgenommenen Schwierigkeiten fordern dazu auf, nach Handlungsformen, Strategien und Formulierungen zu fragen, mit denen Lösungen der anstehenden Probleme möglich werden. Alle Beteiligten sind aufgerufen, Vorschläge zu machen, – und auch das geschieht im Spiel. Hier gibt das Rollenspiel den Kindern Gelegenheit, neue Möglichkeiten der Kommunikation kennenzulernen und auszuprobieren. Sie werden in Varianten erprobt, korrigiert, modifiziert. Hier ist all das möglich, was die außerschulische Lebenspraxis nicht gestattet: Man kann etwas noch einmal machen, man kann Äußerungen zurücknehmen, immer wieder von vorne anfangen, kurz: Man kann erproben, wie man handeln möchte.

In dieser Phase muß der Lehrer zwar sehr viel beisteuern an eigenen Vorschlägen, sollte aber keinesfalls normativ unbeholfene Schülervorschläge zurückweisen oder gar lächerlich machen, so groß die Versuchung dazu auch sein mag! Hier muß sich die wichtige Leistung der Schule als Lernraum, als Raum für Probehandeln auswirken, nämlich Lernen durch erprobende Auseinandersetzung mit der eigenen Lebenspraxis ohne Realitätsdruck zu ermöglichen. Selbst die doch so sehr produktorientierte Industrie hat sich in ihren Planungsprozessen die Vorteile dieser Arbeitsweise in der Methode des „brainstorming“ zunutze gemacht: Alle denkbaren Ideen werden zusammengetragen – auch völlig unrealistisch erscheinende –, werden durchgespielt, gesammelt und übersichtlich geordnet, zunächst unbedingt ohne Wertungen.

In der Klasse wechseln gespielte Szenenverläufe mit reflektierten der Diskussion, damit Spieler und Beobachter die Besonderheiten der Szenen besprechen und weitere Szenen planen können. Auch wenn Situationen noch so fiktiv, unrealistisch oder „unmöglich“ erscheinen – gerade Grundschulkinder neigen sehr schnell zu pauschalen Verurteilungen von Ungewohntem –, sind sie ungeheuer wertvoll sowohl zur Wahrnehmung der eigenen Denk- und Handlungsbarrieren als auch zur Durchleuchtung der realen Lebenspraxis. Die Frage etwa: Warum ist es denn nicht so, obwohl wir das alle möchten? kann auf veränderbare und unveränderbare Gesetzmäßigkeiten stoßen lassen und Ansätze zu emanzipatorischer Veränderung bieten. Als Ergebnis dieser Phase werden verschiedene Situationsverläufe, verschiedene Strategien und verschiedene Formulierungsmöglichkeiten *nebeneinander* festgehalten, als Arbeitsgrundlage für die nächste Phase.

IV. und V: Anwendung (Synthese und Vorbereitung des Transfers)
Auch die Versuche, die in der Schule als denkbar erkannten Wege für die außerschulische Realität zu übertragen, sind unverzichtbare Stufen im Lernprozeß. Die visionären Vorschläge der zweiten Phase verlieren nicht dadurch an Wert, daß man sie auf hier und jetzt vorfindbare Anwendungsbedingungen projiziert, auch sie sind Modelle möglichen Lebens. Aber die Schüler müssen sie zu unterscheiden lernen von den tatsächlich schon jetzt lebbaren Handlungsformen. Also geht es nun darum, Strategien und Formulierungen mit realistischen Handlungsbedingungen zu konfrontieren und zu fragen, was davon jetzt wie realisiert werden kann. Erst in der Klasse, dann vielleicht vor Schulpublikum (Mitschüler, Parallelklasse, Eltern), schließlich in der außerschulischen Lebenspraxis selber werden die erlernten Handlungsweisen ausprobiert. Gerade weil das Rollenspiel durch seine Simulationstechnik die Tendenz zur Unverbindlichkeit unterstützt, muß sein Ernstcharakter dauernd bewußtgehalten werden, indem die Klasse immer wieder auf die Chancen zur Realisierung der erarbeiteten Handlungsformen reflektiert.

5. Planungsbeispiel:
3./4. Schuljahr. Thema: Der Quatschmacher

I. Motivation: „Schule spielen“	
Rekonstruktion einer typischen Klassenclown-Szene auf Anregung des Lehrers oder der Schüler Wiederholung der Klassenclown-Szene a) ein anderer spielt den Clown b) ein anderer spielt den Lehrer	freies Rollenspiel, spontane, unbewertete Kommentare, gelenktes, nachinszeniertes Spiel
Schüler und Lehrer sagen, wie sie sich dabei gefühlt haben. Die zuschauenden Schüler versuchen zu beschreiben, wie Schüler, Clown und Lehrer sich verhalten haben.	gelenktes Unterrichtsgespräch
Alle beschreiben Gefühle und Empfindungen.	Tafelanschrift
Problematisierung: Was macht ein Quatschmacher? Die Schüler versuchen, Gründe zu nennen, warum der Quatschmacher nicht aufpaßt, sich in den Vorgrund schiebt, sonst nicht durchkommt Hausaufgabe: Aufsatz: Heute hat alles über mich gelacht.	Lehrerimpuls: Warum hast du (die Darsteller des Clowns) das gemacht?
II. Stufe der Schwierigkeiten	
Aufsätze vorlesen	
Wörter, die Gefühle bezeichnen, werden an die Tafel geschrieben.	Unterrichtsgespräch Tafelanschrift

Übungsschleife zum Beschreiben von Gefühlen: Ich fand den Quatschmacher schön, weil . . . Ich fand den Quatschmacher blöd, weil . . . Der Quatschmacher will auf sich aufmerksam machen. Er will sich interessant machen. Er langweilt sich. Er kann nicht . . .	Stillarbeit/Partnerarbeit
Die zusammenfassende Analyse der Situation, ihrer Ursachen und Bedingungen ergibt, daß wir mal überlegen müssen, was da zu tun ist.	Unterrichtsgespräch
III. Erarbeitung von Lösungsversuchen Für den Klassenclown und die Klasse sollen Lösungen gefunden werden. Die Klasse wird aufgeteilt in einige Clowns, mehrere Klassenkameraden und Beobachter mit bestimmten Beobachtungsaufgaben. Die ganze Klasse spielt eine Rechen- oder Lesestunde. Die Spieler der Clowns können auch über Sekundärmotivationen (Lob, Versprechungen. . .) ermutigt werden. Die Schüler tragen zusammen, welche Ergebnisse sie bemerkt haben:	Rollenspiele
Ich habe den Quatschmacher nicht beachtet. Ich und . . . waren nicht freundlich zu ihm, Ich hab ihn gefragt, ob er mir mal helfen kann . . . Der Quatschmacher sagt: Zuerst hab ich mich über die Lacher gefreut. Dann war es zu anstrengend. Mir war es langweilig . . .	Aussprache Tafelanschrift
Zu Hause erzählt der Quatschmacher: Heute war's anders. Er wird gefragt: Warum? . . .	Rollenspiel
Die Schüler beschreiben die veränderten Gefühle des Clowns. Hausaufgabe: Heute war alles anders.	Unterrichtsgespräch
IV. Anwendung Vorlesen der Hausaufgaben Wie war es sonst – was hat sich verändert? Unterrichtsgespräch (Wiederholung und Übung) Schleife: Der Zirkusclown (Bilder, Gedichte, Geschichten, Erzählungen . . .) Was ist gleich, was ist anders? Welche anderen „Quatschmacher" gibt es noch? Gruppenarbeiten Was machen die, warum? Was sollten wir tun? Unterrichtsgespräch (Vorbereitung des Transfers)	V. Transfer Diese Stufe besteht bei diesem Thema einerseits aus einer dauernden Bewußthaltung der Arbeitsergebnisse, weil das Problem im Unterricht immer wieder auftaucht, andererseits in einer Anwendung der Erkenntnisse in einem neuen Thema „Außenseiter und Minderheiten" (in der Schule, auf dem Spielplatz . . .)

(Für eine ausführlichere Information, die vielleicht auch mehr Lust zum Spielen erzeugt als dieser Handbuchartikel, verweise ich auf: W. Ingendahl, Szenische Spiele im Deutschunterricht, Düsseldorf 1981).

F
Schriftlicher Sprachgebrauch

Sprache - Schrift - Rechtschreibung

1. Didaktische Bedeutung der Schrift

Schon in der Vorschulzeit begegnen Kinder der Schrift und dem Schreiben. Auch Kinder, die noch keine Schriftzeichen beherrschen, spielen häufig „lesen“ oder „schreiben“, weil ihnen diese Tätigkeiten von den Erwachsenen her bekannt sind. Die mit diesen Tätigkeiten verbundenen Absichten, Sinn in Schrift festzuhalten oder aus ihr zu entnehmen, werden dabei vom Kind durchaus verstanden und wirken häufig als Motivation zum Lesenlernen schon vor Beginn der Schulzeit. In zunehmendem Maße sind in den letzten Jahren Bemühungen unternommen worden, den Leselernprozeß schon in die Vorschulzeit zu verlagern (vgl. Schmalohr 1973). Eltern und Institutionen (Kindergärten) haben sich dafür eingesetzt, allerdings mit sehr verschiedenen Beweggründen: Frühes Lesenlernen sollte auf der einen Seite die Chancen einzelner Kinder verbessern, indem es ihnen Vorteile beim Schulstart verschaffte, auf der anderen Seite sollte es gerade einem Ausgleich der Startbedingungen dienen, wenn Kinder mit ungünstigen sozialen Voraussetzungen möglichst früh an die Schrift und damit an neue Möglichkeiten der Sprachförderung herangeführt wurden.

Für die überwiegende Mehrzahl der Kinder aber ist der Umgang mit Schrift auch heute noch eine Kunst, die erst durch die Schule vermittelt wird und daher im Mittelpunkt ihres Interesses an der Schule (oft auch im Mittelpunkt des Unterrichts) steht. Das Erlernen der Schrift hat für die Sprachentwicklung des Kindes weitreichende Konsequenzen:

- Es erweitert die Möglichkeiten der Begegnung mit Sprache und schafft dadurch ein zusätzliches Angebot und zusätzliche Anreize für die Sprachentwicklung.
- Es verändert das Verhältnis des Kindes zu seiner Sprache.

Schrifterwerb eröffnet den Zugang zur Literatur im weitesten Sinne, d.h. zu allen in Schrift gefaßten Texten. Das bedeutet für das Kind eine außerordentliche Erweiterung der Begegnungsmöglichkeiten mit Sprache. Sachtexte vermitteln ihm mit der Information über bestimmte Sachbereiche auch die zu ihrer Bewältigung erforderlichen Begriffe der Fachsprache. Auch die Begegnung mit Dichtung (Literatur im engeren Sinne) kann und soll dem Lesenlernen von Anfang an zugeordnet sein: Kinderreime, Kindergedichte, Umweltgeschichten sind nur einige der Textsorten, die bereits dem Schulanfänger zugänglich gemacht werden können und die ihm neue Dimensionen von Sprache, besonders im ästhetischen Bereich, erschließen.

Es erscheint durchaus möglich, daß auf dem Weg über die Schrift, durch Förderung des Lesens und durch das Bereitstellen altersgerechter Lektüre soziale Benachteiligungen im Spracherwerb, die das Kind in der Vorschulzeit erfahren hat, teilweise ausgeglichen werden können. Das setzt allerdings besondere Bemühungen um die Leseerziehung voraus. Es genügt nicht, Kindern das Lesen beizubringen, die Schule trägt auch Mitverantwortung dafür, in welcher Weise das Kind diese neue Fertigkeit einsetzt und für seine Sprachentwicklung fruchtbar macht. Von besonderer Bedeutung ist dabei die Motivation zum Lesen, die durch die Art des Leseunterrichts wie durch die Auswahl und Bereitstellung der Lektüre ebenso positiv wie negativ beeinflußt werden kann. Wenn die Schule diese Aufgabe außer Acht läßt, besteht die Gefahr, daß auch der Erwerb der Schrift nur dazu führt, daß der Abstand zwischen sozial begünstigten und benachteiligten Kindern in der Sprachentwicklung sich weiter vergrößert. Im allgemeinen findet die erste Gruppe auch im Elternhaus mehr Stoff und Anreiz zur Lektüre als die zweite. Gerade wo das Kind zuhause keine „literarische Atmosphäre" vorfindet, sollte wenigstens die Schule eine solche entwickeln. Vorlesestunden, Berichte über gelesene Bücher, Anregungen für Bücherwünsche und der Ausbau einer Klassen- oder Schulbücherei können besonders in der Grundschule dazu beitragen, daß die neuen Möglichkeiten der Sprachförderung, die das Erlernen der Schrift mit sich bringt, auch von den Kindern genutzt werden, die ihrer in erster Linie bedürfen.

In diesem Zusammenhang muß auch noch einmal auf die soziolinguistische Diskussion hingewiesen werden, die mit der Auseinandersetzung um Entstehung und Auswirkung von „Sprachbarrieren" gerade den Sprachunterricht der Primarstufe betroffen und teilweise verändert hat. Diese Diskussion ist an anderer Stelle ausfürhlicher behandelt (s. oben S. 91ff.). Wir beschränken uns hier deshalb auf die Frage, ob durch das Erlernen der Schrift Möglichkeiten der Überwindung von „Sprachbarrieren" und ihren negativen Konsequenzen gegeben sind. Dabei gehen wir von der Grundentscheidung aus, daß die Herkunftssprache der Kinder den Ausgangs- und ständigen Bezugspunkt der Sprachförderung bilden muß. Weder linguistisch noch didaktisch erscheint es deshalb vertretbar, bestimmte Formen des Sprachgebrauchs, die von den hoch- oder schriftsprachlichen Normen abweichen, als minderwertig abzuqualifizieren. Soziolekte haben ebenso wie Dialekte ihren eigenen Wert, ihre eigene Funktion und Leistungsfähigkeit und damit auch ihren legitimen Ort im Unterricht. Dennoch erscheint es aus pädagogischen, gesellschaftlichen und politischen Gründen unter den heutigen Umständen unumgänglich, alle Schüler zur Hochsprache hinzuführen, um ihnen möglichst vielfältige Chancen im Bildungsprozeß und im Berufsleben, in der Ausprägung der Individualität wie in der Teilnahme an gesellschaftlichen Prozessen und politischen Entscheidungen zu eröffnen. Die Vermittlung der Hochsprache darf allerdings nicht als Verdrängung der Herkunftssprache oder als Abwertung anderer Soziolekte verstanden und betrieben werden. Es geht um die Erweiterung der sprachlichen Möglichkeiten, um das Ausschöpfen der spezifischen Leistungen, die den unterschiedlichen Ausprägungen von Sprache eigen sind und sie charakterisieren.

Verschriftete Sprache ist vorwiegend Hochsprache, eben „Schriftsprache". Gerade für das Kind, in dessen häuslicher Umgebung die Hochsprache hinter andere Sprachschichten oder Schichtensprachen zurücktritt, ist daher die Lektüre (neben technischen Medien wie Funk und Fernsehen) eine der wichtigsten Begegnungsmöglichkeiten mit dieser Ausprägung von Sprache. Je jünger das Kind, um so weniger vollzieht sich seine Sprachentwicklung auf Grund bewußter Reflexion und geleiteter Absicht, um so stärker ist sie abhängig vom konkreten sprachlichen Angebot. Das Angebot an Hochsprache wird mit dem Schrifterwerb entscheidend erweitert.

Hochsprache ist hier allerdings nicht im Sinne einer schichtspezifischen Sprache (der Mittel- und Oberschicht) zu verstehen. Eine einseitige Orientierung der Schule an einem solchen schichtspezifischen Sprachgebrauch könnte sonst mit Recht als (meist unreflektierte) Tendenz interpretiert werden, die sprachlichen Verhaltensnormen einer bestimmten gesellschaftlichen Gruppe als allgemeinverbindlich zu erklären und auf diese Weise das bestehende Gesellschaftsgefüge theoretisch abzusichern und praktisch zu konsolidieren[1]. Hochsprache im hier gemeinten Sinne ist eine weder regional noch sozial eingeengte Form des Sprachgebrauchs, die gebiets- und schichtübergreifende Kommunikation ermöglicht. Sie ließe sich demnach auch als Einheits-, Verkehrs- oder Standardsprache bezeichnen. Die Zeiten, in denen nur die Sprache anerkannter Literatur in der Schule „hoffähig" und für die Zielvorstellungen des Sprachunterrichts verbindlich war, sind sicher vorbei. Und selbst wenn man heute der literarischen Sprache den Wert eines Vorbildes für den Sprachgebrauch im Unterricht beimessen wollte, wäre festzustellen, daß sich die (durchaus in der Öffentlichkeit, sogar durch Nobelpreise) anerkannte Gegenwartsliteratur ganz und gar nicht auf eine bestimmte Ausprägung von Sprache beschränkt, sondern die Ausdrucksmöglichkeiten aller Sprachschichten und Schichtensprachen ausschöpft, je nachdem wie sie geeignet erscheinen, die spezifischen Aussageintentionen des Autors zu verdeutlichen oder die unterschiedlichen personalen und situativen Bedingungen eines Geschehens zu kennzeichnen. Selbst wenn man den Begriff „Schriftsprache" an einen engen Literaturbegriff binden, ihn als den spezifischen Sprachgebrauch der anerkannten Dichtung interpretieren wollte, wäre doch schon durch das Beispiel dieser Literatur die Fixierung der Schriftsprache auf eine bestimmte Sprachschicht überwunden.

Als zweite wichtige Konsequenz des Erlernens der Schrift haben wir die Veränderung des Verhältnisses des Kindes zu seiner Sprache hervorgehoben. Was ist damit gemeint?

Solange das Kind Sprache nur im akustischen Medium erfährt, im Hören rezipiert und im Sprechen produziert, ist sie ihm nur im Augenblick gegenwärtig und zugänglich. Gerade gesprochen, eben gehört, haben sich Wort und Satz verflüchtigt, seien sie verstanden oder nicht. Was dabei im Mittelpunkt des Interesses steht, ist nicht die spezifische Weise der sprachlichen Formulierung, sondern die Intention der Aussage, der Sachverhalt, den der Sprecher

---

1 vgl. dazu die – allerdings überzogene – Kritik der Hochsprache in der Urfassung der vielumstrittenen Hessischen Rahmenrichtlinien, in der die Behauptung aufgestellt wird, „daß diese ‚Hochsprache' bislang stets eine Gruppensprache gewesen ist, die als verbindliche Sprache durchgesetzt und bei der Schichtung der Gesellschaft als Mittel zur Stabilisierung dieser Schichtung benutzt worden ist."
(Der Hessische Kultusminister: Rahmenrichtlinien für die Sekundarstufe I Deutsch, ohne Ort und Jahr (1972), S. 6 f)

dem Hörer vermitteln, oder das Verhalten, zu dem er ihn bringen will. Gesagtes und Gemeintes werden daher in den allermeisten Fällen nicht unterschieden. Das inhaltliche Verständnis der Aussage als vorherrschendes Interesse läßt bei der Kurzlebigkeit gesprochener Sprache wenig Raum für das bewußte Wahrnehmen und Überdenken der sprachlichen Formulierung, in der sie zutage tritt. Der naive Sprachrealismus des Kindes, die Gleichsetzung von Gesagtem und Gemeintem, von „Wort" und „Sache" – übrigens auch bei den erwachsenen Sprachbenutzern die verbreitetste Einstellung – wird gestützt durch die Erfahrung, daß das Wort verklingt, die Sache aber bleibt.

Mit der Schrift aber gewinnt auch die Sprache zeitliche Dauer und räumliche Konsistenz. In schriftliche Zeichen gefaßt, wird Sprache zum Objekt, zu einem „Ding", das sich genauso wie andere greifbare Gegenstände betrachten und festhalten läßt. Den möglichen negativen Konsequenzen einer solchen Verfügbarkeit von Sprache steht ein entscheidender Vorteil gegenüber, den die Vergegenständlichung von Sprache für den Sprachunterricht und die Sprachentwicklung bietet:

Sprache, in Schrift objektiviert, wird zum Gegenstand des Nachdenkens, zum Objekt der Reflexion.

Die Möglichkeit der Reflexion auf Sprache ist zwar als in der Sprache selbst angelegt zu betrachten. Jürgen Habermas bezeichnet die der Sprache „innewohnende Reflexivität" als einen „Grundzug der Sprache", der mit der „Doppelstruktur der Rede" (der möglichen und notwendigen Aufgliederung von Sprechhandlungen in ihre illokutiven und propositionalen Bestandteile) zusammenhängt (Habermas 1976b, S. 224). Und es gibt hinreichend Belege dafür, daß Kinder schon in der Vorschulzeit über Sprache und Sprachgebrauch reflektieren (vgl. B. Weisgerber 1975, S. 18-21). Dennoch bedeutet der Schrifterwerb einen entscheidenden Schritt auf dem Weg zu einem bewußteren Verhältnis zur Sprache und eröffnet dem Sprachunterricht neue Möglichkeiten und Aufgaben:

– Der geschriebene Text wird zu einem Unterrichtsgegenstand, der sich von gesprochener Sprache in wesentlichen Punkten unterscheidet. Seine Vergegenständlichung, seine Materialisierung mit Hilfe optischer Zeichen macht es möglich und sinnvoll, einen einmal vollzogenen Sprech- (und Schreib-) akt zum Objekt des Betrachtens, Beurteilens und Bewertens zu machen und ihn gegebenenfalls nachträglich zu verändern. In geschriebener Form steht mir Sprache in einer neuen Weise zur Verfügung. Ich kann daran arbeiten, kann durch wiederholte Versuche feststellen, welche Wirkungen von meinem Text auf seine Leser ausgehen, kann den Text aufgrund der beobachteten oder vermißten Wirkungen in einer Weise verändern, die meine Intentionen besser zu verwirklichen verspricht. Geschriebene Texte lassen sich in einem viel höheren Maße kritisch analysieren, an ihnen läßt sich daher besonders gut aufzeigen, welche Einflüsse bestimmte Formulierungen auf die Leser ausüben. In der nachträglichen Veränderung von Texten, im Ausprobieren von lexikalischen und syntaktischen Alternativen im Hinblick auf ihre Wirkung auf den Adressaten lassen sich Kriterien für die Textqualität entwickeln, die über den formalen Rahmen grammatischer oder orthographischer Normgerechtigkeit hinaus Wertmaßstäbe darstellen, die auch dem Schüler einsichtig gemacht werden können.

– Der geschriebene Text steht unter anderen Bedingungen als mündlicher Sprachgebrauch. Gerade wenn Schreibsprache auf Kommunikation zielt, muß sie die Einschränkungen, die sich aus dem Fehlen einer konkreten Gesprächssituation ergeben, durch ein besonderes Maß an Versprachlichung und den Gebrauch geeigneter sprachlicher Mittel wettzumachen versuchen. Die Formulierung geschriebener Texte erfordert deshalb einen besonders hohen Grad an sprachlicher Ausarbeitung. Was im mündlichen Gespräch an nonverbalen Mitteln der Erleichterung und Verbesserung der Verständigung dient, (Zeighandlungen, Mimik, Gestik, Satzmelodie, Betonung usw.) muß, soweit möglich, durch Sprachzeichen ersetzt werden.

Diese Notwendigkeit korreliert mit dem höheren Grad von Bewußtheit (Reflexion), der Schreibprozesse gegenüber mündlichen Sprechhandlungen charakterisiert (oder wenigstens kennzeichnen sollte). Gerade für jüngere Schüler stellt allerdings diese Art der bewußten und durch den – zunächst erschwerenden und zeitraubenden – Vorgang des Schreibens verzögerten Ausformulierung eine so hohe Anforderung dar, daß die frühen Schreibergebnisse den Stand ihrer Sprachentwicklung keineswegs adäquat wiedergeben[2].

– Reflexion über Sprache als Objekt, wie sie durch Schrift ermöglicht und gefördert wird, galt in der Vergangenheit in erster Linie als die Aufgabe des Grammatikunterrichts. Auch heute wird Grammatik vorwiegend noch als Erforschung und Beschreibung einer objektivierten Sprache verstanden und in der Schule betrieben. Eine solche Form der Sprachbetrachtung basiert auf dem Festhalten von Sprache in Schrift. Es ist daher nicht verwunderlich, wenn in diesem Grammatikunterricht Sprache so gesehen wird, wie sie in Schrift verfügbar geworden ist: als fixiertes, statisches Gebilde, dessen systematische Beschreibung in Form eines Regelkanons als Aufgabe und Ziel der Grammatik erscheint. Dabei gewinnen die Regeln, die meist zunächst nur als deskriptive Beschreibungsversuche erarbeitet und gemeint waren, häufig ungewollt, oder wenigstens unreflektiert, präskriptiven Charakter: Die Beschreibung des Ist-Zustandes von Sprache wird interpretiert und vermittelt als Norm für das sprachliche Verhalten.

Das „Ringen um eine neue deutsche Grammatik" (vgl. Moser 1962) läßt sich daher nicht auf die Frage beschränken, welche linguistischen Methoden, Kategorien und Denkmodelle am besten geeignet seien, die deutsche Gegenwartssprache systematisch und angemessen zu beschreiben, es umfaßt darüber hinaus zumindest zwei weitere Fragen:

1. Wie läßt es sich vermeiden, daß der energetische Charakter der Sprache aus dem Blickfeld verschwindet?
2. Wie kann die Reflexion über Sprache ausgeweitet werden über den Bereich der „festgestellten" grammatischen Phänomene hinaus, so daß Sprache in ihrer Funktion dem Reflektierenden einsichtig wird?

2 Deshalb läßt sich der Sprachstand von Grundschülern auch nicht an ihren Schreibleistungen messen, wie es etwa Klaus Doderer gelegentlich getan hat (vgl. Doderer 1960, S. 14)

Gerade diese zweite Frage kann sich für den Sprachunterricht als außerordentlich fruchtbarer Ansatz erweisen: Gegenstand der Reflexion wird dann auch der konkrete Sprachgebrauch der Schüler (und des Lehrers), beispielsweise ihr kommunikatives Verhalten oder die Auswirkungen von Sprachgebrauch auf Hörer oder Leser. Gerade der Bereich der Metakommunikation erscheint geeignet, Sinn und Notwendigkeit grammatischen Denkens zu verdeutlichen. Brauchbare Aussagen über sprachliche Intentionen und Wirkungen bedürfen aber auch einer sauberen grammatischen Absicherung, wenn sie nicht als pauschale Werturteile zur Unwirksamkeit verurteilt bleiben oder gar als raffinierte Formen einer Manipulation auf der zweiten (reflexiven) Ebene angegriffen werden sollten.

Bei aller linguistischer Unvollkommenheit und didaktischen Problematik des herkömmlichen Grammatikunterrichts bleibt aber festzuhalten: Das Erlernen der Schrift und die damit verbundene Distanzierung von Sprache bieten dem Heranwachsenden die Möglichkeit, ein neues, bewußtes Verhältnis zur Sprache zu gewinnen und – darauf aufbauend – ein sprachliches Verhalten anzustreben, das durch die Merkmale der Bewußtheit, der Kritik und der Selbstverantwortung charakterisiert werden kann.

2. Die deutsche Rechtschreibung, ihre Entwicklung und ihre Problematik

Die heute geltende deutsche Orthographie ist das Ergebnis einer mehr als tausendjährigen Entwicklung. Sie schleppt viele Eigenheiten mit sich, die für den an Sprachgeschichte Interessierten aufschlußreich sind, aber das „richtige" Schreiben zumindest erschweren. Die Entwicklung anderer Orthographien – etwa der englischen oder der französischen – zeigt, wie groß die Diskrepanz zwischen gesprochener und geschriebener Sprache werden kann, wenn die Schreibweise auf einem Stand der Entwicklung beharrt, den die gesprochene Sprache längst hinter sich gelassen hat.

Der Begriff „Rechtschreibung" (im 16. Jh. als Lehnübersetzung des griechischen Fremdwortes „Orthographie" gebildet) enthält ein Programm und eine Problematik:

– ein Programm: Es soll eine richtige und einheitliche Schreibweise geben, die für alle gilt und möglichst von allen beherrscht wird.
– eine Problematik: Welches ist die „richtige", einer bestimmten Sprache angemessene Schreibung, und wer hat darüber zu befinden oder zu entscheiden?

Die Frage nach der Richtigkeit einer Schreibung erscheint auf der theoretischen Ebene zunächst ganz einfach zu beantworten: Die richtige Schreibweise ist diejenige, die eine Sprache so genau und eindeutig wie möglich wiedergibt. Auf Buchstabenschriften wie die deutsche bezogen, heißt das: Jedem Laut, der sprachlichen Unterscheidungscharakter besitzt (Phonem), müßte ein Schriftzeichen (Graphem) entsprechen, das ihn und nur ihn auf der optischen Ebene wiedergibt.

Diesem Ideal einer Rechtschreibung, die auf dem Eins-zu-eins-Verhältnis von Phonem und Graphem basiert, stehen in der Wirklichkeit mehrere, teils grundsätzliche, teils geschichtlich bedingte Schwierigkeiten entgegen:

– Eine solche Orthographie setzte eine einheitliche Sprechweise voraus, die für den gesamten Geltungsbereich einer Sprache, d.h. für alle durch eine Sprache gekennzeichneten Sprecher bestimmend ist. Eine Differenzierung der Aussprache finden wir aber nicht nur in den (nur ansatzweise verschrifteten) Dialekten, sondern auch in den unterschiedlichen regionalen Ausprägungen der „Schriftsprache". Neben solchen Unterschieden auf der synchronen Ebene stehen die diachronen Veränderungen der Aussprache. Eine fixierte Schreibweise kann, streng genommen, nur einen bestimmten Entwicklungsstand einer Sprache festhalten, den jede sprachliche Weiterentwicklung als überholt erweist.

– In einer „idealen" Orthographie müßte – wie schon bemerkt – jedem Phonem ein eigenes Graphem fest zugeordnet sein. Die Anzahl der Grapheme (Buchstaben) ist aber geringer als die Zahl der Phoneme. Den 40 für das Lautsystem des Deutschen zu unterscheidenden Phonemen stehen 26 Buchstaben gegenüber, die darüber hinaus in etlichen Fällen einer eindeutigen Zuordnung entbehren:

Für ein einziges Phonem werden verschiedene Grapheme benutzt (z.B. für /f/ die Schreibungen f - v -ph), während in anderen Fällen ein und dasselbe Graphem beim Lesen in unterschiedliche Phoneme umgesetzt werden muß (z.B. v für /f/ und /w/). Eine Ursache für diese Inkonsequenzen liegt in der Übernahme einer fremden – der lateinischen – Schrift für eine Sprache, deren phonologisches System von dem des Lateinischen abweicht.

– Die „vollkommene" Rechtschreibung müßte sich aus der konsequenten Durchführung *eines* Prinzips ergeben. Dieses grundlegende Prinzip ist für eine Buchstabenschrift die lauttreue (phonetische) Schreibung. In früheren Stadien der Entwicklung unserer Sprache und ihrer Schreibung war dieses Prinzip in weit größerem Maße bestimmend als heute. So wurde beispielsweise die Auslautverhärtung (g → k, d → t, b → p) auch beim Schreiben berücksichtigt, so daß ein und derselbe Wortstamm in verschiedener Schreibweise erschien: mhd. der ta*c*, des tages gegenüber der heutigen Schreibung der Tag, des Tages.

Die heutige Schreibung, bei der der Wortstamm unverändert bleibt, beruht auf dem Prinzip der stammtreuen Schreibung, das zusammen mit dem Grundsatz, Wörter nach ihrer Herkunft und Verwandtschaft zu schreiben (M*au*er → Gem*äu*er), als etymologisches Prinzip unserer Rechtschreibung bezeichnet wird.

Für das Auseinandertreten von Schreibung und Aussprache in der geltenden deutschen Orthographie ist in sehr vielen Fällen das historische Prinzip entscheidend. Aus der konservierenden Funktion der Schrift ergab sich die Beibehaltung älterer Schreibweisen auch dort, wo die Sprech-Sprache sich weiterentwickelte und veränderte. D.h.: Wörter werden heute noch so geschrieben, wie sie früher einmal gelautet haben. Besonders deutlich wird das an den sog. Dehnungszeichen -e und -h, die in vielen Wörtern auf früher gesprochene Laute zurückgehen. So wurde das mhd. li-eb durch Monophthongierung und Auslautverhärtung in der Aussprache zu līp/, aber die alte Schreibung wurde beibehalten und das ehemals gesprochene e zum Kennzeichen für die Vokaldauer umfunktioniert. Analoge Entwicklungen führten zum „Dehnungs-h“: Aus mhd. ze-hen wurde nhd. /zēn/, aber in der Schreibung blieb das h erhalten und wurde nun als Kennzeichen des langen Vokals umgedeutet. Von solchen Beispielen her wurden dann später die „Dehnungszeichen“ e hat h auch auf Wörter übertragen, bei denen sie historisch nicht zu begründen sind.

In den seit Jahrhunderten andauernden Bemühungen um eine Vereinheitlichung und Vereinfachung der deutschen Rechtschreibung hat der Widerspruch zwischen dem phonetischen und dem historischen Prinzip die wichtigste Rolle gespielt. Für beide haben sich kundige Befürworter gefunden:

Jacob Grimm setzte sich aus sprachgeschichtlichem Interesse für die historische Schreibweise (und darüber hinaus für die Kleinschreibung der Substantive) ein und erklärte im Jahre 1849: „Es wäre fast allen übelständen abgeholfen, wenn sich, in der hauptsache, zu dem mhd. brauch zurückkehren ließe, wodurch auch die scheidewand zwischen gegenwart und vorzeit weggerissen und das lebendige studium unseres alterthums unsäglich gefördert würde“ (Grimm [1849] 1978, S. 51).

Demgegenüber vertrat Rudolf von Raumer, der zur Entwicklung einer einheitlichen Rechtschreibung Entscheidendes beigetragen hat, den phonetischen Standpunkt, ohne dessen Schwierigkeiten zu unterschlagen. In seiner Schrift „Das Prinzip der deutschen Rechtschreibung“ geht er von der grundlegenden Problematik jeder „Rechtschreibung“ aus: „Ist eine Sprache in Schrift gefaßt, so wirkt dies zwar auch auf die gesprochene Sprache zurück, aber nicht in dem Maß, daß diese nun streng bei den einmal durch Schrift befestigten Lauten stehen bliebe. Vielmehr fährt die gesprochene Sprache fort, ihre Laute umzuwandeln, und entfernt sich dadurch mehr und mehr von der geschriebenen Sprache. Diesem Zwiespalt gegenüber kann nun die Schreibweise einen doppelten Weg einschlagen. Entweder sie kümmert sich gar nicht um die veränderte Aussprache und bleibt unverrückt auf ihrem Platze stehen: oder sie sucht der veränderten Aussprache gerecht zu werden, indem sie die Schriftzeichen der neuen Aussprache anzupassen sucht. Die erste Art kann man die *historische* Schreibweise nennen, die zweite die im strengen Sinn des Wortes *phonetische*. In der Wirklichkeit läßt sich weder die eine, noch die andere Art auf die Dauer ohne alle Einschränkung durchführen. Die historische nicht, weil der Abstand im Lauf der Jahrhunderte unerträglich wird; die phonetische nicht, weil die gesprochene Sprache sich nach deren Feststellung doch wieder ändert . . .“ (Raumer [1855] 1978, S. 63 f.).

Eine untergeordnete Rolle gegenüber den bisher genannten Grundsätzen unserer Orthographie spielt das sog. logische Prinzip. Darunter versteht man die verschiedene Schreibweise gleichlautender Wörter (Homophone). Hier geht die Schreibung insofern über die Aussprache hinaus, als sie Unterscheidungen hervorbringt und dem Schreibenden oder Lesenden ermöglicht, die in der gesprochenen Sprache nicht exisiteren. So wird orthographisch etwa unterschieden zwischen *Lied* und *Lid*, zwischen *Weise* und *Waise*, zwischen *Lerche* und *Lärche* usw. Allerdings ist auch dieses Prinzip nicht konsequent durchgeführt: Viele Homophone sind auch orthographisch nicht zu unterscheiden, etwa Ton ↔ Ton, Ball ↔ Ball usw. Hier ergibt sich die semantische Unterscheidung wie in der gesprochenen Sprache nur aus dem Textzusammenhang bzw. der Sprechsituation.

Zusammen mit zwei weniger bedeutsamen Gesichtspunkten (ästhetisches Prinzip und Analogieschreibung) sowie der für das Deutsche eigentümlichen Großschreibung der Substantive ergeben sich damit für Alexander Beinlich (1961, S. 408 f.) sieben Grundsätze für die heutige deutsche Rechtschreibung:

1. lauttreue (phonetische) Schreibung,
2. historisch bedingte Schreibweise,
3. ästhetisch begründete Wortbilder (z.B. Straße statt Schtraße),
4. analoge Schreibung,
5. etymologische Schreibweise,
6. logischer Grundsatz (Unterscheidungsschreibung),
7. Großschreibung der Substantive.

Diesem Vorbild folgt auch Hermann Helmers in der Aufzählung seiner Rechtschreibprinzipien (phonologisch – historisch – etymologisch – ästhetisch – analogisch – differenzierend hervorhebend (Großschreibung), vgl. Helmers 1972, S. 181).

Wolfgang Menzel (1978, S. 15) kritisiert an diesen Prinzipienlisten die Vermischung von Beschreibungs- und Erklärungskategorien und stellt ihnen eine eigene Systematik gegenüber:

1. Das Prinzip der Kennzeichnung von Lauten durch Buchstaben (phonographisches Prinzip)
   1.1. das Prinzip der Kennzeichnung von Einzellauten (rein phonographisches Prinzip)
   1.2. das Prinzip der Kennzeichnung von Lauten durch Buchstabenkombinationen (kombinatorisches Prinzip)
2. das Prinzip der Gleichschreibung von Wortstämmen (morphologisches Prinzip)
3. das Prinzip der Kennzeichnung von Wort- und Satzformalien (grammatisches Prinzip)
   3.1. das Prinzip der Kennzeichnung von Wortarten und -bildungen (wortgrammatisches Prinzip), z.B. die Großschreibung der Substantive
   3.2. das Prinzip der Kennzeichnung von Satzanfängen und Satzteilen (syntaktisches Prinzip)
4. Das Prinzip der Kennzeichnung von Bedeutungsunterschieden (semantisches Prinzip; entspricht dem logischen bzw. dem differenzierenden Prinzip bei Beinlich und Helmers)
5. Das Prinzip der Kennzeichnung von Adressatenbezügen (pragmatisches Prinzip; z.B. Großschreibung von Anredepronomen in Briefen)

Gleichgültig, welcher Terminologie oder Systematik man folgen will – eine Tatsache wird bei jeder Analyse der orthographischen Prinzipien deutlich: Unsere geltende Rechtschreibung basiert nicht auf einem einzigen konsequent durchgehaltenen Grundsatz – für eine Buchstabenschrift käme dabei nur die phonetische Schreibung in Frage –, sondern auf einer Reihe verschiedener Gesetze, die miteinander nicht zu vereinbaren sind und von denen daher keines konsequent durchgehalten werden kann. Die Kenntnis dieser Prinzipien garantiert also keinem Schreiber, daß er richtig schreibt:

Wer für *Vieh* den phonetischen Grundsatz befolgt, schreibt *Fi* oder *fi*.

Wer sich an die historische Schreibweise hält, muß statt *befehlen befelhen* (mhd.) schreiben.

Wer *Eltern* etymologisch richtig ableitet, muß *Ältern* schreiben.

Wer das Analogieprinzip bevorzugt, sollte statt *bald* lieber *balt* (wie *kalt* oder *halt*) schreiben usw.

Kinder, die das Schreiben erst erlernen, gehen – besonders wenn sie vorwiegend akustisch orientiert sind – dabei von der (leider nicht zutreffenden) Meinung aus, die richtige Schreibung sei im Deutschen vom Wortklang abzuleiten. Sie handeln also nach der Maxime: Schreibe so, wie du sprichst. Was dabei herauskommt, sei mit einem Kinderaufsatz (aus dem 1. Schuljahr) dokumentiert, an den sich Aufgaben für Schüler des 10. Schuljahres anschließen, die zu einer kritischen Betrachtung der geltenden Regelung anregen sollen:

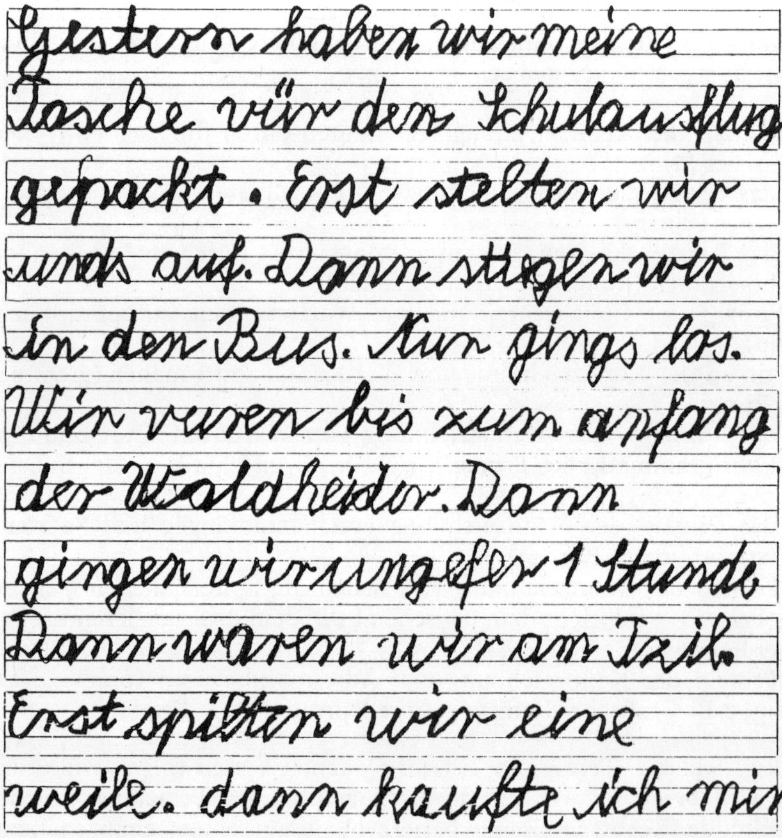
Gestern haben wir meine
Tasche vür den Schulausflug
gepackt. Erst stelten wir
unds auf. Dann stiegen wir
in den Bus. Nun gings los.
Wir varen bis zum anfang
der Waldheidor. Dann
gingen wir ungefer 1 Stunde
Dann waren wir am Tzil.
Erst spilten wir eine
weile. dann kaufte ich mir

etwas. Was ich gegessen habe.
Ene Calor, ein Wafeleis, ein
ein Schifchen und eine Kinder-
schockarade. Altz ich nach
hause kam hate ich so ein
bauchweh das ich nichts
Essen konte.

Diesen Aufsatz hat ein Junge im ersten Schuljahr geschrieben. Ihr seht, welche Schwierigkeiten ihm unsere Rechtschreibung bereitet hat.

- ▶ **Lest den Aufsatz so, wie der Junge ihn geschrieben hat, laut vor! Entstehen dadurch beim Sprechen Fehler?**
- ▶ **Welche schriftliche Fassung kommt dem Klang unserer Sprache näher: die ursprüngliche des Jungen oder die nach den geltenden Regeln?**
- ▶ **Übertragt den Aufsatz in unsere geltende Rechtschreibung!**
- ▶ **Schreibt alle Fehler heraus, die der Junge gemacht hat, und setzt die richtige Schreibung daneben!**

Ordnet die Fehler nach folgenden Gesichtspunkten:

- **Groß- und Kleinschreibung**
- **falsche Konsonanten (z. B. v statt f)**
- **falsche Vokale**
- **Kennzeichnung langer Vokale (Dehnungs-h, ie)**
- **Kennzeichnung kurzer Vokale (Konsonantenverdopplung)**

- ▶ **Welche Besonderheiten unserer Rechtschreibung haben dem Jungen die meisten Schwierigkeiten gemacht?**

Daß unsere Rechtschreibung ebenso wie unsere Sprache historisch bedingt und damit prinzipiell wandelbar ist, muß vielen, die sich ihrer bedienen – Schülern wie Erwachsenen – erst bewußt gemacht werden. Die unkritische und autoritäre Weise, auf die den meisten die geltende Orthographie vermittelt wurde und die Erinnerung an die Sanktionen, die die Nichtbefolgung der Rechtschreibregeln in der Schule wie in der Öffentlichkeit nach sich zog, haben für viele die geltende Rechtschreibregelung in einer Weise tabuisiert, daß der Gedanke an eine mögliche Veränderung oder gar Verbesserung gar nicht mehr aufkommen kann. Da kann es nicht schaden, darauf hinzuweisen, daß die heute verbindliche Rechtschreibung noch kein ehrwürdiges Alter aufzuweisen hat. Sie beruht auf den Entscheidungen der zweiten Orthographischen Konferenz in Berlin im Jahre 1901, die zu einem einheitlichen Regelbuch für das Deutsche Reich, Österreich und die Schweiz geführt hat. Die damit erreichte einheitliche Schreibweise wurde 1902 durch Verordnung eingeführt und bestimmt – abgesehen von geringfügigen Änderungen, z. B. bei der Schreibung von Fremdwörtern – unsere heutige Rechtschreibung. Konrad Duden, der am Gelingen dieser Konferenz wesentlichen Anteil hatte, veröffentlichte 1903 seinen „Buchdrucker-Duden", den Vorläufer des heutigen „Dudens", der nach einem Beschluß der Kultusminister-Konferenz die amtliche Grundlage der für die Bundesrepublik geltenden Rechtschreibung bildet. Duden selbst sah allerdings im Ergebnis der Konferenz durchaus nicht die bestmögliche und auf Dauer angelegte Lösung. Er erklärt: „Daß die so entstandene ‚deutsche Rechtschreibung' weit davon entfernt ist, ein Meisterwerk zu sein, weiß niemand besser, als wer daran mitzuarbeiten berufen war" (Duden 1902 S. III). Insofern war Duden der Ansicht, es sei nur ein Zwischenziel erreicht, das einer weiteren Verbesserung nicht nur fähig, sondern auch bedürftig sei (ebenda).

3. Rechtschreibreform

Die Geschichte unserer Rechtschreibung ist gelegentlich als die Geschichte ihrer verhinderten Reformen bezeichnet worden. Soviel jedenfalls trifft zu: Die Bemühungen um eine Verbesserung der geltenden Orthographie sind mindestens so alt wie diese Orthographie selbst. Oskar Brenner, eines der Mitglieder der Berliner Konferenz von 1901, hat schon kurz nach deren Abschluß im Jahre 1902 folgende Wunschliste für eine verbesserte Rechtschreibung aufgestellt:

„1. Eine getreue Lautschrift wird nicht möglich sein. Der oberste Grundsatz wird lauten müssen: Für jeden Laut ist ein Zeichen zu wählen, das den verschiedenen gleichwertigen Aussprachsformen des deutschen Sprachgebietes in gleichem Maße gerecht wird. Man schreibe also nicht zweierlei o, da diese nicht allgemein und wesentlich sind, nicht ä, wo ein Teil unangefochten e spricht, nicht ein Zeichen für ein weiches s, wo ein solches nicht überall als wesentlich hochdeutsch anerkannt ist.
2. Ein weiterer Grundsatz wird sein: nicht mehrere Zeichen für *einen* Laut: also nicht ai und ei, nicht äu und eu, nicht s und ß nebeneinander.
3. Keine Lautverbindungen, wo einfache Laute vorliegen; kein sch, ng, ch.
4. Große Anfangsbuchstaben in engster Beschränkung.
5. Länge- oder Kürzebezeichnungen nur in den nötigsten Fällen und jedenfalls entweder *nur* die Länge- oder *nur* die Kürzebezeichnung." (Brenner 1902, S. 60 f.).

Aus der Fülle der weiteren Vorschläge für eine Rechtschreibreform kann hier nur deren wichtigster aufgeführt werden: die Empfehlungen des von Kultusministerkonferenz und Innenminister beauftragten „Arbeitskreises für

Rechtschreibregelung", die am 15.10.1958 verabschiedet und als sog. Wiesbadener Empfehlungen zur Grundlage der nachfolgenden heftigen Diskussion geworden sind.

Empfehlungen des Arbeitskreises für Rechtschreibregelung vom 15.10.1958

I.

Der Arbeitskreis für Rechtschreibregelung empfiehlt zur Reform unserer Rechtschreibung folgende Änderungen gegenüber der zur Zeit gültigen Regelung. . . .

1. Zur Groß- und Kleinschreibung

Die jetzige Großschreibung der „Hauptwörter" (vgl. Duden, 14. Auflage, S. 32ff.) soll durch die *gemäßigte Kleinschreibung* ersetzt werden. Danach werden künftig nur noch groß geschrieben: die Satzanfänge, die Eigennamen, einschließlich der Namen Gottes, die Anredefürwörter und gewisse fachsprachliche Abkürzungen (z. B. H_2O).

2. Das Komma

Das Komma soll weitgehend auf die Fälle beschränkt werden, in denen das rhythmische Empfinden des Schreibenden mit der grammatischen Gliederung des Satzes übereinstimmt.

3. Zur Silbentrennung

Das Schriftbild soll bei der Trennung so wenig wie möglich verändert werden. Der sogenannte Trennungsstrich ist als ein Verbindungszeichen zu fassen, das über den Zeilenwechsel hinweg das Wort als schriftliche Einheit gegenwärtig hält. Dementsprechend sind auch die Trennungsstellen nicht in erster Linie als Sinneinschnitte zu betrachten, sondern als Artikulationsgrenzen, die im wesentlichen den Sprechsilben folgen.

4. Doppelformen

Rechtschreibliche Doppelformen sollen beseitigt werden.

5. Zur Angleichung der Fremdwörter an die deutsche Schreibung

a) Häufig gebrauchte Fremdwörter aus lebenden Sprachen sollen wie bisher nach und nach der deutschen Schreibung angeglichen werden.

b) Bei den *allgemein gebräuchlichen* Fremdwörtern griechischen Ursprungs soll ph, th, rh durch f, t, r ersetzt werden. Die bisherige Schreibweise soll jedoch weiterhin zulässig sein.

6. Zur Zusammen- und Getrenntschreibung

Künftig sollen nur noch echte Zusammensetzungen zusammengeschrieben werden. Selbständige Satzglieder oder Gliedteile schreibt man dagegen getrennt. In Zweifelsfällen ist die Getrenntschreibung vorzuziehen.

In den verschiedenen Reformvorschlägen tauchen – zum Teil schon seit Jahrhunderten – immer wieder dieselben Problembereiche auf, eben die, in denen unsere Rechtschreibung besonders schwierig, inkonsequent oder uneinheitlich ist. Es sind dies in erster Linie folgende Punkte:

1. Groß- und Kleinschreibung,
2. Kennzeichnung der Vokaldauer,
3. Schreibung des s-Lautes,
4. Zeichensetzung (Komma),

daneben

5. Silbentrennung (einheitlich nach Sprechsilben),
6. Zusammen- und Getrenntschreibung (im Zweifelsfalle getrennt),
7. Schreibung der Fremdwörter (Angleichung an die deutsche Schreibweise).

Nur auf die vier wichtigsten Punkte kann hier etwas näher eingegangen werden:

1. Groß- und Kleinschreibung
Seit der Rechtschreibreform in Dänemark im Jahre 1948 ist die deutsche Schreibung die einzige auf Erden, die noch die Großschreibung der Substantive kennt. Diese Besonderheit des Deutschen muß teuer bezahlt werden: Daß kein Schreiber die höchst komplizierte Regelung hundertprozentig beherrscht, hat bereits Otto Kosog in seinem berühmt gewordenen Diktat im Jahre 1912 nachgewiesen (wieder abgedruckt in: Weisgerber/H. 1974, S. 63 f.) Der nur auf die Raffinessen der Groß- und Kleinschreibung angelegte, linguistisch wie didaktisch sicher nicht zu rechtfertigende Text findet sich übrigens noch heute in einer „Vollständigen Rechtschreiblehre" (Lammertz/Hottenrott 1955, S. 115 f.). Das Erlernen der komplizierten Regelung ist ein Prozeß, der trotz des üblichen großen Zeit- und Kraftaufwandes für viele Schüler (und Erwachsene) nicht zum gewünschten Ergebnis führt und häufig den gesamten Sprachunterricht in nicht vertretbarer Weise belastet. So werden schon im ersten Schuljahr Kinder mit grammatischen Problemen – z. B. der Unterscheidung verschiedener Wortarten – konfrontiert, die ihrem Entwicklungsstand und Reflexionsvermögen nicht gemäß sind und das Verhältnis der Schüler zu ihrer Sprache grundlegend beeinträchtigen.

Die Entstehung und Entwicklung der Großschreibung im Deutschen hat Wolfgang Mentrup (1979) übersichtlich zusammengefaßt und mit einem Vorschlag zur Neuregelung verbunden. Nicht nur aus der Bundesrepublik, sondrn auch aus anderen deutschsprachigen Ländern liegen Reformvorschläge vor, die mit einem gemeinsam ausgearbeiteten neuen Regelwerk verbunden sind[3].

Die neue Schreibweise ließe sich am ehesten – das zeigen auch die Erfahrungen in Dänemark – über die Schule einführen und würde speziell die Grundschule von einer Aufgabe befreien, die weder linguistisch noch didaktisch hinreichend begründet oder gerechtfertigt werden kann, die den Sprachunterricht jedoch in einem Maße erschwert und gelegentlich bestimmt, das in keiner Weise der Rangordnung der Lernziele entspricht, die für die sprachliche Bildung in der Primarstufe entscheidend sind. Ein entsprechender Reformvorschlag ließe sich – die wichtigsten Argumente zusammenfassend – wie folgt begründen:
1. linguistisch.
Die Großschreibung der Substantive ist linguistisch nicht zu rechtfertigen. In ihrer syntaktischen Relevanz sind die Substantive den Verben untergeordnet.

Eine eindeutige Abgrenzung der Kategorie „Substantiv" –z. B. in den Bereichen der „Substantivierungen" wie der „verblaßten Substantive" – ist lin-

---

3 Für die DDR vgl. Nerius 1975
für Österreich: Regelwerk für die gemäßigte kleinschreibung, in: tribüne, Sondernummer Mai 1978
Die von Vertretern der Bundesrepublik, der Deutschen Demokratischen Republik, Österreichs und der Schweiz erarbeiten und gebilligten Reformvorschläge sind unter dem Titel „Die groß- und kleinschreibung im deutschen" veröffentlicht in der Zeitschrift „tribüne" nr. 93, heft 4/1982, S. 65-70.

guistisch nicht möglich. (Zur Begründung der Rechtschreibpraxis bleibt nur die Tautologie: Substantive schreibt man groß. Daß es sich bei einem Wort um ein Substantiv handelt, erkennt man daran, daß es groß geschrieben wird.)

2. sprachdidaktisch
Die Schwierigkeiten der geltenden Rechtschreibregeln erfordern einen Aufwand an Unterrichtszeit und Arbeitskraft, der sprachdidaktisch nicht zu rechtfertigen ist, da er den Stellenwert der Rechtschreibung im Gesamtbereich sprachlicher Bildungsaufgaben bei weitem überschreitet.

Der Verzicht auf die Großschreibung der Substantive würde die Fehlerzahlen bei den Schülern etwa um ein Drittel verringern. Die eingesparte Unterrichtszeit könnte den zentralen Aufgaben der Sprachbildung in der Grundschule (Vermittlung und Ausbau der Sprache, Kompensatorik, Befähigung zu Kommunikation und Sprachkritik usw.) zugute kommen.

Die geltende Regelung führt notwendigerweise zu einer verfrühten Fehlform des Grammatikunterrichts in der Grundschule, die den Gesamtprozeß beginnender Reflexion über Sprache belastet.

3. bildungspolitisch
Die immer noch vorherrschende Überbewertung der Rechtschreibleistungen – z.B. beim Übergang auf andere Schulformen oder bei der Entscheidung über eine Versetzung – würde durch den Verzicht auf die Großschreibung der Substantive von der Sache her reduziert.

Damit würden die auf Rechtschreibung basierenden Bildungsbarrieren wenigstens teilweise abgebaut. Weniger Schüler als bisher würden auf Grund ihrer Rechtschreibleistungen von der weiteren Förderung ausgeschlossen.

4. politisch
Seit der Einführung der gemäßigten Kleinschreibung in Dänemark (Verordnung vom 22.3.1948) ist die Großschreibung der Substantive in Europa (und der Welt) auf den deutschen Sprachraum beschränkt. Diese Sonderstellung des Deutschen erschwert dem Ausländer das Erlernen der deutschen Sprache (zumindest in ihrer schriftlichen Bewältigung). Sie bildet zugleich ein unnötiges Hindernis für eine europäische Integration (B. Weisgerber 1974c, S. 21 f.).

Die Einführung einer „gemäßigten Kleinschreibung" im Sinne der Wiesbadener Empfehlungen hat allerdings zwei wichtige Voraussetzungen:

- Es muß darüber eine Einigung in allen deutschsprachigen Ländern geben. (Die Schwierigkeit, zu einer solchen Einigung zu gelangen, hat bisher alle Reformversuche blockiert.)
- Es muß eine befriedigende Eingrenzung der Eigennamen gefunden werden, da diese auch in Zukunft (wie in den meisten außerdeutschen Orthographien) durch große Anfangsbuchstaben hervorgehoben werden sollen. Dabei ist der Kreis dieser Namen (Personennamen, geographische Namen usw.) möglichst eng zu halten, damit nicht das alte Regelsystem (Großschreibung der Substantive) durch ein neues, nicht viel einfacheres und einsichtigeres (Regeln für die Schreibung der Namen) ersetzt wird.

2. Kennzeichnung der Vokaldauer

Die Kennzeichnung der „langen" und „kurzen" Vokale in unserer Rechtschreibung ist ein Paradebeispiel für deren Inkonsequenz: Theoretisch wäre dafür nur ein einziges Unterscheidungszeichen erforderlich, durch das entweder alle kurz oder alle lang gesprochenen Vokale charakterisiert würden.

Wie aber sieht es in der heute geltenden Regelung aus?

Für die Kennzeichnung langer Vokale werden verschiedene Schreibweisen angewandt:

- Dehnung durch Verdoppelung des Vokals: *Meer, Moor, Aal* . . .
- Dehnungs-h: *mehr, Mohr, Stahl* . . .
- Dehnungs-e (vornehmlich bei i): *Liebe, Schmiede* . . . (Gelegentlich gekoppelt mit Dehnungs-h: *Vieh,* er *stiehlt* . . .)
- Dehnungs-i (nur in Ortsnamen): *Grevenbroich, Troisdorf* . . . (In Ortsnamen steht Dehnungs-e auch nach o oder a: *Soest, Raeren*)

  Oft wird aber auch auf die Kennzeichnung des Langvokals verzichtet: *Stab, Tod, Steg* . . .

Kurze Vokale können durch Verdopppelung des folgenden Konsonanten deutlich gemacht werden (sog. Schärfung): *kommen, rennen, innen* . . .

Oft – besonders wenn zwei Konsonanten folgen – wird aber auf die Verdoppelung verzichtet: *Wald, Hemd, Kind* . ., dagegen aber es *wallt*, er *hemmt*.

Für eine Unterscheidung, die nur eines Zeichens bedürfte, werden also mindestens sechs Verfahren angewandt, von denen wiederum keines konsequent durchgeführt wird.

Dennoch fehlt in den meisten neueren Reformvorschlägen die Frage nach der Bezeichnung der Vokaldauer. Der Grund dafür (der auch in den Wiesbadener Empfehlungen angegeben wird): Eine Vereinfachung und Vereinheitlichung müßte zu einer weitgehenden Veränderung des Schriftbildes führen, die jedenfalls unter den heutigen Bedingungen (noch) nicht vertretbar erscheint.

3. Schreibung des s-Lautes

Für die Schreibung des s-Lautes steht uns im Deuschen neben s und ss ein Buchstabe zur Verfügung, den andere Sprachen nicht kennen: das ß. Allerdings ist das ein recht zweifelhafter Vorzug der deutschen Orthographie; denn gerade dieses ß ist Ursache unnötiger Rechtschreibschwierigkeiten. Das liegt an seiner Doppelfunktion: Als ehemaliges hs steht es nach langen, als ehemaliges sz nach kurzen Vokalen (wenn nicht wieder ein Vokal folgt).

Dazu gibt es zwei verschiedene Reformvorschläge:

- Entweder wird das ß ganz abgeschafft, d.h. durch ss ersetzt. Dieser Grundsatz wird heute schon in der Orthographie der Schweiz befolgt. Er kann allerdings zu Mehrdeutigkeiten führen:

  Maße und *Masse* wären – obwohl unterschiedlich ausgesprochen – in der Schreibung (*Masse*) nicht mehr zu unterscheiden.
- Oder: Das Graphem ß wird beibehalten, aber in seiner Anwendung eingeschränkt. Es stünde dann nur für stimmloses s nach Langvokal (*Straße,*

Fuß, auch: *Füße* usw.), während nach kurzem Vokal ss zu schreiben wäre (also: *Fluss, Flüsse, dass* (für *daß*), er *lässt*, du *vergisst* usw.). Dieser Vorschlag entspricht einem wichtigen Prinzip unserer Rechtschreibung (Konsonantenverdoppelung nach Kurzvokal) und ermöglicht die graphische Unterscheidung zwischen stimmhaftem und stimmlosem s nach Langvokal (*reisen* ↔ *reißen*).

4. Zeichensetzung (Komma)
Die geltende Regelung der Kommasetzung beruht auf grammatischen Prinzipien: Ein Komma steht zwischen gleichartigen Satzgliedern (wenn sie nicht durch *und* oder *oder* verbunden sind), zwischen Haupt- und Gliedsätzen in Satzgefügen, zwischen vollständigen Hauptsätzen in Satzverbindungen ... Um dieser Regelung gerecht zu werden, muß der Schreiber (auch schon der Schüler der Primarstufe) vorher erkennen, ob es sich um Satzglieder, Haupt- oder Gliedsätze, vollständige oder unvollständige Sätze handelt. Dazu sind häufig auch Erwachsene nicht in der Lage, so daß die Zeichensetzung für sie zu einem Glücksspiel mit unterschiedlichen Trefferquoten wird. Seiner Herkunft nach aber ist das Komma ein Zeichen für eine Sprechpause. Ein Reformvorschlag zielt darauf ab, diese Funktion wieder zu beleben: Das Komma dient danach der Kennzeichnung von Denkschritten und Sprechpausen, kann also entsprechend dem rhythmischen Empfinden des Schreibers gesetzt werden (vgl. dazu die Wiesbadener Empfehlungen, o. S. 281) und führt den Leser zur richtigen „Lesart“ und zu einem besseren Textverständnis[4].

Man möchte meinen, solche begründeten Vorschläge zur Verbesserung der deutschen Rechtschreibung müßten sich auf die Dauer durchsetzen. Daß dennoch seit 1901 bis heute die entsprechenden Bemühungen trotz vieler Vorschläge und Konferenzen ohne Erfolg geblieben sind, ist wohl nicht allein auf den konservativen Grundzug der Schrift zurückzuführen, sondern nicht zuletzt auch auf die Art und Weise, in der die geltende Regelung in unseren Schulen vermittelt und gefordert wird. Solange die Rechtschreibregeln – auch da, wo sie sich „sachlich“ nicht begründen lassen – als sakrosankt gelten und jede Abweichung davon (meist ohne Begründung) unnachsichtig geahndet wird (mit negativen Konsequenzen für Bildungsgang und Berufschancen), ist eine argumentative Auseinandersetzung der Schüler mit diesem Fragenkomplex nicht zu erreichen. Rechtschreibunterricht kann auf diese Weise zu einer Dressur entarten, die die Entstehung eines positiven Selbstverhältnisses zu Schrift und Schreibung verhindert. Wem es aber darum geht, Schüler zu einem eigenverantwortlichen Umgang mit geschriebener Sprache zu befähigen und zu motivieren, der kann die Frage nach der Qualität der geltenden Orthographie nicht ausklammern. Diese Frage führt mit Notwendigkeit auch zum Überprüfen möglicher Alternativen zur jetzigen Regelung. Damit wird Rechtschreibunterricht nicht mehr nur eine Anleitung zum Befol-

---

4 Wie ein solcher freierer Umgang mit dem Komma die Lesbarkeit und Verständlichkeit bei syntaktisch anspruchsvollen Texten erhöhen kann, zeigt sich etwa bei W. von Humboldts berühmter Abhandlung „Über die Verschiedenheit des menschlichen Sprachbaus und ihren Einfluß auf die geistige Entwicklung des Menschengeschlechts“. Berlin 1836 (Faksimile-Druck Bonn: Dümmler 1960)

gen vorhandener, gelegentlich schwer verständlicher und einsehbarer Gesetze, sondern auch zur Reflexion über diese Gesetze und ihre Notwendigkeit. Auf diesem Weg kann sowohl die Motivation, „richtig“ zu schreiben, als auch die Fähigkeit zu einer kritischen Auseinandersetzung mit den geltenden Normen erreicht werden. Ein solches Verhältnis zur Rechtschreibung wäre die wichtigste Voraussetzung für die künftige Weiterentwicklung und Verbesserung der deutschen Orthographie.

Rechtschreiben: Bedingungen, Begründung, Beispiele

Hans Messelken

1. Gesellschaftliche Rahmenbedingungen: Abkehr von der Schriftkultur

„Selbst von 29 Abiturienten, die sich kürzlich bei der Polizei bewarben, hatten 38 mangelhafte Rechtschreibkenntnisse“, behauptete die Münchner „tz“ nach einer Notiz des „stern“ vom 22.4.82 (S. 19).

Das ist eine kuriose Meldung, und zwar aus verschiedenen Gründen:

- Offenbar empfindet der tz-Journalist die Rechtschreibleistungen der Münchner Abiturienten als so kläglich, daß er aus den 29 Abiturienten gleich 38 Rechtschreib-Punks macht.
- Dem Stern-Redakteur ist das aufgefallen. Und schadenfroh vermerkt er die Fehlleistung seines Münchner Kollegen als „Fundsache“. Dabei fehlte vielleicht bloß ein Prozent-Zeichen: Sind etwa bloß 38% durchgefallen?
- Immerhin ist die Sache beiden Zeitungsleuten eine Meldung wert, obwohl es von Abiturienten, aber auch von Journalisten, viele denkbare Fehlleistungen gibt. Über die meisten verliert man kein Wort – falls sie einem überhaupt auffallen, wie beispielsweise der kleine Verstoß gegen die Zeitenfolge in der o.a. Meldung (zweimal Imperfekt anstatt Plusquamperfekt + Imperfekt). Warum ist das so? Und warum fragt niemand, was für einen Test sich die Münchner Polizisten da eigentlich ausgedacht haben? Welche Normen wurden zugrundegelegt? Nach welchen Gesichtspunkten wurde ausgewertet? Was heißt hier eigentlich „durchgefallen“?

Offenbar besitzt die Polizei in München ein bestimmtes Vorverständnis von einer anständigen Rechtschreibleistung. Und sie kann sich darauf verlassen, daß es mit dem der Gesellschaft übereinstimmt. Die Rechtschreiberei, wie Lichtenberg das schon vor fast 200 Jahren nannte, besitzt nach wie vor einen gesellschaftlichen Signalwert, der ihrer kommunikativen Leistung in keiner Weise entspricht (vgl. W. Grimm 1954, Stichwort: „Rechtschreiberei“ = J. u. W. Grimm: Dt. Wörterbuch, 1854ff., Bd. 8, Spalte 1364).

In punkto Rechtschreibung gibt es in unserer Gesellschaft, die mit viel wichtigeren Fragen doch sonst eher lässig umgeht, kein Vertun. Die heutigen Rechtschreib-Erwartungen folgen ungemein strengen Normen. Und die stammen aus einer Zeit, als in der Schule andere – nicht unbedingt bessere – Werte vorherrschten: Dem Tankwart und der Lehrerin, der Ärztin und dem Professor sind lebendige Erinnerungen an den Deutschunterricht gemeinsam, die eine Menge mit Auswendiglernen und sturem Drill zu tun haben. Nicht umsonst hieß die goldene Regel der Rechtschreibmethodik für Jahrzehnte: Abschreiben, Aufschreiben, Nachschreiben!

Da war auch nicht im entferntesten an didaktische Leitvorstellungen wie „Motivation, Integration, Emanzipation“ zu denken. Ob das für die politische und kommunikative Kultur der deutschen Gesellschaft gut war, mag man füglich bezweifeln: Hoffentlich sind uns in diesen Punkten unsere Schüler voraus. Aber es war gut für eine – von heute her beurteilt – tadellose Rechtschreibung.

Und genau hier liegt ein schwerer Denkfehler. Die Schulreformen sind ja nun einmal durchgeführt – zumindest ist die Schule heute nicht mehr das, was sie vor zwanzig Jahren war: eine Einrichtung, in der die richtige und auch schöne Schreibung als Gradmesser der gelungenen sozialen und mentalen Anpassung gilt. Man kann auch nicht im Ernst behaupten, die Ideen von Emanzipation und Motivation seien ausgerechnet in deutschen Schulstuben ausgedacht worden. Hier hat die Schule von heute doch bloß beigeschrieben, was sich in Politik und Wirtschaft längst vollzogen hatte: Lernen kann man nur frei-willig; man muß es wollen. Ein emanzipierter, also seiner selbst bewußter Mensch wird von sich aus mehr leisten als ein gedrückter. Und das wiederum verstärkt das Selbstbewußtsein. Auf gut Deutschdidaktisch formuliert: Die Interdependenz von intrinsischer Motivation und Emanzipation ist das Axiom der kommunikativ orientierten Deutschdidaktik. Oder, was auf dasselbe hinausläuft: Wissen wollen ist besser als Lernen müssen.

Dagegen wird heutzutage auch niemand etwas einzuwenden haben. Nur darf man dann eben nicht gleichzeitig fordern, ausgerechnet in den orthographischen Bodenturn-Übungen solle alles beim alten bleiben. Hier hält man der Schule nach wie vor Normen hin, wie sie so streng nicht einmal im tiefsten Wilhelminismus geherrscht haben (vgl. beispielsweise Meyers Konversationslexikon, Leipzig und Wien ^{5}1897, Bd. 14, S. 519f.: „Betreffs der Rechtschreibung der Fremdwörter weicht die neuere bayerische Orthographie von der norddeutschen ab ...“), während man ihr zugleich die Mittel zur Durchsetzung dieser Normen – m. E. mit Recht – fortnimmt: Druck, Drill und vor allem: viel Zeit für mechanisches Tun (vgl. beispielsweise die DDR-Stundentafeln, die für das 4. Schuljahr 14 Stunden Deutsch pro Woche vorsehen – fast dreimal mehr als die Bundesländer).

Abgesehen von diesen eher pädagogischen Gesichtspunkten ist außerdem sprachdidaktisch zu berücksichtigen: Im Deutschunterricht ist gerade im letzten Jahrzehnt die mündliche Sprachgestaltung derart weit in den Vordergrund gerückt, daß man in vielen Fällen schon über eine Abkehr von der Schrift und ihrer Kultur reden kann. Und tatsächlich hat der Bundeskanzler denn auch dieser Tage den Verfall der Lesekultur beklagt – im wesentlichen übrigens ohne Resonanz der kritischen Öffentlichkeit. Auch in diesem Punkt war der Deutschlehrer keineswegs der kühne Programmatiker, der die Gesellschaft zu neuen Horizonten blicken läßt, sondern eher eine Art Buchhalter, der nachvollzieht, was andernorts längst passiert ist: Unsere Gesellschaft hat sich lange schon von der Schriftkultur abgewandt. Die Kanzlerworte waren deshalb mehr ein Nach- als ein Aufruf. Denn dieser Prozeß dürfte nicht umkehrbar sein. Die Kategorie des Schriftlichen ist zur Sache der Institutionen geworden, von einigen professionellen Sachwaltern in ressortgemäße Ordnung gebracht (vgl. dazu: de Certeau 1978; ders.: 1981; Messelken 1979, S. 117ff.). Die „schöne Literatur“ als ästhetischer Ausdruck bürgerlichen Selbstverständnisses und Transportmittel seiner Werte ist heute so gut wie tot – trotz der Best-Seller. Oder gerade ihretwegen? Die Schrift ist nun tatsächlich ein „kaltes Medium“ geworden, wie Mc Luhan das nannte: Der Stern, der zwei Jahrtausende lichte Flecken in Europas Bewußtsein geworfen hat, ist erloschen – allenfalls noch ein kleiner roter Zwerg.

Um so scheinheiliger ist die Rechtschreib-Nörgelei, mit der man die ohnehin viel zu knappe Zeit vertrödelt, anstatt sich auf die wirklich zentrale Frage der gegenwärtigen Deutschdidaktik zu konzentrieren: Was geschieht eigentlich mit unserm Bewußtsein und dem unserer Kinder, wenn wir unsere Kommunikation so schnell und gründlich mit Bildern und Tönen vollstopfen, wie es noch nie zuvor auch nur annähernd vergleichbar der Fall war? Muß daraus nicht eine Ideenflucht folgen, die nur deshalb nicht weiter auffällt, weil sie so allgemein ist (vgl. de Certeau 1981, S. 15)? Woher bekommen wir die überdauernden Ideen, wenn wir die Schrift an einige Experten delegieren, während wir selbst uns im jeweiligen Augenblick verlieren (vgl. Habermas 1981, Bd. 2, S. 489 ff.)?

Fragen wir also unzweckmäßig, aber diszipliniert: In welcher Weise soll man denn nun als Deutschlehrer den steinigen Acker der Orthographie unter der kalt gewordenen Sonne der Schrift pflügen? Schließlich hat die Schule einen klaren Auftrag zur Vermittlung und Festigung von Leistungen – auch heute, und besonders im Bereich der Sprache. Die Rahmenbedingungen, wie sie durch Gesellschaft und Schule für den Rechtschreibunterricht gesetzt werden, haben sich geändert. Folglich wird es nicht bei der überlieferten Rechtschreibdidaktik bleiben können. Die Lebensgewohnheiten und Erlebnisfelder sind ebenfalls ganz andere geworden. Folglich werden auch in der Methodik der Rechtschreibung neue Ansätze notwendig. Andererseits hat sich an der Sache selbst nichts geändert: Nach wie vor kann Sicherheit in der Orthographie zunächst einmal nur durch unermüdliche Übung erlangt werden. Lange bevor hier die abstrakte Regel als Hilfe verständlich wird, muß die zugrundeliegende Regelmäßigkeit der Verknüpfung von Lauten und Buchstaben in die „Intelligenz der Hand“ übergegangen sein: Rechtschreibung lernt man zunächst mit den Händen. Und erst viel später versteht man sie – vielleicht – auch mit dem Kopf.

2. Auswirkungen für den Rechtschreibunterricht

Wir können die Abkehr von der Schriftkultur begrüßen oder beklagen. Verhindern läßt sie sich nicht. Fassen wir deshalb die Beobachtungen und Meinungen, die wir eben betrachtet haben, zusammen. Und machen wir sie uns als Voraussetzungen unseres Rechtschreibunterrichts zunutze.

Für den Rechtschreibunterricht bedeutet die Abkehr von der Schriftkultur:

a) gesellschaftlich

– Lesen als Freizeitbeschäftigung, wie es für einige Generationen das bürgerliche Selbstverständnis prägte, verliert zunehmend an Umfang. Damit geht das wichtigste außerschulische Bezugsfeld der passiven Übung und des Transfers individueller orthographischer Vollzüge verloren. Darüber hinaus ist die

Erzählkultur weitgehend verschwunden: Die Schüler von heute haben unvergleichlich weniger Gelegenheiten als ihre Vorgänger, im Mündlichen oder Schriftlichen umfassende Textgestaltungen zu erfahren. Und deshalb fehlt ihnen „eigentlich" der ästhetisch-pragmatische Anlaß, überhaupt zu schreiben.

— Der selbstverständliche Umgang mit kommunikativen Prothesen, wie sie die Telefone, Fernseher, Radios, Walky-Talkies, Walkmen bieten, ändert den Stellenwert der Schrift grundsätzlich: Notizen, Mitteilungen und Selbst-Kundgaben sind über Telefon und Cassetten schneller, leichter und vor allem unverbindlicher zu leisten als mit der Schrift. Damit entfällt der Anlaß, Schrift als Erinnerungsstütze zu benutzen.

b) schulisch

— Sprachwissenschaftlich und sprachdidaktisch wurde der Stellenwert der Rechtschreibung in den beiden letzten Jahrzehnten deutlich gesenkt (vgl. beispielsweise den Beitrag von B. Weisgerber, S. 274ff.).

— Pädagogisch zeigt sich derselbe Befund, freilich aus anderen Gründen: Der unvermeidlich sehr hohe Anteil an geduldigen und gehäuften reproduktiven Abläufen, wie sie die Rechtschreibung nun einmal verlangt, paßt nicht in das lustbetonte Bild der heutigen Schulpädagogik. Das zeigt nicht zuletzt die absurde Zahl von scheinbaren Legasthenikern und Lernbehinderten (vgl. beispielsweise den Legasthenie-Forschungsbericht der DFG von 1977; am 2.8.82 (36. Jahrgang, Nr. 31, S. 44 ff.) beklagt der „Spiegel" die Zunahme von Legasthenie und Analphabetismus: Man schätzt die Zahl der Betroffenen auf rund 1% der Bevölkerung).

— Die organisatorischen Folgen äußern sich in Umfang und Anzahl der schulischen Übungsmöglichkeiten: Heute werden weniger Schulstunden für die Übung vorgesehen und weniger Hausaufgaben erledigt.

c) psychologisch

— Mit dem Stichwort „Reizüberflutung" soll angesprochen werden, daß sich das Bewußtsein unserer Schüler nach anderen Gesichtspunkten bildet, als dies bei uns selbst der Fall war. Die unmittelbare Anschauung der Dinge selbst und ihrer vermittelten Abbilder wird wohl auf Kosten der reflektierenden Vorstellung gehen: Im Vergleich sind wir selbst wahrscheinlich ziemlich weltfremde „Gehirntiere", wie Arno Schmidt das nannte, während unsere Schüler sehr viel stärker erfahrungs- und anschauungsbetont sein dürften. Sie lernen mehr Menschen kennen, haben umfangreiche geographische Erfahrungen und durch die audio-visuellen Medien eine — freilich bloß vermittelte — Weltläufigkeit, wie sie früher nur wenigen vorbehalten war. Vor diesem Hintergrund sieht die hausbackene Rechtschreibübung schon ein wenig grotesk aus. Welchen Anlaß sollte ein Kind oder Heranwachsender sehen, derartige Geduldsübungen auf sich zu nehmen?

— Weil die Schrift und ihr Gebrauch immer stärker auf den Lebensbereich von Schule und Institutionen eingegrenzt werden, fehlen allzuvielen Schülern allzuviele Erfahrungen, daß gerade die Schrift wichtige Aufgaben der Selbstdarstellung, also expressive Funktionen erfüllen kann. Damit entfällt der innere Anlaß zum Schriftgebrauch: Er muß als nicht (mehr) notwendig erscheinen.

d) anthropologisch

– Die bürgerlichen Werte von Pflicht, Askese und Geduld werden zunehmend durch Genuß, Lust und Aktualität ersetzt. In Verbindung mit den grundsätzlichen Änderungen der Schriftkultur bedeutet dies für die Rechtschreibung: Sie ist nicht nur nicht notwendig, sondern sie widerspricht geradezu dem modernen Lebensgefühl. Ob demzufolge die scheinheiligen Klagen über die grassierende Rechtschreibdummheit auch aus einem schlechten Gewissen entspringen, daß man selbst mehr gesündigt hat, als man den Schülern erlauben will? Wie dem auch sei, es bedarf schon erheblicher Phantasie, um Ansatzpunkte für eine intrinsische Motivation der Schüler in bezug auf die Rechtschreibung zu finden – jedenfalls solche, die nicht bloß auf dem geduldigen Papier stehen, sondern in der Wirklichkeit der Schule und vor allem der geistigen Wirklichkeit, im Selbstbewußtsein unserer Schüler, erkennbar nutzen.

e) politisch

– Im vergangenen Jahrzehnt hat man viel über Leistungsdruck und Lebensangst gesprochen und geschrieben. Und dabei wurden die o.a. gesellschaftlichen, psychologischen und anthropologischen Gesichtspunkte neben den parteipolitischen kräftig unterstrichen, bzw. deutlich herausgearbeitet. Deshalb muß jeder Lehrer Schiffbruch erleiden, der aus einer Art Leistungs-Nostalgie heraus unbefangen mit seiner Rechtschreibmethodik da weitermachen will, wo vor zwanzig Jahren abgebrochen wurde. Das mag mit viel Dogmatik und noch mehr Druck in manchen Schulfächern möglich sein. In der Rechtschreibung geht es jedenfalls nicht. Denn die politische Problematisierung des Leistungsbegriffs hat gezeigt, daß die Art von Leistung, von der her überhaupt die Rechtschreibung definiert wird, gar keine ist: Die Vermeidung von Fehlleistungen – und so ist orthographische Sicherheit zu verstehen – ist selbst keineswegs eine „Leistung". Die erkennt man daran, daß man zielgerichtet in einer bestimmten Zeit eine bestimmte Arbeit verrichtet. Die „Arbeit" besteht aber im Schriftgebrauch – während die Orthographie allenfalls die Art des Schriftgebrauchs, nicht aber diesen selbst betrifft (vgl. Messelken 1981, S. 206 ff.).

– Die Orthographie selbst ist viel mehr ein politisches Problem als ein sprachwissenschaftliches oder deutschdidaktisches. Will man doch seit Konrad Dudens Zeiten mit der orthographischen Uniformität die nationale Einheit symbolisieren, die man in der politischen Wirklichkeit als handlungsbestimmende Größe längst nicht mehr ernst nimmt. Mit dem Argument der nationalen Einheit ist seit den Vorschlägen aus dem Leipzig der Zwanziger Jahre bis in unser Jahrzehnt hinein noch allemal jede Reform verhindert worden. Und wenig spricht dafür, daß sich dies in Zukunft ändern ließe. Lieber beschränkt man den schriftlichen Wortschatz unserer Grundschüler auf ein Existenzminimum von 500 bis 700 Wörtern – was selbst für Donald Duck ein wenig kärglich wäre. Ist die heilige Kuh der deutschen Rechtschreibung u.a. deshalb tabu, weil sie manchem Esel gute Dienste leistet?

Im politischen Blickwinkel enthüllt sich also der vorrangige Grund für die ambivalente Einstellung der Gesellschaft gegenüber der Orthographie: Einerseits wird „die Leistung“ aus Schule und Gesellschaft herausrelativiert, andererseits wird der Lehrer durch politische Vorgaben gezwungen, weitgehend sinnlos gewordene „Leerstoffe“ um jeden Preis durchzuziehen – und das noch mit einem sinnwidrigen Leistungsbegriff: Die Verhinderung von Fehlern hat nichts mit Leistung zu tun, sondern mit Sicherheit. Doch wenn es um die nationale Einheit geht, spielen andere Gründe allenfalls die zweite Rolle. Wie albern hier argumentiert wird, zeigt sich nicht zuletzt in der völlig verdrängten Frage: Was mag das für ein Nationalgedanke sein, der sich ausgerechnet der Orthographie bedient?

Überdies haben die Lehrer selbst kaum versucht, diesen für viele offenbar vorrangigen Wert durch andere Ausdrucksformen zu vermitteln, die möglicherweise glaubhafter und wirkungsvoller als die Rechtschreiberei wären. Daraus folgt: Da die politischen Vorgaben, über die der Lehrer seine Handlungen begründet, in sich ebenso widersprüchlich sind wie die Wirklichkeit des Deutschunterrichts, ist nicht zu erwarten, daß heutzutage bei der Rechtschreibübung allzuviel herauskommt.

f) didaktisch-kommunikativ

– Es ist bisher nicht gelungen, einen allgemein akzeptierten Leistungsbegriff für das Fach Deutsch zu entwickeln. Vielleicht geht das grundsätzlich nicht – vielleicht sind unsere Auffassungen zu verschiedenartig, vielleicht sind wir uns über unsere Auffassungen nicht hinreichend klar – oder ändern sie zu schnell. Jedenfalls gibt es m.W. in der heutigen Schule keinen anderen Bereich, in dem wie bei der Rechtschreibung die vermiedene Fehlleistung, also die Beachtung einer Norm, schon als Leistung gilt – zumal die Norm im Einzelfall keinem der am Unterricht Beteiligten unbedingt klar ist.

– Darüber hinaus wendet sich der moderne Deutschunterricht vernünftigerweise der Frage zu: Was machen wir mit den Wörtern? Und was tun diese mit uns? Die Deutschdidaktik ist also kommunikationsorientiert. Nicht die Rechtschreibung: Rechtschreibfehler erschweren allenfalls die Kommunikation – und auch bloß die zur Nebensache gewordene schriftliche. Aber normalerweise verhindern sie das Verständnis doch nicht. Ganz im Gegenteil können sie wie der mündliche Idiolekt interessante Informationen über soziolektische Gewohnheiten vermitteln. In der heutigen Deutschdidaktik ist die Rechtschreibung sozusagen fossilisiert.

Selbst in den Sprachbüchern führt sie auf den letzten fünf oder zehn Seiten ein merkwürdiges Eigenleben, zu dessen Begründung auch phantasievollen Curricular-Designern wenig oder nichts einfällt: Zwar wird empfohlen, was und wie zu üben ist. Aber es wird nicht gesagt, warum das überhaupt geschehen soll. Und schon gar nicht wird empfohlen, wann das eigentlich geschehen soll. Denn jedenfalls sind die für die Übung vorgesehenen Zeiten viel zu kurz (vgl. beispielsweise: Menzel 1982, S. 38 ff.).

Solange keine einleuchtende didaktische Begründung für den Rechtschreibunterricht da ist, wird nicht einmal jeder Lehrer ohne weiteres motiviert sein, hier das Übermaß an Arbeit zu investieren, das unabweisbar erforderlich wäre, um das Rechtschreibprofil der Schüler einheitlicher zu gestalten, als es heute aussieht.

Dabei kann natürlich nichts herauskommen. Und die Rechtschreibnot wird immer größer. Das hat einige Kultusminister auf den Gedanken gebracht, den Grundschullehrern Listen mit 500 - 700 Wörtern vorzugeben, die im Laufe von vier Schuljahren durch alle Schüler orthographisch zu bewältigen sind (vgl. z.B. Frankfurter Allgemeine Zeitung vom 6.8.82, S. 1). In der politischen Schaffenswut sind freilich einige naheliegende Fragen zu kurz gekommen:

- Was soll eigentlich jemand schreiben, der nur 500 Wörter kennt?
- Wozu soll diesem 500-Wörter-Mann die Schrift eigentlich nutzen – außer zum Ausfüllen besonders schlichter Fragebögen?
- Welchen Zweck soll die Sprache in Zukunft überhaupt erfüllen, wenn alle Menschen denselben Mini-Wortschatz haben?
- Wer wählt die 500 Zauberwörter aus der runden Million deutscher Wörter aus? Und nach welchen Gesichtspunkten geschieht das?
- Welchen Informationswert kann derartiges sprachliches Kleingeld für den haben, der darauf angewiesen ist – weil man ihm nicht mehr beigebracht hat?
- Wodurch ist sichergestellt, daß wenige übersichtliche Regeln auf diese 500 Wörter zutreffen? Oder funktionieren die häufigsten Wörter alle nach denselben Regeln? Oder sollen die Kinder jedes dieser Wörter einzeln lernen?
- Wäre es im übrigen nicht sinnvoller, eine Liste mit 15 Buchstaben für die Grundschule vorzugeben? Die lassen sich doch viel schneller als 500 Wörter lernen: In der Primarstufe die Konsonanten, in Sekundarstufe I die Vokale und in Sekundarstufe II die Diphthonge. /q/, /x/ und /y/ sind ja heute schon aus den Fibeln verschwunden.

g) Aus diesen Gründen betrachten wir den Schüler als einen recht (aber nicht immer richtig) schreibenden durch ein umgekehrtes Fernglas: Er erscheint uns

- motivationsschwach, weil er außerhalb des Deutschunterrichts und vor allem außerhalb der Schule zu wenige wirkliche Anlässe zum Schriftgebrauch erfährt;
- konzentrationsschwach, weil die gesellschaftstypische Beliebigkeit des Gebrauchs von Zeichen in der Rechtschreibung plötzlich aufgehoben ist;
- leistungsscheu, weil der technisch-intellektuelle Aufwand für orthographische Sicherheit in keinem vernünftigen Verhältnis zum kommunikativen Effekt steht.

Fazit:
Aus welchem Blickwinkel man die Rahmenbedingungen für einen sachlich gut begründeten, methodisch angemessen durchgeführten und hinreichend effizienten Rechtschreibunterricht auch betrachtet – sie sind durchweg ungünstig. Doch lassen sich dieselben Erscheinungen auch zu einer neuen Begründung der Rechtschreibung nutzen. Denn daß sie einem eigentlich unwich-

tigen Teilbereich des Schulfachs „Deutsch“ schaden, ist ja nur eine ungewollte Nebenwirkung. Im übrigen sind diese gesellschaftlichen Entwicklungen jedenfalls in Rechnung zu stellen, haben sie doch auch ihre guten Seiten – und noch mehr gute Absichten ihrer Betreiber und Parteigänger. Suchen wir also nach Oberbegriffen zu den o.a. Befunden, und zwar möglichst nach solchen, die sich in der Geschichte der Deutschdidaktik lange schon bewährt haben.

3. Zur Neubegründung der Rechtschreibdidaktik: Emanzipation, Motivation, Integration

In dem knappen Rahmen, der für vorliegende Darstellung gezogen ist, lassen sich die Kernbegriffe leider nicht logisch und historisch ableiten. Sie werden deshalb einfach gesetzt – im Vertrauen auf Geduld und Sachverstand des Lesers.

Als Schlagwörter lauten die drei Grundbegriffe der Rechtschreibdidaktik zweckmäßigerweise: Emanzipation, Motivation und Integration. Sie dienen als Grundbegriffe, weil jeder einzelne für die Rechtschreibdidaktik notwendig ist. Da sie in engem wechselseitigen Zusammenhang stehen, kann man keinen von ihnen fortlassen, ohne das ganze System zu zerstören. Sie wurden hier gewählt, weil sie unmittelbar die Bildung von Bewußtsein und Selbst-Bewußtsein betreffen.

a) Emanzipation: Rechtschreibung als Bewußtseinsakt

– Die Emanzipation betrifft den Schüler und das Bewußtsein seiner selbst. Er soll im Deutschunterricht lernen, sein Ego und seinen Sprachgebrauch aufeinander abzustimmen. Das kann er aber nur, wenn er beide Größen zuerst einmal als verschiedene erkennt. Und dazu kann in der Tat die Rechtschreibung besonders gut geeignet sein, weil ihr kommunikativer Zweck normalerweise unklar bleibt. Denn die sogenannten Prinzipien des Rechtschreibunterrichts sind zwar mehr oder weniger als Korrekturhilfen für den Lehrer geeignet. Dem Schüler nutzen sie wenig, weil er nur selten weiß, daß er einen Fehler macht – und schon gar nicht sagen kann, ob er damit gegen das etymologische, grammatische, morphologische, phonetische oder ästhetische Prinzip verstößt.

Nach der Maxime der Emanzipation will und soll der Schüler wissen:

- was er tut,
- warum und wozu er gerade dies tun soll.

Jeder kann eine Menge lernen, wenn er diese Fragen nicht dogmatisch in der Art des Kleinen Katechismus durchnimmt, sondern als Grundlagen der Rechtschreib-Arbeit konsequent und immer wieder neu herausfordert (vgl. Hildebrand 1952, S. 14, 47, 82 f.).

Immanuel Kant, auf den das hier vorgeschlagene Verständnis von Emanzipation als Selbst-Bewußtsein zurückgeht, unterscheidet in diesem Zusammenhang drei Stufen des Fürwahrhaltens: Glauben, Meinen und Wissen:

Meinen ist ein mit Bewußtsein sowohl subjektiv, als objektiv unzureichendes Fürwahrhalten. Ist das letztere nur subjektiv zureichend und wird zugleich für objektiv unzureichend gehalten, so heißt es Glauben. Endlich heißt das sowohl subjektiv als objektiv zureichende Fürwahrhalten das Wissen.

(Suhrkamp-Ausgabe, Bd. IV, 1958, S. 689: Transzendentale Methodenlehre; s. auch ebda, Bd. IV, S. 494 ff. Logik).

Für den Deutschunterricht als ein Fach zwischen Glauben und Meinen erscheint diese Einteilung zweckmäßiger als die von Heimann nach kognitiven, affektiven und pragmatischen Dimensionen – die im übrigen nicht unbedingt ausgeschlossen werden muß. Es bedarf keines langen Nachweises, daß die Rechtschreibung in den Bereich des Wissens gehört – jedenfalls solange sich die unsinnigen 500-Wörter-Listen nicht durchsetzen. Um etwas zu wissen, braucht man Begriffe.

Wie aus der sinnlich erlebten Anschauung Vorstellungen werden und wie diese ihrerseits in Begriffe überführbar sind, beschreibt Kant unter dem Stichwort der „logischen Verstandes-Actus wodurch Begriffe ihrer Form nach erzeugt werden“:

1 die Komparation, d.i. die Vergleichung der Vorstellungen untereinander im Verhältnis zur Einheit des Bewußtseins;
2 die Reflexion, d.i. die Überlegung, wie verschiedene Vorstellungen in Einem Bewußtsein begriffen sein können; und endlich
3 die Abstraktion oder die Absonderung alles übrigen, worin die gegebenen Vorstellungen sich unterscheiden.
Um aus Vorstellungen Begriffe zu machen, muß man also komparieren, reflektieren und abstrahieren können ... (ebda., Bd. VI, S. 524 ff.).

Wer beispielsweise eine Fichte, eine Weide und eine Linde sieht, schreibt Kant, der vergleicht sie zuerst einmal in bezug auf ihre Unterschiede (komparieren): Sie unterscheiden sich im Stamm, im Astwerk, in der Belaubung/Benadelung und wohl auch im Geruch sowie in beliebig vielen weiteren Merkmalen. Im Überlegen (Reflektieren) erkennt man dann aber ihre Gemeinsamkeiten, indem man die sinnlich wahrnehmbaren Merkmale in ihren Übereinstimmungen hinsichtlich Stamm, Astwerk und Belaubung einordnet – und eben nicht nach Geruch oder anderen Größen. Von den sinnlich wahrnehmbaren Merkmalen abstrahieren wir nun auf den Begriff des Baums, der in eben den drei verglichenen und reflektierten Merkmalklassen besteht. Um die Verallgemeinerung in einen Begriff zu fassen, muß man in diesem Fall also von allen anderen Größen, so wichtig sie auch sonst sein mögen, absehen.

Dieser Weg von der sinnlich wahrnehmbaren Anschauung zum Begriff ist in keinem anderen Bereich des Deutschunterrichts so klar vorgezeichnet wie in der Rechtschreibung. Und genau hier liegt heute ihr eigentlicher Bildungswert: Die Schüler lernen, Vergleich, Überlegung und notwendige Verallgemeinerung als Mittel zu verwenden, Wissen zu erlangen, das der nüchternen Überprüfung ohne Wenn und Aber standhält. Und dies Wissen bedeutet keineswegs „Macht“, wie eine dumme Redensart behauptet, sondern es ist die notwendige Voraussetzung für die kommunikative Kultur, auf die jede Demokratie angewiesen ist, wenn sie eine bleiben will. Der mündige Bürger ist auf das Wechselspiel von Vergleich, Überlegung und Verallgemeinerung angewiesen. Natürlich darf nun nicht der Eindruck entstehen, als gebe es ohne Rechtschreibung keine Demokratie. Sondern wir können unter diesem Gesichtspunkt der Rechtschreib-Übung mit gutem Gewissen einen neuen Sinn geben — wenn sich schon die fixe Orthographie-Idee nicht einfach beseitigen läßt.

b) intrinsische Motivation und innere Differenzierung

— Die Motivation betrifft das Verhältnis zwischen Lehrer und Schüler sowie zwischen den Schülern in bezug auf den Stoff. Natürlich kann der Lehrer durch Schulnoten und mit sozialer Phantasie auch heute hinreichend viel Druck für eine extrinsische Motivation zum Rechtschreiben erzwingen — jedenfalls für eine Weile, übrigens nicht zum Richtig-Schreiben. Und sicherlich in der Grundschule leichter als in der Sekundarstufe. Er kann sie auch durch immer neue Gags vorübergehend herzaubern. Zweckmäßiger ist es aber, in der Alltagsarbeit die Voraussetzungen für eine dauerhafte intrinsische Motivation zu schaffen. Denn nur auf diese Weise kann der Schüler mit den Mitteln der Sprache das Bewußtsein seiner selbst differenzieren, d.h. sich emanzipieren. Dabei ist die Rechtschreibung eine vielleicht etwas langweilige, aber durch und durch zuverlässige Helferin. Und sie liebt einen Schülertyp, der sich im gegenwärtigen Deutschunterricht etwas vernachlässigt fühlen muß — den „soliden Arbeiter". Mit welchen Voraussetzungen ist dabei nun in der Unterrichtswirklichkeit zu rechnen? — Am besten mit den selbst geschaffenen. Denn in diesem heiklen Feld, in dem auch das sorgfältigst bedachte Wort grob und unangemessen wirken muß, ist der Lehrer auf seine innere Erfahrung mit den Schülern in besonderer Weise angewiesen. Darüber hinaus gibt es gerade zur Rechtschreibung eine beachtliche Fülle an informellen und standardisierten Tests. Die sollten freilich nicht zur Zensierung mißbraucht werden, weil sonst die intrinsische Motivation einfürallemal verlorengeht. Sondern die Verfahren der Leistungs- oder Fehlleistungsmessung sind gut geeignet, um die diagnostischen Grundlagen für die innere Differenzierung zu schaffen. Diese ihrerseits ist die wichtigste Voraussetzung für die intrinsische Motivation, weil nur hier der einzelne Schüler mit seinem individuellen Leistungsvermögen beim Wort genommen wird.

c) Integration als Voraussetzung für Motivation und Emanzipation

c.1 stoffliche Integration

— Die Integration betrifft die Proportionierung des Teilgebiets „Rechtschreibung" in bezug auf das ganze große Feld „Deutschunterricht". In dem Maß, in dem es dem Lehrer gelingt, durch innere Differenzierung und Förderung des Selbst-Bewußtseins die Schüler für die Rechtschreibung zu interessieren, werden sie von dort aus ganz unerwartete Durchblicke auf größere und wichtigere Felder der sprachlichen Landschaft erlangen. Das wurde beispielsweise konsequent in den Lehrerbüchern zur „Programmierten Rechtschreibung" (5 Bände, Heidelberg 1973 ff.) versucht (vgl. auch: Pauly 1975).

Im übrigen läßt sich „Rechtschreibung pur" ohnehin nicht üben, weil die Laute und Buchstaben mit ihren vielfältigen Verknüpfungen im Sprachgebrauch ja auch nicht isoliert vorkommen: Das Interesse der Sprachbenutzer richtet sich auf den Inhalt der sprachlichen Bekundung, vielleicht auch noch auf ihre situative Angemessenheit – aber doch nicht auf ihre orthographische Form. Folglich ist Rechtschreibung schon von ihren zentralen Merkmalen her auf Integration angewiesen: Die Schüler müssen gerade hier immer wieder neue Gelegenheit bekommen, ihre Aufmerksamkeit auf Gegenstände zu richten, die für sie zunächst einmal mit der Rechtschreibung selbst nichts oder wenig zu tun haben – und dabei um so fleißiger orthographisch üben. Methodisch formuliert, ist der Rechtschreibunterricht nach dem integrativen Prinzip also monofunktional anzusetzen, d.h. eine Übungsphase für den jeweiligen Schüler zu ein- und demselben orthographischen Problem; dem Schüler selbst muß dies aber nicht unbedingt auffallen: Er soll möglichst „natürlich" das jeweilige orthographische Problem oft und richtig lösen, damit es in die Intelligenz seiner Hand eingegangen ist, ehe es in seinem Kopf ankommt. Mit anderen Worten: Der Schüler soll Schreibgewohnheiten bilden (können), aus denen heraus die richtige Schreibweise „selbstverständlich" wird. Zu diesem Zweck gehört die monofunktional angesetzte, differenziert durchgeführte Rechtschreibung in einen situativen Rahmen, der dem Schüler vertraut ist.

Das Gemeinte mag in der schriftlichen Formulierung etwas schwieriger aussehen, als es in der Wirklichkeit des Unterrichts und des Sprachgebrauchs ist. Denn im Grunde geht es bei dem integrativen Prinzip um ganz einfache Sachen:

Rechtschreibung im Textzusammenhang bedeutet:
in der Aufsatzarbeit an solche Wörter anknüpfen, welche die Schüler gerade in ihrem Rechtschreibkurs benutzt haben – natürlich nicht immer und jedenfalls, sondern nach didaktischem Bedarf. Das läßt sich bei der Aufgabenstellung sogar auf einzelne Schüler hin differenzieren. Beispielsweise so:

* Stell Dir einmal vor, Du hättest eine Giraffe, die Dich in der Schule besucht. (Verwende dabei möglichst viele Wörter mit /ff).
* Kannst Du einen Aufsatz schreiben, in dem folgende Wörter vorkommen: mehr, Meer, Heer, hehr, her, Beete, bete, Lehrer, leerer, seekrank, sehschwach?

Solche Gegenüberstellungen dürfen nur dann verlangt werden, wenn der gesamte zugehörige Wortschatz voll gesichert ist. Sonst könnten diese Übungen mehr schaden als nutzen. Im übrigen lassen sie sich über das vorgegebene Wortmaterial leicht auf das individuelle Leistungsvermögen des Schülers hin differenzieren.

* Eine ganz naheliegende Möglichkeit zum Textemachen bietet sich, wenn beispielsweise eine monofunktional angesetzte Rechtschreibübung als Text mißlungen ist. In diesem Fall erhält der Schüler endlich einmal Gelegenheit, eine Sache besser als die erwachsenen Verfasser der Rechtschreibübung zu machen:
  „Die Geschichte in den Elementen 2-8 ist durch die vielen Wörter mit /ff/ mißglückt. Kannst Du sie mit anderen Wörtern besser schreiben?"
  (aus Messelken 1973, S. 83). Wichtig ist hierbei, daß sich der Schüler auch auf diese Weise mit dem orthographischen Problem beschäftigt – aber eben als ein sich Emanzipierender.

Rechtschreibung im lexikalischen Zusammenhang bedeutet:
mit dem zu übenden Wortmaterial in vielfältigen Verwendungs-Situationen unbefangen umgehen. Dabei kann man sich zunutze machen, daß der Stamm jeweils in der gesamten Wortfamilie erhalten bleibt – von Ausnahmen wie Hand – behende (= mit beiden Händen) abgesehen. Außerdem kann man mit der Form und den Inhalten der Wörter spielen:

* Wer findet das längste Wort?
  Pfeffer, Pfefferminz, Pfefferminzstaude, Pfefferminzstaudenplantage, Pfefferminzstaudenplantagenarbeiter, Pfefferminzstaudenplantagenarbeiterin, . . . arbeiterinnen, . . .gewerkschaft, . . .schaftsvorsitzende.
* Unter den Wörtern, die wir eben geübt haben, sind:
  – fünf Bezeichnungen für Pflanzen (Pfefferminz, Pfifferling, Kartoffel, Pfeffer, Trüffel),
  – sechs Bezeichnungen für unbelebte Dinge (Zifferblatt, Waffe, Pantoffel, Scheffel, Puffer, Staffel), . . .

Keinesfalls darf es bei dem mechanischen Wortlistentraining bleiben, an das beispielsweise die o.a. Übung anknüpfen könnte. Weil die Schüler dort lediglich Wörter abschreiben, die nach rein orthographischen Kriterien vorsortiert sind. Selbst wenn diese mit heißer didaktischer Nadel genähten Auch-Übungen kurzfristig Lehrer und Schüler zufriedenstellen, müssen die Retentionseffekte gering bleiben: Die Erinnerung verblaßt allzuschnell, weil sich keine innere Erfahrung mit dieser Art von Wortgebrauch verbindet.

Rechtschreibung im Zusammenhang mit der Wortbildung bedeutet:
den Wortstamm benutzen, um damit die Bildungsmöglichkeiten von Wörtern auszuprobieren. Dazu gehören Deklination, Konjugation, Ableitung und Bildung von Wortfamilien, Zusammensetzung sowie Gebrauch von Vor- und Nachsilben:

* Kreuze in der Tabelle alle Wörter an, die es Deiner Meinung nach wirklich gibt:

	er	be	ent	ver	zer	an	ab	ein	aus
drücken	x	Part. Perf.	–	x	x	x	x	x	x
decken	–	x	x	x	–	–	x	x	–
rücken	–	Part. Präs. x	Part. Perf. x	Part. Perf. x	–	x	x	x	x
schicken	–	x	–	x	–	sich x	x	x	x

Manchmal kann es zweckmäßiger sein, die nicht möglichen Bildungsweisen markieren zu lassen. Außerdem kann man den Schwierigkeitsgrad bei diesem Übungstyp leicht steuern, indem man mehr oder weniger, bzw. leichtere oder schwierigere Grundwörter vorgibt; dasselbe gilt für die Vor- oder Nachsilben, die man zuordnen läßt. Darüber hinaus kann man auch statt ganzer Grundwörter lediglich die Wortstämme vorgeben. Dann wird die Aufgabe viel interessanter, aber auch schwieriger. Jedenfalls bieten sich so angesetzte Aufgaben für die innere Differenzierung geradezu an. Und vor allem: Hier bietet die Rechtschreibung lediglich den äußeren Anlaß, um etwas viel Wichtigeres herauszufinden: wie die Wörter gebaut sind, und was wir mit ihnen alles anfangen können.

Rechtschreibung im Zusammenhang des Satzes (syntaktische Ebene) bedeutet:
sich den Satzrahmen zunutze machen, um der Rechtschreibübung einen einsehbaren Anlaß zu geben:

* Wer macht den längsten Satz, in dem nur Wörter mit /mm/ vorkommen? Die fromme pummelige Emma stammelt benommen und wimmernd: „Immer bekomme ich schlimm verschimmelten Emmentaler.“
  Natürlich kann man hier je nach dem individuellen Leistungsvermögen der Schüler Ausnahmen zulassen oder auch vorgeben; der bestimmte Artikel in dem Beispielsatz läßt sich beim besten Willen nicht auch noch mit /mm/ schreiben. Der Vorteil solcher Übungen liegt darin, daß der Schüler viel mehr Wörter in seine Vorstellung hineinziehen muß, als er für die Lösung der Aufgabe brauchen kann. Daraus entsteht ein beträchtlicher Verstärkungseffekt.
* Der alte Indianer steht auf einer Anhöhe und beobachtet den Kampf. Dabei feuert er seine Kameraden an:
  Wirf doch endlich den Speer! Stoß zu! Achtung, paß auf! Spring hinter den Baum! Dreh dich um! Schade um den schönen Tomahawk! Laß doch das alberne Skalpieren!
  Wem solche Beispiele nicht ins pädagogische Konzept passen, der kann genausogut ein Fußballspiel oder eine andere Wettkampfsituation nehmen. Entsprechende Grundsituationen lassen sich selbstverständlich auch für andere syntaktische Formen finden. An dem o.a. Beispiel läßt sich erkennen, daß die syntaktische Ebene für die grammatischen Felder der Rechtschreibung und vor allem für die Zeichensetzung viel Stoff liefert; in diesem Fall ging es um die orthographisch anspruchsvollen Imperative und das zugehörige Ausrufungszeichen.

Rechtschreibung in bezug auf Laute und Buchstaben bedeutet:
eine der abstraktesten Leistungen, die vom Schüler im ohnehin abstraktionsreichen Deutschunterricht verlangt werden. Deshalb ist es zweckmäßig, die Aufmerksamkeit des Schülers durch geeignete Motivationshilfen auf das jeweilige Problem zu fokussieren. Man kann beispielsweise seine Neugier erregen, an die Spielfreude anknüpfen ...

* Verschlüssele jeweils zwei Wörter mit /gg/. Dein Nachbar muß sie dann erraten:
  F B l a a g g g g e e r – die Flagge, der Bagger
  D K o o g g g g e e – die Dogge, die Kogge
* Noch schwieriger sind verschlüsselte Lückenwörter:
  R H - - - - - - - - – die Robbe, das Hobby
  P K - l - - - - e - l e – das Paddel, die Kladde
  Auf diese Weise pägt sich dem Schüler nicht bloß die Schreibweise des jeweiligen Übungswortes nachdrücklich ein; vor allem erfährt er „learning by doing" mehr über die sprachliche Redundanz als in einem vielstündigen Kurs „Reflexion über Sprache".
* Suche ein Wort mit /bb/. Dein Nachbar soll eins mit /gg/ daraus machen:
  die Robbe – der Roggen,
  die Ebbe – die Egge, . . .
  So läßt sich für jeden Schüler leicht herausfinden, was eigentlich ein „Phonem" ist – ein Laut, bzw. ein Buchstabe oder eine Verbindung von solchen, die aus ähnlichen Klang- oder Schriftbildern verschiedene Wörter machen. (/bb/, /gg/ und /dd/ sind ziemlich seltene Doppelkonsonanten, so daß die o.a. Übungen sehr schwierig sind: Wahrscheinlich haben viele Schüler nicht genügend sprachliche Erfahrung, um solche Übungen mit Leben zu füllen. Mit Doppelkonsonanten wie /ck/, /ll/, /mm/, /nn/ oder /pp/ wird es viel leichter.

Die Entwicklung integrativer Rechtschreibübungen erfordert einen erheblichen Zeitaufwand, den nicht jeder Lehrer ohne weiteres aufbringen kann – handelt es sich dabei doch um wöchentlich rund 6 - 10 Stunden neben der schulischen Alltagsarbeit. (In den Lehrerbüchern zur Programmierten Rechtschreibung sind insgesamt einige hundert solcher integrierten Übungen bereitgestellt. Sie mögen zwar nicht in jedem Einzelfall ins didaktische Konzept einer bestimmten Unterrichtsform passen, bieten aber immerhin hinreichend viele Anregungen zur Integration der Rechtschreibung in den Deutschunterricht, vgl. Messelken 1973). Steht dagegen für die innere Differenzierung ein gewisser Materialfundus bereit, kann der außerschulische Arbeitsbedarf für den Lehrer auf 2 - 3 Stunden in der Woche sinken – obwohl mehr an Stoff geschafft wird. Weil eben der einzelne Schüler im Schwerpunkt nur da übt, wo er wirklich seinen Übungsbedarf hat. Dazu bedarf es nicht unbedingt eines Rechtschreibprogramms; man kann sich auch mit einer schulinternen Sammlung behelfen, in welche alle Rechtschreibübungen kommen, mit denen die Lehrer gute Erfahrungen gesammelt haben.

c.2 soziale Integrationsformen

Neben der stofflichen Seite hat das Integrationsprinzip aber auch noch eine soziale: Es ist keineswegs gleichgültig, ob eine bestimmte Übungsaufgabe als Stillarbeit, Partner-, Gruppenarbeit oder als Hausaufgabe angesetzt wird. Und nicht bei jeder Aufgabe lassen sich die sozialen Integrationsformen ohne weiteres austauschen. Die individualisierbaren Formen „Stillarbeit" und „Hausaufgaben" fordern den einzelnen Schüler heraus, eine bestimmte konkrete Situation sprachlich zu bewältigen, d.h. die personalen, lokalen, temporalen Merkmale eines erlebten Zusammenhangs in der Vorstellung so klar zu vergegenwärtigen, daß sie mit bestimmten Wörtern — und möglichst nur diesen — vermittelt und aufgefaßt werden können: Der Empfänger der sprachlichen Botschaft kann im Idealfall das vermittelte Erlebnis in seiner Vorstellung so wiederherstellen, als ob es sein eigenes gewesen sei. Normalerweise wird man für derart anspruchsvolle Aufgabenstellungen vergleichsweise einfache Situationen vorgeben. Je nach dem individuellen Leistungsvermögen des Schülers läßt sich dann ein- und dieselbe Situation mit verschieden schwierigen Zusatzaufgaben steuern. Der Grundzug solcher Aufgaben hat etwas Monologisches.

Demgegenüber soll die Partnerarbeit dialogisch angesetzt werden: Schon die Aufgabenstellung selbst macht den Gedankenaustausch notwendig. Eine besonders einfache Form sind in diesem Zusammenhang beispielsweise Frage- und Antwort-Spiele. Die soziale Integrationsform, die am schwierigsten zu steuern ist, bleibt nach wie vor die Gruppenarbeit. Hier sind zwei Grundtypen zu unterscheiden: Im einen Fall bildet die Gruppe aus drei bis fünf Kindern eine Art Super-Individuum nach dem Motto: Was der eine nicht weiß, fällt dem andern ein. Zusammen sind wir viel schlauer. Hierbei kann es Probleme geben. Denn es ist keineswegs ein Naturgesetz, daß Gruppen mehr als Individuen wissen — und vor allem: Die Schüler müssen ein Maß an uneigennütziger Kooperationsbereitschaft mitbringen, das nicht in jedem Fall gesichert ist. Und dann kann es zu Underdog-Effekten kommen, wie sie ja auch aus den Gruppenspielen des Sportunterrichts bekannt sind. Im übrigen scheint die Intelligenz der Gruppe auch von dem jeweiligen Stoff abzuhängen. Und das scheint etwas mit den individuellen Ausdifferenzierungen des Bewußtseins zu tun zu haben. Bei dem anderen Grundtyp von Gruppenarbeit geht man additiv-arbeitsteilig vor. Streng genommen, ist dies eine recht oberflächliche Art von Integration. Aber sie ist gut geeignet, wirklich jeden einzelnen der beteiligten Schüler in die Gruppe und ihre Arbeit einzubeziehen.

Stillarbeit in der Rechtsschreibung bedeutet:
eine höchst reflektierte und abstrakte Form des Sprachgebrauchs. Beim Schreiben beobachtet der Sprachteilnehmer seine Botschaft und seine Vorstellung auf eine Weise, die viel reflektierter ist als beim mündlichen Sprachgebrauch — und erst recht beim „Recht-Schreiben".

Diesen sprachtheoretisch recht schwierigen Verhältnissen kommt die Stillarbeit sehr weit entgegen. Der Lehrer soll sich dabei für den still arbeitenden Schüler gut verfügbar halten, damit er jederzeit unauffällig einhelfen kann.

* Welches Gerümpel liegt im Schuppen herum?
alte Schüppen, Hacken, ... (Karren, Bretter, Latten, Lumpen, ausrangierte Möbel, zerbrochenes Spielzeug, Ullas Puppenwagen, abgefahrene Reifen, und, und, und ...)

Die Situation „Schuppen" oder „Abstellraum" ist jedem Kind bekannt. Also hat es hier eine gute Möglichkeit, beliebig weit differenzierte klare Vorstellungen immer weiter zu konkretisieren; mit Adjektiven und Eigennamen wird die Stichwortsammlung noch viel anschaulicher und kann fast schon einen Aufsatz ersetzen. Die Fokussierung auf Rechtschreibprobleme kann unaufdringlich durch Auflagen geschehen, die schüleradäquat zu differenzieren sind. In dem o.a. Beispiel gibt es beispielsweise sieben Substantive mit einem Doppelkonsonanten.

Hausarbeit in der Rechtschreibung bedeutet:
die Bedingungen der Stillarbeit so vereinfachen, daß jedes, aber auch wirklich jedes Kind für 30 bis 40 Minuten beschäftigt ist, ohne auch nur auf eine Andeutung von fremder Hilfe angewiesen zu sein. Demnach geht es hier vor allem um Transferleistungen, und zwar um individuell differenzierte. Da für die Sicherung der Rechtschreibung ein Arbeitsvolumen von wöchentlich mindestens 8 – 10 Stunden unablösbar ist, werden die Hausaufgaben um so wichtiger, je weniger Zeit in der Schule selbst für derartige Übungen bleibt. Es hat überhaupt keinen Sinn, sich selbst, den Schülern oder den Eltern in diesem Punkt etwas vorzumachen: Nichts kann darüber hinwegtäuschen, daß unterhalb dieser Zeitgrenze die Zone der ernsthaften Rechtschreibschäden beginnt. Es gibt keinen methodischen Trick, mit dem man die Intelligenz der Hand betrügen könnte. Und niemand wird auf die Idee kommen, man könne in einigen Minuten Klavier oder Geige spielen lernen. So schwierig diese Künste sind – im Vergleich zur Rechtschreibung handelt es sich um recht schlichte psychomotorische Abläufe.

* Beschreib ein Gewitter! (mit Adjektiven und Substantiven)
unerträgliche Schwüle, niedrig fliegende Schwalben, lästig klebende Stechfliegen, schwarzgraue Haufenwolken, plötzliche Dunkelheit, leichte Brise, heftige Windstöße, schwerer Sturm, schwere schwankende Bäume, fahles Wetterleuchten, greller Blitz, prasselnder Platzregen, eisharte Hagelkörner, ...

Der mögliche orthographische Bezug läßt sich in der folgenden Schulstunde herausarbeiten: Man kann beispielsweise versuchen, den einen oder anderen Schüler auf die lautmalerischen Möglichkeiten aufmerksam zu machen:

Lang und kurz gesprochene Stammsilben mit oder ohne Dehnungszeichen sind entsprechend unseren prosodischen Gewohnheiten im Hochdeutschen nicht schlecht geeignet, die Situation „Gewitter“ zu untermalen – natürlich mit aller hier gebotenen Vorsicht.

Partnerarbeit in der Rechtschreibung bedeutet:
eine dialogische Situation vorgeben, aus der heraus ein schriftlicher Dialog einigermaßen zwangsläufig entsteht.

* Bilde zu jedem Wort aus Aufgabe X eine Frage.
Dein Nachbar muß in der Antwort eins der folgenden Wörter unterbringen:
oft, nie, immer, selten, manchmal, häufig, dauernd

Bekommst Du oft Ferien? – Nein, selten.
Kommt Achim häufig zu spät? – Nein, nur manchmal.
Schlemmt Ihr immer so wie heute? – Ja, ziemlich oft.

Über die Problemwörter aus der Bezugsaufgabe läßt sich das orthographische Material leicht codieren; die für einen Teil des Dialogs vorgegebenen Wörter (in diesem Fall Temporaladverben) ermöglichen darüber hinaus die Steuerung hinsichtlich der stofflichen Integration (in diesem Fall Sprachlehre).

Gruppenarbeit in der Rechtschreibung bedeutet:
jeden, aber auch wirklich jeden Schüler zu seinem Recht an Teilnahme kommen lassen, dabei weder die Überflieger noch die Underdogs unwillkürlich verleiten, ihre Gruppe zu verlassen. Die Gruppenarbeit ist im differenzierten Rechtschreibunterricht die nächstliegende Arbeitsform. Für den Lehrer bedeutet das allzuoft: Soviele Vorbereitungen, wie er Gruppen bilden will oder muß – keine leichte Aufgabe, falls er sich nicht die Vorteile des Programmierten Unterrichts zunutze machen will oder kann.

* k_ _ _ _ _ _t, schl_ _ _ _ _ _en, Gr_ _ _ _ _ _, H_ _ _ _ _ _el, K_ _ _ _ _ _er, b_ _ _ _ _ _eln,
sch_ _ _ _ _ _eln, _ _ _ _ _ _e, K_ _ _ _ _ _e, st_ _ _ _ _ _en, Schl_ _ _ _ _ _er

Aus diesen elf Wortruinen kann man mindestens 25 Wörter machen, wenn man /mm/ ergänzt. Außerdem sind noch folgende Buchstaben erforderlich:
äää, aaaaa, ee, iiiiii, o, uuuuuu.

Dieser Aufgabentyp läßt sich leicht schwieriger (durch Fortlassen von Informationen) oder auch einfacher (durch weitere Informationen) gestalten. Er eignet sich für die integrierte Gruppenarbeit im engeren Sinn, weil bei jeder einzelnen Wortruine neue Abstraktions- und Vergleichsleistungen erforderlich werden. Und jeder muß jedes Wort schreiben. Der graphisch begabte Lehrer kann hier besonders leicht den situativen Rahmen durch kleine Skizzen mit oder ohne weitere Differenzierung der Aufgabe verdeutlichen.

c.3 Zusammenfassung
Der Unterricht in der deutschen Rechtschreibung hat den Zweck, den Schüler zu emanzipieren. Dabei muß das Verhältnis zwischen Lehrer und Schüler zunehmend stärker durch intrinsische Motivation bestimmt werden, indem der orthographische Stoff in die textuellen, lexikalischen, morphologischen, syntaktischen oder auch phonetisch-prosodischen Zusammenhänge des Deutschunterrichts integriert wird. Die daraus zu definierenden Aufgabentypen sind entsprechend ihren Möglichkeiten der sozialen Integration nach verschiedenen Arbeitsformen zu entwickeln.

Das hier im Grunde einzig mögliche methodische Prinzip ist die innere Differenzierung, die den Lehrer freilich auf eine kaum zumutbare Weise schon rein zeitlich weit über das Maß des tariflich Vorgesehenen hinaus fordert. Die Übungsvorgaben der Sprachbücher werden dieser Aufgabe nicht gerecht; sie sind stofflich viel zu eng angesetzt, bieten beträchtlich zu wenige Übungsmöglichkeiten mit erheblich zu wenigen Übungsformen und täuschen ihre Benutzer hinsichtlich des unabdingbaren Zeitbedarfs auf eine unvertretbare Weise: Von hinreichend breiter und dauerhafter Sicherung der Rechtschreib-Fertigkeiten kann hier nicht im Ernst die Rede sein. Allenfalls sind sie als Alibi geeignet, daß u.a. auch Rechtschreibübungen gemacht worden sind. Demgegenüber hat weder die Deutschdidaktik noch die Schule die Möglichkeiten des Programmierten Unterrichts bisher fleißig genug entwickelt und hinreichend sorgfältig überprüft.

Neben dem unbilligen Zeitbedarf ist das Hauptproblem der inneren Differenzierung die Frage, wie man verhindert, daß einem der Unterricht in tausend Stücke zerspringt. Denn die vielfältigen Möglichkeiten der Aufgliederung von Stoffen und Arbeitsformen sind nicht leicht auf einen didaktischen Nenner zu bringen – und vor allem: dort zu halten. Allenfalls bei größeren Rechtschreibprogrammen ist diese Frage bisher überhaupt erst gewürdigt worden, wobei füglich zu bezweifeln sein mag, ob sie auch – zumindest für einige – befriedigend gelöst wurde. Zwar lassen sich die methodischen Erfordernisse plausibel und kurz formulieren – um so schwieriger ist aber ihre Umsetzung in die unterrichtliche Tat. Es geht bei den differenzierten Rechtschreibübungen also um: Kontinuität, Systematik und Gründlichkeit. Die Übung muß kontinuierlich sein – und zwar für jeden einzelnen Schüler –, damit sich mit der Zeit das individuell erforderliche Lernprofil herausbilden kann. Gleichzeitig muß das ganze in und trotz aller Individualisierung systematisch bleiben, damit der Stellenwert der einzelnen Kenntnis und der Kenntnisse des einzelnen auszumachen sind: Schließlich ist die Rechtschreib-Fertigkeit ja eine Sache des Wissens.

Und außerdem soll es auch noch gründlich zugehen. Denn ohne hinreichend häufige Wiederholungen muß die ganze Mühe vergeblich bleiben.
(Beispiele dazu in: I. u. H. Messelken: Lesen-Schreiben-Üben, Arbeitsheft Rechtschreibung und Zeichensetzung für das 5. Schuljahr. Frankfurt 1980)

Textproduktion oder Aufsatzunterricht?
Zur geschichtlichen Entwicklung der schriftlichen Sprachgestaltung in der Schule

Warum sollen Schüler Aufsätze schreiben?

Früher hätten sich die Deutschlehrer eine solche Frage vielleicht gar nicht gestellt. Aufsatzunterricht war ein Fach im Stundenplan, und nicht nur über die Frage, *ob,* sondern auch über die Frage, *wie* Aufsätze geschrieben (und beurteilt) werden sollten, gab es so genaue Richtlinien, Belehrungen und Vorschriften, daß man sich getrost auf diese verlassen und die Fragen als erledigt betrachten konnte. In beneidenswerter Schönschrift und (fast) einwandfreier Orthographie präsentierten sich die Ergebnisse des Aufsatzunterrichts in den sorgfältig geführten Schülerheften und erfreuten sich besonderen Interesses bei der (staatlichen oder geistlichen) Schulaufsicht. Wirklich: Die Produkte dieses Aufsatzunterrichts, wie sie schon vor hundert Jahren erreicht worden sind, könnten manchen heutigen Lehrer vor Neid erblassen lassen.

Hier ein Beispiel aus dem Jahre 1893, verfaßt von der Schülerin Antonie Schilling im 8. Schuljahr einer Volksschule, mir zur Verfügung gestellt von Schulrat Carl Cüppers, dem Begründer des Schulmuseums in Bergisch Gladbach:

6. Arbeit, den 6. Juli 1893
Ein Spaziergang im Sommer.

„Auf ins Freie und ergötze dich an meinen Gaben!“ so ruft der Sommer jedem zu, und der Ruf fand Wiederhall in meinem Herzen. Ich verließ das Haus mit seiner drückenden Enge und trat in den Garten. Voll Entzücken betrachtete ich die dichtbelaubten Bäume und den herrlichen grünen Rasen. Von den Blumenbeeten grüßten mich Narzissen und Tulpen. Aber mein Fuß eilte weiter. Vor mir lag eine reizende Landschaft ausgebreitet, Berg und Thal, Feld und Wald wechselten miteinander ab. Die feierliche Stille des heraufdämmernden Morgens wurde nur von den Stimmen der früh erwachten Vögel unterbrochen. Jubelnd stieg die Lerche in die reine Luft empor; Schwärme wilder Tauben flogen den fernen Wäldern zu, und der melodische Gesang der Nachtigall erfreute mein Herz. Nach und nach wurde es heller. Mein Weg führte an einem Dorfe vorbei, in welchem schon alles lebendig geworden war. Eine Glucke führte ihre Küchlein ins Freie, der Storch baute sein Nest auf dem Dache, und die Schwalbe fütterte ihre Jungen. Ein Bächlein, das von dichtem Gebüsch umgeben war, führte an einer grünen Wiese vorbei. Hier zeigte sich reges Leben. Hirsche und Rehe hatten die Wälder verlassen und eilten im Grase umher. Nicht weit von ihnen hütete ein Hirte seine Herde. Die Sonne war nun völlig heraufgestiegen. Die Blüten öffneten sich und ihre Düfte erfüllten die Luft. Summende Bienen flogen von Blume zu Blume, um Honig zu sammeln. Ein in großer Schönheit prangendes Kornfeld fesselte meinen Blick, sodaß ich vor Bewunderung stehen blieb. Muntere Landleute gesellten sich zu mir und priesen die große Güte Gottes. Ich stimmte mit ein in den Jubel und ging mit dankerfülltem Herzen gegen den Geber dieser herrlichen Gaben wieder heim.

Fürwahr: Sollte ein solcher Aufsatz nicht das Entzücken des Lehrers hervorrufen? „I b" hat er darunter geschrieben: sehr gut, mit geringen Einschränkungen, aber diese dürften eher die kleinen orthographischen Unvollkommenheiten betreffen (eine Begründung von Zensuren war dazumal nicht üblich).

Und welcher Schüler eines 8. Schuljahres könnte heutzutage noch mit dieser Autorin wetteifern?:

- fehlerfreie Beherrschung der deutschen Hochsprache (einschließlich Dativ-e)
- einwandfrei durchgehaltener Gebrauch des Präteritums
- abwechslungsreiche Wortwahl
- anspruchsvolle Partizipialkonstruktionen („ein in großer Schönheit prangendes Kornfeld")
- überreichlicher Gebrauch adjektivischer Attribute („die feierliche Stille des heraufdämmernden Morgens")
- „künstlerische" (eher künstliche, wie man heute gern sagt: artifizielle) Stilmittel, wie
  - pars pro toto: „mein Fuß eilte weiter"
  - Anthropomorphisierung: „ruft der Sommer – grüßten mich Narzissen"
- rhythmisierte Satzmelodien: „Jubelnd stieg die Lerche in die reine Luft empor"
- poetische Empfindungen in poetischer Sprache: „Düfte erfüllten die Luft"

usw.

Allerdings: „Abnehmen" würden wir heute einen solchen Aufsatz wohl keinem Schüler mehr, jedenfalls nicht in dem Sinne, daß wir ihn als eigenständigen Text, als Ausdruck der Person des Schreibers akzeptieren.

Und davon kann ja wohl auch nicht die Rede sein. Was in diesem Aufsatz an Bildern und Wendungen zusammengetragen ist, stammt aus vielen Quellen, nur nicht von der Schreiberin selbst. Man hat ihr im Deutschunterricht, sowohl durch das literarische Angebot als auch durch die Bewertung und Imitation von Texten vorgeführt, was gut und schön und richtig ist, und getreu hat sie dasselbe in ihrem Text wiederholt. Alles hat sie hineingebracht, was ihr an schönen Szenen und Ausdrücken vermittelt worden ist, sogar ohne Rücksicht auf die realen Bedingungen und Zusammenhänge von Ort und Zeit. So „prangt" das Kornfeld zur selben Zeit, in der Narzissen und Tulpen „grüßen", die Nachtigall singt gleichzeitig mit der Lerche (o Romeo und Julia!), und „Hirsche und Rehe" scheuen nicht die Nähe des „Hirten und seiner Herde". Wahrlich: eine paradiesische Welt, in der auch der Autorin nichts anders bleibt als, gemeinsam mit den „munteren Landleuten", den „Geber dieser herrlichen Gaben" zu preisen.

Was die Schülerin Antonie Schilling anno 1893 allerdings nicht wußte und auch nicht wissen konnte: Mit diesem Aufsatz war sie die Vollstreckerin (oder das Opfer) einer jahrtausendealten Tradition. Die Bilder, die sie beschreibt, ohne sie gesehen zu haben, die Wendungen, die sie gebraucht, ohne sie inhaltlich nachvollziehen zu können, sind die Topoi einer Poetik und Rhetorik, die seit der Antike im Abendland tradiert worden sind. Unbewußt nennt sie sogar selbst die Quelle: die „reizende Landschaft", in der Feld und Wald damit beschäftigt sind, einander abzuwechseln, ist nichts anderes als das Paradiesgärtlein des Mittelalters, der „locus amoenus", wie er schon in der bukolischen Dichtung der Antike – besonders bei Theokrit und Vergil – entworfen und besungen worden ist. In dieser Tradition wiederholt die Schülerin, ohne sich dessen bewußt zu sein, befähigt durch einen Deutschunterricht, der ebensowenig die Traditionen reflektiert, in deren Dienst er sich stellt, den uralten Traum der Menschheit vom Goldenen Zeitalter, in dem die Hirten friedlich ihre Herden hüten, Hirsche und Rehe die Wälder verlassen, die Glucke ihre Küchlein führt, die Blüten sich öffnen und die Düfte die Lüfte füllen ...

In der Zwischenzeit, nicht zuletzt in den beiden Weltkriegen, ist uns die Lust und die Fähigkeit abhandengekommen, in Sprache heile Welten aufzubauen und die Schüler dazu anzuregen, diese in ihren Textproduktionen zu schildern.

Man braucht zum Vergleich nur heutige Schüleraufsätze heranzuziehen, wie sie an anderen Stellen in diesem Buch wiedergegeben sind (vgl. S. 229 ff.).

Kein Zweifel: Die äußere Form dieser Aufsätze und ihr „stilistisches Niveau" können mit dem Beispiel aus dem vorigen Jahrhundert nicht konkurrieren. Aber: In diesen Aufsätzen schreiben Schüler über Themen, die sie selber betreffen, in einer Sprache, die die ihre ist, und (zumindest gelegentlich) aus Motiven, die bei ihnen selbst zu suchen sind.

Aber kann ich diese Motive heute bei Schülern überhaupt noch voraussetzen? Ist Schreiben nicht überflüssig in einer Zeit, wo andere Formen der Konservierung und Verbreitung von Sprache viel bequemer und zeitsparender eingesetzt werden können?

Ist der häufig beklagte Verfall der Schreib- und Schriftkultur nicht die notwendige Konsequenz unseres technischen Zeitalters?

Wann und wo fühlt sich der „moderne" Mensch überhaupt noch genötigt oder wenigstens angeregt zu schreiben? Und gibt es – außerhalb der Schule – überhaupt irgendeine Situation, in der es erforderlich erscheint, einen „Aufsatz" zu verfassen? Bis vor kurzem hätte ich diese Frage verneint, aber die Auskunft eines Bundeswehrangehörigen hat mich eines Besseren belehrt: Zu den Disziplinarmaßnahmen dieser Institution gehört es auch heute noch, Rekruten Aufsätze schreiben zu lassen, etwa über das Thema: Weshalb ich meinen Spind in Ordnung halten muß. Ob es allerdings gelingen mag, für diese Tätigkeit eine intrinsische Motivation des Betroffenen zu erreichen, halte ich für zweifelhaft.

Immerhin: Geschrieben wird auch heute noch, meist allerdings in Situationen, aus Motiven und mit Ergebnissen, die mit Schulaufsätzen wenig gemein haben. Aber vielleicht könnten die so entstehenden Texte und Textsorten Wesentliches zur Bereicherung, Motivation oder Korrektur der Textproduktion im Unterricht beitragen.

Tragen wir einmal einige Schreibmotive und die sich daraus ergebenden Textsorten zusammen (die Liste erhebt keinen Anspruch auf Vollständigkeit):

Motive zum Schreiben	**daraus entstehende Textsorten (Beispiele)**
sich etwas aufschreiben	Merkzettel
mit einem anderen schriftlich Kontakt aufnehmen	Brief
sich jemandem erklären	Liebeserklärung
ein Erlebnis verarbeiten	Tagebuch
etwas Wichtiges festhalten	Notiz
sich einen Plan machen	Konzept
die richtige Ausführung einer Tätigkeit erleichtern	Rezept, Arbeitsanweisung
Verhalten beeinflussen	Vorschrift
menschliches Zusammenleben regeln	Gesetz
eine Stelle bekommen wollen	Bewerbung
eine (zustehende) Leistung erhalten wollen	Antrag
andere zum Handeln bewegen	Aufruf
ein Sprachwerk verfassen	Gedicht, Essay
...	

Bei einigen der aufgeführten Situationen oder Motive leuchtet es ein, daß schriftlicher Sprachgebrauch hier besonders am Platze ist: Ein *Merkzettel* ist in vielen Fällen praktikabler als ein Tonband oder dergleichen, ein *Gesetz* dokumentiert Anspruch und Dauerhaftigkeit schon seit den Tagen des Hammurabi oder Moses durch seine geschriebene Form, eine *Bewerbung* ermöglicht dem Angeschriebenen schon durch ihre schriftsprachliche Form Rückschlüsse auf den Bewerber.

Bei anderen möchte man mündliches Sprachhandeln eher für angemessen halten, aber gerade in diesen Fällen läßt sich die Besonderheit und Funktion schriftlicher Äußerung besonders gut verdeutlichen. Eine *Liebeserklärung* wird man sich im allgemeinen als mündlichen Sprechakt vorstellen. Eine schriftliche Liebeserklärung aber unterscheidet sich davon in charakteristischer Weise:

- Sie hat ein größeres Gewicht. Der Adressat ist eher geneigt, sie ernst zu nehmen.
- Sie wirkt dauerhafter. Der Adressat mag sich eher darauf verlassen.
- Sie wirkt bedachter. „Unbedachte" schriftliche Äußerungen kommen seltener vor als im mündlichen Sprachgebrauch, weil man sie leichter nachprüfen, sich auf sie berufen kann.
- Sie ermöglicht Distanz in der Beziehung.
- Mit ihrer Hilfe läßt sich manches aussprechen und formulieren, was im mündlichen Gespräch unausgesprochen bliebe. Auch manches Liebe und Freundliche sagt man dem Partner nicht gern „direkt ins Gesicht".

Kurz und gut: Auch hier zeigt sich, daß schriftlicher Sprachgebrauch nicht einfach die Fixierung des mündlichen ist. Er steht, wie an anderer Stelle ausführlicher dargestellt (vgl. S. 272f.), unter anderen Gesetzen, hat andere Funktionen, eröffnet andere Möglichkeiten und ist nach anderen Kriterien zu bewerten.

Es spricht viel dafür, die vorhandenen Motive zum Schreiben auch zum Fundament und Ausgangspunkt der Textproduktion im Unterricht zu machen. Anregungen in dieser Richtung hat besonders die „Aachener Gruppe" gegeben, die Schreiben vornehmlich als kommunikativen Akt verstand und infolgedessen das adressatenbezogene, Wirkungen erzielende Schreiben zum wichtigsten Ziel des Aufsatzunterrichts erklärte (vgl. Boettcher 1973). Das erfordert aber eine kritische Auseinandersetzung mit den herkömmlichen Zielvorstellungen und Methoden des Aufsatzunterrichts. Die „Krise der Aufsatzdidaktik" (Hermann 1974) führte bis zur terminologischen Differenzierung: An die Stelle des „Aufsatzunterrichts" sollte die „Textproduktion" treten, situationsgerecht und adressatenbezogen, in ihrem Gelingen oder Mißlingen meßbar an der Wirkung, die die produzierten Texte erzielten.

Autoren wie Heiner Boehncke und Jürgen Humburg werfen der Schule sogar die „Zerstörung des Schreibvermögens durch Unterricht" vor (Boehncke/Humburg 1980, S. 65) und plädieren mit vielen Beispielen, wenn auch nicht immer überzeugend, für eine alternative Schreibkultur.

Für den Lehrer, der sich in der aktuellen Diskussion um den Aufsatzunterricht sein eigenes Urteil bilden will, das ihm auch als Grundlage für seine didaktischen Entscheidungen dienen muß, ist es nicht unwichtig, sich nicht nur über die heute vertretenen Konzeptionen des Aufsatzunterrichts zu informieren, sondern auch die historischen Voraussetzungen zu kennen, aus denen sie sich in kontinuierlicher Weiterführung oder kritischer Auseinandersetzung entwickelt haben.

Diesem Zweck dienen die folgenden Ausführungen, die in sehr gedrängter Form einen Überblick über die Geschichte der Aufsatzdidaktik vermitteln wollen, ebenso wie das nächste Kapitel, das aktuelle Auffassungen und Methoden thematisiert.

Die Diskussion um den Aufsatzunterricht ist nicht neu. Zumindest seit dem Beginn unseres Jahrhunderts wurde sie intensiv in mehreren Etappen geführt und bildet damit eine Art Paradebeispiel für eine didaktische Entwicklung, die sich in dialektischen Schritten vollzogen hat.

Texte zu verfassen lernte man seit der Antike vornehmlich auf dem Weg der Imitation oder Reproduktion. In dieser Tradition stand noch der „gebundene" Aufsatz, wie er den Sprachunterricht bis in den Beginn unseres Jahrhunderts hinein bestimmte und charakterisierte. „Aufsetzen" hieß: sich an bestimmte Regeln, Formeln und Vorstellungen binden, in denen sich die Auffassungen über einen guten Text zum Konsens verdichtet und über Generationen hinweg überliefert hatten. Während sich in den Gymnasien immerhin noch Möglichkeiten boten, innerhalb vorgegebener Schemata und Regularitäten nach bestimmten Gliederungs- und Formulierungsgesetzen eigene Texte zu produzieren, war das Aufsatzschreiben in den Volksschulen häufig nicht mehr als das Niederschreiben eines vorher eingeübten und auswendig gelernten Textes, der mit der Erlebnis-, Erfahrungs- und Gefühlswelt des Schülers so gut wie keinen Zusammenhang hatte.

Wie die Endprodukte dieses Aufsatzunterrichtes aussahen, hat das eingangs zitierte Beispiel von 1893 wohl hinreichend veranschaulicht. Aber auch nachdem der gebundene Aufsatz 1908 in Preußen durch Erlaß verboten worden war, lebte er in den Schulen fröhlich weiter. Hans Schorer hat mir freundlicherweise sein eigenes Aufsatzheft aus den Kriegsjahren 1915/16 zur Verfügung gestellt. Schon die Themenstellung macht deutlich, um welche Art Aufsätze es sich (im 6. Schuljahr!) handelte. Aufsatzhefte wie dieses sind ebenso interessant als Dokumente der Zeitgeschichte wie als Zeugnisse für die Entwicklung der Sprachdidaktik. (Neuerdings werden sie sogar in Illustrierten als attraktives Thema entdeckt.) Hier eine Themenauswahl:

27. 4.1915	Inwiefern gibt Judas Machabäus unseren Kriegern ein schönes Beispiel?
1. 6.1915	Der göttliche Heiland, ein Vorbild der Jugend
6. 7.1915	Wir wollen für einen glücklichen Ausgang des Krieges viel beten
20. 7.1915	Lieber Vetter! (Entwurf eines Briefes)
19.10.1915	Die Eroberung von Belgrad
2.11.1915	Warum sollen Schulkinder und Jugendliche keinen Tabak rauchen?
2.12.1915	Opfermut einer deutschen Jungfrau
18.12.1915	Neujahrsbrief (postfertig)
18. 1.1916	Freuden des Winters
1. 2.1916	Was die Zeitungen zum Geburtstage unseres Kaisers über den Kaiser schrieben
11. 2.1916	Wir Schulkinder als Helfer unserer Brotgetreideversorgung
23. 3.1916	Von der leichten Munitionskolonne
15. 5.1916	Die Sonnenblume
30. 5.1916	Warum ist die Hoffnung unserer Feinde, Deutschland auszuhungern, zunichte geworden?
9. 6.1916	Die größte Seeschlacht der Weltgeschichte
4. 7.1916	Durchhalten!
27. 7.1916	Über Sammlung und Aufbewahrung von Obstkernen für die Ölgewinnung
14.11.1916	Zur Erinnerung an den ruhmvollen Untergang der „Emden“

Aufsatzthemen dieser Art muten uns heute nicht nur didaktisch verfehlt, sondern fast unverständlich an. Gerade deshalb erscheint die Frage angebracht, welche Auffassungen von schriftlichem Sprachgebrauch hinter einem solchen Aufsatzunterricht standen und welche Zielvorstellungen ihn bestimmten. Wenn man sie auf ihre Grund-Sätze reduziert, ergibt sich folgender Befund:

1. Kinder lernen von Erwachsenen, damit sie selbst diesen Erwachsenen möglichst ähnlich werden.
2. Die „richtige“ Sprache ist die Erwachsenensprache. Kindliche Abweichungen von diesem Sprachgebrauch sind Ausdruck kindlicher Unvollkommenheit (oder sogar Unfähigkeit).
3. Es gibt also keine eigene Sprache und keinen eigenen Stil des Kindes.

4. Darum müssen sich Kinder so früh wie möglich im Sprachgebrauch der Erwachsenen üben, ihr Sprachverhalten imitieren.
5. Das Nachahmen der Erwachsenensprache vermittelt dem Kind zugleich die Erfahrung und die Wertskala der älteren Generation.
6. Zusammengefaßt und verallgemeinert: Sprachunterricht ist in erster Linie Tradition von Sprache, Übergabe von Erfahrungen und Verhaltensweisen der Erwachsenengeneration, die sich über das Medium Sprache vollzieht.

Die Antithese zum „gebundenen" ist der „freie" Aufsatz, wie er seit Beginn unseres Jahrhunderts zunächst besonders von Volksschullehrern (Scharrelmann 1907, Gansberg 1914, Jensen/Lamszus 1910) entwickelt und propagiert worden ist. Die Entstehung und Ausprägung des „freien" Aufsatzes ist eng mit geistesgeschichtlichen Strömungen verknüpft, in denen sich ein neues Verhältnis zum ästhetischen Bereich (Kunsterziehungsbewegung), zu Kindheit und Jugend (Jugendbewegung) und zur Schule (Schulreform) dokumentierte.

Auf ihren Kern reduziert, lassen sich diese Strömungen folgendermaßen charakterisieren:

- Kunst (hier besonders Sprachkunst = Dichtung) ist nicht Gegenstand unvollkommener Imitation oder Objekt grammatischer Analyse, sondern Quelle eines Erlebens, das den Rezipienten ergreift und in ihm selbst schöpferische Kräfte freisetzt.
- Kindheit und Jugend sind nicht unvollkommene Vorstufen des eigentlichen Menschseins, wie es sich erst im Erwachsenen verkörpert, sondern Lebensabschnitte, die ihren eigenen Wert und ihre eigenen Gesetze haben und die in mancher Hinsicht – etwa was Ursprünglichkeit, Unverbildetheit, Produktivität, Kreativität angeht – dem Erwachsenendasein überlegen sind.
- Schule ist nicht dazu da, Kinder möglichst schnell den Erwachsenen anzugleichen, sondern ihre eigenen altersspezifischen Kräfte und Fähigkeiten zu entdecken und zu entwickeln.

Bezogen auf den Schulaufsatz ergeben sich daraus völlig andere Gesichtspunkte und Kriterien als diejenigen, die den „gebundenen" Aufsatz bestimmten:

– Kunst wird nicht nur im Erlebnis ergriffen, sondern quillt selbst vornehmlich aus dem Erleben. Grundlage künstlerischen Sprachschaffens ist das Erlebnis, das zur Sprache drängt. So wird der „freie" Aufsatz zum Erlebnisaufsatz des Kindes.

– Wenn den Lebensabschnitten Kindheit und Jugend ein Eigenwert zugeschrieben wird, dann kommt diese Wertung auch der Sprache der entsprechenden Altersstufen zu. Die „Altersmundart" des Kindes (Berthold Otto) ist also nicht mit dem Maßstab der Erwachsenensprache zu messen und möglichst schnell durch diese zu ersetzen, sondern sie hat ihren eigenen Reiz und ihren eigenen Wert. Sie ist sogar in mancher Beziehung der Erwachsenen-

sprache überlegen, etwa im Hinblick auf ihre Ursprünglichkeit, Anschaulichkeit, Direktheit und Lebendigkeit. Wenn Kinder Aufsätze schreiben, dann dürfen und sollen sie das in ihrer Sprache tun. Denn diese Sprache ist das geeignete Medium zur Kundgabe ihres Erlebens.
— Aufsätze, die von Kindern geschrieben werden, sind dann nicht Produkte stilistischer Übungen oder Reproduktionen „vorbildlicher" Texte, sondern Ausdruck und Ergebnis der sprachlichen Schöpferkraft des Kindes, die durchaus mit der des Künstlers verglichen werden kann. Wurden bisher diese kreativen Kräfte des Kindes durch die Festlegung auf die Normen der Erwachsenensprache gehemmt und erstickt, so soll die neue Schule gerade diese schöpferischen Kräfte des Kindes freilegen und pflegen.

Es lag durchaus in der Konsequenz dieser Ansätze, wenn der „freie" Aufsatz bis zum Extrem fortentwickelt wurde. Freiheit in der Textproduktion mußte dann in jeder Beziehung gelten:

- bei der Wahl des Themas,
- in der Auswahl der Sprachmittel,
- für den Termin des Schreibens,
- schließlich bei der Entscheidung, ob ein Kind überhaupt einen Aufsatz schreiben wollte oder nicht.

Die Aufgabe des Lehrers beschränkte sich konsequenterweise darauf, die „gestaltenden Kräfte" des Kindes freizusetzen. Das Ergebnis entzog sich jeder Beurteilung. Das ergibt sich schon aus der Zielvorstellung dieses Aufsatzunterrichts: Wenn ich Schüler dazu befähige oder ermuntere, als kleine Künstler schöpferisch tätig zu werden, habe ich hinterher nicht das Recht, ihre individuellen Schöpfungen zu kritisieren. Es ist nicht zu leugnen, daß der „freie" Aufsatz entscheidende neue Möglichkeiten der Textproduktion eröffnet hat, indem er das Aufsatzschreiben von ungerechtfertigten Zwängen und Einengungen befreite. Daß Kinder in der Lage sind, bei hinreichender Motivation ihre eigenen Erfahrungen und Erlebnisse lebendig darzustellen, mag das folgende Beispiel veranschaulichen, das aus der Schulstube eines engagierten Vertreters des „freien" Aufsatzes stammt (Münch 1931, S. 225 f):

Daheim am Frühstückstisch

„Ich ließ die Klasse einen Aufsatz schreiben: „Daheim am Frühstückstisch." Erläuternd fügte ich hinzu: „Schreibt ganz wahrheitsgetreu, wie es heute bei euch zuging, ehe ihr den Schulweg antratet!"
... (Jochen, 10 Jahre)
„Meine Mutter riß die Tür auf und rief: Vater! Jochen! Rudi! Schnell! Wir haben es verschlafen!! Da sprangen wir drei in der Männerkammer aus den Betten. Mein Vater schimpfte, was das alle Tage für eine Sauwirtschaft wäre, er hätte doch erst den neuen Wecker gekauft. Mutti sagte, er hätte auch richtig geweckt, aber sie wäre noch einmal eingeschlafen. Ich und Rudel, wir wollten uns waschen, aber der Vater sah nach der Uhr und sagte: Kommt gar nicht mehr in Frage! Da freuten wir uns, und Rudel sagte: Das ist Sache! In der Kammer, wo die Mutter und die Schwestern schlafen, war auch Sturm.

Unserer Großen war was geplatzt, und sie rief immer: Mutter, ein Gummiband! Mutter, ein Gummiband! Aber die Mutter sagte Hilden, sie hätte keins. Aber ganz schlechte Laune hatte sie. Elfriede sagte, sie hätte dem Lehrer versprochen, sie wollte so eine Holzschwalbe mitbringen, die man an die Wand steckt, weil sie jetzt von der Schwalbe sprechen. Da sprach die Mutter: Dazu hätten wir jetzt gerade Zeit, Schwalben zu suchen. Sie sollte lieber die Brottasche suchen und ihre Schuhe putzen. Die Mutter brachte den Kaffee und goß ihn gleich in die Untertassen, weil er so heiß war. Rudel fiel ein, daß er seine Schularbeiten noch nicht fertig hätte. Er sagte: Vater, wir sollen bis morgen durchsichtige und durchscheinende Dinge aufschreiben, aber von den durchsichtigen habe ich nur Glas gefunden. Da sagte der Vater: Da schreibste noch ‚Schlüsselloch' und ‚Leiter'. Auf einmal gab es großen Krach. Der Vater suchte nach der Tasche mit dem Handwerkszeug, aber die Hämmer und die Zangen fehlten. Rudel hatte doch gestern abend Atomzertrümmerung gespielt, da hatte er das alles gebraucht. Elfriede wollte jetzt vom Vater die Holzschwalbe haben. Weil sie heulte, wurde der Vater wütend und sagte: Ich werde dir gleich eine geben, aber keine aus Holz! Nun wollten wir alle vier fort, aber der Vater schlug mit der Faust auf den Tisch und sagte: Ihr könnt doch nicht nüchtern in die Schule! Aber Hilde hatte doch wegen dem Gummiband nicht die Brötchen holen können. Mir gab die Mutter noch schnell einen Löffel Nerven-Lebertran, dann säppelte ich fort und kam auch noch vor dem Klingeln an. Aber ich war froh."

Den Vorzügen des „freien" Aufsatzes stehen – das zeigt auch dieses Beispiel – schwerwiegende Nachteile gegenüber. Wenn es nur darauf ankommt, möglichst viel und möglichst ungehemmt zu schreiben, dann kann die Qualität des Geschriebenen nicht erkannt, nicht gewertet und nicht verbessert werden. Wem das Schreiben gegeben ist, der kann es eben, und wem es nicht gegeben ist, dem kann es auch nicht vermittelt werden.

Die qualitative Verbesserung der Textproduktion ist denn auch das Programm, das die nächste Phase des Aufsatzunterrichts bestimmt. Walther Seidemann (1927, S. 110 ff.) hat für diese Zielvorstellung den Begriff „sprachschaffender Aufsatz" geprägt. Häufig ist auch vom „sprachgestaltenden Aufsatz" die Rede. Die Entwicklung dieses Programms ist vornehmlich zwei Gymnasiallehrern zu verdanken: Wilhelm Schneider (1926) und dem eben genannten Walther Seidemann.

In gewisser Weise erscheint dieses Programm schon bei Rudolf Hildebrand vorweggenommen. In seiner berühmt gewordenen kleinen Schrift „Vom deutschen Sprachunterricht in der Schule und von deutscher Erziehung und Bildung überhaupt" bezeichnete er es schon 1867 als „die wahre Aufgabe der Stilübung: erst den eigenen Inhalt der Schülerseele herauszulocken, und daran die Form zu bilden" (Hildebrand 1954, S. 28). Während der erste Teil dieser Forderung bereits die Ansicht der Vertreter des „freien" Aufsatzes vorwegzunehmen scheint, enthält der zweite Teil sogar schon deren Korrektur, wie sie im „sprachgestaltenden" Aufsatz entwickelt worden ist.

Gegenüber Wilhelm Schneiders Buch „Deutscher Stil- und Aufsatzunterricht" (1926), das in seiner Grundlegung stark von „gymnasialen" Vorurteilen bestimmt ist, erscheint die Konzeption Walther Seidemanns (der Deutschunterricht als innere Sprachbildung (1927) wesentlich origineller und in sich geschlossener, so daß wir uns hier mit einer kurzen Charakterisierung des „sprachschaffenden“ Aufsatzes nach Seidemann begnügen können.

Seidemanns Programm der „inneren Sprachbildung“ bezieht sich auf alle Teilbereiche des Sprachunterrichts: auf „Sprachlehre als Erziehung zur Sprachentfaltung“, auf „Rechtschreibung von innen her“ wie auf das „Erlebnis der Dichtung als Sprachgestalt“ usw.

Grundlegend für diese Konzeption des Sprachunterrichts ist Humboldts vieldeutiger und umstrittener Begriff der „inneren Sprachform“. Seidemann versteht darunter in eigenwilliger Interpretation „die gestaltenden, geistig-sinnlichen Wechselwirkungen zwischen Inhalt und Form“ (S. 24), „die übergeordnete Einheit, in der das Geistige und das Sinnliche der Sprache zusammengeschmolzen werden“ (S. 28 f.). Deshalb ersetzt er in seiner Aufsatzkonzeption den Erlebnisbegriff, der die Grundlage des „freien“ Aufsatzes bildete, durch den Begriff des „sprachlichen Gestaltungserlebnisses“ (S. 112), in dem der Schreibende die Übereinstimmung von Inhalt und Form herbeiführt und erfährt. Entsprechend der geistig-sprachlichen Entwicklung des Kindes unterscheidet Seidemann drei Stufen der Sprachgestaltung: Einzelgestaltung, Gestaltungszusammenhang und Gesamtgestaltung (S. 120). Hier deuten sich Gesichtspunkte an, wie sie in der modernen Textlinguistik etwa unter den Begriffen der Kohärenz und der Konstituenten von Texten ausgearbeitet worden sind.

Als fruchtbar für die Aufsatzdidaktik erwies sich auch eine Unterscheidung, die Seidemann als „Grundsatz der innersprachlichen Zwecksonderung“ (S. 52) einführt: die Unterscheidung zwischen Sprache als Erkenntnismittel (Erkenntnissprache) und Sprache als Medium der Kunst (Erlebnissprache). Seidemann bezieht sich dabei auf Herder, Humboldt (philosophische und poetische Sprache) u.a. und charakterisiert die Eigenart beider „Gestaltungsformen“ vornehmlich unter den Gesichtspunkten von Abstraktion (Erkenntnissprache) und Bildlichkeit (Dichtersprache) (S. 55).

Walther Seidemanns Konzeption der „inneren Sprachbildung“ und die darin enthaltene Zielvorstellung des „sprachgestaltenden Aufsatzes“ haben ihre eigentliche Wirkung erst nach 1945 ausgeübt. Nach der Zeit des Nationalsozialismus, in der die Ziele des Deutschunterrichts der herrschenden Ideologie unterzuordnen und aus ihr abzuleiten waren, knüpften die Versuche einer Neuorientierung für Schule und Bildung im wesentlichen an die Diskussionen an, die in den ausgehenden zwanziger Jahren (nicht zuletzt in den ab 1925 gegründeten Pädagogischen Akademien in Preußen) geführt worden waren. Zum Leitmotiv für die schriftliche Textproduktion wurde der „sprachgestaltende Aufsatz“, der sich in der Entwicklung und Begründung bestimmter „Darstellungsformen“ konkretisierte. Hermann Helmers hat darauf hingewiesen, daß auch diese Darstellungsformen den Ballast der Geschichte tragen, von den „modi tractandi“ der mittelalterlichen Scholastik (die sich wiederum auf die antike Rhetorik zurückbezog) bis zur konkreten Aufzählung von Erzählung, Beschreibung, Schilderung, Betrachtung, Vergleich bei Franz Linnig (1871) (vgl. Helmers 1972, S. 216 ff.).

Für die Systematisierung von Darstellungsformen im Aufsatzunterricht wurde Seidemanns Unterscheidung von Erkenntnissprache (oder „Zwecksprache“) und Erlebnissprache unter den Begriffen „objektive“ und „subjektive“ Darstellungsformen wieder aufgenommen und mit der Raum/Zeit-Dimension des zu behandelnden Gegenstandes kombiniert. So ergibt sich folgende Matrix:

	objektiv (sachbezogen)	subjektiv (personbezogen)
zeitliches Nacheinander	Bericht	Erzählung
räumliches Nebeneinander	Beschreibung	Schilderung

(Das Schema ist nicht nur unvollständig – die Erörterung läßt sich beispielsweise nicht unterbringen – sondern auch problematisch, z.B. im Hinblick auf die „Vorgangsbeschreibung“, die auch ein zeitliches Nacheinander, einen Geschehensablauf zum Gegenstand hat.)

Rolf Sanner charakterisiert in seinem Buch „Aufsatzerziehung und Ausdruckspflege“ (1967), das den Stand der Diskussion von 1964 widerspiegelt, diese Darstellungsformen folgendermaßen:

„Der *Bericht* enthält die zeitlich geordnete und folgerichtig gegliederte Darstellung eines Handlungs- oder Geschehensablaufes.

In der *Erzählung* erblicken wir die Gestaltung eines erlebten äußeren oder inneren Geschehens, dessen Verlauf und Aufbau der allgemeinen Lebensgesetzlichkeit von Spannung und Lösung entsprechen.

Die *Beschreibung* gibt die anschauliche, detaillierte (bzw. zeitlich geordnete) Darstellung von Räumlichkeiten, Zuständlichem oder von allgemeinen Handlungsabläufen wieder.

Die *Schilderung* zeigt eine gemüthaft erlebte, verinnerlichte und auf Wesensschau hinzielende Gestaltung von Dingen, Zuständen oder Vorgängen.“ (S. 19)

Sanner hat allerdings selbst bereits in dieser Veröffentlichung die formale Starrheit eines Systems von Darstellungsformen überwunden, indem er diese auf „Grundformen des Sprachverhaltens“ (S. 20 ff.) zurückführte. Als besonders zukunftsträchtig erwies sich dabei die Ableitung der Darstellungsformen aus der Aussageintention des Autors und der Erwartungseinstellung des Lesers. Hier nimmt Sanner Gesichtspunkte vorweg, die später – gelegentlich in einseitiger Überspitzung – für einen „kommunikationsorientierten“ Aufsatzunterricht grundlegend erscheinen:

Die Intention, den Leser oder Hörer spannend zu unterhalten, führt zur Darstellungsform der Erzählung.

Will ich den Leser informieren oder unterrichten, dann entspricht dieser Absicht die Form des Berichts.

Besteht die Notwendigkeit, den Adressaten zu belehren (beispielsweise in Form einer Arbeitsanweisung, einer Spielregel, eines Kochrezepts), dann ist die Beschreibung die angemessene Darstellungsform. Dabei dokumentiert schon der Tempusgebrauch (Präsens) die Wiederholbarkeit oder Zeitunabhängigkeit eines beschriebenen Vorgangs.

Diese Konzeption des Aufsatzunterrichts hat ihren Niederschlag auch in den Richtlinien für Grund- und Hauptschulen in Nordrhein-Westfalen gefunden, die die große Welle neuer Richtlinien in deutschen Bundesländern seit 1968 einleiteten.

Die damalige Begründung, Erweiterung und Ausdifferenzierung der Darstellungsformen ist in der folgenden Tabelle (S. 317) zusammengefaßt.

In einer Neubearbeitung seines Buches hat sich Sanner 1975 mit der aktuellen Diskussion und mit der sich daraus ergebenden Kritik an seiner Konzeption auseinandergesetzt, den Begriff „Darstellungsformen" aber grundsätzlich beibehalten. Sie ergeben sich für ihn nach wie vor aus den Intentionen des Schreibers, die er jetzt aber unter drei Kategorien zusammenfaßt: Informieren, Kommentieren und Produzieren.

Der Begriff „Produzieren", der den kreativen Aspekt des Schreibens hervorheben soll, erscheint dabei etwas unglücklich gewählt, da man im üblichen Sprachgebrauch darunter jede Form der Textproduktion subsumieren würde.

Sanner lehnt es in diesem Zusammenhang ausdrücklich ab, das Appellieren als eigene Intention aufzuführen, weil jeder Text appellhafte Elemente enthalte und „der Unterschied zwischen den Intentionen des Informierens, Unterhaltens und Appellierens nicht eindeutig definierbar" sei (1975, S. 29).

Aus den drei Grundkategorien für Schreibintentionen ergeben sich nun folgende Darstellungsformen (S. 33):

Intentionen	*Darstellungsformen*
Informieren	in Kenntnis setzen durch: *Berichten, Beschreiben*
Kommentieren	kognitives Darstellen durch: *Belehren, Erörtern, Deuten*
Produzieren	im ästhetischen Sinne veränderndes Darstellen durch: *Erzählen, Schildern, sprachliches Spielen*

Die heftige Diskussion um den Aufsatzunterricht seit Anfang der 70er Jahre, auf die sich auch Sanner (1975) bezieht, entspringt einer Kontroverse über die Funktion des Schreibens: Dient die schriftliche Textproduktion in erster Linie (oder sogar ausschließlich) der sprachlichen Kommunikation (kommunikationsorientierter Aufsatzunterricht) oder der Kognition durch Sprache (heuristische Funktion der Textproduktion)?

Angeheizt wurde diese Diskussion zusätzlich durch die Problematisierung der Bewertung von Schüleraufsätzen und durch die Frage nach Eigenart und Stellenwert kreativer Schreibprozesse.

Darstellungsformen

Sprachhaltung	beabsichtigte Wirkung auf den Hörer	Darstellungs-formen	Anforderungen	Einzelformen dazu
erzählen	Spannung erzeugen unterhalten	*Erzählung*	Lebendigkeit – Spannung – Berücksichtigung der wörtlichen Rede – geplanter Aufbau: Einleitung – Höhepunkt – Schluß	Erlebniserzählung Phantasieerzählung Bildererzählung
berichten	informieren	*Bericht*	Sachlichkeit – Klarheit – Genauigkeit – sorgfältige Wiedergabe des zeitlichen Ablaufs	Zeugenaussage Protokoll (Unterrichtsprotokoll) Zeitungsbericht Werkbericht Inhaltsangabe
beschreiben	erklären belehren	*Beschreibung*	Genauigkeit – treffende Adjektive – Gebrauch des Präsens	Vorgangsbeschreibung: Rezept – Gebrauchsanweisung – Arbeitsanweisung – Spielregel – Versuchsbeschreibung – Gegenstandsbeschreibung – Bildbeschreibung – Personenbeschreibung (Charakteristik)
schildern	am eigenen Empfinden teilnehmen lassen	*Schilderung*	einheitlicher Sprachstil – Durchhalten der Grundstimmung – Wahl einheitlicher Stilmittel	Naturschilderung Landschaftsschilderung Stimmungsbild Bildbetrachtung
erörtern deuten betrachten	Sachverhalte klären, Einsichten vermitteln Verständnis erschließen	*Erörterung* *Besinnungs-aufsatz* *Interpretation*	Gegenüberstellung von Argumenten und Gegenargumenten – folgerichtiger Gedankengang	Stellungnahme – Vergleichende Darstellung – Textinterpretation Deutung eines Kunstwerkes

Die Erarbeitung schriftlicher Texte im Sprachunterricht. Schreiben als Verständigungshandlung

Werner Ingendahl

1. Schritte zur Reform

Die Diskussion um den „Aufsatz“ und seine notwendige Reformierung (Schau, A. 1974) fand seit 1970 zwar intensiver statt, aber hauptsächlich auf der Ebene der Hochschuldidaktik, unter Lehrern vielleicht noch im Rahmen der Lehrerfortbildung. Zunächst ging es um die Legitimation der „Darstellungsformen“; nicht nur Sanner (1975, 1979) hielt daran fest, sondern auch einflußreiche Didaktiker wie Helmers und Ulshöfer. Sie versuchten die Darstellungsformen als „Urformen“ oder „Grundhaltungen“ zu legitimieren. Unterstützt wurden sie dabei natürlich von einer großen Anzahl von Lehrern, denen die Darstellungsformen als das einfachste Raster zur Übersicht über Möglichkeiten des Schreibens galten. Die Berichte von Konrad Wünsche in „Über die Wirklichkeit des Hauptschülers“ (1972) über Ergebnisse seines Unterrichts, in dem er den Schülern zu authentischen, relevanten Schreibäußerungen über ihre eigenen Erfahrungsbereiche verhalf, störten zwar auf, veränderten aber wenig. Auch von immer mehr Sprachdidaktikern wurden die Normen der Darstellungsformen als überflüssig erkannt: Sie bieten dem Schüler zu wenig Hilfen, werden von Lehrer zu Lehrer anders definiert und schränken die Äußerungsmöglichkeiten des Schülers zusätzlich ein (Herrlitz, Sonnemann, Schlotthaus, Ingendahl 1970). Vor allem beschränkt sich das so gelenkte Schreiben auf die referentielle Funktion der Sprache; appellativer und expressiver Ausdruck waren nicht gefragt.

Eine andere Richtung der Kritik am normierten Aufsatzunterricht wies darauf hin, daß dieser den Schülern „das Bewußtsein der Sprachohnmacht“ (Berg) vermittelte, und zwar indem Normierungen der bürgerlichen Weltanschauung des 19. Jahrhunderts unbefragt als Leitbilder tradiert wurden (Merkelbach). E. Haueis zeigte in seiner Studie von 1970, daß der traditionelle Aufsatzunterricht „wissenschaftlich nicht länger haltbar“ war. Er, aber auch Utz Maas und Wendula Dahle (Linguistik und Didaktik 4, 1973, S. 34 - 52 und Ide (1970) wiesen nach, daß der zugrundeliegende Sprachbegriff einseitig war, Sprache nur als quasi-ideales System und nicht als Verständigungsvermittler, nicht als Ergebnis und Instrument der Auseinandersetzung gesellschaftlicher Gruppen mit ihrer Lebenswelt gesehen wurde.

Insgesamt eröffnete diese Diskussion zu Anfang der 70er Jahre den Weg vom Aufsatzunterricht zur „Einübung in die Fähigkeit zur schriftlichen Äußerung“. Im Zentrum der Neuansätze standen Fragen wie:
Was ist das Besondere am Schreiben (gegenüber dem Sprechen)?
Welche Fähigkeiten braucht man für schriftliche Äußerungen?
Welche lebenspraktischen Aufgaben kann/soll/muß der Schüler schriftlich bewältigen?

In welchen Situationen hilft ihm das Schreiben?
Wozu soll er sich schriftlich ausdrücken können?

Bevor aber solche Fragen didaktisch begründet beantwortet und praktizierbare Methoden entwickelt werden konnten, war ein mühsamer Weg schulischer Forschung und Diskussion zu gehen. An einigen Beispielen zeige ich auf, in welchen Schritten *Neuansätze* vorgeschlagen und allmählich in eine grundlegende Theorie schulischen Schreibens integriert wurden:

- Schreiben ist monologischer Äußerungsprozeß, bei dem sich der Schreiber über etwas klarer werden kann (Ingendahl 1970 und 1971).
- Schreiben wird sinnvoll im Rahmen von Situationen (Weinmann 1970).
- Ziel des Aufsatzunterrichts soll eine „stilistische Kompetenz" sein, eine Synthese aus thematischer, intentionaler und sozialer Kompetenzen, deren Vermittlung schriftsprachlich zu leisten ist (Hoppe 1974).
- Es ist eine kommunikative Didaktik der Textproduktion für Texte mit allen kommunikativen Funktionen zu entwickeln (Haueis 1972).
- Schreiben schafft die Möglichkeit, „für eigene Erfahrungen, Erkenntnisse und Interessen mit Hilfe von schriftlichen Texten die Öffentlichkeit herzustellen" (Hessische Rahmenrichtlinien 1972, S. 19).
- Schreiben braucht reale Anlässe, reale Adressaten, muß greifbare gesellschaftliche Folgen haben (Boettcher, Firges, Sitta, Tymister 1973).
- Der Schreibprozeß muß interaktiv in sozialen Arbeitsformen gefördert werden (Ingendahl 1972).
- Den Kern eines Schreibprozesses bilden die Formulierungsversuche, die über die Proben vermittelt werden können (Ingendahl 1972a).
- Schreiben kann der Ichfindung dienen, kann bisher verschüttete Ausdrucksmöglichkeiten eröffnen (Wünsche 1972, Merkelbach 1972).
- Die Förderung der Formulierungskompetenz, der Fähigkeit, unter erkannten Bedingungen selbständig und verantwortlich Sprachmittel auszuwählen und anzuordnen, ist die für den Deutschunterricht spezifische Form der Sozialerziehung (Ingendahl 1975).
- Operationale Lernziele können den Prozeß der Erarbeitung schriftlicher Texte beschreiben und überprüfen helfen (Ingendahl 1972b, verbessert 1975, verbessert 1978).
- Die Themen zum Schreiben müssen aus den Lebensbereichen der Schüler stammen und so formuliert sein, daß das Schreiben für den Schüler sinnvoll ist (Schlotthaus 1971, 1973).
- Das Schreiben kann nicht in einem von den anderen Aufgabenbereichen isolierten Raum gefördert werden, sondern bedarf der funktionalen Kombination mit der Textrezeption (zu Aufarbeitung relevanter Inhalte) und mit der Sprachreflexion (für das Abschätzen von Formulierungsmöglichkeiten, der Wirkung der gewählten Sprachmittel) (Schlotthaus, Ingendahl 1975).

2. Der Handlungsrahmen des Schreibens

Wer schreibt, äußert sich: er handelt: er bringt sich selbst zum Ausdruck, stellt sich dar, er wirkt auf andere ein, beeinflußt sie, er stellt Ausschnitte der Wirklichkeit vor, und zwar in bestimmter Sichtweise.

Folgen Sie mir zur Veranschaulichung dessen bitte in folgende Vorstellung:

Sie finden irgendwo einen Zettel, auf dem steht:

Ich mache Erfahrungen nur noch, wenn ich schreibe.

Welche Fragen stellen sich Ihnen, wenn Sie nun so mit dem Zettel in der Hand dastehen? Und welche dieser Fragen können Sie aus dem Text heraus beantworten?

Lieber Leser, bevor Sie weiterlesen, sollten Sie wirklich erst für sich selbst diese beiden Fragen beantworten!

In einer Lehrerfortbildungstagung wurden diese Fragen an den Text gestellt:

- Wo lag der Zettel?
- Wie sieht er aus, ist es Druckschrift oder Schreibschrift?
- Wer hat das geschrieben?
- An wen, für wen ist das geschrieben?
- Was meint der Schreiber mit „Erfahrungen", warum „nur noch"?
- Stimmt das überhaupt?
- Auf welche Erfahrungen bezieht sich der Schreiber?
- Wann schreibt er, was schreibt er?
- Was soll das, warum schreibt einer das auf?

Daß jeder von uns gewohnheitsmäßig an einen schriftlichen Text solche oder ähnliche Fragen stellt, beweist, daß wir gewöhnt sind, daß jede schriftliche Äußerung in irgendeiner Situation einen Sinn hat, gehabt hat, haben wird. Wir unterstellen jeder schriftlichen Äußerung einen *Handlungszusammenhang*, denn wir fragen

- nach der Situation, in der der Text eine Rolle spielen kann (wo, wie, warum)
- nach dem Autor, der sich mit dem Text identifiziert (wer)
- nach einem (möglichen) Adressaten, für den der Text etwas bedeutet (an wen, für wen)
- nach den Sachverhalten und Erfahrungen, von denen er handelt (auf welche Erfahrungen bezieht er sich, stimmt das)
- nach den Sprachmitteln, die uns nicht klar sind („Erfahrungen")

(Überrascht es Sie, wenn Sie nun erfahren, daß der Satz auf dem Zettel aus dem (autobiografischen) Roman „Montauk" von Max Frisch stammt?)

Die Gebundenheit an eine Situation, an einen Schreiber, an einen Leser, an einen Sachverhalt, an eine verständliche Ausdrucksweise (Sprache) machen aus einem Satz eine *Äußerung*.

Anders ausgedrückt:

Ein *Satz* ist eine linguistische Einheit, er ist grammatisch richtig/möglich oder nicht;

eine *Äußerung* ist eine Handlung, bei der eine *verständliche Sprache* zwischen *Schreiber* und *Leser* eine *Verständigung* herbeiführt, so daß beide den besprochenen *Sachverhalt* gleich auffassen und auch ihre gegenseitige *Beziehung* gleich definieren.

Überprüfen Sie doch bitte an einigen alltäglichen Situationen, die Ihnen gerade einfallen, dieses

Modell der Verständigung[1]

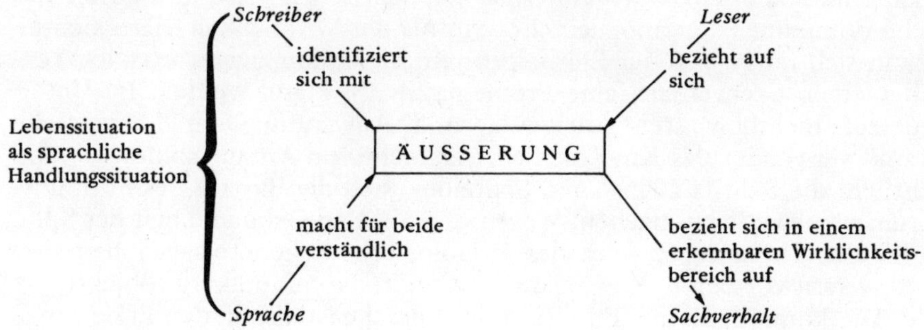

Wenn ein Schreiber also *Verständigung* anstrebt, muß er folgende Bedingungen erfüllen:

1. Er muß sich mit einem Text identifizieren, er muß ihn vertreten, er muß zu ihm stehen; er kann beim Wort genommen werden, er muß evtl. Rückfragen beantworten . . .
2. Er muß die Verstehungsmöglichkeiten seiner (potentiellen) Leser berücksichtigen, ihre Erwartungen, ihre Vorerfahrungen, ihre Normen und Werte; paßt er sich diesen an, nicht? Will er zu den Konsequenzen stehen?
3. Der Sachverhalt, von dem er spricht, muß ihm bekannt sein; er muß ihn bekanntmachen können.
4. Er muß über Sprachmittel verfügen, die vorher genannten Aufgaben zu erfüllen; er muß so formulieren können, daß die (möglichen) Leser den Sachverhalt erschließen können; er muß Methoden kennen, die Möglichkeiten der Sprache auszuschöpfen.

---

1 nach: Jürgen Habermas: Was heißt Universalprgamatik? in: K.O. Apel: Sprachpragmatik und Philosophie, Frankfurt 1976, S. 174-273

Erste Folgerungen für Schreibprozesse in der Schule:

Schreiben als sprachliche Handlung ist gebunden:

a) an eine Situation, in der diese Handlung sinnvoll sein kann,
b) an Schreiber/Leser, die dieses Handeln für sinnvoll halten können,
c) an einen Sachverhalt, über den zu schreiben für die Beteiligten in dieser Situation relevant sein kann,
d) an sprachliche Zeichen und Regeln, die Verständlichkeit erzeugen müssen, um diese Interaktion zu ermöglichen.

Der besondere Vorteil der Schrift als sprachliche Äußerungsform, situationsübergreifende Verständigung zu ermöglichen, kann in zwei Richtungen für das schulische Schreiben genutzt werden:

1. Beim monologischen Schreiben ist die heuristische Grundfunktion der Sprache dominant (sie ermöglicht Erkenntnis der Wirklichkeit): Der Schreiber kann sich im Prozeß der Erarbeitung eines von ihm zu vertretenden Textes über einen Sachverhalt, eine Problematik ... klarer werden. Im Unterschied zur nichtbewußten Aneignung und Anwendung der Lautsprache lernt und verwendet das Kind die Schriftsprache von Anfang an bewußt und absichtlich; die Schrift zwingt den Schreiber, sich den Prozeß des Formulierens stärker bewußt zu machen. Wegen der sozialen Gebundenheit der Sprache und aller Äußerungen führt das monologische Erkenntnisgewinnen aber erst zu verantwortbaren Ergebnissen, wenn es kommunikativ objektiviert wurde. Die kommunikative Funktion der Sprache ist also in den Erkenntnisgewinn zu integrieren: durch gemeinsame Erarbeitung von Materialien, Möglichkeiten des Schreibens, Formulierungsversuche ...

2. Beim dialogischen Schreiben wendet sich der Schreiber an nicht anwesende Personen; hier ist die kommunikative Funktion der Sprache dominant. Entweder teilt der Schreiber etwas mit über seine Gefühle und Meinungen (affektiv-emotionale Strategie), über Sachverhalte, die er wiedergibt, verwandelt oder erfindet (referentielle Strategie), über Handlungsweisen, zu denen er den/die Leser auffordert (appellative Strategie), oder aber er evoziert im Leser neue Erfahrungen („Dichtung"). Beide Grundformen unterscheiden sich vom Sprechen insbesondere dadurch, daß der Partner erst nach Abschluß des gesamten Textes auf ihn reagieren kann und nicht nach jeder einzelnen Äußerung. Das bedeutet für den Schreiber die Verpflichtung, den gesamten Text so verständlich zu machen, daß keine Rückfragen nötig sind. Bei Überlegungen, welche Ziele durch schriftliche Äußerungen verfolgt werden können, ist nicht zu vergessen, welche unverzichtbaren Aufgaben das Schreiben schon als Arbeitshilfe *in der Schule* zu erfüllen hat:

– Ein Arbeitsplan wird schriftlich fixiert.
– In der Phase der Problemfindung können bekannte Erfahrungen dargestellt werden.
– Problemumschreibung, – Abgrenzung, Fixierung von Aufgaben und Fragen.

- In der Phase der Erarbeitung können die neuen Informationen notiert werden.
- Ergebnisse von Befragungen, Lektüren, Beobachtungen, Diskussionen, Stellungnahmen, Kritiken werden aufgeschrieben.
- In der Phase der Problemverarbeitung wird das Material der Intention entsprechend aufgearbeitet.
- In der Phase der Anwendung werden verschiedene Texte für unterschiedliche Zwecke, Adressatengruppen . . . geschrieben.
- Beim Rückblick kann der gemeinsame Lernprozeß kritisch reflektiert werden.

Die Schwerpunkte eines Schreibunterrichts, der den Schülern hilft, schriftliche Texte mehr und mehr selbständig zu verfassen, sind dementsprechend:

1. Die Erarbeitung des zu schreibenden *Inhalts*, wobei neue Informationen mit bekannten verbunden und zusammen für den Schreibanlaß/-zweck aufgearbeitet werden müssen.
2. Die Erkundung der *Schreib-* und der *Lesesituation*, ihrer Bedingungen und Möglichkeiten.
3. Der Prozeß der *Formulierung* der Inhalte unter den situativen Bedingungen.

Verständigung kann nur interaktiv herbeigeführt, überprüft und erreicht werden. Deshalb muß der *Erarbeitungsprozeß* so weit wie möglich *sozialisiert* werden, indem Gruppen gemeinsam an der Aufarbeitung der Materialien und an den Formulierungsversuchen tätig sind. Das *Endergebnis* jedoch kann mehr und mehr *individualisiert* werden, indem jeder nach seiner, nur von ihm zu verantwortenden Entscheidung aus dem gemeinsam erarbeiteten Potential auswählt und seinen Text herstellt. Nach der o.a. Aufgabenstellung leuchtet ein, daß das Schreiben kein isolierter Bestandteil des Deutschunterrichts sein kann, sondern daß es zusammen mit der Rezeption von Texten und der Reflexion über Sprache und Sprachgebrauch an der kommunikativen Bewältigung thematischer Einheiten mitwirkt („Integrierender Deutschunterricht“).

2. Lernziele

Um Schreibprozesse systematisch lehren zu können, kann der Lehrer sich an einem Katalog der Lernziele orientieren. Lernziele beschreiben die zu erlangenden Fähigkeiten in aufeinander aufbauenden Schwierigkeitsstufen, und sie richten die sprachlichen Tätigkeiten an den ethischen Richtlinien der Wahrhaftigkeit, Angemessenheit, Wahrheit und Verständlichkeit aus. Dementsprechend ist der folgende *Katalog der Lernziele* für schriftliche Äußerungen aufgebaut und formuliert.

In sprachlichen Äußerungen sollen die Schüler können:

1. die bisherigen Erfahrungen zusammen mit neuen Informationen auf herzustellende Texte hin aufbereiten:
1.1 bisherige Erfahrungen zu einem Thema in gewohnter Weise äußern, aber mehr und mehr für andere Kinder und Erwachsene verständlich, auf Rückfragen präzisierend und korrigierend antworten;
1.2 Informationsquellen ihrer Erfahrungen nennen;
1.3 bekannte und neue Informationsquellen nutzen;
1.4 situativ verschiedene Möglichkeiten der Informationsweitergabe nennen und nutzen;
1.5 Informationsmaterial zweckgebunden zusammenstellen;
1.6 dieses Material nach verschiedenen Aspekten gliedern;
1.7 allmählich Information als Interpretation der Wirklichkeit nach Interessen begreifen.

2. die Produktion von Äußerungen/Texten planen:
2.1 für Bestandsaufnahmen ihr Wissen mit Oberbegriffen ordnen;
2.2 zweck-/intentionsgemäß Informationen auswählen und nachvollziehbar für andere zusammenstellen;
2.3 sich beteiligen an Überlegungen zu Form der Äußerung;
2.4 sich beteiligen an Überlegungen zur Arbeitseinteilung;
2.5 durch ihre Beteiligung an der Planung, Durchführung und Auswertung von Produktionsprozessen allmählich Einsichten in das Funktionieren von Kommunikationsprozessen gewinnen und mitbestimmen können.

3. sich über kommunikative Bedingungen von Äußerungen klar werden:
3.1 die fördernden/hemmenden Bedingungen einer Situation nennen (Rollenstruktur, Thema, Medium . . .);
3.2 ihre eigene Position innerhalb des (erwarteten) Beziehungsgefüges definieren;
3.3 ihre eigene Motivation wie die der Partner darstellen;

4. sich verschiedener Strategien sprachlichen Handelns bewußt werden und sie nach Vorüberlegungen verantwortlich einsetzen:
4.1 expressives Sprachhandeln (primär ichbezogen):
sich (affektiv) sprachlich Luft verschaffen, seinen Gefühlen spontan Ausdruck geben, ohne damit anderen zu schaden oder ihnen dieselben Möglichkeiten zu nehmen,
seine persönlichen Einstellungen kundtun, aber so, daß auch andere dieselbe Möglichkeit haben,
4.2 appellatives Sprachhandeln (primär dubezogen):
Kontakte herstellen und aufrechterhalten, aber so, daß chancengleiche Beziehungsverhältnisse entstehen,
auf Partner einwirken, aber so, daß diese aus besserer Einsicht und Überzeugung handeln können, ohne manipuliert oder in ihrer Entscheidungsfreiheit eingeschränkt worden zu sein,
4.3 referentielles Sprachhandeln (primär sachbezogen):
Sachverhalte so objektiv wie möglich wiedergeben, so daß auch andere zur Erkenntnis eben dieses Sachverhalts gelangen können,

Sachverhalte verwandeln (übertreibend, abstrahierend) oder neu erfinden, so daß diese auch für andere stringent nachvollziehbar werden,

4.4 metakommunikatives Sprachhandeln:
über Kommunikationssituationen, Beziehungsverhältnisse, Strategien und Formulierungen sprechen/schreiben;

5. mögliche Formulierungen unter situativen Bedingungen ausprobieren:
5.1 Vorschläge zur Formulierung in Gruppen einbringen und die Vorschläge anderer anerkennen,
5.2 nach weiteren Bezeichnungen und Äußerungsmöglichkeiten fragen,
5.3 neue Bezeichnungen und Strukturen durch variierende Reihung einüben,
5.4 wortschöpferisch neue Wortbildungen erproben, sie bei Partnern auf Verständlichkeit überprüfen,
5.5 an gemeinsamen Formulierungsversuchen mitwirken, mit Hilfe der Ersatzprobe, Entfaltung, Umstellprobe, Paraphrasierung, Weglaß- und Klangprobe,
5.6 die Unterschiede, die durch die Umformulierungen in Sichtweisen oder Beziehungsverhältnissen entstehen, nennen;

6. die Formuliertheit (den Stil) eines Textes als sprachlichen Ausdruck eines sozialen Beziehungsverhältnisses und einer Sichtweise der Wirklichkeit begreifen und als solche vertreten:
6.1 unter Formulierungsmöglichkeiten wählen und sich zu der entscheiden, die sie als situationsangemessen, wahr, wahrhaftig, verständlich vertreten können,
6.2 ihre Entscheidung erklären und begründen.

3. Die Themen

Fähigkeiten zur schriftlichen Verständigung, wie sie die Lernziele beschreiben, sind nur Hilfsmittel zum Zwecke der *Verständigung über bestimmte Inhalte* in bestimmten Lebenssituationen. Niemand schreibt, um eine Schreibfähigkeit zu aktivieren oder um eine Textsorte zu produzieren (leider vermittelt so mancher Aufsatzunterricht diesen Eindruck!); motivierend zum Schreiben sind immer Inhalte. Es ist daher eine ebenso banale wie revolutionäre Forderung an das schulische Schreiben, die Motivation von Inhalten ausgehen zu lassen, von Aufgaben und Problemen in Lebenssituationen aus dem bisherigen und zukünftigen Erfahrungsbereich der Schüler.

Um sicher zu sein, daß er auch alle Lebens- und Erfahrungsbereiche des Schülers erfaßt, braucht der Lehrer eine Übersicht mit möglichst wenig Bereichen. Am besten eignen sich zur Übersicht über alle Lebensbereiche die Sozialisationsinstanzen, die jeder im Laufe seines Lebens durchläuft:

1. Familie, Elternhaus
2. peer groups, die Spiel- und Freizeitgemeinschaften
3. Bildungseinrichtungen
4. Produktionsbereich, gesellschaftlich organisierte Arbeit.

In allen Lebensbereichen wird das geltende Bild von der Wirklichkeit und der Erfahrungshorizont von Deutungssystemen gelenkt (Interpretationsmuster, Weltanschauungen, Ideologien, Wert- und Normensysteme). Diese werden von großen oder kleinen Institutionen (Staat, Kirche, Parteien, Vereine) gestützt, aber hauptsächlich von Massenmedien (Fernsehen, Zeitschriften) vermittelt, stabilisiert oder verändert.

In den Sozialisationsinstanzen haben alle Schüler bereits Erfahrungen gemacht, auch der Lehrer. Damit aber nun die Schüler ihre Erfahrungen (auch) schreibend im Unterricht erweitern, entfalten, korrigieren . . . können, müßte der Lehrer nicht (nur) seine eigenen, persönlichen Erfahrungen ergänzend anbieten, sondern vor allem wissenschaftlich objektivierte Informationen über Bedingungen und Möglichkeiten des Erfahrungenmachens in diesen Lebensbereichen, über die Begrenztheit von Alltagserfahrungen, über theoretische Einsichten in Erfahrungszusammenhänge, über ästhetische Formen der Ausweitung von Erfahrungsgrenzen, über ethisch-politische Haltungen und ihre Handlungskonsequenzen. Leider gibt es noch keine übersichtliche Darstellung objektivierter Erfahrungsinhalte (ich hoffe, eine solche Darstellung demnächst vorlegen zu können). Hilfreich sind aber Bücher wie die folgenden:

Hans-Peter Bleuel, Kinder – und die Welt, in der sie leben, Braunschweig 1981.

Hurrelmann/Ulich (Hrsg.), Handbuch der Sozialisationsforschung, Weinheim 1980.

Helmut Hartwig, Jugendkultur, Reinbek 1980.

Für den Unterricht können aus diesen Lebensbereichen *Handlungsfelder* abgeleitet werden, das sind altersgemäß strukturierte zeitlich/räumlich begrenzte Folgen von einander bedingenden Situationen: etwa „Urlaubsplanung" oder „Tageslauf". Solche Gesamtthemen für Unterrichtseinheiten können entweder ganz aus einem Sozialisationsbereich abgeleitet oder aber bereichsübergreifend aufgebaut werden[2]:

Sozialisationsinstanzen	Relevante Themenbereiche (Beispiele) . . . 5. Schulj.	6. Schulj.	7. Schulj.
Familie	‚Was Kinder müssen, was Kinder wollen' . . .	‚Familie Icks fährt in Urlaub' . . .	‚Generationen leben zusammen' . . .
Peer Group	‚Platz für Spiele' . . .	‚Freizeit' . . .	‚Die Ersatzschnuller' (Drogenprobleme) . . .
Bildungseinrichtungen	‚Schulangst' . . .	‚Wir sitzen alle in einem Boot' . . .	‚Museum' . . .
Produktionsbereiche	‚Umweltverschmutzung' . . .	‚Ausländische Kinder' (Gastarbeiterprobleme) . . .	‚Ordnung muß sein' (Umgang mit Behörden) . . .
Deutungssysteme	‚Reklame wirkt' . . .	‚Gerüchte' . . .	‚Schreib ein Lied' (Schlagerkonsum) . . .

2 Beispiele aus: Ingendahl/Jansen/Jüptner/Pommerin/Waldinger: Handlungsorientierter Deutschunterricht, Heidelberg 1977, S. 94, 95

Thema: Mode

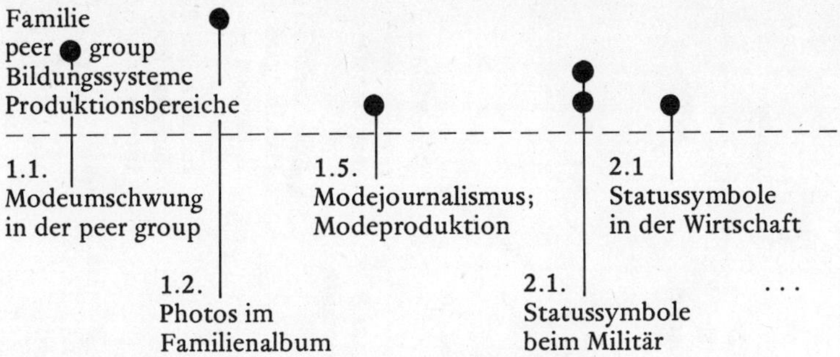

Die Situationen in diesen Handlungsfeldern müssen unterschieden werden nach folgenden *Situationstypen:*

a) bereits bekannte, zu bewältigende Situationen
b) neue, ungewohnte Situationen, die der Schüler zu bewältigen lernen soll
c) typisch schulische Lernsituationen (Motivation, Wiederholung, Übung, Trainingsschleifen . . .)

Die Themen können Schüler oder Lehrer vorschlagen; sie werden gemeinsam danach ausgewählt, ob sich an ihnen gut die anzustrebenden Lernziele und Fertigkeiten des Jahresplans erreichen lassen. Im *Brainstorming* können auch Schüler eine Fülle von Themen nennen wie es die Lehrer auf einer Fortbildungstagung getan haben:

Wir reden mit Nachbarn – Vorurteile – Keine Zeit – Ausländische Kinder – Jungen und Mädchen – Nachgeben ist Schwäche – Meine Freizeit ist meine freie Zeit – Was fang ich bloß in den Ferien an? – Privilegien der Lehrer – Ich tu, was ich will! – Fernsehgewohnheiten – Die Eltern haben zu wewenig Zeit für mich – Idole – Klassenfest – Helden – Vorbilder – Die Neue – Der Klügere gibt nach – Langweilige Spiele – Die blöde Nachbarklasse – Diebstahl – Comics – Wer schreit, hat recht – Muß Strafe sein? – Hausaufgaben – Rücksichtnehmen – Das war ungerecht – Lesen ist langweilig – Droge Alkohol – Rauchen – Ich will auch ein Mofa – Politik wird gemacht – Unsere Klasse ist ein Saustall – Ist die Jugend zu angepaßt – Deutschland früher und heute – Lehrlinge – Die komische Alte – Bravo und ähnliches – Was geht mich dein Wohlbefinden an? – Klassenfahrt – Theaterbesuch – Schulfest – Behinderte und wir – Berufswahl und Job – Körperliche und geistige Arbeit – Menschen sprechen vom Tod – Liebe und Sexualität, nichts für uns? . . .

Ein ausgewähltes Thema muß nun zunächst methodisch strukturiert werden; das kann etwa nach folgender *Verlaufsstruktur einer unterrichtlichen Handlungseinheit* geschehen:

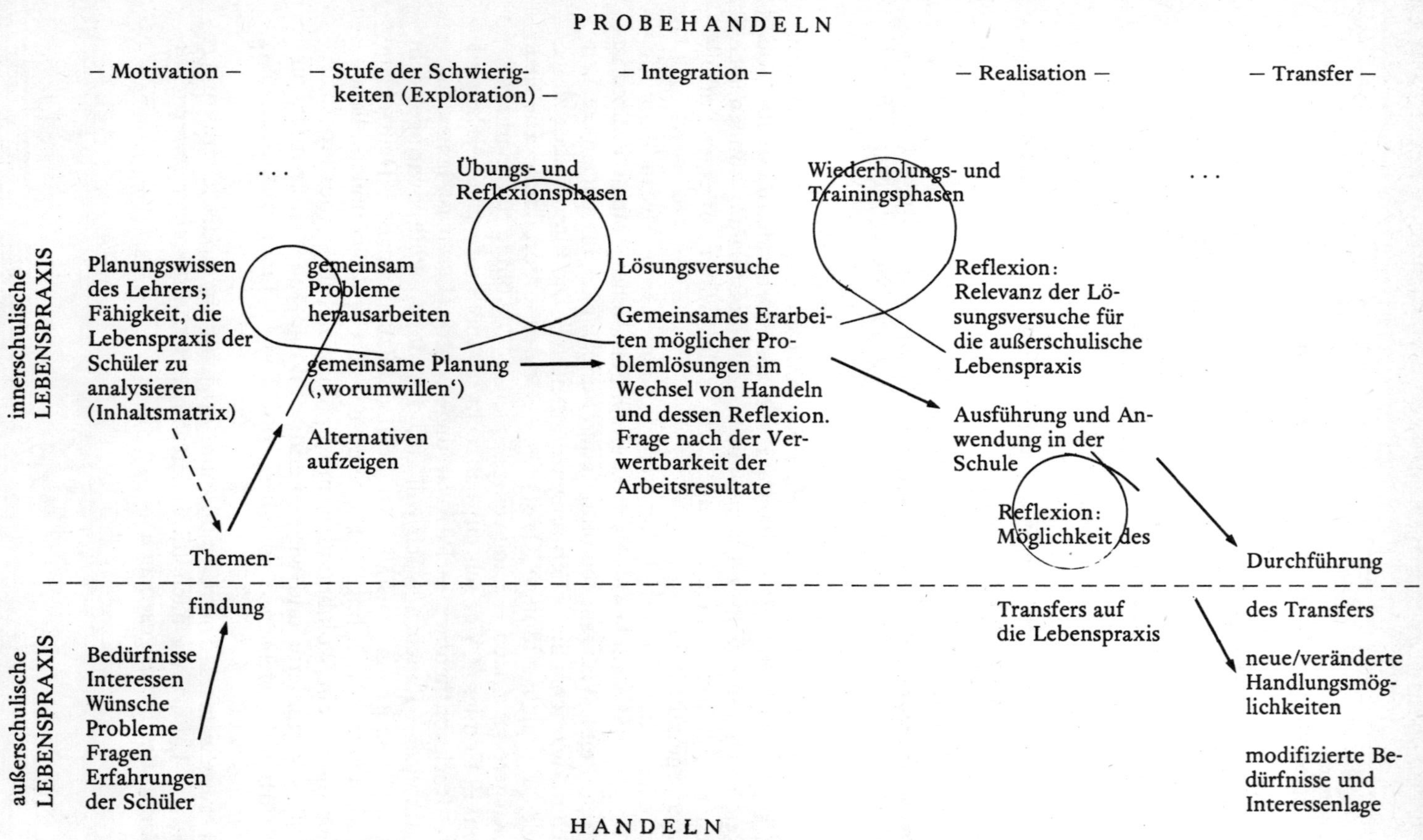
PROBEHANDELN
— Motivation —
— Stufe der Schwierigkeiten (Exploration) —
— Integration —
— Realisation —
— Transfer —
. . .
Übungs- und Reflexionsphasen
Wiederholungs- und Trainingsphasen
. . .
innerschulische LEBENSPRAXIS
Planungswissen des Lehrers; Fähigkeit, die Lebenspraxis der Schüler zu analysieren (Inhaltsmatrix)
gemeinsam Probleme herausarbeiten
gemeinsame Planung (‚worumwillen‘)
Alternativen aufzeigen
Lösungsversuche
Gemeinsames Erarbeiten möglicher Problemlösungen im Wechsel von Handeln und dessen Reflexion. Frage nach der Verwertbarkeit der Arbeitsresultate
Reflexion: Relevanz der Lösungsversuche für die außerschulische Lebenspraxis
Ausführung und Anwendung in der Schule
Reflexion: Möglichkeit des
Transfers auf die Lebenspraxis
Durchführung
des Transfers
Themen-
findung
außerschulische LEBENSPRAXIS
Bedürfnisse
Interessen
Wünsche
Probleme
Fragen
Erfahrungen
der Schüler
neue/veränderte Handlungsmöglichkeiten
modifizierte Bedürfnisse und Interessenlage
HANDELN

Eine Arbeitsgruppe bei einer Lehrerfortbildungstagung plante auf diese Weise die unterrichtliche Handlungseinheit *Bücher für uns*? für ein 5./6. Schuljahr:

I. Situationen des Handlungsfeldes:

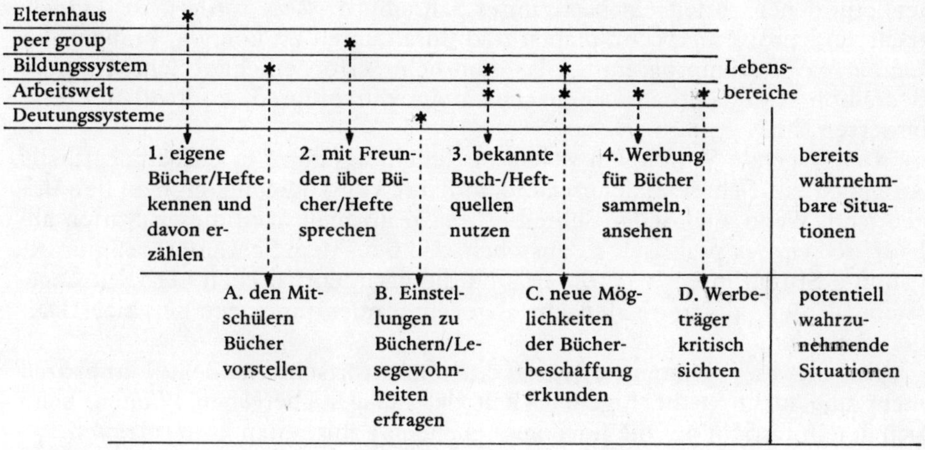

II. Struktur des Handlungsfeldes:
(x = typische schulische Lernsituation)
Bei allen neuen Situationen wird in Schleifenform deutlich gemacht, welche Schritte zur Vermittlung der neuen Fähigkeiten angeboten werden.

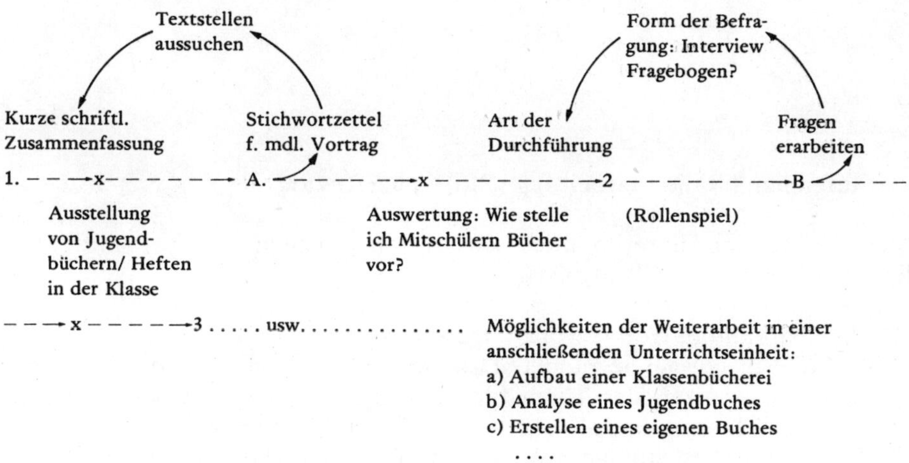

In jeder unterrichtlichen Handlungseinheit gibt es nun eine Fülle von *Schreibanlässen:* eine Stichwortliste, ein Protokoll, eine Bitte um Material, eine Inhaltsangabe, eine Materialgliederung, ein Fragebogen, ein Bericht u.v.a.m. Wenn die Schüler diese schriftlichen Aufgaben noch nicht selbständig lösen können, muß der Lehrer unterrichtlich helfen. Um solche „Schleifen", in denen gezielt ein bestimmter Schreibprozeß zu fördern ist, kindgerecht und problemgerecht planen und durchführen zu können, braucht der Lehrer ein Stufenprogramm, das sämtliche erforderlichen Schritte eines Schreibprozesses enthält, sie nacheinander durchführen, kontrollieren und bewerten läßt.

Der folgende Stufenplan ist ein Maximalprogramm: er enthält sämtliche Aufgaben zur Schreiberziehung, die im Laufe von 10 Schuljahren zu bewältigen sind. Wenn auch jeder Schreibprozeß prinzipiell nach diesen Stufen abläuft, so wird es praktisch so aussehen, daß bei jedem Schreibprozeß nur bestimmte Stufen intensiv gefördert und die darin enthaltenen Lernziele angestrebt werden, andere Stufen nur angedeutet oder ohne neue Lernziele bearbeitet werden.

Da die hier genannten Tätigkeiten mit fortschreitendem Lernprozeß mehr und mehr in die Eigentätigkeit der Schüler übergehen können, kann sich der Unterricht auf die noch ausstehenden Fähigkeiten konzentrieren.

Der Lernfortschritt in den einzelnen Stufen kann mit Hilfe des Lernzielkatalogs ermittelt werden. Die einzelnen Lernzielgruppen sind den Stufen zuzuordnen:

Lernzielgruppe 1	Stufe(n) 1 - 3
2	1 - 10
3	4 - 5, 7, 10
4	6
5	8
6	9 - 10

4. Stufenplan für die Erarbeitung schriftlicher Texte:

(nicht nur für den Hinterkopf des Lehrers, sondern auch als Arbeitsmittel für die Schüler an der Pin-Wand auszuhängen!)

1. Themenfindung: Womit wollen, müssen, können . . . wir uns auseinandersetzen? Vorschläge, begründete Diskussion, Konsensbildung oder Abstimmung. Eingrenzen der Thematik auf das Bearbeitbare, Festlegung von Schwerpunkten („Inseln") als thematische Untereinheiten.
2. Kritische Aufarbeitung des Wissensstandes: Klärung des bisherigen Erfahrungshorizontes: Was wissen wir bereits darüber? Woher haben wir unser Wissen? Aus welchen Interessen heraus sind wir informiert worden, haben wir uns informiert? Unterscheidung von Wissen und Interpretation.
   Klärung neuer Informationsmöglichkeiten: Aus welchen Quellen, nach welchen Methoden können wir uns notwendige/wünschenswerte/. . . Informationen beschaffen (Lektüre, Befragung, Besichtigung . . .)?

3. Einbringen und Verarbeitung der neuen Erfahrungen: Materialsammlung – übersichtliche und allen zugängliche Anordnung von Bild- und Textmaterial und Gewichtung – Zusammenfassung in Stichwortnotizen und -protokollen – Gliederung; das alles in Gruppen- und Partnerarbeit.
4. Diskussion über Zwecke der schriftlichen Darstellung: Für welche Schreib- und Lesesituation können wir unsere Vorarbeiten verwenden? (Muß nicht mit 1 übereinstimmen, da man bei den Vorarbeiten zu ganz neuen Einsichten gekommen sein kann!) Entscheidung für einige Ziele schriftlicher (auch bildlicher, schematischer, mit anderen Medien kombinierter) Darstellung, Aufteilung in Interessengruppen.
5. Klärung der Bedingungsfaktoren dieser Handlungssituationen: eigene Voraussetzungen und Intentionen – eigene Rolle (zugeschrieben oder selbst gewählt) – Voraussetzungen und Erwartungen der Partner – Bedingungen der Schreib- und Lesesituation – institutionelle Gebundenheit – Medium – relevanter Themenausschnitt – Code.
6. Überlegungen zur sprachlichen Strategie: ichbezogen expressiv – dubezogen appellativ – sachbezogen referentiell – metakommunikativ: bezogen auf den in Formulierungen zum Ausdruck kommenden Beziehungsaspekt.
7. Überlegungen zur Bewertung des Endtextes:
   Welchen Kriterien wird/sollte er unterworfen werden? (s. S. 324f.) Überlegungen zur Bewertung müssen unbedingt vor dem Abfassen des Endtextes diskutiert und abgestimmt werden, damit die Schüler die schulischen Bedingungen ihres Schreibens kennen.
8. Operationale Erprobung von Formulierungsmöglichkeiten: Gemeinsame Versuche (in Gruppen), unter den erkannten situativen Bedingungen sprachliche Elemente und Strukturen zu erproben, die geeignet sein können, den intendierten Text zu formulieren. Das selbständige Erarbeiten von Formulierungen (Konzipieren, Durchstreichen, Ergänzen, Drüberschreiben, Alternativen suchen usw.) kann unterrichtlich vorbereitet werden durch das Einüben der Operationen: Umformungsprobe, Umstellprobe, Ersatzprobe, Entfaltung, Weglaßprobe, Klangprobe, Paraphrasierung. Die systematische Anwendung der Proben wird mehr und mehr zurückgenommen und durch eine freie Suche nach alternativen Formulierungen ersetzt.
9. Persönliche Entscheidung zu einer bestimmten Formulierung, die der Schreiber unter den erkannten Bedingungen vertreten will (Reinschrift des Endtextes).
10. Bewertung und (wenn nötig) Zensierung:
    Da verschiedene Lernzielgruppen im Laufe dieses Prozesses angestrebt werden, sollte die Lernzielkontrolle und Bewertung differenziert nach folgenden Bewertungsebenen vorgenommen werden:
    a) Inhaltliche Vorarbeiten (Stufen 1 - 3)
    b) Situationsanalyse (Stufen 4 - 7)
    c) Formulierungsversuche (Stufe 8)
    d) Endtext (gemäß den festgelegten Kriterien) (Stufe 9)

5. Wie entsteht ein Stil, und wie kann ein persönlicher Schreibstil gefördert werden?

Das Problem des Stils entsteht im Schreibprozeß in der abschließenden Handlung: in der schriftsprachlichen Ausformulierung der Inhalte unter den erkannten kommunikativen Bedingungen (praktisch: Ausformulierung der gegliederten Stichwörter, Bedingungen „im Hinterkopf"). In der Ausformulierung des Endtextes werden alle vier Kriterien des Verständigungsprozesses miteinander ins Spiel gebracht: Die Intention des *Schreibers* in bezug auf ausgewählte *Sachverhalte* wird unter den sozialen Bedingungen der *Situation* in *Sprache* gefaßt. In der Versprachlichung schlagen sich also nieder:
die Intention des Schreibers
seine Einschätzung der Situation
seine Sichtweise der Sachverhalte.

Ein bestimmter *Stil* entsteht also durch Auswahl und Anordnung bestimmter Sprachmittel unter bestimmten kommunikativen Bedingungen zur sprachlichen Darstellung eines Wirklichkeitsausschnittes. Der Stil konstituiert das durch den Text aufzubauende Beziehungsverhältnis zwischen Schreiber und Leser und die Sichtweise des dargestellten Sachverhalts.

Bevor also jemand ausformuliert, sind schon die anderen Entscheidungen gefallen: Intention? Situation? Erwartung? Reaktion? Sachverhalt? Sichtweise? Handlungsweise?

Wenn es nun, nach Einschätzung aller Bedingungen, nur *eine* Möglichkeit auszuformulieren gäbe, könnte kein Stil entstehen. Stil entsteht vielmehr erst dadurch, daß unter einer Mehrzahl von Möglichkeiten (Varianten) ausgewählt wird.

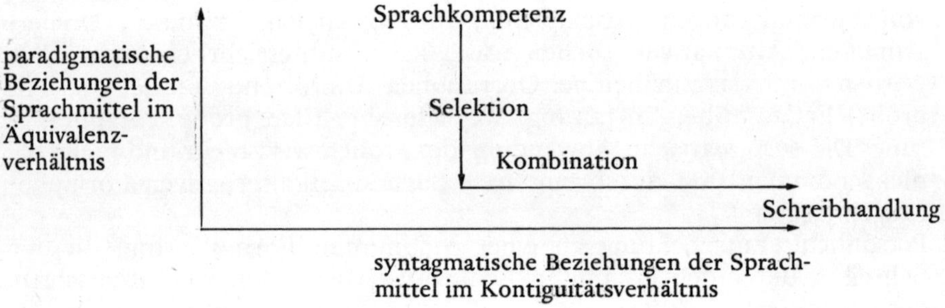

Auch sprachliche Handlungen werden generiert durch die beiden fundamentalen geistigen Tätigkeiten der Auswahl und der Kombination (wie etwa auch Kleidung, Essen, Musik, Bauen ...). Unter situativen Bedingungen wählt der Schreiber einzelne Sprachelemente (Wörter, Redewendungen, Satzbaupläne ...) aus Alternativen (Wortfelder, Formklassen ...) aus und kombiniert sie zu einer strukturierten Folge. Äquivalenzbeziehungen können bewußt gemacht werden durch Substitution (Ersatzprobe), Kontiguitätsbeziehungen durch Permutation (Umstellprobe).

Stilistische Entscheidungen betreffen (gemäß Inhalts- und Beziehungsaspekt jeder Äußerung) sowohl die Sichtweise des beschriebenen Sachverhalts („Schandmauer" – „Friedensgrenze") als auch das Beziehungsverhältnis zwischen Schreiber und Leser („Herkommen!" – „Kommst du mal bitte her!")

Die Fähigkeit zur bewußten, vertretbaren und verantwortbaren Formulierung setzt also voraus:

Die Fähigkeiten, Wissen aufzuarbeiten auf einen herzustellenden Text hin, soziale Situationen einzuschätzen, sich über seine Intentionen klar zu werden und zu erproben, wie man formulieren könnte.

Die Freiheit zum sprachlichen Ausformulieren wird eingeschränkt durch *Normen:*

a) die universalen Normen der Verständigung: Wahrhaftigkeit, Angemessenheit, Wahrheit, Verständlichkeit.
b) die sprachgemeinschaftlichen Normen der Sprache (hier: grammatisch geregelte Schriftsprache des Deutschen)
c) die gruppenspezifischen Normen rollenkonformen Handelns (auch institutionelle und persönliche Erwartungen)
d) individuelle Normen ethischer Richtlinien, die meine persönliche Haltung darstellen sollen.

Erst wenn diese Normen eingehalten sind, entsteht der Chancenraum stilistischer Freiheit, d.h.

a) ob ich wahr/unwahr, angemessen/unangemessen formuliere, ist keine Frage des Schreibstils,
b) ob ich grammatisch richtig/möglich/falsch/unmöglich formuliere, ist keine Frage des Schreibstils,
c) ob ich einen Leser mit Du oder Sie anrede, ist keine Frage des Schreibstils,
d) ob ich mich in Konfliktsituationen autoritär verhalte oder Konsensbildung anstrebe, ist zwar eine Frage meines Charakters, aber keine Frage des Schreibstils.

Stil ist abzulesen in der Kontrastierung der gewählten Sprachmittel zu den nicht gewählten, die aber unter denselben kommunikativen Bedingungen auch möglich gewesen wären. Oder: Verschiedene Formulierungen, die in bezug auf denselben Sachverhalt und unter denselben kommunikativen Bedingungen möglich wären, unterscheiden sich stilistisch.

Eine normative Stilistik (wie etwa Ludwig Reiners „Stilfibel") schreibt vor, welche Formulierungen bei welcher Gelegenheit „die beste" ist. Sie nimmt dem Schreiber jede Möglichkeit, sich zu vertretbaren Sprachmitteln selbst zu entscheiden. Solche Vorschriften mögen für institutionell gebundene „Funktionalstile" aus ökonomischen Gründen zu rechtfertigen sein (Lebenslauf, Bewerbungsschreiben); für eine Spracherziehung, die zur Selbständigkeit und Verantwortlichkeit erziehen will, kommt eine normative Stilistik nicht in Frage.

Eine *Operationale Stilistik* läßt den Schüler mit Hilfe verschiedener Methoden seinen eigenen Stil erarbeiten. Sie geht davon aus, daß stilistische Entscheidungen eine Auswahl treffen aus Sprachmitteln, die unter erkannten inhaltlichen und kommunikativen Bedingungen möglich wären. Und eben diesen Prozeß des Auswählens und Anordnens gilt es den Schülern anschaulich vor Augen zu führen, d.h. erfahren zu lassen. Alternativen des Ausdrucks muß der Schüler erst einmal erleben, ehe er die Notwendigkeit des Auswählens begreifen kann. Alternativen des Ausdrucks (oder: Varianten) gibt es auf allen sprachlichen Ebenen:

a) Ebene der Morpheme: (nötig – notwendig; ein – der)
b) Ebene des Wortes: (schlafen – ruhen – ratzen)
   Solche Varianten werden durch die Ersatzprobe, aber auch durch die Entfaltung oder Weglaßprobe bewußt gemacht.
c) Ebene des Satzgliedes/der Redewendung (heimkehren – nach Haus kommen – wieder in den häuslichen Hafen einfahren)
d) Ebene des Satzes (Komm essen! – Willst du wohl essen kommen? – Du kommst jetzt sofort essen!)
e) Ebene des Textes (Satzanschluß).

Solche Varianten werden durch die Umstellprobe, Umformungsprobe, Paraphrasierung bewußt gemacht.

Um die verschiedenen Auswahlfelder den Kindern deutlich zu machen, können wir sämtliche sprachlichen Alternativen mit Hilfe von Proben unterscheiden: Proben für die Auswahl von Wörtern, Satzarten und Satzbauplänen, Proben für die Anordnung von Wörtern zum Satz, von Sätzen zum Text, für Umfänge von Sätzen und für Satzanschlüsse.

Um die Leistung der Operationalen Stilistik für die Textproduktion aufzuzeigen, sei eine stark eingegrenzte Situation angenommen, deren mögliche Ausformulierungen gesucht werden: Ein Satz auf einer Postkarte zur Einladung eines Freundes zur Geburtstagsfeier. (Die Reihenfolge der Operationen ist nicht für alle Situationen bindend).

1. *Umformungsprobe:* Erproben von Satzarten und Satzbauplänen, zum Zusammenfassen einfacher und zum Zerlegen komplexer Sätze. Sie wird erweitert in der *Paraphrasierung*, bei der der Sachverhalt erläuternd umschrieben wird.
   Komm bitte zu meinem Geburtstag am ...
   Möchtest du zu meinem Geburtstag am ...
   Ich lade dich ein zu ...
   Ich will nur kurz anfragen, ob du ...

2. *Umstellprobe:* Erproben von Satzgliedstellungen zum Hervorheben von Sinneinheiten und zum Satzanschluß.
   Ich lade dich zu meiner Geburtstagsfeier ...
   Zu meiner Geburtstagsfeier ...
   Dich lade ich ...
   ...

3. *Ersatzprobe:* Erprobung der inhaltlichen Konstitution von Satzgliedern durch Austausch sinnähnlicher Varianten (kontextgebundene Wortfeldarbeit).

Zu meiner Geburtstagsparty	lade ich dich	herzlich	ein
Geburtstagsfeier	bitte	freundlich	
meinem Fest	bist	sehr willkommen	
. . .	. . .	. . .	

4. *Entfaltung:* Satzglieder werden erweitert oder neue Satzglieder und Gliedsätze hinzugefügt; Attribute, freie Angaben zur Erweiterung des Informationsumfangs.

Zur Geburtstagsparty bist du herzlich willkommen .

Zur | Geburtstagsparty	bist | du	herzlich	willkommen	.
diesjährigen . . .	auch . . .	selbst- verständ- lich . . .	in unserem Hause . . .	wenn du . . . damit wir . . . . . .

5. *Weglaßprobe:* Erproben des intentional notwendigen Umfangs durch Weglassen von Wörtern und Satzgliedern.
Zur (diesjährigen) Geburtstagsparty bist (auch) du (selbstverständlich) herzlich eingeladen, (wenn du nur gute Laune mitbringst).

6. *Klangprobe:* Intonation, Hervorhebung (bei schriftlichen Texten zusammen mit der Umstellprobe), Feststellen des Satzanschlusses.

Umformungs- und Umstellprobe können nach und nach in einen Arbeitsgang integriert werden, ebenso Ersatzprobe und Entfaltung. Das Ziel ist, daß die Schüler über das Ausprobieren von Formulierungsmöglichkeiten nach den einzelnen Proben, das mehr und mehr verkürzt wird, zu einem selbständig überarbeiteten Konzept kommen, bei dem sie die Proben nur noch durch Drüberschreiben, Durchstreichen, Umstellzeichen, Ergänzen anwenden, die Formulierungsversuche also gedanklich durchführen.

Unterrichtliche Stufen dorthin:

1. Die entstehenden Texte bestehen nur aus 3 -5 Sätzen.

An jedem Stichwort/Satz werden alle Proben nacheinander durchgeführt; jeder schreibt alle genannten Varianten auf. Schließlich werden alle Formulierungen durchgestrichen, die der Schreiber persönlich nicht brauchen will.

2. Die entstehenden Texte werden länger.

Aus den Stichwörtern formuliert jeder Schüler einer Gruppe einen ersten Formulierungsvorschlag aus, läßt aber unter jeder beschriebenen Zeile 3 - 4 Zeilen frei. Dann liest reihum in der Gruppe jeder seine Formulierungen vor; in die freien Reihen schreibt jeder die gehörten Formulierungen, die ihm auch zusagen. Schließlich Weglaßprobe.

3. Jeder formuliert sein Konzept, je eine Reihe wird freigelassen. Beim ersten Überlesen unterschlängelt jeder seinen Text, stellt problematische Formulierungen in der Gruppe zur Diskussion, fragt nach anderen Varianten. Mit Hilfe der Proben werden für die problematischen Stellen solche Ausdrücke gesucht, die der Schreiber endgültig vertreten will. Auf diese Weise hat jeder, auch der schwächste Schüler, überhaupt erst die Möglichkeit, einen vertretbaren und verantwortbaren Text zu verfassen. Bei der Niederschrift des Endtextes muß er seine Materialien, Formulierungsversuche, Rechtschreibhilfen zur Verfügung haben. (Niemand schreibt ohne Hilfsmittel, nur der Schüler in der Prüfungssituation!)

Da auf diese Weise die Möglichkeiten, die der Schüler in den Vorarbeiten nutzen konnte, und das, was er daraus gemacht hat (der Endtext), explizit vorliegen, kann er selbst wie auch der Lehrer aus der Diskrepanz zwischen Möglichkeit und Wirklichkeit eine Bewertung ableiten.

6. Bewertung, Beurteilung und Benotung

Das Institut für Lehrerfort- und -weiterbildung in Mainz lud 1974 zu einer Tagung mit dem Thema „Aufsatzbeurteilung kontrovers“ ein; entsprechend verlief die Tagung. Doch kontrovers ist die Diskussion um die Bewertung geblieben; ich stelle nur einige Vorschläge zur Lösung des Problems zusammen:

- Lehrer müssen das Aufsatzbeurteilen trainieren. (Schröter, Born)
- Lehrer sollen das Beurteilen den Schülern beibringen (Ingendahl in: Beck/Payrhuber 1975)
- Lehrer sollen das Aufsatzbeurteilen sein lassen. (Hoppe, in: Beck/Payrhuber 1975)
- Lehrer müssen ihre Beurteilungspraktiken verfeinern und differenzieren, um sie zu objektivieren. (Beck 1974)
- Eine Objektivierung kann nur dadurch gelingen, daß Lehrer und Schüler die Beurteilung zum Unterrichtsgegenstand machen und gemeinsam bewerten. (Ingendahl s.o.)
- Kriterien sind zu gewinnen aus textlinguistischen Forschungsergebnissen und Elementen der Rhetorik; diese sind anzuwenden im „Horizont der Klasse“ und im Rahmen der Entstehungsgeschichte der Texte. (Sanner 1979)
- Wichtigstes Kriterium zum Beurteilen ist der Stil. (Bohusch, in: Beck/Payrhuber 1975, Weber 1979)
- Den Stil eines Schüleraufsatzes zu bewerten, ist eine Anmaßung des Lehrers. (Ingendahl 1975)
- Die Bewertung setzt sich zusammen aus 2/5 inhaltliche Bewältigung der Aufgabe, 2/5 stilistische Bewältigung, 1/5 Sprachrichtigkeit. (Lueg 1979)

...

Was ist zu tun bei einem derartigen Streitgespräch der „Fachleute“, wenn man täglich in der Schule Leistungen zu bewerten hat? Man wird sich wohl entscheiden müssen zu einer verantwortbaren Prozedur des Bewertens, genauso wie man sich zu einer Konzeption von Deutschunterricht entscheiden muß. Also entscheiden wir uns:

Zunächst einige Grundsätze, über die auch Richtlinien nicht mehr diskutieren lassen:

1. Bewertet werden Lernfortschritte.
2. Bewertet wird nur das, was auch im Unterricht vermittelt wurde.
3. Dem Schüler müssen die Bewertungskriterien vor der Prüfungssituation bekannt sein.

Im Laufe der Erarbeitung eines Textes, also während der 10 Stufen, kommen rezeptive, reflexive und produktive sprachliche Tätigkeiten vor. Diese werden beschrieben und überprüft mit Hilfe der Lernzielkataloge der Bereiche

Verstehen, Rezeption von Texten	Stufen 1 - 3
Reflexion über Sprache und Sprachgebrauch	Stufen 4 - 8
Produktion von (schriftlichen) Texten	Stufen 3, 8, 9

Anhand der konkret angezielten Lernziele kann also der Lernfortschritt festgestellt werden; dieser kann also bei dem einen Schreibprozeß darin bestehen, daß die Schüler (einige Schüler) jetzt selbständig ein Stichwortprotokoll anfertigen können, andere vielleicht erst nur mal in einem Text wichtige Wörter unterstreichen können; bei einem anderen Schreibprozeß besteht der Lernfortschritt etwa in einer selbständigen Gliederung, in reichhaltigen Formulierungsversuchen, in einer gründlich diskutierten Analyse der kommunikativen Bedingungen der angezielten Lesesituation. Das alles ist alltäglich im Unterricht zu beobachten und wird bewertet, kann auch in Noten festgehalten werden. Nun aber zum Hauptproblem: Zur Bewertung der Endtexte von Schreibprozessen! Die Kriterien dafür werden in Stufe 7 besprochen und in Stufe 10 von Lehrer und Schülern angewendet. Um das komplexe Problem durchsichtiger zu machen, nehme ich eine begriffliche Differenzierung vor:

Bewertung	Beurteilung	Zensierung
diese beiden Prozesse geschehen auch in der außerschulischen Lebenspraxis dauernd; dazu sind Fähigkeiten nötig, die im Deutschunterricht vermittelt werden müssen		geschieht nur in der Schule und in anderen Prüfungssituationen
sind Verfahrensweisen sozialer Interaktionen		ist institutionelles Verfahren
Wir korrigieren sprachliche Ausdrücke, weil sie nicht – verständlich / wahr / wahrhaftig / angemessen sind		Verstöße gegen diese Kriterien entfernen die Zensur von der „1“

Bewertung	Beurteilung	Zensierung
Ausschlaggebend ist die Diskrepanz zwischen der (unterstellten) Möglichkeit und der Wirklichkeit der Realisierung.		. . . zwischen der Lernzielanforderung und der -erfüllung
Werte:	Fragen zur Ermittlung des *Urteils:*	
Verständlichkeit (auch: Sprachrichtigkeit)	Ermöglicht der Text Verständigung? Ist er ohne Rückfragen verständlich? Wurden die Vorarbeiten und schulischen Hilfsmittel optimal genutzt? Ist der Text – außer in wörtlichen Reden – in Schriftsprache abgefaßt? Entspricht die Orthographie den geltenden Erwartungen?	dieses Kriterium ist bei jedem Text anzulegen, denn die Verständlichkeit macht erst die anderen Kriterien erkennbar
Wahrhaftigkeit	Ist der Text intentionsgemäß verfaßt? Kommen Absicht und Zweck so zum Ausdruck, daß der Schreiber den Text vor Lesern (oder auch vor sich selbst) vertreten kann?	diese Kriterien sind als dominante
Angemessenheit	Kommt der Text den Erwartungen des (potentiellen) Lesers entgegen? Berücksichtigt der Text den Verstehenshorizont des (pot.) Lesers? Wurden die Bedingungen der Lesesituation berücksichtigt? Entspricht die äußere Form und der Stil den vom Schreiber anerkannten Normen? Wurden evtl. institutionelle oder ökonomische Normen berücksichtigt?	je nachdem an einen Text anzulegen, in welcher Strategie er verfaßt wurde: bei appellativen Texten kommt
Wahrheit	Ist der dargestellte Sachverhalt klar strukturiert, nachvollziehbar, hinreichend ausführlich? Ist der Sachverhalt inhaltlich bewältigt? Ist der (auch: erfundene) Sachverhalt stringent, widerspruchsfrei dargestellt?	es mehr auf die Wirksamkeit/ Angemessenheit an usw.
Lehrer- und Schüleraussagen zur Bewertung und Beurteilung sind notwendig für Leistungsfortschritte; nach den o.a. Kiterien durchgeführt, dienen sie der Sozialerziehung. Diese Aussagen können einfließen in einen Kommentar, den der Lehrer oder eine Schülergruppe unter einen Text schreibt. Der Maßstab dafür ist der persönliche Lernfortschritt des Schülers. Hier können wir ihm also etwa sagen: Seit dem letzten Aufsatz hast du hervorragende/gute Fortschritte gemacht!		Die daraufhin erteilten Noten dienen der Hierarchisierung der Schüler und der Selektion. Für die Note muß der Maßstab sein die Vergleichbarkeit in der Klasse/Jahrgangsstufe. Hier bekommt also derselbe Schüler vielleicht nur ein befriedigend.

In jedem Fall ist die Bewertung und Beurteilung gemeinsam von Schreiber, Partnern und Lehrer zu erarbeiten, und zwar auf der Grundlage des Lernzielkatalogs, der vereinbarten Kriterien und der zur Verfügung stehenden Hilfen. Will der Lehrer nicht nur sein eigenes Unvermögen, dem Schüler optimal zu helfen, bewerten, muß er in der Schlußbesprechung das Verhältnis von Möglichkeiten und deren Verwirklichung zu erfassen versuchen und sich daraus eine Zensur bilden. Eines ist sicher: Wenn ein schriftlicher Text nach den hier vorgestellten 10 Stufen vorbereitet wurde, wird es kaum ein Schüler noch schaffen, schlechter als „ausreichend“ abzuschneiden. Wie schrecklich, für die „Gauß'sche Normalverteilungskurve"! Ja, wie schrecklich, daß – wenn es um Kinder und ihre Lernfortschritte geht – solche Ungetüme überhaupt diskutiert werden!

G
Reflexion über Sprache

Die Rolle der Grammatik beim Erwerb von Muttersprache und Fremdsprache

1. Die Aufschlüsselung des Begriffs „Grammatik“

„Grammatik“ ist ein vielschichtiger Begriff, der im Verlauf seiner Geschichte mannigfache Wandlungen erfahren hat. Von den alten Griechen für die Schreibkunst (grammatike techne) entwickelt, erhielt sie schon bald normativen Charakter und hat durch die Fixierung von Sprachsystemen, die durch Schrift objektiviert worden waren, auf die Entwicklung der Sprachen nachhaltig, besonders retardierend, eingewirkt. Noch heute verstehen wir unter Grammatik in erster Linie ein System von Regeln und Normen, das es gestattet, den „richtigen“, d.h. normgerechten Sprachgebrauch gegen „Fehler“, Abweichungen, Varietäten abzusetzen.

Dieser restringierte Grammatikbegriff erweist sich allerdings als unbrauchbar, wenn man Rolle und Bedeutung der Grammatik beim Erwerb von Muttersprache und Fremdsprache aufzeigen und daraus Konsequenzen für den Unterricht ableiten will. Es erscheint daher notwendig, zunächst den Begriff „Grammatik“ aufzuschlüsseln, damit er als Ausgangspunkt unserer Überlegungen brauchbar ist.

Um einen geeigneten Ausgangspunkt für unsere Überlegungen zur Grammatik zu finden, greife ich auf Ferdinand de Saussure und die berühmte Trias seines Sprachbegriffs zurück, um diesen auf die Grammatik anzuwenden. Saussure unterscheidet bekanntlich zwischen

- Sprache als *parole* = Sprache im konkreten Sprachgebrauch („Sprechen“) = Sprache auf der Ebene des Individuums,
- Sprache als *langue* = konkrete, geschichtlich gewordene Sprache (Muttersprache) = Sprache auf der Ebene der Gemeinschaft,
- Sprache als *langage* = Sprache als allgemein menschliches Phänomen (Sprachfähigkeit) = Sprache auf der Ebene der Menschheit.

Auf jeder dieser Ebenen gewinnt der Grammatikbegriff eigene Perspektiven und Interpretationsmöglichkeiten, erscheinen Funktion und Bedeutung der Grammatik in einem anderen Licht:

1.1 auf der Ebene der parole:

Spracherwerb und Sprachgebrauch des Einzelnen lassen sich erklären als Ergebnis grammatischer „Hypothesenbildungen“ oder Analogieverfahren, mit deren Hilfe ein Regelsystem für das sprachliche Verhalten angeeignet, ausgebaut und angewandt wird. Allerdings muß man sich davor hüten, unter einer solchen Hypothesenbildung Prozesse bewußter Reflexion zu verstehen, deren Ergebnisse vom Individuum formulierbar und abrufbar wären. Außerdem entsprechen solche „Individualgrammatiken", wie die später zu behandelnden „fehlerhaften" Abweichungen zeigen werden, längst nicht immer den geltenden grammatischen Normen und Konventionen. Die stufenweise Annäherung an diese kann zur Ausbildung von „Interimsgrammatiken" führen, die in sich schlüssig und brauchbar erscheinen, auch wenn sie durch ihre „vorläufigen" Abweichungen vom geltenden System gekennzeichnet sind.

Unter grammatisch richtigem Sprachgebrauch wird aber üblicherweise, besonders in der Schule, die Befolgung fixierter Regeln verstanden, von denen man annimmt, daß der Sprecher sie in irgendeiner Weise gelernt habe oder vorweisen könne.

1.2 auf der Ebene der langue:

Jede Sprache hat ihre eigene Grammatik, durch die sie sich von anderen Sprachen (aber auch von anderen Varietäten innerhalb „derselben" Sprache) unterscheidet. Um nur ein paar Beispiele anzudeuten:

- Für den Optativ, das Medium oder Aorist im Altgriechischen gibt es im heutigen Deutsch ebensowenig eine formale Entsprechung wie für den Ablativ oder Vokativ im Lateinischen.
- Die consecutio temporum gilt für lateinische, nicht aber für deutsche Sätze. Wer den deutschen Satz *Ich gebe dir nicht die Hand, wenn du sie dir nicht wäschst* nach der logischen Zeitfolge formulieren wollte: *Ich werde dir meine Hand nicht geben, wenn du die deine nicht vorher gewaschen haben wirst,* spräche kein Deutsch, sondern übersetztes Latein.
- Trotz des Abbaus der Casusmorpheme im Deklinationssystem des Französischen wie des Englischen erscheint die formale Unterscheidung zwischen Singular und Plural in beiden Sprachen unabdingbar. Während im gesprochenen Französisch der Artikel als wichtigstes Unterscheidungskriterium fungiert, fällt er im Englischen, weil im Singular und Plural gleichlautend, für diese Aufgabe aus, so daß diese Rolle ganz vom Pluralmorphem *-s* übernommen werden muß. Im Deutschen gibt es beide Möglichkeiten:
  Unterscheidung durch den Artikel: *der Becher – die Becher*
  Unterscheidung durch Pluralmorpheme:
  im Auslaut: *die Tür – die Türen*
  im Inlaut: *die Mutter – die Mütter*
  Nicht selten gibt es dabei mehrfache Redundanz:
  das Kalb – die Kälber
  Andererseits läßt sich etwa bei den Substantiven auf *-er* und *-el* ein ökonomisches Prinzip beobachten: Wo der Artikel die Unterscheidung garantiert, weist das Substantiv im Plural das durch die bildungspolitische Diskussion zur Berühmtheit gelangte „Nullmorphem" auf:
  der Leiter – die Leiter,

während im Femininum (wegen der Homophonie des Artikels im Singular und Plural) ein *-n* (oder Umlaut) als Pluralmorphem einspringen muß:

die Leiter – die Leitern

(So herum: durch die Beobachtung des eigenen Sprachgebrauchs, Erkennen der Gesetzmäßigkeiten, die ihm zugrunde liegen, und Fragen nach den Gründen, die zu den auffällig gewordenen sprachlichen Erscheinungen führen, läßt sich sogar Formalgrammatik im muttersprachlichen Unterricht sinnvoll und interessant gestalten.)

– Der Abbau des Formensystems im Englischen wie im Französischen hatte besonders weitreichende Konsequenzen im Bereich der Syntax: Weil die Casusmorpheme für die Aufgabe der Kennzeichnung der syntaktischen Funktion der Substantive ausfielen, mußte diese durch die Wortstellung eindeutig festgelegt werden. So lernen die Schüler jetzt im Englisch- und Französischunterricht die eiserne Regel der Wortstellung im Satz: Subjekt → Prädikat → Objekt. Auch hier ist gelegentlich eine naive Übertragung auf andere Sprachen festzustellen, etwa wenn Abweichungen von dieser Satzgliedfolge im Deutschen als „Inversion" bezeichnet werden, wo richtig gerade die „freie" oder besser „denkbedingte"[1] Wortstellung im Deutschen mit ihren Vorteilen und Schwierigkeiten als ein unterscheidendes Merkmal zwischen diesen grammatischen Systemen zu konstatieren wäre.

Die Unterschiede in den Grammatiken verschiedener Sprachen werden noch um vieles auffälliger, wenn der Vergleich über den Rahmen der indogermanischen Sprachen hinausgeführt wird mit dem Ergebnis, daß selbst so grundlegende grammatische Kategorien wie „Wortart", „Satzglied", „Tempus", „Deklination" u.a. problematisch werden. Ihre eigentliche, für den Sprachteilhaber wichtigste Dimension aber erreicht die vergleichende Grammatiktheorie erst, wenn sie über den formalen Bereich hinaus die semantische Struktur verschiedener Sprachen ins Auge faßt. Daß auch ein solcher Vergleich zu den legitimen, sogar zu den genuinen Aufgaben der Grammatikforschung gehört, ergibt sich schon aus Saussures Feststellung, daß Laut- und Inhaltseite eines sprachlichen Zeichens („signifiant" und „signifié") so untrennbar zueinander gehören, wie die beiden Seiten eines Blattes Papier. Näher auf diese zentralen Verschiedenheiten der Sprachen einzugehen, verbietet der hier verfügbare Raum. Unabdingbar aber erscheint noch eine weitere Ausweitung des Grammatikbegriffs: der Übergang von einer statischen zu einer dynamischen Betrachtungsweise. Das objektivierend-fixierende Verfahren und der normative Anspruch der meisten Grammatiken verleiten Betrachter und Benutzer leicht zu der Ansicht, in der Grammatik sei die formale (vielleicht auch die inhaltliche) Struktur einer Sprache so dargestellt, wie sie ist und bleibt bzw. wie sie sein und bleiben soll. Dabei müßte schon jeder Blick in die Sprachgeschichte diese Auffassung ad absurdum führen. Die ständigen Veränderungen, die eine Sprache im Laufe ihrer Entwicklung erfährt

1 Schon in Erich Drachs „Grundgedanken der deutschen Satzlehre" – 1937 in erster Auflage erschienen – steht der Satz: „Die deutsche Wortfolge ist nicht ‚frei', sondern denkbedingt." Dieses Buch belegt übrigens in überzeugender Weise, wie grammatische Einsichten (hier im Bereich der Syntax) für den muttersprachlichen wie den fremdsprachlichen Unterricht fruchtbar gemacht werden können. (vgl. Drach 1963, S. 26 sowie S. 76 f.)

und die diese Entwicklung ausmachen, sind in den Augen eines strengen, auf Normgerechtigkeit bedachten Grammatikers immer zunächst Abweichungen oder Fehler. Man kann dies in der Diskussion um aktuelle Entwicklungstendenzen im heutigen Deutsch (z.B. Gebrauch des Genitivs oder Dativs nach *wegen, brauchen* mit oder ohne *zu*) häufig genug beobachten.

Eine völlig andere Auffassung von Grammatik wird möglich, wenn man von der Tatsache ausgeht, daß lebende Sprachen gerade durch ihre Veränderbarkeit und Veränderungsbedürftigkeit charakterisiert sind. Dann wird Grammatik zum grundlegenden Prinzip dieser Entwicklung oder – um einen Begriff Wilhelm von Humboldts aufzugreifen[2] – zur „inneren Form" einer Sprache, die nicht nur deren Struktur, sondern auch ihre Entwicklung, ihre Welthaltigkeit und ihre Zukunftschancen begründet und bestimmt.

Diese Umkehr ist sprachdidaktisch von besonderer Bedeutung: Die Konsequenz eines statisch-normativen Grammatikbegriffs ist unkritisches Einschleifen sprachlicher Verhaltensweisen, mit dessen Hilfe die Funktionsfähigkeit eines geltenden Systems garantiert wird – in letzter Konsequenz nicht Erziehung, sondern Dressur (z.B. im Sprachlabor). Ein dynamischer Grammatikbegriff aber führt den Schüler dazu, Entwicklungen und Veränderungen im Prozeß einer Sprache nicht nur zu erkennen, sondern sich auch zu ihnen positiv-verstärkend oder negativ-abwehrend zu verhalten. Erst eine solche Möglichkeit und Befähigung zu selbstverantwortlichen Entscheidungen im Hinblick auf Sprachgebrauch und Sprache eröffnet die pädagogische Dimension eines jeden Sprachunterrichts.

Der Unterschied einer so entwickelten Auffassung von Grammatik zum üblichen, verbreiteten und „herkömmlichen" Verständnis liegt auf der Hand. Auch in der Schule versteht man unter Grammatik zunächst (und meist ausschließlich) einen festgelgeten Codex von Regeln, die im Sprachgebrauch (besonders im schriftlichen Bereich) zu befolgen sind. Selbst die Unterscheidung zwischen deskriptiver (ohne Wertungen beschreibender) und präskriptiver (Vorschriften für den Sprachgebrauch festlegender und damit als Selektionsinstrument mißbrauchbarer) Grammatik scheint vielen Lehrenden noch nicht ins Bewußtsein gedrungen zu sein, so daß die Grammatik im Unterricht mit einem normativen Anspruch auf Gehabe auftritt, die die kritische Reflexion über Sprache und Sprachgebrauch, statt sie zu ermöglichen und zu befördern, schon im Keim ersticken.

---

2 Der Terminus „Innere Sprachform" steht als Kapitelüberschrift in Humboldts Spätwerk „Über die Verschiedenheit des menschlichen Sprachbaus und ihren Einfluß auf die geistige Entwicklung des Menschengeschlechts" (1835), wird aber im weiteren Verlauf der Abhandlung nicht definiert und hat deshalb sehr unterschiedliche Auslegungen erfahren. Die hier vertretene Interpretation steht in Übereinstimmung mit Leo Weisgerbers Anregung, „innere Sprachform als Stil sprachlicher Anverwandlung der Welt", also „energetisch" zu verstehen.
Die Fruchtbarkeit dieses Ansatzes für die Arbeit an einer konkreten Grammatik hat Hans Glinz bereits 1952 mit seiner Habilitationsschrift bewiesen, die den programmatischen Titel trägt: „Die innere Form des Deutschen". (vgl. Humboldt 1835, S. 86; L. Weisgerber, 1962, S. 17; Glinz 1952)

1.3 auf der Ebene der langage:

Während auf der Ebene der *langue* besonders die grammatischen Unterschiede zu erforschen und zu beschreiben sind, die die einzelnen konkreten Sprachen voneinander scheiden, ist auf der Ebene der *langage* als der allgemeinen Sprachfähigkeit, die den Menschen (die Menschheit) aus den übrigen Lebewesen heraushebt, nach den grammatischen Eigenschaften zu fragen, die allen Sprachen gemeinsam sind. Die Suche nach einer solchen „Universalgrammatik" zieht sich durch die Geschichte der Sprachwissenschaft (die dabei freilich nicht selten in eine unzulässige Abhängigkeit von der allgemeinen Logik geraten ist). Zu den Höhepunkten in diesem Erkenntnisstreben gehört die berühmte Grammatik von Port-Royal (1660), die schon in ihrem Titel Aufschluß über „die logischen Grundlagen (raisons) dessen, was allen Sprachen gemeinsam ist" verspricht (vgl. Arens 1969, S. 89 ff), ebenso wie Gottfried Wilhelm Leibniz mit seiner Entwicklung eines universellen Programms für die Sprachwissenschaft und dem Projekt einer (künstlichen) Universalsprache.

Eine Universalgrammatik erscheint zumindest als theoretisches Postulat notwendig, etwa wenn man sie als Bedingung der Möglichkeit für den Erwerb von Fremdsprachen oder für das Übersetzen in andere Sprachen versteht. Für Noam Chomsky ist die Erforschung sprachlicher Universalien (die er in formale und substantielle Universalien aufgliedert) nicht nur notwendiger Bestandteil einer Grammatiktheorie, sondern auch Voraussetzung für ein angemessenes Verständnis der Spracherwerbsprozesse: „Eine Theorie über die Sprachstruktur, die Erklärungsadäquatheit anstrebt, muß als unerläßlichen Bestandteil auch die linguistischen Universalien enthalten und dem Kind, das eine Sprache erlernt, die intuitive Kenntnis dieser Universalien zuschreiben." (Chomsky 1969, S. 43)

Eine genauere Kenntnis nachweisbarer grammatischer Universalien, verbunden mit einer tragfähigen, empirisch abgesicherten Theorie über eine chronologisch-systematische Abfolge von Sprachlernprozessen könnte für Förderungsmaßnahmen beim Erwerb und Ausbau der Muttersprache ebenso fruchtbar werden wie für das Erlernen von Fremdsprachen.

2. Anwendung dieses aufgeschlüsselten Grammatik-Begriffs auf den Erwerb von Muttersprache und Fremdsprache

2.1 parole-Ebene (Sprachgebrauch)

Die Bildung grammatischer „Hypothesen" bzw. die Anwendung von Analogieverfahren bei der Produktion von Sätzen, Wörtern und Wortformen hatten wir als ein Erklärungsmodell für den Spracherwerb des Kindes herangezogen. Damit ist zugleich behauptet, daß die sprachliche Aktivität des Lernenden sich nicht auf das Einprägen und Wiederholen von Sprachmitteln und grammatischen Strukturen beschränkt, die er aus seiner Umgebung hört und übernimmt. Auch wenn das sprachliche Angebot der Umgebung für die Sprachentwicklung des Kindes unabdingbar und prägend erscheint, geht seine sprachliche Produktion doch weit über die Grenzen reiner Reproduktion hinaus. Das Kind formuliert nicht nur Sätze, die es vorher nie gehört hat – bereits hierin erblickt Chomsky den Beweis für das Vorhandensein sprachlicher Kreativität (1969, S. 81) – sondern es bringt auch Wörter und Wortformen hervor, die es gar nicht aus seiner Umgebung aufgenommen haben kann, weil sie nicht der üblichen sprachlichen Konvention entsprechen. Gerade ein solches abweichendes („fehlerhaftes") Verhalten im Bereich der Wort- und Formenbildung ist ein besonders deutlicher Hinweis auf die Tatsache, daß Spracherwerb sich nicht auf das passive Aufnehmen vorgefundener Sprache beschränkt, sondern angemessen nur als Prozeß des aktiven Nachschaffens und eigenständigen Weiterführens von Sprache beschrieben werden kann. Die dabei auftretenden „Fehler" können am besten als Beweis für die These vom aktiven Nachschaffen der vorgefundenen grammatischen Strukturen dienen, gleichgültig, ob man diesen Prozeß nun als Hypothesenbildung oder als Anwendung von Analogieverfahren interpretiert. Aus der Fülle der mir vorliegenden Belege greife ich nur zwei heraus:

– Die kleine Katharina erzählt: „Ich fuhr auf dem Fahrrad, Lambert auf dem Roller, und die Mama *gangte* hin und her."
– Ihr Vetter Markus verabschiedet seine Eltern auf dem Flugplatz: „Na dann gute *Fliege*!"

Die grammatische Analyse dieser Beispiele macht das zugrundegelegte („richtige") Verfahren deutlich:

– Für die Bildung des Präteritums im Deuschen gibt es zwei Möglichkeiten: Ablaut des Stammvokals (bei den sog. starken Verben) und Anfügen eines Tempusmorphems (*-te* usw., bei den sog. schwachen Verben). Das Kind hat also nichts anderes getan, als die beiden im grammatischen System seiner Muttersprache vorgefundenen Möglichkeiten zu kombinieren.
– Gegen die „gute *Fliege*" ist grammatisch überhaupt nichts einzuwenden: Ableitungen von Substantiven aus Verben mit Hilfe des Suffixes *-e* sind im Deutschen gang und gäbe: *reisen* → *Reise, liegen* → *Liege* usw. Der „Fehler" liegt eigentlich nur in der Tatsache, daß die Lautung *Fliege* inhaltlich bereits anderseitig (als Bezeichnung eines Insekts) besetzt ist.

Es ist nicht verwunderlich, daß Schüler beim Erlernen fremder Sprachen in ähnlicher Weise Analogieverfahren anwenden, wie sie dies bereits beim Erwerb der Muttersprache getan haben. Dies trifft besonders auf den Bereich der Wort- und Formenbildung zu. Einblicke in die Gesetzmäßigkeiten der Wortbildung einer fremden Sprache können für die Einprägung und den Ausbau des fremdsprachlichen Wortschatzes wesentliche Hilfe bieten. Natürlich kommt es dabei häufig zu „Fehlern" auf Grund unzulässiger oder unkonventioneller Anwendung der Analogieverfahren. Bei der Beurteilung solcher Fehlleistungen sollte der Lehrer aber Zurückhaltung üben. Er sollte sich zunächst klarzumachen versuchen, welche „Hypothesen" den Schüler zu der abweichenden Produktion gebracht haben können. Stehen diese in übereinstimmung mit der grammatischen Struktur (der „inneren Form") der Zielsprache, dann erscheint mir eine negative Bewertung nicht angebracht. Die positive Einsicht, daß es ein solches Wort oder eine solche Wortform nach den Gesetzmäßigkeiten dieser Sprache durchaus geben könnte, müßte allerdings ergänzt werden durch den Hinweis, daß es dieses Wort (diese Form) in der fremden Sprache „nicht gibt", d.h. daß es dem üblichen Sprachgebrauch, der Konvention in dieser Sprachgemeinschaft, nicht entspricht. Es ist mit Sicherheit anzunehmen, daß eine solche Lehrerreaktion auch für die Sicherung des konventionellen Sprachverhaltens wesentlich effektiver ist als das unreflektierte Bemängeln und Korrigieren von „Fehlern".

Die Anwendung grammatischer Analogieverfahren betrifft nicht nur die Produktion, sondern ebenso die Rezeption von Sprache, sie erweist sich also nicht nur als eine Hilfe für das Reden, sondern ebenso für das Verstehen.

Bewußte Anwendung grammatischer Regeln im Sprachgebrauch – noch immer die vorherrschende Auffassung von der Leistung der Grammatik auf der *parole*-Ebene – ist im Bereich der Muttersprache seltene Ausnahme. Wer die Auffassung vertritt, richtiges Sprechen sei das Ergebnis bewußter Regelanwendung, braucht nur einmal zu versuchen, die Regeln zu nennen, die es ihm ermöglichen, einen einzigen Satz zu formulieren, um in seiner Ansicht ad absurdum geführt zu werden. Selbst ganz „einfache", dem Sprecher der Standardsprache völlig geläufige Regularitäten, führen ihn, wenn er sie nennen und erklären soll, vor unüberwindliche Schwierigkeiten. Nicht einer von hundert „durchschnittlichen" erwachsenen deutschen „native speakers" kann nach meinen, auf oft wiederholten Experimenten beruhenden Erfahrungen begründen, warum er das eine Mal sagt:

bei dichte*m* Nebel

das andere Mal aber:

bei diesem dichte*n* Nebel.

Das heißt: Er richtet sich wohl nach einer Regel (nämlich dem Wechsel zwischen „starker" und „schwacher" Deklination des attributiv gebrauchten Adjektivs, je nachdem ob bereits ein stark dekliniertes, den Casus kennzeichnendes Wort (Artikel, Pronomen) vorausgeht oder nicht), aber er „kennt" sie nicht, und es fällt ihm im Regelfall auch gar nicht leicht, sie zu erkennen. Oft ist es ergiebiger und einfacher, mit Kindern nach solchen Regularitäten zu suchen, die den eigenen Sprachgebrauch bestimmen, als mit Erwachsenen.

Lange Zeit hat man geglaubt, durch das Erlernen und Anwenden grammatischer Regeln in der Schule den richtigen Sprachgebrauch begründen und garantieren zu können, und diese Fehleinschätzung ist eine der Hauptursachen für die Unbeliebtheit und Folgenlosigkeit eines solchen Grammatikunterrichts, die den gesamten Aufgabenbereich der Reflexion über Sprache im Unterricht bei Schülern und Lehrern in Mißkredit gebracht haben. Auch heute noch sind solche Zielvorstellungen und Verfahrensweisen anzutreffen, besonders dort, wo ein unreflektiertes Normenverständnis den Sprachunterricht beherrscht.

Die Rolle grammatischer Regeln beim Erlernen von Fremdsprachen ist abhängig von

a) der Lernmethode
b) der Zielsprache
c) der Lernsituation

Lernmethode:
Die Diskussion spielt sich zwischen zwei Extremen ab:
entweder: Eine fremde Spache lernt man, indem man sie in konkreten Situationen (nach-)spricht. Diese sog. direkte Methode kann sich u.a. auf den ungesteuerten Fremdsprachenerwerb berufen, der sich im wesentlichen auf diese Weise vollzieht und – besonders wenn er sich vorwiegend oder ganz in einer Umgebung abspielt, die diese Fremdsprache spricht – beachtliche Ergebnisse zeitigt.

oder: Eine Fremdsprache lernt man durch systematische Aneignung und Anwendung ihrer Grammatik, also nicht auf kommunikativem, sondern auf kognitivem Weg. Häufig ist mit dieser Lernmethode auch eine andere Zielvorstellung verbunden. Das Erlernen der fremden Sprache dient weniger der Befähigung zur Kommunikation in dieser Sprache als der Einführung in eine formale Systematik, die mit der Schulung logischen Dekens gleichgesetzt wird.

Zwischen diesen Extremen lassen sich vermittelnde Positionen entwickeln und vertreten, z.B. ein Ausgang von Texten oder Sprechsituationen, die nach systematischen Gesichtspunkten ausgewählt und angeordnet werden, so daß ihre im Unterricht angestrebte linguistische Analyse gleichzeitig eine grammatische Progression enthält.

Zielsprache:
Hier ist man geneigt, zwischen „altsprachlichem" und „neusprachlichem" Unterricht zu unterscheiden: Während beim Erlernen „toter" Sprachen (z.B. Latein oder Griechisch) die grammatische Systematik häufig nicht nur als der Weg, sondern auch als das Ziel des Unterrichts betrachtet wird, stehen bei den „lebenden" Sprachen (Englisch, Französisch usw.) andere Zielvorstellungen, z.B. die Fähigkeit, sich mit den Sprechern dieser Sprache zu verständigen, Texte in diesen Sprachen zu verstehen, in diesen Sprachen abgefaßte Nachrichten und Informationen zu entschlüsseln, so stark im Vordergrund, daß grammatische Kenntnisse und Methoden nur als Mittel zu diesen Zwekken erscheinen und folglich im Unterricht auch nur insoweit angestrebt werden, als sie für diese Fähigkeiten als notwendig und nützlich angesehen werden.

Lernsituation:
Es ist wenig sinnvoll und ergiebig, globale Aussagen über die Rolle der Grammatik beim Erwerb von Fremdsprachen zu machen, bei denen man von der spezifischen Situation absieht, in der diese Sprachen gelernt werden. Es muß hier genügen, einige derartige Lernsituationen exemplarisch aufzulisten:

– Ein Kind ausländischer Arbeiter kommt mit der Familie nach Deutschland.
  (Hier sind selbstverständlich weitergehende Differenzierungen notwendig, z.B. nach dem Alter, in dem sich das Kind bei seiner Übersiedelung befindet, nach sozialer Umgebung, Schulbesuch und besonders nach dem sprachlichen Umfeld, etwa Ghetto-Situation in Kreuzberg oder Integration in einen gemischt- oder gar deutschsprachigen Kreis von Mitschülern oder Spielkameraden.)

- Ein Mitglied einer sprachlichen Minderheit erwirbt die Nationalsprache des Staates, in dem es lebt.
- Der Schüler einer multinationalen Schule (z.B. Europa-Schule) erlebt schon in den ersten Schuljahren bilingualen Unterricht.
- Ein Tourist bemüht sich bei einem längeren Auslandsaufenthalt um Verständigung mit den Einheimischen in ihrer Sprache.
- Ein deutscher Schriftsteller wählt seinen Wohnsitz in Italien.
- Ein deutscher Schüler erhält in einer deutschen Schule fremdsprachlichen Unterricht.

Es liegt auf der Hand, daß – ganz abgesehen von bewußten Intentionen Lehrender und Lernender – Rolle und Bewußtseinsgrad der Grammatik bei fremdsprachlichen Lernprozessen ganz entscheidend, wenn nicht sogar in erster Linie von der jeweiligen Lernsituation abhängig sind.

2.2 langue-Ebene (Sprachsystem)

Die Kenntnis der systematischen Grammatik einer Sprache ist, wie wir bereits gesehen haben, weder für ihren Erwerb noch für ihren Gebrauch notwendige Voraussetzung. Auf der Ebene der Muttersprache gilt das für alle Stufen der Sprachentwicklung beim Einzelnen:

- Der grundlegende Spracherwerb in den ersten Lebensjahren spielt sich in einer Zeit ab, in der das Kind zu bewußter Regelanwendung auf Grund schlußfolgernden Denkens noch gar nicht in der Lage ist. Trotzdem ist – wenigstens nach der Ansicht von Friedrich Kainz (1960 S. 41) bereits gegen Ende des dritten Lebensjahres der Stand erreicht, bei dem sich die Sprache des Kindes „in keinem wesentlichen Punkt mehr von der Sprache der Erwachsenen unterscheidet", d.h. wo grammatische Regularitäten in vollem Umfang den Sprachgebrauch bestimmen.
- Wenn das Kind zur Schule kommt, verfügt es daher über mehr „Grammatik" im Sinne internalisierter muttersprachlicher Handlungsanweisungen, als der versierteste Linguist beschreiben und erklären kann.
- Auch für den Erwachsenen gilt: Er kann die grammatischen Voraussetzungen seines sprachlichen Handelns nicht oder allenfalls nur in Teilbereichen verbalisieren. Wollte er sich diese Voraussetzungen in vollem Umfang bewußt machen, ehe er sie im Sprechen „anwendet", käme er nicht dazu, auch nur einen einzigen Satz zu vollenden.

Grammatische Reflexion auf die Muttersprache setzt also ihren Erwerb voraus. Sie sollte daher im Unterricht vom Sprachgebrauch ausgehen. Ihre natürlichste Motivation erhält sie in Situationen, in denen dieser Sprachgebrauch problematisch wird. Insofern können sprachliche Notlagen: Mißverständnisse, „Fehler" im Sprachgebrauch, das Unvermögen zu sagen, was ich meine, selbst der Mißbrauch von Sprache, für den Grammatikunterricht besonders fruchtbar werden.

Das Erlernen einer Fremdsprache kann sich in ähnlich unreflektierter Weise wie der Erwerb der Muttersprache vollziehen, besonders wenn der Lernende sich in fremdsprachlicher Umgebung befindet.

Im fremdsprachlichen Unterricht dagegen dient die grammatische Systematik häufig als Grundlage der Unterrichtsplanung und als Richtschnur für die Progression im Lernprozeß. Ein solches Fremdsprachenlernen kann durchaus zum Erfolg führen, besonders bei Lernertypen, bei denen formallogisches Denken als Motiv und Methode vorherrschend ist. Allerdings sollte man auch bei einem solchen Verfahren darauf achten, daß die Diskrepanz zwischen abstrahierender Systematik und konkreten Situationen und Bedürfnissen des Sprachgebrauchs nicht über Gebühr ausgeweitet wird. Es erscheint beispielsweise wenig sinnvoll, bei der „Behandlung" der Präpositionen im Unterricht von einer Einteilung auszugehen, die sich nach den von ihnen geforderten Casus richtet. Sinnvoller ist dann schon eine Systematik, die von Wirklichkeitsaspekten gesteuert wird, welche durch diese Präpositionen zur Sprache gebracht werden können, also von temporalen, lokalen, kausalen Beziehungsverhältnissen usw.

Die Diskussion um Funktion und Bedeutung grammatischer Systematik für den fremdsprachlichen Unterricht ist nicht abgeschlossen. Nachdem in den vergangenen Jahren die Befürworter eines „natürlichen" Erwerbs der Fremdsprache mit Hilfe „direkter" Methoden verbreitete Zustimmung gefunden haben, werden heute zunehmend Stimmen laut, die über mangelndes grammatisches Grundwissen Klage führen und sich für eine stärkere Berücksichtigung systematischer Gesichtspunkte aussprechen. Eine Verbindung beider Ansätze ist durchaus denkbar und erscheint didaktisch vertretbar. Fremdsprachlicher Unterricht sollte dann vom Sprachgebrauch in konkreten, die Schüler betreffenden und motivierenden Situationen ausgehen, diese Situationen aber so planen, strukturieren und auswerten, daß grammatisches Denken und Grundwissen schrittweise auf- und ausgebaut werden.

Für eine solche Unterrichtsplanung kann die Analyse der Spracherwerbsprozesse in der Muttersprache außerordentlich anregend und hilfreich sein.

Grammatik als systematisch angeordneter Codex sprachlicher Verhaltensnormen ist dem Kind, das seine Muttersprache lernt und spricht, weitgehend unbekannt. Gelegentliche Korrekturen des Sprechens durch die Eltern oder andere Sprachpartner gehören zwar zu den Erfahrungen, die die meisten Kinder machen, aber sie liegen öfter auf der lexikalischen („So etwas sagt man nicht") als auf der grammatischen Ebene und entbehren fast immer einer Begründung, die das Kind zur Einsicht in die dahinter stehenden Normen befähigen und anleiten könnte. Die sprachliche Normproblematik wird daher für die meisten Kinder erst mit dem Schuleintritt akut, besonders wenn dort der muttersprachliche Unterricht von Anfang an eine standardsprachliche Varietät bevorzugt und verlangt, die man als Schulsprache bezeichnen kann.

Die Berechtigung einer solchen Normierung des Sprachverhaltens scheint heute nicht mehr so selbstverständlich wie in früheren Zeiten, zumal der Eigenwert anderer sprachlicher Varietäten im Anschluß an die Sprachbarrierendiskussion immer deutlicher herausgestellt und eine entsprechende Berücksichtigung im Unterricht gefordert worden ist.

Für den Fremdsprachen-Lerner gilt die kodifizierte Grammatik auch im heutigen Unterricht meist unangefochten als Richtschnur für Spracherwerb und Sprachgebrauch. Sie hat also für den Schüler präskriptiven Charakter und wird so gut wie nie zum Gegenstand kritischer Reflexion. Die notwendige Konsequenz einer solchen Einstellung ist ein verhältnismäßig steriler Sprachgebrauch, der hinter der aktuellen Entwicklung der Alltagssprache zurückbleibt (Oxford-English, Französisch der Académie). Das Unbehagen an einem solchen Auseinanderdriften von in der Schule gelernter und im Alltag gesprochener Fremdsprache hat zu dem Bemühen geführt, die „Authentizität" der angebotenen Texte, besonders in Schulbüchern, zu erhöhen.

2.3 langage-Ebene (Sprachfähigkeit)

Die allgemein-menschliche Sprachfähigkeit ist die gemeinsame Voraussetzung für den Erwerb von Muttersprache und Fremdsprachen.

Die Tatsache, daß ein Mensch grundsätzlich in der Lage ist, jede Sprache zu lernen, gehört zu den Motiven, die der alten Idee einer universellen Grammatik in der heutigen Linguistik neue Anziehungskraft verliehen und neues Interesse eingebracht haben. Die Erforschung sprachlicher Universalien mit heutigen Methoden unterscheidet sich allerdings von der philosophischen Spekulation früherer Jahrhunderte durch einen veränderten, auf empirische Verifikation aufgestellter Hypothesen ausgerichteten Wissenschaftsbegriff. Dabei hat sich freilich herausgestellt, daß die Ergebnisse solcher Forschungen durch einen so abstrakten und globalen Charakter der Aussagen gekennzeichnet sind, daß die Auswertung des bisher Erreichten für den fremdsprachlichen Unterricht noch wenig konkrete Anregungen verspricht. Je genauer man verschiedene Sprachen miteinander vergleicht, um so deutlicher treten ihre Verschiedenheiten in den Vorder- und ihre Gemeinsamkeiten in den Hintergrund. Für das Erlernen einer fremden Sprache ist zwar das Vorhandensein einer allgemein-menschlichen, zunächst nicht fixierten Sprachfähigkeit die conditio sine qua non, aber gerade das Erkennen und Beachten der Verschiedenheit der Sprachen ist Voraussetzung und Weg für die bestmögliche Beherrschung dieser Sprachen. Erst auf dieser Basis kann die Suche nach sprachlichen Gemeinsamkeiten (Universalien) ergiebig werden. Sie führt dann nicht zu einer inhaltlichen Leere auf Grund fortschreitender Abstraktion, sondern zum Erschließen der Vielfalt sprachlicher Möglichkeiten, mit deren Hilfe die Menschheit unter unterschiedlichen (geographischen, historischen, kulturellen . . .) Bedingungen ihre Lebenswelt bewältigt hat.

Entsprechend der Ausweitung der Linguistik von der sog. Systemlinguistik auf die Bereiche der Psycho-, Sozio- und Pragmalinguistik ist auch eine Erweiterung der Universalienforschung denkbar und teilweise bereits im Gange: von der Suche nach universellen Eigenschaften und Strukturen der Sprachen zur Analyse und Darstellung universeller (also von den Einzelsprachen unabhängiger) Bedingungen bei Spracherwerb und Sprachhandeln. Fragen, auf die sich das Interesse solcher Wissenschaftsdisziplinen richtet (oder richten könnte), sind etwa die folgenden:

- Gibt es allgemeine Gesetzmäßigkeiten (Abfolgen, Phasengliederungen), die den Spracherwerb – gleich welcher Sprache – bestimmen und strukturieren?
- Gibt es allgemein menschliche Typen des Sprachhandelns (z.B. Fragen, Bitten, Informieren, Klagen, Trösten ...), die sich einzelsprachunabhängig beschreiben lassen?
- Gibt es allgemeine sprachliche Qualifikationen, über die ein Mensch in der heutigen Gesellschaft verfügen sollte und die durch Unterricht vermittelt werden können?

Auf die erste Frage hat die Spracherwerbsforschung im Rahmen der Psycholinguistik, auf die zweite die Sprechakttheorie im Rahmen der Pragmalinguistik bereits einige Antworten gegeben, die die Hoffnung auf künftige Anregungen für den fremdsprachlichen wie den muttersprachlichen Unterricht durch diese Forschungsrichtungen berechtigt erscheinen lassen. Die dritte Frage ist an die Sprachdidaktik gerichtet. Versuche einer Antwort enthalten die Richtlinien und Curricula für den Unterricht in den verschiedenen Sprachen. Die globale und einseitige Ausrichtung des Unterrichts auf „Befähigung zur Kommunikation", die in den Richtlinien des vergangenen Jahrzehnts propagiert worden war, ist in letzter Zeit wieder zum Diskussionsgegenstand geworden. Damit steigt die Chance, daß auch andere Funktionen von Sprache – etwa ihre kognitive, solidarisierende, ästhetische, kreative Funktion – als Qualifikationsbereiche erkannt und berücksichtigt werden, die für die gegenwärtige und künftige Entwicklung der Gesellschaft (als Sprachgemeinschaft) fundamentale Bedeutung besitzen.

3. Konsequenzen für den Sprachunterricht

Die Anwendung eines differenzierten Grammatik-Begriffs auf die Erklärung und Förderung des Erwerbs von Muttersprache und Fremdsprache führt damit zu wichtigen Konsequenzen für den schulischen Sprachunterricht. Wenigstens die wichtigsten seien hier aufgeführt:

3.1 Beziehungsverhältnis von Sprachgebrauch und Sprachbetrachtung

Im muttersprachlichen Unterricht führt der Weg nicht von der Grammatik zur Sprache, sondern von der Sprache zur Grammatik. Das heißt: Am Anfang steht der zunächst weitgehend unreflektierte Erwerb und Gebrauch der Sprache. Reflexion setzt ein, wenn der Sprachgebrauch problematisch wird. Solche Situationen im Unterricht zu schaffen oder aufzugreifen, gehört zu den didaktischen Aufgaben und dem methodischen Geschick des Sprachlehrers. Indem die bisher als selbstverständlich vorausgesetzte und verfügbare Sprache fragwürdig wird, gewinnt der Schüler Einsichten in Zusammenhänge und Ordnungsstrukturen, nach denen er sich auch bisher schon, aber ohne dies zu wissen und zu merken, in seinem sprachlichen Handeln gerichtet hat. Dieses induktive Verfahren zum Gewinn grammatischer Erkenntnis und gegebenenfalls auch zur Formulierung grammatischer Regeln ist im muttersprachlichen Unterricht das einzige, das sich didaktisch vertreten und begründen läßt. Gleichzeitig ist es dasjenige, das die günstigsten methodischen Möglichkeiten eröffnet, die obendrein vom Schüler selbst erprobt und auf andere Gelegenheiten zu grammatischer Einsicht übertragen werden können.

Zu den entscheidenen Vorteilen eines solchen Vorgehens zählen:

- der Ausgang von der eigenen Sprachproduktion oder -rezeption der Schüler
- das größere Maß an Selbsttätigkeit: Grammatische Erkenntnis wird nicht vom Lehrer vorgegeben, sondern vom Schüler erarbeitet.
- die Motivation zum Nachdenken, die sich für den Schüler aus der konkreten Situation ergibt, in der er vom Gebrauch oder Mißbrauch von Sprache betroffen ist
- die Tatsache, daß grammatische Regularitäten, die auf diese Weise erkannt worden sind, dem Schüler nicht mehr als von außen aufoktroyierte Normen erscheinen, sondern sich als eine Ordnungsstruktur erweisen, nach der er sich auch bisher schon – wenn auch unbewußt – in seinem sprachlichen Handeln gerichtet hat.

Im fremdsprachlichen Unterricht sind, wie wir bereits gesehen haben, beide Wege gangbar: der Ausgang vom Sprachgebrauch (analog zum muttersprachlichen Unterricht) oder der Ausgang von der grammatischen Systematik. Zumindest beim heutigen Stand der didaktischen und methodischen Diskussion erscheint die Kombination von situationsbezogener Kommunikation und einem parallel laufenden, auf die jeweiligen Themen und Texte abgestimmten systematischen Grammatikunterricht als eine besonders geeignete Form für das Erlernen einer fremden Sprache (in der Schule). Wer diesen Weg wählt, läuft zumindest nicht Gefahr, durch die Einseitigkeit seines Ansatzes und seiner Methode eine der beiden grundlegenden Aufgaben des fremdsprachlichen Unterrichts gänzlich zu vernachlässigen: entweder die konkrete Einübung des Sprachgebrauchs in Sprachverwendungssituationen, die für den Schüler bedeutsam und motivierend sind, oder das Erlernen grammatischer Grundkenntnisse und Verfahrensweisen.

3.2 Einschätzung von Fehlern

Die wichtige Rolle von Analogieverfahren („Hypothesenbildung") beim Erwerb der Muttersprache wie der Fremdsprache sollte zu einem Überdenken der Einschätzung und Bewertung von „Fehlern" führen. Dabei ist zu unterscheiden, ob es sich bei abweichenden Formen des Sprachverhaltens um Produktionen handelt, die nicht *üblich*, oder um solche, die nicht *möglich* sind: *üblich* im Sinne konventionellen Sprachverhaltens, *möglich* im Sinne der Übereinstimmung mit den grammatischen Prinzipien (der „inneren Form") einer bestimmten Sprache. Bei einer solchen Überprüfung wird sich in vielen Fällen herausstellen, daß nicht übliche Wörter oder Wortformen durchaus als mögliche zu gelten haben, daß in ihnen also bisher noch ungenutzte Möglichkeiten des Sprachsystems zum Vorschein kommen. Dies gilt allerdings für den Bereich der Muttersprache (in dem sich der Schüler auf besser internalisierte Regularitäten – sein „Sprachgefühl“ – verlassen kann) in weit größerem Maße als für den fremdsprachlichen Bereich. Die mangelnde Unterscheidung zwischen nicht üblichen und nicht möglichen Formen des Sprachverhaltens führt viele Lehrer zu einer falschen Einschätzung der sprachlichen Leistung ihrer Schüler und hindert sie daran, gerade die „Fehler“ für die Reflexion über Sprache und die Erarbeitung grammatischer Einsichten fruchtbar zu machen.

3.3 Beziehungen zwischen fremdsprachlichem und muttersprachlichem Unterricht

Das beziehungslose Nebeneinander von Unterricht in Fremd- und Muttersprache, das häufig schon aus unterrichtsorganisatorischen Maßnahmen resultiert, widerspricht den Interessen beider Fachgebiete. Eine Fülle von Anstößen, die sich aus der Begegnung beider Fächer ergeben würden, bleibt daher meist ungenutzt. Fremdsprachlicher Unterricht sollte deshalb nicht isoliert gesehen, sondern in die Gesamtaufgabe der Sprachbildung integriert werden. Das Erlernen einer fremden Sprache bietet dann neue Chancen für den muttersprachlichen Unterricht:

- Der höhere Grad der Bewußtheit – speziell im Hinblick auf die grammatischen Voraussetzungen des Sprachgebrauchs – im fremdsprachlichen Unterricht kann auch die Reflexion über die Muttersprache verstärken und motivieren.
- Erst in der Andersartigkeit der Fremdsprache kommt dem Lernenden die Eigenart seiner Muttersprache zum Bewußtsein. War er bisher eingefangen in die grammatischen Strukturen, die er sich mit seiner Muttersprache angeeignet hatte, setzte Sprache (allgemein) mit Muttersprache gleich, weil es dazu keine Alternative gab, so ist er jetzt gezwungen, aus seiner monoglotten Lebenswelt herauszutreten. Damit wird die Muttersprache zu *einer* möglichen Realisierung menschlicher Sprache, die mit anderen konkurriert, sich von ihnen unterscheidet und sich mit ihnen vergleichen läßt. Die Abhängigkeit von der Muttersprache, die sich in der Wahrnehmung der Wirklichkeit wie im Denken und im Handeln auswirkt, wird dadurch zwar nicht aufgehoben, aber relativiert. Damit eröffnet sich die Möglichkeit einer Einsicht, die für das Sprachverhalten und für das Selbstverhältnis des Individuums zu seiner Sprache entscheidende Bedeutung gewinnen kann:
  Das Bild der Welt, wie es mir meine Muttersprache mit ihren Wörtern (= Kategorien zur Aufgliederung der „Wirklichkeit“) und ihren Satzbauplänen (= vorbereiteten Denkbahnen) vermittelt und erschlossen hat, ist nicht der einzige Weg menschlicher Erkenntnis. Andere Sprachen gehen andere Wege, kommen zu anderen Ergebnissen und eröffnen ihren Sprechern damit andere Wirklichkeitsaspekte. Die Verschiedenheit und Fremdartigkeit der Sprachen ist also nicht nur negativ zu sehen: als Hindernis für eine übergreifende allgemeinmenschliche Kommunikation, son-

dern gleichzeitig positiv: als Bereicherung für die Menschheit, weil sie neue Perspektiven und Zugangsweisen zur Wirklichkeit eröffnet. Mit den Worten Wilhelm von Humboldts: „Durch die Mannigfaltigkeit der Sprachen wächst unmittelbar für uns der Reichtum der Welt und die Mannigfaltigkeit dessen, was wir in ihr erkennen; es erweitert sich zugleich dadurch für uns der Umfang des Menschendaseins, und neue Arten zu denken und empfinden stehen in bestimmten und wirklichen Charakteren vor uns da" (1908, S. 602).

3.4 Kontrastiver Grammatikunterricht

Ein integrativer Ansatz, der die möglichen Beiträge des fremdsprachlichen wie des muttersprachlichen Unterrichts für die allgemeinen Ziele der Sprachbildung in den Blick nimmt, wird die Bedeutung kontrastiver Verfahren nicht unterschätzen. Allerdings sollte man sich auch hier vor Einseitigkeiten hüten: Kontrastive Grammatik ist nicht der einzige und auch nicht der erste Weg, um Beziehungen zwischen dem Erlernen der Erst- und der Zweitsprache herzustellen. Die wirklich fruchtbaren Gelegenheiten stellen sich im Regelfall erst ein, wenn die Schüler auch in der Fremdsprache über eine genügende Sicherheit und einen hinreichenden Überblick verfügen. Andererseits unterschätzt der Lehrer die Möglichkeiten kontrastiver Verfahren, der sie nur in Einzelfällen, mit dem Ziel der Fehlervermeidung, einsetzt.

Sprachvergleich wird um so ergiebiger und auch für den Schüler interessanter, je mehr er durchgehende Besonderheiten der fremden Sprache zutage fördert und damit zugleich der strukturellen Eigenheiten der Muttersprache auffällig macht (beispielsweise bei einem Vergleich der Möglichkeiten der Wortbildung im Französischen und im Deutschen (näheres dazu in: B. Weisgerber 1974a, S. 207).

Sinnvoll angewandte kontrastive Verfahren eröffnen besondere Chancen

- für die Anregung zu grammatischem Denken
- für eine schüler- und sprachgerechte Lernplanung
- für die Analyse und Vermeidung von Fehlern im fremdsprachlichen Unterricht.

In der Sekundarstufe II können sie auch als Ausgangspunkt und Anstoß dienen, sich mit sprachtheoretischen Fragen zu beschäftigen, ohne sich dabei im luftleeren Raum der Spekulation zu verlieren.

4. Gemeinsame Zielvorstellungen für den muttersprachlichen und den fremdsprachlichen Unterricht

Die Frage nach der Rolle der Grammatik beim Erwerb von Muttersprache und Fremdsprache mündet damit in die Entwicklung von übergeordneten Zielvorstellungen, die dem muttersprachlichen und fremdsprachlichen Unterricht gemeinsam sind. Sie ermöglicht zugleich einen Beitrag zur Diskussion über die Legitimation des Grammatikunterrichts in der Schule, die zur Zeit besonders in der Deutschdidaktik heftig und mit sehr unterschiedlichen Argumenten geführt wird.

Ein Beispiel dafür bietet der von Theodor Diegritz herausgegebene Sammelband „Diskussion Grammatikunterricht“ (1980). Die Autoren der in diesem Buch zusammengefaßten Beiträge (u.a. Wilfried Hartmann, Robert Ulshöfer, Utz Maas, Wolfgang Boettcher/Horst Sitta, Hans Dieter Erlinger) vertreten, wenn auch von ganz unterschiedlichen Ausgangspositionen und Konzeptionen her, fast durchweg die optimistische Auffassung, daß die Berechtigung eines — natürlich in ihrem Sinne durchgeführten — Grammatikunterrichts nachzuweisen sei, ganz im Gegensatz zu der Erklärung von Eduard Haueis (1981, S. 1), daß „wir . . . zu wenig wissen, um in der Frage nach der Legitimation von Grammatikunterricht anders als willkürlich entscheiden zu können“, die dieser wie folgt begründet: „Der gegenwärtige Stand der Dinge läßt einen besseren Grammatikunterricht in doppelter Hinsicht nicht zu, weil zum einen den vorhandenen Modellen für die Unterrichtspraxis nichts Neues mehr hinzuzufügen ist, ohne an die Grenzen der theoretischen Grundlagen zu stoßen, und zum anderen die didaktische Forschung bislang etliche Fragen, deren Beantwortung der Begründbarkeit von curricularen Entscheidungen zugute käme, noch nicht einmal gestellt hat.“ Mit scheint, daß gerade die Berücksichtigung und Untersuchung der Zusammenhänge zwischen dem Erwerb von Muttersprache und Fremdsprache und dem Unterricht in beiden die Chance bietet, die Theorie-Diskussion weiterzuführen und dabei Zielvorstellungen zu entwickeln, die auch den Sinn von Grammatikunterricht einleuchtend machen und auf diese Weise zu seiner Legitimation beitragen können. Zwei derartige Zielvorstellungen sollen deshalb den Abschluß unserer Überlegungen bilden:

4.1 Sprachunterricht erschöpft sich nicht in der Perfektion des Sprachgebrauchs (Befähigung zur Kommunikation), sondern zielt auch auf die Fähigkeit zur Reflexion über Sprache als Voraussetzung für den Gewinn eines positiven Selbstverhältnisses zu dieser Sprache, das u.a. folgende Qualifikationen umfaßt und begründet:

- Fähigkeit zu eigenverantwortlichem Sprachgebrauch
- Immunisierung oder wenigstens Sensibilisierung gegenüber sprachlicher Manipulation
- Befähigung zur Sprachkritik
- Motivation zu kreativem Umgang mit Sprache

4.2 Sprachunterricht zielt auf eine Verstärkung sprachlicher Selbstbestimmung und eine Verminderung sprachlicher Fremdbestimmung. Ein so verstandener „emanzipatorischer“ Sprachunterricht (als Emanzipation *in* und *von* Sprache) ist ein unabdingbarer Bestandteil jeder Form von „Selbstverwirklichung“ oder „Identitätsfindung“, die sich nur in dem Spannungsfeld von „Ich“ und „Nicht-Ich“, von „Selbst“ und „Anderem“, von Individuum und (Sprach-)Gemeinschaft vollziehen kann.

Gerade der fremdsprachliche Unterricht kann hierzu einen wesentlichen Beitrag leisten, indem er den Einzelnen in die Lage versetzt, die speziellen Bedingungen und Möglichkeiten, aber auch die Begrenzung zu erkennen, die mit der Aneignung einer bestimmten Sprache als Muttersprache gesetzt sind, und in diesem Erkenntnisprozeß die bestehenden sprachlichen Bindungen sowohl zu akzeptieren als auch gleichzeitig zu relativieren.

Darin sah jedenfalls Wilhelm von Humboldt die vornehmliche Aufgabe des Fremdsprachenerwerbs: „Die Erlernung einer fremden Sprache sollte daher die Gewinnung eines neuen Standpunkts in der bisherigen Weltansicht seyn und ist es in der That bis auf einen gewissen Grad, da jede Sprache das ganze Gewebe der Begriffe und der Vorstellungsweise eines Theils der Menschheit enthält. Nur weil man in eine fremde Sprache immer, mehr oder weniger, seine eigne Welt-, ja seine eigne Sprachansicht hinüberträgt, so wird dieser Erfolg nicht rein und vollständig empfunden."[3]

---

3 Humboldt 1835, S. 60
Dieses Zitat kann selbst wieder zum Nachdenken über Sprachverschiedenheit und Sprachwandel anregen. Dem heutigen Leser kommt das letzte darin verwandte Substantiv – *Erfolg* – deplaciert vor. Der Grund: Humboldt gebraucht es in einem anderen Sinn als heute üblich. Es handelt sich bei diesem Wort um eine Rückbildung aus dem Verb *erfolgen*, die Christian Wolff zu Beginn des 18. Jahrhunderts als Verdeutschung für *Resultat* – ein Wort, das im 17. Jahrhundert aus dem Französsichen entlehnt worden war – eingeführt hat. *Erfolg* in diesem ursprünglichen Sinne war also, was *erfolgt*, d.h. die positive Wertung, die wir heute mit dem Begriff verbinden – *Erfolg* als das Eintreten einer beabsichtigten Wirkung – gehörte nicht zu den semantischen Komponenten des Wortes. Dieses „ursprüngliche" Wort *Erfolg* wurde schon bald darauf – einem Vorschlag Friedrich Gedikes folgend – durch *Ergebnis* abgelöst, womit sich eine Differenzierungsmöglichkeit ergab zwischen Resultaten, die als positives Ergebnis hingestellt werden sollen, und solchen, bei denen der Sprecher diesen Aspekt nicht für gegeben oder nicht wichtig hält, bzw. nicht für sich in Anspruch nimmt. *Erfolg* im Textzusammenhang des Humboldt-Zitates ist also die Übersetzung eines Fremdwortes (*Resultat*), die wir heute schon wieder übersetzen müssen, sei es in Gegenwartsdeutsch (*Ergebnis*) oder zurück in *Resultat* (vgl. Wandruszka 1979, S. 245).

Reflexion über Sprache im Unterricht

Paul Humann

1. Zur Begründungsproblematik

Sprechen und Sprache verstehen lernt der Mensch nicht in der Schule. Schon das Grundschulkind verfügt produktiv und rezeptiv über Satzstrukturen, Textbildungsregeln und sprachliche Handlungsstrategien, die an Komplexität erheblich über das hinausgehen, was im Sprachunterricht üblicherweise analysiert wird (vgl. dazu B. Weisgerber 1980, S. 97). Was also lernt der Schüler im Sprachunterricht? Was könnte und sollte er lernen? Und welche Bedeutung kommt bei diesem Lernen der Reflexion zu? Wozu ist es gut, daß der Mensch sich bewußt macht, was er tut, wenn er spricht und schreibt, hört und liest? Ist Sprechen nicht ein weithin unreflektierter Vorgang, der sogar durch Reflexion eher gestört als gefördert wird? Andererseits ist Nachdenken über Sprache, genauer: über sprachliche Verständigung, ein durchaus alltägliches Phänomen. Überall da, wo sich Verständigungsschwierigkeiten oder Mißverständnisse einstellen, verliert Sprache für uns jene Selbstverständlichkeit, mit der wir uns sonst in diesem Medium bewegen. Die folgende, ziemlich willkürlich zusammengestellte Liste von situativen Anlässen für Sprachreflexion kann jeder Leser leicht aufgrund eigener Erfahrungen ergänzen:

a) Eine Schlagzeile: „So schwer trifft uns heute der Streik!" („Bild"):
   - Welche Wirkung ist mit einer solchen Schlagzeile beabsichtigt?
   - Wer ist hier eigentlich mit „uns" gemeint?
   - Wie kommt es, daß das Abstraktum „Streik" hier als Subjekt zu einem Handlungsverb fungiert?

b) Ein Lehrer argumentiert gegenüber einem Schüler:
   „‚Etwas ist mangelhaft' heißt: es hat Mängel. Dein Aufsatz weist Mängel auf, also ist er mangelhaft."
   - Ist das Wort „mangelhaft" in umgangssprachlicher Verwendung identisch mit dem Fachterminus „mangelhaft"?
   - Welche Instanz ist überhaupt dafür zuständig, was die Bedeutung eines Wortes ist?

c) Ein Waschmittelkonzern wirbt damit, daß sein Mittel die Wäsche nicht nur „sauber", sondern „rein" wasche.
   - Worin liegt eigentlich der Bedeutungsunterschied zwischen „sauber" und „rein"?
   - Wo und wie kann ich mir hierüber Klarheit verschaffen?

d) Schüler lernen, daß es für „groß“ im Englischen die Wörter „big“, „tall“ und „great“ gibt.
- Wie kommt es, daß „ein- und dieselbe Sache“ in verschiedenen Sprachen so verschieden bezeichnet wird? Oder ist es vielleicht ein Irrtum, wenn wir meinen, daß „dasselbe Wort“ auch jeweils „dieselbe Sache“ bezeichnet?
- Welche Möglichkeiten für Mißverständnisse sind damit gegeben?
- Inwiefern kann die Nicht-Eindeutigkeit der Bezeichnung zwischen Wort und Sache für Scheinargumentationen mißbraucht werden?

e) Zitat aus einem Grundschulzeugnis (der Name wurde verändert): „Werners Interaktionsverhalten ist kompliziert und wirkt sich deutlich auf sein Leistungsverhalten aus: Eine geringe Frustrationstoleranz geht einher mit einer erhöhten Aggressionsbereitschaft.“ (Quelle: b : e 12 (1979), Heft 1)
- Welche Kommunikationsbarrieren werden mit einem solchen hochgestochenen Stil errichtet?
- Würde die Information bei einer Umsetzung von Fachsprache in Alltagssprache an Genauigkeit verlieren?
- Was ist eigentlich ein „kompliziertes Interaktionsverhalten“? (Vermittelt der Text wenigstens dem, der die Bedeutung dieser Fremdwörter kennt, eine präzise Information?)
- Welches gedankliche Verhältnis signalisiert der Doppelpunkt zwischen den beiden Sätzen? (Ist der 2. Satz wirklich, wie der Doppelpunkt nahelegt, eine Erläuterung des vorhergehenden?)

f) Zitat aus dem Bundestagswahlkampf ’76: „Warum CDU wählen: ... weil nur der handlungsfähige Rechtsstaat die Freiheit sichert.“
- Was ist hier indirekt mitbehauptet?
- Welche verschiedenen Interpretationen läßt diese Argumentation zu?

g) Ein Autofahrer betätigt die Lichthupe, um einen Fußgänger vom Überqueren der Fahrbahn abzuhalten; der Fußgänger interpretiert das Zeichen als Aufforderung, die Fahrbahn zu überqueren.
- Wie entstehen Mißverständnisse?
- Welche Voraussetzungen müssen gegeben sein, damit Kommunikation mittels Zeichen glückt?
- Worin unterscheiden sich sprachliche von nichtsprachlichen Zeichen?

h) Kind: „Gimma die Butter!“
Vater: „Wie heißt das?“
Kind: „Gib mir bitte mal die Butter.“
- Welchen Sinn (oder Unsinn) haben Höflichkeitsnormen?
- Womit muß einer rechnen, der sich nicht an Normen hält?
- Wer setzt Normen fest?
- Wer verfügt über die Legitimation beziehungsweise die Machtmittel, die Einhaltung von Normen durchzusetzen?

i) Zwei Liebende sprechen darüber, daß sie gern miteinander „ins Bett gehen" (?) – „bumsen" (?) – „den Geschlechtsverkehr ausüben" (?) – würden.
   – Warum hält unsere Sprache für den Bereich des Geschlechtlichen fast nur verschämt-dümmliche Umschreibungen oder vulgäre Ausdrücke oder unpersönlich-technische Termini bereit?

Die angeführten Beispiele machen deutlich, daß sich beinahe in jeder Situation Anstöße zu Fragen, zum Nachdenken ergeben können. In den meisten Fällen werden diese Fragen den Horizont der unmittelbar gegebenen Situation nicht überschreiten; weiterführende, verallgemeinernde Fragen wird eher jemand stellen, der sich mit Problemen der sprachlichen Verständigung eingehend und systematisch beschäftigt hat, ja es ist anzunehmen, daß das Problematische einer Situation oft überhaupt erst von jemand wahrgenommen wird, der durch systematische Reflexion über Sprache für die verdeckten Wirkungen sprachlicher Kommunikation sensibilisiert ist. Sehen wir allerdings genauer hin, so zeigt sich, daß *grammatische* Termini in den Frageformulierungen ausgesprochen selten auftauchen; die weitaus meisten Probleme sind semantischer oder pragmatischer Natur. Die alte Frage: „Wieviel Grammatik braucht der Mensch?" (so der Titel eines Aufsatzes von K. Gaiser aus dem Jahre 1950) hat bis auf den heutigen Tag noch keine allgemein anerkannte Antwort gefunden. Einigkeit besteht allenfalls darüber, daß die Effektivität, der Transferwert des tradierten Grammatikunterrichts als ziemlich gering zu veranschlagen ist. Die meisten Sprachdidaktiker dürften heute der Feststellung von G. Augst zustimmen: „Obwohl zumindest der gebildete deutsche Erwachsene in einer fünfhundertjährigen Grammatiktradition steht, sind in seine alltägliche Metakommunikation kaum Termini des Grammatikunterrichts eingedrungen" (Augst 1976, S. 233). Die Frage: „Wieviel Grammatik?" läßt sich sinnvollerweise überhaupt erst stellen, wenn die Frage, *wozu* Grammatik überhaupt dienen kann, einigermaßen befriedigend beantwortet ist.

1.1. *Kritik einiger Legitimationsversuche*

a) Als unzureichend abzulehnen sind Zielbegründungen, die Grammatikunterricht um seiner selbst willen propagieren: „Man hat etwas über die Sprache und auch deren Grammatik zu wissen, weil den Menschen vieles hierüber bekannt ist" (Ader et al. 1976, S. 31).

Eine solche Argumentation, behaupten die Autoren, sei „zutiefst dem Menschen angemessen, seiner Neugier, etwas über die ihn umgebende Erfahrungswelt auszumachen, und seiner Neigung, historisches Wissen zu ermitteln und weiterzugeben" (l.c.).

Der Verdacht liegt nahe, daß hier Linguisten lediglich *ihre* Verliebtheit in den Gegenstand ihres Fachgebietes zu einer generellen „Neigung" ummünzen. Da eine solche Argumentation prinzipiell auf jeden Gegenstand anwendbar ist, worüber „den Menschen vieles . . . bekannt ist", entzieht sie sich selbst den Boden, denn warum lehren wir an der Schule dann nicht Ägyptologie oder Numismatik? Eine solche Argumentation, die das Erkenntnisstreben des Menschen loslöst von seiner individuellen und gesellschaftlichen Lebenspraxis, kann kaum für sich beanspruchen, auf der Höhe der gegenwärtigen Didaktik-Diskussion zu stehen.

b) Zumindest problematisch ist auch die Auffassung, Grammatikunterricht könne dazu dienen, Schüler in den normgerechten Gebrauch der Hochsprache einzuführen. Dabei soll die Frage nach der Legitimation des Lehrziels „Einübung der hochsprachlichen Norm" in diesem Zusammenhang ausgeklammert bleiben, hier geht es nur um die Frage, ob das Bewußtmachen normativer Regeln überhaupt der geeignete Weg zum normgerechten Sprachgebrauch ist.

Dieser Frage ist Bernhard Weisgerber mit Hilfe eines Gedankenexperiments nachgegangen. An einem willkürlich gewählten Beispielsatz geht Weisgerber der Frage nach: „Welche grammatischen Regeln, die mein Sprechen steuern, sind mir dabei auch bewußt (oder wenigstens bekannt)?" (B. Weisgerber 1974a, S. 60). Weisgerber kommt zu dem Ergebnis: „Wer sämtliche grammatischen Voraussetzungen seiner Aussage bedenken wollte, käme nicht dazu, auch nur einen einzigen Satz von sich zu geben" (l.c. S. 62). Man lernt nicht den richtigen Gebrauch der Kasus, indem man Listen von Verben bzw. Präpositionen auswendig lernt, die den Akkusativ bzw. Dativ bzw. beide Kasus „regieren", und ein Sprecher, der nur Plattdeutsch beherrscht, lernt das Hochdeutsche nicht dadurch, daß er die Gesetzmäßigkeiten der 2. Lautverschiebung studiert. Das Bewußtmachen solcher Regeln kann höchstens eine gewisse unterstützende Funktion haben, entscheidend ist der ständige praktische Umgang mit Sprache.

Die Frage, wie denn – wenn nicht durch das Erlernen von Regeln – offensichtliche Verstöße gegen grammatische Richtigkeit zu korrigieren seien, ist damit allerdings noch nicht beantwortet.

Das Faktum solcher Regelverstöße ist jedem Lehrer aus seiner täglichen Unterrichtspraxis geläufig. Regelverstöße verschiedener Art und von unterschiedlichem Gewicht finden sich z.B. in den folgenden (nicht konstruierten!) Beispielen aus Schüleraufsätzen:

1. „Meine eigene Meinung unterscheidet sich sehr *zu* der des Verfasse*r*."
2. „Der Verfasser *vertretet* also die Meinung, daß . . ."
3. „Das Wissen von geschichtlichen Dingen und Fakten aus dem musischen Bereich *waren* automatische Kennzeichen *für* einen gebildeten Menschen."
4. „*Den* Hauptüberschriften der drei Texte wäre folgendes anzumerken."

Auch wenn man von einer stilistischen Bewertung dieser Sätze absieht, bleiben zahlreiche Formulierungen, die eindeutig als „grammatische Fehler" zu bezeichnen sind:

Satz 1: Falsche Präposition („zu") und falsche Wortform (Fehlen des Genitiv -s).
Satz 2: Falsche Wortform
Satz 3: Nicht-Kongruenz des Prädikatverbs mit dem Subjekt. Auch die Präposition „für" statt des Genitivs ist ungebräuchlich.
Satz 4: Statt des Dativs muß hier ein Präpositionalausdruck stehen („zu").

Nur: Wie bringt man Schüler dazu, solche Fehler zu vermeiden? Bei der Besprechung dieser Fehler in der Klasse stellte sich etwas sehr Bemerkenswertes heraus: Die Schüler waren beinah ausnahmslos in der Lage, diese grammatischen Fehler zu identifizieren, und die meisten konnten auch nach einigem Überlegen angeben, wie die jeweils korrekte Formulierung lauten müsse. Es genügte also, daß der Lehrer die Aufmerksamkeit der Schüler auf diese Stellen lenkte, es ging nicht darum, die muttersprachliche Kompetenz zu erweitern bzw. zu verbessern, sondern es kam darauf an, daß die Schüler ihre längst vorhandene Kompetenz bewußt aktivierten. Die zusätzliche Aufgabe des Lehrers bestand dann darin, den Schülern klarzumachen, wie es zu solchen Fehlern kommt, also so etwas wie eine Systematik der häufigsten „Fehlerfallen" zu entwickeln. So handelt es sich z. B. bei der falschen Präposition im ersten Beispiel um eine Kontamination zweier gebräuchlicher Ausdrücke, nämlich „im Unterschied *zu*" und „sich unterscheiden *von*" (ähnlich im vierten Beispiel: Verwechslung von „jemandem etwas anmerken" und „zu einer Sache etwas anmerken"); eine allgemeine grammatische Regel ist hier nicht angebbar; beim fehlenden Genetiv-s handelt es sich offenbar um einen Flüchtigkeitsfehler. Beim zweiten Beispielsatz wird der Lehrer darauf hinweisen, daß es einige Verben im Deutschen gibt, die infolge einer bestimmten historischen Entwicklung in einigen Präsensformen einen Stammvokalwechsel von e nach i haben.

Gegen die Regel, daß Subjekt und Prädikatsverb im Numerus kongruieren, wird kaum einmal verstoßen, der Fehler ist hier offenbar dadurch entstanden, daß zwischen dem Subjekt und dem Prädikatsverb zwei andere Substantive im Plural stehen. Auch hier also: Die Regel kennen die Schüler längst, aber ihre eigenen Satzgebilde sind manchmal so komplex, daß sie sie selbst nicht mehr durchschauen.

c) Zumindest unzureichend ist auch das Argument, der Grammatikunterricht fördere das logische Denken bwz. diene der Einübung in wissenschaftliche Verfahrensweisen. So erwarten Ader und andere vom Grammatikunterricht, „daß der Schüler den Dingen gegenüber eine analytische Grundhaltung erwirbt und entwickelt, eine Grundhaltung, die besagt, daß sehr vieles dank geregelter Prozesse gesteuert wird und daß man diese herausfinden kann. Deshalb: Syntax als Gegenstand, weil hier generelle Regularitäten gelten; systematische Grammatik nicht isoliert, sondern an einem Modell, das heißt, in einem Begriffszusammenhang, sowie systematische Sprachanalyse" (Ader et al. 1976, S. 35). Eine ähnliche Begründung findet sich bei Menzel (1974, S. 155).

Die Autoren bleiben zunächst einmal die Aufklärung darüber schuldig, was sie unter „systematischer Sprachanalyse", im Unterschied zu „systematischer Grammatik", verstehen. Ebenso bleibt unerfindlich, inwiefern systematische Grammatik, wenn sie „in einem Begriffszusammenhang" dargeboten wird, nicht „isoliert" sei. Im Gegenteil: gerade die systematische, modellhafte Darstellung muß notwendigerweise abstrahieren von der Vielfalt der konkreten Sprachrealität, und nicht selten führt die Systematisierung zu Vereinfachungen, ja Verfälschungen (vgl. dazu B. Weisgerber 1974, S. 186 f. und 1980, S. 98).

Unzureichend ist dieser Legitimationsversuch aber vor allem deshalb, weil damit Sprache als Gegenstand des Unterrichts beliebig gegen andere Gegenstände austauschbar würde. Zu Recht bezeichnet Boettcher (1973) diese Argumentation als „ein unnötig indirektes und in seinem Transfer-Wert zudem höchst fragwürdiges Unterfangen“ (S. 61). Für die propädeutsche Einübung wissenschaftlicher Verfahrensweisen ist die Wahl der Methode entscheidend, nicht die Wahl des Gegenstandes.

2. Zur didaktischen Fundierung der Sprachreflexion

Sinnvoll und nützlich kann Reflexion über Sprache sein, wenn sie unter folgenden Aspekten betrieben wird:

1. Reflexion über Sprache kann dazu dienen, daß der Schüler lernt, Sprache als Instrument der Verständigung wirksamer zu gebrauchen.
2. Reflexion über Sprache kann dazu dienen, daß der Schüler lernt, sich mit anderen metakommunikativ über Probleme der Verständigung zu verständigen.
3. Reflexion über Sprache kann dazu dienen, daß der Schüler lernt, sich in sachverständiger und kritischer Weise mit Texten auseinanderzusetzen.
4. Reflexion über Sprache kann dazu dienen, daß der Schüler ein reflexives Verhalten zur Sprache erwirbt und so zu verantwortlichem Sprachhandeln befähigt wird.

Diese Zielvorstellungen sollen im folgenden näher erläutert werden.

2.1 Verbesserung des Sprachgebrauchs

Diese These, Kenntnisse über Sprachliches könnten das Sprachhandeln verbessern, ist, zumindest für den engeren Bereich grammatischer Kenntnisse, nicht unbestritten. In der Tat gilt, daß die nichtbewußte, die weitgehend automatisierte Anwendung sprachlicher Mittel geradezu die Voraussetzung dafür ist, daß Sprache effektiv gebraucht werden kann (Augst 1976; Schwenk 1976). Allerdings muß auch gesehen werden, wo die Grenzen der Geltung dieses Einwandes liegen:

a) Weitgehend automatisiert ist das Sprechen, weit weniger das Schreiben (vgl. Augst 1976, S. 230): Der Schreibende hat, im Gegensatz zum Sprechenden, Zeit zu überlegen, verschiedene Formulierungen in Gedanken auszuprobieren, bevor er sie niederschreibt, und auch die niedergeschriebene Formulierung ist der nachträglichen Änderung zugänglich. Er kann ferner den Textplan als Ganzes vorweg entwerfen und sich über das Ziel seines Schreibens Rechenschaft geben, noch bevor er mit der Formulierung des ersten Satzes beginnt (vgl. auch B. Weisgerber 1980, S. 111 f.). Ohne Zweifel ist es möglich, solche Tätigkeiten durch systematischen Sprachunterricht zu fördern. Grammatisches Wissen (im Sinne von Regelkenntnis) wird dabei allerdings eine geringere Rolle spielen als die Beherrschung operationaler Verfahren (Umstell-, Ersatz-, Abstrich-, Erweiterungsprobe; Paraphrasierung).

b) Aber auch das mündliche Sprachhandeln läuft zwar meistens, aber keineswegs immer „automatisiert" ab, auch hier tauchen Schwierigkeiten auf, die die Aufmerksamkeit der Sprecher auf die Sprache, auf Voraussetzungen und Folgen sprachlicher Kommunikation richten: Beispiele b), h), i) (S. 360-362). Solche Situationen kann der Sprachunterricht aufgreifen und z.B. in Rollenspielen thematisieren. Entscheidend für die emanzipatorische Zielsetzung des Unterrichts ist dabei, daß das Verhalten der Spieler ncith auf das möglichst adäquate Erfüllen vorgegebener Verhaltensmuster hin angelegt wird, sondern daß im Gegenteil alternative Verhaltensweisen durchgespielt und ausreichend reflektiert werden. Mit solchen „offenen" Rollenspielen können u.a. die folgenden Lernziele aus dem Bereich Reflexion und Sprache angestrebt werden:

„Die Schüler ...
lernen im Rollenspiel bewußt die Übernehme von Rollen;
lernen, daß sich verschiedenes Rollenverhalten in unterschiedlicher Sprache, Gestik, Mimik ausdrückt;
lernen, eigenes Verhalten/„Sprachverhalten" reflexiv zu interpretieren, ...
lernen, daß Sprachinhalte und verbale Strategien von der Interessenlage/der Intention des Sprechers abhängig sind;
lernen, daß Sprachinhalte und Kommunikationsformen sozial bedingt und damit veränderbar sind;
lernen reflexive Distanz zur Selbstverständlichkeit vorgegebener Rollen;
lernen, die Erwartungen des Gesprächspartners innerlich vorwegzunehmen, d.h. „Empathie"; ..." (Gutte 1971, S. 204/5).

In Verbindung mit solchen Rollenspielen sind jederzeit auch kurze Phasen systematischer Sprachübung und Sprachreflexion möglich. So könnte man z.B. im Anschluß an ein Rollenspiel „Stundenbeginn" mit verschiedenen Lehrer- und Schüleräußerungen experimentieren, indem zu einer vorgegebenen Äußerung möglichst viele Formulierungsvarianten zusammengetragen werden:

Lehrer: Nehmt eure Hefte heraus!
Bitte, nehmt eure Hefte heraus!
Nehmt mal bitte eure Hefte heraus!
Nehmt sofort eure Hefte heraus!
Nehmt ihr jetzt wohl eure Hefte heraus?
Hefte herausnehmen!
Los, jetzt nehmt endlich eure Hefte heraus!
Würdet ihr wohl eure Hefte herausnehmen?
Hefte heraus!

Schüler: Wir könnten mal ein Quiz machen!
Wir könnten doch mal ein Quiz machen!
Könnten wir nicht mal ein Quiz machen?
Bitte, machen Sie doch mal ein Quiz mit uns!

Kommen Sie, wir machen ein Quiz!
Machen Sie Quiz mit uns!
Los, machen Sie endlich Quiz mit uns!
Sie sollen jetzt Quiz mit uns machen!
Quiz machen!
Wir machen jetzt Quiz!
Jetzt wird Quiz gemacht!
Wir wollen endlich Quiz machen!
Machen wir ein Quiz!

(Humann 1975, S. 222)

Eine solche Sprachübung wäre etwa anhand folgender Untersuchungsfragen zu analysieren:

a) Welche Äußerungen halten sich im Rahmen des Normalen, Erlaubten? Wo wird die übliche sprachliche Norm verletzt (gegen eine Rollennorm verstoßen)?
b) Durch welche syntaktischen Formen werden jeweils die Aufforderungshandlungen realisiert?
c) In welcher Weise werden die jeweiligen Sprecherintentionen und die Rollenbeziehung durch die hinzugefügten Partikeln ausgedrückt?

Dabei kann auch Schülern der Sekundarstufe I der wichtige Unterschied zwischen Inhalts- und Beziehungsaspekt sprachlicher Kommunikation deutlich gemacht werden: Am Inhalt ändert sich durch die syntaktischen und lexikalischen Varianten nur wenig, wohl aber an der Beziehung zum Kommunikationspartner. Durch die Wahl einer bestimmten Formulierung aus einem Repertoire möglicher Varianten bringen wir zum Ausdruck, wie wir zueinander stehen (vgl. Humann 1975).

2.2 *Befähigung zur Metakommunikation und zu reflexivem Sprachhandeln*

Was menschliche Sprache vor allen anderen Verständigungssystemen auszeichnet, ist der Umstand, daß wir uns in der Sprache über die Sprache verständigen können, daß Sprache sich also auf sich selbst beziehen kann. „Die Umgangssprache", schreibt Habermas, „ist zugleich ihre eigene Metasprache" (Habermas 1971, S. 106). In dieser Reflexivität der Sprache ist es begründet, daß wir z.B. nachfragen können: Wie hast du das gemeint? Wie kommst du zu einer solchen Behauptung? Wieso fragst du das gerade mich? Worauf willst du eigentlich hinaus? Mit Fragen dieser Art leiten wir eine metakommunikative Verständigung über den Handlungssinn sprachlicher Äußerungen ein. Während „normales" (unproblematisches) kommunikatives Handeln sich „in eingelebten und normativ abgesicherten Sprachspielen" vollzieht und von einem „handlungsbegleitenden Konsensus" getragen wird (Habermas, ebenda), geht es in der Metakommunikation darum, „ein problematisiertes Einverständnis ... durch Begründung wiederherzustellen" (Habermas, ebenda).

In reflexivem Sprachhandeln verständigen wir uns also über den Wahrheitsanspruch unserer Behauptungen und den Geltungsanspruch unserer Handlungsnormen. Erziehung zu reflexiver Kommunikation bedeutet demnach Erziehung „zu sprachlichem Handeln, das seine Voraussetzungen und Folgen mitbedenkt" (Switalla 1973, S. 194). Wir können noch einen Schritt weitergehen und sagen, daß die Erziehung zu reflexiver Kommunikation die Fähigkeit und Bereitschaft einschließt, über die Voraussetzungen und Folgen sprachlichen Handelns Rechenschaft zu geben: „Alles vernüftige Reden ist ein solches, das Rechenschaft gibt" (Kamlah/Lorentzer 1977, S. 128).

Reflexives Sprachhandeln ist also wesentlich mehr als „Kommunikationsgeschicklichkeit". Bloße Kommunikationsgeschicklichkeit kann ich ebenso dazu gebrauchen, meinem Mitmenschen zu helfen wie ihn übers Ohr zu hauen. In dieser grundsätzlichen Möglichkeit reflexiven Sprachhandelns liegt es begründet, daß sprachliches Handeln „ein verantwortliches Handeln zurechnungsfähiger Subjekte" (Habermas, 1971) ist. Diese Verantwortlichkeit mag sich in der Realität oft als scheinhaft erweisen, trotzdem beruht „auf dieser unvermeidlichen Fiktion ... die Humanität des Umgangs unter Menschen, die noch Menschen, d.h. in ihren Selbstobjektivationen noch nicht sich als Subjekten völlig fremd geworden sind" (Habermas, 1971). Der Begriff des sprachlichen Handelns postuliert die Möglichkeit menschlicher Freiheit.

Diese Überlegungen zur Reflexivität sprachlichen Handelns sind vor allem von Bedeutung für all das, was unter den Begriff der argumentativen Verständigung fällt. Argumentierendes Reden geht in der Regel aus von einem Dissens und hat zum Ziel, einen Konsens herbeizuführen. Wenn „Argumentationslehre" mehr sein soll als die Vermittlung von Techniken des Überredens, von rhetorischen Tricks, muß sie geleitet sein von zwei einander ergänzenden Prinzipien:

a) dem Aufrichtigkeitsprinzip: Kommunikation kann nur gelingen, wenn die Partner nicht von vornherein die Aufrichtigkeit des anderen anzweifeln. Wir unterstellen dem anderen notwendigerweise, daß er es ehrlich meint, daß er verantwortlich handelt, und erwarten vom anderen, daß er uns dasselbe unterstellt. Wo diese Voraussetzung nicht gegeben ist, wird Kommunikation sinnlos, und es bleibt als einzige Konsequenz das Verstummen;
b) dem Offenheitsprinzip: Kommunikation wird ebenfalls sinnlos, wenn nicht beide Partner davon ausgehen können, daß der andere den Argumenten gegenüber offen ist, d.h. prinzipiell bereit ist, seinen eigenen Standpunkt gegebenenfalls zu revidieren und sich „dem zwanglosen Zwang des besseren Arguments" (Habermas) zu beugen.
Aufrichtigkeit und Offenheit sind hier also nicht im Sinne eines moralischen Appells gemeint, sondern als fundamentale Voraussetzung jeglicher Kommunikation. Ich *muß*, wenn Reden für mich überhaupt noch einen Sinn haben soll, unterstellen, daß mein Partner aufrichtig und offen zu mir ist, und ich *muß* davon ausgehen, daß mein Partner bei mir dasselbe unterstellt. Wo gegen diese Prinzipien verstoßen wird, wird Kommunikation pervers. Der folgende Szenenausschnitt aus dem Kindertheaterstück „Mannomann' ist ein Beispiel für pervertierte Kommunikation:

Vorarbeiter Krause tritt auf.

Vorarbeiter: Du bist wohl nicht ganz dicht! Ich hab dir doch gesagt, bis halb zwei ist die Ladung von zweihundert Kisten zusammengestellt! In einer Viertelstunde wird abgeholt!

Vater: Sie haben es mir aber erst vor einer halben Stunde gesagt. So schnell geht das doch nicht.

Vorarbeiter: Wenn du arbeiten würdest, statt hier rumzusitzen, könntest du schon fertig sein, du Pflaume!

Vater: Aber ich hab doch Mittagspause!

Vorarbeiter: Pause! Mach' ich etwa Pause? Quatsch keinen Bockmist und mach dich an die Arbeit! Ich trage schließlich die Verantwortung, daß die Ladung pünktlich fertig ist!

Vater brummelt: Wenn Sie's mir zu spät sagen, ist das doch nicht meine Schuld!

Vorarbeiter brüllt: Jetzt halt endlich die Luft an!!! Wenn du hier rebellisch werden willst, wirst du dich umgucken! Ich hoffe, wir verstehen uns! Entweder du spurst, oder du kannst dir einen neuen Arbeitsplatz suchen, kapiert?! Es gibt genug Leute mit Arbeitsmoral.

Vater: Wollen Sie damit sagen, daß ich faul bin? Meine Mittgagspause steht mir doch zu, Herr Krause ...

Vorarbeiter: Also Herr Hermann! Ich hab' es nicht nötig, mich hier rumzustreiten, schon gar nicht mit Sie! Mach was ich sage, oder du verduftest hier! Aber dann für immer!

Vater schließt die Bierflasche, faltet die Zeitung zusammen: Ich mach' ja schon ...

Vorarbeiter: Na also, warum denn nicht gleich so? Muß ich immer erst brüllen?

Stimme: Krause!

Vorarbeiter: Ja, Chef! Krause ab, Vater hinterher.

Viermal unternimmt hier der „Vater" den Versuch, die Legitimation der Handlungsanweisung in Frage zu stellen. Dieser Versuch muß mißlingen, weil die Beziehung Krause–Vater innerhalb der Institution „Betrieb" hierarchisch strukturiert ist und weil ein In-Frage-Stellen der Institution ausgeschlossen ist. Kennzeichnend für die unterlegene Position des Vaters ist die viermal gebrauchte Partikel „doch": „So schnell geht das doch nicht". Mit diesem „doch" wirbt der Unterlegene um Verständnis für seine Argumentation. Auch Krause reagiert insofern metakommunikativ, als er die Äußerungen des Vaters abqualifiziert: „Quatsch keinen Bockmist!" „Wenn du hier rebellisch werden willst ...".

Krause weigert sich jedoch, auf die Versuche zu einer metakommunikativen Verständigung einzugehen. Er ist nicht bereit, seine Position in Frage stellen zu lassen, die Legitimation seiner Handlungsnormen zur Diskussion zu stellen. Der Textauszug ist ein Beispiel für „verzerrte" Kommunikation insofern, als eine Grundvoraussetzung menschlicher Kommunikation, die gegenseitige Anerkennung der Kommunikationspartner als zurechnungsfähiger, verantwortlicher Subjekte, außer Kraft gesetzt ist.

Die sprachtheoretische Einsicht, die durch die Behandlung eines solchen Dialogverlaufs im Unterricht erarbeitet werden kann, ist eine doppelte:

- Am Beispiel einer durch Herrschaftsverhältnisse gekennzeichneten, hierarchisch strukturierten Interaktion entwickeln die Schüler Einsichten in die Grundbedingungen „herrschaftsfreier" Kommunikation.
- Sie erkennen zugleich, daß herrschaftsfreie Kommunikation in der Gesellschaft keineswegs die Regel ist, daß im Gegenteil gesellschaftliche Kommunikation in der Regel durch die Auseinandersetzung um Herr-

schaftsverhältnisse gekennzeichnet oder, milder formuliert, interessegeleitet ist.

Es ist durchaus denkbar, dieses „Theaterstück für Kinder“ sowohl in einem 5. Schuljahr wie in einem 13. Schuljahr einzusetzen. In der Unterstufe wird die Analyse natürlich nur ansatzweise über die konkret dargestellte Situation hinausgehen. Folgende Leitfragen könnten hier etwa die Untersuchung bestimmen:

- Welche Stellung haben der Vater und Krause im Betrieb?
  Welche Stellung hat Krause gegenüber dem Vater?
- Wie drückt sich dieses Beziehungsverhältnis in der Art, wie die beiden miteinander reden, aus?
- Wäre auch eine andere Reaktion des Vaters denkbar? Welche Konsequenzen hätte ein anderes Verhalten? (Wie könnte der Vater sich wirksam wehren?)

Für diese letzten Fragen bietet sich als Methode vor allem das Rollenspiel an.
Generalisiert werden könnten solche Einsichten freilich erst im Unterricht der Oberstufe.

2.3 Kritische Auseinandersetzung mit Texten und Medien

Die Textanalyse, so scheint es, ist das Feld, auf dem sich am ehesten systematisches Wissen über die Sprache und ihre Gesetzmäßigkeiten in praktischer Nutzanwendung bewähren kann. Irgendwie leuchtet es unmittelbar ein, daß gründliche Sprachkenntnisse die grundlegende Voraussetzung allen Textverstehens sind. Und ebenso plausibel ist der Umkehrschluß, daß zu den wesentlichen Zielen der theoretischen Beschäftigung mit Sprache die Befähigung zum adäquaten Textverstehen zählt: „Alle linguistischen Wege führen zum Text, und tun sie dies nicht, so sind es Irrwege“, schreibt Engel (1977, S. 266). Da eine ausführliche Auseinandersetzung mit der modernen Textlinguistik den Rahmen dieses Beitrages sprengen würde, muß eine verkürzende und in mancher Hinsicht sicher einseitige Darstellung in Kauf genommen werden (eine vorzüglich orientierende Einführung in Fragen der Textlinguistik findet der Leser in Beisbart u.a. 1976).

Man kann sagen, daß den Anstoß zur Entwicklung einer Textlinguistik die Einsicht gegeben hat, daß die traditionelle Beschränkung der Syntaxforschung auf den Einzelsatz eine unzulässige Verkürzung des Forschungsgegenstandes bedeutete. Ein beliebiger Satz, z.B. „Das war es, was es so besonders still gemacht hatte“ (Borchert: Das Brot), läßt sich angemessen nur beschreiben, wenn die Einbettung des Satzes in ein größeres Ganzes, den Text, mitbedacht wird. Nicht also der Satz, sondern der Text ist „das originäre sprachliche Zeichen“ (Hartmann 1971, S. 10). Textlinguistik ist demnach zunächst einmal gekennzeichnet durch die Ausweitung des Gegenstandsbereiches. Die generelle Leitfrage lautet nicht mehr: Was macht einen Satz zum Satz?, sondern: Was macht einen Text zum Text? Die Hauptaufgabe der Textlinguistik wäre demnach „die Beschreibung des Funktionierens aller sprachlichen Einheiten im Textzusammenhang" (Brinker 1972, S. 48). Zur zentralen Kategorie der Textlinguistik wird damit der Begriff der „Kohärenz": Die Textlinguistik untersucht die „Bedingungen, unter denen Satzfolgen als kohärente (zusammenhängende) Satzfolgen, eben als Texte realisiert werden" (Brinker, l.c., S. 51). Zu den wichtigsten Mitteln, die den Zusammenhang eines Textes konstituieren, gehören die „anaphorischen" (wiederaufnehmenden) Pronomina und Adverbien („ein Mann – er – dieser"; „dort", „darauf" ...), die Beziehung aller Einzelheiten auf ein „Textthema" und die „thematische Progression": das Ausgehen vom jeweils Bekannten und Fortschreiten zum jeweils Neuen. Wichtig ist dabei, daß keineswegs alle Beziehungen innerhalb von Texten durch besondere sprachliche Mittel explizit formuliert werden. Die beiden Sätze: „Der Mensch ist kein Vogel. Es wird nie ein Mensch fliegen" (Brecht: Der Schneider von Ulm) sind durchaus kohärent und werden vom Leser als kohärent aufgefaßt: Der Leser ergänzt von sich aus nicht nur, *daß* die beiden Sätze zusammengehören, sondern auch, daß der erste Satz als Argument zur Begründung des zweiten Satzes gemeint ist. An diesem Beispiel wird deutlich, daß Lesen viel mehr ist als „dekodieren", daß Lesen und Verstehen nicht nur eine rezeptive, sondern zugleich eine produktive, eine mitschaffende Tätigkeit ist. Erst im Akt des verstehenden Lesens wird der Text in all seinen Bezügen realisiert. Aus der Kategorie der Textkohärenz könnten folgende Leitfragen und Untersuchungsansätze abgeleitet werden:

– Textthema: Worin besteht der inhaltliche Kern des Textes? In welchem Zusammenhang stehen die Einzelaspekte mit diesem Kern? Welche Funktion hat die Überschrift des Textes: gibt sie das Thema an oder akzentuiert sie einen Teilaspekt?
– Verweisung im Text: Welche sprachlichen Signale (Konjunktionen, Adverbien, Pronomina) haben rückverweisende bzw. vorausweisende Funktion? Wie ließe sich der Zusammenhang der Einzelaspekte durch Einfügen zusätzlicher Signale verdeutlichen?
– Thematische Progression: Wovon geht der Text aus? Was setzt er als bekannt bzw. als unstrittig voraus? Auf welches Ziel arbeitet der Text hin? In welchen Schritten wird der Weg zu diesem Ziel realisiert? Wie sind die „Gelenkstellen" dieses Verlaufs sprachlich markiert?

Insofern Textlinguistik also die formalen und inhaltlichen Sturkturbedingungen untersucht, die Texte als Texte konstituieren, können wir auch von Textsyntax und Textsemantik sprechen. Während die bisher dargestellten textlinguistischen Ansätze lediglich eine Ausweitung der traditionellen Linguistik anstreben, geht die von S.J. Schmidt konzipierte pragmatische Texttheorie wesentlich über diesen Rahmen hinaus. Nach Schmidt geht die Texttheorie aus „vom Text als funktionierendem Faktor in kommunikativen Handlungsspielen" (Schmidt 1972, S. 10). Textsyntax und Textsemantik würden damit zu Teildisziplinen einer umfassenden, pragmatisch orientierten Texttheorie. Die Untersuchung formaler und inhaltlicher Textstrukturen bleibt weiterhin ein wichtiges Ziel, ist also funktional dem eigentlichen Erkenntnisinteresse der Texttheorie zugeordnet. Dieses Erkenntnisinteresse ist „funktionsorientiert", d.h. es richtet sich darauf, wie Texte als Bestandteile einer kommunikativen Handlung „funktionieren".

Für eine so verstandene, pragmatisch orientierte Texttheorie sind vor allem die Aspekte der Intentionalität und der Konventionalität sprachlicher Handlungen entscheidend. Aus der Einsicht, daß alles sprachliche Handeln intentional (sinngerichtet) ist, lassen sich folgende Leitfragen für die Analyse von Texten ableiten:

- Aus welcher Situation heraus ist der Text entstanden? (Was hat den Anlaß zum Verfassen des Textes gegeben!)
- Wie kommt der Verfasser dazu, das zu sagen (zu schreiben), was er sagt (schreibt)?
- Worauf will der Verfasser hinaus?
- Welche Relevanz hat der Text? Für wen?

Aus der Einsicht, daß alles sprachliche Handeln konventionell (regelgeleitet) ist, ergeben sich unter anderm folgende Leitfragen:

- Welche Normen gelten hinsichtlich der sprachlichen Form und der Argumentationsweise für eine öffentliche Rede, eine wissenschaftliche Darstellung, einen Zeitungskommentar ...?
- Welche Normen regeln die sprachliche Interaktion am Arbeitsplatz, in der Schule, in der Familie, auf einer Party ...?
- Welche Sanktionen hat einer zu gewärtigen, der gegen Normen dieser Art verstößt?
- In welcher Weise ist ein Text durch gesellschaftliche Stereotype und Sprachklischees geprägt?
- In welcher Weise ist ein Text durch die Normen einer literarischen Gattung geprägt?
- Inwieweit ist ein Text durch schichtspezifische Denkweisen, Interpretationsmuster und Sprachmuster bestimmt?
- Verhält sich ein Text bestimmten gesellschaftlichen Konventionen gegenüber kritisch oder affirmativ?

2.4 Erkennen, daß und in welcher Weise Denken, Wahrnehmen und Kommunizieren an Sprache gebunden ist

Die seit Chomsky in der Sprachtheorie vorherrschende Tendenz, die universal gültigen Regularitäten der Sprachverwendung zu untersuchen, hat eine Zeitlang die Erkenntnis in den Hintergrund treten lassen, daß eine Sprache zunächst einmal die konkrete, besondere, historisch entstandene Sprache einer Sprachgemeinschaft ist, in deren Strukturen sich bestimmte gesellschaftliche Erfahrungen widerspiegeln. Die Art unseres Welterlebens, der jeweilige Grad der Differenziertheit, mit der wir einen Realitätsbereich wahrnehmen, aber auch die Art und Weise der Interpretation, mit der wir Sachverhalte deuten und beurteilen, ist an Sprache gebunden und durch die Strukturen der Sprache teilweise vorgeprägt. Sprache ist „das soziale (gemeinsame) Bewußtsein einer Gesellschaft“ (Wunderlich, 1974).

Beispiele dafür, wie sich historische Erfahrungen in der Struktur der Sprache, insbesondere in der Struktur des Wortschatzes, niederschlagen, sind an anderer Stelle (S. 17ff.) aufgeführt. Auch in sprachpsychologischen Experimenten konnten bestimmte Zusammenhänge zwischen Sprachstruktur und Wahrnehmungsstruktur nachgewiesen werden, die Hörmann (1970) referiert.

So konnte z.B. nachgewiesen werden, daß ein Wort je nach Zugehörigkeit zu einer bestimmten Wortart eher als Aktion oder als Einzelobjekt oder als unbestimmte Masse aufgefaßt wird (Hörmann 1970, S. 322 f.). In anderen Experimenten ging man der Frage nach, ob sich die Verfügung über ein Wort für eine bestimmte Farbe auf die Wiedererkennungsleistung auswirkt. Das Resultat formuliert Hörmann so: „Je leichter eine Farbe codiert werden kann, desto besser wird sie behalten (...). Unterschiede in der Codierbarkeit hängen zusammen mit Unterschieden der Verfügbarkeit" (Hörmann 1970, S. 345).

Dieser Einfluß der Sprache auf die Wahrnehmung darf allerdings nicht als Determination durch Sprache gedeutet werden (in dieser Hinsicht sind vor allem die Thesen Whorfs überzogen (vgl. Whorf 1963)). Jeder Mensch ist in der Lage, viel mehr Farbunterschiede wahrzunehmen, als ihm Farbwörter zur Verfügung stehen. Der Umstand, daß es in der Sprache der Zuni-Indianer nur eine Bezeichnung für Gelb und Orange gibt, führt zwar dazu, daß sie bei Wiedererkennungstests diese Farben viel häufiger verwechseln als englischsprechende Amerikaner (Hörmann 1970, S. 345), aber daraus darf nicht geschlossen werden, daß sie zwischen Gelb und Orange keinerlei Unterschiede wahrnähmen.

Mit anderen Worten: Sprachliche Strukturen legen gewisse Denk- und Wahrnehmungsgewohnheiten nahe, sie wirken als „Aufmerksamkeits-Ausrichter" (R.W. Brown, zitiert bei Hörmann 1970, S. 322), aber sie legen das Denken und Wahrnehmen nicht unumstößlich fest. So können wir im Deutschen durchaus zwischen „Onkel" als Bruder des Vaters (lat. patruus) und „Onkel" als Bruder der Mutter (lat. avunculus) differenzieren, und wir tun dies dann, wenn es aus der Situation heraus erforderlich wird (vgl. L. Weisgerber 1964a, S. 46ff.). Daß wir diese Differenzierung im allgemeinen nicht vornehmen, kommt daher, daß der Unterschied normalerweise für die alltägliche Gebrauchspraxis bedeutungslos ist. Und umgekehrt hat die sprachliche Differenzierung im Lateinischen ihre Grundlage in der konkreten römischen Gesellschaft: Mit der Heirat wurde die römische Frau ein Glied der Familie des Mannes. Nach römischer Auffassung hatten die Kinder also eine viel engere verwandtschaftliche Beziehung zu den Brüdern des Vaters als zu denen der Mutter.

Auch im Bereich der Wortbildung, beim Tempussystem und bei der Satzfügung lassen sich charakteristische Strukturunterschiede zwischen den Sprachen feststellen. Charakteristisch für das Deutsche sind z.B. Kollektivnomina mit dem Präfix ge-: Gewässer, Gebiß, Gebirge, Gesittung, Geschirr ...

Die entsprechenden lateinischen Ausdrücke sind durchweg Pluralia: aquae, dentes, montes, mores, vasae (zahlreiche weitere Belege bei Luther 1970, S. 111). Bei aller Zurückhaltung, die Versuchen gegenüber geboten ist, solche Strukturunterschiede als Ausdruck eines „Nationalcharakters" zu deuten, läßt sich doch sagen, daß hier unterschiedliche, durch die Sprache geprägte Sehweisen vorliegen: Während das Lateinische „eine Tendenz zur quantitativ-summativen Gegenstandsauffassung" erkennen läßt, zeigen die deutschen

Kollektivnomina eine Tendenz, die Mannigfaltigkeit des Konkreten zu einer Einheit und Ganzheit zusammenzufassen (Luther, ebd.).

Besonders aufschlußreich ist die Untersuchung von substantivischen Ableitungen aus Verben und Adjektiven. Generell läßt sich sagen, daß Substantivierungen abstrakter sind als die zugrundeliegenden Adjektive und Verben: Mit den Verben „lügen", „spielen", „trinken" drücken wir konkrete überprüfbare Handlungen aus, die Substantive „Lügner", „Spieler", „Trinker" verallgemeinern solche Handlungen zu einem gewohnheitsmäßigen oder gar zwanghaften Verhalten, in ihnen verfestigt sich die Einzelbeobachtung zum Vorurteil. Der Satz „Karl ist ein Lügner" impliziert die Voraussage, daß Karl auch künftig lügen wird. Natürlich sind Generalisierungen nicht a priori falsch und unzulässig, aber die Gefahr vorschneller, gedankenloser Verallgemeinerungen ist auf jeden Fall gegeben und sollte den Schülern an Beispielen dieser Art bewußt gemacht werden. In den Abstraktionen faßt die Sprache das Mannigfaltige zu einer Einheit zusammen, bestimmte Merkmale eines Sachverhalts werden als wesentlich herausgehoben, andere bleiben unberücksichtigt. Gäbe es diese Leistung der Sprache nicht, wäre der Mensch dem je Einzelnen ausgeliefert. Auf der anderen Seite muß das Unbestimmt-Abstrakte rückbeziehbar bleiben auf das Bestimmt-Konkrete, wenn nicht Sprache zu leerem Geschwätz oder zu demagogischem Schein verkommen soll. Besonders wichtig sind deshalb semantische Analysen zentraler politischer Begriffe: „Volk", „Bürger", „Ordnung", „radikal", „konservativ"...

Hier vermag der Sprachenvergleich den Blick für Differenzierungen zu schärfen, die zunächst, von der eigenen Sprache her, unbewußt bleiben. So hat unser Wort „Volk" im Lateinischen eine ganze Reihe höchst unterschiedlicher Entsprechungen: „populus", „civitas", „plebs", „gens", „natio", „vulgus". Von einer solchen Beobachtung ausgehend läßt sich die Erkenntnis vermitteln, daß das deutsche Wort „Volk" mindestens vier verschiedene Bedeutungen hat: a) „Volk" als staatspolitischer Begriff: die Gesamtheit der Bürger (populus, civitas), b) „Volk" als sozioökonomischer Begriff: das „niedere Volk" im Gegensatz zur Oberschicht (plebs), c) „Volk" als ethnologischer Begriff: die Gesamtheit der jeweils durch biologische Herkunft und gemeinsame Geschichte zusammengehörigen Menschen (gens, natio), d) „Volk" als abwertendes Urteil: die „Masse" im Gegensatz zur „Elite" (vulgus). Neben dem Sprachenvergleich bietet sich auch die Untersuchung gängiger Verbindungen und Zusammensetzungen als eine Methode an, die Vieldeutigkeit des Wortes „Volk" in den Blick zu bekommen: Der nationalsozialistische Mythos vom Volk als Bluts- und Schicksalgemeinschaft drückt sich in Wörtern wie „Volksgenosse", „Volkskörper", „Volksgemeinschaft", „völkisch", „(gesundes) Volksempfinden" aus; in „volkstümlich" und „Volksschule" ist das „niedere" oder „einfache" Volk gemeint; der staatspolitische Volksbegriff zeigt sich in „Volksversammlung", „Volksvertretung" usw. Ziemlich unbestimmt ist der Volksbegriff dagegen in „Volkspartei", „Volkskanzler", „Volkscharakter", „Volksarmee".

Mit diesen Beispielen dürfte deutlich geworden sein, welche Bedeutung der Sprachreflexion für die Erziehung zu politischer Mündigkeit zukommen kann. Die Erkenntnis, daß sprachliche Bezeichnungen für gesellschaftliche Sachverhalte keineswegs naturwüchsig sind, daß die durch die Sprache nahegelegten Wahrnehmungs- und Deutungsmuster die gesellschaftliche Praxis nicht einfach abbilden, sondern in einer bestimmten, historisch zu erklärenden Weise widerspiegeln – diese Erkenntnis macht es möglich, daß wir zu diesen Wahrnehmungs- und Deutungsmustern kritische Distanz gewinnen. Dazu ist es allerdings erforderlich, daß Sprachreflexion sich nicht auf die langue, das Sprachsystem, beschränkt, sondern die parole miteinbezieht, also am konkreten Sprachgebrauch untersucht, wie Begriffe verwendet werden, wie mit Hilfe von Sprache Ideologien errichtet, Vorurteile aufgebaut, reale Verhältnisse verschleiert werden können. (Bei genauerem Hinsehen zeigt sich, daß der Gegensatz von langue und parole nicht als ein Entweder – Oder aufzufassen ist, sondern als dialektische Einheit: Wörter haben ihren systematischen Ort im „Lexikon" einer Sprache, der Wortinhalt ist aber keine fixe Größe, die sich durch eine abstrakte Lexikondefinition vollständig erfassen ließe, sondern wird konkret und bestimmt erst durch den jeweiligen sprachlich-situativen Kontext. Damit wird aber zugleich die zweite Saussuresche Dichotomie, der Gegensatz von diachronischer und synchronischer Sprachbeschreibung, fragwürdig: Der Inhalt zumindest der politischen Leitbegriffe ist nicht zu erfassen ohne Berücksichtigung der Geschichte der politischen Auseinandersetzung, in der diese Begriffe eine Rolle spielten.)

3. Welche Sprachtheorie braucht der Sprachunterricht?

Der Deutschlehrer, der nicht ganz darauf verzichten will, die Fortschritte der Fachwissenschaften zur Kenntnis zu nehmen, der gern wissen will, ob seine Unterrichtspraxis noch dem Stand der wissenschaftlichen Sprachtheorie angemessen ist, sieht sich einer verwirrenden Fülle divergierender, teils sich offen bekämpfender Forschuungsansätze und Theoriekonstrukte gegenüber. Er sieht, wie mit manchmal atemberaubender Fixigkeit Theorien „didaktisiert" und in Form neuer Sprachbücher auf den Markt geworfen werden. Er sieht schließlich, wie linguistische und didaktische Moden sich in immer rascherem Wechsel ablösen.

In dieser Situation ist es zunächst einmal wichtig, den Primat der Didaktik vor der Fachwissenschaft zu betonen. Es kann nicht Aufgabe des Sprachunterrichts sein, fachwissenschaftliche Erkenntnisse nur deshalb zu vermitteln, weil es diese Erkenntnisse eben gibt. Auch wenn man anerkennt, daß Wissenschaftspropädeutik zu den grundlegenden Zielen von Unterricht überhaupt gehört, so läßt sich daraus keineswegs folgern, daß Sprachunterricht als Vorbereitung auf linguistische oder literaturwissenschaftliche Studien anzulegen sei. Wissenschaftspropädeutik bedeutet vielmehr, daß die Grundprinzipien wissenschaftlichen Arbeitens im Unterricht Anwendung finden.

Die Fachwissenschaften sind daraufhin zu befragen, welchen Beitrag sie zu den grundlegenden Lernzielen zu leisten vermögen. Im einzelnen wäre zu fragen: „Welche sprachlichen Qualifikationen will ich meinen Schülern vermitteln? In welcher Weise kann Reflexion über Sprache zur Entwicklung und Verbesserung dieser Qualifikationen beitragen? Welche Hilfen bietet mir dafür die Linguistik mit ihren Methoden und Ergebnissen an? Welche Wege der Vermittlung lassen sich finden, die mit dem Gewinn neuer Einsichten in

Sprache zugleich die Motivation verstärken, diese Einsichten auszubauen, zu differenzieren und in Sprachpraxis umzusetzen?" (B. Weisgerber 1980, S. 115).

Vom Standpunkt der Fachwissenschaften aus mag dieses didaktische Verfahren als eklektizistisch gelten. Der häufig erhobene Vorwurf, man könne nicht Teile aus einer Theorie herauslösen, da einzelne Begriffe und Verfahren nur im Rahmen der bestimmten Theorie zu definieren seien, trifft die Didaktik jedenfalls nicht, da es der Didaktik gar nicht darum gehen kann, das Theoriegebäude bestimmter wissenschaftlicher Teildisziplinen zu vermitteln. Da alle wissenschaftlichen Richtungen und „Schulen" innerhalb der Linguistik von einem *bestimmten* Erkenntnisinteresse ausgehen, ist ihr Forschungsgegenstand notwendigerweise eingeschränkt. Das ist nicht zufällig so: Gerade die Geschlossenheit formaler Sprachtheorien ist mit einer Eingrenzung des Untersuchungsgegenstands erkauft, die für die Sprachdidaktik unannehmbar ist. Unannehmbar für die Sprachdidaktik ist die Beschränkung auf den Satz als angeblich „höchste" strukturelle Einheit, unannehmbar ist die Beschränkung auf das Sprach*system* als langue (Saussure) bzw. als competence eines ideal speaker (Chomsky). Geschlossene, formale Sprachtheorien sind aber nicht nur für die Didaktik wenig brauchbar, sie sind auch ihrem Gegenstand, der Sprache, nur unzureichend angemessen: eine geschlossene, formale Sprachtheorie setzt voraus, daß Sprache ein geschlossenes, in sich homogenes System ist. Daß natürliche Sprachen aber gerade das nicht sind, weist z.B. Wandruszka an einer Fülle sprachlichen Materials nach, so z.B. an den Pluralformen (der Vetter – die Vettern, aber: der Retter – die Retter; Brett – Bretter, Fett – Fette, Bett – Betten ...), an Wortfeldern, an der Wortbildung (neben der „systematischen" Wortbildung „verbaler Wortstamm + -bar" die „Anomalien": fruchtbar, dienstbar, offenbar ...) (Wandruszka 1975).

Überall stoßen wir bei der Betrachtung der Sprache auf Regularitäten, auf Systemhaftes, aber der Grammatiker, der aufgrund solcher Regularitäten generelle Regeln formulieren will, sieht sich augenblicklich der Fülle der „Ausnahmen" gegenüber. Der sowjetische Germanist Admoni formuliert diesen Sachverhalt folgendermaßen: „Jede grammatische Einheit (z.B. jede grammatische Wortart) ist mit mehreren grammatischen Merkmalen ausgestattet, die aber unter den konkret zu dieser Einheit gehörenden Einzelgebilden nicht gleichmäßig verteilt sind. Nur ein Teil von diesen Gebilden besitzt die betreffenden Merkmale komplett. Andere besitzen nur einige von diesen Merkmalen, weisen aber einige andere Merkmale auf, die in manchen Fällen auch für die Einheiten einer anderen Art (z.B. für eine Wortart) kennzeichnend sind" (Admoni 1972, S. 62). So trifft z.B. das Merkmal „steigerungsfähig" auf einen Teil der zur Wortart „Adjektiv" gehörenden Wörter nicht zu (Farbadjektive wie „lila" oder „purpurn", Vergleichsadjektive wie „uralt", „strohgelb", von Stoffnamen abgeleitete Adjektive wie „eisern", „kupfern"), einige Adjektive kommen nur in flektierter Form vor („der heutige Tag", „der obere Rand"), andere nur in der endungslosen Form („er ist mir gram, zugetan") (Admoni 1972, S. 63 - 64). Man könnte demnach beim Adjektiv einen „Kern" feststellen, zu dem die Wörter gehören, „die mit allen grammatischen Merkmalen des Adjektivs versehen sind", und davon eine „Peripherie" unterscheiden, „wobei einige von den Bestandteilen der „Peripherie“ sich so weit von dem Kern entfernen und anderen Wortarten nähern, daß ihre Zugehörigkeit zu den Adjektiven überhaupt bestritten wird“ (ebenda).

Aufgrund solcher Befunde kommt Admoni zur Forderung nach einer „offenen“ Grammatiktheorie. Das Verfahren von offenen, nicht-formalisierten Grammatiktheorien „ist nicht auf die Anwendung einer begrenzten Auswahl von Begriffen und Operationen beschränkt, sondern darauf angelegt, immer neue, qualitativ andersartige Erscheinungen zu erfassen, die Operationen zu ändern und zu kombinieren“ (S. 60). Für eine offene Grammatiktheorie verliert auch der alte Streit zwischen Dependenzgrammatik und Konstituentenstrukturgrammatik an Bedeutung. Nun ist allerdings die Erklärungspotenz von Grammatiktheorien überhaupt begrenzt, wie folgendes Beispiel zeigt: A trifft B auf der Straße und sagt: „Es regnet ja gar nicht.“ Der Satz ist syntaktisch und semantisch korrekt, und, so wollen wir annehmen, die Aussage entspricht auch den Tatsachen. Trotzdem kann es sich um „abweichendes“ sprachliches Verhalten handeln, dann nämlich, wenn aus der Situation heraus keinerlei Anlaß besteht, diesen Satz zu äußern. Überlegungen dieser Art haben dazu geführt, neben der Linguistik im engeren Sinne die Pragmatik als umfassende Theorie der Verwendung von Sprache in Handlungssituationen zu entwickeln.

Das Verhältnis von Linguistik im engeren Sinne und Pragmatik hat Habermas (1971) folgendermaßen umrissen: „Die Aufgabe der Linguistik als einer Theorie der linguistischen Kompetenz sehe ich mit Chomsky darin, das System von Regeln zu rekonstruieren, nach dem linguistisch kompetente Sprecher Sätze bilden und umformen ... Die Aufgabe der Universalpragmatik als eine Theorie der kommunikativen Kompetenz sehe ich darin, das System von Regeln zu rekonstruieren, nach dem kommunikativ kompetente Sprecher aus Sätzen Äußerungen bilden und in andere Äußerungen umformen“. In dieselbe Richtung zielt Wunderlichs Forderung, statt „Sätzen idealisierter Sprecher . . . Äußerungen von Sprechern in idealisierten Sprechsituationen“ zu untersuchen (Wunderlich, 1972a). Diese Hinwendung zur Pragmatik bietet nun allerdings noch keineswegs die Gewähr dafür, daß die Formalisierungstendenz der „Systemlinguistik“ überwunden wird. Im Grunde ist die Entgegensetzung von „Systemlinguistik“ und „Pragmatik“ irreführend, denn auch die Pragmatik, jedenfalls im Sinne der Habermas'schen Universalpragmatik, sieht ihre Aufgabe in der Rekonstruktion eines „Systems“. Dieses System von Regeln ist aber, gemäß dem Chomky'schen ebenso wie dem Habermas'schen Ansatz, nichts anderes als das, worüber jeder kompetente Sprecher sowieso verfügt. Deshalb kommt auch die Pragmatik bei ihrem Bemühen, universal gültige Aussagen über Sprechakte und Redesituationen zu machen, über Trivialitäten nicht hinaus (vgl. Humann 1975).

Die Pragmatik interessiert sich im Grunde ebenso wie die traditionelle Linguistik nur für das recte dicere: die einen formulieren Regeln, die für die Erzeugung grammatisch „richtiger“ Sätze gelten, die anderen formulieren die Regeln, nach denen Äußerungen als situationsadäquat anzusehen sind. Der Sprachunterricht darf sich aber nicht damit begnügen, das recte dicere zu lehren, sondern muß mindestens ebenso das bene dicere betonen: den intentionsgemäßen, wirkungsvollen und verantwortungsbewußten Gebrauch sprachlicher Mittel. Die Fragestellung einer *didaktischen* Grammatik lautet nicht: Was ist richtig, was ist falsch? sondern: Was ist alles in der Sprache und mit der Sprache möglich (und vertretbar)? Eine didaktische Grammatik setzt also nicht bei dem Formenbestand der Sprache an, sondern bei den grundlegenden sprachlichen Funktionen und betrachtet die Formen im Hinblick auf ihre Leistung für bestimmte sprachliche (kommunikative) Funktionen. Eine didaktische Grammatik müßte demnach eine funktionale Grammatik im Sinne W. Schmidts sein: „Aufgabe der Sprachwissenschaft muß es daher sein, die Funktion der sprachlichen Mittel im Kommunikationsprozeß und ihre funktional bedingte Ordnung in der Gestalt des sprachlichen Systems zu untersuchen" (Schmidt 1977, S. 21). Für den Schulunterricht ist demgemäß ein Grammatikunterricht zu fordern, „der von der Absicht bestimmt wird, die sprachlichen Mittel und ihr System unter dem Gesichtspunkt der funktionsgerechten Sprachverwendung darzustellen und zu lehren" (S. 24). Eine konsequent funktionale Grammatik muß den Weg von der Funktion zur Form gehen, nicht umgekeht. Dabei gilt, daß zwischen Form und Funktion kein ein-eindeutiger Zusammenhang besteht, vielmehr erfüllt die einzelne grammatische Form in der Regel mehrere sprachliche Funktionen, z.B. „Auffordern", kann durch die verschiedensten Formen, keineswegs nur durch den „Aufforderungssatz", realisiert werden (vgl. W. Schmidt 1977, S. 32).

Schmidt definiert funktion in Anlehnung an G.F. Meier als die „beabsichtigte (aus Erfahrung zu erwartende) und normalerweise erzielte kommunikative Leistung (Effekt)" (S. 27). Es dürfte sich empfehlen, neben diesem pragmatischen Aspekt des Funktionsbegriffs noch den semantischen Aspekt zu betonen. Unter semantischem Aspekt wäre die inhaltliche Leistung bestimmter formaler Erscheinungen zu untersuchen: etwa im Bereich der Wortbildung die Funktion von Ableitungssilben (-bar; -lich; -heit; -keit; -ung ...), im Bereich der Verbformen die Funktion der Tempus- und Modusmorpheme, im Bereich der Syntax die inhaltliche Leistung von Satzbauplänen und vieles mehr.

Anhang

Literaturverzeichnis

Ader, Dorothea / Ludwig, Otto / Gerth, Klaus / Menzel, Wolfgang / Kleinschmidt, Gert / Kochan, Detlef, D./Messelken, Hans (1973): Diskussion Hessische Rahmenrichtlinien. In Praxis Deutsch, 1973, Heft 1

Ader, Dorothea/Bünting, Karl-Dieter/Eichler, Wolfgang/Kress, Axel (1976): Didaktik und Linguistik. Bemerkungen zum Lernbereich Reflexion über Sprache und Kommunikation und seine Behandlung im Schulbuch. In: Linguistik und Didaktik

Ader, Dorothea (1976): Sprachübungen. In: Praxis Deutsch, Heft 15

Admoni, Wladimir G. (1971): Grundlagen der Grammatiktheorie. Heidelberg: Quelle & Meyer

Admoni, Wladimir G.: (1972): Grammatiktheorien in ihrer Anwendung auf das heutige Deutsch. In: Institut für Deutsche Sprache

Admoni, Wladimir G. (1973): Die Entwicklungstendenzen des deutschen Satzbaus von heute. München: Hueber

Adorno, Theodor W. (1962): Besprechung zu: Korn, Walter: Sprache in der veralteten Welt. München

Adorno, Theodor W. (1969): Der Positivismusstreit in der deutschen Soziologie. Neuwied: Luchterhand

Aebli, Hans (1979): Grundformen des Lernens. Stuttgart: Klett-Cotta

Akpinar, Ünal: Zur interkulturellen Erziehung. In: Westermanns Pädagogische Beiträge, 1980, Heft 2

Allport, Gordon W. (1971): Die Natur des Vorurteils. Köln: Kiepenheuer & Witsch

Alfa Forschungsgruppe (1980): Berichte und Materialien der Forschungsgruppe Alfa. Fortbildung ausländischer Lehrer. Voraussetzungen und Konzepte. Essen/Landau

Althaus, Peter/Henne, Helmut/Wiegand, Herbert Ernst (Hrsg.) (1973): Lexikon der germanistischen Linguistik. Tübingen: Niemeyer

Ammon, Ulrich/Simon, Gerd (1975): Neue Aspekte der Soziolinguistik. Weinheim: Beltz

Apel, Karl-Otto (Hrsg.) (1976): Sprachpragmatik und Philosopie. Frankfurt: Suhrkamp

Apel, Karl-Otto (Hrsg.) (1976): Sprachakttheorie und transzendentale Sprachpragmatik zur Frage ethischer Normen. In: Apel

Appel, Otto u.a. (Hrsg.) (1967): Deutsches Lesebuch, Bd. 1, 2. Schuljahr. Frankfurt: Diesterweg

Arbeitsgruppe Vorschulerziehung (1975): Zur pädagogischen Arbeit im Kindergarten. In: Arbeitskreis Curriculum

Arbeitskreis Curriculum (Hrsg.) (1975): Thema Curriculum, Heft 5, Evaluation – Handlungsforschung. Tübingen: Rotsch

Arens, Hans (1969): Sprachwissenschaft. Der Gang ihrer Entwicklung von der Antike bis zur Gegenwart. Freiburg: Alber

Auer, Frank v. (1982): „Wer an Kindern spart, spart an Menschlichkeit“. Bildungschancen für Ausländerkinder. In: Erziehung und Wissenschaft, Heft 4

Auernheimer, Richard/Kröschke, Barbara (1976): Situationstheorie als Überwindung von Strukturorientierungen: Zur Kontroverse curricularer Ansätze. In: Zimmer

Augst, Gerhard (1976): Welchen Sinn hat der Grammatikunterricht in der Schule? In: Diskussion Deutsch

Augst, Gerhard (1978): Spracherwerb von 6 bis 16. Düsseldorf: Schwann

Augustinus, Aurelius (1957): De magistro (Vom Lehrmeister) (388/89), übers. v. Herbert Hornstein. Düsseldorf: Schwann

Ausubel, David P. (1974): Psychologie des Unterrichts. Weinheim: Beltz

Auwärter, Manfred (Hrsg.) (1976): Kommunikation, Interaktion, Identität, Frankfurt, Suhrkamp
Bachmaier, Angi (1974): Gastarbeiterkinder: Lernen durch Umwelterfahrung. In: AGG Materialien, Bonn 1974, Nr. 5
Badura, Bernhard (1972): Kommunikative Kompetenz. Dialoghermeneutik und Interaktion. In: Badura/Gloy
Badura, Bernhard/Gloy, Klaus (1972): Soziologie der Kommunikation. Eine Textauswahl zur Einführung. Stuttgart: Fromman-Holzboog
Bakker, Franz Josef (1965): Untersuchungen zur Entwicklung des Aktionsquotienten. In: Archiv für die gesamte Psychologie 117
Barthel, Gustav (1972): Konnte Adam schreiben? Weltgeschichte der Schrift. Köln: DuMont Schauberg
Baumgärtner, Alfred Clemens u.a. (1981): Ansichten, Bd. 10 G: Lesebuch 10. Schuljahr, Bochum: Kamp
Baumgärtner, Klaus u.a. (1973): Funk-Kolleg Sprache. Eine Einführung in die moderne Linguistik. Frankfurt: Fischer
Baumgärtner, Klaus u.a. (Hrsg.) (1977): Sprachliches Handeln. Heidelberg: Quelle & Meyer
Bechert, Günter (Hrsg.) (1971): Gesamtschulen in Nordrhein-Westfalen. Weinheim: Beltz
Beck, Oswald (1974): Kriterien der Aufsatzbeurteilung. Mainz: (Schriftenreihe des Kultusministeriums Rheinland-Pfalz, Bd. VI)
Beck, Oswald (1979): Theorie und Praxis der Aufsatzbeurteilung. Bochum: Kamp
Beck, Oswald/Payrhuber, Franz-Josef (1975): Aufsatzbeurteilung heute. Freiburg: Herder
Becker, Karl-Ferdinand (1827): Organism der Sprache als Einleitung der deutschen Grammatik. Frankfurt
Beginn, Wolfgang (1974): Steigerung der Rechtschreibleistung und Erweiterung des Wortschatzes durch Arbeit mit Adjektiven auf -lich, -ig und -isch, dargestellt an einer Unterrichtseinheit eines 6. Schuljahres. Köln: Unveröffentlichte Examensarbeit
Beginn, Wolfgang (1975): Adjektive auf -lich, -ig, -isch. Unterrichtsmodell. In: Praxis Deutsch, Heft 10
Behr, Klaus/Grönwoldt, Peter/Nündel, Ernst/Röseler, Richard/Schlotthaus, Werner (1975): Folgekurs für deutschlehrer: Didaktik und methodik der sprachlichen kommunikation. Begründung und beschreibung des projektorientierten deutschunterrichts. Weinheim: Beltz
Beilhardt, Karl u.a. (1973): Sprachbuch, 5. und 6. Schuljahr, Stuttgart: Klett
Beinlich, Alexander (Hrsg.) (2) (1961): Handbuch des Deutschunterrichts im ersten bis zehnten Schuljahr. Emsdetten: Lechte
Beisbart, Ortwin/Dobing-Jülch, Edeltraud/Eroms, Hans-Werner, Koss, Gerhard (1976): Textlinguistik und ihre Didaktik. Donauwörth: Auer
Below, Peter (1973): geschickt gemacht. In: betrifft: erziehung 6. Jg. (1973), Heft 10
Bense, Max/Walther, Elisabeth (Hrsg.): (1973): Wörterbuch der Semiotik. Köln: Kiepenheuer & Witsch
Bereiter, Carl/Engelman, Siegfried/Osborn, John/Reidforf, P.A. (1970: Eine intellektuell orientierte Vorschule für kulturell benachteiligte Kinder. In: Hechinger
Berg, Martin (1968): Besinnungsaufsatz. Zur Ideologie des Faches Deutsch. In: alternative 61
Berg, Martin/Rossbroich, Ulrike (1974): Ich meine es ernst und es ist wahr und stimmt, was ich geschrieben habe. Kinder machen ein Sprachbuch in der Schule. In: Richter/Vogt
Bergius, Rudolf (2) (1972): Psychologie des Lernens. Stuttgart: Kohlhammer
Bergmann, Bernhard (Hrsg.) (1956): Volksschule heute. Beiträge zur Entfaltung der Richtlinien für die Volksschulen des Landes NRW. Ratingen: Henn
Bernstein, Basil (1959): Sozio-kulturelle Determination des Lernens. Mit besonderer Berücksichtigung der Rolle der Sprache. In: Kölner Zeitschrift für Soziologie und Sozialpsychologie, Sonderheft 4
Bernstein, Basil (1972): Studien zur sprachlichen Sozialisation. Düsseldorf: Schwann
Beutin, Wolfgang (1976): Sprachkritik – Stilkritik. Eine Einführung. Stuttgart: Kohlhammer

Bischoff, Paul (2) (1971): Grundlagen und Praxis des Rechtschreibunterrichts. Hannover: Schroedel
Blankertz, Herwig (1969): Theorien und Modelle der Didaktik. München: Juventa
Blankertz, Herwig (Hrsg.) (1973): Curriculum-Forschung. Essen: Neue deutsche Schule
Bleuel, Hans-Peter (1981): Kinder – und die Welt, in der sie leben. Braunschweig
Block, Achim u.a. (Hrsg.) (1974): drucksachen – Lesebuch für die 5. Klasse. Düsseldorf: Pro Schule
Bloom, Benjamin S. (1970): Alle Schüler schaffen es. In: betrifft: erziehung 3 (1970), Heft 11
Bloom, Benjamin S. (Hrsg.) (5) (1976): Taxonomie von Lernzielen im kognitiven Bereich. Weinheim: Beltz
Boehncke, Heiner/Humburg, Jürgen (1980): Schreiben kann jeder. Handbuch zur Schreibpraxis für Vorschule, Schule, Universität, Beruf und Freizeit. Reinbek: Rowohlt
Boettcher, Wolfgang/Firges, Jean/Sitta, Horst/Tymister, Hans Josef 1973 v. (4) (1976): Schulaufsätze – Texte für Leser. Düsseldorf: Schwann
Boettcher, Wolfgang (1973): Kritische Kommunikationsfähigkeit. Bebenhausen: Rotsch
Boettcher, Wolfgang/Otto, Gunter/Sitta, Horst/Tymister, Hans Josef (1976): Lehrer und Schüler machen Unterricht. Unterrichtsplanung als Sprachlernsituation. München: Urban & Schwarzenberg
Boettcher, Wolfgang/Sitta, Horst (1978): Der andere Grammatikunterricht. München: Urban & Schwarzenberg
Boos Nünning, Ursula/Hohmann, Manfred (Hrsg.) (1977): Ausländische Kinder. Schule und Gesellschaft im Herkunftsland. Düsseldorf: Schwann
Born (1979): Zur Praxis der Aufsatzbenotung. Düsseldorf
Boueke, Dietrich 1974 (2) (1979): Deutschunterricht in der Diskussion. Paderborn: Schöningh
Braun, Peter (1965): Geläufige Satzbaupläne in Aufsätzen der Sieben- bis Zehnjährigen. In: Westermanns Pädagogische Beiträge 17
Braunroth, Manfred/Seyfert, Gernot/Siegel, Karsten/Vahle, Fritz (1975): Ansätze und Aufgaben der linguistischen Pragmatik. Frankfurt: Athenäum Fischer
Brenner, Oskar (1902): Die lautlichen und geschichtlichen Grundlagen unserer Rechtschreibung. Leipzig: Teubner
Brinker, Klaus (1972): Textlinguistik. Zum Forschungsstand einer neuen linguistischen Teildisziplin. In: Engel/Schwencke
Brinkmann, Hennig (1962): Die deutsche Sprache, Gestalt und Leistung. Düsseldorf: Schwann
Brög, Hans (Hrsg.) (1977): Probleme der Semiotik unter schulischem Aspekt. Ravensberg: Maier
Brunnhuber, Paul (6) (1974): Prinzipien effektiver Unterrichtsgestaltung. Donauwörth: Auer
Bubner, Rüdiger (1976): Handlung, Sprache und Vernunft. Grundbegriffe praktischer Philosophie. Frankfurt: Suhrkamp
Budde, Hermann/Eigler, Herbert (1979): Zur Ausbildungssituation ausländischer Jugendlicher in Nordrhein-Westfalen. In: Hansen/Klemm
Bühler, Hans (1972): Sprachbarrieren und Schulanfang. Eine pragmalinguistische Untersuchung des Sprechens von Sechs- bis Achtjährigen. Weinheim: Beltz
Bühler, Karl (2) (1965): Sprachtheorie. Die Darstellungsfunktion der Sprache (1934). Stuttgart: Fischer
Bülow, Edeltraut (1978): Kommunikative Ethik und Deutschunterricht. Sprachliches Handeln und ethisches Bewußtsein in der pädagogischen Situation. In: Ingendahl 1978
Bülow, Edeltraut (1972, (2) 1978): Kommunikative Ethik. Düsseldorf: Schwann
Bundesminister für Arbeit und Sozialordnung (Hrsg.): Datenmaterial des Koordinierungskreises „Ausländische Arbeitnehmer"
Bundeszentrale für politische Bildung (Hrsg.) (1971): Schriftenreihe der Bundeszentrale für politische Bildung Heft 91: Sprache und Politik. Bonn
Busemann, Adolf (1925): Die Sprache der Jugend als Ausdruck der Entwicklungsrhythmik. In: Quellen und Studien zur Jugendkunde 2 (auch in: Helmers 1969b)

Büttner, Gerd (1975): Offene Evaluation. In: Arbeitskreis Curriculum 1975
Cassirer, Ernst (1923): Philosophie der symbolischen Formen. 1. Teil: Die Sprache. Nachdruck Darmstadt: Wissenschaftliche Buchgesellschaft 1964
Cazden, Courtney B. (1972): Die Situation. Eine vernachlässigte Ursache sozialer Klassenunterschiede im Sprachgebrauch. In: Klein/Wunderlich
Certeau, Michel de (1978): L'ecriture de l'histoire Paris: Gallimard
Certeau, Michel de (1981): Croire – une pratique de la difference. Urbino
Cherubim, Dieter (Hrsg.) (1980): Fehlerlinguistik. Beiträge zum Problem der sprachlichen Abweichung. Tübingen: Niemeyer
Chomsky, Noam (1957): Syntactic Structures. The Hague: Mouton
Chomsky, Noam (1969): Aspekte der Syntax-Theorie. Frankfurt: Suhrkamp
Chomsky, Noam (1970): Sprache und Geist. Frankfurt: Suhrkamp
Chomsky, Noam (1971): Cartesianische Linguistik. Tübingen: Niemeyer
Chomsky, Noam (1974): Rezension von Skinners „Verbal Behavior" (1959). In: Eichler/Hofer
Chromecka, J. (1968): Zur Typologie und Gestaltung oraler Struktur- und Dianogalübungen. In: Deutsch als Fremdsprache, Heft 2
Church, Josef (1971): Sprache und die Entdeckung der Wirklichkeit. Über den Spracherwerb des Kleinkindes. Frankfurt: Fischer
Cicourel, Aaron V. (1975): Sprache in der sozialen Interaktion. München: List
Claus-Schulze, Anneliese u.a. (1969): Grammatik- und Orthographieunterricht, Arbeit am Ausdruck. 8. Klasse. Berlin: Volk und Wissen
Dahle, Wendula (1970): Neutrale Sprachbetrachtung. In: IDE
Daniels, Karlheinz (1974): Zum verhältnis von allgemeiner didaktik, fachwissenschaft und fachdidaktik. In: Wirkendes Wort
Deutscher Bildungsrat (4) (1975): Gutachten und Studien der Bildungskommission 12: Lernziele der Gesamtschule. Stuttgart: Klett-Cotta
Deutscher Bildungsrat (Hrsg.) (1975): Die Eingangsstufe des Primarbereiches Bd. 2. Soziales Lernen und Sprache. Gutachten und Studien der Bildungskommission 48/2. Stuttgart: Klett-Cotta
Diegritz, Theodor (1972): Linguistik in der Schule? Die Bedeutung für den Primärsprachunterricht in der Primarstufe und Sekundarstufe I. In: Diskussion Deutsch, Heft 10
Diegritz, Theodor (1980): Diskussion Grammatikunterricht. München: Fink
Diegritz, Theodor/Fuchshuber, Elisabeth/Sültemeyer, Ingeborg/Nündel, Ernst (Hrsg.) 1975): Perspektiven der Deutschdidaktik. Kronberg: Scriptor
Diegritz, Theodor/Fuchshuber, Elisabeth/Nündel, Ernst/Sültemeyer, Ingeborg (1975): Vorüberlegungen zum entwurf eines primärsprachlichen curriculums auf der basis der sprechakttheorie. In: Diegritz/Fuchshuber/Nündel/Sültemeyer
Dietrich, Ingrid (1974): Kommunikation und Mitbestimmung im Fremdsprachenunterricht. Kronberg: Scriptor
Dierks, Manfred/Zander, Hartwig (1975): Sprachgebrauch und Erfahrung. Kronberg: Scriptor
Digeser, Andreas (Hrsg.) (1974): Groß- und Kleinschreibung? Beiträge zur Rechtschreibreform. Göttingen: Vandenhoeck & Ruprecht
Dingeldey, Erika/Vogt, Jochen (Hrsg.) (1974): Kritische Stichwörter zum Deutschunterricht. München: Fink
Dittmar, Norbert (1973): Soziolinguistik. Exemplarische und kritische Darstellung ihrer Theorie, Empirie und Anwendung. Frankfurt: Athenäum Fischer
Doderer, Klaus (1960): Wege in die Welt der Sprache. Stuttgart: Klett
Drach, Erich (4) (1963): Grundgedanken der deutschen Satzlehre (1937). Darmstadt: Wissenschaftliche Buchgesellschaft
Drewitz, Ingeborg/Reuter, Ernst (Hrsg.) (1974): vernünftiger schreiben – reform der rechtschreibung. Frankfurt: Fischer
Duden, Konrad (1872): Zur Orientierung über die orthographische Frage. In: Garbe 1978
Duden, Konrad (1902): Orthographisches Wörterbuch der deutschen Sprache. Leipzig: Bibliographisches Institut

Ehlich, Konrad/Hohnhäuser, Josef/Müller, Frank/Wiehle, Dietmar (1971): Spätkapitalismus – Soziolinguistik – Kompensatorische Spracherziehung. In: Enzensberger/Michels
Eichler, Wolfgang/Hofer, Adolf (Hrsg.) (1974): Spracherwerb und linguistische Theorien. München: Piper
Eichler, Wolfgang (1977): Sprach-, Schreib- und Leseleistung. München: Fink
Einecke, Günther (1972): Kompensatorisches Denktraining im kompensatorischen Sprachunterricht des Faches Deutsch. In: Der Deutschunterricht 24, Heft 3.
Engel, Ulrich/Schwencke, Olaf (Hrsg.) (1972): Gegenwartssprache und Gesellschaft. Düsseldorf: Schwann
Engel, Ulrich (1977): Syntax der deutschen Gegenwartssprache. Berlin: Schmidt
Enzensberger, Hans Magnus/Michels, Karl-Markus (1971): Kursbuch 24. Berlin: Kursbuch
Erben, Johannes (4) (1961): Abriß der deutschen Grammatik. Berlin: Akademieverlag
Erikson, Erik H. (1966): Identität und Lebenszyklus. Frankfurt: Suhrkamp
Ermert, Karl (Hrsg.) (1979): Gibt es die „Sprachbarriere" noch? Düsseldorf: Schwann
Erwin-Tripp, Susan (1971): On Sociolingustic Rules: alternation and co-occurence. In: Slobin
Essen, Erika (1956): Methodik des Deutschunterrichts. Heidelberg: Quelle & Meyer
Essinger, Helmut (1974): Ausländische Arbeiter in unserer Gesellschaft. Band 1: Grundschule. München: Kösel
Feldbusch, Elisabeth (1977): Sprachkompensatorische Erziehung: Realisierung ‚gesellschaftlicher Chancengleichheit' oder Symptomenkorrektur. In: Linguistik und Didaktik, Heft 31
Felix, Sascha W. (1979): Second langeuage development: trends and issues. Tübingen: Narr
Fend, Helmut (1980): Theorie der Schule. München: Urban & Schwarzenberg
Filipp, Sigrun-H. (Hrsg.) (1979): Selbstkonzept – Forschung. Stuttgart: Klett
Fliegner, Andreas (1981): Zum Sprachstand ausländischer Hauptschulanfänger in deutschen Regelklassen. In: Revue de Phonetique Appliquee 58
Fliegner, Josef (1980): Schreibschwächen in Übungsaufsätzen von Hauptschulanfängern. In: Der Deutschunterricht 32
Fliegner, Josef/Gogolin, Ingrid (1982): Sprachstandsmessung bei Schulanfängern. Projekt: Ausländische Kinder an unseren Schulen. Hrsg. v. Pädagogischen Institut der Landeshauptstadt Düsseldorf
Frey, Karl (Hrsg.) (1975): Curriculum-Handbuch. München: Piper
Furth, Hans G. (1972): Denkprozesse ohne Sprache. Düsseldorf: Schwann
Gadamer, Hans-Georg/Vogler, Paul (Hrsg.) (1975): Neue Anthropologie, Bd. 7. Philosophische Anthropologie II. Stuttgart: Thieme
Gaiser, Konrad (1950): Wieviel Grammatik braucht der Mensch? In: Pädagogische Provinz 4
Galperin, Pjotr J. (1972): Die geistige Handlung als Grundlage für die Bildung von Gedanken und Vorstellungen. In: Galperin/Leontjew 1972
Galperin, Pjotr J./Leontjew, Aleksei N. u.a. (1972): Probleme der Lerntheorie. Berlin: Volk und Wissen
Gansberg, Fritz (1914): Der freie Aufsatz: seine Grundlagen und seine Möglichkeiten. Leipzig: Dürr
Garbe, Burckhard (Hrsg.) (1978): Die deutsche rechtschreibung und ihre reform 1722 - 1974. Tübingen: Niemeyer
Gaudig, Hugo/Scheibner, Otto (Hrsg.) (1909): Deutsches Lesebuch 1. Teil, 2. Schuljahr. Leipzig: Teubner
Gehlen, Arnold (4) (1950), (12) (1978): Der Mensch. Seine Natur und seine Stellung in der Welt. Bonn/Wiesbaden: Athenäum
Gehlen, Norbert u.a. (1977): Freiburger Forschungsprojekt: Schulische und außerschulische Sozialisation ausländischer ARbeiterkinder. In: Deutsch lernen, Heft 1
Geier, Manfred u.a. (1979): Sprachbewußtsein. Elf Untersuchungen zum Zusammenhang von Sprachwissenschaft und kulturhistorischer Psychologie. Stuttgart: Metzler
Geissler, Rolf (1974): Der Erlebnisaufsatz zum Beispiel. In: Schau 1974

Gerth, Klaus u.a. (Hrsg.) (1965): Lesebuch 65, 7. bis 9. Schuljahr. Hannover: Schroedel
Gesamtschule Gelsenkirchen (Hrsg.) (1973/74): Projekt Sprachkompensatorischer Unterricht. Tätigkeitsbericht.
Gipper, Helmut (1959): Sprache – Schlüssel zur Welt. Festschrift für Leo Weisgerber. Düsseldorf: Schwann
Gipper, Helmut (2) (1978): Denken ohne Sprache? Düsseldorf: Schwann
Girgensohn, Jürgen (1982): „Unterricht für ausländische Schüler." Rede anläßlich einer Pressekonferenz am 26.03.1982
Glinz, Hans (1952): Die innere Form des Deutschen – eine neue deutsche Grammatik. Bern: Francke
Glinz, Hans (1957): Der Deutsche Satz. Düsseldorf: Schwann
Glinz, Hans (1961): Der Sprachunterricht im engeren Sinne oder Sprachlehre und Sprachkunde. In: Beinlich
Glinz, Hans (1974): Der Anteil der Grundschule am Gesamtprozeß des Spracherwerbs. In: Die Grundschule 6 (1974)
Glotz, Peter/Langenbucher, Wolfgang (1965): Versäumte Lektionen. Gütersloh: Mohn
Goehrke, Klaus (1971): Probleme der Lernzielplanung für den Deutschunterricht. In: betrifft: erziehung (1971), Heft 11
Goffman, Erving (1971): Interaktionsrituale. Über Verhalten in direkter Kommunikation. Frankfurt: Suhrkamp
Goffman, Erving (1977): Rahmen-Analyse. Ein Versuch über die Organisation von Alltagserfahrungen. Frankfurt: Suhrkamp
Gössmann, Wilhelm (1976): Sätze statt Aufsätze. Schriftliches Arbeiten in der Primarstufe. Düsseldorf: Schwann
Gössmann, Wilhelm (1979): Schülermanuskripte. Schriftliche Arbeiten aus der Sekundarstufe I. Düsseldorf: Schwann
Grahs, Heinz W. (1971a): Sprachkompensatorischer Unterricht – Begründung und Darstellung eines Modells In: Bechert
Grahs, Heinz W. (1971b): Sprachkompensatorischer Unterricht an der Gesamtschule Gelsenkirchen. In: Gesamtschul-Informationen 3/1971
Grebe, Paul (Hrsg.) (1966), (3) (1973): Duden-Grammatik der deutschen Gegenwartssprache. Mannheim: Bibliographisches Institut
Grimm, Hannelore (1977): Psychologie der Sprachentwicklung. Stuttgart: Kohlhammer
Grimm, Hannelore (1978): Sprache. In: Klauer 1978
Grimm, Jacob (1849): Briefe an die berühmte Weidmannsche Buchhandlung Leipzig. In: Garbe
Grimm, Jacob und Wilhelm (1854 ff.): Deutsches Wörterbuch. Leipzig: Hirzel
Gruner, Otto (1978): Ästhetische Erziehung. Fachdidaktische Trendberichte 7. In: betrifft: erziehung (1978), Heft 2
Gutte, Rolf (1971): Rollenspiele als „kompensatorische Spracherziehung". In: Sprache und Politik, Schriftenreihe der Bundeszentrale für politische Bildung, Heft 91
Habermas, Jürgen (1971): Vorbereitende Bemerkungen zu einer Theorie der kommunikativen Kompetenz. In: Habermas/Luhmann 1971
Habermas, Jürgen (1976 a): Universalpragmatische Hinweise auf das System der Ich-Abgrenzung. In: Auwärter/Kirsch/Schröter
Habermas, Jürgen (1976 b): Was heißt Universalpragmatik? In: Apel 1976
Habermas, Jürgen (1981): Theorie des kommunikativen Handelns. Frankfurt: Suhrkamp
Habermas, Jürgen/Luhmann (1971): Theorie der Gesellschaft oder Sozialtechnologie. Frankfurt: Suhrkamp
Hager, Frithjof/Haberland, Hartmut/Paris, Rainer (1973): Soziologie und Linguistik. Die schlechte Aufhebung sozialer Ungleichheit durch Sprache. Stuttgart: Metzler
Hamburger Autorenkollektiv (1975): Sprachunterricht gleich Linguistik? Zur Kritik des linguistischen Sprachunterrichts. Stuttgart: Metzler
Hansel, Toni (1981): Projektunterricht – didaktischer Ort und unterrichtliche Realisation. In: Twellmann
Hansen, Georg/Klemm, Klaus (Hrsg.) (1979): Kinder ausländischer Arbeiter. Essen: Neue deutsche Schule

Harris, Zellig S. (1951): Methods in Structural Linguistics Chicago: University of Chicago Press

Hartmann, Peter (1971): Text als linguistisches Objekt. In: Stempel 1971

Hartwig, Helmut (1970): Was kann man mit Basil Bernsteins Ergebnissen anfangen? In: Diskussion Deutsch, Heft 2

Hartwig, Helmut (1980): Jugendkultur. Reinbek: Rowohlt

Haueis, Eduard (1971): die theoretische grundlegung des gegenwärtigen aufsatzunterrichts. Essen: Neue Deutsche Schule

Haueis, Eduard (1971): Vom Aufsatzunterricht zu einer Didaktik der Textproduktion. In: Haueis/Hoppe

Haueis, Eduard (1981): Grammatik entdecken. Grundlagen des kognitiven Lernens im Sprachunterricht. Paderborn: Schöningh

Haueis, Eduard/Hoppe, Otfried (Hrsg.) (1972): Aufsatz und Kommunikation. Düsseldorf: Schwann

Hechinger, Fred M. (1970): Vorschulerziehung als Förderung sozial benachteiligter Kinder. Stuttgart

Heckhausen, Heinz (1974): Leistung und Chancengleichheit. Göttingen: Hogrefe

Hegele, Irmintraut (Hrsg.) (1978): Grundschule, Unterricht, Lehrerbildung. Festschrift für Fritz Bärmann. Frankfurt: Arbeitskreis Grundschule

Hegele, Irmintraut (1979): Lerndiagnose und Sprachförderung. Textproduktion als Gegenstand einer empirischen Sprachdidaktik. Bochum: Kamp

Hegele, Irmintraut (1981): Deutsch als Zweitsprache: Sprachstandsdiagnose und Sprachförderung von Ausländerkindern. In: Deutsch lernen 6

Hegele, Irmintraut/Pommerin, Gabriele (1983): Erfahrungsoffener Deutschunterricht mit ausländischen und deutschen Kindern. Heidelberg: Quelle & Meyer

Heidelberger Forschungsprojekt (1977): „Pidgin – Deutsch". Die ungesteuerte Erlernung des Deutschen durch spanische und italienische Arbeiter. Eine soziolinguistische Untersuchung. In: Osnabrücker Beiträge zur Sprachtheorie. Beihefte 2. Osnabrück

Heimann, Paul/Otto, Gunter/Schulz, Wolfgang (1965) (5) 1970, (7) (1975): Unterricht – Analyse und Planung. Hannover: Schroedel

Heintel, Erich (1959): Gegenstandskonstitution und sprachliches Weltbild. In: Gipper 1959

Heintz, Peter (Hrsg.) (1959): Soziologie der Schule. Sonderheft 4 der Kölner Zeitschrift für Soziologie und Sozialpsychologie

Helmers, Hermann (Hrsg.) (1969 a): Die Diskussion um das deutsche Lesebuch. Darmstadt: Wissenschaftliche Buchgesellschaft

Helmers, Hermann (Hrsg.) (1969 b): Zur Sprache des Kindes. Darmstadt: Wissenschaftliche Buchgesellschaft

Helmers, Hermann (7) (1972), (10) (1979): Didaktik der deutschen Sprache. Stuttgart: Klett, 1. Aufl. 1960

Henrici, Gert (1976): Ein Vorschlag für einen „eigenständigen" sprachunterricht in der sekundarstufe und eine theorie-praxis-orientierte lehrerausbildung. In: Wirkendes Wort 26

Henrici, Gert/Meyer-Hermann, Reinhard (Hrsg.) (1976): Linguistik und Sprachunterricht. Paderborn: Schöningh

Hentig, Hartmut von (1975): Lernziele der Gesamtschule. Stuttgart: Klett-Cotta

Herder, Johann Gottfried (1772): Abhandlung über den Ursprung der Sprache. Nachdruck: Reclam 1975

Herder, Johann Gottfried (1960): Sprachphilosophische Schriften. Hrsg. von Erich Heintel. Hamburg: Meiner

Heringer, Hans-Jürgen (1970): Theorie der deutschen Syntax. München: Hueber

Herrlitz, Hans-Georg (1966): Vom politischen Sinn einer modernen Aufsatzrhetorik. In: Gesellschaft, Staat, Erziehung 11

Herrmann, Wolfgang (1974): Zur Krise der Aufsatzdidaktik. In: Boueke 1974

Hess, Robert/Handel, Gerald (1975): Familienwelten. Düsseldorf: Schwann

Hessischer Kultusminister (1972): Rahmenrichtlinien Sekundarstufe I Deutsch. Frankfurt: Diesterweg

Heymann, H.W. (1975): Zusammenhänge zwischen Unterrichtsvebalien, insbesondere zwischen Lernmethoden und Lerninhalten. In: Frey 1975
Hildebrand, Rudolf (25) (1954): Vom deutschen Sprachunterricht in der Schule und von deutscher Erziehung und Bildung überhaupt (1867). Heilbrunn: Klinkhardt
Hildebrand, Rudolf (2) (1952): Vom deutschen Sprachunterricht hrsg. v. H. Deiters. Berlin: Aufbau-Verlag
Hoberg, Rudolf (1970): Die Lehre vom sprachlichen Feld. Düsseldorf: Schwann
Hockett, Charles F. (1969): The problem of universals in language. In: Arens
Hörmann, Hans (1970): Psychologie der Sprache. Berlin: Springer
Hörmann, Hans (1976): Meinen und Verstehen. Grundzüge einer psychologischen Semantik. Frankfurt? Suhrkamp
Hofstätter, Peter R. (1975): Psychologie (Fischer-Lexikon, Bd. 6). Frankfurt: Fischer
Hohmann, Manfred (Hrsg.) (1976): Unterricht mit ausländischen Kindern. Düsseldorf: Schwann
Holtkamp, Uwe (1971): Soziales Lernen an der Gesamtschule Kamen. In: Bechert
Holzer, Horst/Steinbacher, Karl (Hrsg.) (1972): Sprache und Gesellschaft. Hamburg: Hoffmann & Campe
Holzkamp, Christine (1971): Die Entwicklung des Leistungsstrebens. In: Familienerziehung, Sozialschicht und Schulerfolg. Weinheim: Beltz
Hoppe. Otfried (1974): Ansätze und Probleme eines kommunikationstheoretisch konzipierten Aufsatzunterrichts. In: Blätter für den Deutschlehrer 18
Hopster, Norbert (Hrsg.) (1979): Hochschuldidaktik „Deutsch". Paderborn: Schöningh
Hüllen, Werner (1976): Linguistik und Englischunterricht. Heidelberg: Quelle & Meyer
Humann, Paul (1975): Pragmatik und Sprachunterricht. Theoretische Überlegungen und Unterrichtsbeispiele. In: Diskussion Deutsch Heft 23
Humboldt, Wilhelm von: Fragmente der Monographie über die Basken (1801/2). In: Werke, hrsg. v. A. Leitzmann, Bd. VII, 2, 1908
Humboldt, Wilhelm von (1822): Über den Nationalcharakter der Sprachen. In: Werke, hrsg. v. A. Leitzmann, Bd. VI, 1905
Humboldt, Wilhelm von (1835): Über die Verschiedenheit des menschlichen Sprachbaus und ihren Einfluß auf die geistige Entwicklung des Menschengeschlechts. In: Werke, hrsg. v. A. Leitzmann, Bd. VII, 1, 1907
Humboldt, Wilhelm von (1903 - 1912): Werke. Hrsg. von Albert Leitzmann (Akademieausgabe). Berlin: Behr
Humboldt, Wilhelm von (1963): Schriften zur Sprachphilosophie. Hrsg. v. Andreas Flitner und Klaus Giel. (= Werke, Bd. III). Darmstadt: Wissenschaftliche Buchgesellschaft
Hurrelmann, Klaus/Ulich, Dieter (Hrsg.) (1980): Handbuch der Sozialisationsforschung. Weinheim: Beltz
Ide, Heinz (1970): Bestandsaufnahme Deutschunterricht. Ein Fach in der Krise. Stuttgart: Metzler
Ihssen, Werner B. (1980): Probleme der Sprachentwicklungsdiagnose bei Ausländerkindern. In: Praxis Deutsch, Sonderheft 1980: Deutsch als Zweitsprache
Ingendahl, Werner (1970: Aufsatzerziehung als Hilfe zur Emanzipation. In: Der Deutschunterricht 22
Ingendahl, Werner (1972 a): Aufsatzerziehung als Hilfe zur Emanzipation. Düsseldorf: Schwann
Ingendahl, Werner (1972 b): Lernziele zur Aufsatzerziehung. In: Wirkendes Wort 5 (1972)
Ingendahl, Werner (1975): Sprechen und Schreiben. Studienbuch zur Didaktik der sprachlichen Äußerung. Heidelberg: Quelle & Meyer
Ingendahl, Werner/Hartmann, Wilfried/Kügler, Hans (1975): Sprachreflexion als zentrale Kategorie des Deutschunterrichts. In: Wirkendes Wort
Ingendahl, Werner/Jansen, Peter/Jüptner, Werner/Pommerin, Gabriele/Waldinger, Karl-Georg (1977): Handlungsorientierter Deutschunterricht. Heidelberg: Quelle & Meyer
Ingendahl, Werner (1978): Erziehungsziel: Sprachliche Verständigung. Bochum: Kamp
Ingendahl, Werner (1981): Szenische Spiele im Deutschunterricht. Düsseldorf: Schwann
Ingendahl, Werner/Jansen, Peter/Jüptner, Werner/Pommerin, Gabriele/Schneider, Bernhard/Waldinger, Karl-Georg (1978): sagen —handeln. Bd. 5, 6 und 7. Düsseldorf: Bagel

Institut für Deutsche Sprache (1972): Jahrbuch 1971: Neue Grammatiktheorien und ihre Anwendung auf das heutige Deutsch. Düsseldorf: Schwann
Iser, Wolfgang (1969): Überlegungen zu einem literaturwissenschaftlichen Studienmodell. In: Linguistische Berichte 2
Ivo, Hubert (1975): Handlungsfeld: Deutschunterricht. Frankfurt: Fischer
Jäger, Siegfried (1971): „Sprachbarrieren"? 21 Thesen zur Diskussion. In: Linguistische Breichte 15
Jäger, Siegfried (1977/78): Schichtenspezifischer Sprachgebrauch von Schülern. Kronberg: Scriptor
Jensen, Adolf/Lamszus, Wilhelm (1910): Unser Schulaufsatz ein verkappter Schundliterat. Ein Versuch zur Neugründung des deutschen Schulaufsatzes für Volksschulen und Gymnasien. Hamburg: Janssen
Jensen, Hans (1958): Die Schrift in Vergangenheit und Gegenwart. Berlin: Deutscher Verlag der Wissenschaften
Kaeding, Friedrich W. (1897/98): Häufigkeitswörterbuch der deutschen Sprache. Steglitz
Kainz, Friedrich (1943, (2) 1960): Psychologie der Sprache. Bd. 2: Vergleichend-genetische Sprachpsychologie. Stuttgart: Enke
Kaiser, Annemarie/Kaiser, Franz-Josef (Hrsg.) (1977): Projektstudium und Projektarbeit in der Schule. Bad Heilbrunn: Klinkhard
Kallbach, Wilhelm (1939): Deutsches Lesebuch für höhere Schulen, Ausgabe für Jungen, Klasse 3. Berlin: Weidmannsche Verlagsbuchhandlung
Kamlah, Wilhelm/Lorentzer, Paul (1977): Logische Propädeutik. Mannheim: Bibliographisches Institut
Kant, Immanuel: Schriften zur Metaphysik und Logik (Suhrkamp-Ausgabe Bd. 6). Frankfurt: Suhrkamp
Kant, Immanuel: Kritik der reinen Vernunft (Suhrkamp-Ausgabe Bd. 4). Frankfurt: Suhrkamp
Karger, Irmingard (1980): Die Situation der Ausländerkinder im Spiegel von Kinder- und Jugendbüchern. In: Sonderheft Praxis Deutsch 1980: Deutsch als Zweitsprache
Kegel, Gerd (1974): Sprache und Sprechen des Kindes. Reinbek: Rowohlt
Keseling, Gisbert u.a. (1974): Sprach-Lernen in der Schule. Die Funktion der Sprache für die Aneignung von Kenntnissen und Fähigkeiten. Köln: Pahl-Rugenstein
Key, Ellen (1902): Das Jahrhundert des Kindes. Berlin: S. Fischer
Klann, Gisela/Rosenow, Jochen (1974): Sprachliche Kommunikation und soziales Lernen. In: Diskussion Deutschunterricht
Klauer, Karl-Josef u.a. (1972): Lernzielorientierte Tests. Düsseldorf: Schwann
Klauer, Karl-Josef (Hrsg.): (1978): Handbuch der pädagogischen Diagnostik. Düsseldorf: Schwann
Kleber, Eduard W. (1979): Tests in der Schule. München: Reinhardt
Klein, Wolfgang/Wunderlich, Dieter (Hrsg.) (1972): Aspekte der Soziolinguistik. Frankfurt: Athenäum
Kleist, Heinrich von: Sämtliche Werke. München: Droemer
Klemm, Klaus (1979): Ausländerkinder in deutschen Schulen – Zahlen und Prognosen. In: Hansen/Klemm
Klix, Friedhart (3) (1976): Information und Verhalten. Kybernetische Aspekte der organischen Informationsverarbeitung. Bern: Huber
Kochan, Barbara (Hrsg.) (1974): Rollenspiel als Methode sprachlichen und sozialen Lernens. Kronberg: Scriptor
Kochan, Detlev C. (1975): Forschungen zum Deutschunterricht. Weinheim: Beltz
Kochan u.a. (Hrsg.) (1972): Sprache und Sprechen. 5. Schuljahr. Hannover: Schroedel
Kösel, Edmund/Schneider, J. (1978): Übung – Grundlagen des Lernens. Ravensburg: Maier
Kohlberg, Lawrence (1974): Zur kognitiven Entwicklung des Kindes. Frankfurt: Suhrkamp
Kolbe, Jürgen (Hrsg.) (4) (1970): Ansichten einer zukünftigen Germanistik. München: Hanser
Krathwohl/Bloom/Masia (1975): Taxonomie von Lernzielen im affektiven Bereich. Weinheim: Beltz

Kreft, Jürgen (1974): Entschultes lernen durch projekte? Zur Kritik der projektmethode. In: Westermanns Pädagogische Beiträge 26, Heft 12
Kreft, Jürgen (1977): Grundprobleme der Literaturdidaktik. Heidelberg: Quelle & Meyer
Kreft, Jürgen (1979): Möglichkeiten und Grenzen einer curriculum-theoretischen Begründung des Faches Deutsch. In: Hopster 1979
Krumm, Hans-Jürgen (1978): Perspektiven für die Fremdsprachenvermittlung und die Fremdsprachendidaktik. In: Studium Linguistik
Kuhnert, Walter (1979): Begriffsaneignung und Alltagserfahrung. Thesen zum Einfluß der Begriffsaneignung auf die Wirklichkeitsrezeption. In: Geier 1979
Kultusminister Nordrhein-Westfalen (1968): Grundsätze, Bildungspläne, Richtlinien zur Neuordnung der Hauptschulen in Nordrhein-Westfalen. Wuppertal: Henn
Kultusminister Nordrhein-Westfalen (1969): Richtlinien und Lehrpläne für die Grundschule – Schulversuch in Nordrhein-Westfalen –. Wuppertal: Henn
Kunert, Kristian (1976): Einführung in die curriculare Unterrichtsplanung. München: Kösel
Küpper, Heinz (1974): Berufsschelten für Lehrer und Schüler. In: Block
Kutschera, Franz von (1971): Sprachphilosophie. München: Fink
Labov, William (1972a): Die Logik des Nonstandard-English. In: Klein/Wunderlich
Labov, William (1972b): Das Studium der Sprache im sozialen Kontext. In: Klein/Wunderlich
Lado, Robert (3) (1973): Moderner Sprachunterricht. Eine Einführung auf wissenschaftlicher Grundlage. München: Hueber
Laing, Ronald D. (1977): Phänomenologie der Erfahrung. Frankfurt: Suhrkamp
Lammertz, Josef/Hottenrott, A. (17) (1955): Vollständige Rechtschreiblehre. Paderborn: Schöningh
Lansky, Milos/Polak, Vlastimil (Hrsg.) (1977): Studien zur Superierung durch Komplexbildung. Paderborn/Hannover: Schöningh/Schroedel
Leithäuser, Thomas (1976): Formen des Alltagsbewußtseins. Frankfurt: Campus
Lenneberg, Eric H. (1972): Biologische Grundlagen der Sprache. Frankfurt: Suhrkamp
Lenzen, D. (1973): Ein didaktisches Strukturgitter für den deutschen Sprachunterricht. In: Blankertz 1973
Lepschy, Giulio C. (2) (1969): Die strukturale Sprachwissenschaft. München: Nymphenburger
Lewandowski, Theodor (1976): Linguistisches Wörterbuch 1, in der Reihe „Grundlagen der Sprachdidaktik" hrsg. v. Bernhard Weisgerber. Heidelberg: Quelle & Meyer
Lewandowski, Theodor (1978): Spracherwerb und kognitive Entwicklung. In: Augst
Liebe-Harkort, U. (1972): In Memoriam Behavioral Objectives. Über den Bedeutungswandel operationalisierter Lernziele. In: Thema Curriculum 1. Bebenhausen: Rotsch
Lohmann, Johannes (1975): Die Sprache als Fundament des Menschseins. In: Gadamer/Vogler
Lorenzer, Alfred (1973): Sprachzerstörung und Rekonstruktion. Vorarbeiten zu einer Metaphorie der Psychoanalyse. Frankfurt: Suhrkamp
Lorenzer, Alfred (1978): Sprache - Praxis – Wirklichkeit – in der Perspektive einer Analyse subjektiver Struktur. In: Simon/Strassner
Lueg, C.H. (1972): Kriterien für die Beurteilung von Schüleraufsätzen? In: Mitteilungen des Deutschen Germanisten-Verbandes 1/1972
Luriya, Aleksandor R./Judowitsch Faina J. (1970): Die Funktion der Sprache in der geistigen Entwicklung des Kindes. Düsseldorf: Schwann
Luther, Wilhelm (1970): Sprachphilosophie als Grundwissenschaft. Heidelberg: Quelle & Meyer
Lyons, John (1971 a): Noam Chomsky. München: Deutscher Taschenbuch-Verlag
Lyons, John (1971 b): Einführung in die moderne Lingustik. München: Beck
Maas, Utz (1973): Linguistik als Legimitationswissenschaft. In: Linguistik und Didaktik 4
Maas, Utz (1974): Argumente für die Emanzipation von Sprachstudium und Sprachunterricht. Frankfurt: Athenäum Fischer
Maas, Utz (1976): Kann man Sprache lernen? Für einen anderen Sprachunterricht. Frankfurt: Syndikat

Maas, Utz/Wunderlich, Dieter (2) (1972): Pragmatik und sprachliches Handeln. Frankfurt: Athenäum
Mager, Robert (1972): Lernziele und programmierter Unterricht. Weinheim: Beltz
Malotki, Ekkehard (1979): Hopi-Raum. Eine sprachwissenschaftliche Analyse der Raumvorstellungen in der Hopi-Sprache. Tübingen: Narr
Markova, A.K. (1973): Periodizacija rečevogo razvitija. In: Voprosy psichologii 6
Mauermann, Lutz (1974): Schulleistungsmessung als pädagogisches Problem. In: Welt der Schule 27, Heft 9
Mead, George Herbert (1969): Sozialpsychologie. Neuwied: Luchterhand
Mead, George Herbert (2) (1975): Geist, Identität und Gesellschaft (1934). Frankfurt: Suhrkamp
Meier, Helmut (1964 (2) 1967): Deutsche Sprachstatistik. Hildesheim: Olms
Meier, Rolf (1977): Analyse und Training der kommunikativen Kompetenz im Bereich der schriftlichen Textproduktion. Köln: Unveröffentl. Examensarbeit
Meier, Rolf/Rivet, Gabriele (1979): Standardisierte Testverfahren im Deutschunterricht. „Korrigieren – zensieren – beurteilen". In: Praxis Deutsch, Sonderheft
Meisel, Jürgen (1976): Linguistik simplifikations: a study of imigrant worker's speech and foreigner talk, in: S.P. Corder & E. Roulet (Hrsg.): The notions of simplifikations interlanguages and pidgins and their relations to second language pedagogy. Actes du 5 eme colloque de linguistique appliquee de Neuchatel 1976
Melzer, Helmut/Seifert, Walter (1976): Theorie des Deutschunterrichts. München: Ehrenwirth
Mellinghaus, Günter (Hrsg.) (1977): Der fremde Nachbar. Von der Herkunft unserer Ausländer und ihren Schwierigkeiten, hier zu leben und Deutsch zu lernen. Tübingen/Basel
Menk, Antje-Katrin (1978): Die Ausbildung von Lehrern an der Universität Bremen. In: Deutsch lernen 3/78
Mentrup, Wolfgang (1979): Die Groß- und Kleinschreibung im Deutschen und ihre Regeln. Tübingen: Narr
Menzel, Wolfgang (1974): Die deutsche Schulgrammatik. Kritik und Ansätze zur Neukonzeption. Paderborn: Schöningh
Menzel, Wolfgang (1978): Zur Didaktik der Orthographie. In: Praxis Deutsch 32
Menzel, Wolfgang (1982): Über das Üben – zum Beispiel: Rechtschreibung. In: Praxis Deutsch, Sonderheft
Merkelbach, Valentin (1972): Kritik des Aufsatzunterrichts. Frankfurt: Diesterweg
Messelken, Hans (1971 a): Empirische Sprachdidaktik. Heidelberg: Quelle & Meyer
Messelken, Hans (1971 b): Deutsches Rechtschreibprogramm. Lehrerheft. Wuppertal: Henn
Messelken, Hans (1973 ff.): Programmierte Rechtschreibung, 5 Bde. Heidelberg: Quelle & Meyer
Messelken, Hans (1975): Orthographie und Rechtschreibung. In: Sowniski
Messelken (1979): Beamtendeutsch. In: der Öffentliche Dienst und die Medien. Bonn
Messelken, Hans/Messelken, Ingrid (1980): Lesen-Schreiben. Arbeitsheft für das 5. Schuljahr. Frankfurt
Messelken, Hans (1981): Fragen zur deutschen Rechtschreibung. In: Zabel
Meyers Konversations-Lexikon (5) (1897): Leipzig: Bibliographisches Institut
Meyer, Hilbert L. (5) (1976): Trainingsprogramme zur Lernzielanalyse. Kronberg: Athenäum
Meyer-Ingwersen, Johannes (1977): Eine Antwort auf W. Stöltings Einschätzung der Situation und Schulbildung der Gastarbeiterkinder. In: Studium Linguistik 3/77
Meyer-Ingwersen, Johannes/Neumann, Rosemarie/Kummer, Matthias (1977): Zur Sprachentwicklung türkischer Schüler in der Bundesrepublik. Kronberg: Scriptor
Minder, Robert (1953): Soziologie der deutschen und französischen Lesebücher. In: Helmers 1969a
Möller, Christine (5) (1976): Technik der Lernplanung. Weinheim: Beltz
Molony, Carol/Zobl, Helmut/Stölting, Wilfried (Hrsg.) (1979): Deutsch im Kontakt mit anderen Sprachen. Kronberg: Scriptor
Morris, Charles (1975): Sprechen und menschliches Handeln. In: Gadamer/Vogler

Moser, Heinz (1971): Technik der Lernplanung. Curriculum-Forschung und Ideologien. In: Zeitschrift für Pädagogik 17, Heft 1
Moser, Hugo (Hrsg.) (1962): Das Ringen um eine neue deutsche Grammatik. Darmstadt: Wissenschaftliche Buchgesellschaft
Müller-Michaels, Harro (1976): Lernziele. In: Stöcker
Müller, Hermann (Hrsg.) (1974): Ausländerkinder in deutschen Schulen. Stuttgart: Klett
Münch, Paul Georg (1931): Mein frohes Völkchen. Leipzig: Dürr
Nerius, Dieter (1975): Untersuchungen zu einer Reform der deutschen Orthographie. Berlin: Akademie
Neuland, Eva (1975): Sprachbarrieren oder Klassensprache. Untersuchungen zum Sprachverhalten im Vorschulalter. Frankfurt: Fischer
Neuland, Eva (1979): Soziolinguistik und Sprachunterricht. In: Boueke 1979
Neumann, Ursula/Reich, Hans (1978): Türkische Kinder – deutsche Lehrer. Probleme im Unterricht, Erklärungen und Hilfen. Düsseldorf: Schwann
Neuner, G./Krüger, M./Grewer, V. (1981): Übungstypologie zum kommunikativen Deutschunterricht. Berlin: Langenscheid
Nündel, Ernst (1976): Zur Grundlegung einer Didaktik des sprachlichen Handelns. Kronberg: Scriptor
Nündel, Ernst (Hrsg.) (1979): Lexikon zum Deutschunterricht. München: Urban & Schwarzenberg
Oevermann, Ulrich (1970): Schichtenspezifische Formen des Sprachverhaltens und ihr Einfluß auf die kognitiven Prozesse. In: Roth
Overmann, Ulrich (1972): Sprache und soziale Herkunft. Frankfurt am Main: Suhrkamp
Oevermann, Ulrich u.a. (1976): Beobachtungen zur Struktur der sozialisatorischen Interaktion. In: Auwärter/Kirsch/Schröter
Oksaar, Els (1977): Spracherwerb im Vorschulalter. Einführung in die Pädolinguistik. Stuttgart: Kohlhammer
Ort, Michael (1976): Sprachverhalten und Schulerfolg. Weinheim: Beltz
Otto, Berthold (1901 - 14): Die Zukunftsschule. Berlin-Lichterfelde: Scheffer
Otto, Berthold (1908): Kindesmundart. Berlin: Modern-pädagogischer und psychologischer Verlag
Otto, Gunter (1978): Ästhetische Erziehung. Fachdidaktische Trandberichte 7. In: betrifft:erziehung 2/1978
Paul, Lothar/Pridik, Karl-Heinz (1971): Zur kompensatorischen Erziehung im Fach Deutsch. In: Bechert
Pauly, Peter (1975): Integrativer Sprachunterricht. Heidelberg: Quelle & Meyer
Piaget, Jean (1962): Comments on Vygotsky's critical remarks concerning The Language and Thougt of the Child, and Jugdement and Reasoning in the Child. Massachusetts Institut of Technology
Piaget, Jean (2) (1975): Sprechen und Denken des Kindes (1923). Düsseldorf: Schwann
Pienemann, Manfred (1979): The second language acquisition of migrant children. In: Felix 1979
Platon (1957 - 59): Sämtliche Werke, übers. v. Friedrich Schleiermacher. Reinbek: Rowohlt
Pommerin, Gabriele (1977): Deutschunterricht mit ausländischen und deutschen Kindern. Bochum: Kamp
Pommerin, Gabriele (1980a): Handlungsorientierter Sprachunterricht mit ausländischen und deutschen Kindern der sog. Regelklasse. In: Deutsch lernen 1/1980
Pommerin, Gabriele (1980b): Deutschunterricht in multinationalen Lerngruppen – eine Lernchance für ausländische und deutsche Kinder. In: Ausländerkinder. Forum für Schule und Sozialpädagogik. Hrsg. von der Forschungsstelle ausländische Arbeiterkinder an der PH Freiburg, Heft 2
Pommerin, Gabriele (1980c): Eine spannende Entdeckungsreise: Deutschunterricht. In: Kladderadatsch. Bonn 1/1980
Pommerin, Gabriele (1980d): „Erfahrungsentfaltender" Deutschunterricht mit ausländischen und deutschen Kindern. In: Praxis Deutsch, Sonderheft '80
Pommerin, Gabriele: Klassenzeitungen – damit man sich besser kennenlernt. In: Ausländerkinder in Schule und Kindergarten 2 (1981) Heft 4

Portmann, Adolf (2) (1958): Zoologie und das neue Bild des Menschen. Hamburg: Rowohlt
Pregel, Dietrich (1970): Zum Sprachstil des Grundschulkindes. Düsseldorf: Schwann
Pregel, Dietrich/Rickheit, Gert (1975): Kindliche Redetexte. Düsseldorf: Schwann
Preyer, William Thierry (8) (1912): Die Seele des Kindes. Leipzig: Grieben
Ramge, Hans (1973): Spracherwerb. Grundzüge der Sprachentwicklung des Kindes. Tübingen: Niemeyer
Raumer, Rudolf von (1855): Das Princip der deutschen Rechtschreibung. In: Garbe 1978
Reich, Hans H. (1979a): Deutschunterricht für ausländische Schüler. In: Boueke
Reich, Hans H. (1979b): Lehrer fremder Muttersprachen – Bericht über Fortbildungsarbeit mit ausländischen Lehrern. In: Studium Linguistik 7/79
Reich, Kersten (1977): Theorie der Allgemeinen Didaktik. Stuttgart: Klett
Reichenau, Rudolf (1909): Beim Anziehen. In: Gaudig/Scheiber
Reimers, Ludwig (1957): Stilkunst. Ein Lehrbuch deutscher Prosa. München: Beck
Reintges, Bernhard (1981): Das Systematische und das Paradigmatische als Bauprinzipien eines Lehrgangs. In: Twellmann
Rheinberg, Friedrich (1976): Situative Determinanten der Beziehung zwischen Leistungsmotiv und Schul- und Studienleistung. In: Schmalt/Meyer
Rheinberg, Friedrich (1978): Bezugsnorm und Wahrnehmung eigener Tüchtigkeit. In: Filipp
Richard, Jörg (1974): Rollenspiel. In: Dingeldey/Vogt
Richter, Dieter/Vogt, Jochen (Hrsg.) (1974): die heimlichen erzieher. kinderbücher und politisches lernen. Reinbek: Rowohlt
Richtlinien und Lehrpläne für die Grundschule Nordrhein-Westfalen. Ratingen: Henn 1973
Richtlinien für den Unterricht der Kinder ausländischer Arbeitnehmer in Nordrhein-Westfalen. Hrsg. vom Kultusminister des Landes Nordrhein-Westfalen. Köln 1977
Rickheit, Gert (1975): Zur Entwicklung der Syntax im Grundschulalter. Düsseldorf: Schwann
Rieger, Maria F. (1975): Einige thesen zur konzeption eines eigensprachlichen unterrichts an der laborschule der universität Bielefeld. In: Diegritz/Fuchshuber/Nündel/Sültemeyer
Robinsohn, Saul B. (1967): Bildungsreform als Revision des Curriculums. Neuwied: Luchterhand
Rochow, Friedrich von (1776/79): Der Kinderfreund. Ein Lesebuch zum Gebrauch in Landschulen. Zit. nach der neuen Aufgabe 1806, zweiter Teil
Roth, Heinrich (Hrsg.) (5) (1970): Begabung und Lernen. Ergebnisse und Folgerungen neuer Forschungen. Stuttgart: Klett
Rüschenbaum, Horst Werner (1979): Zum Verhältnis von Sprache, Denken und Interaktion. Frankfurt: Lang
Rumpf, Horst (1973): Divergierende Unterrichtsmuster in der Curriculumentwicklung. In: Zeitschrift für Pädagogik 19
Rumpf, Horst (1976): Unterricht und Identität. Perspektiven für ein humanes Lernen. München: Juventa
Ruoff, Arno (1973): Grundlagen und Methoden der Untersuchung gesprochener Sprache. Tübingen: Niemeyer
Sanner, Rolf (1967, 1970): Aufsatzerziehung und Ausdruckspflege. München: Kösel
Sanner, Rolf (1975): Aufsatzunterricht. Theoretische Grundlegung – Hinweise für die Praxis. München: Kösel
Sanner, Rolf (1979): Textbewertung und Schulaufsatz. München: Kösel
Saussure, Ferdinand de (1916 (2) 1922): Cour de Linguistique General. Hrsg. v. Bally, Charles/Sechehaye, A./Riedlinger, A. Paris: Payot. Deutsch: Grundfragen der allgemeinen Sprachwissenschaft. Berlin, Leipzig 1931
Schäfer, Karl-Hermann (1978): Identitätsbildung als Prozeß des Kompetenzerwerbs. Thesenpapier Wuppertal
Schaff, Adam (1974): Sprache und Erkenntnis. Reinbek: Rowohlt
Scharrelmann, Heinrich (1907): Im Rahmen des Alltags. Hamburg: Jansen

Schau, Albrecht (1974): Von der Aufsatzkritik zur Textproduktion. Hohengehren: Schneider
Schau, Albrecht (Hrsg.) (1976): Aufsatzunterricht. Eine kommentierte Auswahlbibliographie. Baltmannsweiler: Schneider
Schlieben-Lange, Birgitte (Hrsg.) (1975): Sprachtheorie. Hamburg: Hoffmann und Campe
Schlotthaus, Werner (1971): Lehrziel: Kommunikation. In: betrifft: erziehung 1971, Heft 4
Schlotthaus, Werner (1973): Projektorientierter Deutschunterricht. Ein Vorschlag für die Orientierungsstufe. In: Westermanns Pädagogische Beiträge 25, Heft 2
Schlotthaus, Werner (1974): Schülerbedürfnisse und -interessen im curriculum des projektorientierten deutschunterrichts. In: Westermanns Pädagogische Beiträge 26, Heft 12
Schlotthaus, Werner (1975): Kommunikationsförderung in der Eingangsstufe. In: Deutscher Bildungsrat
Schmalohr, Emil (1973): Frühes Lesenlernen. Heidelberg: Quelle & Meyer
Schmalt, Heinz-Dieter/Meyer, Wulf-Uwe (Hrsg.) (1976): Leistungsmotivation und Verhalten. Stuttgart
Schmidt, Siegfried J. (1968): Zur Pragmatik sprachlichen und nichtsprachlichen Handelns. Sprachphilosophische Bemerkungen zur soziologischen Handlungstheorie von Jürgen Habermas. In: Soziale Welt 19
Schmidt, Siegfried J. (1972): Text als Forschungsobjekt der Texttheorie. In: Der Deutschunterricht 24, Heft 4
Schmidt, Siegfried J. (1976): Linguistik in der Sekundarstufe II? In: Henrici/Meyer-Hermann
Schmidt, Wilhelm (1977): Grundfragen der deutschen Grammatik. Berlin: Volk und Wissen
Schmidtke, Hans-Peter (1979): Ausländische Kinder im Elementar-, Primar- und Sonderschulbereich. In: Hansen/Klemm
Schneider, Wilhelm (1926): Deutscher Stil- und Aufsatzunterricht. Frankfurt: Diesterweg
Schönemann, Axel (1981): Lernprozesse bei der praktischen künstlersichen Tätigkeit im Unterricht. Eine empirische Untersuchung über die Funktionen praktisch-künstlerischer Tätigkeiten für die Veränderung von Einstellungen. Weinheim: Beltz
Schröter, Gottfried (1971): Die ungerechte Aufsatzzensur. Bochum: Kamp
Schütz, Alfred/Luckmann, Thomas (1975): Strukturen der Lebenswelt. Neuwied: Luchterhand
Schulz, Gisela (1971): Satzkomplexität – ein zweifelhaftes linguistisches Kriterium. In: Diskussion Deutsch, Heft 3
Schwager, K.H. (1959): Wesen und Formen des Lehrgangs im Schulunterricht. Weinheim: Beltz
Schwarzer, Christine und Ralf (1978): Informelle Tests. In: Klauer 1978
Schwarzer, Christine und Ralf (1979): Praxis der Schülerbeurteilung. München: Kösel
Schwarzer, Ralf (1979): Zur Situation der pädagogischen Diagnostik in der Grundschule. In: Beiträge zur Reform der Grundschule 38/39 hrsg. v. Arbeitskreis Grundschule Frankfurt
Schwartz, Erwin (Hrsg.) (1979): Studien zur Pädagogik und Didaktik des Primarbereichs, Bd. 9. Braunschweig: Westermann
Schwenk, Helga (1972): Zur Theorie des Sprachunterrichts im Fach Deutsch. In: Linguistik und Didaktik 11
Schwenk, Helga (1976): Welchen Sinn hat der Grammatikunterricht in der Schule? In: Diskussion Deutsch, Heft 29
Schwenk, Helga (1977): Didaktische Überlegungen zum Deutschunterricht für ausländische Kinder. In: Deutsch lernen 2/77
Seidemann, Walther (1927): Der Deutschunterricht als innere Sprachbildung. Leipzig: Quelle & Meyer
Simon, Gerd/Straßner, Erich (Hrsg.) (1979): Sprechen – Denken – Praxis. Weinheim: Beltz
Sitta, Horst (1974): Didaktik und Linguistik. In: Sprachwissenschaft und Sprachdidaktik. Jahrbuch 1974 des Instituts für deutsche Sprache. Düsseldorf: Schwann

Sitta, Horst/Tymister, Hans-Josef (1978): Linguistik und Unterricht. Tübingen: Niemeyer
Skinner, Byrrhus Frederic (1957a): Verbal Behavior. New York: Appleton-Century-Crofts
Skinner, Byrrhus Frederic (1957b): Eine funktionale Analyse des Sprachverhaltens. In: Eichler/Hofer 1974
Slobin, Dan I. (1971): The Ontegenesis of Grammar. New York: Academic Press
Sonnemann, Ulrich (1970): Schulen der Sprachlosigkeit. Hamburg
Sowinski, Bernhard (Hrsg.) (1975): Fachdidaktik Deutsch. Köln: Böhlau
Steinert, Jürgen (1975): Allgemeiner Deutscher Sprachtest (ADST). Ein Beitrag zur empirischen Sprachdidaktik. Kürten: Seul
Steinert, Jürgen (1977/78): Allgemeiner deutscher Sprachtest. Handanweisung. Braunschweig: Westermann
Stempel, Wolf-Dieter (Hrsg.) (1971): Beiträge zur Textlinguistik. München: Fink
Stern, Clara u. William (4) (1928): Die Kindersprache. Eine psychologische und sprachtheoretische Untersuchung. Leipzig: Barth (reprographischer Nachdruck: Darmstadt: Wissenschaftliche Buchgesellschaft 1965)
Stifter, Adalbert/Aprent, Johannes (1854): Lesebuch zur Förderung humaner Bildung in Realschulen. Pest: Heckenast
Stöcker, Karl (Hrsg.) (1976): Taschenlexikon der Literatur- und Sprachdidaktik. Kronberg: Scriptor
Stöcker, Karl (17) (1978): Neuzeitliche Unterrichtsgestaltung. München: Ehrenwirth
Stöcker, Wilfried (1979): Die Sprachpolitik an deutschen Schulen für ausländische Kinder. In: Molony 1979
Stölting, Wilfried (1980): Die Entwicklung der Zweisprachigkeit bei ausländischen Schülern. In: Praxis Deutsch, Sonderheft 1980: Deutsch als Zweitsprache
Straub, Anton/Letzgus, Hubert/Thoms, Wolf Dieter (1979): Gezielte Lese- und Rechtschreibförderung in Grundschule und Orientierungsstufe. Stuttgart: Klett
Switalla, Bernd (1973): Sprachkompetenz als Handlungskompetenz. Aspekte einer soziallinguistischen Deutschdidaktik. In: Linguistik und Didaktik, Heft 15
Teigeler, Peter/Gaude, Peter/Teigeler, Ursula (1973): Skalen zur Beschreibung von Schülerverhalten. In: Die Deutsche Schule 65
Tesnière, Lucien (1959): Elements de syntaxe structurale. Paris: Klincksieck
Trier, Jost (1931): Der deutsche Wortschatz im Sinnbezirk des Verstandes. Die Geschichte eines sprachlichen Feldes. Heidelberg: Winter
Twellmann, Walter (Hrsg.) (1981): Handbuch Schule und Unterricht. Düsseldorf: Schwann
Tymister, Hans Josef (1974): Konstruktion fachdidaktischer Curricula als schul- und hochschuldidaktisches Problem. Düsseldorf: Schwann
Uexküll, Jacob von (1956): Streifzüge durch die Umwelten von Tieren und Menschen. Reinbek: Rowohlt
Uetrecht, Fred Erich (1939): Der 30. Januar 1933. In: Kallbach
Ulmann, Gisela (1975): Sprache und Wahrnehmung. Frankfurt: Campus
Vierkandt, Alfred (1923): Gesellschaftslehre. Stuttgart: Enke
Vogel, Harald (1974): Sprachbarrierenprobleme und kompensatorische Unterrichtsprogramme – eine kritische Bestandsaufnahme soziolinguistischer Unterrichtsmodelle. In: Der Deutschunterricht 26, Heft 2
Waldinger, Karl-Georg (1977): Semiotik in der Orientierungsstufe – ein Praxisbericht
Waldinger, Karl-Georg (1978): ‚Umweltprobleme' – Projektversuch im 5. Schuljahr. In: Ingendahl 1978
Waldinger, Karl-Georg (1980a): Zur Frage der Darstellungsform curricularer Entwürfe (auch) in der Kunstpädagogik. In: BDK-Mitteilungen 1. Hannover: Schroedel
Waldinger, Karl-Georg (1980b): Liederhörer erfahrener Liedermacher. Vorschläge zu einem fächerübergreifenden, handlungsorientierten Unterricht. In: Neue Musikzeitung 4
Wallrabenstein, Wulf u.a. (1979): Sprechanlässe und Gesprächssituationen. In: Schwartz 1979
Wandruszka, Mario (1975): Über die Natur natürlicher Sprachen. In: Schlieben-Lange

Wandruszka, Mario (1979): Die Mehrsprachigkeit des Menschen. München: Piper
Watzlawick, Paul/Beavin, Janet H./Jackson, Don D. (1969, (4) 1974): Menschliche Kommunikation. Formen, Störungen, Paradoxien. Bern: Huber
Weber, Albrecht/Willerich-Tocha, Margarete (1979): Aufsatzbeurteilung. In: Nündel 1979
Weinmann, Siegfried (1970): Schaffung komplexer Schreibsituationen. In: Der Deutschunterricht 22
Weische-Alexa, Pia (1978): Sozialkulturelle Probleme junger Türkinnen in der Bundesrepublik Deutschland – mit einer Studie zum Freizeitverhalten türkischer Mädchen in Köln. Köln: (Bezugsnachweis Pia Weische-Alexa, Manderscheiderstr. 29, 5 Köln 41)
Weisgerber, Bernhard (1964a): Beiträge zur Neubegründung der Sprachdidaktik. Weinheim: Beltz
Weisgerber, Bernhard (1964b): Die Stellung der Schrift im Mutterspracheunterricht. In: Pädagogische Rundschau 18, Heft 3
Weisgerber, Bernhard (1974a): Theorie der Sprachdidaktik. Heidelberg: Quelle & Meser
Weisgerber, Bernhard (1974b): Vorschlag zur Einleitung einer Rechtschreibreform durch Verzicht auf die Großschreibung der Substantive in der Grundschule. In: Digeser
Weisgerber, Bernhard (1974c): Rechtschreibunterricht als Beitrag zur Rechtschreibreform. In: Praxis Deutsch 4
Weisgerber, Bernhard (2) (1975): Elemente eines emanzipatorischen Sprachunterrichts. Heidelberg: Quelle & Meyer
Weisgerber, Bernhard (1978): Linguistik und Sprachdidaktik. Zur Frage der Bestimmung und Realisierung von Lernzielen im Sprachunterricht. In: Hegele 1978
Weisgerber, Bernhard (1979): Was bleibt vom „kompensatorischen" Sprachunterricht? In: Ermert 1979
Weisgerber, Bernhard (1980): Reflexion über Sprache im Unterricht. In: Diegritz
Weisgerber, Bernhard/Heiliger, Franz-Josef/Hilberoth, Hans-Josef/Messelken, Hans (1970): Unsere Sprache. Sprachbuch für Schulen 7. Schuljahr. Bochum: Kamp
Weisgerber, Bernhard/Heiliger, Franz-Josef (1974): Unsere Sprache. Sprachbuch für Schulen, 10. Schuljahr. Bochum: Kamp
Weisgerber, Bernhard/Heiliger, Franz-Josef (1975): Wörter – Sätze – Texte. Sprachbuch für die Primarstufe, 4. Schuljahr. Bochum: Kamp
Weisgerber, Bernhard/Heiliger, Franz-Josef/Grahs, Heinz W. (1976): Wörter – Sätze – Texte. Sprachbuch für die Orientierungsstufe, 5. und 6. Schuljahr. Bochum: Kamp
Weisgerber, Bernhard/Heiliger, Franz-Josef/Grahs, Heinz W./Humann, Paul (1978): Wörter – Sätze – Texte, Sprachbuch Sekundarstufe I, 7. Schuljahr, Hauptschule. Bochum: Kamp
Weisgerber, Bernhard/Heiliger, Franz-Josef/Grahs, Heinz W./Humann, Paul (1979): Wörter – Sätze – Texte 7 E. Sprachbuch 7. Schuljahr, für Gymnasium, Realschulen und Gesamtschulen. Bochum: Kamp
Weisgerber, Bernhard/Loch, Barbara/Schwartze, Hans/Hartmeyer-Gerwin, Helga (1983): Unsere Sprache heute. Sprachbuch, 7. Schuljahr. Bochum: Kamp
Weisgerber, Leo (1927): Die Bedeutungslehre – ein Irrweg der Sprachwissenschaft. In: Germanisch-romanische Monatsschrift 15
Weisgerber, Leo (1929a): Muttersprache und Geistesbildung. Göttingen: Vandenhoeck & Ruprecht
Weisgerber, Leo (1929b): Adjektivische und verbale Auffassung der Gesichtsempfindungen. In: Wörter und Sachen, Bd. 12
Weisgerber, Leo (1949 ff.): Von den Kräften der deutschen Sprache, 4 Bde. Düsseldorf: Schwann
Weisgerber, Leo (1952): Das Wissen vom Satz in der Sexta. In: Wirkendes Wort, Jg. 3
Weisgerber, Leo (1955): Die Grenzen der Schrift. Köln: Westdeutscher Verlag
Weisgerber, Leo (1962): Grundzüge der inhaltbezogenen Grammatik. Düsseldorf: Schwann
Weisgerber, Leo (1963): Die vier Stufen in der Erforschung der Sprachen. Düsseldorf: Schwann
Weisgerber, Leo (1964 a): Das Menschheitsgesetz der Sprache. Heidelberg: Quelle & Meyer

Weisgerber, Leo (1964 b): Die Verantwortung für die Schrift. Sechzig Jahre Bemühungen um eine Rechtschreibreform (Duden-Beiträge 18). Mannheim: Bibliographisches Institut
Weisgerber, Leo (1973): Zweimal Sprache. Düsseldorf: Schwann
Whorf, Benjamin Lee (1963): Sprache, Denken, Wirklichkeit. Reinbek: Rowohlt
Wiederhold, Karl-August (1971): Sozialstatus und Kindersprache. Ratingen: Henn
Wilkins D.A. (1976): Linguistik im Sprachunterricht. Heidelberg: Quelle & Meyer
Wilkinson, Andrew (1975): Sprache und Spracherwerb. München: Kösel
Winkler, Christian (1954): Deutsche Sprechkunde und Sprecherziehung. Düsseldorf: Schwann
Winterling, Fritz (Hrsg.) (1978): Spracherwerb – Kindersprache. Frankfurt: Diesterweg
Wittgenstein, Ludwig (1969a): Philosophische Untersuchungen. Frankfurt: Suhrkamp
Wittgenstein, Ludwig (1969b): Tractatus logico-philosophicus. Frankfurt: Suhrkamp
Wunderlich, Dieter (Hrsg.) (1972a): Linguistische Pragmatik. Frankfurt: Athenäum
Wunderlich, Dieter (1972b): Zur Konventionalität von Sprachhandlungen. In: Klein/Wunderlich
Wunderlich, Dieter (1972c): Zum Status der Soziolinguistik. In: Klein/Wunderlich
Wunderlich, Dieter (1974): Grundlagen der Linguistik. Reinbek: Rowohlt
Wundt, Wilhelm (1900): Völkerpsychologie, Bd. 1: Die Sprache. Leipzig: Engelmann
Wundt, Wilhelm (13) (1918): Grundriß der Psychologie. Leipzig: Krömer
Wünsche, Konrad (1972): Die Wirklichkeit des Hauptschülers. Berichte von Kindern der Schweigenden Mehrheit. Köln: Kiepenheuer & Witsch
Wygotski, Lew Semjonowitsch (1964): Denken und Sprechen (1934). Berlin: Akademie-Verlag. (3) (1971) Frankfurt: S. Fischer
Zabel, Hermann (Hrsg.) (1981): Studienbuch: Einführung in die Didaktik der deutschen Sprache und Literatur. Paderborn: Schöningh
Zander, Sönke (1978): Psychologie und Sprachdidaktik. Bochum: Kamp
Zander, Hartwig (1972): Sprache und Aneignung von Erfahrung in der frühen Kindheit. In: Holzer/Steinbacher
Zeiher, J. (1972): Unterrichtsstoffe in ihrer Verwendung in der 7. Klasse des Gymnasiums in der BRD, Teil II; Deutschunterricht, Bd. 24 der Studien und Berichte des Max-Planck-Instituts Berin
Zellmer, Siegfried (1977): Das Pädagogische Prinzip der semiotisch kleinsten Schritte. In: Semiosis 5. Baden-Baden: Agis
Zeumer, Siegfried (1977): Das Pädagogische Prinzip der semiotisch kleinsten Schritte. In: Semiosis 5. Baden-Baden: Agis
Zimmer, Jürgen (Hrsg.) (2) (1976): Curriculumentwicklung im Vorschulbereich. München: Piper
Zimmermanns Allgemeine Schulzeitung (1839)

Personenregister

Sachregister

Autorenverzeichnis

Hegele, Irmintraut, Dr.phil., Dipl.-Päd., Akademische Rätin an der Bergischen Universität – Gesamthochschule Wuppertal
Forschungsbereiche: Pädagogische Diagnostik, Interkulturelle Pädagogik, Deutschunterricht für Kinder ausländischer Arbeitnehmer.
Veröffentlichungen:
Lerndiagnose und Sprachförderung. Bochum 1979
Gemeinsam Deutsch lernen. Interkulturelle Spracharbeit mit ausländischen und deutschen Kindern. Heidelberg 1983 (zus. mit G. Pommerin)
Aufsätze in Fachzeitschriften.

Humann, Paul, Studiendirektor, Didaktischer Leiter der Gesamtschule I Bochum
Veröffentlichungen:
Pragmatik und Sprachunterricht. In: Diskussion Deutsch 23 (1975).
Bausteine für ein Curriculum Deutsch in der Sekundarstufe II. Bochum 1979.
Mitarbeit am Sprachbuch „Wörter, Sätze, Texte". Bochum 1978ff.

Ingendahl, Werner, Dr.phil., Professor an der Bergischen Universität – Gesamthochschule Wuppertal
Forschungsschwerpunkte: Didaktik der sprachlichen Äußerung, Szenisches Spiel, Formen ästhetischen Umgangs mit Literatur, Sprache und Erfahrung, Sprache und Sozialisation.
Wichtigste Veröffentlichungen:
Der metaphorische Prozeß. Düsseldorf 1971.
Aufsatzerziehung als Hilfe zur Emanzipation. Düsseldorf 1972.
Sprechen und Schreiben. Heidelberg 1975.
Handlungsorientierter Deutschunterricht. Heidelberg 1977 (zus. mit weiteren Autoren).
Erziehungsziel: Sprachliche Verständigung (Hrsg.). Bochum 1978.
Szenische Spiele im Deutschunterricht. Düsseldorf 1981.
Sprachbuch: Sagen – Handeln. München/Düsseldorf 1974ff. (zus. mit weiteren Autoren)
Zahlreiche Aufsätze in Fachzeitschriften.

Meier, Rolf, Lehrer
Arbeitsbereiche: empirische Sprachdidaktik, Sprachentwicklung, Intonation.
Veröffentlichungen zu Sprachtests und zur Intonation.

Messelken, Hans, Dr.phil., Professor an der Universität zu Köln.
Forschungsschwerpunkte: empirische Sprachdidaktik, angewandte Sprachwissenschaft.
Wichtigste Veröffentlichungen:
Drei Aspekte der anthropologischen Sprachtheorie. Ratingen 1968
Empirische Sprachdidaktik. Heidelberg 1971.
Unsere Sprache. Sprachbuch für das 7.-9. Schuljahr. Bochum 1969/70 (zus. mit weiteren Autoren).
Programmierte Rechtschreibung. 5. Bde. Heidelberg 1973ff. (zus. mit weiteren Autoren).
Zahlreiche Beiträge zu Sammelwerken und Fachzeitschriften, besonders zur Deutschdidaktik und zur Rechtschreibung.

Pommerin, Gabriele, Dr.paed., Professorin an der Johann Wolfgang Goethe Universität Frankfurt.
Forschungsschwerpunkte: „Erfahrungsentfaltender" Sprachunterricht, Interkulturelle Pädagogik, Deutschunterricht für Kinder ausländischer Arbeitnehmer.
Wichtigste Veröffentlichungen:
Deutschunterricht mit ausländischen und deutschen Kindern. Bochum 1977.
Gemeinsam Deutsch lernen. Interkulturelle Spracharbeit mit ausländischen und deutschen Kindern. Heidelberg 1983 (zus. mit I. Hegele).
Zahlreiche Aufsätze in Fachzeitschriften.

Waldinger, Karl-Georg, Lehrer, Lehrbeauftragter an der Bergischen Universität – Gesamthochschule Wuppertal.
Arbeitsbereiche: fachliche Unterrichtsplanung und Curriculumtheorie, Theorie des fächerübergreifenden Unterrichts.
Veröffentlichungen:
Semiotische Analyse eines Popmusik-Covers. Möglichkeiten interdisziplinärer Projektarbeit in der Sekundarstufe I. Ratingen 1975.
„Unweltprobleme" – Projektversuch im 5. Schuljahr einer Gesamtschule. In: W. Ingendahl (Hrsg.). Erziehungsziel: Sprachliche Verständigung. Bochum 1978.
Beiträge zu Sammelwerken und Fachzeitschriften.

Weisgerber, Bernhard, Dr.phil., Professor an der Bergischen Universität – Gesamthochschule Wuppertal.
Forschungsschwerpunkte: Sprachtheorie und Sprachdidaktik, Curriculum Sprachunterricht, Methodik des Deutschunterrichts, Probleme der Mehrsprachigkeit, Rechtschreibreform und Rechtschreibunterricht.
Wichtigste Veröffentlichungen:
Beiträge zur Neubegründung der Sprachdidaktik. Weinheim 1964.
Aspekte des Sprachunterrichts. Weinheim 1970.
Elemente eines emanzipatorischen Sprachunterrichts. Heidelberg 1972.
Sprachunterricht in der Grundschule (Hrsg.). Stuttgart 1973.
Theorie der Sprachdidaktik. Heidelberg 1974.
Schulbücher (zus. mit weiteren Autoren):
Weinheimer Lesebuch. 4. Bde. Weinheim 1967.

Kristalle – Moderne deutsche Gedichte für die Schule. München 1967.
Unsere Sprache – Sprachbuch für Grund- und Hauptschule. 9. Bde. Bochum 1969 ff.
Wörter, Sätze, Texte – Sprachbuch für die Primar- und Sekundarstufe. 12. Bde. Bochum 1974 ff.
Zahlreiche Beiträge zu Sammelwerken, Lexika und Fachzeitschriften, besonders zu den Themen: Curriculum für den Deutschunterricht, Linguistik und Sprachdidaktik, Grammatik, Rechtschreibung, Spracherwerb und Mehrsprachigkeit.